國家出版基金項目
NATIONAL PUBLICATION FOUNDATION

155　　　180　178　　179　　175

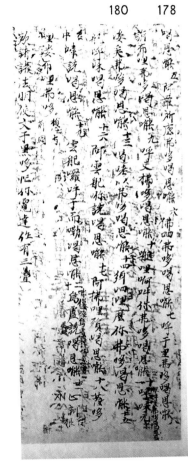

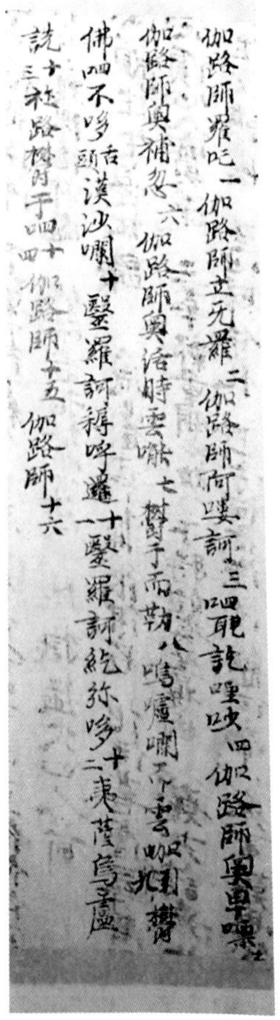

圖版3.2 《下部讚》寫卷第二首音譯詩偈

　　該偈文字完整，卷面書寫較爲清晰，但題目不明晰。

圖版3.3 《下部讚》寫卷第三首音譯詩偈

　　該偈見寫卷第176—183行。文字未見脱落，但卷面多有塗改添插，疑有錯簡。其題簽無疑係面向唐人信衆直接用漢文撰寫。該偈疑屬來華摩尼僧僞託夷數之作。

歐亞歷史文化文庫

總策劃　張餘勝
蘭州大學出版社

摩尼教華化補說

叢書主編　余太山

林悟殊　著

图书在版编目（CIP）数据

摩尼教华化补说 / 林悟殊著. -- 兰州 ： 兰州大学出版社，2014.12
（欧亚历史文化文库 / 余太山主编）
ISBN 978-7-311-04658-3

Ⅰ. ①摩… Ⅱ. ①林… Ⅲ. ①摩尼教—研究 Ⅳ. ①B989.1

中国版本图书馆CIP数据核字(2014)第299685号

策划编辑　施援平
责任编辑　施援平　杨　洁
装帧设计　张友乾

书　　名　摩尼教华化补说
主　　编　余太山
作　　者　林悟殊　著
出版发行　兰州大学出版社　（地址:兰州市天水南路222号　730000）
电　　话　0931-8912613(总编办公室)　0931-8617156(营销中心)
　　　　　0931-8914298(读者服务部)
网　　址　http://www.onbook.com.cn
电子信箱　press@lzu.edu.cn
网上销售　http://lzup.taobao.com
印　　刷　天水新华印刷厂
开　　本　700 mm×1000 mm　1/16
印　　张　38.75(插页18)
字　　数　520千
版　　次　2014年12月第1版
印　　次　2014年12月第1次印刷
书　　号　ISBN 978-7-311-04658-3
定　　价　140.00元

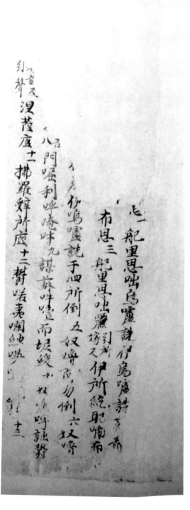

圖版1　敦煌寫卷《下部讚·收食單偈》
　　學界頗有爭議的"日光佛"和"電光佛"這兩個佛號，分別見於該偈的第二頌和第三頌。

圖版3.1　《下部讚》寫卷第一首音譯詩偈
　　該偈題目脫落，文字多所殘缺，少有完句，在未有相應文獻參照的條件下，難於準確解讀其內容。

歐亞歷史文化文庫

總策劃　張餘勝

蘭州大學出版社

摩尼教華化補說

叢書主編　余太山

林悟殊　著

图书在版编目（ＣＩＰ）数据

摩尼教华化补说 / 林悟殊著. -- 兰州 ： 兰州大学
出版社， 2014.12
（欧亚历史文化文库 / 余太山主编）
ISBN 978-7-311-04658-3

Ⅰ．①摩… Ⅱ．①林… Ⅲ．①摩尼教-研究 Ⅳ.
①B989.1

中国版本图书馆CIP数据核字(2014)第299685号

策划编辑　施援平
责任编辑　施援平　杨　洁
装帧设计　张友乾

书　　名　摩尼教华化补说
主　　编　余太山
作　　者　林悟殊　著
出版发行　兰州大学出版社　（地址：兰州市天水南路222号　730000）
电　　话　0931-8912613(总编办公室)　　0931-8617156(营销中心)
　　　　　0931-8914298(读者服务部)
网　　址　http://www.onbook.com.cn
电子信箱　press@lzu.edu.cn
网上销售　http://lzup.taobao.com
印　　刷　天水新华印刷厂
开　　本　700 mm×1000 mm　1/16
印　　张　38.75(插页18)
字　　数　520千
版　　次　2014年12月第1版
印　　次　2014年12月第1次印刷
书　　号　ISBN 978-7-311-04658-3
定　　价　140.00元

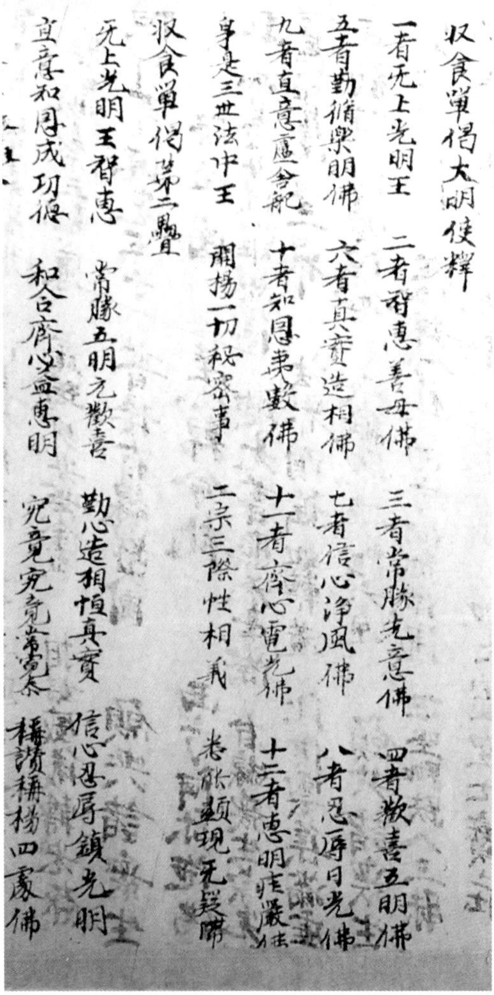

圖版1　敦煌寫卷《下部讚·收食單偈》
　　學界頗有爭議的"日光佛"和"電光佛"這兩個佛號，分別見於該偈的第二頌和第三頌。

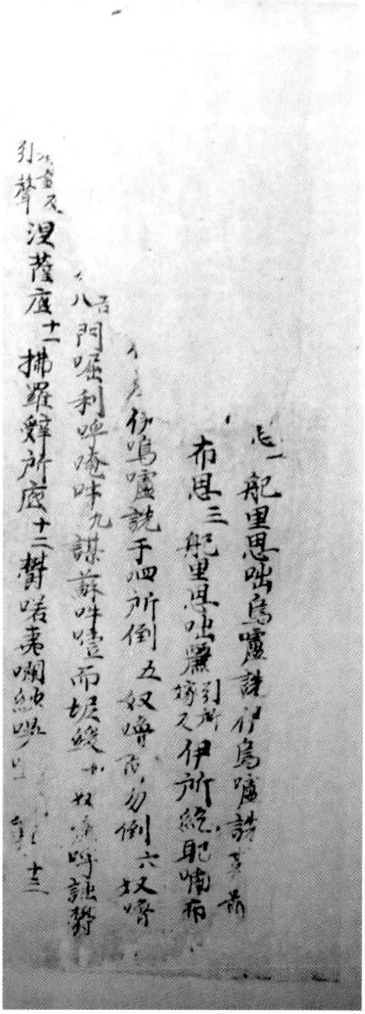

圖版3.1　《下部讚》寫卷第一首音譯詩偈
　　該偈題目脫落，文字多所殘缺，少有完句，在未有相應文獻參照的條件下，難於準確解讀其內容。

1

圖版3.2　《下部讚》寫卷第二首音譯詩偈

　　該偈文字完整，卷面書寫較爲清晰，但題目不明晰。

圖版3.3　《下部讚》寫卷第三首音譯詩偈

　　該偈見寫卷第176—183行。文字未見脫落，但卷面多有塗改添插，疑有錯簡。其題簽無疑係面向唐人信衆直接用漢文撰寫。該偈疑屬來華摩尼僧僞託夷數之作。

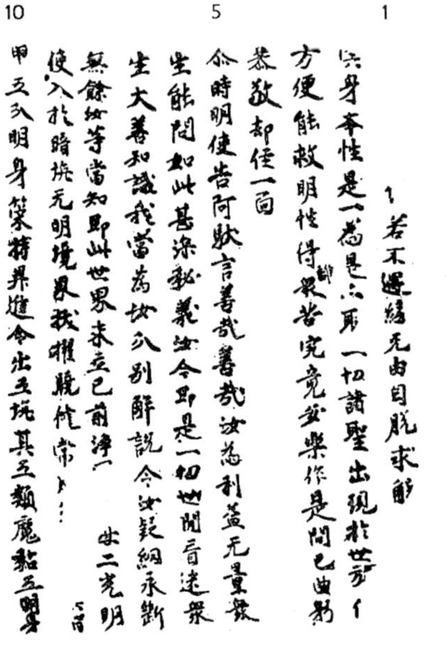

山樹葉得鮮四難及諸有身出離生死究竟常勝至安樂

霖令時會中諸衆生聞等說是經歡喜踊躍歡未曾

有諸天善神有尋及諸國王群臣士女四部之衆無異

無數聞是經已皆大歡喜能發起無上之道心猶如寺本

值遇陽春無不滋長百花絡葉得成熟惟殘敗振不能

滋茂長

時衆聞等頂礼明使長跪义手作如是言唯有大聖三界捲

尊是普衆生慈悲父母亦是三界大引道師亦是含靈大

醫生亦是妙空能容衆相亦是上天包羅一切尼是寶光

飲生寶藥亦是衆生甘露大海亦是廣大統慈悲教手

任衆金剛寶經亦是巨海巧智船師亦是大統香山亦是

亦是死中與常命者亦是衆生明性中性亦是三界諸宰圍

避滲長

圖版6.2-3　《殘經》結篇之一

《殘經》結篇第一段見寫卷第315—320行，該段疑有錯簡；另兩段慕闍說辭，疑非原經所有，係寫卷製作者移花接木之物。

甲三乂等明身策捏界進令出三玩其三類魔黏三明聖

使入於暗怵无明境及我雖戰怵常‧‧‧

無餘如等當知即此世界未立已甫淨‧

恭敬如等當任一面

衆時明使告阿难言善哉善哉汝為利益无量衆

生大善知識我當為汝分別解說令汝疑綢永斷

方便能救明性侍卿衆苦究竟安樂作是問已曲默

夫身本性是一為是六弭一切諸聖出現非世乎

若不遲綢无由目脫求酹

圖版6.1　《殘經》寫卷開篇

京藏敦煌摩尼教寫經卷首殘缺，開篇首段文字僅剩4行，而首行尚多缺字。但從現存文字看，已可見其模仿佛典，惟妙惟肖。

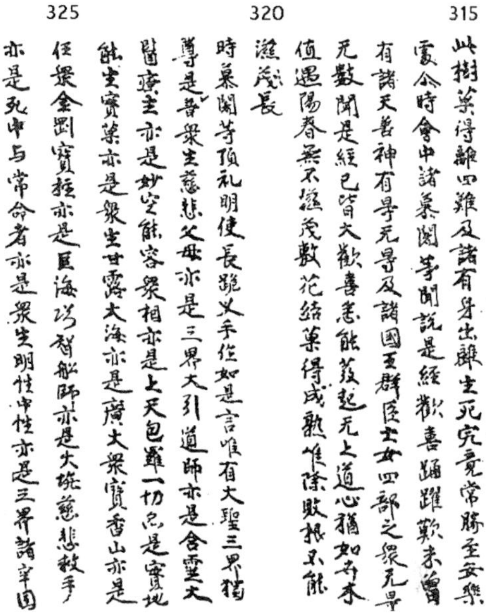

如法信受歡喜奉行

如意及寶綢或說我等今得遇過去諸聖明網於大治中樓盤

得遇如是光明門者若无明戶及我今日開法歡

喜心得聞悟導重頂受不生疑慮時諸大衆聞是經已

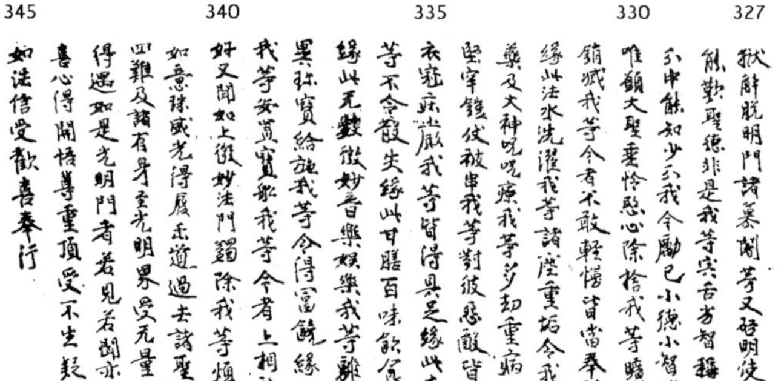

圖版6.2-3　《殘經》結篇之二

《殘經》結篇第一段見寫卷第315—320行，該段疑有錯簡；另兩段慕闍說辭，疑非原經所有，係寫卷製作者移花接木之物。

95　　　　　90　　　　　85　83　82　80　　　　75　73

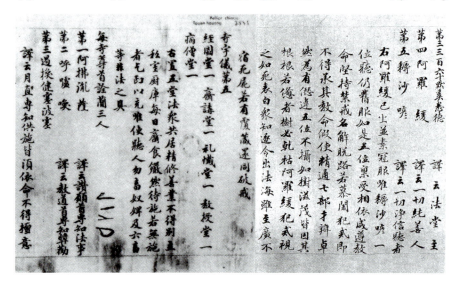

圖版7　敦煌寫本《儀略‧五級儀》

　　《儀略》寫卷兩半截分藏英法，其斷裂處適在《五級儀》一章，由於文字不連貫而誤導學者，以爲摩尼教有裸葬之規。殘卷綴合後，裸葬說遂失去了內典的依據。

圖版12.1　《重興草庵碑》石刻

　　碑文爲弘一法師所撰書，以黑葉巖勒刻，嵌於晉江草庵石室東壁。

4

圖版12.3　草庵石雕佛像額刻"摩尼光佛"四字（黃佳欣攝）

　　草庵所供的摩崖石雕像，《閩書》稱爲"摩尼佛"，當地鄉民或稱"摩尼公"。其實，該雕像頂端原來就勒有"摩尼光佛"四字，或許由於光線原因，以往少被注意，當今學界流傳的草庵照片也多未見此四字。

圖版12.2　弘一法師爲草庵撰書之楹聯（粘良圖先生惠賜）

　　該副楹聯係弘一法師1933年首次到草庵時所撰寫，庵主依原墨寶雕刻成木質對聯，掛於草庵正殿石雕佛像兩側，今尚保存完好。上聯"石壁光明相傳爲文佛現影"，上款書"後二十二年歲次癸酉仲冬草庵題句以志遺念"；下聯"史乘記載扵此有名賢讀書"，下款書"晉水無盡藏院沙門演音時年五十有四"。

5

圖版12.4 草庵摩尼光佛石雕像全圖（成冬冬攝）

成冬冬先生是泉州海交史博物館的專業攝影師，其所拍照的該雕像，常被作爲草庵摩尼光佛之標準像轉載。

圖版13.1 晉江摩尼教草庵遺址全景

　　該照片原刊粘良圖先生《晉江草庵研究》，可謂今草庵遺址全景之標準圖，蒙粘先生惠賜該圖版，誌謝！

該篇《五雷子》唱詞，爲今人揭開明教五佛崇拜之謎提供了重要線索。

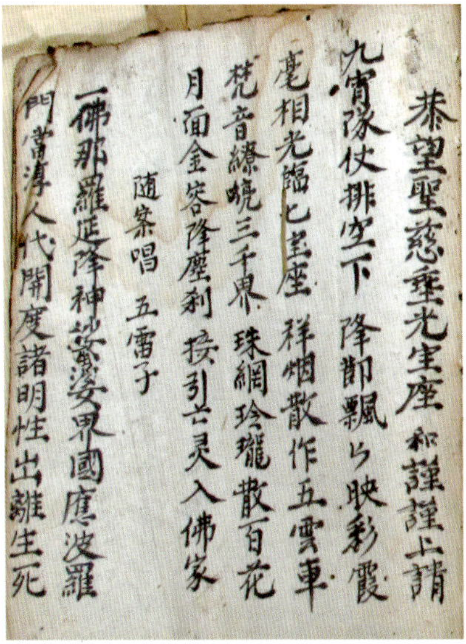
恭望聖慈垂光宝座 和 謹〻上請
九霄隊仗排空下 降節飄〻映彩霞
毫相光臨已登座 祥烟散作五雲車
梵音繚繞三千界 珠綱玲瓏散百花
月面金容降塵剎 接引亡灵入佛家
隨案唱 五雷子
一佛那羅延降神娑婆界國應波羅
門當淳人代開度諸明性出離生死

圖版14.1 《摩尼光佛》科册第62頁

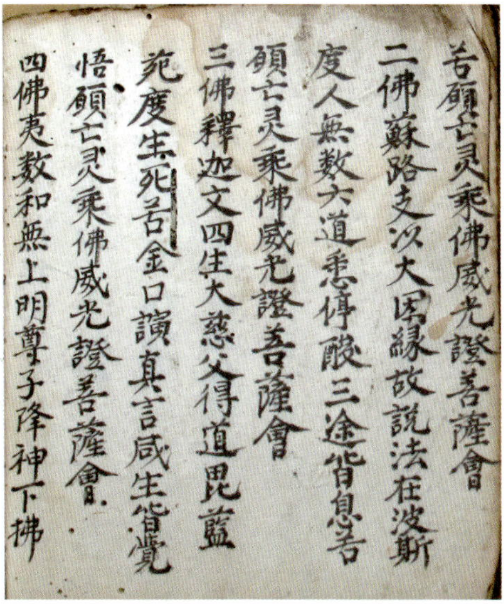
普頓亡灵乘佛威光證善薩會
二佛蘇路支以大因緣故說法在波斯
度人無數六道悉停酸三途皆息苦
頓亡灵乘佛威光證善薩會
三佛釋迦文四生大慈父得道毘藍
苑度生死苦金口讀真言咸生皆覺
悟頓亡灵乘佛威光證善薩會
四佛夷数和無上明尊子降神下拂

圖版14.2 《摩尼光佛》科册第63頁

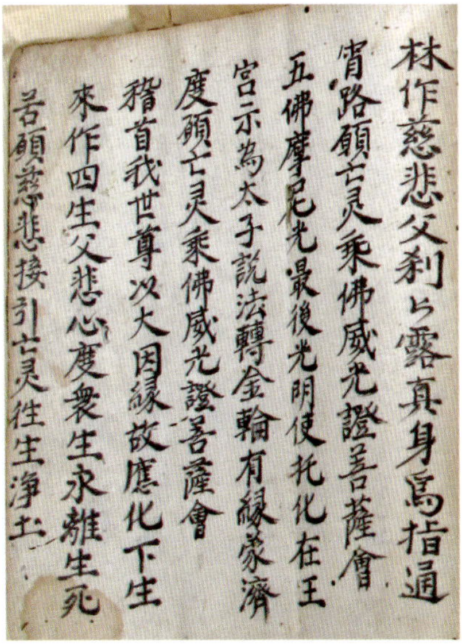
林作慈悲父剎〻露真身爲指通
霄路頓亡灵乘佛威光證善薩會
五佛摩尼光最後光明使托化在王
宮示為太子說法轉金輪有緣家濟
度頓亡灵乘佛威光證善薩會
稽首我世尊以大因緣故應化下生
來作四生父悲心度衆生求離生死
普願慈悲接引亡灵往生淨土

圖版14.3 《摩尼光佛》科册第64頁

位牌式"五佛"的寫法，實際反映明教徒於諸神之崇拜，乃以教主摩尼光佛爲中心。

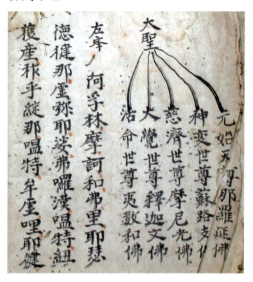

圖版14.4　《摩尼光佛》科册第2頁的位牌式（張鳳拍攝）

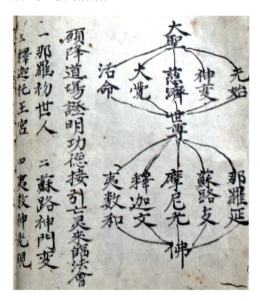

圖版14.5　《摩尼光佛》科册第47頁的位牌式"五佛"（張鳳拍攝）

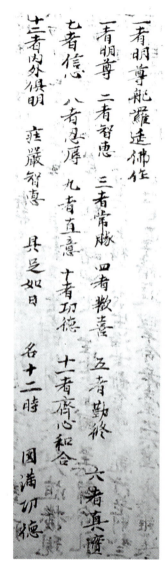

圖版14.6　敦煌寫經《下部讚》第164—167行

《摩尼光佛》科册將"五佛"之一佛"大明尊"易爲"那羅延佛"，始作俑者之靈感可能來自這首詩偈，刻意把該詩偈題簽之"明尊"和"那羅延佛"劃一，目爲同位語。

圖版15.1—15.12　霞浦科冊《下部讚》詩文與敦煌本比較（黃佳欣製作）

把霞浦三個科冊所擷入的《下部讚》詩文與敦煌寫卷一一比較，不惟可見到該等科冊的炮製者與明教會蓋無承繼關係，且可判斷直接徵引《下部讚》者惟《摩尼光佛》耳，其他兩個科冊不過是間接傳襲之。

陳塵本第45頁　　陳塵本第74—75頁　　敦煌本第11行　　　陳塵本第32頁　　陳塵本第43—44頁　　陳輿本第5頁　　敦煌本第30行

圖版15.1　《下部讚》詩文比較第一組　　　圖版15.2　《下部讚》詩文比較第二組

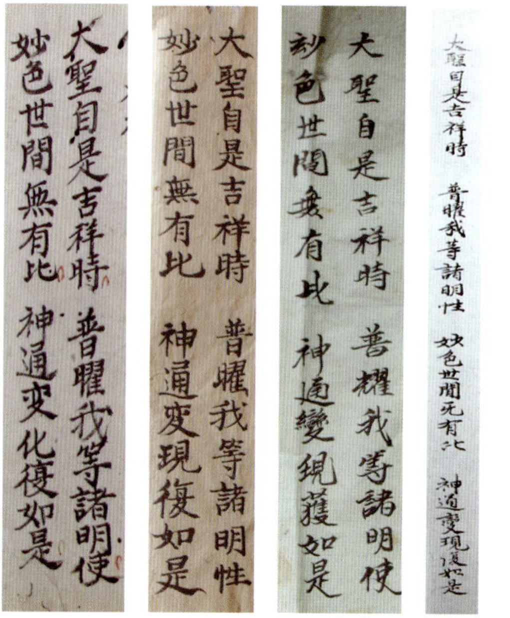

大聖自是吉祥時　普曜我等諸明使　妙色世間無有比　神通變化復如是

| 陳摩本第29頁 | 謝點本第2頁 | 陳興本第2頁 | 敦煌本第42行 |

圖版15.3　《下部讚》詩文比較第三組

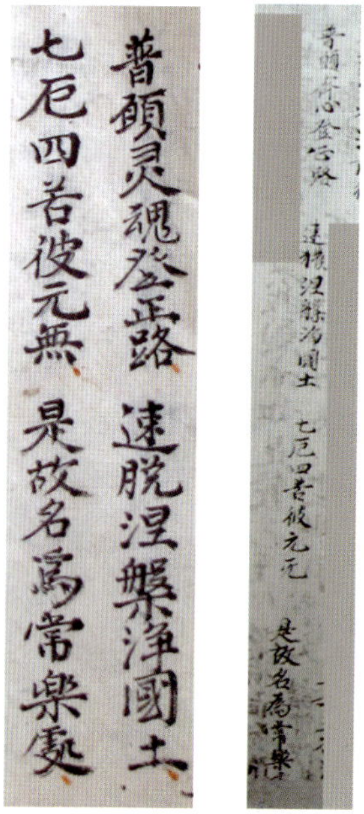

普顧灵魂登正路　速脱涅槃淨國土　七厄四苦俊元無　是故名為常樂處

| 陳摩本第45頁 | 敦煌本第119行 |

圖版15.4　《下部讚》詩文比較第四組

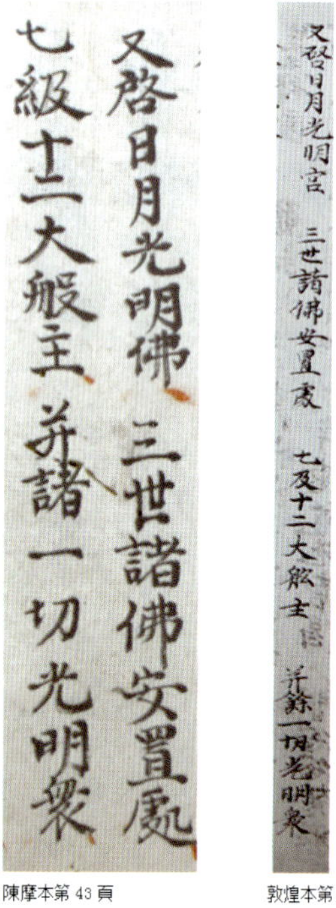

又啟日月光明佛　三世諸佛安置處　七級十二大般主　并諸一切光明衆

| 陳摩本第43頁 | 敦煌本第127行 |

圖版15.5　《下部讚》詩文比較第五組

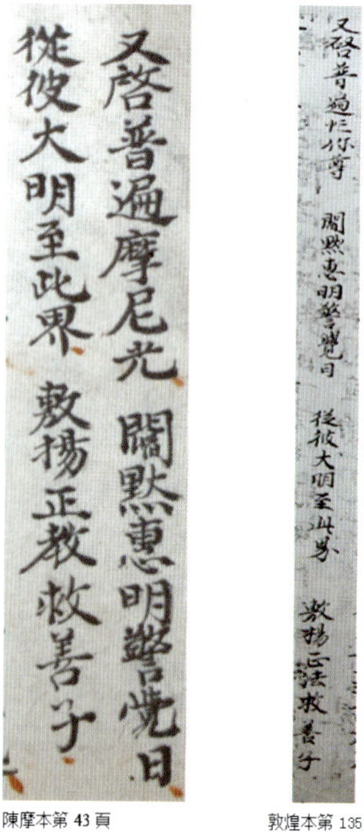

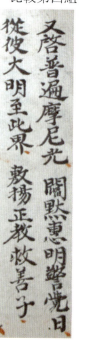

又啟普遍摩尼光　闡默惠明警覺日　從俊大明至此衆　敷揚正教牧善子

| 陳摩本第43頁 | 敦煌本第135行 |

圖版15.6　《下部讚》詩文比較第六組

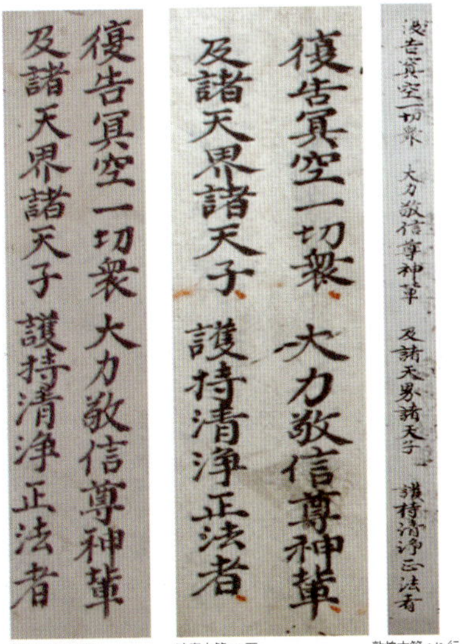

陳摩本第 11 頁　　陳摩本第 44 頁　　敦煌本第 140 行

圖版15.7　《下部讚》詩文比較第七組

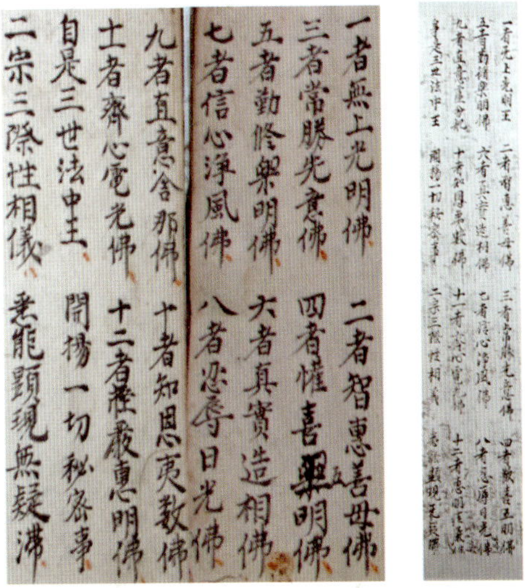

陳摩本第 48—49 頁　　敦煌本 169—172 行

圖版15.8　《下部讚》詩文比較第八組

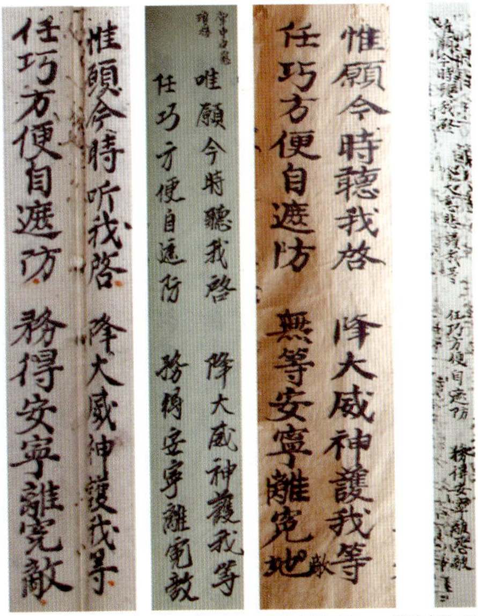

陳摩本第 45—46 頁　　陳興本第 5 頁　　謝點本第 1 頁　　敦煌本第 206 行

圖版15.9　《下部讚》詩文比較第九組

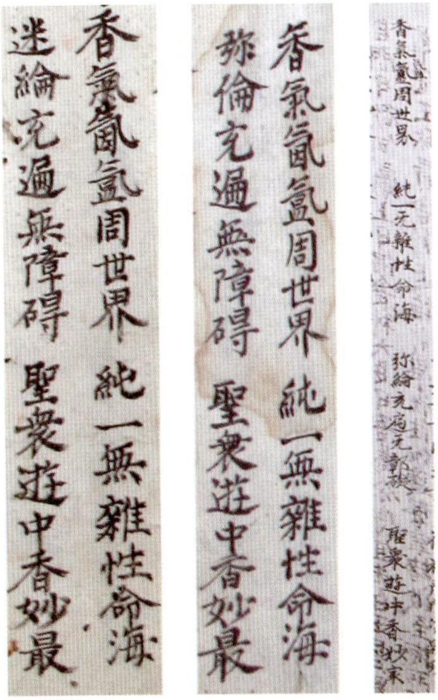

陳摩本第 9 頁　　陳摩本第 56 頁　　敦煌本第 301 行

圖版15.10　《下部讚》詩文比較第十組

11

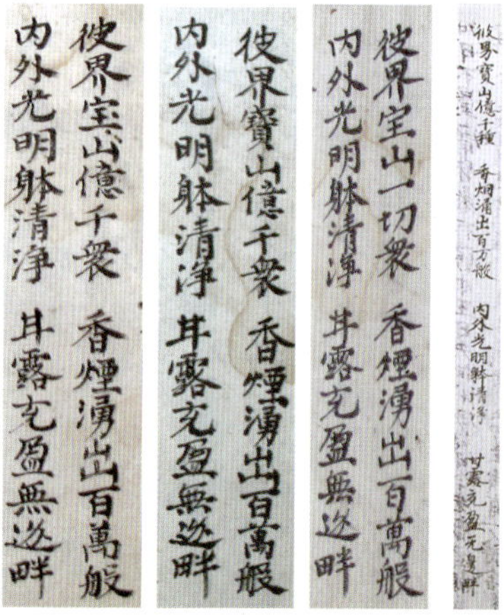
彼界宝山億千衆　香煙湧出百萬般
內外光明躰清淨　甘露充盈無邊畔
彼界寶山億千衆　香煙湧出百萬般
內外光明躰清淨　甘露充盈無邊畔
彼界宝山一切衆　香煙湧出百萬般
內外光明躰清淨　甘露充盈無邊畔

陳摩本第 10 頁　陳摩本第 57 頁　陳摩本第 60 頁　敦煌本第 303 行

圖版15.11　《下部讚》詩文比較第十一組

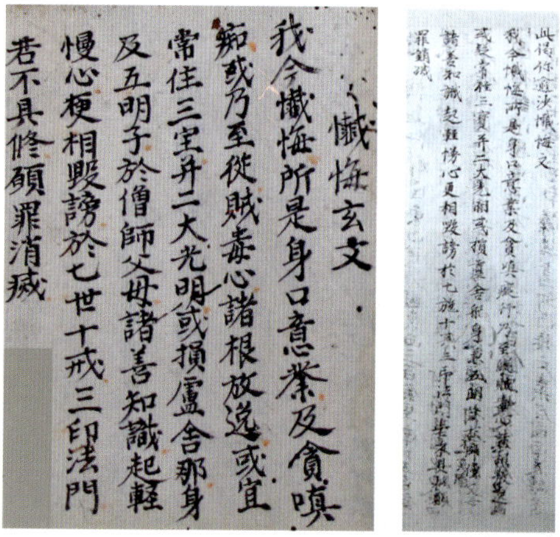
懺悔玄文
我今懺悔所是身口意業及貪嗔
痴或乃至從賊毒心諸根放逸或宜
常住三宝并二大光明或損盧舍那身
及五明子於僧師父母諸善知識起輕
慢心更相毀謗於七世十戒三印法門
若不具修願罪消滅

陳摩本第 34 頁　敦煌本第 410—414 行

圖版15.12　《下部讚》詩文比較第十二組

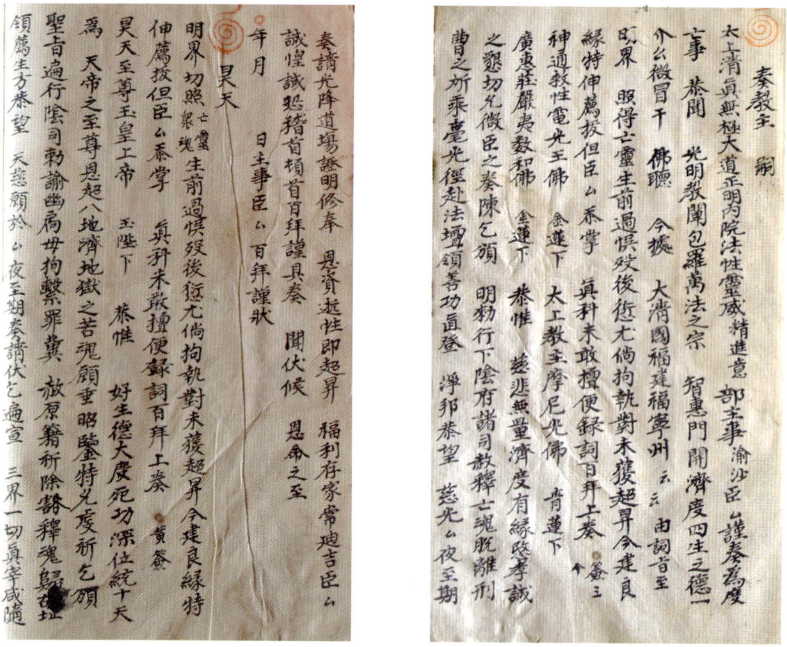
奏教主
太上清眞無極大道正明內院法性靈感精進意　部主事渝沙臣ㄙ謹奏爲度
亡事　恭聞　光明教闡包羅萬法之宗　智惠門開濟度四生之德一
介ㄙ微冒干　佛聽　今據　大清國福建福寧州　云云　由詞首至
明界　照得亡靈生前過愆殁後愆尤倘拘執對未獲超昇今建良
緣特伸薦拔但臣ㄙ忝掌　眞科未敢擅便録詞百拜上奏
神通教性電光王佛　金蓮下　太上教主摩尼光佛　青蓮下
廣東莊嚴夷數和佛　金蓮下　恭惟　慈悲無量濟度有緣愍孝誠
之懇切允微臣之奏陳乞頒　明勅行下陰府諸司赦釋亡魂脫離刑
曹之所乘毫光徑赴法壇領善功直登　淨邦恭望　慈光ㄙ夜至期

奏請光降道場證明修奉　恩資逝性卽超昇　福利存家常迪吉臣ㄙ
誠惶誠恐稽首頓首百拜謹具奏　聞伏候　恩命之至
年　月　日主事臣ㄙ　百拜謹狀
昊天
明界　切照亡靈　生前過愆殁後愆尤倘拘執對未獲超昇今建良緣特
伸薦拔但臣ㄙ忝掌　眞科未敢擅便録詞百拜上奏
昊天至尊玉皇上帝　玉陛下　恭惟　好生德大度死功深位統十天
爲　天帝之至尊恩超八地濟地獄之苦魂願重昭鑒特允處祈乞頒
聖旨遍行陰司勅諭幽局毋拘繫罪冥　赦原釁祈除誓釋魂歸
領薦生方恭望　天慈頒於ㄙ夜至期奏請伏乞遍宣　三界一切眞宰咸隨

圖版16.1–2

《奏教主》全文281字，另有若干自擬的代字號，還有表示省略之“云云”，該等示意由主事者因應具體場合，填入相關名字、日期等，是以，該文檢顯爲格式樣板。從其第四行的“大清國福建福寧州”八字，可考得其應製作於清初年間

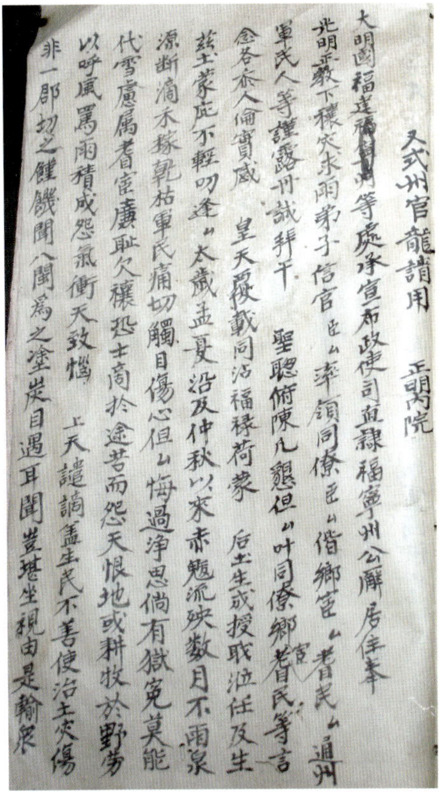

又式州官龍請用　正明院

奏三清

圖版16.3　《又式州官龍請用》出現大明國號

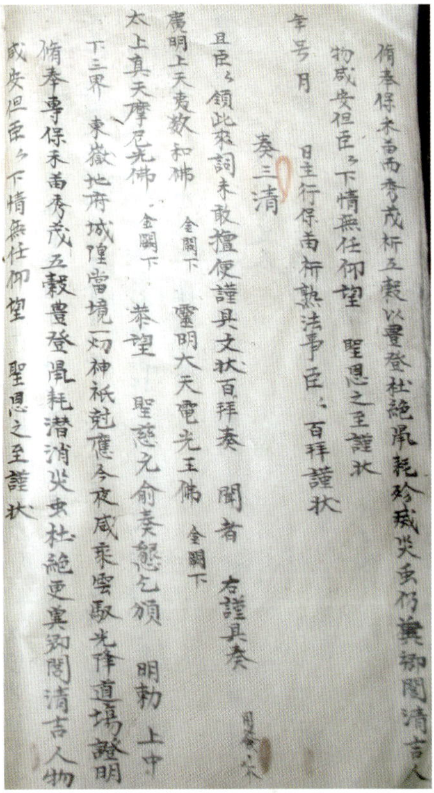

圖版16.4　見於科册第47頁的《奏三清》

在業已報導的霞浦科册中，不乏出現"大清國"字樣者，但像本文檢這樣展現"大明國"者則難得一見，彌足珍貴。儘管霞浦發見的明抄本數量很有限，但於揭示清抄本形成之謎不無提示作用。

霞浦抄本有多個文字近似的《奏三清》文檢，有的乃見於晚明時期形成的科册，即《禱雨疏奏申牒狀式》，本圖文檢爲其中之一。《奏教主》文檢的製作實效法《奏三清》。

13

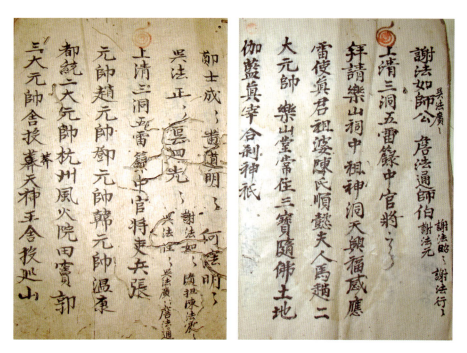

圖版16.5-6 《樂山堂神記》寫本第6頁和《明門初傳請本師》寫本第7頁

　　就霞浦明教傳教世系的最後若干宗師，《樂山堂神記》寫本第6頁右第一行與《明門初傳請本師》寫本第7頁右三行所書名諱可對上號，說明這幾位應確有其人，而上溯之世系則兩者大異，默示所列宗師多屬偽託。

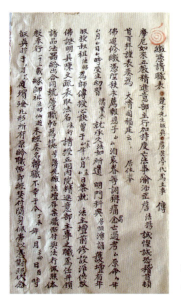

圖版16.7 《繳憑請職表》

　　見《奏申牒疏科册》抄本第23頁，箇中顯示《神記》所載末代傳人謝法行卒於丁未年，謝氏三法師之親屬關係亦躍然於紙。

14

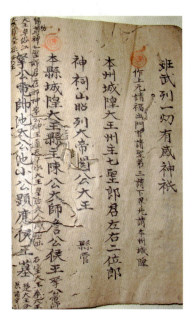

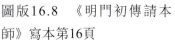

圖版16.8 《明門初傳請本師》寫本第16頁

《明門》抄本各紙多有塗改補入，而筆跡又多與正文無異，有些頁面，塗改得難以卒讀。是以，頗疑該件並非傳抄本，而是原始寫本。從卷面的殘碎看，亦顯示其應歷有年所，並非近人謄抄的新本。

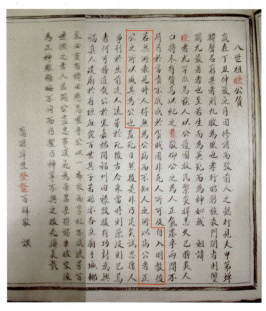

圖版16.9 《八世祖瞪公贊》

有關林瞪入明教門事，學界乃據《福建霞浦縣蓋竹村上萬林氏宗譜》所記，是譜重修於清嘉慶二十二年（1817年），修譜者不諱先祖林瞪之入明教門，且以其"齋戒嚴肅"爲耀，然於其生前在明教會之地位隻字無提。收入同一宗譜的《八世祖瞪公贊》，爲嘉慶二十二年裔孫庠生林登鼇所撰，其間不僅不稱頌瞪公於明門之貢獻，相反的，卻云其"自入明教後，若無所表見，時人得無爲公病，而不知人之所以病公者，正公之所以爲公也"，無異於否認林瞪生前於明教有何建樹。

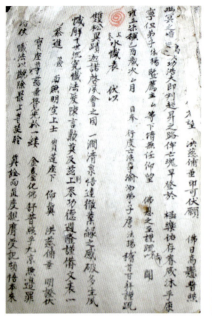

圖版16.10 《度亡禮懺》

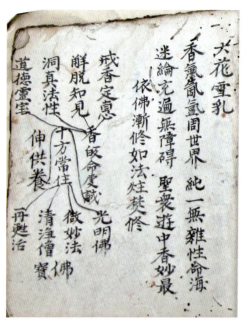

圖版17.1 《摩尼光佛》科册第9頁

該文檢落款曰"雍正 柒襈 己酉歲次厶月 日奉行度亡法事渝沙弟子詹法揚稽首百拜謹疏",證明詹法揚乃活躍於雍正年間,從而確認《樂山堂神記》所列的末位宗師法行死於雍正五年丁未(1727),可證《神記》之最後形成不可能早於此。

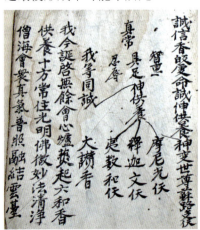

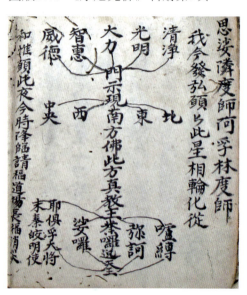

圖版17.2 《摩尼光佛》科册第12頁

圖版17.3 《摩尼光佛》科册第59頁

16

出版说明

　　随着 20 世纪以来联系地、整体地看待世界和事物的系统科学理念的深入人心，人文社会学科也出现了整合的趋势，熔东北亚、北亚、中亚和中、东欧历史文化研究于一炉的内陆欧亚学于是应运而生。时至今日，内陆欧亚学研究取得的成果已成为人类不可多得的宝贵财富。

　　当下，日益高涨的全球化和区域化呼声，既要求世界范围内的广泛合作，也强调区域内的协调发展。我国作为内陆欧亚的大国之一，加之 20 世纪末欧亚大陆桥再度开通，深入开展内陆欧亚历史文化的研究已是责无旁贷；而为改革开放的深入和中国特色社会主义建设创造有利周边环境的需要，亦使得内陆欧亚历史文化研究的现实意义更为突出和迫切。因此，将针对古代活动于内陆欧亚这一广泛区域的诸民族的历史文化研究成果呈现给广大的读者，不仅是实现当今该地区各国共赢的历史基础，也是这一地区各族人民共同进步与发展的需求。

　　甘肃作为古代西北丝绸之路的必经之地与重要组

成部分,历史上曾经是草原文明与农耕文明交汇的锋面,是多民族历史文化交融的历史舞台,世界几大文明(希腊—罗马文明、阿拉伯—波斯文明、印度文明和中华文明)在此交汇、碰撞,域内多民族文化在此融合。同时,甘肃也是现代欧亚大陆桥的必经之地与重要组成部分,是现代内陆欧亚商贸流通、文化交流的主要通道。

基于上述考虑,甘肃省新闻出版局将这套《欧亚历史文化文库》确定为 2009—2012 年重点出版项目,依此展开甘版图书的品牌建设,确实是既有眼光,亦有气魄的。

丛书主编余太山先生出于对自己耕耘了大半辈子的学科的热爱与执著,联络、组织这个领域国内外的知名专家和学者,把他们的研究成果呈现给了各位读者,其兢兢业业、如临如履的工作态度,令人感动。谨在此表示我们的谢意。

出版《欧亚历史文化文库》这样一套书,对于我们这样一个立足学术与教育出版的出版社来说,既是机遇,也是挑战。我们本着重点图书重点做的原则,严格于每一个环节和过程,力争不负作者、对得起读者。

我们更希望通过这套丛书的出版,使我们的学术出版在这个领域里与学界的发展相偕相伴,这是我们的理想,是我们的不懈追求。当然,我们最根本的目的,是向读者提交一份出色的答卷。

我们期待着读者的回声。

总 序

　　本文库所称"欧亚"(Eurasia)是指内陆欧亚,这是一个地理概念。其范围大致东起黑龙江、松花江流域,西抵多瑙河、伏尔加河流域,具体而言除中欧和东欧外,主要包括我国东三省、内蒙古自治区、新疆维吾尔自治区,以及蒙古高原、西伯利亚、哈萨克斯坦、乌兹别克斯坦、吉尔吉斯斯坦、土库曼斯坦、塔吉克斯坦、阿富汗斯坦、巴基斯坦和西北印度。其核心地带即所谓欧亚草原(Eurasian Steppes)。

　　内陆欧亚历史文化研究的对象主要是历史上活动于欧亚草原及其周邻地区(我国甘肃、宁夏、青海、西藏,以及小亚、伊朗、阿拉伯、印度、日本、朝鲜乃至西欧、北非等地)的诸民族本身,及其与世界其他地区在经济、政治、文化各方面的交流和交涉。由于内陆欧亚自然地理环境的特殊性,其历史文化呈现出鲜明的特色。

　　内陆欧亚历史文化研究是世界历史文化研究中不可或缺的组成部分,东亚、西亚、南亚以及欧洲、美洲历史文化上的许多疑难问题,都必须通过加强内陆欧亚历史文化的研究,特别是将内陆欧亚历史文化视做一个整体加以研究，才能获得确解。

中国作为内陆欧亚的大国，其历史进程从一开始就和内陆欧亚有千丝万缕的联系。我们只要注意到历代王朝的创建者中有一半以上有内陆欧亚渊源就不难理解这一点了。可以说，今后中国史研究要有大的突破，在很大程度上有待于内陆欧亚史研究的进展。

古代内陆欧亚对于古代中外关系史的发展具有不同寻常的意义。古代中国与位于它东北、西北和北方，乃至西北次大陆的国家和地区的关系，无疑是古代中外关系史最主要的篇章，而只有通过研究内陆欧亚史，才能真正把握之。

内陆欧亚历史文化研究既饶有学术趣味，也是加深睦邻关系，为改革开放和建设有中国特色的社会主义创造有利周边环境的需要，因而亦具有重要的现实政治意义。由此可见，我国深入开展内陆欧亚历史文化的研究责无旁贷。

为了联合全国内陆欧亚学的研究力量，更好地建设和发展内陆欧亚学这一新学科，繁荣社会主义文化，适应打造学术精品的战略要求，在深思熟虑和广泛征求意见后，我们决定编辑出版这套《欧亚历史文化文库》。

本文库所收大别为三类：一，研究专著；二，译著；三，知识性丛书。其中，研究专著旨在收辑有关诸课题的各种研究成果；译著旨在介绍国外学术界高质量的研究专著；知识性丛书收辑有关的通俗读物。不言而喻，这三类著作对于一个学科的发展都是不可或缺的。

构建和发展中国的内陆欧亚学，任重道远。衷心希望全国各族学者共同努力，一起推进内陆欧亚研究的发展。愿本文库有蓬勃的生命力，拥有越来越多的作者和读者。

最后，甘肃省新闻出版局支持这一文库编辑出版，确实需要眼光和魄力，特此致敬、致谢。

余太山

2010 年 6 月 30 日

目 录

前　言

憶20世紀國門初開之時，吾輩於西方人文學科論著，尚難得一見，即便得到，亦未必能讀懂。余幸得天時地利人和，每以得睹境外點滴資料、徵引域外些許文獻而竊喜，潛意識中難免惟洋人是尊。爾後進入新世紀，聆聽業師蔡鴻生先生有關“學理與方法”之諸多講演，反芻陳寅恪先生、陳垣先生諸前輩學者之治學遺訓，在研讀西方學者一些專業著作中，始逐步意識到中西研究各有所長。就外來精神文明在中土之變異華化，西方學者不無覺察，但畢竟未如我國前輩學者深刻，緣觀西人參合異域原始文獻釋讀夷教漢文資料時，云其同者多，發其異者少；至若不顧中間環節，無視時空之隔，牽強附會比同者，亦時有所見。遂漸悟國人治學，“師夷之長”，其必要性固不待言，但未必要以其是非爲是非。本書所論，殆源此心得，冀以拋磚引玉耳。

本書實爲《中古夷教華化叢考》之續篇，蒙蔡師提命，以《摩尼教華化補說》名之，蓋緣輯入本書諸文，乃集中探討摩尼教華化之問題，至於另兩夷教，即景教和祆教，雖有參照，但乏專論，遂將題目相應縮小。自20、21世紀之交，摩尼教研究成爲“顯學”以來，東南沿海地區摩尼教遺跡的田野調查屢有斬獲，繼溫州、晉江之重要新發現，近幾年林鋆先生、陳進國先生復在霞浦民間法師得到諸多科儀抄本，箇中摩尼教、明教的信息頗豐，令學界爲之驚喜。而今學界於華夏摩尼教之探討別開生面，乃拜該等田野調查新資料所賜。本書所論，亦直接間接受益於茲。

本書内容，與敦煌摩尼教寫卷關係甚密，爲便於閱讀對照，特據拙著《敦煌文書與夷教研究》所刊釋文版本，訂正個別誤植之字，復以注釋之形式，就其中某些疑難或有爭議之字補充考訂，重加刊出，

1

以便同仁參照；另本書多所論及的霞浦三個重要科儀抄本，亦據宗長林鋆先生賜示之照片，就目前認識所及，加以標點，製成釋文，以資共享。

　　本書所據文獻，以古漢籍爲主，且多有原始寫本，爲謹嚴起見，蒙出版社寬容，惠允採用傳統漢字。本書所附寫本釋文，於原件之異體字，盡量仿造；不過行文徵引時，爲便於電腦錄字排版和閱讀，異體字未見常用電腦字庫者，則盡量改植正體字。謹此說明。

1 敦煌摩尼教《下部讚》"電光佛" 非"光明處女"辨

1.1 緣起

近年林鋆先生主導下的霞浦明教遺跡調查，發現了當地民間法師收藏的一批科儀本，保存了某些明教的術語詞章，其間的"電光王佛"尤居於特別顯赫的地位，頗爲學界所矚目。[1]旅美學者馬小鶴先生在第七屆國際摩尼教研究學術研討會上，報導霞浦科儀本的發現，[2]其中就"電光王佛"做了闡釋："電光王佛或電光佛，相當於帕提亞語、中古波斯語之 kanīg-rōšn，意爲'光明夫人'"。[3]楊富學先生在釋讀霞浦科儀本《樂山堂神記》的電光王佛時，認同了馬先生的觀點。[4]爾後，馬先生在其《摩尼教與濟度亡靈——霞浦明教〈奏申疏牒科册〉研究》一文，更進一步引證瑞典學者翁拙瑞（Peter Bryder）《漢文摩尼教術語的演變》之論證，判定"'電光王佛'無疑源自敦煌摩尼教文書中的'電

---

〔1〕該等發現，由參與調查的陳進國先生與吳春明先生最早公開披露，見其提交2009年6月9—11日臺灣佛光大學"民間儒教與救世團體"國際學術研討會論文，題爲《論摩尼教的脫夷化和地方化——以福建霞浦縣的明教史跡及現存科儀文本爲例》，是文所過錄或摘錄的3個科儀本《樂山堂神記》《明門初傳請本師》《興福祖慶誕科》都出現了"電光王佛"一詞；之後，陳進國先生復與林鋆先生聯名，正式發表《明教的新發現——福建霞浦縣的摩尼教史跡辨析》一文（載李少文主編，雷子人執行主編《不止於藝——中央美院"藝文課堂"名家講演錄》，北京大學出版社，2010年，頁343–389），簡中又披露了《冥福請佛文》《送佛文》《吉祥道場門書》《奏三清》《奏教主》等科儀本都有此佛號。

〔2〕Ma Xiaohe, "Remains of the Religion of Lightin Xiapu（霞浦）County", *Fujian Province*, paper for the Seventh Internationgal Conference of Manichaean Studies, Dublin, 2009, Sept, pp. 8–12.

〔3〕Ma Xiaohe, "Remains of the Religion of Light in Xiapu（霞浦）County", *Fujian Province*, 刊《歐亞學刊》第9輯（《第二屆傳統中國研究國際學術討論會歐亞專輯》），中華書局，2009年，頁81–108；有關論述見頁97。

〔4〕楊富學：《〈樂山堂神記〉與福建摩尼教》，刊《文史》2011年第4輯，頁135–173；有關論述見頁144。

光佛'。一般文獻，摩尼教神'電光佛'（光明處女）的職能就是引誘雄魔，使其將身上的光明分子隨同精液一起射泄出來"。[1]

從上面簡介看，霞浦科儀本"電光王佛"的出現，使敦煌摩尼教寫經的"電光佛"重入學者視野。就已發表的文章看，論者把霞浦科儀本的"電光王佛"直當唐代摩尼教的"電光佛"，而"電光佛"則直當西域摩尼教那個色誘雄魔的女神。這就是說，公元3世紀中葉波斯人摩尼所倡創世說中的一個色誘雄魔的"光明處女"，到了明清時期，竟在中國東南沿海的霞浦，被當地民間信仰羣體奉爲主神。[2]

按華夏在漫長的封建專制下，男尊女卑爲社會之主流意識，這必定要反映到宗教信仰領域。是以，在中國的主流宗教和民間信仰中，神靈蓋以男性爲主體，在較成體系的宗教中，被崇拜的女性神靈畢竟不多，且多不扮演重要角色，稀見被奉爲主神者。普受崇拜的觀世音菩薩本是男身，只是爲了體現"菩薩低眉，慈悲四方"的形象，爲了適應女性善信的特殊願望，始被以仕女的面孔出現。在古代中國，能廣受尊奉的女性神靈，大概是像女媧、西王母這一類，不過嚴格地說，彼等乃神母，與西方所崇尚的美貌妙齡女神畢竟不同。由是，諸如"光明處女"這樣的異域女神，即便沒有違背中國傳統倫理之色誘行爲，也很難進入中國信仰之主神殿。因此，若謂霞浦科儀本的"電光王佛"便是源自摩尼教的"光明處女"，匪夷所思也。[3]至於敦煌摩尼經之"電光佛"是否就是西域文獻之"光明處女"，本章擬從古代中西文明交流的角度，試作考辨，以就教方家。

---

〔1〕馬小鶴、吳春明：《摩尼教與濟度亡靈——霞浦明教〈奏申疏牒科册〉研究》，刊香港《九州學林》2010年秋刊，頁15-47，有關論述見頁30。

〔2〕就已披露的有關科儀本看，多有明清時期常見的異體字，若干抄本可見"大清"國號，個別抄本現"大明國"字樣，可證該批抄本應多流行於明清時期。

〔3〕竊以爲，霞浦科儀本所見"電光王佛"，應源於明代，緣明律有取締明尊教之條，時明教徒爲避嫌，遂多將本教所奉明尊改稱"電光王佛"。詳參本書《霞浦科儀本〈奏教主〉形成年代考》。

1.2　摩尼創世說的兩性描述不合華情

上揭馬先生所云的摩尼教光明處女，無疑應出自西域文獻摩尼創世說，屬明尊第三次創造階段出現的明神。據云，爲了拯救被暗魔吞噬的光明分子，大明尊第二次創造所召喚的明神，從暗魔死屍上擠出了部分光明分子，造出了天地日月星辰；但還有部分光明分子藏於活著的暗魔身中，因此，不得不進行第三次召喚，召出新的明神來解救那些明子。緣不同語種文獻所復原的摩尼創世說，各有差異。揣摩馬先生"光明處女"說所依據版本，與芮傳明先生大著《東方摩尼教研究》所述創世說應同。爲便於說明問題，茲節錄芮先生所述有關部分：

　　……大明尊遂進行了第三次"召喚"，亦即第三次"創造"，召出了第三使（Third Messenger，其特性大致相當於古波斯的太陽神密特拉［Mithra］），第三使又召出了電光佛（西文稱"明女"，Maiden of Light）。兩位使者以裸體美男美女的形象展現在被囚禁於蒼穹中的暗魔前，致使雄性暗魔因色欲旺盛而泄出精液。部分精液墮落海中，變成海怪，被降魔使者所殺；另一部分則落到地上，變成樹木與植物。業已懷孕的雌魔則因此流產，胎兒墮落到地上；其胎兒所含的光明分子少於雄魔精子所含者，故變成了相應於五類暗魔（雙腿類、四腿類、飛行類、水生類和爬行類）形貌的生靈。

　　魔王命令一對暗魔吞食這些排泄物，以盡量收入光明分子。而後，這對暗魔交配，生下一男一女，名叫亞當、夏娃，其形貌類似於第三使和電光佛。亞當與夏娃所生育的後代便是人類，而人體中的光明分子則形成了靈魂。由貪欲、仇恨等構成的肉體始終禁錮着由光明分子構成的靈魂，因此拯救光明分子（靈魂）便成爲一項長期而艱巨的工作。[1]

然而，令人奇怪的是，儘管《京藏摩尼經》（宇56 / 北敦00256，

---

〔1〕芮傳明：《東方摩尼教研究》，上海人民出版社，2009年，頁37。

· 欧 · 亚 · 历 · 史 · 文 · 化 · 文 · 库 ·

以下簡稱《殘經》）於摩尼創世說有系統的敍說，但於男女之事全無提及。既無女神色誘雄魔之云，亦無暗魔亂交而生亞當、夏娃之說。於人類之起源，惟含糊其辭："於是貪魔見斯事已，於其毒心，重興惡計：即令路傷及業羅洪，以像浄風及善母等，於中變化，造立人身，禁因明性，放大世界。"（寫卷第21—23行）此外，在創世說中，光明夷數（Jesus the Splendour）是被派來啓迪人類始祖的明神，在摩尼教會中，其作爲拯救人類之神，享有崇高的地位，在《下部讚》（S.2659）中，備受稱頌。專題禮讚夷數的詩偈見寫卷第6—119行、第368—371行，蓋佔全卷篇幅逾四分之一，尚不計其他詩偈頌讚夷數之辭。但在《殘經》中，"夷數"之名僅一見，即寫卷第204—205行："十二時者，即是十二次化明王，又是夷數勝相妙衣，施与明性。以此妙衣，莊嚴內性，令其具足，拔擢昇進，永離穢土。"語焉不詳。顯然，由於迴避人類元祖產生之情節，亦就無從敍說夷數所扮演的重要角色。

漢文摩尼經之所以隱晦涉及兩性之說，竊意從陳寅恪先生名作《蓮花色尼出家因緣跋》可得到啓示。是文考"蓮花色尼出家因緣中聚麀惡報不載於敦煌寫本"的原因，有識語云："獨至男女性交諸要義，則此土自來佛教著述，大抵噤默不置一語。""蓋佛藏中學說之類是者，縱爲篤信之教徒，以經神州傳統道德所薰習之故，亦復不能奉受。"[1] 明神色誘雄魔，人類元祖爲暗魔亂交之所生，如是說法，顯"與支那民族傳統之倫理觀念絶不相容"[2]，焉能宣說於中土？

考摩尼教在唐代中國的傳播，其第一波應在唐代早期，乃藉助武則天對外來宗教之優容，此波止於開元二十年（732）玄宗之敕禁該教；而第二波，則在安史之亂後，借回鶻勢力，重入中國內地，時段大約始於大曆三年（768）回鶻請建摩尼寺，止於會昌二年（842）被殘酷取締。現存的三部敦煌摩尼寫卷，《殘經》產生於第一波時期，則天朝

---

〔1〕陳寅恪：《蓮花色尼出家因緣跋》，收入氏著《寒柳堂集》，三聯書店，2001年，頁169-175；引文分別見頁173、174。

〔2〕陳寅恪：《蓮花色尼出家因緣跋》，收入氏著《寒柳堂集》，頁173。

應已流行；[1]《摩尼光佛教法儀略》（S.3969、P.3884，以下簡稱《儀略》）撰於玄宗開元十九年（731），即於第一波之末；《下部讚》則屬第二波時期之作品，據考，約成於寶應二年（763）至大曆三年（768）之間，或建中元年（780）至貞元二十一年（805）間。[2]《殘經》面世最早，述創世而噤默兩性之事，足見外來摩尼僧自始就已顧及華情。是以，見於異族文獻之摩尼教"奇特的性現象描述"，[3] 在現有的三部漢文摩尼經中，蓋難覓蹤跡。

1.3 "電光佛"所現《收食單偈》之形成

查現有之三部敦煌摩尼教寫經，"電光佛"實際僅一現，見於《下部讚·收食單偈》（本書圖版1-1）之第三頌：

[168] 收食單偈 大明使釋

[169] 一者无上光明王，二者智恵善母佛，三者常勝先意佛，四者歡喜五明佛，

[170] 五者勤修樂明佛，六者真實造相佛，七者信心淨風佛，八者忍辱日光佛，

[171] 九者直意盧舍那，十者知恩夷數佛，十一者齊心電光佛，十二者惠明莊嚴佛。

[172] 身是三世法中王，開楊一切秘密事；二宗三際性相義，悉能顯現无疑滯。[4]

該偈落款"大明使釋"，疑偽託教主摩尼。苟不論該偈出自中亞教會何典，但其漢文版之形成，並非無源可溯。在《下部讚》中，該偈之前尚另有一偈，題爲"一者明尊 那羅延佛作"：

〔1〕林悟殊：《〈摩尼教殘經一〉原名之我見》，刊《文史》21輯，1983年，頁89-99。修訂本見《摩尼教及其東漸》，中華書局，1987年，頁191-267；台北淑馨出版社增訂本，1997年，頁211-226；《敦煌文書與夷教研究》，上海古籍出版社，2011年，頁1-21。

〔2〕關於《下部讚》的年代考證，見虞萬里：《敦煌摩尼教〈下部讚〉寫本年代新探》，收入《敦煌吐魯番研究》第1卷，商務印書館，1995年，頁37-46。

〔3〕詳參芮傳明：《東方摩尼教研究》，頁167-180。

〔4〕見《英藏敦煌文獻》（4），四川人民出版社，頁148。

　　　[165]一者明尊，二者智惠，三者常勝，四者歡喜，五者清修，六者真實，

　　　[166]七者信心，八者忍辱，九者直意，十者功德，十一者齊心和合，

　　　[167]十二者內外俱明，莊嚴智惠，具足如日，名十二時，圓滿功德。[1]

　　對比以上兩偈，何其相似乃爾！復顧《殘經》亦有類似一段經文，見寫卷第220—222行：

　　　[220]……惠明相者，第一大王，二者智惠，三者常勝，四者歡喜，

　　　[221]五者勤修，六者平等，七者信心，八者忍辱，九者直意，十

　　　[222]者功德，十一者齊心一等，十二者內外俱明。……

　　將《殘經》這三行經文與《一者明尊》比較，可看出兩者應同出一轍；儘管第一項的“大王”與“明尊”貌似有別，但實際都指同一最高神。由於《殘經》的產生早於《下部讚》，故有理由認爲《下部讚》的《一者明尊》不過是衍化自《殘經》這段經文。無論是《一者明尊》把“一者”至“十二者”稱爲“十二時”，抑或《殘經》將其稱爲惠明之“相”，均爲了闡發摩尼所倡導的品格戒行。至於“一者明尊”或“第一大王”雖不與“智慧”“常勝”之類，屬於表達品行修持之單詞，但從語境看，其“明尊”“大王”，實際就是涵蓋與“明尊”“大王”相搭配的戒行美德。如是表述法，在《殘經》中可找到近似之例證：

　　　若電那勿內懷第一大王樹者，當知是師有五記驗：一者不樂久住一處，如王自在，亦不常住一處，時有出遊；將諸兵衆，嚴持器仗，種種具備，能令一切惡獸怨敵，悉皆潛伏。二者不慳，所至之處，若得儭施，不私隱用，皆納大衆。三者貞潔，防諸過患，自能清淨；亦復轉勸餘修學者，令使清淨。四者扵已尊師有

―――――――――

〔1〕見《英藏敦煌文獻》（4），頁148。

智惠者，而常親近；若有無智、樂欲戲論及闘諍者，即皆遠離。
五者常樂清净徒衆．与共住止；所至之處，亦不別衆獨寢一室。
若有此者，名為病人。如世病人，為病所腦，常樂獨處，不願親
近眷屬知識。不樂衆者，亦復如是。（寫卷第 230—238 行）

這段經文首句的"若電那勿内懷第一大王樹者，當知是師有五記
驗"，竊意可譯成現代漢語："假如某位高僧身具第一大王樹，其必具有
如下五個方面的表現"，經文緊接著逐一解釋這五個方面的具體表現，
即該高僧遵守了哪五條戒行，或具備了哪五條美德。至於其他11項，《殘
經》均有類似的表述模式："二智惠者。若有持戒電那勿等内懷智性者，
當知是師有五記驗：一者常樂讚歎清净有智惠人，及樂清净智惠徒衆
同會一處，心生歡喜，常無厭離；……"（第238—244行）"三常勝者。
若有清净電那勿等内懷勝性者，當知是師有五記驗：……十二内外俱
明者。……如是等者，名爲十二明王寶樹。"（寫卷第244—310行）總
之，就是把僧侶要遵守的戒行或要修持的美德，概括爲"一者……""二
者……"等12大項，每一大項喻爲一棵寶樹，下面再細分5種"記驗"
（具體表現），如是共60"記驗"，作爲摩尼僧要修持的條規。顯然，
60種"記驗"無非就是12大項戒行、美德的具體内涵。

復將《一者明尊》與《收食單偈》比較，除首句的"一者明尊""一
者無上光明王"文字不同外，其他各句之差別惟是否有尾綴一神號耳。
而"明尊"與"無上光明王"無疑是同義詞，都是指摩尼教之最高神。
把"明尊"改稱爲後者，顯然是爲了因應七言詩偈的格式。而這個"一
者無上光明王"，從語境看，顯與上揭《殘經》的"第一大王樹者"同，
無非是指代必須修持第一大項的内容。由是，蓋可做出這樣的判斷：《收
食單偈》實際就是把《一者明尊》所臚列之12大項戒行或美德神格化，
分別搭配12位明神的名號，再加上一頌總結性稱揚"三世法中王"的
詩句，遂成完整一偈，供儀式誦唱之用。

既然《收食單偈》旨在宣揚戒行美德，對寫本出現的瑕疵就不難
理解了。該偈第3頌末句"十二者惠明莊嚴佛"，把"惠明"和"莊嚴"

顛倒了。翁拙瑞最早注意到此處有誤。[1] 按"惠明"作爲明尊召來與暗魔戰鬥之明神，已見《殘經》，因此莊嚴無疑應爲惠明佛的修飾語。[2] 不過，"惠明"一詞，如非神名，作爲普通名詞或形容詞，"惠"與"慧"通假，"惠明"，即智慧光明之意，而其前面《一者明尊》末頌適作"十二者内外具明，莊嚴智惠，具足如日"，表達類似。抄經者或因此而疏忽，未把"惠明"作神名。

就漢文寫經所頌十二大項戒行美德而言，自武后時期開始說教，到安史之亂後採用詩偈模式宣教，與華夏傳統文化的磨合歷百年之久，實際已形成自己獨立完整的表述模式，由大項到細則，由譬喻爲寶樹到搭配神佛之名，可謂已臻觀止。因此，可以說，《收食單偈》的思想無疑源於摩尼教中亞教團，但已經按華夏的傳統倫理、傳統思維改造了，像這樣一篇華化詩偈，竊意絕非從中亞某一語種的文本簡單直譯過來。

1.4 《收食單偈》諸神與《殘經》之對號

《殘經》於摩尼創世說有較爲系統的概述，所提到的明神，依次有"净風"（首見第8行）、"善母"（首見第8行）、"大智甲"（僅見寫卷第9—10行）、"先意"（首見寫卷第17行）、"呼嚧瑟德"（首見寫卷第18行）、"嘍（曬）德"（首見寫卷第18行）、"窣路沙羅夷"（首見寫卷第18行）、"惠明使"（首見寫卷第57行）、"持世明使"（僅見寫卷第109行）、"十天大王"（僅見寫卷第110行）、"降魔勝使"（僅見寫卷第110行）、"地藏明使"（僅見寫卷第110—111行）、"催光明使"（僅見寫卷第111行）、"夷數"（僅見寫卷第204行）、"日光明使"（僅見寫卷第211行）等。

《收食單》所提到十二位神名，其中善母佛、先意佛、五明佛、

---

〔1〕P. Bryder, *The Chinese Transformation of Manichaeism.A Study of Chinese Manichacan Terminology*, Bokförlaget Plus Ultra, 1985, p.111.

〔2〕新發現霞浦科册《摩尼光佛》第48–49頁採錄了《收食單偈》，是句作"十二者莊嚴惠明佛"，可資佐證。詳參本書《霞浦科儀本〈下部讚〉詩文辨異》。

净風佛、惠明佛、日光佛等六位，在上揭《殘經》的神譜中明顯可找到對應，不過是將原來的稱呼，如"明使"改稱爲"佛"；此"佛"字無疑借自佛教，然在此處惟作敬稱耳。不過，箇中"日光明使"改稱爲"日光佛"，適與佛教已有的佛號同。[1] 儘管佛典的"日光佛"並非稀見，但既然《殘經》原已有日光明使，其改稱爲日光佛不過是更新敬稱耳，如同"惠明使"改成"惠明佛"，並非直接襲自佛經。

至於《收食單偈》首行"一者無上光明王"，其"光明王"一詞，雖未見《殘經》，但《殘經》有引《應輪經》云："若電那勿等身具善法，光明父子及净法風，皆於身中，每常遊止。其明父者，即是明界無上明尊；其明子者，即是日月光明；净法風者，即是惠明。"（寫卷第132—133行）其"無上光明王"自是衍化自"明界無上明尊"無疑。

還有，"九者直意盧舍那"，其"盧舍那"（Locana）未見《殘經》，西方前輩學者考其即《殘經》的"窣路沙羅夷"（見寫卷第18、20、43、80—81、122、206行）[2]，後者爲中古波斯語 srwš'hr'y [Srōsahrāy] 的音譯，[3] 意謂"正直的斯勞沙"(the righteous Sraoša)[4]，即純淨得救的靈魂所凝聚成的光耀柱（Column of Glory）[5]，西方文獻稱其就是我們所見的天上銀河。前者出自梵文 Locana，Vairocana，佛典頻見。[6] 學

---

〔1〕查後魏北印度三藏菩提流支譯《佛說佛名經》，有"南無日光佛"凡24見，《大正藏》（14），No. 0440；而據2010年4月版 CBETA 電子佛典，可檢得"日光佛"90例。該詞梵名音譯作"儞崩（去）迦囉"，見大唐南印度三藏菩提流志譯《佛說文殊師利法寶藏陀羅尼經》，《大正藏》（20），No.1185A，頁796上。

〔2〕E. Waldschmidt & W. Lentz,"Die Stellung Jesu im Manichäismus", *Abhandlungen der Königl. Preuss. Akademie der Wissenschaften*（*APAW*）,1926，pp.542–543; P. Pelliot, "E. Waldschmidt, W. Lentz, Die Stellung Jesu im Manichäismus"(rev,), *T'oung Pao*（*TP*）XXV, 1929, pp.431–433.

〔3〕最早對該音譯詞進行詞源考察的是沙畹、伯希和，見 É. Chavannes et P. Pelliot, "Un traité manichéen retrouvé en Chine, traiduit et annoté", *Journal Asiatique*, 10. sér., XVIII, 1911（以下縮略爲 Chavannes / Pelliot 1911），pp.522–523, n.(1).

〔4〕W. B. Henning, "Annotations to Mr.Tsui's Translation，app.To Tsui Chi,'Mo Ni Chiao Hsia Pu Tsan, The Lower (Second?) Section of the Manichaean Hymns'", *BSOAS* XI, 1943—1946, p.216, n.8.

〔5〕Gunner B. Mikkelsen, *Dictionary of Manichaean Texts in Chinese,*, Brepols Publishers n.v., Turnhout, Belgium, 2006（以下縮略爲 Mikkelsen 2006），p.108; M. Boyce, *A Word-ist of Manichaean Middle Persian and Parthian*, with *A Reverse Index* by R.Zwanziger, (AcIr, 3. sér., II, Suppl., 9a; Textes et mémoires), Téhéran-Liège: Bibliothèque Pahlavi; Leiden: E. J. Brill,1977, p.82.

〔6〕據2010年4月版 CBETA 電子佛典，"盧舍那"出現逾二千次。

者之把"盧舍那"與"窣路沙羅夷"相聯繫，倒不是因爲發現兩者本來有什麼淵源，而是出於《下部讚》一首詩偈的提示：

　　　　［364］此偈讚盧舍那訖，末後結願用之。

　　　　［365］稱讚哀譽，蘇露沙羅夷，具足丈夫，金剛相柱，任
　　　持世界，充遍一切，以自妙

　　　　［366］身，以自大力，利益自許，孤棲寵子。我等今者，
　　　不能具讚，唯願納受，此微

　　　　［367］啓訟，護助善衆，常如所願！

　　查《一切經音義》有曰："盧舍那：或云盧柘那，亦言盧折羅，此譯云照，謂遍照也。以報佛淨色遍周法界故也。又日月燈光遍周一處，亦名盧舍那其義是也。"[1]可見，《下部讚》編譯者道明用"盧舍那"指代"窣路沙羅夷"，無非是取其光明普照之義，並非"盧舍那"包含有什麼大義更能表達摩尼教的義理。[2]儘管"盧舍那"亦是一個音譯術語，但其效法漢人姓名以二三字爲度的習慣，易讀易記。如果從公元四五世紀東晉佛馱跋陀羅（Buddhabhadra，359—429）漢譯《大方廣佛華嚴經》[3]，把盧舍那佛一詞引進華夏算起，到《下部讚》產生流行的八九世紀，時達四五百年，該名稱於華人已非陌性。《下部讚》作爲中土信衆的宗教儀式用經，選用該名指代"窣路沙羅夷"，適顯明其致力華化之價值取向。

　　類乎"窣路沙羅夷"這樣佶屈聱牙的音譯神名，《殘經》尚有"呼嚧瑟德"（見寫卷第18、74、76、207行）、"㘞嘍嚜（嚜）德"（見寫卷第18、74—75、76、207行），係帕提亞文 Xrōštag 和 Padwāxtag 的音譯，分別指呼喚和回應兩位明神。[4]像這樣的音譯神名如果不加必要的解

---

〔1〕〔唐〕慧琳撰：《一切經音義》卷20，見《大正藏》（54），No. 2128，頁431上。

〔2〕至於"盧舍那"在回鶻佛教文獻中的內涵如何擴大（參楊富學：《〈樂山堂神記〉與福建摩尼教》，頁146-147），那是高昌回鶻時期的事，應與《下部讚》無關，亦未必與摩尼教有關。

〔3〕〔東晉〕佛馱跋陀羅譯：《大方廣佛華嚴經》，見《大正藏》（9），No.0278。"盧舍那"在是經凡97見。

〔4〕Édouard Chavannes et Paul Pelliot, "Un traité manichéen retrouvé en Chine", *Journal Asiatique*, sér. 10, XVIII, 1911, pp.499-617., pp.521-522. Boyce, 1977, pp.69, 99.

釋，則令華人莫名其妙。《殘經》遂以漢人熟悉的打更人做譬喻："說聽喚應如喝更者"（第20行）；"以像唱更說聽喚應"（寫卷第42行）；而《下部讚》則乾脆迴避了這兩位神的音譯名稱，但言"喚應警覺聲"："又啓喚應警覺聲，并及四分明兄弟，三衣三輪大施主，及與命身卉木子。"（寫卷第133行）足見《下部讚》比《殘經》更顧及華情。

《收食單偈》的"五者勤修樂明佛，六者真實造相佛"所云兩個神名，亦未見於《殘經》，經文完全沒有出現"樂明"或"造相"的字眼。但《下部讚》於此兩佛的真身倒有透露，見寫卷第125行："又啓樂明第二使，及與尊重造新相，雄猛自在净活風，并及五等驍健子。"西方學者據其他語種的摩尼教文獻，把"樂明第二使"和"造相佛"分別比定明尊第二次召喚出來的明友（Friend of the Lights）[1] 和大建築師（the Great Builder）。[2] 儘管《殘經》沒有留下這兩位明神稱謂的痕跡，但據西方文獻，彼等所參與的創造世界的活動，在《殘經》中不無紹介：

> ……汝等當知，即此世界未立已前，净風、善母二光明使，入於暗坑无明境界，拔擢、驍健、常勝，□□□大智甲五分明身，策持昇進，令出五坑。其五類魔，黏五明身，如蠅著蜜，如鳥被黐，如魚吞鉤。以是義故，净風明使以五類魔及五明身，二力和合，造成世界，十天八地。如是世界，即是明身醫療藥堂，亦是雄魔禁繫牢獄。其彼净風及善母等，以巧方便，安立十天；次置業輪及日月宮，并下八地、三衣、三輪，乃至三灾、鐵圍四院、未勞俱孚山，及諸小山、大海、江河，作如是等，建立世界。禁五類魔，皆於十三光明大力，以為囚縛。其十三種大勇力者，先

〔1〕Peter Bryder, *The Chinese Transformation of Manichaeism. A Study of Chinese Manichaean Terminology*, Bokförlaget Plus Ultra, 1985, pp.98f.

〔2〕Ernst Waldschmidt & Wolfgang Lentz, "Die Stellung Jesu im Manichaismus", (Abhandlungen der Preussischen Akademie der Wissenschaften, Jg. 1926, Phil.-hist. Klasee, Nr. 4), Berlin: Verlag der Akademie der Wissenschaften, in Komni bei Walter de Gruyter, 1926, p.501；Peter Bryder, *The Chinese Transformation of Manichaeism. A Study of Chinese Manichaean Terminology*, Bokförlaget Plus Ultra, 1985, pp.99f.

意、净風各五明子，及呼嚧瑟德、呦嘍曀德，并宰路沙羅夷等。
（寫卷第8—18行）

從《殘經》這段論述看，惟突出净風和善母二大明使的作用，而隱去了所謂"Friend of the Lights"和"the Great Builder"這兩位明神的漢文名字。

上考《收食單偈》的11位明神，在《殘經》不是有名可考，便是有跡可循。以此類推，"電光佛"在《殘經》當不至全無雪泥鴻爪，下面專節考之。

1.5 《收食單偈》"電光佛"意涵蠡測

儘管《殘經》沒有電光明使，但以"電"字打頭的"電那勿"一詞卻頻頻出現，竟達16處之多（見寫卷第128、132、135、225、230、238—239、245、251、259、264、271、277、282、288、294、300等行）。昔年沙畹、伯希和考定該詞源於中古波斯語的 dênâvar，[1] 後來學者發現粟特文亦有該詞，作 δyn'βr[2] 或 δyn"βr，[3] 意爲 believer, devout (one)，漢語意思就是宗教徒，或謂宗教的虔誠信徒。[4] 玄奘《大唐西域記》卷11 "波剌斯國" 條下有云："天祠甚多，提那跋外道之徒爲所宗也。"[5] 當年沙、伯氏把此處的"提那跋"，亦解爲摩尼教的 dênâvarî。[6] 其實，玄奘到西域取經始於唐贞观元年（627），事在7世紀初葉，時摩尼教在波斯早已被取締殆絕。竊意玄奘所見"甚多"的"天祠"，多半

---

〔1〕Édouard Chavannes et Paul Pelliot, "Un traité manichéen retrouvé en Chine", *Journal Asiatique*, sér. 10, XVIII, 1911, pp.554−555.

〔2〕I. Gershevitch, *A Grammar of Manichean Sogdian*，Publications of the Philological Society XVI, Oxford 1954, p.266；B. Gharib, *Sogdian Dictionary:Sogdian-Persian-English*, Farhangan Publications, 2004, p.148.

〔3〕E. Benveniste, *Essai de Grammaire Sogcienne*, Paris, 1929, p.218.

〔4〕Gunner B. Mikkelsen, *Dictionary of Manichaean Texts in Chinese*, Brepols Publishers n.v., Turnhout, Belgium, 2006, p.103.

〔5〕《大正藏》（51），No.2087，頁938上。

〔6〕Éd. Chavannes et P. Pelliot, "Un traite manicheen retrouve en Chine"，*Journal Asiatique*, 1913, p.150.

應屬時爲波斯國教的瑣羅亞斯德教。該條尚云該國有"婚姻雜亂，死多棄屍"之俗，正係該教之習。當然，簡中或另有少量屬於其他西域宗教者，緣玄奘畢竟但知其異於"伽藍"耳，至於"天祠"之間是否尚有別，恐未遑細察。其謂"提那跋"，當據土著居民對彼等僧人稱謂之音譯。假如"提那跋"如沙、伯氏所云，即爲 dênâvar 音譯的話，則提示吾輩，在中古西域語文中，dênâvar 一詞並非摩尼教所專用，無論其發音有何微妙的不同，[1] 應是對佛僧之外的宗教徒，尤其是職業宗教徒的稱謂。若然，漢字不乏可資該詞音譯者，玄奘所云的"提那跋"不過是其中之一。饒有趣味的是，《殘經》把其第一個音節音譯爲"電"。按"電"，中古發音作 den，[2] 可與 dên 或 dēn 對音。吾人固知，摩尼教晚於佛教入華，其漢譯經典自多效法佛教。然筆者檢索2010年4月版 CBETA 電子佛典，儘管有"電"字凡8626個，但蓋用於實義，很難找到作音譯者；特別抽檢唐代流入日本的10卷集《翻梵語》、[3]《翻譯名義集》[4] 等與翻譯密切相關的佛典，更絕無以"電"爲音之譯例。查中古"甸"與"電"同音，[5] 在中古漢譯之佛典中，前者不乏用於音譯，如《佛說大孔雀呪王經》有"伊謎悉甸覩""悉甸覩達羅"等；[6]《金光明最勝王經》則有"悉甸覩曼"或"悉甸覩漫(此云成就我某甲)"等[7]，《番大悲神呪》有"葛牙席甸都迷滿特囉"[8]，該等例子或可證明：古代佛僧面對 den 或其近音的梵文需音譯時，寧可選用像"甸"這樣的同音或近音字，而不用"電"。其中原因，竊意或緣"電"作爲一個實

〔1〕如作：dyn'wr〔dēnāwar〕，M. Boyce, *A Word-List of Manichaean Middle Persian and Parthian, with A Reverse Index by R.Zwanziger*, (AcIr, 3. sér., II, Suppl., 9a; Textes et mémoires), Téhéran-Liège: Bibliothèque Pahlavi; Leiden:E. J. Brill,1977, p.38; Desmond Durkin-Meisterernst, *Dictionary of Manichaean Texts. Vol. iii. Texts from Central Asia and China. Part 1. Dictionary of Manichaean Middle Persian and Parthian*, (Corpus Fontium Manichaeorum, Subsidia), Turnhout: Brepols, 2004，p.151.

〔2〕Bernhard Karlgren, *Grammata Serca Recensa*, Stockholm 1972, p.109.

〔3〕佚名：《翻梵語》，見《大正藏》（54），No. 2130。

〔4〕〔宋〕法雲編：《翻譯名義集》，見《大正藏》（54），No.2131。

〔5〕Bernhard Karlgren, *Grammata Serca Recensa*，p.105.

〔6〕〔唐〕義淨譯：《佛說大孔雀呪王經》，見《大正藏》（19），No.0985，頁461中、頁472中。

〔7〕〔唐〕義淨譯：《金光明最勝王經》，見《大正藏》（16），No.0665，頁420下、頁435中。

〔8〕《番大悲神呪》，見《大正藏》（20），No.1063，頁114下。

義詞，十分常用，在表述時可作名詞、形容詞、動詞、副詞等使用，用於音譯詞組，易誤導歧義；不像"旬"那樣，意思蓋多抽象，日常對話罕用，時至今日，音譯名詞或詞組仍多用之。佛僧之漢譯經典要比摩尼僧早數百年，現存的三部敦煌漢文摩尼經，其效法漢譯佛經表述模式，借用佛教術語的例子比比皆是。因此，竊疑《殘經》之音譯dênâvar，"姓電"而不"姓旬"，未必純屬偶然。

《周易·豐卦》疏云："雷者，天之威動；電者，天之光耀。"[1] 對於崇拜光明的華夏摩尼教徒來說，在大自然中最能讓其產生與光明聯想的，除了日月星此"三光者"外，莫過於電光。是以，取用"電"這樣一個實義詞來做音譯，難免令人聯想摩尼教之光明崇拜。

按《儀略·五級儀》將摩尼教信徒分爲五級，即：慕闍、拂多誕、法堂主、純善人、淨信聽者。[2]《殘經》所云的"電那勿"，顯然是指摩尼教信徒之一至四級者，亦就是出家修持的信徒，相當於佛教之寺僧。漢譯可通稱爲摩尼僧，古漢籍或簡稱爲大摩尼、小摩尼之類。[3] 據《儀略·五級儀》，摩尼教會於各級僧侶有特別嚴格的要求。[4] 復考《殘經》有引《應輪經》云："若電那勿等身具善法，光明父子及淨法風，皆扵身中，每常遊止。……"（寫卷第131—133行）；又引《寧萬經》云："若電那勿具善法者，清淨光明，大力智惠，皆俻在身。即是新人，功德具足。"（第134—136行）玩味這兩段經文，竊意實在開

---

〔1〕見《下經豐傳卷六·第五十五卦豐》，收入《十三經注疏》，中華書局，1980年，頁67。

〔2〕見《儀略》寫卷第71—75行：

第一，十二慕闍，譯云承法教道者；

第二，七十二薩波塞，譯云侍法者，亦號拂多誕；

第三，三百六十默奚悉德，譯云法堂主；

第四，阿羅緩，譯云一切純善人；

第五，耨沙喭，譯云一切淨信聽者。

〔3〕《國史補》卷下云："回鶻常與摩尼議政，故京師爲之立寺。其法日晚乃食，敬水而茹葷，不飲乳酪。其大摩尼數年一易，往來中國；小者年轉江嶺，西市商胡櫜其源，生於回鶻有功也。"（李肇：《唐國史補》卷下，上海古籍出版社，1983年，頁66。）

〔4〕見《儀略》寫卷第76—83行："右阿羅緩已上，並素冠服；唯耨沙喭一位，聽仍舊服。如是五位，裹受相依，咸遵教命，堅持禁戒，名解脫路。若慕闍犯戒，即不得承其教命；假使精通七部，才辯卓然，爲有愆違，五位不攝。如樹滋茂，皆因其根；根若壞者，樹必乾枯。阿羅緩犯戒，視之如死，表白衆知，逐令出法。海雖至廣，不宿死屍。若有覆藏，還同破戒。"

示那些摩尼僧：只要好好修持，生前便能通神，身後即可成"新人"。適與釋家所謂修持到家，便可得道成佛之義同。難怪《殘經》在論述創世說後，便用大量篇幅宣教電那勿所應嚴格修持的具體內容，即本章上面提及的60種戒行美德。足見依摩尼之說法，其教僧侶乃人類中光明成分之最多者，彼等最有可能回歸光明王國。因而，來華摩尼僧讓自家僧侶"姓電"，固屬音譯，但必孕以光明之義，以別他類。此舉倒有點類乎華夏佛僧，因崇拜釋迦牟尼而以"釋"爲姓。

　　來華摩尼僧之刻意以"電"字音譯 dênâvar 之第一音節，尚有《下部讚》一題簽佐證，見184行："歎諸護法明使文于黑哆忙你電達作有三疊"（詩偈內容見寫卷185—196行）。箇中"歎諸護法明使文"當爲詩偈之標題，不贅；在寫卷中，同樣標題的詩偈共3首，見接續的197—208行和209—221行，故標題行末署"有三疊"。[1]而"于黑哆忙你電達作"顯爲詩偈作者的信息。其間"忙你"二字，在寫卷他處頻現（見第84、112、136、152、159、160、256、338、340、348、357、370、372、373、378、383行），均指代教主摩尼。既然教主稱"忙你"，依華夏尊卑有別、不得僭越的規矩，其信徒名字中自不可復以"忙你"名之。是以，前3字"于黑哆"當爲人名，緣道明既諳華情，其音譯名字自以三字爲度。[2]至於"忙你電達"應是對"于黑哆"其人身份之說明。中古波斯語的 dynd'r［dēndār］，意爲 religious（宗教）[3]，"電達"適可資對音；西方學者稱源於 dênâvar，當亦確；緣古漢籍之表述力求簡練，於外來名詞的音譯，如逐字對音，不勝其煩，故常用"省譯"

---

〔1〕"疊"，古漢語有指樂曲重複演奏之義，如十大古琴曲之一《陽關三疊》。因此，竊意"有三疊"乃示意下面同名的詩偈都應按同一曲調重複誦唱。

〔2〕該名首字"于"，寫本原件並不清晰，以往錄文作"子"。細察寫本，可確認爲"子"者凡28見（寫卷第8、44、49、65……），均作實義用；作音譯之"于"則見寫本第3、156、177、178行，可資比較。竊意作爲人名的音譯，當作"于"爲是。

〔3〕M. Boyce, *A Word-List of Manichaean Middle Persian and Parthian, with A Reverse Index by R.Zwanziger*, (AcIr, 3. sér., II, Suppl., 9a; Textes et mémoires), Téhéran-Liège: Bibliothèque Pahlavi; Leiden:E. J. Brill,1977, p.38; Desmond Durkin-Meisterernst, Dictionary of Manichaean Texts. Vol. iii. Texts from Central Asia and China. Part 1. Dictionary of Manichaean Middle Persian and Parthian, (Corpus Fontium Manichaeorum, Subsidia), Turnhout: Brepols, 2004., p.155.

的方式。[1]無論如何，皆惟"電"是尊，無非強調"于黑哆"爲忙你教會的僧侶，足證該"電"字已作爲關鍵字，不可替易。來華摩尼僧於"電"字情有獨鍾，可見一斑。言其音譯孕義，諒非臆測。

摩尼僧與電光明之密切聯繫，《下部讚》的詩偈中另有跡可循。其一見寫卷第126行："復啓道師三丈夫，自是第二尊廣大，夷數與彼電光明，并及湛然大相柱。"其二見第151行："清净光明力智惠，慈父明子净法風，微妙相心念思意，夷數電明廣大心。"這兩頌均屬《普啓讚文》（第120—153行）之內容。第一頌的"夷數與彼電光明"，現代漢語可作"夷數及其電光明"。在"光明"之前冠以"電"字，顯爲區別於一般的光明成分，無疑特有所指。如上面業已提到的，在摩尼創世說中，基督教的創立者耶穌，以光明耶穌（夷數）的身份，納入該教神譜，爲明尊派遣到人間啓迪人類元祖的明神，又是爾後拯救人類靈魂之主神，而靈魂就是被黑暗物質（即人體）所囚禁的光明分子。夷數作爲創世說中最後一位明神，不同此前諸明神那樣，還帶著或再召出什麼明神以協助戰鬥或創立天地，那麼伴隨夷數那些"姓電"的特別光明成分，不可能是其所召出，亦不可能是其原來所固有，而應是他履行使命後始有的；因此，除了其所救拔出來、業已淨化的人類靈魂外，應無其他。亦就是說，彼等應是回歸明界之電那勿靈魂。該等靈魂回歸明界後，作爲明神的一個特別羣體，參與拯救"亡沒沉輪諸聽者"的工作：

〔341〕過去一切慈父等，過去一切慕闍輩，過去一切拂多誕，過去一切法堂主，

〔342〕具戒男女解脫者，並至安樂普稱歡；亡沒沉輪諸聽者，衆聖救將達彼岸。[2]

箇中的"過去一切慈父"當指歷代教會最高領袖，至於過去一切

---

〔1〕首倡"省譯"說者，當數馮承鈞先生。其曾考《册府元龜》所載"開元二十年八月庚戌，波斯王遣首領潘那蜜與大德僧及烈來朝"（中華書局，1960年，頁11454），認爲此處"及烈"是敍利亞文鄉主教（korappiqopa）之省譯。見馮承鈞《景教碑考》，商務印書館（上海），1931年，頁62。

〔2〕見《下部讚》寫卷第339—346行之薦亡詩偈"第一句齋默結願用之"。

慕闍輩、拂多誕、法堂主、具戒男女解脫者，顯指歷代教會的各級僧侶。這個羣體復總稱爲"清净師僧"：

[405] 此偈爲亡者受供結願用之。

[406] 某乙明性，去離肉身，業行不圓，恐沉苦海，唯願二大光明、五分法身、

[407] 清净師僧、大慈悲力，救拔彼性，令離輪迴剛強之躰，及諸地獄鑊湯、

[408] 爐炭。唯願諸佛，哀愍彼性，起大慈悲，与其解脫；自引入扵光明世

[409] 界本生之處，安樂之境。功德力資，依如上願。

此處的"清净師僧"與"二大光明、五分明身"一樣被祈禱來救拔"某乙明性"。可證其與上揭寫卷第342行拯救"亡沒沉輪諸聽者"的"眾聖"同，其應是所有回歸光明王國之摩尼僧的總稱。[1] 由於彼等回歸明界之前稱爲電那勿，回歸後稱爲電光明，以別於其他固有的光明成分，顯然順理成章。至於第二頌的"夷數電明"，從漢語表述角度看，無疑是"夷數與彼電光明"的簡約。因此，無論是"電光明"，抑或是"電明"，在《下部讚》中當指代生前修持已臻觀止，死後靈魂已提煉純淨的摩尼僧。寫卷中以大量篇幅描繪該等清淨師僧在明界所見的絕妙景象，在明界過的超逸生活，爲在世的信徒展示了一幅令人神往的圖景：

[272] 在彼一切諸聖等，不染旡明及淫慾，遠離癡愛男女形，豈有輪迴相催促？

[276] 金剛寶地極微妙，旡量妙色相暉曜，諸聖安居旡鄣礙，永離銷散旡憂惱。

[282] 琉冕究竟不破壞，一戴更旡脫卸期；諸聖普會常歡喜，永旡苦惱及相離。

此處的"諸聖"，無疑就是指"清淨師僧"。内涵相同的"諸聖"，

---

〔1〕"清净師僧"一語，《殘經》已用（見寫卷第79行），《下部讚》繼承之。

復見寫卷第208、214、230、287、291、318、319、322、328、331等行。此類描述"清淨師僧"的唱詞甚多，惟出於詩偈表述修辭需要，或把其簡約爲"諸聖"，或簡約爲"衆聖"，如第350行："清净童女築令勤，諸聴子等唯多悟，衆聖遮護法堂所，我等常寬无憂慮！"（凡三現，另見342、396行）。但更多的是稱"聖衆"，如：

［199］如有重惱諸辛苦，聖衆常躅離净法。砕散魔男及魔女，勿令對此真聖教。

［267］聖衆法堂皆嚴净，乃至諸佛伽藍所；常受快樂光明中，若言有病无是處。

［268］如有得往彼國者，究竟普會无憂愁。聖衆自在各逍遙，拷捶囚縛永无由。

［270］无上光明世界中，如塵沙等諸國土。自然微妙寶莊嚴，聖衆拎中恒止住。

另見第273、277、279、284、286、301、304、311、314、316、317、320、324、334、338、389等行。有個別場合則簡稱爲"諸聖尊"：

［333］光明界中諸聖尊，遠離懷胎无聚散：遍國安寧不驚怖，元无怕懼及荒乱。

從該等稱謂出現的頻率，已可見彼等在整部寫經中所佔篇幅之大。其實，摩尼之所以創立其宗教，歸根到底就是要純潔人類的靈魂，冀望人類經過嚴格的修持後，得以回歸理想的光明王國。因此，從這個角度看，在摩尼的說教中，最有榜樣力量的莫過於清淨師僧，他們構成了救拔人類靈魂的重要生力軍，而且隨著新靈魂的加入，隊伍越來越壯大。這個不斷壯大的明神新羣體，即便在原始摩尼教中並未明確定位，但在傳播過程中，因應說教的需要，必定要被正式授予神號，納入神譜，並在神譜中居重要地位。《收食單偈》在緊接"十者知恩夷數佛"之後，以"齊心電光佛"作爲"十一者"居其後，竊意正是這一過程之結果。其電光佛，就是摩尼僧在華傳教因應華情的需要，授予清淨師僧的正式神號。彼等本"姓電"，生前叫電那勿；靈魂本來就是五明子，只是被黑暗污染了，既已修持清淨，被夷數救拔回歸明界，成爲緊隨夷數的電光明，復協助夷數以拯救全人類靈魂。清淨師僧作爲明界的新羣體，爲數越來越多，需要向世人展示的最重要品格就是齊心，要世人齊心向善。在整部詩篇中，正是屢屢強調、稱頌彼等"齊心"的美德，如：

［273］聖衆齊心皆和合，分折刀劍旡由至，釋意消遙旡郁礙，亦不願求淫慾事。

［317］聖衆光明甚奇異，旡有閒斷互相暉；彼聖齊心皆和合，若言分折元旡是。

［320］聖衆齊心恒歡喜，演微妙音旡停止，讚礼稱楊旡疲猒，普歎明尊善業威。

［324］聖衆齊心皆和合，元旡分折爭名利，平等普會皆具足，安居廣博伽藍寺。

彼等之"齊心"適與《收食單偈》"電光佛"所搭配的美德同。這實際亦佐證"電光佛"就是華夏摩尼教於清淨師僧的神號。

把回歸明界的清淨師僧的靈魂合成爲新的明神，這一造神模式符合摩尼的思維模式。上面已提到在大明尊第2次創造階段，明神將一部分光明分子從戰死的暗魔身上擠出來，造成了日月，而日月遂又成爲新的明神，即日光明使、日光佛、日月光明佛；還有，由純淨得救的靈魂所組成的銀河，其也作爲重要的明神，即所謂"窣路沙羅夷"或"盧舍那"。由是，回歸明界之清淨師僧之靈魂，凝合成一位曰"電光佛"之新明神，與上揭日月、銀河神形成的軌跡完全契合。而且，既然日光、月光、銀河光都是明神，那麼閃電光被納入神譜，顯然十分符合華夏信徒的思維邏輯。[1]

考漢文的"電光佛"，漢譯佛經早已有之。後魏北印度三藏菩提流支譯《佛說佛名經》，多處出現，作："南無盧舍那華眼電光佛"[2]，"南無寶師子火光明世界法界電光佛"[3]，"南無電光佛"[4]。摩尼教在東傳時，確吸收了不少佛教成分，包括引入某些佛號，如教主摩尼在中亞曾被稱爲"彌勒佛"（M42）[5]、佛陀（M801）[6]。但迄今在異族摩尼教文獻中，未聞該教之神譜中有稱"電光佛"者，而《殘經》與《儀略》亦無此稱謂，惟《下部讚》一見。由是，竊意"電光佛"之名，應在唐代摩尼教第二波傳播時，進一步佛化，始予采入。"電光佛"在佛經中，並非虛有其號，緣唐三藏法師義淨奉制譯《佛說一切功德莊嚴王經》有提及該佛說經："世尊，我往昔時曾於電光佛所聽受此經，纔得

[1]本章完稿後，荷蒙芮傳明先生電郵提示：異域摩尼教文獻多有將耶穌與"光明少女"並提者，因此，"'電光明'或'電明'，似乎仍可考慮爲非漢語文書中的'光明少女'"。竊意華夏主流宗教藝術中，殆未見有妙齡女神陪伴男性主神圖像，乃緣華夏俗界男女有別，教界亦自不例外，諒來華摩尼僧於此不至竟有疏忽。蒙王媛媛女史點示高昌回鶻摩尼教藝術諸圖版，不乏男女諸神形象並現者，見 Z. Gulacsi, *Manichaean Art in Berlin Collection. A Comprehensive Catalogue of Manichaean Artifacts Belonging to the Berlin State Museum of the Prussian Cultural Foundation, Museum of Indian Art, and the Berlin-Brandenburg Academy of Sciences, Deposited in the Berlin State Library of the Prussian Cultural Foundation*, Brepols, 2001, pp.72, 80, 106. 余觀該等圖像，男女之間，上下左右各列，未見間雜；至於僧人，尤爲明顯。發見於高昌遺址 K 中聽西側的著名壁畫（IB6918），中間大人物被認爲是摩尼，原畫中有成排選民拱繞，男左女右，分立兩側（見 Z. Gulacsi, *Manichaean Art in Berlin Collection*. pp.198–201；另見克里木凱特撰，拙譯《古代摩尼教藝術》，淑馨出版社〔臺北〕，1995年增訂版，圖版10a，文字說明見頁56）。足見回鶻摩尼教在中原傳播時，受華夏文化洗禮，在男女之分上，蓋與漢俗近矣。是以，相隨夷數之"電光明"或"電明"當非異域文獻之"光明少女"。何況，如本章所已提到，在《下部讚》中，夷數地位極崇，若仍以"光明少女"伴隨，則與華俗格格不入，有損其光輝形象。

[2]〔後魏〕北印度三藏菩提流支譯：《佛說佛名經》，見《大正藏》（14），No.0440，頁146上。

[3]《佛說佛名經》卷6，頁146上，並見卷15頁，240下。

[4]《佛說佛名經》卷10，頁223上；並見卷14，頁237中；卷30，頁298中。

[5]F. C. Andreas & W. B. Henning, "Mitteliranische Manichaica aus Chinesisch-Turkestan III", *SPAW*, 1934, pp.878–881; M. Boyce, *A Reader in Manichaean Middle Persian and Parthian*, Téhéran-Liège: Bilbliothèque Pahlavi; Leiden: E. J. Brill, 1975, pp.170–173; H.J. Klimkeit, *Gnosis on the Silk Road : Gnostic Parables, Hymns & Prayers from Central Asia*, New York, 1993, p.125.

[6]W. B. Henning, *Ein manichäisches Bet- und Beichtbuch*, （*APAW* PH, Nr.10）, Berlin: Akademie der Wissenschaften,W. de Gruyter & Co., 1937, pp.1–32; H.J. Klimkeit, *Gnosis on the Silk Road : Gnostic Parables, Hymns &Prayers from Central Asia*, p.134.

聞已一切妙法皆得現前，一切惡道悉皆關閉，所有業障咸得銷除。"[1]
但該佛行狀缺考，現有漢文佛教辭書未見收入。而電光，則佛典常見，
筆者檢索上揭 CBETA 電子佛典，該詞出現凡2509次。梵文作
vidyujjvālaḥ，其除指自然現象之電光，亦常用於譬喻事物瞬間即逝："石
火電光，眨眼便過"[2]，"猶如夢幻與泡影，亦如朝露及電光"[3]，等等。
儘管華夏神話有雷公電母之謂，但漢文佛經之"電光"，蓋與性別無
涉。至於漢傳佛教，雖云女性也可"立地成佛"，但入選《佛說佛名經》
之眾佛，不論其在印度本土的性別如何，在華夏善信心目中，殆爲男
性。像"電光佛"這樣的名稱，不可能與女神作聯想，更不可能與女
色有染。假如《收食單偈》之取用"電光佛"名稱，其靈感源於佛號
電光佛，那也不過是取其有光明之意蘊耳，絕非與性別有涉。

在摩尼創世說中，諸多明神都是召喚而來，在其完成任務後便多
無影無蹤，仿佛不存在似的。但在華人的主流宗教中，凡被崇拜的神
往往被人格化，有形象可睹，有神跡可循，甚至被敷陳演繹了種種奇
特故事。至於漢人之宗教修持，無非是冀死後成神化仙，進入極樂世
界或飛入仙境，各地歷代神仙譜中便不乏這類由人修煉而成者。[4]道明
無疑深諳這一華情，是以，《下部讚》大力渲染頌揚回歸明界之清淨師
僧，把其與電光佛嫁接，讓其成爲聽者禮拜祈禱的對象。此舉不過是
摩尼教華化的又一表現。

1.6　西方學者對"電光佛"的誤讀

其實，就摩尼的創世說，早在20世紀初葉，我國著名宗教學家許

---

〔1〕〔唐〕義淨譯：《佛說一切功德莊嚴王經》，見《大正藏》（21），No.1374，頁891上。

〔2〕〔元〕天如則著：《淨土或問》，見《大正藏》（47），No.1972，頁299下。

〔3〕〔清〕來舟淺注：《大乘本生心地觀經淺注》卷1，《卍新纂續藏經》第20册，No.0367，頁
962下。

〔4〕霞浦北宋林瞪就是其中一例，其生前爲依託道教潛修之明教徒，死後而成霞浦一神。詳參拙
文：《"宋摩尼依託道教"考論》，收入張榮芳、戴治國主編：《陳垣與嶺南：紀念陳垣先生誕生
130周年學術研討會論文集》，中國社會科學出版社，2011年，頁81-107；有關論述見頁102-106。

地山先生已據西方學者著作有所介紹。[1]細節表述有差，惟明神化美女誘惑雄魔射出光明分子，以及暗魔亂交產生人類元祖這兩個基本情節無變。但究竟是哪位明神化爲美女，許地山先生所依據的版本作如是說：

> 大明尊就發出第三度號召，化出惠明使（izgadda, Legatus Tertius）。惠明使底化生是一種古代傳下來底神話。初期基督教底唯知派也主張女靈巴伯羅（Barbelo）在魔底衆子面前顯示她底美麗，他們因此便迷戀於她，將他們底勢力丟了。在許多民族底自然神話中，與這相同底說法很多，摩尼借來建立他底惠明使化出底事實。他說惠明使和他底同伴爲擒魔類，化作女身，使他們因貪愛而將從前吞在身中底光明發洩出來。可是光明既在黑暗衆子底身中留過，出來底時候，把罪惡也帶出來。惠明使底工作便是要把混在光明裡底罪惡（黑暗）分離；至終，光明淨昇入日月宮中，黑暗下墜而成大地河海。所以這個世界乃是從光明擠出來底黑暗（或罪惡）所成。黑暗底魔王更從其中模倣大世界而造出這人類世界一切的人物。[2]

照許先生介紹的這個版本，色誘雄魔的就是惠明使，即第三使，在這個過程中並非另有一位甚麼 Maiden of Light。而這個惠明使既見於《收食單偈》的“十二者”，那麼“十一者”的“電光佛”當然就不是“光明處女”了。依這個版本，化女身色誘暗魔不過是某明神之權宜舉措，任務一旦完成，當事明神自即復原本相，而原先所化之色誘女相，亦應像其他諸多被召出來的明神那樣，使命既畢也就銷聲匿跡。因此，尚另有扮演其他角色之光明女神存在，自與色誘事無關。

把“電光佛”認定爲色誘雄魔的“光明處女”，大概是源於翁拙瑞博士論文《漢文摩尼教術語的演變》：“在漢文中，光明處女既以複數形式的‘十二時’出現，也以單數形式的‘電光佛（God of Thunderbolt）’

---

〔1〕A. M. Kugener et F. Cumont, *Researches sur le Manichéisme*, Vol. 1, Bruxelles, 1912, pp.96–98. 見許地山《摩尼之二宗三際論》，刊《燕京學報》1928年第3卷，頁382–402；有關論述見頁390–391。

〔2〕許地山：《摩尼之二宗三際論》，刊《燕京學報》1928年第3卷，頁389–390。

出現。'電光佛'這個看來有些奇怪的名稱可以這樣解釋：當魔鬼看到光明處女在空中的裸體形象時，他們呻吟不已，這種呻吟在地上聽起來就像打雷。"[1]

此處翁博士所言光明處女以複數形式的"十二時"出現，未審是否據《殘經》經文："十二時者，即像日宮十二化女，光明圓滿。合成一日。"（第211—212行）檢索現有的三部漢文摩尼經，將"十二時"與女性相聯繫，蓋惟此一句。在華夏古老的神話中，天宮可以有天女、仙女、金童玉女之類，但彼等之職責在於侍候神仙，並非什麼主神；而能與彼等作聯想的是貞潔，絕不可能是淫穢。[2]其實，即便在異域摩尼教文獻中確有12個色誘雄魔之"光明處女"，彼等亦未必可與漢文《殘經》所云"日宮十二化女"對號。《殘經》所謂"十二化女"，照華夏的觀念，當被目爲傳統之之天女、仙女，絕不可能涉及兩性之事。《儀略》有云，"按彼波斯婆毗長曆，自開闢初有十二辰，掌分年代。至苐十一辰，名'訥'，管代二百廿七年，釋迦出現。至苐十二辰，名'魔謝'，管代五百廿七年，摩尼光佛誕蘇隣國跋帝王宮，金薩健種夫人滿艷之所生也。"（寫卷第15—18行）玩味這段經文，摩尼教所據"波斯婆毗長曆"應像中國古代那樣，把一天分成12個時辰。《殘經》出現"十二時"凡8次，見第80、202、224、206、209、211、213、216行。其間213和216行所現2個"十二時"屬於黑暗王國的範疇，餘皆屬光明王國者。後者每個"十二時"所聯繫的內容各異，包括諸多神名，如"勝相十二大王（202—203行），"十二次化明王"（204行），或諸多品格，如"怜愍、誠信、具足、忍辱、智惠等"（第210行），與"十二化女"相聯繫，不過是其中之一。西方學者認爲漢文經典的"十二時"專指

---

[1] Peter Bryder, *The Chinese Transformation of Manichaeism. A Study of Chinese Manichaean Terminology*, Bokförlaget Plus Ultra, 1985, p.110. 譯文據馬小鶴《摩尼教與淸度亡靈——霞浦明教〈奏申疏牒科册〉研究》，頁30。

[2] 把天女目爲主神之侍候者，來華摩尼僧實際亦接受這種認識，是以其僧人修持的法堂，始有"清净童女"服務，《下部讚》寫卷第350行可資爲證："清净童女策令勤，諸聽子等唯多悟，衆聖遮護法堂所，我等常寬兂憂慮！"

"神的十二位女兒"（the twelve daughters of God），[1] 顯屬誤讀。

　　琢磨"十二時者，即像日宮十二化女，光明圓滿，合成一日"這句經文，竊意其真諦可如是解：每天12個時辰，日宮一直保持光明圓滿，只是各以不同的女神面目出現而已。緣據上揭摩尼創世說，明尊第二度召出的明神，從戰死的暗魔身上擠出部分光明分子，造成了日月。既然如此，日月應當是光明常在。然而，何以月有陰晴圓缺，世界還有白天黑夜之分。摩尼教會勢必回答這個問題。依據四世紀初拉丁文著作《阿基來行傳》（*Acta Alchelai*）的説法，耶穌造出了一個大機械，它像一部帶12個戽斗的水車，將人的靈魂運到月宮去鍛煉。月之所以有15天不太明亮，就是因爲人間的靈魂在那裏受鍛煉，其中不純潔的黑暗分子顯露出來造成的。等到靈魂都煉得純淨時，就轉到日宮去，而月宮由於空淨而恢復了光明。這樣的情形，每月又有15天。[2] 儘管就人類靈魂如何運載上月宮，各語種文本有不同說法，[3] 但《阿基來行傳》這段記述無疑提示吾輩：古代摩尼教會確曾力圖解釋月有陰晴圓缺的原因。既然如此，教會亦必定曾回答何以有白天黑夜這個問題。筆者孤陋，以往尚未發現就這個問題的有關文獻資料。如今揣摩上揭《殘經》這句經文，適好從側面披露，當初摩尼教會很可能便是以"十二化女"來解釋何以日宮在不同時辰亮度不同，甚至完全看不到。假如筆者這一解讀中的，則論者把"日宮十二化女"與"光明處女"直當一回事，恐屬對漢文經典的誤讀。亦正因爲彼等與男女性事無涉，始能堂而皇之出現在漢文經典上。

　　就《一者明尊》之12時，上面已論證乃指摩尼所倡導的諸多戒行美德，《收食單偈》將其與神名相聯繫，不過是進一步的昇華，神聖化，

　　〔1〕Peter Bryder, The Chinese Transformation of Manichaeism. A Study of Chinese Manichaean Terminology, Bokförlaget Plus Ultra, 1985, p.110.譯文據馬小鶴《摩尼教與濟度亡靈》，頁30。

　　〔2〕該段論述轉引自 F. C. Burkitt, *The Religion of the Manichees*, Cambridge, 1925, repr.1978, pp.43-44.

　　〔3〕法國摩尼教專家皮埃什（H-CH. Puech）在《大英百科全書》"摩尼教"條下，說是由第三使以風、水、火三輪及日月組成機器，提挈靈魂。見 H-CH. Puech, "Manichaeism", *The New Encyclopædia Britannica in 30 Volumes*, Knowledge in Depth, 15th edition, 1974.《殘經》但云淨風及善母等，"以巧方便，安立十天；次置業輪及日月宮"寫卷第14行。

益顯摩尼教入華後因應華情的變異。異族文獻若果有將這些美德分別搭配色誘雄魔的童女，亦不能證明摩尼教入華後曾有同樣的宣教。

至於翁博士把電光佛與魔鬼的呻吟聲相聯繫，更屬對漢文"電光佛"之誤讀。翁博士可能是受崔驥《下部讚》英譯本影響，[1] 把"電光佛"英譯爲 God of Thunderbolt，把"電光"譯爲 Thunderbolt（意爲"霹靂""打雷"），未必很準確；若譯爲 lightning，或較爲恰當。電光，可以與光明作聯想，可以使人體悟到瞬間即逝；儘管可聯想到閃電之後的霹靂雷聲，但無論如何，不可能復從雷聲聯想"呻吟"，後者乃因快樂或病痛而發出的低哼聲，與雷鳴實屬風馬牛。在漢語成語中，有暴跳如雷、咆哮如雷、鼾聲如雷之云，但未聞有呻吟如雷者。西人與華人的聯想方式畢竟有不同。

吾人固知，古代外來宗教之譯經活動，以佛僧爲先驅，佛僧之譯經，遵"格義"之法："以經中事數擬配外書，爲生解之例"；[2] 爾後，入華景僧和摩尼僧之譯經無不效法之，惟其"擬配"的"外書"除傳統漢籍外，更包括時已流行的漢譯佛典耳。假如來華摩尼僧竟然把那位色誘雄魔的 Maiden of Light 格義爲後者的"電光佛"，豈非不可思議？

其實，光明處女扮演的角色，如上面所說，在《殘經》一無所提，而檢視《下部讚》，則依稀可見夷數兼演了此角色。寫卷的"□□□覽讚夷數文"（第6行）稱讚夷數道：

> ［042］大聖自是吉祥時，普曜我等諸明性。妙色世間無有比，神通變現復如是。

---

〔1〕就《下部讚》"十一者齊心電光佛"一句，崔驥英譯爲 The Eleventh, the unanimous Buddha: Thunderbolt-Flash，見 Tsui Chi, "Mo Ni Chiao Hsia Pu Tsan, The Lower (Second?) Section of the Manichaean Hymns", *BSOAS* 11, 1943—1946, p.191. 後來施寒微德譯爲 11 Gleichmut: Blitzglanz-Gottheit.，顯較爲準確，見 H. Schmidt-Glintzer (ed.,tr.), *Chinesische Manichaica. Mit textkritischen Anmerkungen und einem Glossar*, Wiesbaden, 1987, p.32.

〔2〕〔梁〕釋慧皎撰：《高僧傳》卷4《竺法雅傳》，見《大正藏》（50），No.2059，頁347上。有關"格義"的闡釋，詳參陳寅恪：《支湣度學說考》，收入氏著：《金明館叢稿初編》，上海古籍出版社，1980年，頁141-167；蔡鴻生：《〈陳寅恪集〉的中外關係史學術遺產》，見林中澤主編：《華夏文明與西方世界》，博士苑出版社（香港），2003年，頁2-3；復見氏著：《中外交流史史事考述》，大象出版社，2007年，頁415-421。

［043］或現童男微妙相，癲發五種雌魔類；或現童女端嚴身，狂亂五種雄魔黨。

據詩偈所題禮讚的對象，此處的"大聖"無疑謂夷數。其"現童男微妙相""現童女端嚴身"，不過是爲征服妖魔而暫時變現的一種手法，如是表述尚爲華夏倫理觀念所能接受。夷數的這一變現手法復見於《下部讚》的另一首詩偈

［368］此偈讚夷數訖，末後結願用之。

［369］稱讚净妙智，夷數光明者，示現仙童女，廣大心先意。……

由是可見，在漢文經典中，"色誘"暗魔的情節已變成由夷數兼演的新版本，倘仍以"電光佛"來與異域文獻之"光明處女"對號，自益屬畫蛇添足。

1.7 "電光佛"與回鶻文書"電光神"因緣辨

造成西方學者對電光佛的誤釋，還有一個重要原因，即受回鶻文摩尼教文書的影響。馬小鶴先生曾將《收食單偈》的12位主神，一一與異域文獻的神名比對，特別認爲該偈與敦煌出土回鶻文書 Pelliot Chinois 3049的第4—16行最爲接近。[1]顧該回鶻文本，亦按1—12的序列，把12位神靈名字分別與諸戒行美德相聯繫。其中第13—14行被法國學者哈密爾頓(Hamilton)轉寫爲 biryegirminč tüz köngüllüg yašïn tägri käni-rošan tägri，[2]馬先生據其法譯漢譯爲"第十一：平和——電光神即卡尼羅香神"，[3]適與《收食單偈》之"十一者齊心電光佛"類似。

---

〔1〕馬小鶴：《摩尼教"十二大王"和"三大光明日"考》，有關論述見氏著：《摩尼教與古代西域史研究》，中國人民大學出版社，2008年，頁247-249。

〔2〕J. Hamilton, *Manuscrits Ouïgours du IXe-Xe Siècle de Touen-houang*, 2vols. Paris, 1986. 文書轉寫見 p.38, 法譯見 p.43, 圖版見 pp.332-333。蒙芮傳明先生惠賜該書掃描本，誌謝！

〔3〕馬小鶴：《摩尼教與古代西域史研究》，中國人民大學出版社，2008年，頁249。楊富學、牛汝極先生將該句漢譯爲"第十一，是心地正直的閃電神和處天使神"（見氏著《沙洲回鶻及其文獻》，甘肅文化出版社1995年，頁223）。就文書上下文看，竊意閃電神和處天使神應屬同位語，不可能是不同的兩位神。

靚回鶻文本既把 yašïn tägri（閃電神）與 käni-rošan tägri 拼列爲同位語，實際表明在回鶻摩尼僧的心目中，käni-rošan tägri 也就是閃電神。顯然，論者是把 yašïn tägri 對號電光佛，而把 käni-rošan tägri 解讀爲色誘雄魔的 the Maiden of Light，由是益認定電光佛即爲該神無疑。

按 käni-rošan，馬先生業已指出其爲中古波斯文、帕提亞文 knygrwšn 之回鶻文音譯，[1] 查 Knygrwšn［kanīgrōšn］，瑪麗·博伊斯（Mary Boyce）教授釋爲 the Maiden of Light，[2] 即"光明處女"。蒙張小貴君惠示："帕拉维语 knyk［kanīk］，意为 virgin, maid（聖潔、處女），源自阿維斯陀語 kainyā-, kainī-；中古波斯文、帕提亞文作 knyg。[3] 而 lwšn'［rōšn］，意为"光明的"，源自阿維斯陀語 raoxšna-；中古波斯文、帕提亞文作 rwšn。"[4] 語源既明，足證該詞所指代的是一位光明聖潔之女神，依華夏倫理道德觀，如此高貴聖潔的女神，竟然作出裸體色誘雄魔射泄光明分子之舉，這完全不可想象。如果華人竟供奉之爲主神，自非被目爲邪教徒不可。

該 käni-rošan 神在回鶻摩尼教文獻上，是否扮演色誘雄魔的角色，未見馬先生舉證；蒙王媛媛君惠示帕提亞語文書 M741 正面，其間有一句云"光明的 Sadvēs 神向憤怒之魔展現她的形體（*cihrag*）。她用（她）自己的美貌引誘他，（而）他以爲是真的。"是句較爲明確地表明 Sadvēs 便是引誘雄魔的女神。Sadvēs 一名，尚見於大谷文書 6208。[5] Sadvēs，

〔1〕馬小鶴：《摩尼教〈下部讚·初聲夷數文〉新考》，見馬小鶴：《摩尼教與古代西域史研究》，中國人民大學出版社，2008年，頁177。

〔2〕M. Boyce, *A Word-List of Manichaean Middle Persian and Parthian, with A Reverse Index by R.Zwanziger*, (AcIr, 3. sér., II, Suppl., 9a; Textes et mémoires), Téhéran-Liège: Bibliothèque Pahlavi, Leiden:E. J. Brill,1977, p.52.

〔3〕H. Samuel Nyberg, *A Manual of Pahlavi II*, Otto Harrassowitz · Wiesbaden, 1974, p.112.

〔4〕H. Samuel Nyberg, *A Manual of Pahlavi II*, p.171.

〔5〕H.J. Klimkeit, *Gnosis on the Silk Road: Gnostic Parables, Hymns & Prayers from Central Asia*, p.37; Desmond Durkin-Meisterernst, Dictionary of Manichaean Texts. Vol. iii. Texts from Central Asia and China. Part 1. Dictionary of Manichaean Middle Persian and Parthian, (Corpus Fontium Manichaeorum, Subsidia), Turnhout: Brepols, 2004, p.306.

帕提亞文作 sdwys，亦被釋爲 the Maiden of Light，[1] 但其發音與 käni-rošan 相去甚遠，那麼，兩者究爲同神異名，抑或是不同實體的二位神？這令人不禁要質疑西文所謂 the Maiden of Light，究竟指一個貞潔女神之羣體，抑或是特指某一位扮演色誘雄魔角色的明神？此外，在馬先生徵引的粟特文殘片 So.18821，見於第8行的 XII βγ-pwr'yštyh，當初德國學者宗德爾曼（W. Sundermann）把其德譯 zwölf göttliche Jungfrauen（12位處女神），[2] 馬先生則譯爲 "十二神童女"，同時亦比對爲 "電光佛"。[3] 也即是說，馬先生把彼等與 käni-rošan 亦目爲一體，都是色誘雄魔的處女神。若然，則意味著華夏摩尼教不止是奉一位色誘雄魔的女神爲主神，甚且是奉一羣如是神作主神。一之爲甚，其可羣乎？華夏統治者謂其 "雜中華之風"，謂其 "事魔"，目爲邪教取締，依國情殆不冤枉矣！

其實，儘管馬先生的大著徵引了多種異域語種的文獻，但筆者仔細檢視，發現閃電神之進入摩尼教神譜，除了回鶻文書外，其他文本未之見；筆者同王媛媛君也檢索其他相關資料，均未發現。由是，竊意在古代分佈各地的摩尼教會中，像高昌回鶻教會那樣把閃電神引入神譜者，即便不是個案，亦當非多見。而顧該回鶻文書，yašïn 和 tägri 都是實義詞，前者爲閃電、電光之意，後者則意爲神靈，yašïn tägri 便是閃電之神或電光之神，而 käni-rošan，如上面所已指出，是個音譯詞，如是表述，與其他11項顯得格格不入，後者神名均未見音譯、意譯兩者並用者。因此，竊疑其音譯 käni-rošan，應是據中亞文本，但這一音譯神名，也許過於抽象，於信衆過於陌生，故文書製作者參照漢文本，補上一個 yašïn tägri，令信衆可與電光明相聯想，不至於太抽象。類似這樣的補充說明，在該文書中並非無例可循，如列居第6的 βam tägri

---

〔1〕M. Boyce, *A Word-List of Manichaean Middle Persian and Parthian, with A Reverse Index by R.Zwanziger*, (AcIr, 3. sér., II, Suppl., 9a; Textes et mémoires), Téhéran-Liège: Bibliothèque Pahlavi; Leiden:E. J. Brill,1977, p 81.

〔2〕W. Sundermann, *Mitteliranische manichäische Texte kirchengeschichtlichen Inhalts*, (SGKAO; BTT, XI) Berlin: Akademie-Verlag, 1981, p.52.

〔3〕馬小鶴：《摩尼教與古代西域史研究》，中國人民大學出版社，2008年，頁252。

（般神），以 βam 爲名，究爲何職？令人莫名其妙，文書中遂有所說明：
kim künkä yangï tägri-lik yaratïr（其與日神一道爲諸新神建居所）。

閃電作爲一種神秘的自然現象，在古代諸多民族中，蓋目其爲神，並各自演繹不同的形象和傳說，賦予不同的職能等。回鶻民族自不例外。既然在相應的漢文經典出現電光佛，後世的回鶻摩尼僧移植之，也不難理解。[1] 至於漢文本的電光佛之真正内涵，彼等自未必清楚，亦未必有興趣去探究。

1.8　餘論

陳寅恪先生概括王國維先生"轉移一時之風氣，而示來者以軌則"的治學方法："一曰取地下之實物與紙上之遺文互相釋證。……二曰取異族之故書與吾國之舊籍互相補正。……三曰取外來之觀念，與固有之材料互相參證。"[2] 當今學界於漢文摩尼教文獻之研究,崇尚以異域文獻參證,蓋繼承發展王國維先生之治學方法也。陳寅恪先生復就古代中西文化傳播的研究，每以"橘遷地而變爲枳"之哲理喻示吾輩[3]；於文化傳播中"輾轉間接"一類，尤特別強調其傳播過程之漸次變異。[4] 摩尼教乃由波斯經中亞逐步傳入中土，竊意研究漢文摩尼經，重溫先

---

〔1〕該文書雖發見於敦煌，但據楊富學、牛汝極判斷："從文字風格看當爲11世紀前半葉的作品"（氏著：《沙洲回鶻及其文獻》，頁291），自晚於漢文《下部讚》之流行。學者在當年吐魯番出土物中，先後檢出包括《下部讚》在内的漢文摩尼教讚詩的殘片，該等殘片固可用於確認漢人信仰羣體之存在，亦可佐證高昌回鶻摩尼僧於漢譯經典並不陌生。參 Thomas Thilo, "Einige Bemerkungen zu zwei chinesisch-manichäischen Textfragmenten der Berliner Turfan-Sammlung", 並見 Werner Sundermann, "Anmerkungen zu:Thamas Thilo, Einige Bemerkungen zu zwei chinesisch- manichäischen Textfragmenten der Berliner Turfan-Sammlung", 兩文均載 H. Klengel & W.Sundermann(eds.), *Ägypten- Vorderasien-Turfan. Probleme der Edition und Bearbeitung altorien-talischer Handschriften*, (SGKAO, 23), Berlin: Akademie-Verlag, 1991, pp.161-170, pl. 171-174. 王媛媛：《新出漢文〈下部讚〉殘片與高昌回鶻的漢人摩尼教團》，刊《西域研究》2005年第2期，頁51-57；王媛媛：《漢文摩尼教文書與高昌的漢人教徒》，見氏著：《從波斯到中國：摩尼教在中亞和中國的傳播》，中華書局，2012年，頁196-204。

〔2〕陳寅恪：《王靜安先生遺書序》，收入氏著：《金明館叢稿二編》，三聯書店，2001年，頁247。

〔3〕陳寅恪：《蓮花色尼出家因緣跋》，收入氏著：《寒柳堂集》，頁174。

〔4〕詳參陳寅恪：《高僧傳箋證稿本》，附錄於氏著：《讀史劄記三集》，三聯書店，2001年，頁293-314；有關論述見頁307-308。

哲的訓示當不無教益。

以“變色龍”著稱的摩尼教在其東西傳播過程中，因應不同地區不同民族的人文生態環境，不斷更新自身的包裝，異域不同語種不同時期之摩尼教文獻本已不乏差異。入傳中土後，面對華夏的高位文明，面對早已扎根漢地、業已枝繁葉茂的佛教，面對中國固有的道教和民間信仰，自更不得不因應環境而變異。是以，漢文摩尼經的某些術語內涵、某些義理的表述未必能夠在異域文獻一一找到對應；異域文獻的某些理念亦未必會在漢文經典中盡現本相，此應屬情理中事。若冀處處華夷合契，“得證正果”，蓋為一廂情願。

漢文版既已自成體系，其與夷文版之間若有差異，固然可能出於傳譯失誤，但更可能是因應華情之結果。因此，華夷文本之間意思有別，除非脫漏，多不存在孰是孰非的問題。復觀世界考古發現的各語種摩尼教原始寫本，敦煌唐寫本之完整性實屬上乘，其文字之可認讀，更遠非那些夷文斷簡所可倫比。職是之故，解讀漢文經典的術語時，除參照夷文版外，宜顧及華夏文化傳統，從漢文經典本身尋找相應內證，並參照其他有關漢文外典，探其真諦。

（本章初刊《文史》2013 年第 1 輯，總第 102 輯，頁 175–196。）

2 敦煌摩尼教文書日月神名辨

2.1 引言

日月以其光輝而與人類生活息息相關，因而古代世界諸民族無不存在日月崇拜。當然，各民族於日月所演繹的宗教、神話內涵各不相同，均有自家之傳統日月觀。摩尼教於日月崇拜，尤有甚焉，內外典記載鑿鑿。但在其傳播過程中，因應不同民族之日月觀，不得不就日月神之地位有所調整，於其內涵有所修正。本章擬從這一變異之角度，就敦煌摩尼教寫卷有關日月神之稱謂及其意涵，與學界流行的一些觀點進行商榷。不妥謬誤之處，仰祈方家不吝賜教。

2.2 日光佛與日光明使

華夏摩尼教於日神之稱謂，以"日光佛"最受學者重視。不過，查現有之三部敦煌摩尼教寫經，"日光佛"實際僅一現，見於敦煌摩尼教寫卷《下部讚》（S.2659）之《收食單偈》（本書圖版1-1）第2頌：

[168] 收食單偈 大明使釋

[169] 一者旡上光明王，二者智惠善母佛，三者常勝先意佛，四者歡喜五明佛，

[170] 五者勤修樂明佛，六者真實造相佛，七者信心淨風佛，八者忍辱日光佛，

[171] 九者直意盧舍那，十者知恩夷數佛，十一者齊心電光佛，十二者惠明莊嚴佛。

[172] 身是三世法中王，開楊一切秘密事；二宗三際性相義，悉能顯現旡疑滯。

上揭詩偈所云諸佛，在京藏摩尼經（宇56／北敦00256，以下簡稱《殘經》）多已見身影。《殘經》開篇就是述"善母""淨風"如何創立世界：

［008］……即此世界未立已前，淨風、善母二光明

［009］使，入扵暗坑无明境界，拔擢、驍健、常勝，□□□大智

［010］甲五分明身，策持昇進，令出五坑。其五類魔，黏五明身，

［011］如蠅著蜜，如鳥被黐，如魚吞鈎。以是義故，淨風明使以

［012］五類魔及五明身，二力和合，造成世界，十天八地。如是世

［013］界，即是明身醫療藥堂，亦是暗魔禁繫牢獄。其彼淨

［014］風及善母等，以巧方便，安立十天；次置業輪及日月宮，……

至於先意佛、五明佛、惠明佛和夷數佛亦類似。《殘經》寫卷第17—18行云："其十三種大勇力者，先意、淨風各五明子，及呼嚧瑟德、呦嘍囉德，并宰路沙羅夷等。"第146—147行又稱："先意淨風各有五子，與五明身作依止柱。"另有多處提到惠明使，如第57—58行"其惠明使，亦復如是。既入故城，壞窓敵已，當即分判明暗二力，不令雜亂。"第142—143行："時惠明使先取膏腴肥壤好地，以己光明无上種子，種之扵中。"一處提到夷數，見第204—205行："十二時者，即是十二次化明王，又是夷數勝相妙衣，施與明性。"從以上例句，可見《收食單偈》上揭諸佛名，不過是將《殘經》已提到的神名更新爲"佛"耳。此"佛"字借自佛教無疑，然在此處顯作敬稱用。"日光佛"與上揭諸佛同，於《殘經》中亦有影可尋，見寫卷第210—212行：

第四日者，以像大界日光明使怜愍相等。十二時者，即像日宮十二化女，光明圓滿。合成一日。

儘管佛教亦有"日光佛"之稱,[1]但既然《殘經》原已有"日光明使",其改稱爲日光佛,不過就如惠明使改稱惠明佛、净風明使易爲净風佛一樣。與固有佛號之同,只能說是偶合,而非直接襲用。

"日光明使"在《殘經》中僅一現,從其名稱及相關上下文看,該神與"日宫"無疑密切相關,兩者應互爲表裏。而將"明使"改稱爲"佛",則體現與華夏主流信仰之磨合,其形象、職能等,必定也相應依華夏傳統思想去改造。

據《下部讚》,"日光佛"之實體就是太陽。於此寫卷第360—371行之詩偈可資爲證:

[360]此偈讚日光訖,末後結願用之。

[361]稱讚微妙大光輝,世間最上最旡比!光明殊特遍十方,十二時中作歡喜。大力

[362]堪譽慈悲母,驍劍踴猛净活風,十二舩主五收明,及餘旡數光明衆。各乞愍念慈

[363]悲力,請救普厄諸明性,得離火海大波濤,合衆究竟願如是!

[364]此偈讚盧舍那訖,末後結願用之。

[365]稱讚哀譽,蘇露沙羅夷,具足丈夫,金剛相柱,任持世界,充遍一切,以自妙

[366]身,以自大力,利益自許,孤捿寵子。我等今者,不能具讚,唯願納受,此微

[367]啓訟,護助善衆,常如所願!

[368]此偈讚夷數訖,末後結願用之。

[369]稱讚净妙智,夷數光明者,示現仙童女,廣大心先意。安泰一切真如性,再蘇

〔1〕檢索2010年4月版 CBETA 電子佛典,該佛號頻見。如後魏北印度三藏菩提流支譯《佛說佛名經》,有"南旡日光佛"凡24見,見《大正藏》(14),No.0440。該詞梵名音譯作"儞崩(去)迦囉",見大唐南印度三藏菩提流志譯《佛說文殊師利法寶藏陀羅尼經》,見《大正藏》(20),No.1185A,頁796上。

　　［370］一切微妙躰；病者為與作醫王，苦者為與作歡喜。

五收明使七舩主，忙你慈父

　　［371］光明者！捨我一切諸愆咎，合衆平安如所願！

　　上揭詩偈，依次讚頌日光、盧舍那、夷數，而《收食單偈》相關三佛則是："八者忍辱日光佛，九者直意盧舍那，十者知恩夷數佛。"兩者順序適相同。按"讚日光"，純字面自可理解爲對太陽光輝之讚頌，但按上錄3首詩偈讚頌之次序，可確認所讚"日光"者，乃"日光佛"也，惟像其下面讚盧舍那和夷數兩偈那樣，對被讚者均略敬稱之"佛"字。而據讚日光偈的文字內容，更可斷定"日光佛"的實體便是見於天空之太陽。因爲詩偈所稱讚的"微妙大光輝"乃"世閒最上最旡比""光明殊特遍十方"，無疑是指"日光佛"實體所發出的陽光，其爲人類眼睛、皮膚所能感受到，而非出自對神形象所想像之光輝。若謂後者，則"日光佛"無疑尚不配，緣其畢竟不是最高神——大明尊，其光輝焉能"最上最旡比"？

　　據《殘經》，"日光明使"不過是衆明神之一，但其實體太陽由於特別圓滿光亮，遂被用於譬喻戒行之完滿：

　　　　其氣、風、明、水、火、憐愍、誠信、具足、忍辱、智惠，及呼嚧瑟德、呦嘍囉德，与彼惠明，如是十三，以像清净光明世界明尊記驗。持具戒者，猶如日也。第二日者，即是智惠十二大王，從惠明化，像日圓滿，具足記驗。（寫卷第75—78行）

　　而《下部讚》則特別以太陽來象徵明神對暗魔之威懾：

　　　　［194］一切魔事諸辛苦，如日盛臨銷暗影。常作歡樂及寬泰，益及一切善法所。

　　如是，足見太陽在唐代摩尼教中之特別地位，爾後明教徒之"朝拜日"，乃由來有自。

2.2　"月光明使"尋蹤

　　上引《殘經》寫卷第14行，已稱日月宮同爲"净風及善母等"所

創造；另在他處，更屢屢將日月並提，諸如"日月光明"（第134行），
"日月二大明舩"（第50—51行）等。據《殘經》所徵引之《應輪經》，
日月均屬明尊之子：

　　《應輪經》云："若電那勿等身具善法，光明父子及净法風，
　　皆扵身中，每常遊止。其明父者，即是明界无上明尊；其明子者，
　　即是日月光明；净法風者，即是惠明。（第131—134行）

依上揭《殘經》第211行所云"以像大界日光明使憐愍相等"之語
意，與日光明使相聯繫的品格是"憐愍"。但《殘經》闡發該品格時，
日月同用來譬喻：

　　其怜愍者，即是一切功德之祖。猶如朗日，諸明中最；亦如
　　滿月，衆星中尊；……亦如明月寶珠，扵衆寶中而為第一；……
　　（第186—191行）

日月亦同時用以喻"誠信"品格之高尚：

　　其誠信者，即是一切諸善之母。猶如王妃，能助國王，撫育
　　一切；亦如火力，通熟万物，資成諸味；又如日月，扵衆像中，
　　最尊无比，舒光普照，无不滋益。（第194—196行）

從上引經文看，日不離月，月不離日，日月相隨。《殘經》既見"日
光明使"，那麼"月光明使"當應隨現才是，然今但見前者孑然一身，
而獨缺後者，豈不怪哉？

考《殘經》寫卷原件，卷面基本完整，惟首部略有破損；而就内
容而論，正文基本完整，結尾明確無誤，惟起始部分脫落經題及相應
落款，另開頭語或稍有脫落。因此，若云"月光明使"適被脫落，蓋
無可能。《殘經》不出現"月光明使"，《下部讚》也相應未見"月光佛"
之謂，亦沒有頌讚月光之專偈，足見現版之《殘經》本無單獨個體的
月神。

復顧《下部讚》亦像《殘經》那樣，日月並頌，如：

　　［127］又啓日月光明宮，三世諸佛安置處，七及十二大舩
　　主，并餘一切光明衆。

　　［277］聖衆嚴容甚奇特，光明相照躰暉凝，將此百千日月

明，彼聖毛端光尚勝。

《下部讚》之"聽者懺悔文"還有"對日月宮，二光明殿，各三慈父"之語（第389—390行），尚有"從彼直至日月宮殿，而扵六大慈父及餘眷属，各受快樂无窮讚歎"之云（第398—399行）；而整個寫卷之結語尤以"日月之高明"來形容"法門蕩蕩"：

> 扵是法門蕩蕩，如日月之高明；法侣行行，若江漢之清肅。唯願皇王延祚，寥寀忠誠；四海咸寧，万人安樂！（第420—422行）

在《下部讚》中，日月又被合稱爲"二大光明"，在薦亡儀式中作爲首神被祈禱：

> ［405］此偈為亡者受供結願用之。
>
> ［406］某乙明性，去離肉身，業行不圓，恐沉苦海，唯願二大光明、五分法身、
>
> ［407］清净師僧、大慈悲力，救拔彼性，令離輪迴剛强之躰，及諸地獄鑊湯、
>
> ［408］爐炭。唯願諸佛，哀愍彼性，起大慈悲，与其解脱；自引入扵光明世
>
> ［409］界本生之處，安樂之境。功德力資，依如上願。

對"二大光明"之不敬，亦成爲信徒得懺悔之主要內容：

> ［410］此偈你逾沙懺悔文。
>
> ［411］我今懺悔所，是身口意業，及貪嗔癡行，乃至縱賊毒心，諸根放逸；
>
> ［412］或疑常住三寶并二大光明；或損盧舍那身兼五明子；扵師僧父母、
>
> ［413］諸善知識起輕慢心，更相譭謗；扵七施十戒、三印法門，若不具倩，願
>
> ［414］罪銷滅！

此外，《下部讚》更有一處留下"月光佛"稱謂之遺跡，見開篇《□□□覽讚夷數文》：

〔025〕一切魔王之甲仗，一切犯教之毒網，能沉寶物及商人，能醫日月光明佛。

　　既然"日光佛"業已有之，此處的"日月光明佛"自非另一明神之名號，無疑應爲"日光佛"和"月光佛"之合稱。以此類推，唐初摩尼經本有"月光明使""月光佛"之謂，應無疑問。

　　考華夏文化，日爲陽，月爲陰；日對月，月對日，兩者組成並列式合成詞，在口語和書面語言中廣爲使用。從《殘經》和《下部讚》的行文中，來華摩尼僧顯然一依漢語這一表述習慣。當然，就日月的宗教內涵，華夏傳統文化與摩尼教相去甚遠，但兩者之尊崇日月，無不以其光照人間爲前提。因此，單就崇拜日月光明而言，華夏文化與摩尼文化完全可以相容。是以，儘管《下部讚》有讚日光之專偈而沒有專讚月光者，但在宋代明教徒所流傳的詩偈，則兩者俱見。《宋會要輯稿·刑法二·禁約》"宣和二年（1120）十一月四日臣僚言"有云：

　　　　明教之人所念經文，及繪佛像，號曰《訖思經》《證明經》《太子下生經》《父母經》《圖經》《文緣經》《七時偈》《日光偈》《月光偈》《平文策》《漢讚策》《證明讚》，《廣大懺》，《妙水佛幀》《先意佛幀》《夷數佛幀》《善惡幀》《太子幀》《四天王幀》。〔1〕

　　《日光偈》《月光偈》均赫然在目，名居第8、第9。此外，南宋釋志磐《佛祖統紀》曾引錄洪邁（1123—1202）《夷堅志》有關明教的記事，其中特別提到明教徒"日月爲資敬"〔2〕；逮至明代，何喬遠(1558—1631)所見明教徒更以"朝拜日，夕拜月"著稱。〔3〕

　　近年，由林鋆先生主導的福建霞浦明教遺跡田野調查，採集到一

<hr />

〔1〕《宋會要輯稿》165冊，中華書局1975年，頁6534。

〔2〕"復假稱白樂天詩云：'靜覽蘇鄰傳，摩尼道可驚。二宗陳寂默，五佛繼光明。日月為資敬，乾坤認所生。若論齋絜志，釋子好齊名。'"見〔宋〕志磐：《佛祖統紀》卷48《法運通塞志》第17之15，收入《大正藏》（49），頁431上至中。

〔3〕〔明〕何喬遠：《閩書》（1）《方域志》卷7，廈門大學校點本，福建人民出版社，1994年，頁171。就《閩書》有關摩尼教記載的可信性，參閱本書《佛書所載摩尼僧始通中國史事辨釋》一章。

批民間保存之科儀本，其間明清時期形成的寫本亦保有日月崇拜之遺跡，如被保存者題爲《摩尼光佛》的科册，其第23頁有“妙智妙惠，日月光佛”之謂；而另一題爲《明門初傳請本師》之抄本第4行，則見“日月光王大聖”之名。[1]又據陳進國先生披露，乾隆五十一年（1786）抄本《吉祥道場門書》中，有“日光月光王佛”之稱。[2]由是可見摩尼教日月崇拜在華影響之深遠。

從華夏摩尼教徒日月崇拜之傳統看，與“日光明使”“日光佛”對應的“月光明使”“月光佛”，理所當然應存在漢文摩尼經中，惟今存寫本缺載耳。竊意箇中原因，可能與中國的傳統神話有關。嫦娥奔月之典故早見於西漢劉安（前179—前122）之《淮南子》，爾後隨著時間推移，相關神話被不斷演繹，益爲膾炙人口，復表現爲各種文藝體裁，更令家喻戶曉、婦孺皆知，月宮爲嫦娥之所居，已成古人世代常識。摩尼僧佈道傳經伊始，諒必曾爲月亮安新名、播新說，但與華夏信衆根深蒂固之傳統月亮觀格格不入，引起質疑，給傳教造成困擾，遂不得不逐步淡化、隱晦之。

其實，就傳教策略而言，竊意像現存經文那樣，模糊月神之特定內涵，與日合稱“日月光明”“二大光明”，既爲漢人信徒所接受，而於教會之日月崇拜又絲毫無傷，乃明智之舉也。

2.3 “日光佛”異名辨

在《下部讚》中，“日光佛”列居《收食單偈》12位主神之一，復有讚日光之專偈，是以，摩尼教學界於該神名重視有加。2005年西方出版的英文《漢文摩尼教文本詞典》，闢有“日光佛”專條，據西方學界之主流觀點，釋其爲西方摩尼教文獻的“第三使”（Third Messenger, deity of the third emanation），並稱漢文經典的“第八光明

---

〔1〕蒙林鋆先生、張鳳女士傳賜抄本照片，謹此誌謝！

〔2〕陳進國、林鋆：《明教的新發現——福建霞浦縣的摩尼教史跡辨析》，載李少文主編、雷子人執行主編：《不止於藝——中央美院“藝文課堂”名家講演録》，北京大學出版社、2010年，頁343-389，有關引文見頁377。

相""第二尊廣大""第三能譯者""三明使""三丈大"悉爲其別
稱。[1]

　　考摩尼之創世說,"第三使"乃屬大明尊第三次創造時所召出之神。
此前之第二創造階段,明神已從戰死的暗魔身上擠出部分光明分子,
造成了日月;其中已遭黑暗污染的,則造成天上衆星。又剝下暗魔屍
體的皮做成"十天",用其糞便造出"八地",抽其骨頭築成山嶽,"作
如是等,建立世界"。[2]但由於暗魔還吞噬了大量光明分子,爲了拯救
該等明子,大明尊召出第三使(Third Messenger),第三使又召出光明
處女(Maiden of Light),兩者把衆魔拴鎖空中,然後化成美女,裸體
於衆魔面前,激發其情慾,於是,衆雄魔身上吸收的明子隨同精液盡
行射泄,而原已懷孕的雌魔見狀,紛紛流產,其流產物掉到地上,就
變成和五類魔相應的五類動物。黑暗魔王生怕彼等吞下的明子都被排
掉,遂慫恿一對惡魔拼命吞食雌魔流產出來的胎兒,以盡量收回明子。
然後,又要他們性交,按明使的形象,生下一對肉身。這對肉身,便
是人類元祖亞當和夏娃。兩者的肉身乃黑暗物質所構成,但其靈魂則
是光明分子。[3]

　　於此第三次創造的具體描述,不同語種的文本有差,但明神色誘
暗魔和人類元祖爲暗魔亂交之產物大體一致。正因爲事涉男女性事,
不合華情,故在《殘經》中並無述及。[4]而所涉及"日光明使"的經文,
惟上揭"弟四日者,以像大界日光明使憐愍相等"那麼一句,完全看
不到其與上述"第三使"有何聯繫。其實,《殘經》既隱晦了第三使之
行狀,又何必以"日光明使"來影射說事?而該神既以"日光"命名,
斷與太陽密切相關,如上面業已介紹之摩尼創世說,當第三使出現之

　　〔1〕Gunner B. Mikkelsen, *Dictionary of Manichaean Texts in Chinese*, Brepols Publishers n.v.,
Turnhout, Belgium, 2006, p.53.

　　〔2〕見《殘經》寫本第13—16行。

　　〔3〕林悟殊:《摩尼的二宗三際論及其起源初探》,刊《世界宗教研究》1982年第3期,頁45-56。
修訂本見《摩尼教及其東漸》,中華書局,1987年,頁12-34;台北淑馨出版社增訂本,1977年,頁
12-32;《敦煌文書與夷教研究》,上海古籍出版社,2011年,頁89-112。

　　〔4〕詳參本書《敦煌摩尼教〈下部讚〉"電光佛"非"光明處女"辨》一文。

前，日月已被創造，早已存在。因此，謂日光明使即"第三使"，於理難通。而"日光佛"衍化自"日光明使"，其實體就是太陽，上揭《日光偈》已言之鑿鑿。假如硬說日光佛就是第三使，實際就是將日光佛與太陽這個實體剝離。那麼，華夏信衆朝上所拜之"日"又是何神？

上面業已揭示，在漢文摩尼經中，日月往往並稱，而上面考"日月光明佛"之謂，已暗示了"月光佛"之實際存在。如果把"日光佛"界定爲"第三使"，那麼與其成雙結對出現之月神，無論曰"月光明使"、曰"月光佛"都好，恐怕就只能被比定爲"光明處女"了。

儘管《殘經》隱晦"第三使"之名字及行狀，但在西域摩尼教神譜中，其畢竟佔有重要一席；因此《下部讚》可以迴避其行狀細節，但禮讚諸神時，卻不能置之不理。在第120—153行之《普啓讚文》中，就有啓讚"第三使"的詩句：

〔125〕又啓樂明苐二使，及与尊重造新相，雄猛自在净活風，并及五等驍健子。

〔126〕復啓道師三丈夫，自是第二尊廣大，夷數与彼電光明，并及湛然大相柱。

其間的第126行之"三丈夫"，西方學者蓋認爲即"第三使"，[1]竊意屬確。緣其繼"樂明苐二使"而被啓頌，那麼，繼第二使之後自應是"第三使"。在《普啓讚文》中，"第三使"除稱爲"三丈夫"外，還稱"三明使"：[2]

〔141〕又啓善業尊道師，是三明使真相兒，自救一切常勝子，及以堅持真實者。

顯然，上揭之"三丈夫"與此處之"三明使"，意涵應同。"丈夫"，

---

〔1〕E. Waldschmidt & W. Lentz, *Die Stellung Jesu im Manichäismus*,(APAW. PH, 1926, Nr.4), Berlin: Verlag der Akademie der Wissenschaften, in Komm. bei Walter de Gruyter, 1926, pp.503−504; P. Bryder, *The Chinese Transformation of Manichaeism.A Study of Chinese Manichaean Terminology*, Bokförlaget Plus Ultra，1985, p.108.

〔2〕Peter Bryder, The Chinese Transformation of Manichaeism. A Study of Chinese Manichaean Terminology, Bokförlaget Plus Ultra, 1985, p.108.

漢譯佛典頻見，丁福保《佛學大辭典》釋爲"勇進正道修行不退者"，[1]
摩尼僧借用指明神，並不離譜。從語境看，此間的"三丈夫"和"三
明使"的"三"，均非數量詞，而是序數詞，依漢語的表述習慣，漢字
小寫數碼(一、二、三……)既可作數量詞用，亦可作序數詞用，不像某
些異域文字，數量詞與序數詞乃不同之單詞。因此，"三丈夫"和"三
明使"便是"第三丈夫""第三明使"的簡略，與異域文獻的"第三使"
適對應。"第三使"既在《下部讚》已有相應的漢文稱謂，把日光佛等
同"第三使"自更難成立。

　　西方學者把"日光佛"等同"第三使"，又把《下部讚》之"第二
尊""第八光明相""第三能譯者""第二尊廣大"等同第三使，亦
即等同日光佛，[2]這更離譜。前3個稱謂見《下部讚·□□□覽讚夷數
文》(寫卷第6—44行)：

　　　　[015]大聖自是第二尊，又是第三能譯者。與自清浄諸眷
　　屬，宣傳聖旨令以悟。

　　　　[016]又是第八光明相，作導引者倚託者。一切諸佛本相
　　狠，一切諸智心中王。

　　在原寫卷中，這兩頌詩所在詩偈標題儘管有脫字，但實質性的文
字"讚夷數文"清楚無誤。後續該偈的是《讚夷數文苐二疊》(寫卷第
45—119行)，更證其屬同題詩偈的第一疊。既然如此，從題文對應的
角度，依這兩頌詩所在語境，其"大聖"當係對夷數的敬稱。因此，"大
聖自是第二尊"無疑謂夷數乃位居第二，而絕非"日光佛""第三使"。

　　夷數之所以被稱爲"第二尊"，在現有異域文獻恐難索解，但漢文
獻卻有跡可循。何喬遠《閩書》在追溯中國摩尼教史時寫道："慕闍當
唐高宗朝行教中國。至武則天時，慕闍高弟密烏沒斯拂多誕復入見。
群僧妬譖，互相擊難。則天悅其說，留使課經。開元中，作大云光明

<hr>

[1] 丁福保：《佛學大辭典》，文物出版社，1984年，頁221。
[2] Peter Bryder, *The Chinese Transformation of Manichaeism. A Study of Chinese Manichaean Terminology*, Bokförlaget Plus Ultra, 1985, pp.106–108.

寺奉之。自言其國始有二聖，號先意、夷數，若吾國之言盤古者。"[1]
從上下文看，"自言其國始有二聖，號先意、夷數"，"自言"者乃唐代
來華摩尼僧。夷數既居先意之後，言爲"第二尊"，不亦宜乎！可見摩
尼僧在華宣教時確曾把夷數當爲次神。

稱夷數爲"第三能譯者"，則有摩尼《沙卜拉干》(Šābuhragān)的
著名語錄爲據："明神的使者一次又一次地把智慧和善行傳到人間。有
一個時代由名叫佛陀的使者傳到印度，又一個時代由名叫瑣羅亞斯德
的使者傳到波斯，另一個時代由叫耶穌的使者傳到西方。而今，啓示
又降下來，在這個最後的時代，先知的職分落在我摩尼身上，由我作
爲向巴比倫傳達神的真理的使者。"[2]此處的耶穌（夷數）適爲明尊派
到人間的第三位傳達真理的使者，而古漢語中，"譯"者，"傳也"，"釋
也"[3]，由是，夷數豈非"第三能譯者"？

至於夷數被列爲"第八光明相"，則更有華夷文獻可依。據異域摩
尼教文獻，日、月本是運送光明分子到光明王國的"光明之舟"；同時，
又是6位主神所居之"宮殿"：第三使、善母和淨風居於日宮；光明夷
數、光明女神和先意則居於月宮。[4]上引《下部讚》寫卷第127行所云
"又啓日月光明宮，三世諸佛安置處"，當是表達這個意思。就此，《殘
經》亦有所提到："對日月宮，二光明殿，各三慈父，元堪讚譽。"（寫
卷第389—390行）足見視日月爲諸神所居宮殿，中外無異；但漢文經
典並無點示居住神之具體名號，惟以"三世諸佛"和"各三慈父"稱
之。日月宮各居三位"慈父"，實際默示已依華情，隱晦了女神之居住
日月宮，不題。既然日月宮已居有六位明神，而日月本身又被目爲"二
大光明"（《下部讚》寫卷第406、412行），豈非共有八大光明之形相？

---

〔1〕《閩書》（1），頁172。

〔2〕E. Sachau (ed.), *The Chronology of the Ancient Nations*, London: W. H. Allen & Co.,1879, p.207.

〔3〕參新修《康熙字典》，上海書店，1988年，頁1817下–1818上。

〔4〕參 P. van Lindt, *The Names of Manichaean Mythological Figures. A Comparative Study on Terminnology in the Coptic Sources*,(StOR ,26).Wiesbaden: Otto Harrssowitz, 1992, p.124; Manfred Heuser, "The Manichaean Myth according to the Coptic Source", M. Heuser & H. J. Klimkeit (eds.), *Studies in Manichaean Literature & Art*, Brill, 1998, pp.40–41. 另參馬小鶴：《摩尼教"朝拜日、夜拜月"研究（上篇）》，有關部分見氏著：《摩尼教于古代西域史研究》，中國人民大學出版社，2008年，頁69-72。

夷數在創世說係爲啓迪人類元祖而下凡之明神，在這八大光明相中，恰好是最後一位現身者，適爲第八。

至於"第二尊廣大"之被釋爲"第三使"或"日光佛"，乃屬西人不諳古漢語之誤讀。檢視現有3個敦煌摩尼教寫卷中，該字組僅於《下部讚》一現，即上引《普啓讚文》啓讚"第三使"的詩句：

[126]復啓道師三丈夫，自是第二尊廣大，夷數与彼電光明，并及湛然大相柱。

此頌次句的"第二尊廣大"，最初崔驥將其英譯爲 the broad and great Second Venerable Lord，[1]爾後施寒微（H. Schmidt-Glintzer）德譯爲 der Zweite Erhabene, der gewaltige，[2]《漢文摩尼教文本詞典》則把其譯爲 secong venerable greatness，並注明即"第三使""日光佛"。[3]實際均誤解漢文之意，把其作爲"三丈夫"——"第三使"的同位語。照漢語的語法，該短語的主詞應是"廣大"，"第二尊"則爲其修飾語。而"廣大"在漢語中絕無"神"之涵義，該詞在宗教語境中，似可參照丁福保《佛學大辭典》，釋爲"賞美德大之稱"。[4]結合首句，可釋讀爲所啓讚的"三丈夫"這位明神，當然有"第二尊"那樣崇高偉大。上面既已考"第二尊"乃謂夷數，因此，這與下句的"夷數與彼電光明"，適好接上；從修辭上，避免了同一個詞之重複使用。

在漢文經典中，"日光佛"與西方文獻之"第三使"絲毫無涉，然西方學者還是把其等同起來，究其原因，實源於將《□□□覽讚夷數文》的"第八光明相"誤讀爲第三使，而見《收食單偈》又有"八者忍辱日光佛"之句，遂據這個"八"字，嫁接"第三使"與"日光佛"

---

[1] Tsui Chi, "Mo Ni Chiao Hsia Pu Tsan, The Lower (Second?) Section of the Manichaean Hymns", *BSOAS*, XI, 1943—1946, p.187.

[2] H. Schmidt-Glintzer, *Chinesische Manichaica. Mit textkritischen Anmerkungen und einem Glossar*, Wiesbaden, 1987, p.26.

[3] Gunner B. Mikkelsen, *Dictionary of Manichaean Texts in Chinese*, Brepols Publishers n.v., Turnhout, Belgium, 2006, p.15.

[4] 丁福保：《佛學大辭典》，頁1282。

·歐·亞·歷·史·文·化·文·庫·

之聯繫。[1] 爾後，又有學者以訛傳訛，甚至推廣到對相關回鶻文獻的解讀。

2.4 回鶻摩尼教日月神意涵辨釋

傳統據九姓回鶻可汗碑所載，認定參與平定安史之亂（755—762）的回鶻牟羽可汗，在洛陽接觸了摩尼僧，"將睿息等四僧入國"，時在寶應元年（762），是爲回鶻改奉摩尼教之始。[2] 當然，此前漠北回鶻或早有摩尼教活動，但如果說其時回鶻已有大量摩尼僧，甚至已有本土摩尼僧參與譯經活動的話，則牟羽可汗何必捨近求遠，從洛陽帶摩尼僧歸國傳教？無論回鶻之接觸摩尼教是在安史之亂前或後，其所接觸的摩尼僧蓋與中原的摩尼僧一樣，均應隸屬於該教的中亞教會，[3] 中原摩尼教與回鶻摩尼教無疑是同根兄弟。

回鶻人自協助唐朝平定安史之亂後，與中原交往益頻，受漢文化影響日深；至高昌國時期，更有大量漢人雜居。摩尼僧早已積累的漢譯經驗，當可資回譯借鑒參考；而已成批量的漢譯經典，勢必成爲回譯的經源或參考文本。近些年來，學者在當年吐魯番出土物中，先後檢出漢文摩尼教讚詩的殘片。[4] 該等殘片固可用於確認當地漢人信仰群體之存在，亦可佐證高昌回鶻摩尼僧與漢譯經典關係之密切，默證漢

〔1〕Peter Bryder, *The Chinese Transformation of Manichaeism. A Study of Chinese Manichaean Terminology*, Bokförlaget Plus Ultra, 1985, p.107.

〔2〕參拙文:《摩尼教在回鶻復興的社會歷史根源》，刊《世界宗教研究》1984年第1期，頁136-143；修訂本《回鶻奉摩尼教的社會歷史根源》，見《東漸》1987年，頁87-99；《東漸》1997年，頁83-95。

〔3〕關於摩尼教中亞教會，參閱拙文：《早期摩尼教在中亞地區的成功傳播》，見《東漸》1987年，頁35-45；《東漸》1997年，頁35-43。

〔4〕見 Thomas Thilo, "Einige Bemerkungen zu zwei chinesisch-manichäischen Textfragmenten der Berliner Turfan-Sammlung", 並見 Werner Sundermann,"Anmerkungen zu:Thamas Thilo, Einige Bemerkungen zu zwei chinesisch-manichäischen Textfragmenten der Berliner Turfan-Sammlung", 兩文均載 H. Klengel & W. Sundermann(eds.), *Ägypten-Vorderasien-Turfan. Probleme der Edition und Bearbeitung altorien-talischer Handschriften*, (SGKAO,23), Berlin: Akademie-Verlag, 1991, *Ägypten-Vorderasien-Turfan*, Berlin, 1991, pp.161-170,pl.; 171-174, pl. 王媛媛：《新出漢文〈下部讚〉殘片與高昌回鶻的漢人摩尼教團》，刊《西域研究》2005年第2期，頁51-57；王媛媛：《漢文摩尼教文書與高昌的漢人教徒》，見氏著：《從波斯到中國：摩尼教在中亞和中國的傳播》，中華書局，2012年，頁196-204。

譯示範回譯之可能性。因此，解讀回鶻摩尼教文書之日月神，漢文摩尼教經典不失爲參照物。既然漢文摩尼經把日月作爲日月光明佛之實體，回鶻摩尼教蓋庶幾近之。

回鶻民族本爲遊牧民族，原先固有日月崇拜自不待言，改宗摩尼教後，益以日月爲尊。據日本學者早年的研究，回鶻可汗信奉摩尼教者，其稱呼必冠以日月尊號，即 kün tängridä 和 ai tängridä。[1]近年國人的研究，則更進一步證明諸多回鶻可汗"將自己描述成由日月賦予權力的君主"。[2]這類乎中國皇帝之自命"天子"，認爲自己的權力來自上天。日月被回鶻可汗目爲自己權力之源，其地位之高，必定要反映到回鶻之摩尼教文獻上。

查敦煌出土回鶻文書 Pelliot Chinois 3049背面之第4—16行，[3]就錄有頌讚摩尼教主神之經文，馬小鶴先生認爲其與漢文《收食單偈》頗接近。[4]筆者顧這12行回鶻文書，其表述模式上確類《收食單偈》：亦按1—12的序列，用12位神靈名字分別與諸戒行美德相搭配。不過，其中神名有7個屬於音譯：列居第1的 äzrua tägri（阿兹魯阿神），哈密爾頓（J. Hamilton）譯爲 Zurvān，[5]早年許地山先生音譯爲"察宛"，釋爲漢文摩尼經的大明尊，[6]即摩尼教之最高神。列居第3的 xormuzta tägri（阿胡拉·馬兹達神），列居第5的 fri-rošan tägri（弗里祿山神），列居

〔1〕田坂兴道：《回纥に於ける摩尼教迫害運動》，刊《オリエント》（《東方學報》）XI/1，1940年，頁223-232，有關部分見頁228-231。

〔2〕"在回鶻接受摩尼教之後，從789年開始，回鶻可汗的名號中出現 ai tängridä qut bulmïš 這一短語，意爲'從月神那裏獲得神明的人'。從789至833年，有6位可汗的名號中都含有此短語（H. J. Klimkeit, "Manichaean Kingship: Gnosis at Home in the world", Numen XXIX, 1982, p.24.）。此後，還有名號中出現 kün ai tängridä qut bulmïš 的兩可汗，意爲'從日神和月神那裏獲得神明的人'（P. Zieme, "Manichäische Kolophone und Könige", Studia Manichaica II, Wiesbaden, 1992, pp.317-327）。"詳參王媛媛：《從波斯到中國：摩尼教在中亞和中國的傳播》，中華書局，2012年，有關論證見頁222-223。

〔3〕J. Hamilton, Manuscrits Ouïgours du IXe — Xe Siècle de Touen-houang, 2vols. Paris, 1986. 有關文書轉寫見 Tome I p.38，法譯見 p.43，圖版見 pp.332-333. 蒙芮傳明先生惠賜該書掃描本，誌謝！

〔4〕馬小鶴：《摩尼教與古代西域史研究》，中國人民大學出版社，2008年，頁47-249。國人釋讀該文書者見楊富學、牛汝極：《沙洲回鶻及其文獻》，甘肅文化出版社，1995年，頁218-226。

〔5〕J. Hamilton, Manuscrits Ouïgours du IXe-Xe Siècle de Touen-houang, 2vols, Paris, 1986, p.43.

〔6〕見許地山：《摩尼之二宗三際論》，刊《燕京學報》1928年第3卷，頁382-402；有關部分見頁384。

第6的 βam tägri（般神），列居第7的 wišparkar（維希帕爾卡爾），列居第11的 käni-rošan tägri（卡尼祿山神），列居第12的 burxan-lar（佛陀）。除了這些音譯神名外，其他的神名則用回鶻文意譯，即第2的 ög tägri（母神），第8的 yaruq kün tägri（光明的日神），第10的 yaruq ay tägri（光明的月神），第11與 käni-rošan tägri（卡尼祿山神）並列的 yašïn tägri（電光神）。該文書與本章主題有關者，自是其第8的日神和第10的月神。

回鶻文書的第8項被轉寫爲：säkizinč särinmäk·yaruq kün tägri，楊富學與牛汝極先生漢譯爲："第八，是堅韌而光明的日神。"[1]其間 sčäkizinč，即"第八"，särinmäk，即忍耐、忍受；yaruq，光明；kün，日也；tägri，神也。與之相對的《收食單偈》則爲"八者忍辱日光佛"，顯得相當對稱。

回鶻文書的第10項被轉寫爲：onunč ädgü qïlïnčlïɣ yaruq ay tägri。楊富學與牛汝極先生漢譯爲："第十，是和善而光明的月神。"[2]箇中 onunč，第10；ädgü qïlïnčlïɣ，善行、行善；yaruq，光明；ay，月也，tägri，神也。而《收食單偈》則是"十者知恩夷數佛"。

馬先生把 kün tägri（日神）比同"日光佛"，回鶻日神雖不稱佛，但該文書諸神亦多不敬稱爲佛，這無非緣於回鶻汗國之國情：回鶻改宗摩尼教之前，流行薩滿教，佛教並非主要信仰，因而不存在迎合民間佛教信仰的問題；其既處於國教地位，更不必依託佛教。因此，這一比對應屬確。然馬先生復把該 kün tägri（日神）亦比定爲"第三使"，而把第10項的 ay tägri（月神）比定爲"耶穌、夷數佛"。馬先生這一比定，可能是將西方學者對《收食單偈》日光佛和夷數佛的誤讀移植到回鶻文書。

華夏摩尼教之日光佛被西方學者誤讀爲第三使，上面業已辨明。至於夷數佛與月神，在現有的華夏摩尼教文獻中，沒有任何跡象表明此兩者有何特別的聯繫，尤其在《下部讚》中，夷數備受稱頌，誦唱

---

〔1〕楊富學、牛汝極：《沙洲回鶻及其文獻》，頁223。
〔2〕楊富學、牛汝極：《沙洲回鶻及其文獻》，頁223。

夷數的篇幅蓋佔全卷篇幅逾四分之一，爲眾神之冠。但在各種讚詞中，沒有一句與月相聯繫。假如華夏摩尼教果將夷數等同月神，那麼《下部讚》對夷數如此尊奉，顯然得相應把月神置於日神之上。然而，在漢文經典中，日月常常並稱，不過日在前，月在後，業已默證日的地位高於月。是以，《下部讚》之大讚夷數，實際便可確證來華摩尼僧並不用夷數指代月神。更有，如上面所已論證，漢族於月神早有根深蒂固的觀念，以至來華摩尼僧不得不隱晦"月光佛"之獨立存在，只能將其與日並稱爲"日月光明佛"，因此，更難相信來華摩尼僧竟能以夷數取代嫦娥之位。至若以《收食單偈》"十者知恩夷數佛"與上揭回鶻文書第10項的月神互比，以兩者均排位第10，便直將月神當夷數，這則無視兩個文書之時空距離，有悖歷史學思辨的基本法則。

當然，馬先生還據西方譯文，漢譯若干中亞摩尼教文獻殘片，以證中亞摩尼教徒將第三使等同日神，將月神指代耶穌（夷數）。[1] 就馬先生所舉證之中亞文獻，如何解讀其原文涉及有關神靈文字之真諦，筆者不敢妄評。但筆者倒深信回鶻摩尼教徒不可能有如此之混淆。這有馬先生本人引證的突厥語《摩尼教徒懺悔詞》第2節之一段話爲證，茲轉錄如下：

> 我的神，如果我們無意之中以任何方式冒犯了日月之神和安置在二光明宮中的諸神，如果我們相信，"[日月之]神是可靠的、強大有力的"，[但是]如果我們[與此同時]以任何方式講過罪過的、褻瀆的話，說"日月將毀滅"，如果我們說，"它們並非由於自己的力量而升起和下降；如果它們有自己的力量，那麼它們就不會升起來了"，如果我們說到自己，"我們不同於日月"，那麼我們爲這第二項無意的罪過祈求寬恕。[帕提亞文]：寬恕我的罪過！[2]

照這段懺悔詞的行文，如果沒有解讀翻譯錯誤的話，則回鶻摩尼教會不惟像中原摩尼教徒那樣，將日月分別目爲神，別於"安置在二

---

〔1〕馬小鶴：《摩尼教與古代西域史研究》，中國人民大學出版社，2008年，頁64-68。

〔2〕馬小鶴：《摩尼教與古代西域史研究》，中國人民大學出版社，2008年，頁68。

光明宮中的諸神"，即上面已提到的第三使、善母、淨風以及光明夷數、光明女神和先意等；而且，更目日月神之品位高於宮中諸神。

既然古代諸民族無不把日月目爲神，而照摩尼教義，日月是明神用暗魔屍體所藏之光明分子造成的，也是大明尊之子，那麼，摩尼教徒目其爲神，無疑順理成章。本民族固有的日月崇拜與摩尼教之日月崇拜完全可以相容融匯。回鶻可汗稱自己權力來自日月，實際亦意味著，日月神於汗國臣民心目中地位之高，如是，當地摩尼僧焉能不將其突出爲主神？把"冒犯了日月之神"作爲重要之懺悔内容，其潛臺詞無疑是：冒犯日月神就是冒犯可汗，冒犯可汗亦就是冒犯日月神。就懺悔冒犯日月神之言行，回鶻和漢地摩尼教徒實亦相同，上面徵引過的《你逾沙懺悔文》所列懺悔内容就包括"疑常住三寶并二大光明"（寫卷第412行），不過把日月神隱晦爲"二大光明"，也看不出有甚麼潛臺詞。

覩回鶻文中 kün tägri（日神）和 ay tägri（月神），前面均冠以 yaruq（光明）一詞，按日月顧名思義，自是光明無疑，復飾以 yaruq，竊意就是要強調該日月神並非其他看不到、摸不著的明神，而是人類日常所能見到、光照大地的太陽和月亮。倘回鶻的日月神如西方學者所認爲那樣，是第三使、耶穌的話，該回鶻文書何必把其意譯，何不像該文書大部分主神那樣音譯，即照中亞各語種的稱謂，將日神照中古波斯文、帕提亞文或粟特文之發音譯之。若謂其即第三使，則可資音譯之中亞名字更多，諸如'yl, nrysf, nrysh, nrysfyzdygr, myhryzd, wšnšhr, zyn'rys, nr'ysß yzδ, nr'ysß yzδ 等；至於耶穌，各語種均爲音譯，作 yyšw, yšw, 'yšw 等，回鶻文書自可效法之。

竊以爲，即便在中亞摩尼教會或巴比倫摩尼教會中，確把太陽神等同第三使，把月神等同耶穌，到了回鶻，亦不得不分離之。回鶻可汗要臣民相信其權力來自神授，自然要選擇臣民最熟悉最爲認可的神。假如回鶻可汗不依回鶻日月爲尊的傳統，而要另找神源的話，那與其說自己權力來自第三使或耶穌，何不說直接來自大明尊，即文書列居第1的 äzrua tägri（察宛）？由是，足見儘管中古回鶻民族的文明程度難與中原漢族比肩，而摩尼教在該民族的傳播，照樣要因應其族情而變異，調整日月神在本教神譜之位次和內涵。

2.5 餘語

摩尼教於古代漢族和回鶻民族來說，都是外來宗教，解讀其漢文或回鶻文神名時，從更原始的異族文獻追溯其名稱源頭和意涵，無疑很重要；但若忽視其在傳播地之變異，單純將不同語種之名稱進行比附對號，則難免存在風險。

（本章初刊《敦煌吐魯番研究》第 13 卷，上海古籍出版社，2013 年，頁 441–455。）

·歐·亞·歷·史·文·化·文·庫·

3　摩尼教
《下部讚》3 首音譯詩偈辨說

3.1　引言

　　摩尼教《下部讚》(S.2659)與京藏佚名摩尼經(宇56／北敦00256,以下簡稱《殘經》),還有分藏英法的《摩尼光略教法儀略》(S.3969,P.3884,以下簡稱《儀略》),同爲20世紀初敦煌出洞之珍。就這3部摩尼經之研究,以《下部讚》之1首音譯詩偈難度爲最大,於其內容之解讀,迄今仍莫衷一是。箇中第1首音譯詩偈(圖版3-1),見寫卷第1—5行,亦即全卷之首偈。由於寫卷始端殘缺,殃及此偈,不惟題簽佚失,內文亦脫落50多字,逾全偈三分之一;第2首音譯詩偈(圖版3-2)見寫卷第154—158行,全偈雖完整,但題目不明晰;第3首音譯詩偈(圖版3-3),見寫卷第176—183行,卷面文字未見脫落,題簽亦完整。德國瓦爾茨米德(E. Waldschmidt)和楞茨(W. Lentz)乃《下部讚》研究的奠基者,於其中第2首、第3首音譯詩偈之解讀有開創性之貢獻。瓦、楞氏於1926年聯名發表的《敦煌漢文摩尼教禮讚詩》《敦煌漢文摩尼教禮讚詩補正》《耶穌在摩尼教中的地位》,[1]已分辨出第2首、第3首音譯詩偈的諸多音譯意羣,將之復原爲帕拉維語(Pähläwi);爾後的研究者多在其復原的基礎上,將其帕拉維語轉化爲帕提亞語。20世紀80年代,莫拉諾(Enric Morano)發表《粟特文夷數讚詩》,除將瓦、楞氏所復原的第3首音譯詩偈轉化爲帕提亞語外,更分別用粟特語(Sogdian)比

---

〔1〕E. Waldschmidt and W. Lentz, "A Chinese Manichaean Hymnal from Tun-Huang, Preliminary Note", "A Chinese Manichaean Hymnal from Tun-Huang: Additions and Correction", *Journal of the Royal Asiatic Society*, 1926, pp.116−122, 298−299.

對。[1]此外，日本學者吉田豐發表《漢文摩尼教禮讚詩中的阿拉美語》
[2]《漢譯摩尼教文獻中的中古伊朗語漢字轉寫》[3]等文，瑞典學者翁拙
瑞(Peter Bryder)出版專著《漢文摩尼教術語的演變》，[4]均就3首音譯詩
偈某些詞語的復原和含義進行探討，多所發明。進入21世紀後，更有
旅美學者馬小鶴先生發表《摩尼教〈下部讚〉"初聲讚文"新考》及
其"續考"，[5]以異域文本，尤其是回鶻文書對《初聲讚文》進行全面
"參校"。馬先生近復發表《摩尼教〈下部讚〉第二首音譯詩譯釋——
—淨活風、淨法風辨釋》一文，就有關詩偈的討論，亦以參合異域文
獻見長。[6]

　　本章擬就《下部讚》之3首音譯詩偈，在西方學界語言學研究的基
礎上，依據古漢語音譯習慣，著重參考傳統漢籍、漢譯佛典以及近年
霞浦發現之新資料，[7]藉助傳統史學的考據法，就如何解讀這3首詩偈
之意蘊，申論愚見。不妥之處，仰祈方家不吝賜教。

3.2　《下部讚》輯入音譯詩偈緣由補說

　　《下部讚》寫卷現存423行，約11000字，輯有長短不等詩偈凡28

〔1〕Enric Morano, "The Sogdian hymns of Stellung Jesu", *East and West* N.S. XXXII, 1982, pp.9–43.

〔2〕Y. Yoshida, "Manichaean Aramaic in the Chinese Hymnscroll", *BSOAS,* Vol.XLVI, pt.2, 1983, pp. 326–331.

〔3〕吉田豐:《漢訳マニ教文献における漢字音寫された中世イラン語について》(上)，刊《内陸アジア言語研究》1986年11號，頁1–15。

〔4〕Peter Bryder, *The Chinese Transformation of Manichaeism. A Study of Chinese Manichaean Terminology,* Bokförlaget Plus Ultra, 1985.

〔5〕馬小鶴:《摩尼教〈下部讚·初聲讚文〉新考》，《摩尼教〈下部讚·初聲讚文〉續考》，初刊葉奕良編《伊朗學在中國論文集》(第3集)，北京大學出版社，2003年，頁81–113，收入氏著:《摩尼教與古代西域史研究》，中國人民大學出版社，2008年，頁164–205。

〔6〕馬小鶴:《摩尼教〈下部讚〉第二首音譯詩譯釋——淨活風、淨法風辨釋》，刊《天祿論叢》，廣西師範大學出版社，2010年，頁65–89。筆者孤陋寡聞，初稿撰成發寄《文史》後，始蒙編輯部提示惠賜此文參考，馬先生也同時傳賜此文，謹此衷誌謝忱!

〔7〕有關霞浦新發現資料詳參陳進國、林鋆:《明教的新發現——福建霞浦縣的摩尼教史跡辨析》，載李少文主編、雷子人執行主編:《不止於藝》，北京大學出版社，2010年，頁343–389。

首，其中絕大多數爲意譯，獨有3首採用今人絕難意會之音譯。[1]竊意，要解讀這3首詩偈之真諦，自得先明其採用音譯之緣由。《下部讚》寫卷除首偈失題外，餘均有題簽。另末尾附有一段說明（第415—422行），爲該部經文炮製者道明所撰，相當於漢籍之《跋》或現代之《譯後語》之類，計8行凡156字。全卷可錄題簽依次如下：

[006] □□□覽讚夷數文

[045] 讚夷數文第二疊

[120] 普啓讚文　末夜暮闇作

[154] 次偈宜從依梵

[159] 稱讚忙你具智王　諸慕闍作

[164] 一者明尊　那羅延佛作

[168] 收食單偈　大明使釋

[173] 收食單偈　第二疊

[176] 初聲讚文　夷數作　義理幽玄，宜從依梵

[184] 歎諸護法明使文　于黑哆忙你電達作　有三疊

[197] 歎諸護法明使文　第二疊

[209] 歎諸護法明使文　弟三疊

[222] 歎无上明尊偈文　法王作之

[235] 歎五明文　諸慕闍作　有兩疊

[248] 歎五明文　第二疊

[261] 歎明界文　凡七十八頌分四句　未冒慕闍撰

[339] 第一　旬齋默結願用之

[347] 第二　凡常日結願用之

[356] 此偈讚明尊訖　末後結願用之

[360] 此偈讚日光訖　末後結願用之

[368] 此偈讚夷數訖，末後結願用之

[372] 此偈讚忙你佛訖　末後結願用之

---

　　[1]另有《歎諸護法明使文》首頌首句"烏列弗哇阿富覽"（寫卷第185行）亦屬音譯，從已復原解讀之字組看，應爲讚詩套語。僅此一句。

〔380〕此偈凡莫日用為結願

〔387〕此偈凡至莫日　與諸聽者懺悔願文

〔401〕此偈結諸唄願而乃用之

〔405〕此偈為亡者受供結願用之

〔410〕此偈你逾沙懺悔文

　　從上錄27個題簽看，見於寫卷第120、159、164、168、176、184、222、235、261行者，顯得規範，既標示題目，亦署明作者。該組詩偈有的一偈包括兩三疊，其第二疊或第三疊遂僅署題目，而省去作者，見第197、209、248行；而見於第6、45、173行的題簽，則僅有詩偈題目，作者闕如。另一類題簽，見於339、347、356、360、368、372、380、387、401、405，沒有標示規範題目，亦沒有作者，但卻明示詩偈所用場合；還有第410行的題簽，既無題目，亦缺作者，惟說明詩偈性質和適用羣體。這最後兩類題簽，貌似缺題，實則緣於《下部讚》之用途和性質。道明在"跋"中有云：

　　　　梵本三千之條，所譯二十餘道；又緣經、讚、唄、願，皆依四處製焉。但道明所翻譯者，一依梵本。如有樂習學者，先誦諸文，後暫示之，即知次第；其寫者，存心勘校，如法裝治；其讚者，必就明師，湏知訛舛。（第416—420行）

　　玩味這段話，可看出《下部讚》乃專為華夏一般信衆（即聽者）編譯的宗教儀式詩偈集，作為基礎教材，既供外來摩尼僧教授參考，亦供中原信衆傳習使用。顧輯入之諸詩偈內容，題目規範，並有作者落款者，多可適用於各種儀式場合；至於無明確題目者，多限於某一特定場合所用。在這些用於具體場合的詩偈中，甚至還有提示誦唱次第、相應配合的禮儀動作等。如題簽為"第一　旬齋默結願用之"（第339行）的詩偈，其間就有提示道：

　　　　右，三行三礼,至扵亡沒聽者，任依梵音唱亡人名，然依後續。（第343行）

　　而題簽為"第二　凡常日結願用之"（第347行）的詩偈，則提示：

　　　　右，三行三礼，立者唱了，與前偈結，即合衆同聲言"我等

上相……"（第 351 行）

　　若"我等上相"既了，衆人並默，尊者即誦《阿佛利偈》，
次云"光明妙身"結。（第 353 行）

該等提示，突顯了《下部讚》作爲儀式脚本之功能。如是脚本，詩偈倒不一定非有規範之名稱不可，重要的是說明其用場。

既然《下部讚》所輯詩偈乃用於宗教儀式，而吾人固知，任何宗教的儀式活動往往離不開音樂，摩尼教更以特有的宗教音樂著稱，[1]因而《下部讚》自離不開歌詠。道明的"跋"起始便謂"吉時吉日，翻斯讚唄"（第415行），把其所編譯的《下部讚》稱作"讚唄"。按"讚唄"一詞，係借用佛教術語。"唄"爲梵語 Pathaka 的音譯，謂梵音的歌詠。釋慧皎《高僧傳》卷13《經師論》言"天竺方俗，凡是歌詠法言，皆稱爲唄"。[2]讚唄者，"讚歎佛德之梵唄也"。[3]道明既把他的譯詩稱爲"讚唄"，自當配有曲譜。[4]上揭《下部讚》諸多題簽屢見用"疊"作詩偈之計量單位，便可佐證。

按古漢語，"樂再奏謂之疊"，如《霓裳三疊》《陽關三疊》，白居易詩《何滿子》更有名句"一曲四調歌八疊，從頭便是斷腸聲"。[5]因此，竊意"有二疊"抑或"有三疊"，乃示意下面同名的詩偈按同一曲調重復誦唱；而"第二疊""第三疊"則示意按"第一疊"的曲調歌詠。

如果說《下部讚》的諸多意譯詩偈多有用於歌詠者，那其3首音譯詩偈，固然亦可用於誦讀，但必更爲歌詠而設。顧寫卷上的音譯詩偈，右側有依次標以漢數字。敦煌佛教寫經的一些音譯經文，雖亦有同樣

　　〔1〕參拙文：《敦煌摩尼教〈下部讚〉經名考釋——兼論該經三首音譯詩》，初刊《敦煌吐魯番研究》第3卷，北京大學出版社，1998年，頁45-51；修訂本見《中古三夷教辨證》，中華書局，2005年，頁123-131；林悟殊：《摩尼教及其東漸》，淑馨出版社，1997年增訂本，頁79-88。

　　〔2〕〔南朝·梁〕釋慧皎：《高僧傳》，中華書局，1992年，頁508。

　　〔3〕丁福保：《佛學大辭典》"讚唄"條，文物出版社，1984年，影印版，頁1499。

　　〔4〕早在20世紀80年代，歐洲學者已復原了某些摩尼教之樂譜；至於漢文獻的有關摩尼教音樂的記載，國人已有所梳理，見周菁葆：《中亞摩尼教音樂》，刊《新疆藝術》1992年第3期，頁40-46、53；《西域摩尼教的樂舞藝術》，刊《西域研究》2005年第1期，頁85-93。

　　〔5〕參閱中文大辭典編纂委員會《中文大辭典》第8版第6册"疊"條，中國文化大學出版部，1990年，頁726（總9576）下。

做法，但其數字多爲提示意羣，以便誦讀。然《下部讚》音譯詩偈所標示的序列漢字，顯非止於示意音譯意羣，緣其短者僅有三字，如"伽路師^{十五}伽路師^{十六}"（第158行），多則竟逾10字。因此，竊意該等序列數字，除了示意分句外，或許還傳遞與曲調對號的信息。復觀第3首音譯詩偈結尾，加注"捴与前同"4小字（第183行）。查《康熙字典》相關字條，"捴"同"揔""總"，"聚束也，皆也，衆也"。因此"捴与前同"，應是提示整首音譯詩偈照原調重唱。此外，該等音譯詩偈於某些漢字還夾注讀音指南，如：寫卷第2行之"舭里思咄麗^{引所}_{嫁反}"，第156行"嗚嚧囒而云咖^{引所}_九"，第157行"佛呬不哆^舌_頭"，第181—182行"薩哆^舌_中"，第182—183行"止訶^舌_根"等。其間之"舌頭""舌中""舌根"應指相關漢字發音時舌的位置；[1]至於其他小字，當屬提示切音。該等夾注無疑有助習誦唱者準確咬音。

如道明在跋中所稱，"梵本三千之條，所譯二十餘道"（第416—417行）：儘管夷文詩偈不計其數，惟選20多首譯之。其何以如是百中挑一，進行海選，首要原因自是力求合乎華情，欲爲華夏信徒所能理解接受。既屬海選，當不難得到既合華情又便於意譯的"二十餘道"，但在《下部讚》中，卻偏偏還留下3首"依梵"的音譯詩偈。這當然並非緣於"義理幽玄"。從當今世界各大宗教之傳播史看，民族語言文字之迥異，實際並未能成爲傳播之隔閡，遑論像摩尼所創立之宗教，自始就野心勃勃，聲稱要在全世界建立教會。除了那些有悖華夏傳統文化，不便或不敢漢譯外，[2]再幽玄的義理，既能由原來的古敍利亞文譯爲西方及中亞諸多民族之語言，翻成漢文又有何難？因此，可以斷言，《下部讚》採用音譯詩偈乃與"義理幽玄"無關，何況該等詩偈乃用於儀式之誦唱，與闡發義理之經書不同。其音譯的原因顯非內中有甚麽"最核心

---

〔1〕〔清〕紀昀总纂：《欽定四庫全書總目》卷44經部四十四小學類存目二有載："《聲音發源圖解》一卷，國朝潘遂先撰清……分四聲爲六聲，曰初平、次平、終平、初仄、次仄、終仄。初平屬少陽，出舌根。次平屬陽明，出舌後。終平屬太陽，出舌中。初仄屬少陰，居舌前。次仄屬太陰，屬舌梢。終仄屬厥陰，出舌尖。"河北人民出版社，2000年，頁1225。

〔2〕另參本書《敦煌摩尼教〈下部讚〉"電光佛"非"光明處女"辨》一章。

的教義"翻譯不了，或爲了"忠於原教旨"不便翻譯；[1] 竊意恐應求諸宗教感情、宗教儀式之需要。畢竟在儀式中用宗教發源地之"梵音"誦唱讚詩，更可營造神聖、神秘、虔誠的宗教氣氛，增強信衆的宗教歸屬感。其實，"依梵"並非道明在華之發明，佛教在征服中國之過程中，亦以漢字音譯梵音，傳授梵文，傳授某些宗教套語、咒語或常用詩偈，在儀式中更是"梵音唄響"。唐代摩尼教效法之，自不足爲奇。尤其是像《下部讚》這一儀式教材，乃摩尼教在唐代中國第2波傳播，即藉助回鶻勢力再度入傳中原後的產物。[2] 時正是摩尼教在華春風得意之際，頗有強勢之貌，就如《國史補》所云：

> 回鶻常與摩尼議政，故京師爲之立寺。其法日晚乃食，敬水而茹葷，不飲乳酪。其大摩尼數年一易，往來中國；小者年轉江嶺，西市商胡橐其源，生於回鶻有功也。[3]

儘管強勢不過是表象，但無疑令《下部讚》的炮製者道明更具勃勃雄心。刻意輯入音譯詩偈，固然爲便於一般信衆傳習，或更意在培養從事儀式事務的華夏骨幹信徒，若不，何以特別強調"必就明師"？對於該等信徒，學點梵音詩偈自更顯必要。這類骨幹信徒，在上面提到的《下部讚》第353行已見雪泥。其云"尊者即誦《阿佛利偈》"，該偈文字無疑係漢字音譯，而尊者顯非外來摩尼僧，緣《儀略·寺宇儀》稱"專知法事"之僧侶曰"讚願首"，音譯爲"阿拂胤薩"（第92行）。在華夏信衆宗教儀式中能即誦音譯詩偈之"尊者"，諒必就是那些曾就"明師"的骨幹分子，彼等緣資深而被尊。由是，從《下部讚》之炮製，可看到摩尼教至遲在唐代中國第2波傳播時，便已刻意在漢人善信中培養神職人員。明代何喬遠《閩書》卷7《方域志》記"會昌中汰僧，明教在汰中。有呼祿法師者，來入福唐，授侶三山，游方泉郡，卒葬

---

[1] 參馬小鶴：《摩尼教〈下部讚〉第二首音譯詩譯釋——淨活風、淨法風辨釋》，頁66。

[2] 參閱拙文：《摩尼教〈下部讚〉漢譯年代之我見》，刊《文史》第22輯，1984年，頁91–96；修訂本見林悟殊：《摩尼教及其東漸》，中華書局，1987年，頁208–216；林悟殊：《摩尼教及其東漸》，淑馨出版社，1997年增訂本，頁227–238；林悟殊：《摩尼教及其東漸》，淑馨出版社，1997年增訂本，頁62–72。

[3] 〔唐〕李肇：《唐國史補》卷下，上海古籍出版社，1983年，頁66。

郡北山下"。[1]該呼禄法師逃到福州（三山）"授侣"，所授之"侣"自
是骨幹信徒。彼等後來便成爲福建明教會之中堅。考田野調查所發現
的明教徒，有稱"睍達"者，[2]稱"睍達""渝沙"者，[3]竊意當爲其
時明教會中諸神職人員之稱謂，很可能就是演變自上揭所謂"尊者"。

　　既然《下部讚》本爲宗教儀式腳本教材，而那些音譯詩偈並非譯
不了，而是刻意不譯。那麼，可以想像，在教授那些音譯詩偈時，外
來摩尼僧爲了讓中原信徒理解其意涵，完全可以藉助業已意譯的經文，
即用現成的漢譯術語、現成的漢譯概念或表述模式，一一加以解釋。
職是之故，該等專爲教授漢人信衆而設的音譯詩偈，在復原其母語的
大略意思後，自不難在現有的漢文摩尼經，尤其是《下部讚》的意譯
詩偈中，找到相應的用語。竊意亦只有參照唐代摩尼教文獻，始能更
準確把握當年音譯詩偈之意蘊。

3.3　第 1 首音譯詩偈內容蠡測

第1首音譯詩偈著錄如下：

　　　［001］□□□□□□□□□□思⁻舥（那）里思咄烏嚧詵
伊烏嚧詵□□

　　　［002］□□□□□□□□□□布思三舥里思咄麗引所線反伊所紇
䏶（耶）𪗖布

　　　［003］□□□□□□□□□□伊嗚嚧詵于咽所倒五奴嚕阿
勿倒六奴嚕

〔1〕〔明〕何喬遠：《閩書》（1），廈門大學校點本，福建人民出版社，1994年，頁172。

〔2〕粘良圖先生發現《青陽科甲肇基莊氏族譜》集外篇的《有元海月居士莊公墓誌銘》（元至正
年間晉江縣主簿歐陽賢所撰），墓主莊惠龍是個明教世家，碑銘中提到其第三子"天德爲睍達"。
有關論述見氏著：《晉江草庵研究》，廈門大學出版社，2008年，頁48-50。

〔3〕霞浦科冊《禱雨疏奏申牒狀式》諸文檢的啓奏者有若干自稱"摩尼正教正明内院法性靈感精
進意勇猛思部主行祈雨保苗法事渝沙睍達臣"；筆者考證該科冊形成於明朝（1368—1636）後半期，
有關文檢見科冊第3頁，另見第5、6、7、9等頁；另一名曰《奏申牒疏科冊》的抄本，其第15—16頁
有《奏教主》一文，啓奏者的身份標榜"太上清眞無極大道正明内院法性靈威精進意部主事渝沙臣"。
參閱本書《霞浦科儀本〈奏教主〉形成年代考》一章。

［004］□□□□□□□□□吉□八門喝利呼唵吽[九]謀蘇吽噎而坭緩[十]奴嚧呼詘欝

［005］□□□□□□引反聲涅薩底[十一]拂羅辭所底[十二]欝喏夷囒紗嗳嗚□□能[十三]

茲把學者已復原的音譯意羣整理如次：

“舥（那）里思咄”，吉田豐還原其爲中古波斯語 dryst'wr［drīst- awar］，意謂 welcome，[1]歡迎也。

“烏嚧詵”，在第3首音譯詩偈作“烏盧詵”（第182行），還原爲帕提亞語和中古波斯語 rwšn［rōšn］。[2]按 rwšn 含義有三：一謂 light, bright，光明也；二爲 clear, plain，潔淨、素樸也；三即 a deity, the third light element，[3]神名，謂第三種光明分子，即漢文摩尼經所云“五明子”——清淨氣、妙風、明力、妙水和妙火之第三種“明力”。

“伊”，吉田氏還原帕提亞語和中古波斯語'y［ī］，作連接介詞，

〔1〕Yoshida Yutaka, “Manichaean Aramaic in the Chinese Hymnscroll”, *Bulletin of the School of Oriental and African Studies*, XLVI, 1983, pp.326－331, p.326, n.5; 吉田豐：《漢訳マニ教文献における漢字音寫された中世ィラン語について》（上），刊《内陸アジア言語研究》1986年11號，頁1－15，見詞彙表第28。

〔2〕Ernst Waldschmidt & Wolfgang Lentz, *Die Stellung Jesu im Manichaismus*, (Abhandlungen der Preussischen Akademie der Wissenschaften, Jg. 1926, Phil.-hist. Klasee, Nr. 4), Berlin: Verlag der Akademie der Wissenschaften, in Komni bei Walter de Gruyter, 1926, p.92; Enrico Morano, “The Sogdian Hymns of Stellung Jesu”, *East and West*, XXXII, 1982, pp.9－43, p.30; Peter Bryder, *The Chinese Transformation of Manichaeism. A Study of Chinese Manichaean Terminology*, Bokförlaget Plus Ultra, 1985, p.51; 吉田豐：《漢訳マニ教文献における漢字音寫された中世ィラン語について》（上），刊《内陸アジア言語研究》1986年11號，頁1－15，見詞彙表第76。

〔3〕M. Boyce, *A Word-List of Manichaean Middle Persian and Parthian*, Leiden, 1977, p.79; Desmond Durkin-Meisterernst, *Dictionary of Manichaean Texts. Vol. iii. Texts from Central Asia and China. Part 1. Dictionary of Manichaean Middle Persian and Parthian*, (Corpus Fontium Manichaeorum, Subsidia), Turnhout: Brepols, 2004, pp.300–302.

相當於英語 with；該詞亦作連接代詞，相當於英語 who, which。[1]

"麗引所"，吉田氏將其切音爲"灑",還原帕提亞語和中古波斯語 š'h［šāh］，意謂 king，王也。[2]

"所紇朳（耶）嘲"，吉田氏還原其爲中古波斯語 šhry'r'n［šahri-yārān］，即 kings，王之複數。[3]查該詞緣於單數名詞 šhry'r，šhry"r［šahryār］，意謂統治者、王、土地擁有者。[4]

"于呬所倒"，還原帕提亞語和中古波斯語 whyšt'w［wahištāw］，意謂 paradise，天堂也。[5]

"奴嚕"，吉田氏還原其爲帕提亞語和中古波斯語 drwd［drōd］，意謂 health, well-being，康泰也。[6]

"阿勿"，吉田氏還原其爲帕提亞語和中古波斯語 'br［abar］，[7]

〔1〕吉田豊：《漢訳マニ教文献における漢字音寫された中世イラン語について》（上），刊《内陸アジア言語研究》1986年11號，頁1－15，見詞彙表第2；M. Boyce, *A Word-List of Manichaean Middle Persian and Parthian, with A Reverse Index by R.Zwanziger*, (AcIr, 3. sér., II, Suppl., 9a; Textes et mémoires), Téhéran-Liège: Bibliothèque Pahlavi; Leiden:E. J. Brill,1977, p.24；Desmond Durkin-Meisterernst, *Dictionary of Manichaean Texts. Vol. iii. Texts from Central Asia and China. Part 1. Dictionary of Manichaean Middle Persian and Parthian*, (Corpus Fontium Manichaeorum, Subsidia), Turnhout: Brepols, 2004, pp.94–95.

〔2〕吉田豊：《漢訳マニ教文献における漢字音寫された中世イラン語について》（上），刊《内陸アジア言語研究》1986年11號，頁1－15，見詞彙表第81；Desmond Durkin-Meisterernst, *Dictionary of Manichaean Texts. Vol. iii. Texts from Central Asia and China. Part 1. Dictionary of Manichaean Middle Persian and Parthian*, (Corpus Fontium Manichaeorum, Subsidia), Turnhout: Brepols, 2004, p.314.

〔3〕吉田豊：《漢訳マニ教文献における漢字音寫された中世イラン語について》（上），刊《内陸アジア言語研究》1986年11號，頁1－15，見詞彙表第82.

〔4〕Desmond Durkin-Meisterernst, *Dictionary of Manichaean Texts. Vol. iii. Texts from Central Asia and China. Part 1. Dictionary of Manichaean Middle Persian and Parthian*, (Corpus Fontium Manichaeorum, Subsidia), Turnhout: Brepols, 2004, p.318.

〔5〕吉田豊：《漢訳マニ教文献における漢字音寫された中世イラン語について》（上），刊《内陸アジア言語研究》1986年11號，頁1－15，見詞彙表第89；Peter Bryder, *The Chinese Transformation of Manichaeism. A Study of Chinese Manichaean Terminology*, Bokförlaget Plus Ultra, 1985, pp.54–55; Desmond Durkin-Meisterernst, *Dictionary of Manichaean Texts. Vol. iii. Texts from Central Asia and China. Part 1. Dictionary of Manichaean Middle Persian and Parthian*, (Corpus Fontium Manichaeorum, Subsidia), Turnhout: Brepols, 2004, p.342.

〔6〕吉田豊：《漢訳マニ教文献における漢字音寫された中世イラン語について》（上），刊《内陸アジア言語研究》1986年11號，頁1－15, p.27.

〔7〕吉田豊：《漢訳マニ教文献における漢字音寫された中世イラン語について》（上），刊《内陸アジア言語研究》1986年11號，頁1－15, p.2.

相當英語介詞 upon，on，to，over。[1]

"倒"，吉田氏還原其爲帕提亞語和中古波斯語 tw［tū/tō］，意謂
單數 you，[2] 你也。

"拂羅辭所底"，還原爲中古波斯語 pr'zyšt［frāzišt］，意謂
forever，[3] 永久也。

"欝"，吉田氏還原帕提亞語和中古波斯語'wd［ud］，相當於英語
連接詞 and，[4] 和也、與也。[5]

"紗嚜"，還原帕提亞語 jm'n［žamān］，中古波斯語 zm'n［zamān］，
意謂 time，hour，[6] 時候、鐘點也。

顧上面學者的復原，無非將有關的音譯漢字——依其中古讀音，

---

〔1〕M. Boyce, *A Word-List of Manichaean Middle Persian and Parthian, with A Reverse Index by R.Zwanziger*, (AcIr, 3. sér., II, Suppl., 9a; Textes et mémoires), Téhéran-Liège: Bibliothèque Pahlavi; Leiden:E. J. Brill,1977, p.6.

〔2〕吉田豊:《漢訳マニ教文献における漢字音寫された中世イラン語について》（上），刊《内陸アジア言語研究》1986年11號，頁1－15，見詞彙表第83; M. Boyce, *A Word-List of Manichaean Middle Persian and Parthian, with A Reverse Index by R.Zwanziger*, (AcIr, 3. sér., II, Suppl., 9a; Textes et mémoires), Téhéran-Liège: Bibliothèque Pahlavi; Leiden:E. J. Brill,1977, p.87.

〔3〕Ernst Waldschmidt & Wolfgang Lentz, Die Stellung Jesu im Manichaismus, (Abhandlungen der Preussischen Akademie der Wissenschaften, Jg. 1926, Phil.-hist. Klasee, Nr. 4), Berlin: Verlag der Akademie der Wissenschaften, in Komni bei Walter de Gruyter, 1926., p.111, note 4; Bryder 1985, p.56; 吉田豊:《漢訳マニ教文献における漢字音寫された中世イラン語について》（上），刊《内陸アジア言語研究》1986年11號，頁1－15，§33. 該詞用法詳參 M. Boyce, *A Word-List of Manichaean Middle Persian and Parthian, with A Reverse Index by R.Zwanziger*, (AcIr, 3. sér., II, Suppl., 9a; Textes et mémoires), Téhéran-Liège: Bibliothèque Pahlavi; Leiden:E. J. Brill,1977, p.71.

〔4〕吉田豊:《漢訳マニ教文献における漢字音寫された中世イラン語について》（上），刊《内陸アジア言語研究》1986年11號，頁1－15，見詞彙表第15.

〔5〕具體用法詳參 M. Boyce, *A Word-List of Manichaean Middle Persian and Parthian, with A Reverse Index by R.Zwanziger,* (AcIr, 3. sér., II, Suppl., 9a; Textes et mémoires), Téhéran-Liège: Bibliothèque Pahlavi; Leiden:E. J. Brill,1977, p.16.

〔6〕Ernst Waldschmidt & Wolfgang Lentz, *Die Stellung Jesu im Manichaismus*, (Abhandlungen der Preussischen Akademie der Wissenschaften, Jg. 1926, Phil.-hist. Klasee, Nr. 4), Berlin: Verlag der Akademie der Wissenschaften, in Komni bei Walter de Gruyter, 1926, p.111; note 4; Peter Bryder, *The Chinese Transformation of Manichaeism. A Study of Chinese Manichaean Terminology*, Bokförlaget Plus Ultra, 1985, p.65; 吉田豊:《漢訳マニ教文献における漢字音寫された中世イラン語について》（上），刊《内陸アジア言語研究》1986年11號，頁1－15，見詞彙表第99; M. Boyce, *A Word-List of Manichaean Middle Persian and Parthian, with A Reverse Index by R.Zwanziger*, (AcIr, 3. sér., II, Suppl., 9a; Textes et mémoires), Téhéran-Liège: Bibliothèque Pahlavi; Leiden:E. J. Brill,1977, p.50.

標以某種音標，然後尋找相應的胡詞對音。筆者如法炮製，試將第4行的"謀蘇吽噎而坭緩"亦做一復原：

謀蘇：mǐəu su，[1] 復原帕提亞語名詞 mwxš［mōxš］，salvation，[2] 拯救也。

吽噎而：xwæŋ ʔiet nzǐə，[3] 復原中古波斯語名詞 h'mj'r［hāmjār］，companion，comrade，[4] 同胞、夥伴也。

坭緩：niei ɣuɑn，[5] 復原帕提亞語形容詞 nb'm［nißām］，dull，lustreless，[6] 愚癡，無光澤也。

照此，若將這一句直譯則爲"拯救愚癡同胞"，但參照《下部讚》之用語，則可擬譯成"救拔失心同鄉衆"。[7] 然耶？非耶？實難驗證。

---

〔1〕謀，莫浮切，《宋本廣韻》下平聲第18"尤"；蘇，素姑切，同書上平聲第11"模"。

〔2〕M. Boyce, *A Word-List of Manichaean Middle Persian and Parthian, with A Reverse Index by R.Zwanziger*, (AcIr, 3. sér., II, Suppl., 9a; Textes et mémoires), Téhéran-Liège: Bibliothèque Pahlavi; Leiden:E. J. Brill,1977, p.58; Desmond Durkin-Meisterernst, *Dictionary of Manichaean Texts. Vol. iii. Texts from Central Asia and China. Part 1. Dictionary of Manichaean Middle Persian and Parthian*, (Corpus Fontium Manichaeorum, Subsidia), Turnhout: Brepols, 2004, p.234.

〔3〕吽，同"吼"，呼後切，《宋本廣韻》上聲第45"厚"，國際音標 xəu；佛教咒語用字，漢語拉丁拼音 hōng，國際音標 xwæŋ。噎，烏結切，《宋本廣韻》入聲第16"屑"；而，如之切，《宋本廣韻》上平聲第7"之"。

〔4〕M. Boyce, *A Word-List of Manichaean Middle Persian and Parthian, with A Reverse Index by R.Zwanziger*, (AcIr, 3. sér., II, Suppl., 9a; Textes et mémoires), Téhéran-Liège: Bibliothèque Pahlavi; Leiden:E. J. Brill, 1977，p.44; Desmond Durkin-Meisterernst, *Dictionary of Manichaean Texts. Vol. iii. Texts from Central Asia and China. Part 1. Dictionary of Manichaean Middle Persian and Parthian*, (Corpus Fontium Manichaeorum, Subsidia), Turnhout: Brepols, 2004，p.174.

〔5〕坭，同"泥"，《宋本廣韻》上平聲第12"齊"，奴低切；緩，《宋本廣韻》上聲第24"緩"，胡管切。

〔6〕M. Boyce, *A Word-List of Manichaean Middle Persian and Parthian, with A Reverse Index by R.Zwanziger*, (AcIr, 3. sér., II, Suppl., 9a; Textes et mémoires), Téhéran-Liège: Bibliothèque Pahlavi; Leiden:E. J. Brill,1977, p.60; Desmond Durkin-Meisterernst, *Dictionary of Manichaean Texts. Vol. iii. Texts from Central Asia and China. Part 1. Dictionary of Manichaean Middle Persian and Parthian*, (Corpus Fontium Manichaeorum, Subsidia), Turnhout: Brepols, 2004, p.239.

〔7〕《下部讚》第200行有云："能除怨敵諸暗種，安寧正法令无畏，救拔羔子離豺狼，善男善女寧其所。"

"救拔"一詞尚見於寫卷221行、407行。第36行則云："一切病者大醫王，一切暗者大光輝，諸四散者勸集聚，諸失心者令悟性。""失心"即忘卻本性，自顯得愚癡。第375行有"開甘露泉，栽活命樹，救同鄉衆，收光明子"之語。"同鄉衆"照語境即指被吞噬的光明分子，彼等本來都是來自光明王國，都是大明尊的兒子。

·欧·亚·历·史·文·化·文·库·

緣漢字的中古讀音，各家的說法並非一一相同，而漢語方言衆多，音譯者未必都照標準讀音，難免受方言影響；[1] 此外，胡語和漢語本來就屬不同的語系，語音迥異，任何音譯的不過是相對耳，無從一一契合；更要害的是，如上面所已指出，該偈不惟缺題，而且多有殘缺脫字，少有完句。因此，於音譯字組之點斷是否確當，所復原單詞是否符合原作的具體語境，無從依上下文或全詩的意境來評估推度。是以，對某些音譯漢字的復原，固有助於想像詩偈某些內容，但與正確解讀畢竟尚有距離。

就上揭學者所復原的單詞看，有的對音較爲接近，把握性或較大；有的對音顯有差距，甚至有悖漢文音譯習慣，自更具不確定性。例如，第1行的"烏嘘詵",還原爲帕提亞語和中古波斯語 rwšn［rōšn］。按該詞作爲光明之意，在吐魯番出土的摩尼教殘片中頻見，出現在音譯詩偈中也理所當然。不過，漢籍於古今外來語之音譯，省略其音節、音素有之，擅自添加音節則鮮見。查漢字的中古讀音，嘘與"盧"同，落胡切，[2] 國際音標作 lĭo；詵，所臻切，[3] 國際音標作 ʃien。是以，若謂"嘘詵"或"盧詵"爲 rwšn［rōšn］的音譯，應無疑問；但云"烏嘘詵"亦爲 rwšn 的音譯，不禁令人要質問"烏"從何而來，胡詞第一個音節焉有"烏"音？在新近霞浦發現題爲《摩尼光佛》的科册中，輯入了大量的音譯文字，其間"嘘詵"一詞凡8見（科册第24、25、172、236、252、255、282、393行），均未見冠以"烏"字。儘管筆者認爲該科册屬近世再造文書，但其間的某些內容，尤其是音譯文字，應採自當地殘存的摩尼教文獻。其"嘘詵"一詞，未與"烏"組合，說明科册製作者所見的遺經，並未把"烏嘘詵"作爲一個常用音譯字組使用。其實，如果要把"烏嘘詵"3字來對音某一胡詞的話，中古波斯語

---

〔1〕筆者曾求學執教的廣州中山大學歷史系有口碑，大意謂1964年向達先生南下請益陳寅恪先生，時陳先生曾提示向先生，謂玄奘乃河南人，要注意其音譯受河南口音之影響。

〔2〕見《宋本廣韻》上平聲第11"模"。

〔3〕見《宋本廣韻》上平聲第19"臻"。

的 xwr's'n［xwārsān］或更接近,其意謂東方。[1]西方學者把“烏嚧詵”
當爲 rwšn 的音譯，可能是受到《儀略》的影響。其開篇《託化國主名
号宗教第一》有云：

　　　　［005］佛夷瑟德烏盧詵者，^{本國梵
音也。}譯云光明使者，又号

　　　　［006］具智法王，亦謂摩尼光佛，即我光明大慧無上

　　　　［007］醫王應化法身之異号也。……

　　當年夏倫和亨寧教授在釋譯《儀略》時，將“佛夷瑟德烏盧詵”，
還原爲中古波斯語的 frēstag-rōšan 或帕提亞語的 frēštag-rōšan。[2]按中
古波斯語的 frystg, prystg, prystg, prystq［frēstag］,帕提亞語作 fryštg,
fryštg, fryyštg［frēštag］，均意謂 messenger, apostle, angel，即信使、使
徒、天使,作名詞用。[3]既然確認“佛夷瑟德”與該詞對音,剩下的“烏
盧詵”三字,按《儀略》的提示,就只能與 rōšan 對號。西方學者在現
存的中古波斯語摩尼教殘片中，亦確實發現有多例單數形式的
frystgrwšn, prystgrwšn,用於特指教主摩尼,意謂 Apostle of Light,[4]
意思適與上揭《儀略》所謂“譯云光明使者”同,但該等胡詞的讀音
顯沒有《儀略》所音譯的“烏”。由是,假如現存《儀略》版本之“烏”
字並非衍字,而“佛夷瑟德”確實音譯自 frēstag,“盧詵”音譯自 rōšan
的話,則其時西域摩尼教徒於教主的稱謂,在 frēstag 和 rōšan 之間當另
有一個近乎“烏”音的連接介詞。蒙張小貴君惠示,在帕拉維文書中,

　　〔1〕M. Boyce, *A Word-List of Manichaean Middle Persian and Parthian, with A Reverse Index by
R.Zwanziger*, (AcIr, 3. sér., II, Suppl., 9a; Textes et mémoires), Téhéran-Liège: Bibliothèque Pahlavi;
Leiden:E. J. Brill,1977, p.101.

　　〔2〕Gustav Haloun & Walter B. Henning,“The Compendium of the Doctrines and Styles of the
Teachings of Mani, the Buddha of Light”, *Asia Major* 111, 1952, p.189, n.6.

　　〔3〕Desmond Durkin-Meisterernst, *Dictionary of Manichaean Texts. Vol. iii. Texts from Central Asia
and China. Part 1. Dictionary of Manichaean Middle Persian and Parthian*, (Corpus Fontium
Manichaeorum, Subsidia), Turnhout: Brepols, 2004,pp.159−160.

　　〔4〕M. Boyce, *A Word-List of Manichaean Middle Persian and Parthian, with A Reverse Index by
R.Zwanziger*, (AcIr, 3. sér., II, Suppl., 9a; Textes et mémoires), Téhéran-Liège: Bibliothèque Pahlavi;
Leiden:E. J. Brill,1977, p.41；Desmond Durkin-Meisterernst, *Dictionary of Manichaean Texts. Vol. iii.
Texts from Central Asia and China. Part 1. Dictionary of Manichaean Middle Persian and Parthian*,
(Corpus Fontium Manichaeorum, Subsidia), Turnhout: Brepols, 2004，pp.159−160.

常見表意文字」，轉寫爲 Y〔ī〕或 ZY，源於阿維斯陀語 zy，摩尼教中古波斯文轉寫寫作ʻy（g），新波斯文作 i，主要意思有（1）連接代詞 who，which；（2）連接介詞（connective particle），相當於英語之 of。[1] 由是，意味著其"烏"字有可能訛音自 Y〔ī〕。然而，在該偈中已現三個"伊"字（分見第1、2、3行），如上面已提到，吉田氏將該字還爲ʻy〔ī〕，即與張君所云帕拉維詞同，從對音來說，顯得更切近。若然，既已音譯爲"伊"，自不可能又訛音爲"烏"。不過，這個"伊"是否就是ʻy〔ī〕的音譯，抑或爲其他音譯意羣之一字，由於卷面文字脫落，實際難以認定；"伊"在霞浦科冊《摩尼光佛》的大塊音譯文字中屢見，下面討論第2首音譯詩偈時，將會提及的"遮伊但"三字，就是其中與他字組成音譯意羣之一例。足見並非凡"伊"均必ʻy（g）之音譯。何況，首偈之"伊"若果音譯自最常用的聯繫介詞，在其他兩首音譯詩偈中卻未出現，這亦令人生疑。總之，既往學界就"烏嚧詵"三字之解讀，未必就是蓋棺之論。

又如，把第1行的"舥里思咄"四字目爲一個音譯意羣，或許是正確的，緣第2行同樣出現這四字的組列；然而，把其還原作中古波斯語 dryst'wr〔drīstawar〕，則未必靠譜。觀漢文的音譯傳統，單詞的第一個音節乃音譯之關鍵者，其他音節、音素或可省略不譯，對音亦未必那麼嚴格，惟於第一個音節鮮見隨意。"舥"爲"那"的異體字，中古發音"諸何切"，[2] 國際音標作 nɑ；而 dryst'wr 第一個音節的聲母、韻母都與"那"頗有距離。"那"，乃漢文摩尼經常用的音譯字，例如，《殘經》可見"電那勿"一詞（寫卷第128、132等行），學者已確認其爲中古波斯語 dynwr〔dēnāvar〕的音譯，意爲教徒，虔誠信徒。[3] 其間第二

〔1〕D.N .MacKenzie, *A Concise Pahlavi Dictionary*, London, Oxford University Press, 1971, p.45; H. S. Nyberg, *A Manual of Pahlavi*, Part II, Wiesbaden：Otto Harrassowitz, 1974, pp.105-106.

〔2〕見《宋本廣韻》下平聲第7"歌"。

〔3〕Édouard Chavannes et Paul Pelliot，"Un traité manichéen retrouvé en Chine", *Journal Asiatique*, sér. 10, XVIII, 1911, pp.554-555; M. Boyce, *A Word-List of Manichaean Middle Persian and Parthian, with A Reverse Index by R.Zwanziger*, (AcIr, 3. sér., II, Suppl., 9a; Textes et mémoires), Téhéran-Liège: Bibliothèque Pahlavi; Leiden:E. J. Brill,1977, p 38; 並參 Gunner B. Mikkelsen, *Dictionary of Manichaean Texts in Chinese*, Brepols Publishers n.v., Turnhout, Belgium, 2006, p.103.

個音節 nā 適與 "那" 對上。足見 "那" 的對音是 nā，至於以 "那" 音譯 "d" 或 "dr" 之確例則鮮見。查中古波斯語 dryst'wr 的詞根應爲 dryst〔drīst〕,作形容詞用，意謂 whole, well, right, proper,即 "全部、好、正確、合適" 之意；而 drystwr〔drīstawar〕，乃作副詞用，意謂 welcome![1] 即 "歡迎!" 如果上面所提到的 "烏" 是個連接介詞的話，那麼 "舭里思咄" 作爲副詞則更無從與其配搭。由是，益顯該詞之復原未必可靠。竊意假如要尋找一胡詞來與 "舭里思咄" 對號的話，與其選 drystwr〔drīstawar〕，毋寧擇帕提亞語的 nrysfyzdyg〔narisafyazdīg〕，不僅讀音較接近，亦有義可解。該詞意謂 "第三使的"，詞根爲帕提亞語 nrysf〔narisaf〕、中古波斯語 nrysh〔narisah〕，謂瑣羅亞斯德教神 airyōsaŋha，被摩尼教借用爲第三使的稱謂。[2] 如果把 "舭里思咄" 當爲一個稱謂，則 "舭里思咄烏嚧詵" 與上揭《儀略》的 "佛夷瑟德烏盧詵" 的句式結構恰爲相同，可以譯云 "光明（的）……" 之類。

　　總而言之，第1首音譯詩偈由於先天缺陷，目前學者所取得的成績僅在於蠡測其某些詞語，完整準確的解讀詩偈內容，惟寄望於完整漢文本或相應胡文本的發現。下面擬就詩偈題目進行推度，觀點如能成立，或有助於搜檢相應胡文本。

　　儘管首偈因破損，未留下任何題簽，但從現存卷子的文字內容，其題目尚有跡可循，見於上面已提及的詩偈：

　　　　〔347〕第二，凡常日結願用之。

　　　　〔348〕稱讚忙你具智王，及以光明妙寶身：稱讚護法諸明使，及以廣大慈父等！

　　　　〔349〕慕闍常願無礙遊，多誕所至平安住，法堂主上加歡喜，具戒師僧增福力，

　　〔1〕Desmond Durkin-Meisterernst, *Dictionary of Manichaean Texts. Vol. iii. Texts from Central Asia and China. Part 1. Dictionary of Manichaean Middle Persian and Parthian*, (Corpus Fontium Manichaeorum, Subsidia), Turnhout: Brepols, 2004, p.141.

　　〔2〕M. Boyce, *A Word-List of Manichaean Middle Persian and Parthian, with A Reverse Index by R.Zwanziger*, (AcIr, 3. sér., II, Suppl., 9a; Textes et mémoires), Téhéran-Liège: Bibliothèque Pahlavi; Leiden:E. J. Brill, 1977, p.62.

欧·亚·历·史·文·化·文·库

［350］清浄童女策令勤，諸聽子等唯多悟，衆聖遮護法堂所，我等常寛无憂慮！

［351］　　右，三行三礼，立者唱了，與前偈結，即合衆同聲言"我等上相⋯⋯"

［352］我等上相悟明尊，遂能信受分別說。大聖既是善業體，願降慈悲令普悅！

［353］　　若"我等上相"既了，衆人並默，尊者即誦《阿佛利偈》，次云"光明妙身"結。

［354］光明妙身速解脫，所是施主罪銷亡；一切師僧及聽子，扵此功德同榮念；

［355］正法流通得无礙，究竟究竟願如是！

其間《阿佛利偈》之名，未見上錄《下部讚》諸題簽。亨寧教授將"阿佛利"解讀爲中古波斯語的'fryn, 'pryn［āfrīn］，'fryd［āfrīd］，'frydg［āfrīdag］，帕提亞語'frywn［āfrīwan］，'frywm［āfrīam］，'fryd［āfrīd］等，稱該詞常用於讚詩的開始。[1]查其詞根 fryn-，含義無非是祈禱、祝願、稱讚之類意思，詞綴之不同僅示意其詞性的變化耳。[2]如另一音譯詩偈《初聲讚文》的"阿拂哩殞"（第181行），

_____

　〔1〕W. B. Henning, "Annotations to Mr.Tsui's Translation，app.To Tsui Chi,'Mo Ni Chiao Hsia Pu Tsan, The Lower (Second?) Section of the Manichaean Hymns'"，*BSOAS*，XI, 1943—1946, p.216, note. 7.

　〔2〕M. Boyce, *A Word-List of Manichaean Middle Persian and Parthian, with A Reverse Index by R.Zwanziger*, (AcIr, 3. sér., II, Suppl., 9a; Textes et mémoires), Téhéran-Liège: Bibliothèque Pahlavi; Leiden:E. J. Brill,1977，pp.8−9；Desmond Durkin-Meisterernst, *Dictionary of Manichaean Texts. Vol. iii. Texts from Central Asia and China. Part 1. Dictionary of Manichaean Middle Persian and Parthian*, (Corpus Fontium Manichaeorum, Subsidia), Turnhout: Brepols, 2004, pp.26−27.

被還原爲'frywn［āfrīwan］,[1] 即爲該詞根的名詞化。[2]《儀略·經圖儀》云 "第七，阿拂胤部，譯云《讚願經》"（寫卷第63行），而《寺宇儀》則曰 "第一，阿拂胤薩，譯云讚願首，專知法事"（第92行），其 "阿拂胤" 據考都源自該詞。[3] 該胡詞於華夏摩尼教徒來說，絕非陌生，而應相當熟悉，以至承傳到明清時期，上揭霞浦科册《摩尼光佛》的音譯詞章中，便有 "阿孚林"（第13、93、143行）、"阿弗哩"（第23、24、247、248行）、"阿咈哩"（第392行）者，竊意當與該胡詞同源。這樣一個爲摩尼教信衆熟悉的音譯胡詞，作爲其儀式用經開篇首偈的題目，自不出人意表。

就'fryn 該詞，上揭《儀略》均以 "讚願" 意譯之。依此，《阿佛利偈》亦無妨意譯爲《讚願偈》。經文稱 "尊者即誦《阿佛利偈》"，揣其語氣，該偈應見於《下部讚》，否則焉會無端提及之；亦正因爲上面已有此偈，始有 "即誦" 的可能性。由是，《下部讚》缺題之第1首音譯詩偈，當名曰《阿佛利偈》。其偈名和内文都用音譯，意味著保持 "梵本" 原汁原味，惟音是譯，不必像一般意譯那樣，尚要因應華情，有所變通。是以，倘能在異域各語種的摩尼教文獻中，按圖索驥，查得以'fryn 爲題之讚詩，或可資參校，復原《下部讚》首偈之廬山真面目。當然，不論哪種宗教，都有諸多形形色色的讚願詩，以'fryn 爲題之讚詩，在摩尼教各語種的文獻中，必定不止一個版本。但無論如何，既

〔1〕Ernst Waldschmidt & Wolfgang Lentz, *Die Stellung Jesu im Manichaismus*, (Abhandlungen der Preussischen Akademie der Wissenschaften, Jg. 1926, Phil.-hist. Klasee, Nr. 4), Berlin: Verlag der Akademie der Wissenschaften, in Komni bei Walter de Gruyter, 1926, p.91; Enrico Morano, "The Sogdian Hymns of Stellung Jesu", East and West, XXXII, 1982, pp.9－43, p.29; 吉田豊：《漢訳マ二教文献における漢字音寫された中世ィラン語について》（上），刊《内陸アジア言語研究》1986年11號，頁1－15，§7。

〔2〕參 M. Boyce, *A Word-List of Manichaean Middle Persian and Parthian, with A Reverse Index by R.Zwanziger*, (AcIr, 3. sér., II, Suppl., 9a; Textes et mémoires), Téhéran-Liège: Bibliothèque Pahlavi; Leiden:E. J. Brill,1977, p.9; Desmond Durkin-Meistererernst, *Dictionary of Manichaean Texts. Vol. iii. Texts from Central Asia and China. Part 1. Dictionary of Manichaean Middle Persian and Parthian*, (Corpus Fontium Manichaeorum, Subsidia), Turnhout: Brepols, 2004, p.28..

〔3〕Haloun /Henning 1952, p.208; Édouard Chavannes et Paul Pelliot,"Un traité manichéen retrouvé en Chine", *Journal Asiatique*, sér. 11,1, 1913, p.113，note 3.

然以這樣一篇音譯詩偈作爲《下部讚》第1首，實際已意味著該詩偈在中亞摩尼教會中乃最爲流行，每個信徒都熟悉，在任何儀式場合都可使用，其祈禱或讚頌的對象應是一般信衆最熟悉的神，祈禱的內容也應最有共同性者，由是，詩偈很可能只是一些最常用的宗教套語耳。

3.4　第 2 首音譯詩偈擬譯

第2首音譯詩偈錄文如下：

〔154〕次偈宜從依梵

〔155〕伽路師 羅吒⁻伽路師立无羅²伽路師阿嘍訶³呬毗(耶)訖哩吵⁴伽路師奧卑嘌⁵

〔156〕伽路師奧補忽⁶伽路師奧活時雲㘝⁷欝于而勒⁸鳴嚧闌而雲咖⁹欝

〔157〕佛呬不哆⁵漢沙闌⁺毉羅訶耨呼邇⁺¹毉羅訶紇弥哆⁺²夷薩烏盧

〔158〕詵⁺³祚路欝于呬⁺⁴伽路師⁺⁵伽路師⁺⁶

已復原的音譯胡詞，除見於第1首的 "欝"（ 'wd，連詞 ）外，餘者整理如次：

"伽路師"，還原帕提亞語和中古波斯語 k'dwš〔kādūš〕，作形容詞用，釋爲 holy，神聖也。[1]

"羅吒"，吉田氏還原爲阿拉米語(Aramaic) l'b'，釋爲 to the father,

---

〔1〕Ernst Waldschmidt & Wolfgang Lentz, ''A Chinese Manichican hymnal from Tun-Huang. Preliminary note. Additions and corrections'', *Journal of the Royal Asiatic Society*, 1926, pp.116‐222, 298‐299, p.121; Peter Bryder, T*he Chinese Transformation of Manichaeism. A Study of Chinese Manichaean Terminology*, Bokförlaget Plus Ultra, 1985, pp.58ff; 吉田豊：《漢訳マニ教文献における漢字音寫された中世イラン語について》（上），刊《内陸アジア言語研究》1986年11號，頁1‐15，見詞彙表第45; M. Boyce, *A Word-List of Manichaean Middle Persian and Parthian, with A Reverse Index by R.Zwanziger*, (AcIr, 3. sér., II, Suppl., 9a; Textes et mémoires), Téhéran-Liège: Bibliothèque Pahlavi; Leiden:E. J. Brill,1977, p.51. Desmond Durkin-Meisterernst, *Dictionary of Manichaean Texts. Vol. iii. Texts from Central Asia and China. Part 1. Dictionary of Manichaean Middle Persian and Parthian*, (Corpus Fontium Manichaeorum, Subsidia), Turnhout: Brepols, 2004, p.201.

直譯爲"給父親""對父親"。[1]

"立兂羅"，吉田氏還原爲阿拉米語 r'ḥ [lb]，釋爲 to the son，直譯"給兒子""對兒子"。[2]

"阿嘍訶"，吉田氏還原爲阿拉米語 rwh'ḥ，釋爲 spirit，神靈也。[3]

"呬耶（耶）"，吉田氏參敍利亞語 ḥayyā，試還原爲阿拉米語的 hy'(?)，作形容詞釋爲 living,有活力的；作名詞用，意爲 life，即生命等。[4]

"訖哩吵"，吉田氏參敍利亞語 qaddīšā，還原阿拉米語 qdyš'ḥ，釋爲 holy，神聖也。[5]

"奧"，還原帕提亞語和中古波斯語 'w [ō]，相當於英語介詞 to，

〔1〕Yoshida Yutaka, "Manichaean Aramaic in the Chinese Hymnscroll", *Bulletin of the School of Oriental and African Studies*，XLVI, 1983, pp.326‒331, pp. 327-328; 吉田豊：《漢訳マニ教文献における漢字音寫された中世イラン語について》（上），刊《内陸アジア言語研究》1986年11號，頁1‒15，見詞彙表第51; Peter Bryder, *The Chinese Transformation of Manichaeism. A Study of Chinese Manichaean Terminology*, Bokförlaget Plus Ultra, 1985, p.58.

〔2〕Yoshida Yutaka, "Manichaean Aramaic in the Chinese Hymnscroll", *Bulletin of the School of Oriental and African Studies*，XLVI, 1983, pp.326‒331, pp.327-328; 吉田豊：《漢訳マニ教文献における漢字音寫された中世イラン語について》（上），刊《内陸アジア言語研究》，1986年11號，頁1‒15，見詞彙表第52; Peter Bryder, *The Chinese Transformation of Manichaeism. A Study of Chinese Manichaean Terminology*, Bokförlaget Plus Ultra, 1985, pp.58-59.

〔3〕Yoshida Yutaka, "Manichaean Aramaic in the Chinese Hymnscroll", *Bulletin of the School of Oriental and African Studies*，XLVI, 1983, pp.326‒331, p.327; 吉田豊：《漢訳マニ教文献における漢字音寫された中世イラン語について》（上），刊《内陸アジア言語研究》，1986年11號，頁1‒15，見詞彙表第75。

〔4〕Yoshida Yutaka, "Manichaean Aramaic in the Chinese Hymnscroll", *Bulletin of the School of Oriental and African Studies*，XLVI, 1983, pp.326‒331, pp.327; 吉田豊：《漢訳マニ教文献における漢字音寫された中世イラン語について》（上），刊《内陸アジア言語研究》，1986年11號，頁1‒15，見詞彙表第40。

〔5〕Yoshida Yutaka, "Manichaean Aramaic in the Chinese Hymnscroll", *Bulletin of the School of Oriental and African Studies*，XLVI, 1983, pp.326‒331, p.327; 吉田豊：《漢訳マニ教文献における漢字音寫された中世イラン語について》（上），刊《内陸アジア言語研究》1986年11號，頁1‒15，見詞彙表第46。

at, in.[1]

"卑嘌"，還原帕提亞語和中古波斯語 pydr［pidar］，釋爲 father，父也。[2]

"補忽"，還原帕提亞語 pwhr［puhr］，釋爲 son，子也。[3]

"活"，還原帕提亞語和中古波斯語 w'd［wād］，釋爲 air, wind, spirit，即風、神靈，靈魂等之意。[4]

"時雲嚨"，瓦、楞氏還原爲帕拉維語 žīwandoγ，[5]帕提亞語作

---

〔1〕Waldschmidt /Lentz 1926 a, p.121; 吉田豊：《漢訳マニ教文献における漢字音寫された中世イラン語について》（上），刊《内陸アジア言語研究》1986年11號，頁1‐15，見詞彙表第14；另參 M. Boyce, *A Word-List of Manichaean Middle Persian and Parthian, with A Reverse Index by R.Zwanziger*, (AcIr, 3. sér., II, Suppl., 9a; Textes et mémoires), Téhéran-Liège: Bibliothèque Pahlavi; Leiden:E. J. Brill,1977，p.16.

〔2〕Ernst Waldschmidt & Wolfgang Lentz, ''A Chinese Manichican hymnal from Tun-Huang. Preliminary note. Additions and corrections'', *Journal of the Royal Asiatic Society*, 1926, pp.116‐222, 298‐299, p.121; 吉田豊:《漢訳マニ教文献における漢字音寫された中世イラン語について》（上），刊《内陸アジア言語研究》1986年11號，頁1‐15，見詞彙表第71; Peter Bryder, *The Chinese Transformation of Manichaeism. A Study of Chinese Manichaean Terminology*, Bokförlaget Plus Ultra, 1985，p.59；另參 M. Boyce, *A Word-List of Manichaean Middle Persian and Parthian, with A Reverse Index by R.Zwanziger*, (AcIr, 3. sér., II, Suppl., 9a; Textes et mémoires), Téhéran-Liège: Bibliothèque Pahlavi; Leiden:E. J. Brill,1977, p.76.

〔3〕Ernst Waldschmidt & Wolfgang Lentz, ''A Chinese Manichican hymnal from Tun-Huang. Preliminary note. Additions and corrections'', *Journal of the Royal Asiatic Society*, 1926, pp.116‐222, 298‐299, p.121; Yoshida 1986, p.327; Bryder 1985, p.59; 吉田豊：《漢訳マニ教文献における漢字音寫された中世イラン語について》（上），刊《内陸アジア言語研究》1986年11號，頁1‐15，見詞彙表第70。

〔4〕Ernst Waldschmidt & Wolfgang Lentz, ''A Chinese Manichican hymnal from Tun-Huang. Preliminary note. Additions and corrections'', Journal of the Royal Asiatic Society, 1926, pp.116‐222, 298‐299, p.121; Bryder 1985, pp.118f; 吉田豊：《漢訳マニ教文献における漢字音寫された中世イラン語について》（上），刊《内陸アジア言語研究》，1986年11號，頁1‐15，見詞彙表第84; M. Boyce, *A Word-List of Manichaean Middle Persian and Parthian, with A Reverse Index by R.Zwanziger*, (AcIr, 3. sér., II, Suppl., 9a; Textes et mémoires), Téhéran-Liège: Bibliothèque Pahlavi; Leiden:E. J. Brill,1977, p.89.

〔5〕Ernst Waldschmidt & Wolfgang Lentz, "A Chinese Manichican hymnal from Tun-Huang. Preliminary note. Additions and corrections", *Journal of the Royal Asiatic Society*, 1926, pp.116‐222, 298‐299, p.121.

jywndg［žīwandag］，形容詞，釋爲 living，即有活力、活躍等之意。[1]

"于而勒"，在第3首音譯詩偈中作"于而嘞"（第182行），瓦、楞氏還原爲帕拉維語 vi-žī-δoγ，[2] 即帕提亞語和中古波斯語的 wcydg［wizīdag］，帕提亞語也作 wjydg［wižīdag］，釋爲 Chosen, Elect，選民也。[3] 在摩尼教中，選民指出家修持之摩尼教僧侶，漢文摩尼經於該等僧侶稱"師僧"，見《殘經》第79、81行。《下部讚》更屢現"師僧"一詞：

[349] 慕闍常願无礙遊，多誕所至平安住，法堂主上加歡喜，具戒師僧增福力，

[354] 光明妙身速解脫，所是施主罪銷亡；一切師僧及聽子，扵此功德同榮念。

另見第407、412行。從該詞出現之語境看，無疑就是指摩尼教選民。是以，"于而勒"可意譯爲"師僧"。《下部讚》復有祈禱"二大光明、五分法身、清净師僧"（見寫卷第406—407行）之句，其"清净師僧"即指摩尼教之選民，即"于而嘞"也。

"嗚嚧嘲"，吉田氏還原帕提亞語和中古波斯語 rwd'n［rōdān］，

〔1〕Ernst Waldschmidt & Wolfgang Lentz, "A Chinese Manichican hymnal from Tun-Huang. Preliminary note. Additions and corrections", *Journal of the Royal Asiatic Society*, 1926, pp.116‑222, 298‑299, p.121；Bryder 1985, pp.118f.；吉田豊：《漢訳マニ教文献における漢字音寫された中世イラン語について》（上），刊《内陸アジア言語研究》1986年11號，頁1‑15，見詞彙表第43；M. Boyce, *A Word-List of Manichaean Middle Persian and Parthian, with A Reverse Index by R.Zwanziger*, (AcIr, 3. sér., II, Suppl., 9a; Textes et mémoires), Téhéran-Liège: Bibliothèque Pahlavi; Leiden:E. J. Brill,1977, p.51.

〔2〕Ernst Waldschmidt & Wolfgang Lentz, *Die Stellung Jesu im Manichaismus*, (Abhandlungen der Preussischen Akademie der Wissenschaften, Jg. 1926, Phil.-hist. Klasee, Nr. 4), Berlin: Verlag der Akademie der Wissenschaften, in Komni bei Walter de Gruyter, 1926, p.92.

〔3〕Enrico Morano, "The Sogdian Hymns of Stellung Jesu", *East and West*, XXXII, 1982, pp.9‑43, p.20；吉田豊：《漢訳マニ教文献における漢字音寫された中世イラン語について》（上），刊《内陸アジア言語研究》1986年11號，頁1‑15，見詞彙表第87；M. Boyce, *A Word-List of Manichaean Middle Persian and Parthian, with A Reverse Index by R.Zwanziger*, (AcIr, 3. sér., II, Suppl., 9a; Textes et mémoires), Téhéran-Liège: Bibliothèque Pahlavi; Leiden:E. J. Brill,1977, p.90; Desmond Durkin-Meister-ernst, *Dictionary of Manichaean Texts. Vol. iii. Texts from Central Asia and China. Part 1. Dictionary of Manichaean Middle Persian and Parthian*, (Corpus Fontium Manichaeorum, Subsidia), Turnhout: Brepols, 2004, p.337.

釋爲 rivers，河也。[1]

"而雲咖"，吉田氏還原帕提亞語 jywndg'n［žīwandagān］，爲複數形容詞，釋爲 living，有活力、有生命力也。[2]

"佛唎不哆"，還原帕提亞語 frhyft［frihīft］，［frihīft］，釋爲 love，作名詞用，愛也。[3] 在現代漢語中，愛並非貶義，使用時還往往不乏褒義。但在《下部讚》中，該詞出現9次（第38、85、93、96、115、118、272、275、331行），從語境看，蓋爲貶義，多與"癡"配搭，作"癡愛"。顯然，由於摩尼教實行強烈禁慾主義，凡與情慾有關之"愛"，便十分忌諱。不過與現代"愛心"接近的"憐愍"卻是摩尼教所大力倡導的美德。該詞在《殘經》凡四見（第75、85、87、109、119行），以持世明使爲象徵："憐愍以像持世明使"（第109行）。在《下部讚》出現4次（第13、44、259、292行），另有一處作"憐憫"（第257行）。都作爲美德倡導，如："慈悲踴躍相憐愍，妬嫉諸惡彼元旡"（第292行）。由是，照漢文摩尼經之用語，竊意"佛唎不哆"可與"憐愍"相對應。

---

〔1〕Yoshida Yutaka, "Manichaean Aramaic in the Chinese Hymnscroll", *Bulletin of the School of Oriental and African Studies*，XLVI, 1983, pp.326‐331, p.328; 吉田豊：《漢訳マニ教文献における漢字音寫された中世イラン語について》（上），刊《内陸アジア言語研究》，1986年11號，頁1‐15，見詞彙表第74。

〔2〕Yoshida Yutaka, "Manichaean Aramaic in the Chinese Hymnscroll", *Bulletin of the School of Oriental and African Studies*，XLVI, 1983, pp.326‐331, p.329 n.19; 吉田豊：《漢訳マニ教文献における漢字音寫された中世イラン語について》（上），刊《内陸アジア言語研究》1986年11號，頁1‐15，見詞彙表第44; M. Boyce, *A Word-List of Manichaean Middle Persian and Parthian, with A Reverse Index by R.Zwanziger*, (AcIr, 3. sér., II, Suppl., 9a; Textes et mémoires), Téhéran-Liège: Bibliothèque Pahlavi; Leiden:E. J. Brill,1977, p.51.

〔3〕Ernst Waldschmidt & Wolfgang Lentz, *Die Stellung Jesu im Manichaismus*, (Abhandlungen der Preussischen Akademie der Wissenschaften, Jg. 1926, Phil.-hist. Klasee, Nr. 4), Berlin: Verlag der Akademie der Wissenschaften, in Komni bei Walter de Gruyter, 1926,p.87; Yoshida 1986, pp.328‒329; Peter Bryder, *The Chinese Transformation of Manichaeism. A Study of Chinese Manichaean Terminology*, Bokförlaget Plus Ultra, 1985, p.60; 吉田豊：《漢訳マニ教文献における漢字音寫された中世イラン語について》（上），刊《内陸アジア言語研究》1986年11號，頁1‐15，見詞彙表第34; M. Boyce, A Word-List of Manichaean Middle Persian and Parthian, with A Reverse Index by R.Zwanziger, (AcIr, 3. sér., II, Suppl., 9a; Textes et mémoires), Téhéran-Liège: Bibliothèque Pahlavi; Leiden:E. J. Brill,1977, p.39; Desmond Durkin-Meisterernst, *Dictionary of Manichaean Texts. Vol. iii. Texts from Central Asia and China. Part 1. Dictionary of Manichaean Middle Persian and Parthian*, (Corpus Fontium Manichaeorum, Subsidia), Turnhout: Brepols, 2004, p.155.

“漢沙囕”，吉田氏還原帕提亞語 x'ns'r'n［xānsārān］，作複數名詞，釋爲 springs, wells，泉、井也。[1]

　　“毉羅訶”，吉田氏復原敍利亞語 alāhā，釋爲 god，神也；復原爲敍利亞語 ḥaylā，則釋爲 power 力量、權力也。[2]

　　“耨呼邏”，吉田氏復原爲敍利亞語 nūhrā，阿拉米語意謂光明。[3]

　　“紇弥哆”，吉田氏參敍利亞語 ḥexmθā，試還原阿拉米語 hmt'ḫ，意謂 wisdom，智慧也。[4]

　　“夷薩”，吉田氏還原帕提亞語和中古波斯語 yzd［yazad］，意謂 god, lord，神也，主也。[5]

---

　　〔1〕Yoshida Yutaka, "Manichaean Aramaic in the Chinese Hymnscroll", *Bulletin of the School of Oriental and African Studies*，XLVI, 1983, pp.328-329; Peter Bryder, *The Chinese Transformation of Manichaeism. A Study of Chinese Manichaean Terminology*, Bokförlaget Plus Ultra, 1985, p.60; 吉田豐：《漢訳マニ教文献における漢字音寫された中世イラン語について》（上），刊《内陸アジア言語研究》1986年11號，頁1‐15，見詞彙表第92; M. Boyce, *A Word-List of Manichaean Middle Persian and Parthian, with A Reverse Index by R.Zwanziger*, (AcIr, 3. sér., II, Suppl., 9a; Textes et mémoires), Téhéran-Liège: Bibliothèque Pahlavi; Leiden:E. J. Brill,1977, p.99.

　　〔2〕Bryder 1985, p.61; Yoshida 1986, pp.328-329; 吉田豐：《漢訳マニ教文献における漢字音寫された中世イラン語について》（上），刊《内陸アジア言語研究》1986年11號，頁1‐15，見詞彙表第22。

　　〔3〕Yoshida Yutaka, "Manichaean Aramaic in the Chinese Hymnscroll", *Bulletin of the School of Oriental and African Studies*，XLVI, 1983, pp.328-329; Peter Bryder, *The Chinese Transformation of Manichaeism. A Study of Chinese Manichaean Terminology*, Bokförlaget Plus Ultra, 1985, p.61; 吉田豐：《漢訳マニ教文献における漢字音寫された中世イラン語について》（上），刊《内陸アジア言語研究》1986年11號，頁1‐15，見詞彙表第64。

　　〔4〕Yoshida Yutaka, "Manichaean Aramaic in the Chinese Hymnscroll", *Bulletin of the School of Oriental and African Studies*，XLVI, 1983, pp.328-329; M. Boyce, *A Word-List of Manichaean Middle Persian and Parthian, with A Reverse Index by R.Zwanziger*, (AcIr, 3. sér., II, Suppl., 9a; Textes et mémoires), Téhéran-Liège: Bibliothèque Pahlavi; Leiden:E. J. Brill,1977, p.61. 吉田豐：《漢訳マニ教文献における漢字音寫された中世イラン語について》（上），刊《内陸アジア言語研究》1986年11號，頁1‐15，見詞彙表第37。

　　〔5〕Yoshida Yutaka, "Manichaean Aramaic in the Chinese Hymnscroll", *Bulletin of the School of Oriental and African Studies*，XLVI, 1983, pp.328, 330; M. Boyce, *A Word-List of Manichaean Middle Persian and Parthian, with A Reverse Index by R.Zwanziger*, (AcIr, 3. sér., II, Suppl., 9a; Textes et mémoires), Téhéran-Liège: Bibliothèque Pahlavi; Leiden:E. J. Brill,1977, p.62; 吉田豐：《漢訳マニ教文献における漢字音寫された中世イラン語について》（上），刊《内陸アジア言語研究》1986年11號，頁1‐15，見詞彙表第98; M. Boyce, *A Word-List of Manichaean Middle Persian and Parthian, with A Reverse Index by R.Zwanziger*, (AcIr, 3. sér., II, Suppl., 9a; Textes et mémoires), Téhéran-Liège: Bibliothèque Pahlavi; Leiden:E. J. Brill,1977, p.103.

欧·亚·历·史·文·化·文·库·

"祚路"，吉田氏還原帕提亞語和中古波斯語 zwr［zōr］，意謂 power，strength，權力也，力量也。[1]

"于呭"，吉田氏還原中古波斯語名詞 whyh, wyhyh［wehīh］，意謂 wisdom,智慧也。[2]

上揭還原的諸字，重複出現的有：作爲介詞的"奧"（'w），作爲連接詞的"斝"（'wd），各三見，此兩個單詞均無實質性含義；倒是"伽路師"（k'dwš 神聖）這一實義詞，竟出現8次，既用於諸句子之開頭，而偈末則兩度連現，足見是爲該偈之關鍵詞，應表達讚頌之意。在漢語中，"聖"有最崇高之意。《禮記·禮運·三代之英疏》有"萬人曰傑，倍傑曰聖"之云。[3]《下部讚》"聖"凡76現，曰"大聖"，曰"神聖"，曰"諸聖"，曰"衆聖"，曰"聖衆"、曰"聖賢"，曰"聖言"，曰"聖教"，曰"聖威"等。是以，"伽路師"作爲讚詞，效法宗教讚詩，如現代基督教的"聖哉三一歌"之類，自可意譯爲"聖哉！"不過，以"聖哉"入偈，在《下部讚》卷子中無例可循，諸詩偈對明神表示崇敬的用語是："敬礼稱讚"（第7行），"澄心礼稱讚"（第11行），"稱讚"（第159、160、361、369行），"稱讚哀譽"（第365、373行），"敬

---

[1] Yoshida Yutaka, "Manichaean Aramaic in the Chinese Hymnscroll", *Bulletin of the School of Oriental and African Studies*，XLVI, 1983, p.328；吉田豊：《漢訳マニ教文献における漢字音寫された中世イラン語について》（上），刊《内陸アジア言語研究》1986年11號，頁1－15，見詞彙表第100；Peter Bryder, *The Chinese Transformation of Manichaeism. A Study of Chinese Manichaean Terminology*, Bokförlaget Plus Ultra, 1985, p.62; M. Boyce, *A Word-List of Manichaean Middle Persian and Parthian, with A Reverse Index by R.Zwanziger*, (AcIr, 3. sér., II, Suppl., 9a; Textes et mémoires), Téhéran-Liège: Bibliothèque Pahlavi; Leiden:E. J. Brill,1977, p.105.

[2] Yoshida Yutaka, "Manichaean Aramaic in the Chinese Hymnscroll", *Bulletin of the School of Oriental and African Studies*，XLVI, 1983, p.328；吉田豊：《漢訳マニ教文献における漢字音寫された中世イラン語について》（上），刊《内陸アジア言語研究》1986年11號，頁1－15，見詞彙表第88；Peter Bryder, *The Chinese Transformation of Manichaeism. A Study of Chinese Manichaean Terminology*, Bokförlaget Plus Ultra, 1985, p.62；M. Boyce, *A Word-List of Manichaean Middle Persian and Parthian, with A Reverse Index by R.Zwanziger*, (AcIr, 3. sér., II, Suppl., 9a; Textes et mémoires), Téhéran-Liège: Bibliothèque Pahlavi; Leiden:E. J. Brill,1977, p.92；Desmond Durkin-Meisterernst, Dictionary of Manichaean Texts. Vol. iii. Texts from Central Asia and China. Part 1. *Dictionary of Manichaean Middle Persian and Parthian*, (Corpus Fontium Manichaeorum, Subsidia), Turnhout: Brepols, 2004, p. 341.

[3] 十三經注疏整理委員會：《禮記正義（十三經注疏）》，北京大學出版社，2000年，頁768。

礼及稱讚"（第381行）等。而從全偈的意境看，"伽路師"其實亦類乎此，無非是表示崇高敬意而已；因此在意譯時，竊意選用上揭諸用語，或更接近《下部讚》之風格。

此外，其他一些詞語也多見同義，如"阿嘍訶""翳羅訶""夷薩"，都是"神"的意思，自指明神無疑，尤其是摩尼教之最高神；至於"羅吒""卑嘌"之所謂"父"，據中亞摩尼教文獻，最高神亦多以此稱之。而在《下部讚》中，於本教之最高神稱"明尊"（第44、47、129、145、164、165、222、250、262、265、320、344、352、356、373—374行），稱"慈父"（第79、82、146、151、163、210、241行），或併稱"明尊父"（第223行）。"立兂羅""補忽"謂兒子，在中亞摩尼教文獻中，是特指最高神之兒子，在摩尼之創世說中，諸多明神都是最高神召喚出來的，實際都被目爲最高神之兒子。在《下部讚》中，一般明神多被意譯爲"光明子"或簡稱"明子"（第8、146、151、375、412行）。"紇弥哆""于呬"都意謂"智慧"。該詞《下部讚》寫爲"智恵"，頻見。假如學者對上揭音譯詞語的復原正確的話，參照《下部讚》於稱讚對象的用語，該詩偈可擬譯如下：

伽路師羅吒一：聖哉！明尊！

伽路師立兂羅二：聖哉！明子！

伽路師阿嘍訶三：聖哉！慈父！

呬耻（耶）訖哩哆四：聖哉！性命主！[1]

伽路師奥畢嘌五：聖哉！明尊父！

伽路師奥補忽六：聖哉！光明子！

伽路師奥活時云嗃七㩲于而勒八嗚嚧矙而云咖引九㩲佛呬不哆舌頭漢沙矙十：

---

〔1〕就"呬耻訖哩哆"七字，在現有中亞摩尼教文書找不到參照，不得不借鑒敘利亞文，用阿拉米語復原，以推度其意涵，可謂別出新蹊。不過，從該詩偈上下詩句看，如果把"訖哩哆"解讀爲神聖的意思，則"呬耻"應爲神之稱呼始合全詩意境，而今釋爲活力、生命之類，顯不和諧。然檢視《下部讚》於明神之稱頌，或喻"性命海"（見寫卷第12、73、224、301行），或喻"性命樹"（寫卷第72行），更有稱"性命主"（第79行）者。是以，若吉田氏於"呬耻"之復原無誤的話，則可結合詩境，將該詞變通意譯爲"性命主"。

聖哉！驍健明子，[1]清净師僧，活命河水，[2]憐憫泉源![3]

醫羅訶耨呼邏⁺⁻醫羅訶紇弥哆⁺²夷薩烏盧詵⁺³祚路欝于呬⁺⁴伽路師⁺⁵伽路師⁺⁶：

光明之神，智慧之神，光明之主，大力智慧，聖哉！聖哉！

若要更貼近《下部讚》的表述風格，則無妨擬譯爲：

敬禮明尊！敬禮明子！敬禮慈父！敬禮性命主！

稱讚明尊父！稱讚光明子！

稱讚驍健明子，清净師僧，活命河水，憐憫泉源！

稱讚哀謷，光明之神，智慧之神，光明之主，大力智慧！

該首詩偈音譯凡88字，依上面所復原之夷文不同單詞共38個。儘管卷面未見有字脫落，復原的把握性比首偈大得多，但由於仍存在影響胡漢音譯之其他諸因素，即使單詞的對音頗爲一致，依語境亦差強人意，但倘未有相應的胡本參照，或未有已確認的譯例爲據，則仍存在不確定性。至於那些對音尚有疑問者，其不確定性則更不在話下。姑舉一二例：

將156行的"嗚嚧嘓"還原帕提亞語和中古波斯語的 rwd'n〔rōdān〕，竊意未必盡然。按該詞單數作 rwd〔rōd〕，爲河、渠之意，rwd'n〔rōdān〕乃其複數形式，[4]"嗚嚧嘓"中古讀音分別是"哀都切"，[5]國際音標 ʔu；"嚧"，"落胡切"，[6]lĭo；"嘓"，音同蘭，"落干切"，[7]lɑn。3

---

〔1〕考《下部讚》寫卷第125行作："又啓樂明苐二使，及与尊重造新相，雄猛自在净活風，并及五等驍健子。"其"五等驍健子"即謂很有活力之五明子，是以可與"活時雲嘇"對應。

〔2〕《下部讚》寫卷第290行有"百川河海及泉源，命水湛然皆香妙"之句，第391行則有"對今吉日，堪讚歎時，七寶香池，滿活命水"之詞。

〔3〕在《下部讚》中，"泉源"一詞除見諸寫卷第290行的"百川河海及泉源"外，尚見於第304行："泉源清流旡閒斷，真甘露味旡渾苦。"

〔4〕M. Boyce, *A Word-List of Manichaean Middle Persian and Parthian, with A Reverse Index by R.Zwanziger*, (AcIr, 3. sér., II, Suppl., 9a; Textes et mémoires), Téhéran-Liège: Bibliothèque Pahlavi; Leiden:E. J. Brill,1977, p.79; Desmond Durkin-Meisterernst, *Dictionary of Manichaean Texts. Vol. iii. Texts from Central Asia and China. Part 1. Dictionary of Manichaean Middle Persian and Parthian*, (Corpus Fontium Manichaeorum, Subsidia), Turnhout: Brepols, 2004, p.299.

〔5〕《宋本廣韻》上平聲第11"模"。

〔6〕《宋本廣韻》上平聲第11"模"。

〔7〕《宋本廣韻》上平聲第25"寒"。

個音譯漢字，僅有第2個"嘘"可與胡詞的第1個音節 rō 對音，首個漢字"嗚"，胡詞闕如；至於"囕"，與 rwd'n［rōdān］的 dān 對音，顯不靠譜。上揭第1首音譯詩偈"所紇杷（耶）囕，"（第2行），既被還原中古波斯語 šhry'r'n［šahriyārān］，而此偈的"漢沙囕"（第157行）亦被還原帕提亞語 x'ns'r'n［xānsārān］，這兩個復原如屬確，則意味"囕"乃用於音譯 rān，而今復把其與 dān 對音，豈非自相矛盾。其實，胡詞 rōdān 之音，漢字不乏可資準確對音者。因此，假如日後發現有相應的胡文本，確證果爲 rwd'n 一詞的話，則若非道明當年音譯失察，便是後人傳抄有誤。

　　與"嗚嘘囕"同行的"時雲嗔"，還原帕提亞語 jywndg［žīwandag］，其後面的"而雲咖"，則被還原爲該詞的複數形式 jywndg'n［žīwandagān］。就這兩個音譯詞的對音，顯然亦難差強人意。假如當時所據的胡語母本確是 jywndg 及其複數形式 jywndg'n 的話，那麼音譯最爲關鍵的第一個音節 jy［žī］，何以既作"時"，復作"而"？按中古讀音，"時"，"市之切"，即 zǐə；[1]"而"，"如之切"，即 nzǐə。[2] 儘管兩者韻母同，但聲母異。同一行同一字，所用音譯漢字既不同字，又不同音，何其隨便乃爾？而就全詩的意境，畢竟是以頌神爲主旋律，於神的稱謂，除照中亞教會用語音譯外，倘吉田氏的復原屬確的話，則還有若干神名的音譯源於教主摩尼的母語，即古敘利亞語、阿拉米語之類。這意味著詩偈於主神之稱呼，不惟用中亞教會的用語，而且用原始西亞教會的語言，展示了各民族啓頌主神之聲音。既如此，詩偈之稱頌河流、泉水之類，雖然在經典中也可找到依據，但與詩偈之意境顯不協調。由是，有關詞語之復原是否靠譜，難免益添疑慮。

　　至於該偈關鍵詞"伽路師"，作爲 k'dwš［kādūš］的對音，亦不盡理想："伽"，"求迦切"，[3] 國際音標作 gʰɑ；"路"，"洛故切"，[4] lu；

────────────

〔1〕《宋本廣韻》上平聲第7"之"。

〔2〕《宋本廣韻》上平聲第7"之"。

〔3〕《宋本廣韻》下平聲第8"戈"

〔4〕《宋本廣韻》去聲第11"暮"。

·欧·亚·历·史·文·化·文·库·

"師"，"疏夷切"，[1] ʃi。用"路"對音胡詞的第2個音節 dū，韻母尚可，聲母則不合。不過，照詩偈的語境，"伽路師"所搭配者均爲值得讚頌者，把其音譯爲 k'dwš，作神聖解，倒順理成章。k'dwš，在中亞摩尼教殘片屢見，漢譯時亦必多涉及之，這一對音瑕疵或筆誤，自不難發現修正。在上揭《摩尼光佛》科册的音譯文字中，可發現"伽度師"一詞頻頻出現（見科册第241、250、259、222、451、517行），竊意該音譯詞便是對《下部讚》"伽路師"之修正。科册中之"伽度師"常被搭配成"遮伊但伽度師"這樣一個音譯短語，置於諸神稱謂之後。查中古波斯語有 j'yd'n [jāydān] 一詞，作形容詞、副詞用，意謂永久、永恆，[2] 與"遮伊但"適可對音。科册第516—517行有頌揚"五佛"的句子："那羅延、蘇路支、釋迦文、末尸訶、末囉摩尼，遮伊但伽度師！"[3] 其"伽度師"當係 k'dwš 較準確的音譯。"遮伊但伽度師"，應可擬譯爲"萬世聖明！"

上面例舉第2首音譯詩偈復原存在的瑕疵或疑點，無非是要說明學界於該偈的解讀，囿於文獻不足，究未臻盡善盡美耳，翹望日後有新資料面世以參校論定。

最後，就該詩偈之名稱略作申說。該偈題簽僅"次偈宜從依梵"6字，既未明示題目和作者，亦未見說明使用場合，在上錄27個題簽中，最爲特別。貌似隱晦，但仔細推敲，則不然。其既言"次偈"，即顯相對前偈而言。其前偈乃《普啓讚文》（見寫卷第120—153行），題簽作"普啓讚文，末夜暮闍作"（第120行）。此處的"暮"當爲"慕"之筆

---

〔1〕《宋本廣韻》上平聲第6"脂"。

〔2〕M. Boyce, *A Word-List of Manichaean Middle Persian and Parthian, with A Reverse Index by R.Zwanziger*, (AcIr, 3. sér., II, Suppl., 9a; Textes et mémoires), Téhéran-Liège: Bibliothèque Pahlavi; Leiden: E. J. Brill,1977, p.50; Desmond Durkin-Meisterernst, *Dictionary of Manichaean Texts. Vol. iii. Texts from Central Asia and China. Part 1. Dictionary of Manichaean Middle Persian and Parthian*, (Corpus Fontium Manichaeorum, Subsidia), Turnhout: Brepols, 2004, p.197.

〔3〕有關五佛崇拜詳參本書《明教五佛崇拜補說》。引文中出現的"末囉"，竊意當爲中古波斯語和帕提亞語 mry, mr, m'ry, m'r [mār]之音譯，作敬稱（my lord,lord），冠於人名，參 M. Boyce, *A Word-List of Manichaean Middle Persian and Parthian, with A Reverse Index by R.Zwanziger*, (AcIr, 3. sér., II, Suppl., 9a; Textes et mémoires), Téhéran-Liège: Bibliothèque Pahlavi; Leiden: E. J. Brill,1977, p.57.

誤。[1] 在《下部讚》的題籤中，包括兩三疊的詩偈，並非都在第一疊標明有幾疊，如第6行的"□□□覽讚夷數文"，並沒有寫明多少疊，但其次偈題"讚夷數文弟二疊"（45行），便意味著詩偈"讚夷數文"應有兩疊，其上偈即爲第一疊；又如168行的《收食單偈》，亦未標明有二疊，但其下偈題"收食單偈第二疊"（173行），同樣意味著該偈本有兩疊。以此類推，154行"次偈宜從依梵"這一題籤，如果不"從依梵"，亦意譯爲漢文時，其題籤應爲"普啓讚文第二疊"。而就上面釋讀的該偈內容看，雖尚難認定其準確度，但大略可看出應屬一般性的啓頌讚文，即並非用於特定場合、特定人羣，亦沒有具體的訴求。而已意譯的《普啓讚文》，適與此同，惟篇幅長得多，凡33頌，924字；而該音譯的"次偈"則很簡短，不外4行，連同夾注的漢字切音、漢字序數僅113字耳。竊疑這第二疊乃以"梵唄"作爲上偈《普啓讚文》的餘韻，未必是異域摩尼教文獻原本所有，不排除道明自己譜寫的可能性，旨在向華夏信衆昭示摩尼教之世界性，在用漢音普啓諸神後，復用不同民族之語言歌詠主神，以"梵音"作爲讚文之尾聲。

3.5　第 3 首音譯詩偈題籤辨釋

第3首音譯詩偈過錄如下：

［176］初聲讚文　夷數作　義理幽玄　宜從依梵

［177］于呢喝思嚱一蘇昏喝思嚱二慕嚅嘟落思嚱三唵呼布喝思嚱四喋夷里弗哆

［178］喝思嚱五阿羅所底弗哆喝思嚱六佛呬弗哆喝思嚱七呼于里弗哆喝思嚱八

［179］訴布哩弗哆喝思嚱九呼史拂哆喝思嚱十呢哩啊咔你弗哆喝思嚱十一呢咔哩弗哆思嚱十二呼咊无

---

〔1〕"慕闍"之謂，早在高宗朝已在朝廷備案（參本書《京藏摩尼經音譯詞語考察》），爾後不論外典、內典，鮮見改用其他漢字。該詞《下部讚》在卷子另見第136、159、208、235、261、341、349，可資爲證。

［180］娑矣弗哆喝思嚧^{十三}遏哮以弗哆喝思嚧^{十四}弭吶哩麼你弗哆喝思嚧^{十五}

［181］肥呼咮喝思嚧^{十六}阿^[1]雲肌伱訛喝思嚧^{十七}阿拂哩殞喝思嚧^{十八}薩哆

［182］^{舌中}嘩訛喝思嚧^{十九}雲肌囉咔于而嘞喝思嚧^{二十}咈儌唥烏盧訛喝思嚧烏盧訛喝思嚧^{廿一}止訶^{舌根}

［183］哩娑布哩弗哆^{摟与前同}

該偈正文雖爲音譯，但題簽卻是地道漢文。筆者曾在大英圖書館摩挲寫卷原件，"文"字甚小，添插於"讚"與"夷"之間右側旁。就該題簽，略懂古漢語者一讀了然：偈題曰"初聲讚文"，而作者名曰夷數，緣義理幽遠玄妙，故按胡語音譯。但令人奇怪的是像瓦、楞氏這樣著名的學者卻把題簽德譯作：

Uranfänglichkeitsanrufungen, die Jesus, den gerechtrichtenden, den geheimnisvollen, preisen.Im Anschluß und in Anlehnumg an das Pähläwi.^[2]

即"頌公正、神秘的耶穌之初始讚文，據帕拉維文"。莫拉諾則英譯爲：The first voice; praising Jesus; (it)creats a meaning that is very mysterious; (it)should follow the Parthian(language or phonetics);^[3]翁拙瑞單譯偈題作：Primal Voice, in praise of Jesus, the Creator of the Mysterious Principles.^[4]總之，彼等將該偈理解成讚頌夷數的初始聲音，而夷數則是幽玄義理的創立者。至於把"梵"理解爲帕拉維語抑或帕

---

〔1〕"阿"，以往錄文均有此字，據日本吉田豐先生提示，寫本該字右旁有"×"號，當爲衍字。

〔2〕Ernst Waldschmidt & Wolfgang Lentz, *Die Stellung Jesu im Manichaismus*, (Abhandlungen der Preussischen Akademie der Wissenschaften, Jg. 1926, Phil.-hist. Klasee, Nr. 4), Berlin: Verlag der Akademie der Wissenschaften, in Komni bei Walter de Gruyter, 1926, p.85；施寒微（H. Schmidt-Glintzer）從其譯，見 *Chinesische Manichaica. Mit textkritischen Anmerkungen und einem Glossar*, Wiesbaden, 1987,p.33.

〔3〕Enrico Morano, "The Sogdian Hymns of Stellung Jesu", *East and West*, XXXII, 1982, pp.9‐43, p.10.

〔4〕Peter Bryder, *The Chinese Transformation of Manichaeism. A Study of Chinese Manichaean Terminology*, Bokförlaget Plus Ultra, 1985,p.48.

提亞語,這倒是見仁見智的事。"梵"本指印度佛教之經典語言 Sanskrit,
來華摩尼僧無疑借以指本教經典的西域文本。西人把作者當偈名的誤
解,馬小鶴先生已予指正,[1]不贅。筆者所要補充申說的是:西方學者
之所以把作者夷數當爲被讚對象,竊意倒不是因對寫卷原件失察之故,
緣彼等之接觸原卷或照片比國人早得多;而《下部讚》錄文早在1928
年便公刊於《大正藏》第54冊,其間於該題簽文字與上錄釋文同,西
方有關學者於此無不知悉。是故,造成彼等誤讀誤譯之原因,竊意應
是出於西人之常規思維,即以爲夷數既爲神,自只能被讚,而不可能
親撰如是讚文,卻不諳入華摩尼教變異之理。考華夏向有將今人著作
僞託先賢所撰之風,古代僞書極多,以至梁啓超不得不在其《中國近
三百年學術史》,專闢《辨僞書》之章詳論,強調"辨僞書爲整理舊學
裏頭很重要的一件事"。[2]至於不屬"舊學"的一些本土宗教經文,僞
託異人、逝者,甚至神仙所作,就更比比皆是。來華摩尼僧入鄉隨俗,
效法華夏僞託之傳統,實不足奇。《下部讚》僞託作者,不止此偈,其
他疑似者尚有164行之"一者明尊　尼羅延佛作",168行之"收食單偈　大
明使釋"等。

　　據上錄《初聲讚文》,音譯漢字計175個,據原件所標示漢字序數
之提示,全詩音譯文字被分成22節,或可目爲22句。學者已將該等音
譯漢字分拆爲48個音譯意羣,其中"喝思嚨"重複出現22次。"喝思嚨",
最初被瓦、楞氏還原帕拉維語 ho-sē-noγ,[3]而後莫拉諾據以復原爲帕
提亞語 hsyng,稱該詞粟特語作 pyrnmcyk,兩者均意謂 primeval。[4]查
相關辭書,hsyng[hasēnag],作形容詞,釋爲 earlier, ancient, primeval,

　　[1]馬小鶴:《摩尼教與古代西域史研究》,中國人民大學出版社,2008年,頁197-198。
·　　[2]梁啓超:《中國近三百年學術史》,東方出版社,1996年,頁274-286;引文見頁274。
　　[3]Ernst Waldschmidt & Wolfgang Lentz, *Die Stellung Jesu im Manichaismus*, (Abhandlungen der
Preussischen Akademie der Wissenschaften, Jg. 1926, Phil.-hist. Klasee, Nr. 4), Berlin: Verlag der
Akademie der Wissenschaften, in Komni bei Walter de Gruyter, 1926, pp.85 ff.
　　[4]Enrico Morano, "The Sogdian Hymns of Stellung Jesu", *East and West*, XXXII, 1982, p.10.

first；亦作副詞，釋義 firstly，originally。[1] 在吐魯番發見的帕提亞語摩尼教殘片中，至少有數十片出現該詞，[2] 極爲常用。從以上釋義中，該詞確有時間概念上原始、初始的基本意思，適可與《初聲讚文》的"初"字對上號。無獨有偶，有法藏敦煌卷 Pelliot Chinois 3049者，背面抄寫五篇回鶻文書，但均缺題目。其間一篇始自文書第27行，止於第46行。箇中出現 ašnuqï 一詞22次，[3] 適與《初聲讚文》的"喝思嗎"匹對。該 ašnuqï，被比同爲上揭帕提亞文的 hsyng，亦即《初聲讚文》的"喝思嗎"。哈密爾頓（J. Hamilton）用法文釋其義爲 Premier, primordial, antérieur.[4] 哈氏還將該文書與《初聲讚文》比對，認爲文書中的 ašnuqï 同於"初聲"的"初"，而文書之 yörüg 則對應讚文的"唵呼布"，kertü 對應"阿雲舭伱詵"，bulunč 對應"阿羅所底弗哆"，üdrülmiš 對應"雲舭囉咩"，yaruq ton 對應"咈傸嗏"。[5] 馬小鶴先生也許受哈氏的影響，更把該文書直當《初聲讚文》的回鶻文本，在其《摩尼教〈下部讚・初聲讚文〉新考》一文中，用以與漢文音譯"參校"，解讀讚文的内容。

上揭回鶻文書雖乏題目，但卷面畢竟完整無損，文字内涵可以徑解，不像漢語音譯詩偈那樣，得先行復原成胡詞。全篇可計得單詞103個，而《下部讚・初聲讚文》則僅有帕提亞單詞48個，兩者除了 ašnuqï 和"喝思嗎"各22個可對上號外，即便還有若干單詞果可一一對應，前者還有近半内容爲後者所無。

---

〔1〕M. Boyce, *A Word-List of Manichaean Middle Persian and Parthian, with A Reverse Index by R.Zwanziger*, (AcIr, 3. sér., II, Suppl., 9a; Textes et mémoires), Téhéran-Liège: Bibliothèque Pahlavi; Leiden:E. J. Brill,1977, p.47.

〔2〕Desmond Durkin-Meisterernst, *Dictionary of Manichaean Texts. Vol. iii. Texts from Central Asia and China. Part 1. Dictionary of Manichaean Middle Persian and Parthian*, (Corpus Fontium Manichaeorum, Subsidia), Turnhout: Brepols, 2004, p.186

〔3〕J. Hamilton, *Manuscrits Ouïgours du IXe-Xe Siècle de Touen-houang*, 2vols. Paris,1986，文書轉寫見 pp.39-40, 法譯見 p.43.

〔4〕J. Hamilton, *Manuscrits Ouïgours du IXe-Xe Siècle de Touen-houang*, 2vols, Paris, 1986，Tome I p.47;Tome II, p.211.

〔5〕J. Hamilton, *Manuscrits Ouïgours du IXe-Xe Siècle de Touen-houang*, 2vols, Paris, 1986，Tome I, pp.47-49.

導致學者把回鶻文書與漢字音譯讚文等同的原因，除了 ašnuqï 和 "喝思嚨" 外，更有兩者首句首詞均意謂聲音。前者首句作：Ün ašnuqï ög tängri,[1] Ün 謂聲音。該句哈氏法譯爲 La voix, c'est Ia déesse Mere primordiale;[2] 楊富學、牛汝極教授漢譯爲 "聲音是原始母親神";[3] 馬先生則譯爲 "初聲是母親神"。[4] 而《初聲讚文》首句爲 "于呡喝思嚨"，其 "于呡"，還原帕提亞語 wcn［wažan］,[5] 意謂 voice, word,[6] 聲也、語也，恰好與回鶻文之 Ün 同義。

　　就回鶻文首句，楊、牛的漢譯意思與法譯同；馬譯用 "初聲" 一詞，顯爲呼應漢文 "初聲讚文" 這一偈題，馬先生還進而推論道："《初聲讚文》以 '聲' 作爲第一個讚語，其含義就是救主喚醒靈魂的 '三常清凈音' '妙法音'。"[7] 揣摩馬先生的意思，其乃把 "初聲" 作爲讚文歌頌對象，即把 "初聲讚文" 理解爲 "讚美初聲之文"。不過，如是理解有悖《下部讚》立題之體例。見諸《下部讚》寫卷之其他各詩偈題目，被讚對象均作爲賓語，置於動名詞之後，如《□□□覽讚夷數文》(第6行)、《讚夷數文》(第45行)、《稱讚忙你具智王》(第159 行)、《歎諸護法明使文》(第184、197、209行)、《歎无上明尊偈文》(第222行)、《歎五明文》(第235、248行)、《歎明界界文》(第261行) 等，概莫例外。是以，儘管從字面上，"初聲讚文" 可作 "讚美 '初聲' 之文"

　　〔1〕J. Hamilton, *Manuscrits Ouïgours du IXe-Xe Siècle de Touen-houang*, 2vols, Paris, 1986，Tome I, p.39.

　　〔2〕J. Hamilton, *Manuscrits Ouïgours du IXe-Xe Siècle de Touen-houang*, 2vols, Paris, 1986，p.43.

　　〔3〕楊富學、牛汝極：《沙洲回鶻及其文獻》，甘肅文化出版社，1995年，頁218。

　　〔4〕馬小鶴：《摩尼教與古代西域史研究》，中國人民大學出版社，2008年，頁170。

　　〔5〕Ernst Waldschmidt & Wolfgang Lentz, *Die Stellung Jesu im Manichaismus*, (Abhandlungen der Preussischen Akademie der Wissenschaften, Jg. 1926, Phil.-hist. Klasee, Nr. 4), Berlin: Verlag der Akademie der Wissenschaften, in Komni bei Walter de Gruyter, 1926, p.85．Enrico Morano, "The Sogdian Hymns of Stellung Jesu", *East and West*, XXXII, 1982, pp.9‐43, pp.17ff.; 吉田豊：《漢訳マニ教文献における漢字音寫された中世イラン語について》（上），刊《内陸アジア言語研究》1986年11號，頁1‐15，見詞彙表第86。

　　〔6〕M. Boyce, *A Word-List of Manichaean Middle Persian and Parthian, with A Reverse Index by R.Zwanziger*, (AcIr, 3. sér., II, Suppl., 9a; Textes et mémoires), Téhéran-Liège: Bibliothèque Pahlavi; Leiden:E. J. Brill,1977, p.90.

　　〔7〕馬小鶴：《摩尼教與古代西域史研究》，中國人民大學出版社，2008年，頁171。

解，但未必符合原作者之初衷。至於馬先生把"聲"推論爲"三常清浄音"或"妙法音"，此"聲"如指回鶻文書的 Ün，或被復原爲帕提亞文 wcn 的"于呪"的話，這倒不無道理；但若謂《下部讚・初聲讚文》題目的"聲"即指這兩者的話，竊以爲則未必。緣顧《下部讚》寫卷，"三常清浄音"見第11行，[1] "妙法音"則見第57行，[2] 行次都在"初聲讚文"（第176行）之前。若題目的"初聲"即指這兩"音"的話，從經文稱謂前後連貫性看，則應以"音"入題，稱"初音讚文"。是以，馬先生之推論適足以反證讚文以"初聲"入題，應與内文稱讚對象無關。

就上揭回鶻文書首句的現代翻譯，西人是否能理解接受，不敢妄評；然於國人來說，不論云"聲音是原始母親神"抑或曰"初聲是母親神"，都是令人費解的命題。從摩尼的原始教義來說，無從找到母親神與聲音有何聯繫；漢文摩尼經中的創世說有曰"善母"者，或許就相當於該母親神（ög tängri），但漢文經典並無將其與"原始"相聯繫。從漢人的思維邏輯角度，假如摩尼教有"原始的母親神"，相應的，必然應有非原始的，即諸多後代的母親神，這些神在摩尼教義中扮演何角色，彼等與聲音有何聯繫，都令人困惑。至若言"初聲是母親神"，既有"初聲"，當然相應的就有中聲、尾聲，或謂末聲之類，那麼這些"聲"是否又相當於"兒子神""孫子神"？亦令人費解。

觀整個回鶻文書的現代翻譯，都用"是"作爲聯繫動詞的判斷句模式，如次句 saß ašnuqï. xormuzta tängri，[3] 法譯作 La parole, c'est le dieu Ohrmizd primordial，[4] 楊富學、牛汝極漢譯爲"語言是原始先意神"，[5] 馬譯爲"初語，是奧爾穆兹德神"，[6] 等等。假如今人的翻譯確實與回鶻文本一致的話，那麼，竊以爲與其把該文書看成"讚文"，毋

---

〔1〕見寫卷第10行："我今蒙開佛性眼，得覩四處妙法身；又蒙開發佛性耳，能聽三常清浄音。"
〔2〕見寫卷第57行："開我法性光明耳，无礙得聞妙法音；无礙得聞妙法音，遂免万般虛妄曲。"
〔3〕J. Hamilton, *Manuscrits Ouïgours du IXe-Xe Siècle de Touen-houang*, 2vols, Paris, 1986, p.39.
〔4〕J. Hamilton, *Manuscrits Ouïgours du IXe-Xe Siècle de Touen-houang*, 2vols, Paris, 1986, p.43.
〔5〕楊富學、牛汝極：《沙洲回鶻及其文獻》，甘肅文化出版社，1995年，頁218。
〔6〕馬小鶴：《摩尼教與古代西域史研究》，中國人民大學出版社，2008年，頁171。

寧目爲說理性的經文。而且所說之義理，於華夏信徒來說，實在是不勝"幽玄"，連當今學者的翻譯，吾輩都無從理解，遑論古代信衆。是以，漢文書既稱爲"讚文"，體裁無疑與此回鶻文書有別。其實，上揭回鶻文書的"母親神"（ög tängri），"先意神""奧爾穆茲德神"（xormuzta tängri），還有其他句子所提及的諸神，均未見《下部讚·初聲讚文》。更有，漢文有題簽，回鶻文本連個題目也沒有，這未必是寫卷脫漏，緣內容大體相同的文書，還獨立見抄於另一個敦煌卷 Pelliot Chinois 3407背面，凡15行，Ašnuqï 出現17次。該文書卷面未見殘缺，[1]獨立抄寫，同樣沒有題目。如此等等，在在顯示兩個文書之迥異，若云兩者有孿生關係，是同一篇經文的不同文本，實顯勉強。

顧現存的敦煌摩尼經，除了《初聲讚文》出現"初聲"一詞外，在其他場合，"初"和"聲"都是分開單獨出現。《儀略》"初"字5現（第16、54、97、101、102行），蓋作爲時間先後之概念使用，如"按彼波斯婆毗長曆，自開闢初有十二辰，掌分年代"（15—16行），"初際"（101、102行）等；"聲"則未見。《殘經》"初"字4現（第82、217、218、227行），亦同樣從時間概念上使用；而"聲"則僅見於第209行："第三日者，即是說聽及喚應聲。"在《下部讚》中，"初"字兩見：

　　〔124〕復啓初化顯現尊，具相法身諸佛母，與彼常勝先意父，及以五明歡喜子。

　　〔132〕復啓特勝花冠者，吉祥清净通傳信，最初生化諸佛相，及与三世慈父等。

此兩處之"初"，都屬於時間概念之範疇，在語境中均指摩尼教之創世時期。

在《下部讚》中，"聲"字倒有多個（第5、133、202、238、321、327、351、397行）。其間見於第133行謂"又啓喚應警覺聲"，其啓頌的對象同於上引《殘經》第209行"說聽及喚應聲"，蓋指摩尼創世說中之喚應二神，即《殘經》音譯之"呼嚧瑟德""嗗嘍囐德"（第18、

　　〔1〕J. Hamilton, *Manuscrits Ouïgours du IXe-Xe Siècle de Touen-houang*, 2vols, Paris, 1986，文書轉寫及法譯見第1卷頁55–56；漢譯見楊富學、牛汝極：《沙洲回鶻及其文獻》，頁217–218。

74、75、76、207行），在帕提亞語中，分別作 Xrōštag Yazd 和 Padwāxtag Yazd。[1] 設若《初聲讚文》之"初聲"是影射某一特定的讚頌對象，那麼其在漢文摩尼經中應有跡可循。竊意可疑爲其身影者，惟此"喚應警覺聲"耳；緣其作爲神名，畢竟有"聲"字可資對應。但依題文一致之作文常識，如果"初聲"爲"喚應警覺聲"的話，在讚文中自應爲首讚的對象。然而，在現今復原的讚文中，沒有任何一個音譯意羣，可與上揭二神之西域文字對號。倒是上揭的回鶻文書有提及此兩神，作 xrwštg tängri（第43行），pdw'xtg tängri（第44行）。由是，益證漢文題目之"初聲"與内文讚頌對象無關。

其實，西人於該題簽之誤讀，並非止於"夷數"一詞耳，還在於把"初聲"停留在字面上的理解，不論直譯爲 The first voice（第一聲），[2] Primal Voice（初始之聲），[3] 抑或把"初聲讚文"德譯爲 Uranfänglichkeitsanrufungen（最初讚文）都好，[4] 實際都不解其真意。按"初聲"乃地道之漢語詞彙，古人並非罕用，姑舉古籍數例以資説明。唐代《通典》有云：

> 自宣武已後，始愛胡聲，洎於遷都屈茨。琵琶五，篘篌、胡窔、胡鼓、銅鈸、打沙羅，胡舞鏗鏘，鏜鎝洪心，駭耳撫箏，新靡絶麗。音全似吟哭，聽之者無不悽愴，琵琶及當路琴瑟殆絶，音皆初聲頗復閑緩，度曲轉急躁，按此音所由，源出西域諸天諸

〔1〕在帕提亞語中，Yazd，意爲神；Xrōštag，意爲呼叫；Padwāxtag，意爲回答。參見 M. Boyce, *A Word-List of Manichaean Middle Persian and Parthian, with A Reverse Index by R.Zwanziger*, (AcIr, 3. sér., II, Suppl., 9a; Textes et mémoires), Téhéran-Liège: Bibliothèque Pahlavi; Leiden:E. J. Brill,1977, pp. 99,69.

〔2〕Enrico Morano, "The Sogdian Hymns of Stellung Jesu", *East and West*, XXXII, 1982, pp.9－43, p.10.

〔3〕Peter Bryder, *The Chinese Transformation of Manichaeism. A Study of Chinese Manichaean Terminology*, Bokförlaget Plus Ultra, 1985, p.48.

〔4〕Ernst Waldschmidt & Wolfgang Lentz, *Die Stellung Jesu im Manichaismus*, (Abhandlungen der Preussischen Akademie der Wissenschaften, Jg. 1926, Phil.-hist. Klasee, Nr. 4), Berlin: Verlag der Akademie der Wissenschaften, in Komni bei Walter de Gruyter, 1926, p.85.

佛，韻調婆羅胡語，直置難解。[1]

"音皆初聲頗復閑緩"，即謂該等器樂之演奏，於開始階段聲音頗爲閑緩。

清人《詩識名解》卷3有曰：

> 李時珍分鷗鶋鵗鸎爲二通雅合之。按本草亦謂鶋鸎，大如雛鴇，毛色似鸎，頭目似貓，鳴則後竅應之。其聲連轉，如休畱休畱，故名。《正字通》云此鳥初聲，若呼若笑，轉而若休，畱非呼笑，爲鷗鶋之聲。休畱爲鶋鸎之聲，則仍是一物也。[2]

"此鳥初聲"謂該種鳥幼雛時所發之聲音。類似的用法又如"啞啞赤子之初聲"，[3]謂剛生嬰兒所發之聲音。"初聲"一詞亦入詩，如元代麻革《貽溪集》有：

> 小絕：一夜睡不著，小窗天忽明。林塘寒鳥聚，聽得最初聲。[4]

敦煌變文有：

> 樓頭纔打三更鼓，寺裏初聲半夜鐘。一似門徒彈指頃，須臾便到雪山中。[5]

這樣一個很普通的名詞，既與令人嚮往的事物或美德無關，亦並非特指賢聖之類，難於想像其竟能成爲宗教徒讚頌之對象，甚至享有專偈。

考古人撰述，於立題頗爲講究，固多以樸質明晰見稱，然亦不乏以含蓄隱晦爲尚。由於漢語博大精深，後者自更耐人尋味，以至意趣無窮。《下部讚》亦顯得與此文風有染，其題之曰"下部"，就非一目

〔1〕〔唐〕杜佑：《通典》卷142《樂二》，王文錦、王永興等點校本，中華書局，1992年，頁3614-3615。

〔2〕〔清〕姚炳：《詩識名解》卷3，頁27，《景印文淵閣四庫全書》第86冊，經部·詩類，商務印書館，1986年初版，頁359。

〔3〕〔清〕晏斯盛：《易翼宗》卷6，頁2，《景印文淵閣四庫全書》第49冊，經部四十三·易類，頁428。

〔4〕〔清〕顧嗣立編：《元詩選三集》甲集：甘泳《東溪集》，中華書局，1987年，頁78。

〔5〕潘重規：《敦煌變文集新書》卷3"八、〔八相變〕"，文津出版社有限公司，1983年，頁582。

了然。[1] 是以，"初聲讚文" 既非讚美夷數之最初讚文，又難以想像其乃讚頌名曰"初聲"之"神靈"或什麼聲音，那麼於題目之意涵，就不得不另索新解。

查曇無讖（385—433）譯《大方等大集經》卷22有篇章曰"虛空目分第十之一初聲聞品第一"。佛典之"品"，謂篇、章，不贅；而"聲聞"則是佛門專用術語："梵語，舍羅婆迦 śrāvaka，爲佛之小乘法中弟子，聞佛之聲教，悟四諦之理，斷見思之惑，而入於涅槃者也。是爲佛道中之最下根。勝鬘寶窟上末曰：'聲聞者，下根從教立名，聲者教也。'"[2] 而"初聲聞"，竊意當謂剛皈依佛所聽到的說教，正如其開篇所云：

> 爾時世尊故在欲色二界中間大寶坊中，與無量比丘僧諸大菩薩，圍遶說法。時舍利弗目捷連等，出家未久。以舍利弗目連因緣，說聲聞法雜四真諦。爾時衆中有諸人輩，本是外道，諸根闇鈍，自謂有智，起大憍慢，增長色慢、欲慢、無明慢、勝慢、非法慢，未得第二、第三、第四沙門果證。是故，如來爲如是等，宣說中道。爲離如是惡煩惱故，如來說是中道義時，如是諸人，各各論說斷見我見。爾時世尊即作是念：哀哉！諸人本外道故，雖入佛法，猶生大慢，於未得中而生得想，於未知中而生知想，於如來法中而不修行，雖順四諦，而不能得四無礙智，乃至不得第四果證。爾時世尊二手舉捉婆華鬘，發大誓願。以願力故，於華鬘中出生四寶：一帝釋寶，二天光寶，三金剛光寶，四勝諸光寶。一一寶中出大光明，遍照此間娑婆世界。光明出已，擲之虛空。時華鬘中說是偈言：……[3]

佛經以"初聲聞"入題，但經文內容並非闡發"初聲聞"之義，由此可得到啓發：《下部讚》既是面向華夏一般信衆之宗教教材，以"初

---

[1] 參拙文：《敦煌摩尼教〈下部讚〉經名考釋——兼論該經三首音譯詩》，刊《敦煌吐魯番研究》第3卷，北京大學出版社，1998年，頁45-51；修訂本見《中古三夷教辨證》，頁123-131；《敦煌文書與夷教研究》2011，頁79-88。

[2] 丁福保編纂：《佛學大辭典》"聲聞"條，頁1369。

[3] 《大方等大集經》，《大正藏》（13），頁154上。

聲讚文"立題，其意或謂初皈依者所要學習、誦唱之"讚文"。此處所用"初聲"之含義，適與上面所徵引傳統漢籍的雛鳥之初聲、赤子之初聲類似，即以剛學發聲來喻初入教門者。初入門者固不可能授以深奧之教理，何況，既稱"讚文"，業已明示非闡發義理者，因此更不存在"義理幽玄"的問題，是爲託詞耳。

從以上對《初聲讚文》題籤的解讀看，其無疑是針對唐人直接用漢文撰寫，並非異域文本所原有。偈題既依華情自定，作者又僞託夷數，這亦意味著詩偈的內容未必是簡單音譯自異域某一文本。其胡文本很可能是道明因應教學需要，參照某些胡文讚詩改寫編就，作爲"梵唄初階"，以漢字音譯，輯入《下部讚》。由於帕拉維語、中古波斯語和帕提亞語雖寫體有別，但發音殆爲接近；而摩尼教在西域各族傳播時，其諸多專用術語又多被音譯，是以漢文音譯詩偈的某些用詞，不難在西域各語種的摩尼教文獻找到對應。但《初聲讚文》畢竟係道明所自行編譯，就整篇詩偈而言，竊意不可能找到可資一一對應的異域文本。事實上，目前學者用以"參校"或比對的其他諸異域文本，惟據其中某些詞語耳，整個內容相差頗遠。在《下部讚》寫卷中，《初聲讚文》未見有任何缺字脫落之表徵，至於寫本是否略有錯漏或錯簡，則不無可能；若云大幅脫漏，則難以想像。因此，參照其他頻見"初"字的異域文書，解讀漢文的某些音譯漢字，或有助益；但若以該等文書爲是，強解漢文音譯詩偈之意涵，削足適履，則有悖當年道明編譯該讚文之初衷。作爲面向華夏善信的基礎教材，不惟不可能有特別幽深的義理，而且基本內容和概念不會超越已漢譯之經典，尤其是同一教材中之意譯部分。因此，就如解讀第2首詩偈那樣，只要能解讀出音譯意群之大略含義，在現有的漢文經典，尤其是《下部讚》的其他詩偈中，當不難找到對應的漢詞。

3.6 《初聲讚文》句解

重複出現22次的"喝思嘅"，無疑就是《初聲讚文》的關鍵詞，要正確把握讚文之宏旨，解讀各句之意涵，自必正確理解該詞在讚文中之真諦。其實，"喝思嗯"反復出現，即便復原不了其原詞，亦不難推度其應爲讚文中各句共用之讚詞，就如上揭"次偈"之"伽路師"那樣。由於西方學者誤解題目"初聲"之意涵，遂於"喝思嗯"惟"初"是解。然在讚詩中作爲主詞重複出現22次的讚詞，怎一个"初"字了得？

"喝思嗯"，無論被還原爲帕拉維語的 ho-sē-noγ 或帕提亞語的 hsyng，抑或被對應爲回鶻語的 ašnuqï 或粟特語的 pyrnmcyk 都好，對該詞的釋義無非是英語的 earlier, ancient, primeval, first；firstly, originally，或法語的 Premier, primordial，antérieur.[1] 其基本意思自然是時間概念上的原始、初始。然照上揭英文或法文的釋義，first 和 Premier 都可引申出品位概念上最優、最佳、最高等褒義；筆者未敢確定辭書之編撰者在使用這兩字時，是否包括該等引申的褒義。不過，依普通語言學的常識，語言詞彙隨著時間的推移，使用環境場合的變化，詞性變化、褒貶變味、含義改變或引申擴大，並非罕見。以漢語"初"爲例，《說文解字》曰"始也。从刀从衣。裁衣之始也"；[2]作爲單字，屬普通漢字，不褒不貶。由其衍生而出"起始""初始""元始"等詞亦然。但後者被道教引入頻用後，卻往往賦以崇高至上之意，如稱"元始天尊""元始天王"。在佛道之爭中，"元始"成爲"始祖"之代名詞，爭以本教教主爲"元始"。[3]竊意詩偈編譯者道明既以"讚文"立題，實際就已提示其心目中的"喝思嗯"乃具有崇高至上之褒義。如果其把該詞的含義局限於時間之"始也"，那何"讚"之有？從翻譯學的角度，不同語言的翻譯，因應內容、場合、需要等，一般可相應

---

〔1〕J. Hamilton, *Manuscrits Ouïgours du IXe-Xe Siècle de Touen-houang*, 2vols, Paris, 1986, Tome I p.47;Tome II, p.211.

〔2〕〔東漢〕許慎撰，〔宋〕徐鉉校定：《說文解字》卷4，"刀部"，中華書局影印本，1963年，頁91上。

〔3〕南朝梁僧佑律師（445—518）編撰的《弘明集·正誣論》云："若佛不先老子，何得稱先生？老子不先尹文，何故請道德之經？即以此推之，佛故文子之祖宗，衆聖之元始也。"《大正藏》（52），No. 2102，頁7中。

採用直譯、意譯、擬譯的方式。翻譯的最高境界是信達雅。由於不同語言民族的文化傳統不同，思維形式亦有異，字面生硬直譯，造成笑柄，並非罕見；而令人不知所云者，則尤屢見不鮮。因此，在解讀"喝思嗻"這一關鍵詞時，竊意當依道明題目的提示，選擇對應的褒義漢詞，始能在詩偈中顯現"讚"的本色；否則，惟"初"是譯，至少令人莫名其妙。

參照漢文摩尼經的表述風格和頻見用詞，竊意選用"無上"一詞來對譯"喝思嗻"，應屬恰當。在《下部讚》寫卷中，"無上"寫作"无上"或"旡上"，凡9見："无上明尊力中力，旡上甘露智中王"（第47行），"一者旡上光明王"（169行），"旡上光明王智惠"（第174行），"旡上貴族輝耀者"（第186行），"旡上光明之種族"（第198行），"旡上善族大力者"（第210行），"歟无上明尊偈文"（第222行），"旡上光明世界中"（第270）。"無上"一詞，《殘經》也頻用，除同見《下部讚》的"无上明尊"（第133行）、"无上光明"（第202、203行）外，還有"无上正法"（第129行），"无上種子"（第143行），"无上寶樹"（第155、331行），"无上寶花"（第228行），无上大明（第313行），"无上道心"（第318行）等；至於《儀略》，則有"旡上醫王"（第6—7行）。

摩尼僧之用"無上"一詞，顯然是效法佛典。檢索2010年4月版CBETA電子佛典，"無上"出現約5萬次。佛教辭書把"無上"釋爲"無有過於此者"，[1] 而與該詞搭配組成之專用術語則夥矣！如"無上尊""無上忍""無上慧""無上燈""無上法""無上道""無上尊""無上忍""無上輪"，等等，不勝枚舉。佛典如此廣爲使用"無上"一詞，於摩尼僧無疑有所啓發。

明確"喝思嗻"這一關鍵詞在該讚文中之真實意涵，整首詩偈便豁然可解。下面據歐日學者復原的帕提亞語釋義，參照漢文摩尼經的習慣用語，依次句解。

　　于呬喝思嗻⁻蘇昏喝思嗻⁻

---

〔1〕丁福保：《佛學大辭典》"無上"條，頁1075。

"于咽"，如上面已提到的，被還原爲帕提亞語 wcn［wažan］，聲也、語也。而"蘇昏"，則還原帕提亞語與中古波斯語 sxwn［saxwan］，[1] 意謂 word, saying, utterance; the Word (i.e. the Man.gospel)，[2] 語也，摩尼教福音也。這兩句從形式到内容顯效法漢文的排比句。"于咽""蘇昏"都有聲音、話語之基本意思，後者復有佈道、福音之義。被讚文稱頌之聲音、話語、說講等，自非俗言凡音。於此《下部讚》有其專用之術語，如作"三常清净音"（第1行）、"妙法音"（第57行）、"大慈音"（第148行）、"微妙音"（第320行）、"妙音"（第321行）。"真實言"（第1、84行）、"法言"（第258行）、"聖言"（第416行）等。竊意這些用詞都可作意譯"于咽""蘇昏"之選項。是以，這兩詩句可分別意解爲"無上妙音""無上法言"之類。若以世俗之"初聲""初語"對應之，則宗教讚文之味道全失矣。

慕嚅嘟落思噝[三]

"慕嚅嘟落"，還原帕提亞語 mwjdgd'g［muždagdāg］，[3] 意謂 messenger，[4] 使者也。若就該詞"使者"之含義，《下部讚·歎諸護法

---

〔1〕Ernst Waldschmidt & Wolfgang Lentz, *Die Stellung Jesu im Manichaismus*, (Abhandlungen der Preussischen Akademie der Wissenschaften, Jg. 1926, Phil.-hist. Klasee, Nr. 4), Berlin: Verlag der Akademie der Wissenschaften, in Komni bei Walter de Gruyter, 1926, pp.85–86; Enrico Morano, "The Sogdian Hymns of Stellung Jesu", East and West, XXXII, 1982, pp.9－43 p.20f.; 吉田豐：《漢訳マニ教文献における漢字音寫された中世イラン語について》（上），刊《内陸アジア言語研究》1986年11號，頁1－15，見詞彙表第79。

〔2〕M. Boyce, *A Word-List of Manichaean Middle Persian and Parthian, with A Reverse Index by R.Zwanziger*, (AcIr, 3. sér., II, Suppl., 9a; Textes et mémoires), Téhéran-Liège: Bibliothèque Pahlavi; Leiden:E. J. Brill,1977, p.83.

〔3〕Ernst Waldschmidt & Wolfgang Lentz, *Die Stellung Jesu im Manichaismus*, (Abhandlungen der Preussischen Akademie der Wissenschaften, Jg. 1926, Phil.-hist. Klasee, Nr. 4), Berlin: Verlag der Akademie der Wissenschaften, in Komni bei Walter de Gruyter, 1926. p.86; 吉田豐：《漢訳マニ教文献における漢字音寫された中世イラン語について》（上），刊《内陸アジア言語研究》1986年11號，頁1－15，見詞彙表第60。

〔4〕M. Boyce, *A Word-List of Manichaean Middle Persian and Parthian, with A Reverse Index by R.Zwanziger*, (AcIr, 3. sér., II, Suppl., 9a; Textes et mémoires), Téhéran-Liège: Bibliothèque Pahlavi; Leiden:E. J. Brill,1977, p.58; Desmond Durkin-Meisterernst, *Dictionary of Manichaean Texts. Vol. iii. Texts from Central Asia and China. Part 1. Dictionary of Manichaean Middle Persian and Parthian*, (Corpus Fontium Manichaeorum, Subsidia), Turnhout: Brepols, 2004, p.233.

明使文》倒有形象的表述："既充使者馳驛者，必湏了彼大聖旨。"（第213行）即喻爲傳旨驛使。當然，在摩尼經中，所謂使者是指由明尊派遣或召唤出來之諸明神，在漢文經典中，全稱作"光明使者"，正如《儀略》釋教主摩尼之名號所云"親受明尊清净教命，然後化誕，故云光明使者"（寫卷第8—9行）。簡稱則爲"光明使"（《殘經》第8—9行）、"明使"。如《下部讚》有"蒙父愍念降明使"（第263行）之句。《殘經》於各明神的具體稱謂，往往是在"明使"之前冠修飾語，如"净風明使"（第11行）、"持世明使"（寫卷第109行）、"地藏明使"（110—111行）、"催光明使"（111）、"日光明使"（211）；另有個別是在"使"之前冠名，如"降魔勝使"（110）、"惠明使"（第57、63、142、151、154、157、170、184、201、219行）。《下部讚》大體保持了明神稱謂這一模式，不過於某些主神則易"明使"爲佛，如"日光明使"改稱"日光佛"（第170行），"净風明使"稱"净風佛"（第170行），"光明使"稱"光明佛"（第25、129、244行）。在《下部讚》中，若明神爲複數或非特指，則多稱"諸佛"（寫卷第8、16、44、124、132、138、147、255、256、267、315、394、408行）或"諸明使"（第121、150、196、198、210、216、220、240、348行），有3處併稱爲"諸佛明使"（第365、337、346行），另有一處作"光明諸佛"（第147行）。既然帕提亞文 mwjdgd'g 並非特指某一明使，那無疑就是泛指"明使""使衆"。"慕嚅嘟落思嗤"（寫卷無疑漏了一"喝"字）不過就是對衆明使之統讚，竊意此句可意解爲"無上使衆"或"無上明使"之類。

　　　唵呼布喝思嗤[四]

　　"唵呼布"，還原帕提亞語'bhwmb［abhumb］，意謂 revelation，[1]

　　　〔1〕Ernst Waldschmidt & Wolfgang Lentz, *Die Stellung Jesu im Manichaismus*, (Abhandlungen der Preussischen Akademie der Wissenschaften, Jg. 1926, Phil.-hist. Klasee, Nr. 4), Berlin: Verlag der Akademie der Wissenschaften, in Komni bei Walter de Gruyter, 1926, p.86; 吉田豊：《漢訳マニ教文献における漢字音写された中世イラン語について》（上），刊《内陸アジア言語研究》，1986年11号，頁1－15，§1。

disclourc，[1] 啓示也，顯露也。若解讀爲啓示，則與第一二句的内容有重複之嫌；該句上接"無上諸明使"，必定是進一步稱揚明使之表現者。於此，《下部讚》常用"顯現"一詞來表述：

[084] 告汝一切智人輩，各聽活命真實言：具智法王忙你佛，咸皆顯現如目前。

[124] 復啓初化顯現尊，具相法身諸佛母，與彼常勝先意父，及以五明歡喜子。

[172] 身是三世法中王，開楊一切秘密事；二宗三際性相義，悉能顯現无疑滯。

[192] 顯現記驗爲寬泰，能除怕懼及戰懍：持孝善衆存慰愈，通傳善信作依止。

[256] 過去諸佛羅漢等，並爲五明置妙法。今時雄猛忙你尊，對我等前皆顯現。

[300] 彼金剛地常暉耀，内外鑒照无不見；寶地重重國无量，徹視閻閭皆顯現。

[319] 光明界中諸聖等，其身輕利无疲重，妙形隨念遊諸刹，思想顯現悉皆同。

檢視上揭諸詩句"顯現"一詞的語境，乃與明神、明界密切相聯繫，而非世俗意涵的顯露、露面、展露等。其指的是明神展示法身說教，或明界展現其無比之輝煌，含義應類乎世俗常用的"顯聖"，即謂神佛現形顯靈。從這個意義上，"顯現"一詞無疑可以入讚，與"喝思嗯"搭配，作"無上顯現"解。是以，該詞入讚，與"喝思嗯"成句，可意解爲"無上顯現"。

喋夷里弗哆喝思嗯[五]

---

〔1〕Desmond Durkin-Meisterernst, *Dictionary of Manichaean Texts. Vol. iii. Texts from Central Asia and China. Part 1. Dictionary of Manichaean Middle Persian and Parthian*, (Corpus Fontium Manichaeorum, Subsidia), Turnhout: Brepols, 2004, p.11.

"喋夷里弗哆", 還原帕提亞語 jyryft [žīrīft], [1] 作名詞用, 意謂wisdom, [2] 智慧也。摩尼教文獻頻見, [3] 《下部讚》寫卷凡15現 (第8、44、75、114、137、、151、165、167、169、174、231、239、243、245、257行), 作 "智惠", "惠" 與 "慧" 通假。在漢語表述中, "智慧" 可簡略爲一個 "智" 字。《下部讚》亦有此例, 如 "无上甘露智中王" (第47行), 類似用例尚見第6、51、76、84、110、113、118、145、159、160、249、340、348、369、374等行。"智慧" 亦可簡約成一 "慧" 字。《下部讚》亦有同樣例子, 如 "扵聖光明大力惠" (第108行)、"清净光明大力惠" (第146行)、"聖衆常明具妙惠" (第286行) 等。單獨用"惠" 來表示智慧的用例, 尚見寫卷第12、29、41、224、236、374行。該字還與 "明" 組成神名 "惠明使", 在《殘經》和《下部讚》中頻頻出現。《儀略》把修持分爲 "經、戒、律、定、慧等" (第38行) 五個階段, "慧" 乃最高境界, 爾後, 更與清淨、光明、大力、智慧併成華夏摩尼教修持之最高綱領。[4]

依上面之分析, 帕提亞語 jyryft 在讚文中無疑可對應 "智慧", 讚文頌揚無上智慧, 宜矣!

阿羅所底弗哆喝思嗤六

---

〔1〕Ernst Waldschmidt & Wolfgang Lentz, *Die Stellung Jesu im Manichaismus*, (Abhandlungen der Preussischen Akademie der Wissenschaften, Jg. 1926, Phil.-hist. Klasee, Nr. 4), Berlin: Verlag der Akademie der Wissenschaften, in Komni bei Walter de Gruyter, 1926, p.87; 吉田豊: 《漢訳マニ教文献における漢字音寫された中世イラン語について》 (上), 刊《内陸アジア言語研究》, 1986年11號, 頁1-16, §42。

〔2〕M. Boyce, *A Word-List of Manichaean Middle Persian and Parthian, with A Reverse Index by R.Zwanziger*, (AcIr, 3. sér., II, Suppl., 9a; Textes et mémoires), Téhéran-Liège: Bibliothèque Pahlavi; Leiden:E. J. Brill,1977, p.51.

〔3〕Desmond Durkin-Meisterernst, *Dictionary of Manichaean Texts. Vol. iii. Texts from Central Asia and China. Part 1. Dictionary of Manichaean Middle Persian and Parthian*, (Corpus Fontium Manichaeorum, Subsidia), Turnhout: Brepols, 2004, pp.199-200.

〔4〕詳參拙文: 《宋代明教與唐代摩尼教》, 刊《文史》24輯, 1985年, 頁115-126; 修訂本見《摩尼教及其東漸》, 1987年, 頁120-134; 淑馨出版社增訂本, 1997年, 頁141-155;《敦煌文書與夷教研究》, 2011年, 頁179-194。

"阿羅所底弗哆"，還原帕提亞語 r'štyft[rāšītft], [1]意謂 righteous-ness, truth, [2]正義、真理也。

在《下部讚》中，"真實"一詞頻頻出現，其稱本教之主神，包括教主摩尼爲"真實主"（第357、373、383行）、"真實父"（第46、388行），"真實大法證明者"（138）、"堅持真實者"（第141行）；有的具體神名亦冠此詞，如 "真實平等王"（第131、152行），"真實造相佛"（第170行）；而於本門之説教、經典則稱"真實言"（第11、84、243行）。在《下部讚》中，"真實"被目爲一種重要美德，高尚品格："諸聖心意皆真實"（第287行），"慈心真實亦常寬"（第329行），"慈悲聽我真實啓"（第12行）"莖幹真實无妄言"（第73行），"又復真實行憐愍"（第259行），"勤心造相恒真實"（第174行），"速與具足真實願"（第144行），"請各慈悲真實受"（第251行）。在題爲《一者明尊》之詩偈中，"真實"與其他諸美德並提："……五者勤修，六者真實……"（第165行）。

有鑑於此，把帕提亞語 r'štyft 意譯爲"真實"無疑是合適的。不過，《下部讚》還另有"直意"一詞，意謂正直，應是"真實"之近義詞，其亦與"真實"一道，被目爲一種美德品格，見諸《一者明尊》的 "八者忍辱，九者直意"（第166行）。摩尼教主神亦有被冠該詞者："九者直意盧舍肍"（第171行），因此，竊意將 r'štyft 意譯爲"直意"，亦未嘗不可。

其實，在宗教領域中，漢語一個"真"字已足以涵蓋真實、正直之意義。緣其乃"相對於假、俗、僞等義而言"。[3]因而，意譯"阿羅

---

〔1〕Ernst Waldschmidt & Wolfgang Lentz, *Die Stellung Jesu im Manichaismus*, (Abhandlungen der Preussischen Akademie der Wissenschaften, Jg. 1926, Phil.-hist. Klasee, Nr. 4), Berlin: Verlag der Akademie der Wissenschaften, in Komni bei Walter de Gruyter, 1926, p.87; 吉田豊：《漢訳マニ教文献における漢字音寫された中世イラン語について》（上），刊《内陸アジア言語研究》，1986年11號，頁1‐15，見詞彙表第72。

〔2〕M. Boyce, *A Word-List of Manichaean Middle Persian and Parthian, with A Reverse Index by R.Zwanziger*, (AcIr, 3. sér., II, Suppl., 9a; Textes et mémoires), Téhéran-Liège: Bibliothèque Pahlavi; Leiden:E. J. Brill,1977, p.78.

〔3〕星雲大師監修，慈怡法師主編：《佛光大辭典》第3版，佛光出版社，1989年，頁4193。

所底弗哆喝思嗾”，若用晉江摩尼教摩崖石刻之“無上至真”四字，[1]
似可臻於信達雅。

　　最後，就該句之解讀，還得補加一點說明：儘管讚頌“至真”很
符合摩尼教義，但該詞漢文音譯之首字“阿”，其音並未見於所復原的
胡詞。也就是說，假如“阿羅所底弗哆”確實就是音譯自帕提亞語
r'štyft[rāšītft]的話，對該多餘的“阿”還得有所交代。竊意除以衍字
解釋之外，尚有可能緣道明受佛教之習影響，有意無意添加，佛教乃
以“阿字爲衆聲之母”也。[2]

　　　　佛呐弗哆喝思嗾^七

　　“佛呐弗哆”，上揭第2首音譯詩偈作“佛呐不哆”（第178行），“不”，
“甫鳩切”，[3]國際音標 pĭəu；“弗”，“分勿切”，[4]國際音標 pĭuət，兩
者無疑作同音字用，同可還原帕提亞語 frhyft［frihīft］，作憐愍解。整
句可意譯爲“無上憐憫”。

　　　　呼于里弗哆喝思嗾^八

　　“呼于里弗哆”，還原帕提亞語 w'wryft［wāwarīft］，[5] belief，[6]
相信也。

　　漢文摩尼經中可與之對應的詞語無疑是“信心”，其作爲教徒必修

　　〔1〕詳參拙文：《福建明教十六字偈考釋》，載《文史》2004年第1輯，頁230-246；修訂本見
《中古三夷教辨證》，頁1-32；《敦煌文書與夷教研究》，2011年，頁198-224。

　　〔2〕參丁福保：《佛學大辭典》“阿”條，頁711。

　　〔3〕《宋本廣韻》下平聲第18“尤”。

　　〔4〕《宋本廣韻》入聲第8“物”。

　　〔5〕Ernst Waldschmidt & Wolfgang Lentz, *Die Stellung Jesu im Manichaismus*, (Abhandlungen der
Preussischen Akademie der Wissenschaften, Jg. 1926, Phil.-hist. Klasee, Nr. 4), Berlin: Verlag der
Akademie der Wissenschaften, in Komni bei Walter de Gruyter, 1926 ,p.88; Enrico Morano, "The Sogdian
Hymns of Stellung Jesu", *East and West*, XXXII, 1982, pp.9－43, pp.23-24; 吉田豊：《漢訳マニ教文献
における漢字音寫された中世イラン語について》（上），刊《内陸アジア言語研究》1986年11號，
頁1－15，見詞彙表第85。

　　〔6〕M. Boyce, *A Word-List of Manichaean Middle Persian and Parthian, with A Reverse Index by
R.Zwanziger*, (AcIr, 3. sér., II, Suppl., 9a; Textes et mémoires), Téhéran-Liège: Bibliothèque Pahlavi;
Leiden:E. J. Brill,1977, p.90; Desmond Durkin-Meisterernst, *Dictionary of Manichaean Texts. Vol. iii.
Texts from Central Asia and China. Part 1. Dictionary of Manichaean Middle Persian and Parthian*,
(Corpus Fontium Manichaeorum, Subsidia), Turnhout: Brepols, 2004, p.336.

·歐·亞·歷·史·文·化·文·庫·

之美德而備受稱揚。《殘經》有云：

[220]……惠明相者，第一大王，二者智恵，三者常勝．四者歡喜

[221]五者勤修，六者平等，七者信心，八者忍辱，九者直意，十

[222]者功德，十一者齊心一等，十二者內外俱明。……

《下部讚·一者明尊》亦有類似之表述：

[165]一者明尊，二者智恵，三者常勝，四者歡喜，五者清修，六者真實，

[166]七者信心，八者忍辱，九者直意，十者功德，十一者齊心和合，

[167]十二者內外俱明，莊嚴智恵，具足如日，名十二時，圓滿功德。

《下部讚·收食單偈》進而把上揭諸美德與諸主神搭配：

[169]一者無上光明王，二者智恵善母佛，三者常勝先意佛，四者歡喜五明佛，

[170]五者勤修樂明佛，六者真實造相佛，七者信心淨風佛，八者忍辱日光佛，

[171]九者直意盧舍那，十者知恩夷數佛，十一者齊心電光佛，十二者惠明莊嚴佛。

摩尼經所用"信心"一詞，當格義自佛典。佛典於該詞頻用，釋義爲："信受所聞所解之法而無疑心也。"[1]復考回鶻文摩尼教文獻懺悔詞，要信徒遵守十誡，即不拜偶像、不謊語、不貪、不殺、不淫、不盜、不行邪道巫術、不二見（懷疑）、不惰，每日四時（或七時）祈禱。[2]其間之"不二見"應即"信心"之謂。由是，是句可意解爲"無上信心"。

---

〔1〕丁福保：《佛學大辭典》"信心"條，頁827。

〔2〕摩尼教懺悔文之研究詳參 Jes P. Asmussen, *X^uāstvānīft, Studies in Manichaeism*, 第5章"The Confession of Sins among the Manichaeans", Copenhagen, 1965, pp. 167-261. 國人的介紹以許地山先生《摩尼之二宗三際論》爲最早，刊《燕京學報》第3卷，1928年，頁382-402；有關部分見頁368。

訴布哩弗哆喝思嗌^九

"訴布哩弗哆"，還原帕提亞語 ʿspwryft［ispurrīft］，意謂
completion, fulfilment, completeness.^[1]滿也。

在漢文摩尼經中，能與該等釋義對應的有兩個佛教術語，一是"具
足"，本係地道漢語用詞，意謂具備充足，漢代王充（27—約97）《論
衡‧正說篇》有云："說《春秋》者曰：'二百四十二年，人道浹，王
道備，善善惡惡，撥亂世，反諸正，莫近於《春秋》。若此者，人道、
王道適具足也。"^[2]爾後，佛僧將梵文 Upasampadā 格義爲該詞。後秦
鳩摩羅什（344—413）譯《妙法蓮華經》，其《如來壽量品第十六》已
見："此大良藥，色香美味皆悉具足，汝等可服，速除苦惱，無復衆
患"。^[3]在漢譯佛典中該詞頻頻使用，上揭電子佛典出現逾五萬四千多
次。來華摩尼僧無疑借鑒佛經，亦用該詞來表述。《殘經》"具足"出
現18次（73、78、80、95、96、110、111、119、123、136、145、176、
205、210、225、314、331、335）。其第78行曰"第二日者，即是智惠
十二大王，從惠明化，像日圓滿，具足記驗"；第110行曰"具足以像
降魔勝使"，將"具足"目爲美德，與"降魔勝使"相搭配。《下部讚》
七現"具足"一詞（第74、137、144、167、231、324、365行），而照
上引第167行的"莊嚴智惠，具足如日，名十二時，圓滿功德"，該詞
所指，即爲修持要達到的目標，即臻於盡善盡美之境界。

另一可與"訴布哩弗哆"對應的意譯詞語，自是"圓滿"。佛典常

〔1〕Ernst Waldschmidt & Wolfgang Lentz, *Die Stellung Jesu im Manichaismus*, (Abhandlungen der
Preussischen Akademie der Wissenschaften, Jg. 1926, Phil.-hist. Klasee, Nr. 4), Berlin: Verlag der
Akademie der Wissenschaften, in Komni bei Walter de Gruyter, 1926, pp. 88, 92; Enrico Morano, "The
Sogdian Hymns of Stellung Jesu", *East and West*, XXXII, 1982, pp.9–43, pp.24–25；吉田豊：《漢訳マ
ニ教文献における漢字音寫された中世イラン語について》（上），刊《内陸アジア言語研究》1986
年11號，頁1–15，§19；M. Boyce, *A Word-List of Manichaean Middle Persian and Parthian, with A
Reverse Index by R.Zwanziger*, (AcIr, 3. sér., II, Suppl., 9a; Textes et mémoires), Téhéran-Liège:
Bibliothèque Pahlavi; Leiden:E. J. Brill,1977, p.22；Desmond Durkin-Meisterernst, *Dictionary of
Manichaean Texts. Vol. iii. Texts from Central Asia and China. Part 1. Dictionary of Manichaean Middle
Persian and Parthian*, (Corpus Fontium Manichaeorum, Subsidia), Turnhout: Brepols, 2004, p.87.

〔2〕黄暉：《論衡校釋》（附劉盼遂集解），中華書局，1990年，頁1130。

〔3〕《妙法蓮華經》，《大正藏》（9），No. 0262，頁43上。

把"圓滿"與"具足"併用,組成四字格,作"圓滿具足"或"具足圓滿"。上引《殘經》第78行云"像日圓滿,具足記驗";而第167行復云"具足如日,名十二時,圓滿功德",足見作者是把"圓滿"和"具足"目爲同義詞或近義詞。是以,第9句可作"無上圓滿具足"解。

呼史拂哆喝思嚨[+]

"呼史拂哆",還原帕提亞語 wxšyft[wxašīft],[1]意謂 pleasantness, sweetness,[2]喜也。

在帕提亞文摩尼教殘片中,有數百片出現該詞,[3]足見爲該教所常用者。檢視《下部讚》寫卷,出現"歡喜"一詞16處(第18、73、79、124、165、169、174、203、260、282、320行),而《殘經》則有18處(第88、172—173、220、40、251、253、254、274、278、281、283、290、292、316、318、343—344、345行),適可與 wxšyft 對應。

佛僧用"歡喜"一詞格義梵語 pramudita,謂"接於順情之境而身心喜悦也"。[4]極爲常用,上揭電子佛典可檢得近4萬次。《殘經》中,與"歡喜"搭配的一些用語,便是佛典所常見者。如其240—241行云"有智惠人,及樂清净智惠徒衆同會一處,心生歡喜,常無厭離",該"心生歡喜",東晉法顯譯《大般涅槃經》卷中已見:

爾時,淳陀聞佛此語,心生歡喜不能自勝,而白佛言:"快

〔1〕Ernst Waldschmidt & Wolfgang Lentz, *Die Stellung Jesu im Manichaismus*, (Abhandlungen der Preussischen Akademie der Wissenschaften, Jg. 1926, Phil.-hist. Klasee, Nr. 4), Berlin: Verlag der Akademie der Wissenschaften, in Komni bei Walter de Gruyter, 1926 , p.88; Enrico Morano, "The Sogdian Hymns of Stellung Jesu", *East and West*, XXXII, 1982, pp.9‐43, pp.25f.; 吉田豊:《漢訳マニ教文献における漢字音寫された中世イラン語について》(上),刊《内陸アジア言語研究》,1986年11號,頁1‐15,§90。

〔2〕M. Boyce, *A Word-List of Manichaean Middle Persian and Parthian, with A Reverse Index by R.Zwanziger*, (AcIr, 3. sér., II, Suppl., 9a; Textes et mémoires), Téhéran-Liège: Bibliothèque Pahlavi; Leiden:E. J. Brill,1977, p.94; Desmond Durkin-Meisterernst, *Dictionary of Manichaean Texts. Vol. iii. Texts from Central Asia and China. Part 1. Dictionary of Manichaean Middle Persian and Parthian*, (Corpus Fontium Manichaeorum, Subsidia), Turnhout: Brepols, 2004, p.349.

〔3〕Desmond Durkin-Meisterernst, *Dictionary of Manichaean Texts. Vol. iii. Texts from Central Asia and China. Part 1. Dictionary of Manichaean Middle Persian and Parthian*, (Corpus Fontium Manichaeorum, Subsidia), Turnhout: Brepols, 2004,p.350.

〔4〕丁福保:《佛學大辭典》,"歡喜"條,頁1483。

哉！世尊！我今已得如此大利。"[1]

檢索上揭電子佛典，此四字格逾千現。《殘經》318行有"聞是經已，皆大歡喜"之語。後秦佛陀耶舍共竺佛念譯《佛說長阿含經》卷6則有："眾人聞已，皆大歡喜。"[2]"皆大歡喜"，檢索上揭電子佛典，可得逾千例。《殘經》344—345行云"時諸大眾，聞是經已，如法信受，歡喜奉行"。《佛說長阿含經》卷1則有"佛說此大因緣經已，諸比丘聞佛所說，歡喜奉行"。[3]"聞佛所說，歡喜奉行"這一套語，上揭電子佛典現近兩千次；而"歡喜奉行"則逾兩千四百。《殘經》316—317行之"尒時會中諸慕闍等，聞說是經，歡喜踊躍，歎未曾有"，亦是模仿佛典。如見於元魏（386—557年）涼州沙門慧覺譯《賢愚就有經》卷13曰"爾時阿難，聞佛所說，歡喜踊躍，歎未曾有"；[4]唐玄奘翻譯之《大般若波羅蜜多經》更頻頻使用"歡喜踊躍，歎未曾有"這一短語，僅在第1、2卷，便有12處。[5]足見就"歡喜"一詞之使用，摩尼僧乃緊跟佛僧，亦步亦趨。

在漢文摩尼經中，"歡喜"一詞不止是指一時一刻心情之愉悅，而是作爲修持要達到的境界，保持永恆之愉悅心態。由是，上揭《殘經》寫卷第220—222行所列12項"惠明相"，"歡喜"被列居第4（第220行），上揭《下部讚》的《一者明尊》亦有"四者歡喜"（第165行），而《收食單偈》更將歡喜與五明佛搭配："四者歡喜五明佛"（第169行）。"歡喜"，作爲摩尼經反復強調的修持目標，自得在讚文中佔居一席。是以"呼史拂哆喝思嗤"可意解爲對歡喜境界之稱頌。

呢哩啊咔你弗哆喝思嗤十一

---

〔1〕《大般涅槃經》，《大正藏》（1），No.0007，頁198下。

〔2〕《佛說長阿含經》，《大正藏》（1），No.0001，頁38中。

〔3〕《長阿含經》，《大正藏》（1），No.0001，頁10下。

〔4〕《賢愚經》，《大正藏》（4），No.0202，頁437下。

〔5〕《大般若波羅蜜多經》（5），No.0220，頁2下、3下、4中、5上、6上、7上、7下、8下、9中、10中、11上。

"嗫哩啊吽你弗哆"，還原帕提亞語 drgmnyft［darymanīft］，[1]意謂 patience, forbearance，[2]忍也，作名詞用。

按首字"嗫"，應爲"那"的異體字，國際音標作 na，與所還原的帕提亞語第1個音節顯對不上。但其他音素、音節則無可厚非。所復原的帕提亞語內涵，屬於摩尼倡導的美德，不悖讚文的意境，而目前亦找不到更合適的胡詞可資復原，故竊疑"嗫"或爲"噠"（dā）、"達"（dʰɑt）之訛。按"噠""達"和"嗫"，聲母都是舌尖中音，而彼等韻母則近之，漢音非常接近。音譯出現這一誤差，應非編譯者道明之失察，緣在讚文下一句之"嗫吽哩弗哆"，被復原爲 namrīft，首字同樣爲"嗫"，對音爲 na，可見道明知其有別，在傳授時當不難發現糾正之。而"噠""達"，乃佛典常用音譯字，道明熟習佛典，不會不知；另漢籍常提到夷國名"嚈噠"，道明當有所聞。其實，道明本人亦曾用"達"字對音胡語之 da，其《下部讚》就有音譯詞語"電達"，見寫卷第184行，乃對音中古波斯語的 dynd'r［dēndār］，意謂宗教。[3]因此，這一瑕疵之產生，竊意應爲不諳胡語的傳抄者辨音之誤。

照西文對 drgmnyft 這一帕提亞語之解釋，在漢文摩尼經中至少有3個用詞可資對譯。其一，見《殘經》第247行："若有鬪静，速即遠離；強来鬪者，而能伏忍。"其"伏忍"一詞，無疑適應之。不過，該詞在漢文摩尼經中僅此一見，只是作爲一個普通名詞使用；另外第280—281行云"對值来侵辱者，皆能忍受，歡喜无怨"，其間"忍受"一詞之使

〔1〕Ernst Waldschmidt & Wolfgang Lentz, *Die Stellung Jesu im Manichaismus*, (Abhandlungen der Preussischen Akademie der Wissenschaften, Jg. 1926, Phil.-hist. Klasee, Nr. 4), Berlin: Verlag der Akademie der Wissenschaften, in Komni bei Walter de Gruyter, 1926, p.89；Enrico Morano, "The Sogdian Hymns of Stellung Jesu", *East and West*, XXXII, 1982, pp.9‑43, p.26；吉田豊：《漢訳マニ教文献における漢字音寫された中世イラン語について》（上），刊《内陸アジア言語研究》，1986年11號，頁1‑15，§26。

〔2〕M. Boyce, *A Word-List of Manichaean Middle Persian and Parthian, with A Reverse Index by R.Zwanziger*, (AcIr, 3. sér., II, Suppl., 9a; Textes et mémoires), Téhéran-Liège: Bibliothèque Pahlavi; Leiden:E. J. Brill,1977, p.35; Desmond Durkin-Meisterernst, *Dictionary of Manichaean Texts. Vol. iii. Texts from Central Asia and China. Part 1. Dictionary of Manichaean Middle Persian and Parthian*, (Corpus Fontium Manichaeorum, Subsidia), Turnhout: Brepols, 2004, p.139.

〔3〕詳參本書《敦煌摩尼教〈下部讚〉"電光佛"非"光明處女"辨》。

用，從語境看，與上例"伏忍"同。該詞尚見《殘經》第178行："莖是安泰，枝是忍受。"於此之外，別無任何闡發；而《下部讚》則未出現該詞。其三即爲"忍辱"，是詞《殘經》凡11見（第73—74、76、99、101、110、125、178、210、221、277行），《下部讚》5見（第130、166、170、174、259行）。《殘經》提到暗魔製造了人類肉身，將明子禁於其中，而爲了拯救這些明子，惠明使採取了一系列措施，其間有云：

> 以是義故，惠明大智，以善方便，抃此宂身，銓救明性，令得解脱。抃已五體，化出五施，資益明性。先從明相，化出怜愍，加被净氣；次從明心，[1]化出具足，加被明力；又抃明思，化出忍辱，加被净水；又抃明意，化出智惠，加被净火。呼嚧瑟德、呦嘍嘇（嚷）德，抃語藏中，加被智惠。其氣、風、明、水、火、憐愍、誠信、具足、忍辱、智惠，及呼嚧瑟德、呦嘍嘇德，与彼惠明，如是十三，以像清净光明世界明尊記驗。持具戒者，猶如日也。（第71—77行）

玩味這段經文，可體會到"憐愍、誠信、具足、忍辱、智惠"五者，被目爲明子所具有之光明品性，其被禁於肉身中，是由惠明使首先將之分化出來的。其如是說教實際是啓示摩尼教徒：該等光明品性都存在於每個人身中，只要好好修持，便可以恢復出來。在這段經文中，亦明確把"忍辱"與其他4項品性作爲"持具戒者"（即摩尼僧）修持之内容。上引《殘經》所列12項"惠明相"，"忍辱"居第8（第221行），《下部讚》之《一者明尊》亦作"八者忍辱"（第166行），而其《收食單偈》則將忍辱歡喜與日光佛搭配："八者忍辱日光佛"（第70行）。

其實，佛僧早將梵文之 Kṣānti 格義爲漢語之"忍"字，作爲佛教徒修持之要領，謂"忍耐違逆之境而不起嗔心也；又安忍也，安住於道理而不動心也"。[2]"能忍成道事"，[3]亦早已成佛家座右銘。"云何名

---

[1]陳垣本在此處補入"化出誠信，加被妙風，次從明念"，夾注："此十二字原脱，據文義補入。"見《陳垣學術論文集》第1集，中華書局，1980年，頁378。

[2]丁福保：《佛學大辭典》，頁561。

[3]龍樹菩薩造、後秦鳩摩羅什譯《大智度初品中菩薩釋論第八》卷4，《大正藏》（25），No. 1509，頁86上。

忍？自無憤勃，不報他怨。”[1]“對值来侵辱者，皆能忍受，歡喜无怨”，“若有鬪諍，速即遠離；強来鬪者，而能伏忍”，正是高度忍耐的表現。來華摩尼僧選用“忍辱”一詞來表達這一戒行修持之要項，當是效法漢譯佛典。《佛說長阿含經》卷1有云“爾時，如來於大衆前上昇虛空，結加趺坐，講說戒經：忍辱爲第一……”。[2]在上揭電子佛典，該詞出現逾七千次。顯然，摩尼經所用“忍辱”一詞，作爲修持追求的品格，在內涵上與佛教並無質的差異。

道明把帕提亞語 Drgmnyf 音譯入讚，若其意譯，諒必用“忍辱”一詞。“嚧哩啊吽你弗哆喝思嚨”自可意解爲對忍辱戒行之讚頌。

嚧吽哩弗哆喝思嚨十二呼咊无娑矣弗哆喝思嚨十三

“嚧吽哩弗哆”，還原帕提亞語 nmryft [namrīft]，[3]作名詞用，意謂 meekness, docility，[4]柔也，從也；而“呼咊无娑矣弗哆”，還原帕提亞語 hw’bs’gyft [huabsāgīft]，亦作名詞用，意謂 docility，

[1] 玄奘譯：《瑜伽師地論》卷第42《彌勒菩薩說・本地分中菩薩地第十五・初持瑜伽處忍品第十一》，《大正藏》(30)， No. 1579，頁523上。

[2]《長阿含經》，《大正藏》(1)，No. 0001，頁10上。

[3] Ernst Waldschmidt & Wolfgang Lentz, *Die Stellung Jesu im Manichaismus*, (Abhandlungen der Preussischen Akademie der Wissenschaften, Jg. 1926, Phil.-hist. Klasee, Nr. 4), Berlin: Verlag der Akademie der Wissenschaften, in Komni bei Walter de Gruyter, 1926, p.89; Enrico Morano, “The Sogdian Hymns of Stellung Jesu”, *East and West*, XXXII, 1982, pp.9－43, p.27; 吉田豊：《漢訳マニ教文献における漢字音寫された中世イラン語について》（上），刊《内陸アジア言語研究》，1986年11號，頁1－15，§63。

[4] M. Boyce, *A Word-List of Manichaean Middle Persian and Parthian, with A Reverse Index by R.Zwanziger*, (AcIr, 3. sér., II, Suppl., 9a; Textes et mémoires), Téhéran-Liège: Bibliothèque Pahlavi; Leiden:E. J. Brill,1977, p.62; Desmond Durkin-Meisterernst, *Dictionary of Manichaean Texts. Vol. iii. Texts from Central Asia and China. Part 1. Dictionary of Manichaean Middle Persian and Parthian*, (Corpus Fontium Manichaeorum, Subsidia), Turnhout: Brepols, 2004, p.243.

gentleness，[1]溫順也。看來，帕提亞語這兩個詞，從西方學者所解讀出來的意思應是近義詞，至於當年中亞摩尼教會於這兩個詞有何微妙區別，則有待探討。不過，在現存的漢文摩尼經中，倒有若干用詞的含義，與這兩個帕提亞詞近似或相同，可資意譯參考。

其一是"柔濡"。在古漢語中，該詞謂柔順、含忍之意。《殘經》第182—183行云"色是柔濡美辭，所陳悅衆"；226—227行則云"慕闍、拂多誕等，扵其身心，常生慈善；柔濡別識，安泰和同"；275—276行復云"五者不妄宣說他人過惡，亦不嫌謗傳言兩舌，性常柔濡，質直无二"。《下部讚》亦有二例："降大慈悲乞收採，放人柔濡光明羣，得預秀岳法山林，遊行自在常无畏"（第66行）；"護樂性者弃世榮，並請遮護加大力。柔濡羔子每勤收，光明净種自防被"（第212行）。

其二是"柔和"。《下部讚》有三例：

[129] 又啓五等光明佛，水火明力微妙風，并及净氣柔和性，並是明尊力中力。

[190] 寮蕳一切諸明性，自引入扵清净法：訶罰惡業諸外道，勿令損害柔和衆。

[259] 又復真實行憐愍，柔和忍辱净諸根。此乃並是明身藥，遂免疼悛諸苦惱。

從上揭用例看，無論是"柔濡"抑或"柔和"，都可目爲摩尼教徒所應修持的品性，所以都可供遴選意譯上揭兩個帕提亞詞。

此外，在漢文摩尼經中，類似的用詞尚有"柔奭"一例，見《殘經》第290—291行："口常柔奭，離四種過"；"柔軟"一例，見《殘經》第375行；"收光明子，扵柔軟羣，作當牧者"；"随順"一例，見《殘

---

〔1〕Ernst Waldschmidt & Wolfgang Lentz, *Die Stellung Jesu im Manichaismus*, (Abhandlungen der Preussischen Akademie der Wissenschaften, Jg. 1926, Phil.-hist. Klasee, Nr. 4), Berlin: Verlag der Akademie der Wissenschaften, in Komni bei Walter de Gruyter, 1926，pp.89–90; Enrico Morano, "The Sogdian Hymns of Stellung Jesu", *East and West*, XXXII, 1982, pp.9‐43, p.27; 吉田豊：《漢訳マニ教文献における漢字音寫された中世イラン語について》（上），刊《內陸アジア言語研究》，1986年11號，頁1‐15，§39; Desmond Durkin-Meisterernst, *Dictionary of Manichaean Texts. Vol. iii. Texts from Central Asia and China. Part 1. Dictionary of Manichaean Middle Persian and Parthian*, (Corpus Fontium Manichaeorum, Subsidia), Turnhout: Brepols, 2004, p.191.

經》第250行：“扵他語言，随順不逆，亦不強證，以成彼過。”這三個用詞，詞義雖亦接近，但用例甚少，不像“柔濡”“柔和”，被強調爲修持之品性。無論柔濡、柔和，以及上一句之忍辱，這些教人安忍、順從、不爭的訓示，不僅頻頻見於意譯的經文，復見於音譯的讚文，足見摩尼教入華初傳的教義，無非是要讓信衆超脫世俗之紛擾爭競，於世俗政權並不存在任何現實或潛在之威脅。

遏哮以弗哆喝思嗤[十四]

“遏哮以弗哆”，還原帕提亞語’rd’wyft［ardāwīft］，[1]作抽象集合名詞（abstract as coll.），意謂 community of the righteous，i.e. the Man. church：[2]正義者羣體，即謂摩尼教會。儘管該詞復原之對音顯得勉強，但把摩尼教會作爲崇敬對象入讚，卻於理可通。

《下部讚》寫卷中，“法門”一詞出現9次（第82、85、203、207、211、214、392、413、420行）。從語境看，指的就是摩尼教會或摩尼教團，如《下部讚》結尾之“扵是法門蕩蕩，如日月之高明；法侶行行，若江漢之清肅”，將“法門”與“法侶”（教徒）入偶句而並頌：教會寬廣無邊，如日月那樣崇高明亮；僧衆安泰和合，像長江漢水那麼清澈寧靜。其他諸如“我今決執法門幟，大聖慈愍恒遮護”（第82行）；“我等既蒙大聖悟，必湏捨離諸恩爱，決定安心正法門，勤求涅槃超火海”（第85行），都顯示“法門”即謂教會組織。《儀略・五級儀》稱“阿羅緩犯戒，視之如死，表白衆知，逐令出法”（第81—82行），所謂“逐令出法”，即謂開除教籍，趕出教會。其“法”無疑即“法門”

〔1〕Ernst Waldschmidt & Wolfgang Lentz, *Die Stellung Jesu im Manichaismus*, (Abhandlungen der Preussischen Akademie der Wissenschaften, Jg. 1926, Phil.-hist. Klasee, Nr. 4), Berlin: Verlag der Akademie der Wissenschaften, in Komni bei Walter de Gruyter, 1926 ,p.90; Enrico Morano, "The Sogdian Hymns of Stellung Jesu", *East and West*, XXXII, 1982, pp.9‑43, p.28; 吉田豊：《漢訳マニ教文献における漢字音寫された中世イラン語について》（上），刊《内陸アジア言語研究》1986年11號，頁1‑15，見詞彙表第12。

〔2〕M. Boyce, *A Word-List of Manichaean Middle Persian and Parthian, with A Reverse Index by R.Zwanziger*, (AcIr, 3. sér., II, Suppl., 9a; Textes et mémoires), Téhéran-Liège: Bibliothèque Pahlavi; Leiden:E. J. Brill,1977, p14; Desmond Durkin-Meisterernst, *Dictionary of Manichaean Texts. Vol. iii. Texts from Central Asia and China. Part 1. Dictionary of Manichaean Middle Persian and Parthian*, (Corpus Fontium Manichaeorum, Subsidia), Turnhout: Brepols, 2004, p.51.

之省略。是以，用"法門"來作爲帕提亞語'rd'wyft之漢語意譯，配搭"無上"，應是合適的。當然，選用"妙門"（《儀略》第32行，《殘經》第198行）、"明門"（《殘經》第327行）、"光明門"（《殘經》第343行），從意涵上也未嘗不可，惟這類用詞未見於《下部讚》。

　　弭呬哩麼你弗哆喝思嚨^{十五}

　　"弭呬哩麼你弗哆"，還原帕提亞語 myhrb'nyft［mihrbānīft］，作名詞用，意謂 kindness,^[1]善良也。

　　摩尼教之明暗二宗論，實質就是善惡二宗論，以明代表善，以暗象徵惡。在漢文摩尼經中，"善"字頻頻出現（《殘經》34見，《儀略》2見，《下部讚》57見）。漢文經典中，把本教之神泛稱善神（《殘經》第317行，《下部讚》第345行），有的神靈更直冠以"善"字，如"善母"（《殘經》第8、14、22行），"善母佛"（《下部讚》第169行）；把光明分子稱爲"善子"（《殘經》第49、314行，《下部讚》第135、231、232行）；把摩尼教徒泛稱爲"善慧男女"（《殘經》第311行）、善男善女（《下部讚》第200行）、"善明羣"（《下部讚》第214行），更多的是稱"善衆"（《下部讚》第136、188、191、192、220、358、367行）。《儀略·五級儀》把第四等級僧侶的稱謂音譯爲"阿羅緩"，意譯云"一切純善人"（第74行）；《儀略·寺宇儀》稱摩尼教寺院內設五堂，讓"法衆共居，精修善業"（第87行），即把本教所修持之法概稱"善業"。該詞另見《殘經》第107行，而在《下部讚》中，竟20見（第17、50、112、141、188、203、208、225、227、233、249、262、320、352、358、394、395、399、402行）；與之同義或近義的一詞曰"善法"，《殘經》出現3次（第132、135、193行），《下部讚》則5見（第137、139、146、

---

〔1〕Ernst Waldschmidt & Wolfgang Lentz, *Die Stellung Jesu im Manichaismus*, (Abhandlungen der Preussischen Akademie der Wissenschaften, Jg. 1926, Phil.-hist. Klasee, Nr. 4),Berlin: Verlag der Akademie der Wissenschaften, in Komni bei Walter de Gruyter, 1926,p.90; Enrico Morano, "The Sogdian Hymns of *Stellung Jesu*", *East and West*, XXXII, 1982, p28; 吉田豐：《漢訳マニ教文献における漢字音寫された中世イラン語について》（上），刊《内陸アジア言語研究》1986年11集，§61; Desmond Durkin-Meisterernst, *Dictionary of Manichaean Texts. Vol. iii. Texts from Central Asia and China. Part 1. Dictionary of Manichaean Middle Persian and Parthian*, (Corpus Fontium Manichaeorum, Subsidia), Turnhout: Brepols, 2004, p.235.

153、194行）。因此，帕提亞語 myhrb'nyft 依漢文摩尼經之用語，可意譯爲“善業”“善法”，與無上配搭。

忙（那）呼咮喝思嗁[十六]

“忙（那）呼咮”，還原帕提亞語 d'hw'n [dāhwān]，[1] 作名詞用，意謂 gift, present，[2] 禮物也。此處 d'hw'n，又把“忙”對音 dā. 如果不是原作之誤，則益證傳抄者於 dā, nɑ 二音分辨不清。不過，儘管對音顯得較勉強，但依 d'hw'n 之含義，入讚頌之，倒是大有可能。按 d'hw'n 一詞，西方伊朗學家釋爲 gift，照英語辭書之解釋，gift 作名詞用，可解作：a thing that give to sb especially on a special occasion or to say thank you。意謂送人之物，尤其是在特定場合或要答謝人時所送之物。該物自相當於漢語之“禮物”；而 gift 作動詞用時，則解爲：to give with to sth. to sb. without their having to make any efort to get it。予物於人而人不必費何力即可得之。[3] 這一動作相當於現代漢語之“贈與”。在現存的漢文摩尼經中，足以與該詞匹配而又值得入讚之用詞，竊意非“施”莫屬。

考“施”在古漢語中有“惠也，與也”之義，[4]《周易·乾卦》就有“云行雨施，品物流形”[5] 之語。佛僧早就把梵文 Dāna（音譯檀那）格義爲漢語的“施”，表達“離慳惜而施與他之義”，[6] 成爲漢傳佛教最常用字之一。早期譯經《發菩提心經論》卷上《檀波羅蜜品第四》專

---

〔1〕Ernst Waldschmidt & Wolfgang Lentz, *Die Stellung Jesu im Manichaismus*, (Abhandlungen der Preussischen Akademie der Wissenschaften, Jg. 1926, Phil.-hist. Klasee, Nr.4),Berlin: Verlag der Akademie der Wissenschaften, in Komni bei Walter de Gruyter, 1926,p.90;Enrico Morano, "The Sogdian Hymns of *Stellung Jesu*", *East and West*, XXXII, 1982, p28;吉田豊：《漢訳マニ教文献における漢字音寫された中世イラン語について》(上)，刊《内陸アジア言語研究》1986年11號，見詞彙表第25。

〔2〕M. Boyce, A Word-List of Manichaean Middle Persian and Parthian, with A Reverse Index by R.Zwanziger, (AcIr, 3. sér., II, Suppl., 9a; Textes et mémoires), Téhéran-Liège: Bibliothèque Pahlavi; Leiden:E. J. Brill,1977, p.33；Desmond Durkin-Meisterernst, Dictionary of Manichaean Texts. Vol. iii. Texts from Central Asia and China. Part 1. Dictionary of Manichaean Middle Persian and Parthian, (Corpus Fontium Manichaeorum, Subsidia), Turnhout: Brepols, 2004, p.134.

〔3〕參 Oxford Advanced Learner's Dictionary (Seventh Edition), "gift"條，Oxford University Press, 2005.

〔4〕參《康熙字典》“施”條。

〔5〕〔清〕李道平撰，潘雨廷點校：《周易集解纂疏》，中華書局，1994年，頁36。

〔6〕參丁福保：《佛學大辭典》，“施”條，頁843。

論布施，稱"施有三種"：

> 一以法施，二無畏施，三財物施。以法施者，勸人受戒，修出家心。爲壞邪見，說斷常四倒衆惡過患，分別開示真諦之義，讚精進功德，說放逸過惡。是名法施。若有衆生怖畏王者師子、虎狼、水火、盜賊，菩薩見已，能爲救護，名無畏施。自於財物施而不悋，上至珍寶、象馬、車乘、繒帛、穀麥、衣服、飲食，下至刹搏、一縷之綖，若多若少，稱求者意隨所須與。是名財施。[1]

玄奘譯《成唯識論》卷9亦稱"施有三種，謂財施、無畏施、法施"。[2]

顧漢文摩尼經，"施"字頻見，《殘經》9次（第2、72、80、157、204、233、298、338行），《儀略》4現（第35、88、95行），《下部讚》9處（第14、30、047、113、133、344、354、391、413行）。就其用法，顯多效法佛典。《儀略》第34—35行引佛典《觀佛三昧海經》，便見"施"字："摩尼光佛出現世時，常施光明，以作佛事。"[3]就摩尼經"施"的用例看，多屬"法施"和"財施"。如《殘經》開篇的提問："宍身本性，是一爲是二耶？一切諸聖，出現於世，施作方便，能救明性，得離衆苦，究竟安樂？"（第2—3行）其所"施"之"方便"，指的是摩尼教法，是以該"施"應屬"法施"。又如《殘經》又如《殘經》第71—72行所云：

> 以是義故，惠明大智，以善方便，於此宍身，銓救明性，令得解脫。於已五體，化出五施，資益明性。……

箇中的"五施"，實指拯救明性的教法，自然亦屬"法施"。此外。第204—205行"十二時者，即是十二次化明王，又是夷數勝相妙衣，

---

〔1〕〔後秦〕鳩摩羅什譯：《發菩提心經論》卷上《檀波羅蜜品》第4，《大正藏》（32），No. 1659，頁511上。

〔2〕護法等菩薩造、玄奘譯：《成唯識論》，《大正藏》（31），No. 1585，頁51中。

〔3〕該段引文見東晉天竺三藏佛陀跋陀羅譯《佛說觀佛三昧海經》卷第9《本行品》第8，收入《大正藏》的版本略有不同，作："過是已後，復得值佛，名摩尼光多陀阿伽度阿羅呵三藐三佛陀。摩尼光佛出現世時，常放光明，以作佛事，度脫人民。如是二萬佛，皆同一號名摩尼光。"（《大正藏》〔15〕，No. 0643，頁688上。）此間用"常放光明"，但在現存佛典中，不乏"施光明"之用例，如元魏菩提流支譯《佛說佛名經》卷第7便有"施光明佛"，《大正藏》（14），No. 0441，頁213上。

施与明性。以此妙衣，莊嚴内性，令其具足，拔擢昇進，永離穢土。"此處之"施"亦然。

至於"財施"，《殘經》亦有用例，如第233行的"若得儉施，不私隱用，皆納大衆，不私隱用，皆納大衆"。其"儉施"無疑指善信布施之財物飲食，自屬"財施"。《儀略·寺宇儀》復云"每日齋食，儼然待施；若無施者，乞丐以充"（第88—89行）；"譯云月直，專知供施"（第95行）。此處之三個"施"亦屬"財施"無疑。《下部讚》中亦多有"財施"用例，如：

[113] 布施持齋勤讚誦，用智分別受浄戒，憐愍怕懼好軌儀，依旦此力免災隘。

[344] 一切信施士女等，扵此正法結緣者，倚託明尊解脱門，普願離諸生死苦！

[354] 光明妙身速解脱，所是施主罪銷亡；一切師僧及聽子，扵此功德同榮念。

第113行所云"布施"是針對聽者而言，勸告他們多行布施，即要他們對教會多所捐贈；而第334行之"信施士女"，354行之"施主"，都是指聽者，由是，"施"在此3處語境中，當屬"財施"。

不過，《下部讚》尚有"七施"一詞，迄今未悉其具體内涵。[1]該詞二度出現，一見於《聽者懺悔願文》，該詩偈把聽者"有缺七施十戒、三印法門，又損五分法身，恒加費用"（第391—392行），作爲聽者須得懺悔之一個内容；另一見《你逾沙懺悔文》，把"扵七施十戒、三印法門，若不具修"（第413行）亦列入"你逾沙"該懺悔之内容。"你逾沙"，亦同樣指一般信徒。[2]由是，竊意所謂"七施"應指摩尼教善信

---

〔1〕《漢文摩尼教文本詞典》將"七施"解爲 seven almsgivings (Gunner B. Mikkelsen, Dictionary of Manichaean Texts in Chinese, Brepols Publishers n.v., Turnhout, Belgium, 2006，p.48)，顯照字面直譯，不識其意。

〔2〕吉田氏將之復原爲中古波斯語 nywš'g〔niyōšāg〕，吉田豐：《漢訳マニ教文献における漢字音寫された中世イラン語について》（上），刊《内陸アジア言語研究》1986年11號，頁1－15，§ 65；該詞被釋爲 Hearer, hear, 即聽者，見 M. Boyce, A Word-List of Manichaean Middle Persian and Parthian, with A Reverse Index by R.Zwanziger, (AcIr, 3. sér., II, Suppl., 9a; Textes et mémoires), Téhéran-Liège: Bibliothèque Pahlavi; Leiden:E. J. Brill,1977, p.65.

得實行的7種布施。由於摩尼教多強調聽者供養出家僧尼的宗教義務，因此，"七施"之內容令人易於與"財施"相聯繫。其實，上揭佛典稱"施有三種"，不過是大體而分耳；[1]不同之佛典，於"施"之分類有多種多樣。佛家亦有"不損財物，獲大果報"的"七種施因緣"，即所謂眼施（常以好眼，視父母、師長、沙門、婆羅門），和顏悅色施（於父母、師長、沙門、婆羅門，不顰蹙惡色），言辭施（於父母、師長、沙門、婆羅門，出柔軟語，非麤惡言）等，宣稱對長輩、尊者施以良好禮貌則可獲得善報。[2]雖然佛典這7種施與《下部讚》之七施不可能有關，卻足見在佛教語言中，"施"的含義很廣，絕非止於上揭三種耳。復顧釋家之"法施"，佛學辭書作如是說：

> 三施之一。說法使人聞之也。又云法供養。法施爲對下之語，法供養爲對上之語。無量壽經上曰："演法施，常以法音，覺諸世間。"維摩經菩薩品曰："夫大施會不當如汝所設，當爲法施之會。"智度論十一曰："以諸佛語妙善之法，爲人演說，是爲法施。"又向神誦經唱法文等，謂爲奉法施。[3]

如照這一解釋，《下部讚》之"七施"解爲七"奉法施"亦無不可。若然，則指每天七次祈禱或念誦經文之類。復考《宋會要輯稿·刑法二·禁約》"宣和二年十一月四日臣僚言"，述及宋代"明教之人所念經文，及繪佛像"，有《七時偈》者，[4]可見明教徒確有七時頌偈之俗；而南宋釋志磐《佛祖統紀》稱引自《夷堅志》一段關於明教的文字，則言"其修持者，正午一食，裸屍以葬，以七時作禮"；[5]元代陳高（1315—1366）所撰《竹西樓記》述明教寺宇"潛光院"，亦稱"其徒齋戒持律頗嚴謹，日每一食，晝夜七時，咸瞑拜焉"。[6]參上引教

〔1〕丁福保：《佛學大辭典》"施"條採用了這一解釋，頁843。

〔2〕詳見〔元魏〕吉迦夜共曇曜譯：《雜寶藏經》卷第6（76）《七種施因緣》，《大正藏》（4），No. 0203，頁479上。

〔3〕丁福保：《佛學大辭典》，"法施"條，頁700。

〔4〕《宋會要輯稿》165冊，中華書局，1975年，頁6534。

〔5〕〔宋〕釋志磐：《佛祖統紀》卷48，《大正藏》（49），頁431中。

〔6〕《景印文淵閣四庫全書》第1216冊，集部155·別集類，頁237。有關討論詳參拙文《元〈竹西樓記〉摩尼教信息辨析》，拙著：《中古三夷教辨證》，頁142-160。

外文獻所云明教涉"七"的禮俗，竊意唐代摩尼教聽者所得遵奉之"七施"，應指每天例行7次祈禱誦經之類。然耶非耶，尚待新資料之進一步佐證。

無論如何，既然唐代來華摩尼僧刻意借鑒漢傳佛教布施的概念，並在自家編譯之漢文經典大力加以宣介，而"舥呼咮"所復原之帕提亞文亦像漢語"施"一樣，包含有"惠也，與也"之含義，因此，把"舥呼咮喝思嗌"理解爲對布施之稱揚，應不離譜。

阿雲舥你詭喝思嗌[十七]

瓦、楞氏按傳統錄文，將"阿雲舥你詭"還原帕拉維文 ō-vēn-dō-ni-šn，把整句德譯爲 Uranfänglicher Lobpreis（？），即初始顯揚、褒獎之意。[1]但其打了個問號，意味著於自己的解讀尚不太有把握。莫拉諾則把該音譯意羣轉化爲帕提亞語 'wndyšn，意謂 to obtain，即得到之意。[2]吉田氏細察寫卷原件，認爲傳統錄文的首字"阿"爲衍字，遂把"雲舥你詭"，還原帕提亞語 wynd'dyšn [windādišn]，然意思類同，同樣謂 finding，即發現，找到之意；[3]不久，其對該詞的解讀復作了修正，認爲係源於帕提亞語和中古波斯語通用的 wynd'dyšn，wnd'dyšn [wendišn]，意謂 prayer, invocation，照西文之解釋，[4]該詞可漢譯作祈禱文、咒語之類。竊意吉田氏之修正屬確。

查《殘經》有"大神咒"一詞（第53、333行），經云：

〔1〕Ernst Waldschmidt & Wolfgang Lentz, *Die Stellung Jesu im Manichaismus*, (Abhandlungen der Preussischen Akademie der Wissenschaften, Jg. 1926, Phil.-hist. Klasee, Nr. 4), Berlin: Verlag der Akademie der Wissenschaften, in Komni bei Walter de Gruyter, 1926 ,p.91.

〔2〕Enrico Morano, "The Sogdian Hymns of Stellung Jesu", *East and West*, XXXII, 1982, p.28.

〔3〕吉田豊：《漢訳マニ教文献における漢字音寫された中世イラン語について》（上），刊《内陸アジア言語研究》，1986年11號，頁1‒15，見詞彙表第91。

〔4〕Yoshida Yutaka, "Remarks on the third phonetic hymn of the Chinese Hymnscroll", in Albrecht Wezier & Ernst Hammer-schmidt (eds.), *Proceedings of the XXXII International Congress for Asian and North African Studies, Hamburg, 25th—3Oth August 1986*, (ZDMG, Suppl. 9), Stuttgart: Franz Steiner, 1992, pp.206‒207；M. Boyce, *A Word-List of Manichaean Middle Persian and Parthian, with A Reverse Index by R.Zwanziger*, (AcIr, 3. sér., II, Suppl., 9a; Textes et mémoires), Téhéran-Liège: Bibliothèque Pahlavi; Leiden:E. J. Brill,1977, p.96; Desmond Durkin-Meisterernst, *Dictionary of Manichaean Texts. Vol. iii. Texts from Central Asia and China. Part 1. Dictionary of Manichaean Middle Persian and Parthian*, (Corpus Fontium Manichaeorum, Subsidia), Turnhout: Brepols, 2004, p.356.

若有明使，出興扵世，敎化眾生，令脫諸苦。先從耳門，降妙法音；後入故宅，持大神呪。禁衆毒虵（蛇）及諸惡獸，不令自在。（第 52—54 行）

缘此法水，洗濯我等諸塵重垢，令我明性常得清净。缘此法藥及大神呪，呪療我等多劫重病，悉得除愈。（332—333 行）

《下部讚》則見“神呪”一詞：

［033］願除多劫昏癡病，及以魍魎諸魔鬼。降大法藥速竪治，噤以神呪駈相離。

從上引3處經文看，摩尼教之流行呪語，無可置疑。不過，漢文摩尼經稱“神呪”“大神呪”，不過是效法佛典。按漢字“神”和“呪”合成“神呪”，早期譯經僧西晉竺法護（231—308）所譯的成批佛經，諸如《生經卷》卷2、《漸備一切智德經》卷5、《佛說等目菩薩經》卷中、《佛說如來興顯經》卷4、《佛說離垢施女經》等已多使用該詞；而西來佛僧善誦神呪，教外人亦早有所聞，如《晉書》卷95《佛圖澄》傳有載：“佛圖澄，天竺人也。本姓帛氏，少學道，妙通玄術。永嘉四年（310），來適洛陽，自云百有餘歲，常服氣自養，能積日不食。善誦神呪，能役使鬼神。”[1] 檢索電子佛典，“神呪”一詞可見數千例。該詞亦作爲佛教術語收入佛學辭書，謂“神秘之呪語”，[2] 梵文 dhāranī（音譯陀羅尼）之意譯。[3]

至於《殘經》云“大神呪”，佛典亦有此詞，不外是泛指具大神力之呪耳。竺法護譯《舍頭諫太子二十八宿經》(一名虎耳經)述阿難故事，已見該詞：

女思察之，阿難手足顏貌音聲，進止行步。慇懃思想，興瑕穢念。心自惟之，其我母者，持大神呪，令斯仁者爲吾夫婿。[4]

丁福保《佛學大辭典》釋“大神呪”爲“（經名）具大神力之陀羅

〔1〕《晉書》第8册，中華書局點校本，1974年，頁2485。
〔2〕丁福保：《佛學大辭典》，“神呪”條，頁913。
〔3〕《佛光大辭典》“陀羅尼”條，頁3607。
〔4〕〔西晉〕竺法護譯：《舍頭諫太子二十八宿經》，《大正藏》（21），No. 1301，頁410中。

尼也。般若心經曰：'般若波羅蜜多是大神呪。'"[1]查玄奘譯《大般若波羅蜜多經》卷120云：

> 如是般若波羅蜜多是大神呪，如是般若波羅蜜多是大明呪，如是般若波羅蜜多是無上呪，如是般若波羅蜜多是無等等呪，如是般若波羅蜜多是一切呪王，最上最妙無能及者，具大威力能伏一切，不爲一切之所降伏。[2]

玩這段經文，其意在強調誦念《般若波羅蜜多心經》，便有無窮之神效，並非說該經又名《大神呪》。顯然，佛教之衆多呪語都可以目爲"神呪"，而箇中像《心經》這樣具特別神力者，則可稱"大神呪"。由是，漢文摩尼經之稱"神呪"或"大神呪"，當亦作如是觀。緣資料之短缺，目前尚無從知道唐代摩尼教有哪些"神呪"或"大神呪"，因而即便學者在異域文獻中找到某些可定性爲呪文之摩尼教文獻，[3]亦未必就可與漢文經典之"大神呪"對號。倒是上面提及的霞浦科册，其中有諸多成塊的音譯文字，竊意一些或源於唐代流入的摩尼教神呪。古代民間向有流行各種宗教呪語，蓋信其有辟邪保身之效。該等呪語，不必明其意，唯照音誦念之。因而，摩尼教的呪語有可能爲民間法師所採入，世代私傳下來。不過，筆者所見霞浦抄本選用之音譯漢字，多與敦煌寫經有別，這與上揭呼禄法師授侣三山或不無關係；緣其所授之呪語，自被當地門徒用閩音記錄下來，用字遂與西北有別。

上揭《殘經》《下部讚》對"大神呪""神呪"神力之描述稱頌，令人聯想到徐鉉（916—991）《稽神錄》卷3所云清源（泉州）人楊某家鬧鬼事："後有善作魔法者，名曰明教，請爲持經一宿。鬼乃唾罵某而去，因而遂絶。"[4]這一"善作魔法者"若果爲明教徒，則其所持之經諒必就是唐代摩尼經所謂"大神呪"或"神呪"。這一教外文獻似可佐證神呪在摩尼教羣體中之流行。既然"大神呪"或"神呪"在摩尼

---

〔1〕丁福保：《佛學大辭典》，"大神呪"條，頁204。

〔2〕《大正藏》（5），No. 0220，頁568中。

〔3〕馬小鶴：《摩尼教"大神呪"研究——帕提亞文書 M1202再考察》，收入馬小鶴：《摩尼教與古代西域史研究》，中國人民大學出版社，2008年，頁284-305。

〔4〕《稽神錄》（白化文點校本），中華書局，1996年，頁46。

教中有如此重要功能，那麼在讚文中冠以無上，自也成理。

    阿拂哩殞喝思嚂^{十八}薩哆_中^{言引}嶂詵喝思嚂^{十九}

這兩句在含義上應是排比句，因爲其主詞 "阿拂哩殞" "薩哆_中^{言引}嶂詵"
所還原的帕提亞語單詞，意思都很接近。前者上文已有提及，即 'frywn
［āfrīwan］，[1] 作名詞用，西文釋義 blessing, prayer, praise, [2] 祈禱也，
稱讚也。後者即 'st'wyšn［istāwišn］，[3] 亦作名詞用，西文釋義 praising,
praise, [4] 稱讚也，禮拜也。無論是 'frywn 抑或 'st'wyšn，在現存的摩尼
教帕提亞殘片中蓋屬常見單詞，並非特別的術語。因此，彼等在句子
中作爲主詞，看來就像一般詩歌創作那樣，爲層層加重語氣，連續使
用一些近義詞。在《下部讚》中，亦不乏類似重疊近義詞之表述模式，
如：

    ［007］敬礼稱讚常榮樹，……
    ［011］是故澄心礼稱讚，……
    ［236］敬歎五大光明佛，……

〔1〕Ernst Waldschmidt & Wolfgang Lentz, *Die Stellung Jesu im Manichaismus*, (Abhandlungen der Preussischen Akademie der Wissenschaften, Jg. 1926, Phil.-hist. Klasee, Nr. 4), Berlin: Verlag der Akademie der Wissenschaften, in Komni bei Walter de Gruyter, 1926 ,p.91; Enrico Morano, "The Sogdian Hymns of Stellung Jesu", *East and West*, XXXII, 1982, , p.29; 吉田豊：《漢訳マニ教文献における漢字音寫された中世イラン語について》（上），刊《内陸アジア言語研究》，1986年11號，頁1‐15，見詞彙表第7。

〔2〕M. Boyce, *A Word-List of Manichaean Middle Persian and Parthian, with A Reverse Index by R.Zwanziger*, (AcIr, 3. sér., II, Suppl., 9a; Textes et mémoires), Téhéran-Liège: Bibliothèque Pahlavi; Leiden:E. J. Brill,1977, p.9; Desmond Durkin-Meisterernst, *Dictionary of Manichaean Texts. Vol. iii. Texts from Central Asia and China. Part 1. Dictionary of Manichaean Middle Persian and Parthian*, (Corpus Fontium Manichaeorum, Subsidia), Turnhout: Brepols, 2004, p.28.

〔3〕Ernst Waldschmidt & Wolfgang Lentz, *Die Stellung Jesu im Manichaismus*, (Abhandlungen der Preussischen Akademie der Wissenschaften, Jg. 1926, Phil.-hist. Klasee, Nr. 4), Berlin: Verlag der Akademie der Wissenschaften, in Komni bei Walter de Gruyter, 1926 ,p.91; 吉田豊：《漢訳マニ教文献における漢字音寫された中世イラン語について》（上），刊《内陸アジア言語研究》，1986年11號，頁1‐15，§20。

〔4〕M. Boyce, *A Word-List of Manichaean Middle Persian and Parthian, with A Reverse Index by R.Zwanziger*, (AcIr, 3. sér., II, Suppl., 9a; Textes et mémoires), Téhéran-Liège: Bibliothèque Pahlavi; Leiden:E. J. Brill,1977, p.23; Desmond Durkin-Meisterernst, *Dictionary of Manichaean Texts. Vol. iii. Texts from Central Asia and China. Part 1. Dictionary of Manichaean Middle Persian and Parthian*, (Corpus Fontium Manichaeorum, Subsidia), Turnhout: Brepols, 2004, p.89.

[365] 稱讚哀譽，蘇露沙羅夷，具足丈夫，……

[381] 敬礼及稱讚，常加廣称叹稱歎，讚此今時日，於諸時最勝！……

是以，如果要意譯上揭這兩句讚文時，或可在"稱讚""哀譽""敬礼""敬歎"這些用詞作遴選，再冠以"無上"即可。

雲舭囉咩于而嘞喝思嗟[二十]

按此句之"于而嘞"三字，已見上揭第2首音譯詩偈，作"于而勒"（156行），即帕提亞語和中古波斯語的 wcydg［wizīdag］，釋爲選民（Chosen, Elect），可與漢譯經典"師僧"對應。至於"雲舭囉咩"，瓦、楞氏未復原該詞胡語。莫拉諾推測有個帕提亞單詞曰 wn'r'm［wanārām］，意謂樹林，可與之對應，遂把整句英譯爲 Primeval Select Grove。[1]考樹在摩尼教義中有其特定象徵意義，《下部讚》就有禮讚"常榮樹"（第7、75行）、"常榮寶樹"（第12、73行）、"性命樹"（第72行）、"活命樹"（第375行）者；若照莫氏之解讀，則令人困惑：樹林（Grove）和僧人（Select）有何内在聯繫，以至可以搭配成爲稱讚的對象？如上文所已指出，由於胡漢語系迥異等因素，復原音譯詩偈存在諸不確定因素，更何況，古人音譯，爲求方便易讀，常有略音省譯者。是以，今人之復原解讀音譯經文，絕不能單止於對音，即便音尚可對上，還要考慮於語境之可能性。

馬小鶴先生用上揭 Pelliot Chinois 3049回鶻文書第43—44行 üdrülmiš bu1unč. ašnuqï·pdw'xtg tängri 來參校該句，把回鶻文漢譯爲"初選得，是呦嘍嚛德神"。[2]按"呦嘍嚛德"，漢文《殘經》已一再出現（見寫卷

―――――――――

〔1〕Enrico Morano, "The Sogdian Hymns of Stellung Jesu", *East and West*, XXXII, 1982, p 29; 莫氏所推測的該帕提亞詞已被收入 Desmond Durkin-Meisterernst, *Dictionary of Manichaean Texts. Vol. iii. Texts from Central Asia and China. Part 1. Dictionary of Manichaean Middle Persian and Parthian*, (Corpus Fontium Manichaeorum, Subsidia), Turnhout: Brepols, 2004, p.343。

〔2〕馬小鶴：《摩尼教與古代西域史研究》，中國人民大學出版社，2008年，頁192；是句哈密爾敦法譯作：L'obtention choisie, c'est le dieu Pdw'xtg (Réponse) primordial. J. Hamilton, *Manuscrits Ouïgours du IXe-Xe Siècle de Touen-houang*, 2vols, Paris, 1986, 文書轉寫見 Tome I p. 40,法譯見 p.43；楊富學、牛汝極先生則漢譯爲"選舉得到的是原始 pdw'xtg 神"，見楊富學、牛汝極：《沙洲回鶻及其文獻》，頁224。按"呦嘍嚛德"，據芮傳明先生的提示，應作"呦嘍嚛德"。

第18、78、207行），倘《初聲讚文》要讀的是"嘚嘍曤德"，何不用現成的音譯？足見就解讀"雲舥囉吽"而言，回鶻文書實無濟於事。

按"雲舥囉吽"之中古發音，前三字作 Jiuwən, na, la；[1] 末字"吽"，同"吼"，"呼后切"，[2] 國際音標 xəu；然在佛教咒語中，該字漢語拼音讀 hōng，國際音標作 xwæŋ，摩尼僧諒必依佛門採用該音。竊意帕提亞語和中古波斯語通用之 wyn'r'ḥ 一詞，與"雲舥囉吽"的發音庶幾近之，至少每個單字的聲母都可對上號，而韻母亦不離譜。該詞爲 wyn'r-［wennār］之第二人稱單數虛擬語氣。wyn'r- 西文釋爲 v. vtr. to arrange, put in order, prepare; array, establish , fix：[3] 作動詞和及物動詞用，安排，安置，使有序，準備，排列，設置，固定等意。毫無疑問，"雲舥囉吽"和"于而嘞"這兩個音譯音譯字組是互相搭配的，假如確認後者爲僧人，那麼，"雲舥囉吽"的含義必可與僧人搭配。依此，竊意在漢文摩尼經中，"和合"一詞兼有西文解讀的 wyn'r'ḥ 的一詞含義，適好符合這個條件。

《殘經》多處使用"和合"一詞（第12、65、251、296、297、299行），尤其是在寫卷第294—299行，宣教摩尼僧所要修持的第11項戒行美德，更是反復用之：

> 十一齊心一等者。若有清净電舥勿等內懷齊心性者，當知是師有五記驗：一者法主、慕闍、拂多誕等所教智惠、善巧方便、威儀進止，一一依行，不敢改換，不專己見。二者常樂和合，与衆同住，不願別居、各興異計。三者齊心和合，以和合故，所得儭施，共成功德。四者常得聽者恭敬供養，愛樂稱讚。五者常樂遠離調悔（侮）[4]、戲笑及以諍論，善護內外和合二性。

從這段經文可見"和合"是僧人必具的一種品格。

---

〔1〕潘梧雲等譯，高本漢著：《漢文典（修訂本）》，上海辭書出版社，1997年，頁8、151、197。

〔2〕《宋本廣韻》上聲第45"厚"。

〔3〕Desmond Durkin-Meisterernst, *Dictionary of Manichaean Texts. Vol. iii. Texts from Central Asia and China. Part 1. Dictionary of Manichaean Middle Persian and Parthian*, (Corpus Fontium Manichaeorum, Subsidia), Turnhout: Brepols, 2004, p. 354.

〔4〕"悔"，原件如是，陳垣本改正爲"侮"，確。見《陳垣學術論文集》第1集，頁390。

"和合"一詞,《下部讚》亦見多處(第166、175、273、317、324、346行),特別是題爲《歎明界文》(第261—338行)之長篇詩偈,對回歸光明王國之摩尼僧稱之以聖,多所渲染,箇中更將其與"和合"相聯繫,如:

　　[273]聖衆齊心皆和合,分折刀劍旡由至,釋意消遥旡鄣礙,亦不願求婬慾事。

　　[317]聖衆光明甚奇異,旡有間斷互相暉;彼聖齊心皆和合,若言分折元旡是。

　　[324]聖衆齊心皆和合,元旡分折爭名利,平等普會皆具足,安居廣博伽藍寺。

　　[346]一切法堂伽藍所,諸佛明使願遮防:内外安寧旡鄣礙,上下和合福延長!

漢文摩尼經之用"和合"一詞,無疑亦是效法釋家。該詞在佛典中俯拾皆是,尤其是梵語之僧伽(sajgha)被稱爲"和合僧""和合衆",而僧衆又被稱爲"和合海"。[1]由是,如果將"雲舵囉咩于而嘞喝思嗹'解讀爲對"和合師僧"之敬頌,諒必雖不中,亦不遠。

　　咈儌嗟烏盧詵喝思嗹^{廿一}

該句音譯讚文,疑原卷抄寫有誤。在卷面,兩行並列,主行是"烏盧詵喝思嗹"六字,大小與寫卷一般文字同;右旁"咈儌嗟烏盧詵喝思嗹"九字,字體較小,顯爲後來添補者。顧該詩偈各句,少則5字(序列爲第1、2),多則10字(序列爲第11、13、15、20),獨此一句,竟達15字,顯與全偈體例不協調。而在同一句中,"烏盧詵喝思嗹"竟出現兩次,迥異其他句子,固然不能絕對排除此六字屬贅抄的可能性,但竊意更可能是另一獨立句子,只是抄者漏標序列號耳。若然,則該15個音譯漢字可分成兩句,其一無疑是:

　　咈儌嗟烏盧詵喝思嗹

_____

〔1〕參閲丁福保:《佛學大辭典》相關條目,見頁752;另參《佛光大辭典》"和合僧"條,頁3124。

"咈儴嘧"還原爲帕提亞語 pdmwcn［padmōanž］,[1] 意爲 garment, clothes,[2] 衣也。

　　"烏盧詵"，上面已討論了，不贅。觀"咈儴嘧烏盧詵"這一音譯短語之組合，適與《儀略》之"佛夷瑟德烏盧詵"同，既然後者之"烏盧詵"是"佛夷瑟德"之修飾語，同理，前者之"烏盧詵"則應修飾"咈儴嘧"。那麼如果取"盧詵"（rwšn）光明之義，則"咈儴嘧烏盧詵"可意解爲"光明之衣"。然而，在現存之漢文摩尼經中，未見有將光明與衣物配搭之用例。《殘經》"衣"字6見（第15、204、205、254、306、335行），其間除世俗意涵之"衣"外，宗教意涵之"衣"則有"三衣"（第5行）、"妙衣"（第204、205行），惟未見昭示"明衣"者。《下部讚》"衣"9見（第30、71、133、138、193、234、260、279、395行），其間宗教意涵的"衣"，也像《殘經》那樣，有"妙衣"（第71、395行），"三衣"（第133行）之謂，此外還有"常勝衣"（第138行）之稱，但也沒有昭示與光明搭配的"衣"。當然，如果用"妙衣"來意譯"咈儴嘧烏盧詵"，相信並不離譜，但畢竟顯得勉強。緣漢字"妙"與"明"並非同義或近義，兩者之含義亦並無內在聯繫。是以，竊意可另取 rwšn 之第二含義 clear, plain，即潔淨、素樸之義來與衣物搭配。若取此義，則《儀略》之"素帔"（第53行）一詞適與"咈儴嘧烏盧詵"契合。按《儀略·形相儀》述教主摩尼之光輝形象有云：

　　　　摩尼光佛頂圓十二光王勝相，體俻大明，無量秘義；妙形特絕，人天無比；串以素帔，做四淨法身"（第 52—54 行）

　　此處云"串以素帔，做四淨法身"，按"串"，古漢語與"穿"通假。而"素"，《說文解字》：

---

　　〔1〕Enrico Morano, "The Sogdian Hymns of Stellung Jesu", *East and West*, XXXII, 1982, pp.30–32；吉田豊：《漢訳マニ教文献における漢字音寫された中世イラン語について》（上），刊《内陸アジア言語研究》，1986年11號，頁1–15，§66。

　　〔2〕M. Boyce, *A Word-List of Manichaean Middle Persian and Parthian, with A Reverse Index by R.Zwanziger*, (AcIr, 3. sér., II, Suppl., 9a; Textes et mémoires), Téhéran-Liège: Bibliothèque Pahlavi; Leiden:E. J. Brill,1977, p.68; Desmond Durkin-Meisterernst, *Dictionary of Manichaean Texts. Vol. iii. Texts from Central Asia and China. Part 1. Dictionary of Manichaean Middle Persian and Parthian*, (Corpus Fontium Manichaeorum, Subsidia), Turnhout: Brepols, 2004, p.270.

"素"，白緻繒也。从糸、𡨄，取其澤也。"[1]"帔"，古代本指披在肩背上的服飾，參照吐魯番發見的摩尼及摩尼僧畫像所著服飾，把"素帔"釋爲類乎佛僧袈裟之潔白的外衣，未嘗不可。至於"四净法身"，學界多認爲指古代希臘摩尼教文獻所言"父的四面尊嚴"，[2]即光明王國的最高統治者察宛（Zavān，大明尊）與光明、威力、智慧之並稱。[3]該句若以現代漢語譯之，則謂教主摩尼"穿著潔白外衣，以象徵大明尊之法身"。摩尼教以尚白著稱，白象徵光明，是以，教徒咸著白衣。從摩尼教慣用之象徵手法，"素帔"實際已成爲一個宗教符號，曰"無上素帔"，實際也就是稱讚光明王國之最高神，稱讚衆明神，稱讚教主摩尼，甚至稱讚整個摩尼教會。

"咈儴嘆烏盧詵喝思嗤"之意涵既明，其下面之"烏盧詵喝思嗤"與之比對，畢顯不成句。緣上面已疑"烏"爲聯繫介詞，若然，則其前面尚應有一個類似"咈儴嘆"那樣的主詞。如果照傳統看法，把"烏盧詵"直當 rwšn（光明），摩尼教崇尚光明，把其入讚固說得通，但該教所崇尚的光明實際是涵蓋了其所追求的一切，如果要讚的話，自應當位於讚文之首，或者作爲終結，位於讚文之末。查上揭 Pelliot Chinois 3049回鶻文書出現最後一個 ašnuqï 的句子作：yaruq ašnuqï uluγ nomqutï（第45—46行），被馬先生用以"參校"這一漢文音譯句，漢譯爲"初光明是偉大的宗教之榮[神]"，[4]哈氏法譯作 La lumiére, c'est Ia Grande Majest de la Religion (Manuhmed) primordial，[5]而楊富學、牛汝極先生則漢譯爲"我明是原始的宏福"。[6]三家之翻譯孰佳，筆者不敢妄評，惟擬就該行回鶻經文與本音譯讚文在句法上略作比較：yaruq 對"盧詵"，ašnuqï 對"喝思嗤"，至於 uluγ（偉大），作爲形容詞，並非句子非有不

〔1〕《說文解字》卷13"糸部"，頁278上。

〔2〕Gustav Haloun & Walter B. Henning, "The Compendium of the Doctrines and Styles of the Teachings of Mani, the Buddha of Light", *Asia Major*, 111, 1952, pp.184–212, p.194,n. 58.

〔3〕F. C. Burkitt, *The Religion of the Manichees*, Cambridge, 1925, rep.1978, p.19.

〔4〕馬小鶴：《摩尼教與古代西域史研究》，中國人民大學出版社，2008年，頁194。

〔5〕J. Hamilton, *Manuscrits Ouïgours du IXe-Xe Siècle de Touen-houang*, 2vols, Paris, 1986，文書轉寫見 Tome I p. 40，法譯見 p.43。

〔6〕楊富學、牛汝極：《沙洲回鶻及其文獻》，頁224。

可的成分，漢文本自可省略，但被漢譯爲"福"或者"宗教之榮［神］"的 nomqutï，在句子中無論作主語或表語，都不可或缺。筆者引證這句回鶻經文，只是爲了佐證"烏盧詵喝思嗌"很可能漏了類似回鶻文 nomqutï 那樣一個主詞。因此，這一句實際無從完整漢譯，疑有錯簡，結合下一句的考察，便可坐實之。

止訶_{舌根}哩娑布哩弗哆_{㨫与前同}

該句在寫卷中，顯爲讚文最後一句。與其他各句迥異的是：不再出現"喝思嗌"這一讚詞，末端也未標以漢字序列號。學者把該句分成兩個音譯字組，即："止訶_{舌根}哩"和"娑布哩弗哆_{㨫与前同}"。

"止訶_{舌根}哩"，"訶"字後面夾注的"舌根"二字，疑提示該字要用舌根發音。該音譯字組被還原爲帕提亞語 cyhr［čihr］,[1] 西文釋爲 nature, essence, being, seed, kindred, (beautiful)form,[2] 即本性也，種也，美貌也。據摩尼之創世說，人類不過是明暗，即善惡二宗鬥爭的產物，人類的軀殼——肉體是黑暗物質組成，用於囚禁由光明分子所組成之靈魂，該等靈魂已受到黑暗之污染。在摩尼看來，靈魂代表人類的本性，屬於光明的成分，但畢竟受到污染，其創教之宗旨就是爲了拯救人類靈魂，讓靈魂早日去除污染，回歸明界。在《殘經》中，把人類之靈魂稱爲"光明本性"（第35—36行）、"光明性"（第49行），由於靈魂是由五種光明成分（即上揭的清淨氣、妙風、明力、妙水和妙火）組成的，故又稱"五明性"（第29、47行），但更多的是簡稱"明性"（第3、23、47、51、72、85、87、91、107、153、188、205、300、301、326、

〔1〕Ernst Waldschmidt & Wolfgang Lentz, *Die Stellung Jesu im Manichaismus*, (Abhandlungen der Preussischen Akademie der Wissenschaften, Jg. 1926, Phil.-hist. Klasee, Nr. 4), Berlin: Verlag der Akademie der Wissenschaften, in Komni bei Walter de Gruyter, 1926 ,p.92; 吉田豊：《漢訳マニ教文献における漢字音寫された中世イラン語について》（上），刊《内陸アジア言語研究》，1986年11號，頁1 - 15，§24。

〔2〕M. Boyce, *A Word-List of Manichaean Middle Persian and Parthian, with A Reverse Index by R.Zwanziger*, (AcIr, 3. sér., II, Suppl., 9a; Textes et mémoires), Téhéran-Liège: Bibliothèque Pahlavi; Leiden:E. J. Brill,1977, p.32; Desmond Durkin-Meisterernst, *Dictionary of Manichaean Texts. Vol. iii. Texts from Central Asia and China. Part 1. Dictionary of Manichaean Middle Persian and Parthian*, (Corpus Fontium Manichaeorum, Subsidia), Turnhout: Brepols, 2004, p.132.

332、342行)。《下部讚》亦像《殘經》一樣，有"光明性"（第8行）之謂，但大量使用的是"明性"一詞（13、40、42、44、53、79、80、90、92、117、142、190、195、363、383、406行），個別稱"清净性"（第95行）；此外，更效法佛教，稱"佛性"（第10、39、76、93、105行），稱"法性"（第56、57、58行），稱"真如性"（第369行），稱"妙性"（第30行）。能進入讚文被頌揚之 cyhr（"止訶哩"，即本性），照語境無疑應指上揭這類"性"。不過，若謂明性，依該詩偈體例，續其後者當應"喝思嗡"，即謂"無上明性"才是。然而，寫本卻作"娑布哩弗哆 ᵉⁿ與ᵖᵉ⁰⁰⁰"。

顧"娑布哩弗哆"，與本詩偈第9句的"訴布哩弗哆"僅首字有差。學者把這兩個音譯詞均還原帕提亞語 ʻspwryft［ispurrīft］，[1] 意謂 completion, fulfilment, completeness,[2] 滿也，竣也。若然，則表明在該讚文之胡文母本，ʻspwryft 是除 hsyng（喝思嗡）之外重複出現的惟一單詞。不過，同一讚文中所用的同一單詞竟然音譯有差，對此若無合理解釋，則難免令人要質疑。筆者未能找到更恰切的胡文單詞，可資分別復原這兩個音譯字組，而在兩句之具體語境中，同一ʻspwryft 的含義實際又均可解通。按中古時代，"娑"讀 sa，"訴"讀 suo-，發音

〔1〕Ernst Waldschmidt & Wolfgang Lentz, *Die Stellung Jesu im Manichaismus*, (Abhandlungen der Preussischen Akademie der Wissenschaften, Jg. 1926, Phil.-hist. Klasee, Nr. 4), Berlin: Verlag der Akademie der Wissenschaften, in Komni bei Walter de Gruyter, 1926, pp.88,92; Enrico Morano, "The Sogdian Hymns of Stellung Jesu", *East and West*, XXXII, 1982, pp.24−25; 吉田豊：《漢訳マニ教文献における漢字音寫された中世イラン語について》（上），刊《内陸アジア言語研究》1986年11號，頁1‐15，§19。

〔2〕Ernst Waldschmidt & Wolfgang Lentz, *Die Stellung Jesu im Manichaismus*, (Abhandlungen der Preussischen Akademie der Wissenschaften, Jg. 1926, Phil.-hist. Klasee, Nr. 4), Berlin: Verlag der Akademie der Wissenschaften, in Komni bei Walter de Gruyter, 1926, pp.88,92; Enrico Morano, "The Sogdian Hymns of Stellung Jesu", *East and West*, XXXII, 1982, pp.24−25; Desmond Durkin-Meisterernst, *Dictionary of Manichaean Texts. Vol. iii. Texts from Central Asia and China. Part 1. Dictionary of Manichaean Middle Persian and Parthian*, (Corpus Fontium Manichaeorum, Subsidia), Turnhout: Brepols, 2004, p.87; M. Boyce, *A Word-List of Manichaean Middle Persian and Parthian, with A Reverse Index by R.Zwanziger*, (AcIr, 3. sér., II, Suppl., 9a; Textes et mémoires), Téhéran-Liège: Bibliothèque Pahlavi; Leiden:E. J. Brill,1977, p.22; 吉田豊：《漢訳マニ教文献における漢字音寫された中世イラン語について》（上），刊《内陸アジア言語研究》1986年11號，頁1‐15，§19。

接近。[1]就兩處音譯所出現之微小差別，無妨以傳抄筆誤作解。目"娑布哩弗哆"與"訴布哩弗哆"同，應可接受。其位於本讚文之末，本意應表示結束，相當於佛門"功德圓滿"之套語。被用於"參校"該讚文的回鶻文書作 qamaγan tükälligär ol，法譯作 Ils sont tous au complet，[2]楊富學、牛汝極教授則漢譯爲"所有的到此完了"，[3]馬先生譯爲"具足圓滿"，並指出"這是本篇讚文的結語，而非一個具體的讚語"。[4]就這一句，楊富學、牛汝極二先生的漢譯與法譯同，彼等都不把回鶻文書目爲禮讚詩，所以把回鶻文的結語惟用世俗用語，表示經文結束；馬先生則把該回鶻文書等同漢文《初聲讚文》，遂用佛教術語"具足圓滿"對譯。但無論如何，各家均不認爲該回鶻句子爲讚語。而事實上，該句回鶻文不像漢文那樣，有一個像"止訶_{舌根}哩"那樣可資讚頌的對象。然《初聲讚文》的"娑布哩弗哆"，儘管從結束讚文的角度可以譯爲"功德圓滿"；但其上面的"止訶_{舌根}哩"便顯得多餘，無從搭配。竊意這幾個字與上揭的第廿一句當屬錯簡，末兩三句的字序應是：

> 唎傸嘰烏盧詵喝思嗮^{廿一}止訶_{舌根}哩烏盧詵喝思嗮^{廿二}哩娑布哩弗哆_{揔与前同}

若然，整個意思就可理順。

"止訶_{舌根}哩"，意謂"本性"；"烏盧詵"，謂"光明的"；"止訶_{舌根}哩烏盧詵喝思嗮"，即"無上明性"，正好呼應前句的"無上素披"。

至於"哩娑布哩弗哆"尾綴之"揔与前同"四小字，上文業已論及，疑提示整首詩偈可照原調重唱，若然，益證"哩娑布哩弗哆"應是示意讚文的結束，並非與"止訶_{舌根}哩"組合成句。上面已提到，回鶻摩尼教文書末端亦有類似的用詞，足見摩尼教文書之撰作確有此習，猶如佛陀說法的經文，常以聽衆"歡喜奉行"四字爲結那樣。由是，"哩

---

〔1〕潘悟雲等譯，高本漢著：《漢文典（修訂本）》，上海辭書出版社，1997年，頁11、349。

〔2〕J. Hamilton, *Manuscrits Ouïgours du IXe-Xe Siècle de Touen-houang*, 2vols, Paris, 1986；文書轉寫見 p. 40, 法譯見 p.43.

〔3〕楊富學、牛汝極：《沙洲回鶻及其文獻》，頁224，序列號46。

〔4〕馬小鶴：《摩尼教與古代西域史研究》，中國人民大學出版社，2008年，頁195。

娑布哩弗哆"應屬經文結束之套語，與内文並無實質性聯繫，出現在本讚文之末尾，不過是標示誦唱到此便告一段落，並非該語亦得發聲。

根據以上對《初聲讚文》音譯文字之解讀，儘管每個單詞的復原未必都正確，但亦不難看出全偈之大概：乃以"喝思嘅"（"無上"）一詞來表示對明神、教主、教會以及摩尼所倡導的各種美德品格的嚮往、崇敬，竊意這一禮讚形式，宛似華夏佛教徒以"南無"冠首，誦念佛號，如南無阿彌陀佛等，表示對佛的皈依尊敬。如是"梵唄"，句式簡單，用詞普通，理解不難，華夏信衆顯易接受，作爲初階教材，宜矣哉！

末了，綜合各句，試擬譯全偈如下：

一、無上妙音！二、無上法言！

三、無上明使！四、無上顯現！

五、無上智慧！六、無上至真！

七、無上憐憫！八、無上信心！

九、無上圓滿具足！十、無上歡喜！

十一、無上忍辱！十二、無上柔濡！

十三、無上柔和！十四、無上法門！

十五、無上善業！十六、無上布施！

十七、無上神咒！十八、無上哀譽！

十九、無上敬歎！廿、無上和合師僧！

廿一、無上素帔！廿二、無上明性！

讚終！（可照原調重唱）

如上面業已指出，古代音譯文字之復原存在諸多不確定因素，是以，拙譯絕不敢以信達自詡，惟奢望不至太離譜，較能體現原作之真諦，較爲接近道明之初衷耳。

3.7　餘論

《下部讚》的音譯詩偈既爲華夏信衆儀式歌詠而設，那麼，即便

不必向信衆講解胡語唱詞之意思，但要發音準確地詠唄，亦得有西域
"明師"傳授。因此，一旦缺乏師承面授的條件，該等詩偈難免就要
走樣，甚至失傳。職是之故，難以想像在會昌慘遭迫害，無從與西域
教團組織聯繫的中原摩尼教，在日益華化而成爲明教後，還會長期繼
續流傳該等詩偈。就此，檢視上揭霞浦科册《摩尼光佛》或可佐證。
該科册現存八千餘言，其中成行成段音譯者凡13塊，近千字，儘管科
册全卷式地遴選襲用了《下部讚》12則詩文，[1]然於《下部讚》的3首
音譯詩偈卻未見半句。照理，如是3首詩偈，既可誦唱，又屬"梵音"，
正是科册難得的最佳素材，民間法師製作科册時，如得見該等詩偈，
焉有棄用之理？科册未予採入，實際意味著該等音譯詩偈已希見存世，
當年法師所讀的《下部讚》抄本諒已失錄。

（本章初刊《文史》，2014年第3輯，頁5-57。）

---

〔1〕參本書《霞浦科儀本〈下部讚〉詩文辨異》一文。

4　摩尼教"拂多誕"名辨

4.1　引言

　　見於漢文摩尼經及外典記載的"拂多誕"一詞，西方學者認爲音譯自古代中亞摩尼教的用語。本章擬在西方語言學研究的基礎上，藉助我國傳統史學的考據法，探討該詞產生的歷史真相，解讀該詞的漢語意蘊，借以窺探摩尼教初傳中國之秘辛。不妥之處，仰祈方家指正。

4.2　西方學界於"拂多誕"詞源之研究

　　"拂多誕"一詞之進入學界視野，乃緣敦煌發見的京藏摩尼經（宇56/北敦00256，以下簡稱《殘經》）之刊佈。該詞兩度出現於寫卷，一見於第226行：

　　　　［225］若電那勿具足十二光明時者，當知是師与衆有異。言有異者，是

　　　　［226］慕闍、拂多誕等，扵其身心，常生慈善；柔濡別識，安泰和

　　　　［227］同。……

另一見第295行：

　　　　［294］十一齊心一等者。若有清净電那勿等內懷齊心性者，當知是

　　　　［295］師有五記驗：一者法主、慕闍、拂多誕等所教智惠、善巧方便、

　　　　［296］威儀進止，一一依行，不敢改換，不專己見。……

依上揭"拂多誕"所現的語境，不難斷其應是摩尼教僧侶的一種

稱謂。其接於“慕闍”之後，而“慕闍”漢語無義可循，兩字均爲佛典音譯所常見，尤其是“闍”，更是頻用。[1]其作爲音譯詞，立可判定；[2]而“拂多誕”，一般漢籍未見有此術語，乍看起來亦像“慕闍”那樣，應是音譯術語。因而，法國的沙畹（É. Chavannes）、伯希和（P. Pelliot）自始就依語言學的研究方法，像考“慕闍”一詞那樣，照“拂多誕”三字的中古讀音，在異域諸多語種的摩尼教文獻中尋找相應詞語，有關的考證見其1911在《亞洲報》上發表的長篇論文《中國發見的摩尼教經典》第一部分，該部分將羅振玉刊佈的《殘經》譯成法文，並做了大量的考釋，其間就包括“拂多誕”一詞。[3]該文第二部分專門考察摩尼教在華的傳播，發表於1913年。[4]箇中考證摩尼教之初入唐代中國，徵引了南宋釋志磐（約1195—1274）《佛祖統紀》有關的記事，亦有“拂多誕”其名。有關記事見卷39《法運通塞志》第17之6《唐·則天武后》延載元年（694）條：

> 波斯國人拂多誕^{西海大秦國人}持《二宗經》僞教來朝。[5]

另卷54《歷代會要志》第19之4《事魔邪黨》篇下，有專節述“末尼火祆”，將祆教和摩尼教混淆，亦錄入上揭延載元年條，文字稍異：

> 末尼火祆^{火烟反}者，初，波斯國有蘇魯支，行火祆教，弟子來化中國。唐貞觀五年（631），其徒穆護何祿詣闕進祆教，勅京師建大秦寺。武后延載元年，波斯國拂多誕持《二宗經》僞教來朝。[6]

沙畹、伯希和在引述志磐所記時，參考了同時代伊朗學家戈提鄂

---

〔1〕檢索2010年4月版 CBETA 電子佛典，該字用於音譯兩萬六千多例。

〔2〕É. Chavannes et P. Pelliot, "Traité manichéen retrouvé en Chine, traduit et annoté", *JA*（*Journal Asiatique*）10. sér., XVIII, 1911, pp. 499-617. 有關“慕闍”之考釋見 pp.569-570, n.(2).

〔3〕Édouard Chavannes et Paul Pelliot, "Un traité manichéen retrouvé en Chine", *Journal Asiatique*, sér. 10, XVIII, 1911, pp.499-617, 有關“拂多誕”之考釋見 pp.570-571, n.(1).

〔4〕E. Chavannes et P. Pelliot, "Un traité manichéen retrouvé en Chine(Deuxième partie)", *JA*, 11.Sér., I, 1913, pp. 99-199；"Un traité manichéen retrouvé en Chine(Deuxième partie, suite et fin)", pp.261-394, pl.

〔5〕〔宋〕釋志磐：《佛祖統紀》卷39，《大正藏》（49），No.2035，頁369-370上。

〔6〕〔宋〕釋志磐：《佛祖統紀》卷54，《大正藏》（49），頁474下。

·歐·亞·歷·史·文·化·文·庫·

（R.Gauthiot）[1]的見解，把"拂多誕"確認爲帕拉維語（Pahlvi，即中古波斯語的主要寫體）Fur-ŝta-dān 之音譯，並釋讀爲 Celui qui sait la doctrine（知教義者）。[2]這一觀點得到日本羽田亨的認同，不過其認爲該 Fur-ŝta-dān 應源於粟特語（Sogdian）。[3]竊意 Fur-ŝta-dān 如爲中古波斯語，據現代辭書的拉丁轉寫，則應爲 frystg, prystg, prysṯg, prystq［frēstag］的複數形式，即 pryst'g'n, prystg'n, prysṯg'n;該詞亦見帕提亞語（Parthian），詞根作 fryštg，複數詞綴與中古波斯語同。其西文釋義 messenger, apostle，angel，即信使、門徒、天使。[4]不過，其時沙、伯尚不知道另一敦煌寫卷《摩尼光佛教法儀略》（以下簡稱《儀略》）之上半截，即 S.3969，亦有"拂多誕"一詞。該殘卷早在1907年便入藏大英博物館，儘管卷首題有"摩尼光佛教法儀略一卷"10個字，但至1923年方被日本學者矢吹慶輝和石田幹之助認定爲摩尼教殘經。[5]在寫卷題下之落款（第2—3行），"拂多誕"三字赫然在目，[6]該詞亦見於寫卷第4章《五級儀》：

[070] 五級儀第四

[071] 第一，十二慕闍，譯云承法教道者；

[072] 第二，七十二薩波塞，譯云侍法者，亦号拂多誕；

[073] 第三，三百六十默奚悉德，譯云法堂主；

[074] 第四，阿羅緩，譯云一切純善人；

---

〔1〕R.Gauthiot, "*Quelques termes techniques bouddhiques et manichéens*", *JA*,10.sér., XVIII, 1911, pp.49–67.

〔2〕Chavannes/Pelliot 1913, p.151. 馮承鈞譯《摩尼教流行中國考》，見《西域南海史地考證譯叢八編》，中華書局，1958年，頁48。

〔3〕羽田亨：《漠北の地と康國人》，刊《支那學》第3卷第5號，大正十二年（1923）二月，頁319–333；有關論述見頁328。

〔4〕Desmond Durkin-Meisterernst: *Dictionary of Manichaean Texts. Vol. iii. Texts from Central Asia and China. Part 1. Dictionary of Manichaean Middle Persian and Parthian* (Corpus Fontium Manichaeorum, Subsidia), Turnhout: Brepols, 2004, pp.159–161; D. N. MAcKENZIE, *A Concise Pahlavi DictionaryI*, Oxford University Press,1971,p.34; M. Boyc, *A Word-List of Manichaean Middle Persian and Parthian*, Leiden，1977, p.41.

〔5〕詳見石田幹之助：《敦煌発見〈摩尼光佛教法儀略〉に見えたる二三の言語に就いて》，載《白鳥博士還暦記念東洋史論叢》，1925年，頁157。

〔6〕作"開元十九年六月八日大德拂多誕奉詔集賢院譯"。

〔075〕第五，耨沙喭，譯云一切净信聽者。

摩尼教這五個教階，西方學者從其他語種的文獻中，也找到相應的記録。聖·奥古斯丁（S. Augusting, 354—430）把5個品級依次稱爲 Magister, Episcopus, Presbyter, Electus, Auditor；[1]而德國學者弗魯格爾（G. Flügel）據10世紀阿拉伯作家奈丁（an-Nadim）《群書類述》（kitab al-Fihrist）的記載，依次德譯爲 Lehrer, Dienender, Verwaltender, Wahrhaftiger, Zuhörer；[2]在吐魯番發現的中古波斯文摩尼教殘片，則依次稱爲 hmwc'g（或 hmucg）[hammōžāg]（teacher; Teacher,教師），ʿspsg [ispasag]（bishop 主教），mhystg [mahistag]（elder，presbyter 尊者，長老), xrwhxw'n [xrōhxwān]（preacher 傳教師），nywš'g [niyošāg]（Hearer, Auditor 聽者）。[3] 由是，参照異域文獻，足見《儀略·五級儀》言之有據。由於《五級儀》將"拂多誕"作爲第二教階的另一稱謂，這無疑動搖了沙、伯氏原來的說法，緣其所復原的中古波斯語單詞，未見有教階的内涵。於是，1936年，亨寧復將"拂多誕"復原爲粟特單詞'ft'δ'n，謂 Pf'ü-tâ-dân=(A)ftāδān =episcopus.[4] 稱該粟特單詞謂"主教"（episcopus），[5]"拂多誕"即音譯於兹。這一復原多被認同。1986年，吉田豊参上揭亨寧氏之說，復將"拂多誕"復原爲中古波斯

〔1〕見 St. Augusting, De haeresibus（《外道》）第45章。

〔2〕G. Flügel, Mani, Seine Lehre und seine Schriften, Leipzig, 1862, repr.1969, pp.95, 293-299.

〔3〕摩尼教殘片 M36, 見 F. C. Andreas und W. B. Henning, "Mitteliranische Manichaica aus Chinesisch-Turkestan II", SPAW（Sitzungsberichte der Preussischen Akademie der Wissenschaften）Phil.hist.kl., 1933, pp.323-326；釋義参見 M. Boyce, A Word-List of Manichaean Middle Persian and Parthian, with A Reverse Index by R.Zwanziger, (AcIr, 3. sér., II, Suppl., 9a; Textes et mémoires), Téhéran-Liège: Bibliothèque Pahlavi; Leiden:E. J. Brill,1977, pp.45, 22, 57, 99, 65。

〔4〕W. B. Henning, "Neue Materialien zur Geschichte des Manichäismus", ZDMG（Zeitschrift der Deutschen Morgenländischen Gesellschaft）XC, 1936, pp.1-18；另詳 G. Haloun & W.B.Henning, "The Compendium of the Doctrines and Styles of the Teaching of Mani, the Buddha of Light", Asia Major（AM）, N. S. III,1952，p.188.

〔5〕《粟特文詞典》作：' ft'δ'n [' β'δ'n], bishop, Manichaen priest（主教，摩尼教教士），見 B.Gharib, Sogdian Dictionary: Sogdian-Persian-English, Farhanggan Pulications,Tehran, 2004, p.26, no.679.

·欧·亚·历·史·文·化·文·库·

語和帕提亞語的 hpt'd'n〔haptādān〕,[1] 從對音上亦不離譜。不過，查有關辭書，hpt'd'n，乃胡人數字，意爲 seventy（七十），[2] 未見將該詞釋爲教職，惟《漢文摩尼教文本詞典》"拂多誕"條下，將該詞比同 hpt'd'n，除釋爲"七十"外，並括號加注"即主教，摩尼教教階第二品級"。[3] 對 hpt'd'n 含義這一補充，是否與《儀略》"七十二薩波塞"這一數字之暗示有關，不敢妄測。

4.3　目"拂多誕"爲音譯名稱之困惑

把"拂多誕"目爲一個音譯名稱，於西方學者來說蓋爲毋庸置疑者，儘管究出哪個胡詞，尚有異議。不過，竊意"拂多誕"作爲一個名號，其所組成的3個漢字，雖可與胡詞諧音，但若惟音譯是解，則令人有所困惑。首先，就其所選用之音譯漢字上，便不乏疑點。考《下部讚》（S.2659），"拂"作音譯僅有3例："拂羅辭所底"[4]（第5行）、

---

〔1〕吉田豊：《漢訳マニ教文献における漢字音寫された中世イラン語について》（上），刊《内陸アジア言語研究》1986年11號，頁1-15，詞彙表第9。

〔2〕M. Boyce, *A Word-List of Manichaean Middle Persian and Parthian, with A Reverse Index by R.Zwanziger*, (AcIr, 3. sér., II, Suppl., 9a; Textes et mémoires), Téhéran-Liège: Bibliothèque Pahlavi; Leiden:E. J. Brill,1977, p.47; Desmond Durkin-Meisterernst, *Dictionary of Manichaean Texts. Vol. iii. Texts from Central Asia and China. Part 1. Dictionary of Manichaean Middle Persian and Parthian*, (Corpus Fontium Manichaeorum, Subsidia), Turnhout: Brepols, 2004, p.182.

〔3〕Gunner B. Mikkelsen, *Dictionary of Manichaean Texts in Chinese*, Brepols Publishers n.v., Turnhout, Belgium, 2006, p.103.

〔4〕還原中古波斯語 pr'zyšt〔frāzišt〕，意謂 forever，永久也。參 E. Waldschmidt und W. Lents，"A Chinese Manichaean Hymanl from Tun-Huang", 刊 *JRAS*（*Journal of the Royal Asiatic Society*）1926, p.111,note 4; P. Bryder, *The Chinese Transformation of Manichaeism.A Study of Chinese Manichaean Terminology*，Bokförlaget Plus Ultra, 1985, p.56; 吉田豊：《漢訳マニ教文献における漢字音寫された中世イラン語について》（上），刊《内陸アジア言語研究》，1986年11號，頁1-15，§33。該詞用法詳參 M. Boyce, *A Word-List of Manichaean Middle Persian and Parthian, with A Reverse Index by R.Zwanziger*, (AcIr, 3. sér., II, Suppl., 9a; Textes et mémoires), Téhéran-Liège: Bibliothèque Pahlavi; Leiden:E. J. Brill, 1977, p.71.

"呼史拂哆"[1]（第179行）、"阿拂哩殞"[2]（181行）。另有一例作實義用,見寫卷第305行的"輕拂寶樓及寶閣";而"弗",中古與"拂"殆爲同音,[3]作音譯則有12例,見177行的"喋夷里弗哆",178行的"阿羅所底弗哆""佛呬弗哆""呼于里弗哆",179行的"訴布哩弗哆""唭哩啊咩你弗哆""唭咩哩弗哆",179—180行的"呼哧无娑矣弗哆",180行的"遏哮以弗哆""弭呬哩麼你弗哆",183行的"娑布哩弗哆",還有185行首句的"烏列弗哇阿富覽"。在《下部讚》中,未見"弗"作實義詞的用例。由是,如果"拂多誕"純屬音譯的話,則未必非用"拂"不可,尤其在傳抄過程中,難免像《下部讚》的音譯詩偈那樣,"拂""弗"不分。

復按中古"多"與"哆"同音,後者爲象聲字,常用於音譯,尤其是摩尼經。在《下部讚》的音譯詩偈中,就有15處出現"哆"（見157、177、178、179、180、181、188行）,如"紇弥哆"[4]（第157行）、"喋

〔1〕還原帕提亞語 wxšyft［wxašīft］,意謂 pleasantness, sweetness,喜也。參 Waldschmidt /Lentz 1926 a, pp.88; Enrico Morano: "The Sogdian Hymns of *Stellung Jesu*", *East and West* XXXII, 1982, pp.25f.;吉田豊:《漢訳マニ教文献における漢字音寫された中世イラン語について》（上）,刊《内陸アジア言語研究》,1986年11號,頁1－15,§90; M. Boyce, *A Word-List of Manichaean Middle Persian and Parthian, with A Reverse Index by R.Zwanziger*, (AcIr, 3. sér., II, Suppl., 9a; Textes et mémoires), Téhéran-Liège: Bibliothèque Pahlavi; Leiden:E. J. Brill,1977, p.94 ; Desmond Durkin-Meisterernst, *Dictionary of Manichaean Texts. Vol. iii. Texts from Central Asia and China. Part 1. Dictionary of Manichaean Middle Persian and Parthia*n, (Corpus Fontium Manichaeorum, Subsidia), Turnhout: Brepols, 2004, p.349.

〔2〕還原帕提亞語'frywn［āfrīwan］,意謂 blessing, prayer, praise,祈禱也,稱讚也,作名詞用。參 Ernst Waldschmidt & Wolfgang Lentz, ''A Chinese Manichican hymnal from Tun-Huang. Preliminary note. Additions and corrections'', *Journal of the Royal Asiatic Society*, 1926, p.91; Enrico Morano, "The Sogdian Hymns of Stellung Jesu", *East and West*, XXXII, 1982, p.29.;吉田豊:《漢訳マニ教文献における漢字音寫された中世イラン語について》（上）,刊《内陸アジア言語研究》,1986年11號,頁1－15,§7; M. Boyce, *A Word-List of Manichaean Middle Persian and Parthian, with A Reverse Index by R.Zwanziger*, (AcIr, 3. sér., II, Suppl., 9a; Textes et mémoires), Téhéran-Liège: Bibliothèque Pahlavi; Leiden:E. J. Brill,1977, p.9; Desmond Durkin-Meisterernst, *Dictionary of Manichaean Texts. Vol. iii. Texts from Central Asia and China. Part 1. Dictionary of Manichaean Middle Persian and Parthian*, (Corpus Fontium Manichaeorum, Subsidia), Turnhout: Brepols, 2004, p.28.

〔3〕《宋本廣韻》入聲第8"物":"弗","分物切"（國際音標 pǐuət）;"拂","敷勿切",（國際音標 pʰǐuət）。

〔4〕吉田豊參敘利亞語 ḥexmθā,還原該詞爲阿拉米語的 ḥmt'ḥ,意謂 wisdom,智慧也。見 Yoshida Yutaka, "Manichaean Aramaic in the Chinese Hymnscroll", *BSOAS*, XVIL pt. 2, 1983, pp.328‾329.

夷里弗哆"[1]（第177行）等。另還有一個音譯人名亦用"哆"，見寫卷第184行："歎諸護法明使文于黑哆忙你電達作"。而"多"，該寫卷除與"拂多誕"有關的3例（即第136、341、349行）外，其他還有12例（見第21、28、33、34、56、60、98、106、109、204、251、350行），均具實義，作"不少""有餘""過分"等解。如"其數更多千万倍"（第28行），"遂免四種多辛苦"（第56行），"能多積累非常住"（第89行），"衆生多被无明覆"（第109行），等等。

至於"誕"，漢籍並非未見用於音譯者，如《三國志·魏書》卷30《烏丸鮮卑東夷傳》記有"古誕者國"，[2]惟畢竟難得一見。或緣該字多具實義，佛僧譯經殆不用於音譯，檢索2010年4月版 CBETA 電子佛典，"誕"出現5661次，但難覓用作音譯者。尤其是唐代流入日本之《翻梵語》，[3]未見任何以"誕"作音譯者；倒是像"亶"這樣含義較爲抽象的字眼，現代讀音與"誕"同，中古讀音亦很接近，作音譯的用例屢見不鮮。在《殘經》和《下部讚》中，"誕"字僅用於組成"拂多誕"，他處未見。《儀略》除出現2例"拂多誕"外，另有"誕"字4例（第9、18、22、26行），均作"出生"解，如"摩尼光佛誕蘇隣國跋帝王宮"（第18—19行）等。據上面分析，可見"多"和"誕"在古代均非常用音譯字，除"拂多誕"這一疑例外，漢文摩尼經更未見用其作音譯。因此，若把"多"和"誕"連用，純屬音譯的幾率自益低。

更有，假如是音譯的名號，稱呼時自不可隨意分拆省略。然《下部讚》有詩句云："慕闍常願无礙遊，多誕所至平安住，法堂主上加歡喜，具戒師僧增福力。"（見寫卷第349行）此處的"多誕"明顯是爲對應慕闍而省其首字"拂"，如同漢人姓名那樣，可以名姓分開使用。假

---

〔1〕還原帕提亞語 jyryft［žīrīft］，見吉田豊：《漢訳マニ教文献における漢字音寫された中世イラン語について》（上），刊《内陸アジア言語研究》，1986年11號，頁1－15，§42，意謂 wisdom，智慧也；M. Boyce, *A Word-List of Manichaean Middle Persian and Parthian, with A Reverse Index by R.Zwanziger*, (AcIr, 3. sér., II, Suppl., 9a; Textes et mémoires), Téhéran-Liège: Bibliothèque Pahlavi; Leiden:E. J. Brill,1977, p.51.

〔2〕《三國志》，第3冊，中華書局點校本，1969年，頁849。

〔3〕《翻梵語》，見《大正藏》（54），No. 2130。

如摩尼僧心目中之"拂多誕"乃教內稱號的音譯，則恐難見如此做法。這有《下部讚》中另一詩偈可資反證：

　　　　［364］此偈讚盧舍那訖，末後結願用之。

　　　　［365］稱讚褒譽，蘇露沙羅夷，具足丈夫，金剛相柱，任持世界，充遍一切，以自妙

　　　　［366］身，以自大力，利益自許，孤棲寵子。我等今者，不能具讚，唯願納受，此微

　　　　［367］啓訟，護助善眾，常如所願！

　　此偈無疑是採用漢文常用的四字格，但在次句中卻出現"蘇露沙羅夷"五字，顯得十分兀突礙眼不協調。該詞《殘經》作"卒路沙羅夷"（見寫卷第18、20、43、80—81、122行），有一處寫作"卒路沙羅夷"（寫卷第206行），爲摩尼教一主神之音譯名字。西方學者考爲中古波斯語 srwš'hr'y ［Srōsahrāy］的音譯，[1] 釋爲 the righteous Sraoša（正直的斯勞沙），[2] 即純淨得救的靈魂所凝聚成的光耀柱（Column of Glory）。[3] 名稱雖佶屈聱牙，但詩偈編譯者卻寧悖體例，也不減其一字。儘管現有漢文摩尼經中，稱"多誕"者僅見如上一例，但在日常的教團活動中，倘未有這種習慣叫法，焉會出現在面向一般信眾的《下部讚》？

　　其實，無論沙、伯諸氏，抑或亨寧等，均以對音循義的方式去復原"拂多誕"在胡語的原形，結果雖有異，但均不無道理。不過，古代外來僧人之譯經，竊意必有漢人或華化胡人協助，而參與其事之人操何方言口音，無從查考，因此復原音譯文字，準確度如何，不無疑問；更有，漢語與西域胡語，畢竟屬不同語系，並非每個音節都有對

---

　　〔1〕É. Chavannes et P. Pelliot, "Un traité manichéen retrouvé en Chine, traiduit et annoté", *JA* 10. sér., XVIII, 1911, pp.522-523，n.(1).

　　〔2〕W. B. Henning, "Annotations to Mr.Tsui's Translation，app.To Tsui Chi,'Mo Ni Chiao Hsia Pu Tsan, The Lower (Second?) Section of the Manichaean Hymns'"，*BSOAS* XI, 1943-46, p.216，n.8.

　　〔3〕Gunner B. Mikkelsen, *Dictionary of Manichaean Texts in Chinese*, Brepols Publishers n.v., Turnhout, Belgium, 2006, p.108., M. Boyce, *A Word-List of Manichaean Middle Persian and Parthian, with A Reverse Index by R.Zwanziger*, (AcIr, 3. sér., II, Suppl., 9a; Textes et mémoires), Téhéran-Liège: Bibliothèque Pahlavi; Leiden:E. J. Brill,1977, p.82.

·歐·亞·歷·史·文·化·文·庫·

應的漢字可資恰切對音；何況，古人音譯，爲求方便易讀，常有略音省譯者。因此，繼續發掘的話，或許還能找到可資對應的新單詞。然而，某個胡詞可與某一漢詞對號是一回事，後者是否就是據其音譯，乃另一回事，箇中還要排除其他各種可能性。尤其是稱謂，可資遴選的同音或近音漢字不少，其音譯字群是偶合抑或是刻意組配，所選漢字是純音譯抑另有孕義，諸如此類的問題，尚得有所注意。

竊以爲，把"拂多誕"僅僅目爲音譯稱謂，未必符合該詞之實際。藉助歷史學的方法考察該詞產生之背景，或許有助於揭示該詞之真正意蘊。

4.4　中亞摩尼教會於第二教階之稱謂

考摩尼初創其宗教時，首先用其家鄉語言——東阿拉米語(East Aramaic)，即古敍利亞語，撰寫了7部著作。[1]《儀略・經圖》所列的7部經典，[2]與西方文獻記載的7部東阿拉米語著作，正好一一對應。[3]除此7部之外，爲了啓迪當時的波斯王沙卜爾（Šābuhr）一世，使其接受摩尼教，特地將整個宗教的教義輯要概述，用當時波斯流行的中古波斯語，撰成新著《沙卜拉干》，呈沙卜爾御覽，贏得後者青睞，遂允許其在波斯全境傳教。[4]摩尼在生時，爲了在東方建立教會，曾派出龐

---

〔1〕參見 Mary Boyce, "The Manichaean Literature in Middle Iranian", *Handbuch der orientalistik*, I, 4, Iranistik, 2, Literature, Lfg.1 Leiden, 1968, pp.69-70.

〔2〕［057］經圖儀第三　　凡七部并圖一

［058］第一，大應輪部，譯云《徹盡萬法根源智經》；

［059］第二，尋提賀部，譯云《浄命寶藏經》；

［060］第三，泥萬部，譯云《律藏經》，亦稱《藥藏經》；

［061］第四，阿羅瓚部，譯云《秘密法藏經》；

［062］第五，鉢迦摩帝夜部，譯云《證明過去教經》；

［064］第六，俱緩部，譯云《大力士經》；

［063］第七，阿拂胤部，譯云《讚願經》；

［065］大門荷翼圖一，譯云《大二宗》。

〔3〕詳見 Gustav Haloun & Walter B. Henning, "The Compendium of the Doctrines and Styles of the Teachings of Mani, the Buddha of Light", *Asia Major*, 111, 1952, pp.204-209.

〔4〕參見 Mary Boyce, "The Manichaean Literature in Middle Iranian", pp.69-70.

大的傳教團，由通曉帕提亞語文的阿莫(Ammō)大師率領，抵達帕提亞 (Parthia)地區傳教，[1]並續向中亞地區挺進，贏得衆多中亞地區原居民 之皈依。爾後，波斯王瓦赫蘭（Vahrān）一世登基，改變前朝對摩尼教 的優容政策，將摩尼處死，在全國範圍内屠殺摩尼教徒。許多摩尼教 徒遂從東部伊朗逃入中亞地區，中亞地區摩尼教勢力越來越大，以至 到了公元6世紀下半葉，由來自巴比倫的領袖撒特－奥爾米兹 (Šād-Ohrmizd)領導下獨立。唐代摩尼教正是源於該中亞教會。[2]中亞 教會通用中古波斯語、帕提亞語和粟特語。因此，漢文摩尼經雖可 直接譯自摩尼古敍利亞語原著，但照理多應譯自中亞文本。敦煌摩 尼教寫卷諸多術語可直接從中亞語找到原型，就是明證。既然《沙 卜拉干》是摩尼用中古波斯語所親撰，其在中亞教會的絕對權威性 自不言而喻。

依上揭《佛祖統紀》的記載，被稱爲"拂多誕"的波斯人乃持《二 宗經》來朝，而《二宗經》據考就是《沙卜拉干》(Šābuhragān)的漢 譯本。[3]上揭《儀略·五級儀》介紹教階稱謂與中古波斯語一一對上 號，說明其所述乃源自《沙卜拉干》。涉及摩尼教之專業術語，中亞 教會通用的其他語文，即帕提亞與粟特語，自然得惟《沙卜拉干》是 瞻。尤其是像五個品級之稱謂，照理不外就是音譯耳。事實上，從已 發現的文本看，該等稱謂在其他兩種語文的殘片中，就可找到讀音相 同或接近的例證。例如，作爲第一教階稱謂的 hmwc'g（或 hmucg）〔hammōžāg〕，帕提亞語作'mwc'g〔āmōžāg, ammōžāg〕或'mwcg

〔1〕W. B. Henning, "Mitteliranisch",in *Iranistik: Linguistik*, (HO,1 Abt.: Der Nahe und der Mittlere Osten.4. Bd.: Iranistik, 1. Abschn.), Leiden-Köln,:E. J. Brill, 1958, p. 94; "Waručān=Šāh" *Journal of the Great India Society* XI, No. 2, 1945, p.87.

〔2〕參拙文：《唐代摩尼教與中亞摩尼教團》，初刊《文史》23輯，1984年，頁85–93；修訂本 見《摩尼教及其東漸》1987年，頁64–75；淑馨出版社增訂本，1997年，頁61–71；《敦煌文書與夷教 研究》，2011年，頁167–178。

〔3〕《〈摩尼教殘經一〉原名之我見》，刊《文史》21輯，1983年，89–99頁；修訂本見《摩尼 教及其東漸》，1987年，頁191–267；淑馨出版社增訂本，1997年，頁211–226；《敦煌文書與夷教 研究》，2011年，頁1–21。

〔āmōžag, āmmōžag〕，[1] 發音稍異耳；而粟特語則作 mwc'k'〔mōčāk〕，[2] mwck 〔mōčē〕 〔mōč(ā)k/ē〕，[3] 雖省去首個音節，但所剩兩個音節亦很接近。還有，馬小鶴先生把粟特文的 mxyst'k 〔mxyst'kw〕比同中古波斯語的 mhystg 〔mahistag〕，即《儀略・五級儀》所云第三品級的"默奚悉德，譯云法堂主"，[4] 就讀音而論，兩者亦近之。至於第二品級的ʿspsg 〔ispasag〕，帕提亞語的發音完全一致，該詞在帕提亞語和中古波斯語中均另有僕人(servant)之意。[5] 無獨有偶，粟特語的'sp's'k(w)〔(ɔ)spāsē〕 〔(ɔ)spāsaku〕，發音與中古波斯語和帕提亞語接近，亦有僕人之意。[6] 按《儀略・五級儀》將"薩波塞"意譯爲"侍法者"，即謂"宗教的僕人"。由此推之，中古波斯文ʿspsg 之被用作第二教階的稱謂，無疑應衍化自其僕人之本義。是以，如果把粟特語的 'sp's'k(w) 比對中古波斯語 ʿspsg，竊意亦未嘗不可。西方權威學者所揭示的粟特語 'ft'δ'n，發音顯與中古波斯語的 ʿspsg 迥異，其或出於基督教文書，或出於摩尼教文書，而本義爲 episcopus（主教）；至若指摩尼教第二教階，是據漢文《儀略・五級儀》增補，抑或前此便已有定論，似有待進一步澄清。但無論如何，即便摩尼教第二教階的稱謂，在粟特語可作'ft'δ'n，但從摩尼教中亞教會的正宗性角度，《儀略》的薩波塞（ʿspsg）纔最爲正式。

---

〔1〕Desmond Durkin-Meisterernst, *Dictionary of Manichaean Texts. Vol. iii. Texts from Central Asia and China. Part 1. Dictionary of Manichaean Middle Persian and Parthian*, (Corpus Fontium Manichaeorum, Subsidia), Turnhout: Brepols, 2004, p.40.

〔2〕B.Gharib, *Sogdian Dictionary:Sogdian-Persian-English*, Farhangan Pulications，Tehran，2004，p, 220, no. 5507.

〔3〕B.Gharib, *Sogdian Dictionary:Sogdian-Persian-English*, Farhangan Pulications，Tehran，2004，p, 220, no. 5508.

〔4〕馬小鶴：《摩尼教與古代西域史研究》，中國人民大學出版社，2008年，頁218。

〔5〕Desmond Durkin-Meisterernst, *Dictionary of Manichaean Texts. Vol. iii. Texts from Central Asia and China. Part 1. Dictionary of Manichaean Middle Persian and Parthian*, (Corpus Fontium Manichaeorum, Subsidia), Turnhout: Brepols, 2004，pp.86-87.

〔6〕B.Gharib, *Sogdian Dictionary:Sogdian-Persian-English*, Farhangan Pulications，Tehran，2004, p.63, no. 1605.

4.5 "拂多誕"一詞產生之歷史考察

上揭《儀略·五級儀》述摩尼教會五個品級，於第二品級稱謂的介紹，顯見有別其他四者的體例，即在稱謂的音譯和意譯之後，復增以"亦号拂多誕"。按《儀略》是來華摩尼僧在面臨被勅禁前夕呈朝廷的解釋性文件，[1] 其格外補充的"亦号"，揣其口氣，應是針對朝廷而言：這"薩波塞"亦就是貴國所稱的"拂多誕"。如果這個"拂多誕"的叫法同樣出自胡語，在原中亞教會流行的話，《儀略》的表述則應作："第二，七十二薩波塞，亦号拂多誕，譯云侍法者。"由是，細味現存《儀略》的表述，實已提示吾輩：作爲第二品級"拂多誕"的這一"亦号"，應是中國摩尼教區始有。復考《儀略》寫卷題下之落款："開元十九年六月八日大德拂多誕奉詔集賢院譯"（寫卷第2—3行），撰者身爲教會第二品級的僧人，在奏聞朝廷文件落款中，於自己身份既不按所呈文件的正式稱號"薩波塞"，也不用自己漢譯的"侍法者"，卻用"拂多誕"這個"亦号"，足見該稱謂在教內雖非正式，但更爲朝廷所熟知，曾爲朝廷所認同。若不，何以在漢文的摩尼經中，無論《殘經》和《下部讚》，都用"拂多誕"這一稱號；[2] 相反的，《儀略》所述之正宗稱謂"薩波塞"或"侍法者"，卻均未之見？

考有唐一代，四方來朝，"重譯貢珍，道途相繼"。[3] 每有蕃邦人士來朝，朝官必按華俗，在譯語人協助下，以兩三漢字爲其取一名字，以便稟奏、記錄在案。上揭《佛祖統紀》卷54所提及"唐貞觀五年(631)，

---

〔1〕參拙文：《敦煌本〈摩尼光佛教法儀略〉的產生》，刊《世界宗教研究》1983年第3期，頁71-76；修訂本見林悟殊：《摩尼教及其東漸》，淑馨出版社，1997年增訂本，頁168-176；林悟殊：《摩尼教及其東漸》，中華書局，1987年，頁198-203；林悟殊：《敦煌文書與夷教研究》（當代敦煌學者自選集），上海古籍出版社，2011年，頁30-39。

〔2〕見《下部讚》寫卷第136行："詮柬十二大慕闍，七十有二拂多誕，法堂住處承教人，清净善衆并聽者"；第341行："過去一切慈父荮，過去一切慕闍荮，過去一切拂多誕，過去一切法堂主"。

〔3〕《舊唐書》卷196下《吐蕃》下，"十四年正月敕"，第16冊，中華書局點校本，1975年，頁5262。

137

其徒穆護何祿詣闕進祆教", 可謂一例。[1] 該穆護求見唐朝皇帝, 職官必定要事先詢問國籍、名號、事由等。"蕃人多以部落稱姓, 因以爲氏"。[2] 其以"何"爲姓, 顯係來自九姓胡之何國; 至於"祿", 胡名多有該字, 最著名的莫過於"安祿山", 而在出土文書中尚可檢到"曹祿山""康祿山""米祿山""石安祿山""阿祿山"之類。[3] 查粟特語、中古波斯語和帕提亞語, "光明"一詞的發音均作 rōšn, 適可與"祿山"對音。該穆護的原胡名也許就有 rōšn 的音素, 遂取"祿"名之。該漢文名字, 或其本人事先擬好, 或由朝廷職官譯語人代爲酌定, 其人有了漢字代號, 始能見載案卷。顧上揭《佛祖統紀》"延載元年"條下"拂多誕"一名之產生, 情況亦當相類。

玩志磐所云"波斯國人拂多誕〔西海大秦國人〕持《二宗經》僞教來朝"的語意, "拂多誕"既爲"僞教"而來, 當屬僧人無疑。但夾注"西海大秦國人", 自易使人聯想"拂"爲該"波斯國人"之姓, 緣大秦國在唐代就有"拂菻"之名。[4] 當初, 志磐依其所讀文獻, 或許就是把"拂多誕"當爲該波斯國人之姓名, 就如"詣闕進祆教"的穆護名曰"何祿"那樣, 始作如是之表述, 以致一些學者亦曾被誤導。不過, 明代何喬遠 (1557—1631)《閩書》卷7《方域志》"華表山"條的記載, 總算讓這個問題得以澄清。何氏記當地明教草庵遺址而追敍摩尼教史:

> 華表山與靈源相連, 兩峯角立如華表。山背之麓有草庵, 元
> 時物也, 祀摩尼佛。摩尼佛, 名末摩尼光佛, 蘇隣國人; 又一佛
> 也, 號具智大明使。云老子西入流沙, 五百餘歲, 當漢獻帝建安

〔1〕《佛祖統紀》這條記事當源於北宋佛僧贊寧 (919—1001)《大宋僧史略》卷下之《大秦末尼》篇: "火祆〔大燭切〕教法, 本起大波斯國。號蘇魯支, 有弟子名玄真, 習師之法, 居波斯國。大總長如火山, 後行化於中國。貞觀五年, 有傳法穆護何祿, 將祆教詣闕聞奏。勅令長安崇化坊立祆寺, 號大秦寺, 又名波斯寺。"見《大正藏》(54), No.2126, 頁253中。

〔2〕《舊唐書》卷104《哥舒翰傳》, 中華點校本第10冊, 1975年, 頁3211。

〔3〕參蔡鴻生:《唐代九姓胡與突厥文化》, 中華書局, 1998年, 頁38-39。

〔4〕《舊唐書》卷198《拂菻傳》: "拂菻國, 一名大秦, 在西海之上, 東南與波斯接, 地方萬餘里, 列城四百, 邑居連屬。"中華點校本第16冊, 1975年, 頁5313。《新唐書》卷221下《拂菻傳》: "拂菻, 古大秦也, 居西海上, 一曰海西國。去京師四萬里, 在苫西, 北直突厥可薩部, 西瀕海, 有遲散城, 東南接波斯。"中華書局點校本第20冊, 1975年, 頁6260。

之戊子，寄形椶暈。國王拔帝之后，食而甘之，遂有孕。及期，擘胸而出。椶暈者，禁苑^{陳本作院,疑誤}石榴也。其說與攀李樹、出左脇^{陳本作齊}相應。其教曰"明"，衣尚白，朝拜日，夕拜月；了見法性，究竟廣明。云即汝之性，是我之身，即我之身，是汝之性。蓋合釋老而一之。行於大食、拂菻、吐^{原著無此字,當屬脫漏或刪略}火羅、波斯諸國。晉武帝太始丙戌^{藏本似誤刻爲戌}，滅度于波斯，以其法屬上首慕闍。慕闍當唐高宗朝行教中國。至武則天時，慕闍高弟密烏沒斯拂多誕復入見。群僧妬譖，互相擊難。則天悅其說，留使課經。[1]

從以上何氏對摩尼教史之敍述看，準確與否是另一回事，但其無疑曾專門翻檢過當時尚殘存或流行的摩尼經，曾讀過相關教外文獻，甚至接觸過當時的明教徒，絕非自家臆測想當然。至於摩尼僧入華覲見事，與上引《佛祖統紀》所載互補，均應源自佚失的唐代政書。[2]當然，何氏在讀該等資料時，諒必比志磐更認真，尤其是不帶宗教偏見，故記敍更爲詳細，較爲客觀。何氏記載"慕闍高弟"之下的"密烏沒斯拂多誕"7個字，不可能均屬其胡名之音譯，緣漢籍所錄胡名四五字者已希見，多達七字者則無例可循。參志磐惟記"拂多誕"三字，可推定"拂多誕"應是與"密烏沒斯"並行的一個同位語，是與該摩尼僧配套的另一名號。當年伯希和認爲"密烏沒斯"音譯自Mihr-Ormuzd，Mihr爲太陽，乃日曜日之星，Ormuzd爲木星，乃木曜日之星，用兩曜名爲人名。[3]是否源於兩曜日，這恐難以確認，緣可資音譯爲"密烏沒斯"的胡語畢竟不止這兩個詞，即便果爲這兩個詞，其含義亦不一定僅指兩曜日：myhr［mihr］在中古波斯語和帕提亞語

〔1〕拙校：《〈閩書〉摩尼教史料點校》，見拙著：《中古夷教華化叢考》，蘭州大學出版社，2011年，頁52—53。

〔2〕參本書《佛書所載摩尼僧始通中國史事辨釋》一文。

〔3〕P. Pelliot, "Les traditions manichéennes au Fou-Kien", *T'oung Pao*, XXII, 1923, pp. 193—208；p. 203, n.6；馮承鈞譯《福建摩尼教遺蹟》，見《西域南海史地考證譯叢九編》，商務印書館，1958，頁135—136。

·歐·亞·歷·史·文·化·文·庫·

中除作太陽解外，還指七月；[1] 而’whrmyzd［ohrmezd］在中古波斯語中則作爲神名，指初人（First Man）。[2] 名字如是組合，倒更類乎古敍利亞人之取名。如上面提到的公元6世紀領導中亞摩尼教團獨立的領袖，名曰撒特－奧爾米茲（Šād-Ohrmizd）。[3] 古敍利亞之方位在古漢籍中亦屬大秦，難怪志磐把該波斯國人又加注爲"西海大秦國人"。考"密烏沒斯"其名，非粟特人名固明；作爲名字主人之母國，無論是志磐的記載抑或何喬遠的記載，均是直接與西亞掛靠，未見任何可與中亞粟特聯繫之暗示。獨立之中亞摩尼教會，以當地原居民爲群衆基礎，其中自包括粟特人，但教會的僧侶階層畢竟多源於西亞，而且與總會分裂只是表明互不從屬，並不意味著信徒不能往來，亦不意味著爾後西亞的摩尼僧便不能加盟中亞教會；何況，中古波斯語一直在中亞教會中通用，實已表明其教團中的波斯人舉足輕重。是以，言該摩尼僧爲西亞人，無需置疑。其帶著教會最權威的《沙卜拉干》漢譯本《二宗經》覲見中國皇帝，請求在中土傳教，意味著其即便不諳於華言，至少也粗通。其必已向朝廷自報教內身份，否則，漢籍不會言其爲"慕闍高弟"。但在自報教內的品階時，若其不按《二宗經》的權威稱謂，即按其母語的中古波斯語‘spsg，而改用發音頗異的粟特語 ’ft’δ’n，豈非怪哉？因此，假如"拂多誕"一詞乃音譯自該粟特語的話，也絕非由摩尼僧所主導。

　　儘管覲見之波斯高僧必報 ‘spsg 的身份，但該詞語就算像爾後《儀略·五級儀》所音譯那樣，只用"薩波塞"三字，但稱呼起來也深感彆扭，不像"慕闍"那樣，把多個音節的 hammōžāg，省音爲佛典常用的兩個字，易讀可記，尚可接受；該詞早在高宗朝便已使用，漢籍屢

〔1〕Desmond Durkin-Meisterernst, *Dictionary of Manichaean Texts. Vol. iii. Texts from Central Asia and China. Part 1. Dictionary of Manichaean Middle Persian and Parthian*, (Corpus Fontium Manichaeorum, Subsidia), Turnhout: Brepols, 2004，p.235.

〔2〕Desmond Durkin-Meisterernst, *Dictionary of Manichaean Texts. Vol. iii. Texts from Central Asia and China. Part 1. Dictionary of Manichaean Middle Persian and Parthian*, (Corpus Fontium Manichaeorum, Subsidia), Turnhout: Brepols, 2004，p.68.

〔3〕Mary Boyce, *A Reader in Manichaean Middle Persian and Parthian*, 1975, Leiden, pp. 3, 41.

有記載。至於音譯之胡名"密烏沒斯"，其拗口更不待言。假如該高僧觀見後即回歸本國，其漢文代號僅供朝廷備案，那麼，用"密烏沒斯"抑或"薩波塞"都無妨，但其既被"留使課經"，即意味著至少還有一段日子要行走於宮廷，要與武則天或其他官員打交道，更遑論還要在中土各地傳教；那麼，若用這等音譯文字稱呼，與華俗格格不入，交際顯爲不便。由是無論朝廷一方也好，觀見者本人也好，諒都希望能另取一個適合華情的漢文名號。是以，可以推測，隨著武則天作出"留使課經"之決定，擬號之事，亦必隨之跟進。

朝廷既知來朝波斯摩尼僧品位僅次於慕闍，但不以"薩波塞"爲然，要另取名號，這業已表明朝廷並不關心其在胡人中叫什麼，在乎的是華人該怎樣稱呼他始爲合適。作爲朝廷一方，擬號並非幫摩尼僧漢譯其教階，因此，不可能在棄"薩波塞"之後，復從粟特語的'ft'δ'n來尋求對音。

其實，透過何氏所云"則天悅其說，留使課經"九個字，不難想像其時武則天於該教必頗爲激賞，始有在眾佛僧強烈反對下，仍決定留用。當然，武氏此舉，自有其動機目的，[1]不題。但依常理，爲了方便或確保該摩尼僧的順利課經，諒必還給予相應的一些待遇；此外，既然賞識該僧，少不了賜給他一個名號，以示恩寵，方便其在華活動等。但這些不見記載，應是被後世的政書淡化、省略。畢竟該教在唐代曾被兩度勅禁，武則天又多爲後世士人所不齒，如此事件，仍有些許文字留下，已屬僥幸。如從這個角度蠡測，則爲該摩尼僧取適當名號本屬聖意所在，主事者恐不敢草率隨意。

考"多誕"一詞，漢籍早已有之，至遲見於劉向（約前77—前6）《說苑》，其卷8《尊賢》稱孔子在回答哀公"人何若而可取"的問題時，曾說過"口銳者多誕而寡信，後恐不驗也"。[2]爾後，該詞多被文

〔1〕"則天悅其說"的原因，王媛媛有專論，見氏著：《從波斯到中國：摩尼教在中亞和中國的傳播》第2章第1節第1分節《武則天接受摩尼教的原因》，中華書局，2012年，頁116-127。

〔2〕〔漢〕劉向撰、向宗魯校證：《說苑》，中華書局，1987年，頁186。〔宋〕薛據輯：《孔子集語》卷下《文王第十四》有輯入該語錄，據日本早稻田大學圖書館藏刻本，是本有日人伊藤氏明和元年甲申年（1764）題跋。

人所用，如南宋崔敦禮撰《芻言》卷上有"上好辯則下多誕矣，上好智術則下多詐矣"之語；[1]宋代戴埴撰《鼠璞》卷上《扶桑》章則云"《山海經》多誕不足爲據"。[2]從語境看，"多誕"即"多爲荒誕"之意，無疑屬貶義詞；倘該名號原出音譯，則可資遴選的同音或近音漢字比比皆是，何況有"哆""亶"這樣現成常用音譯字；故若以"多誕"爲名，顯有調侃之意。然"多誕"雖屬貶義，但冠以"拂"字，作爲一個稱號，則意思頗具褒意。"拂"者，"去也，拭也，除也，擊也。敷勿切。"[3]"拂多誕"者，去除荒誕也。不過，還有一個上面已提及的"弗"字，中古與"拂"殆同音，《說文解字》釋爲"撟也"。[4]如果用來冠"多誕"，亦可以使該稱號具類似的正面含義。然其何以捨"弗"而取"拂"，竊意或非偶然。如果結合上揭志磐所夾注的"西域大秦國人"考慮，則取此"拂"字，除有意把"多誕"之名正面化外，或還射意該僧來自拂林國。

顧上揭何氏的記載，提到"慕闍高弟"覲見時，遭到在場諸佛僧之言辭攻擊："群僧妬譖，互相擊難。"不難想象，摩尼教作爲異域宗教，在未與華夏原有的主流宗教磨合之前，自多有相悖之處，何況不同宗教原來就存在排他性，佛僧駁難，更不多話下；而在座的朝臣於該異域之教，或許也貶多於褒。因此，在整個辯論過程中，"荒誕不經""荒誕無稽"之類的詈詞當不絕於耳，在場的書吏或譯語人必良有感受。然武則天不以彼等的貶評爲然，相反的對該教表示肯定。皇帝一錘定音，時反對者固噤聲，爲該僧取號，自不敢有調侃之意。"拂多誕"之名號，從漢語的意涵看，實際就是依聖意，否定了反對意見，給"慕闍高弟"及其宗教以正面之評價。

---

〔1〕〔南宋〕崔敦禮：《芻言》卷上，《景印文淵閣四庫全書》第849册，《子部十·雜家類一》，商務印書館，1986年，頁280下。

〔2〕〔宋〕戴埴：《鼠璞》卷上《扶桑》章，《景印文淵閣四庫全書》第854册，《子部十·雜家類二》，商務印書館，1986年，頁66下。

〔3〕影印《宋本廣韻》，中國書店，1982年，頁456。

〔4〕"弗，分勿切，撟也。"〔東漢〕許慎撰，〔宋〕徐鉉校定：《說文解字》卷12下，"丿部"，中華書局影印本，1963年，頁265下。

考唐代在華活動的胡人受華夏傳統文化的影響，所取漢名除顧及與胡名之諧音外，往往還考慮漢字之意蘊。像上面提到的安祿山，儘管學界咸認爲其名音譯自胡語的 rōšn，但 "祿" 者，"福也"，[1]"祿山" 即福大如山也。可音譯 rōšn 的漢字不少，而獨挑 "祿" 與 "山" 二字組合，難以純屬巧合作解。如是音義兼顧的外來名號在古代外來宗教中尤爲多見，[2] 不贅。是以，竊意在爲 "慕闍高弟" 斟酌漢文名號時，除漢義要得當外，諒必於諧音胡語也多有考慮。如上面所以指出，觀見之摩尼僧至少粗通華言，而在座還必有朝廷之譯語人，[3]因此不存在 "重譯" 的問題，雙方之溝通應無大礙。而唐代譯語人多爲在華生活多年的西域人，於胡人宗教當亦略知一二；摩尼教究有哪些教階，有何稱謂，其未必清楚，但胡人常用的某些宗教用語，尤其於那些資深僧人的敬稱，則未必一無所聞。像上揭中古波斯語之 pryst'g'n, prystg'n, prystg'n，帕提亞語的 fryštg'n 這類指代門徒、天使的用語，在出土的考古文獻中頻頻出現，足見爲日常所流行者。"慕闍高弟" 在闡發本教義理，介紹本教教會時，亦必反復提到這些詞語，譯語人當應耳熟能詳。至於粟特人之稱主教爲'ft'δ'n，譯語人或亦知曉。該等胡詞的發音都接近，儘管於其具體意涵未必明白，但一旦提到要爲眼前摩尼高僧取號，自第一時間便聯想起該等胡語尊稱。因而，在推定 "拂多誕" 這一名號的過程，有意無意，或多或少受該等胡語稱謂的影響，應有實在的可能性。亦正因爲該名號之讀音，有與上揭胡詞的某些音素音節相諧，始導致百年學界惟以音譯是解。就 "拂多誕" 與胡詞之諧音而言，竊意 "慕闍高弟" 恐無意與'ft'δ'n 作聯想，儘管他本人可能也諳於粟特語，其寧願將漢文名號與中古波斯語的 pryst'g'n 諧音，緣該詞天使的含義更足以令其自豪。

竊意，爲 "慕闍高弟" 取一合適名號，乃朝廷之旨意，而具體運

---

[1]《說文解字》卷1上，《示部》，頁7下。

[2] 詳參拙文：《唐代景僧名字的華化軌跡——唐代洛陽景教經幢研究之四》，載《中華文史論叢》2009年第2輯，頁149-193；修訂本見拙著《中古夷教華化叢考》，蘭州大學出版社，2011年，頁226-259。

[3] 韓香：《唐代長安譯語人》，載《史學月刊》2003年第1期，頁28-29。

作，自是朝廷之譯語人和相關職官。該名號的敲定固由朝廷主導，但少不了要與摩尼高僧商較，做必要的解釋，讓其能滿意接受。而今所敲定的名稱，於摩尼僧來說，不僅胡語中有音可諧，而且漢言又具褒意，甚至幽默地回應了當初佛僧的攻擊；於朝廷一方來說，該名稱的含義迎合了聖意，從發音上又較爲朗朗上口，方便華人稱呼。由是，無論音義，各方都可接受，皆大歡喜。假如上面拙論不悖常理，則"拂多誕"之名，本非摩尼教的第二教階稱謂之音譯，而是朝廷爲這位來自遠方僧人所取名號。武則天有無正式御賜之，雖無文獻可考，但作肯定的推想應不悖常理。無論如何，該摩尼僧身居教會高層，得此稱號，教胞必視爲殊榮。由於其在教內品位僅次慕闍，教團爲彰顯朝廷恩寵，嫁接與朝廷之因緣，把該名號擴大爲爲第二教階在華的稱號，依情依理都不過分。至於原有正號不彰，彼等當心照不宣。爾後摩尼僧危厄之際撰作《儀略》，於介紹教階稱謂時道及"拂多誕"，固屬題中之義，但無視體例，把"拂多誕"作爲"薩波塞"的"亦號"格外說明，其意或在表明教會不忘前朝之恩寵，冀望玄宗朝將優容摩尼教的政策持續下去。

儘管"拂多誕"可在胡語尋根，可與某胡詞諧音，但來華摩尼僧心裏蓋明白其非自家所音譯，均清楚其是一個漢文名號，因而，在書寫時絕不像上揭的"窣路沙羅夷"那樣，時以同音和近音漢字代替。也正因爲明白其本爲漢文名號，始有上揭《下部讚》棄"拂"而獨稱"多誕"的用例。《下部讚》是唐代安史之亂後的作品，後輩僧人未必清楚"拂多誕"之原始意蘊，彼等也可以像《儀略》那樣，把"誕"作"誕生"解，不以"多誕"爲貶義，遂於單獨使用，未有忌諱。

4.6 結語

見於中國摩尼教內外典的"拂多誕"一詞，西方學者目其爲胡語之漢字音譯，并用語言學的方法，把其復原爲中亞摩尼教第二教階之稱號。本章從歷史學的角度考察，認爲該詞並非源於來華摩尼僧之簡單音譯，而是延載元年某位西域摩尼高僧朝覲則天女皇的產物。朝廷爲便於與該僧打交道，並示恩寵，特爲其取"拂多誕"這一漢文名號。其寓去除荒誕之意，諧胡語某些宗教尊號之音。由於該名號來自朝廷，而名號受者適屬第二品階摩尼僧，教會遂以其作爲該教階之漢文稱號。

"拂多誕"不過是漢文摩尼經衆多術語之一，考察該區區一詞產生的歷史真相，可窺見則天朝與摩尼教關係之一斑。正是武則天對摩尼教持肯定態度，始有摩尼教在唐代傳播之一度輝煌，該教遂得以在華播下了長期難滅的火種。

（本章初刊《中華文史論叢》，2014 年第 1 期，頁 287–309。）

5　京藏摩尼經音譯詞語考察

5.1　導語

　　20世紀初葉敦煌出洞之珍的3個漢文摩尼經寫經，一曰京藏摩尼經（宇56/北敦00256，以下簡稱《殘經》），初生流行於武則天在位年間（690—705），[1] 屬中國摩尼教之早期譯經；二曰《摩尼光佛教法儀略》（S.3969，P.3884，簡稱《儀略》），撰於玄宗開元十九年（731）；三曰《下部讚》（S.2659），面世於安史之亂後，藉助回鶻勢力重新入傳中原之時期。[2] 不論出洞寫卷傳抄製作於何時，作爲唐代摩尼教的承傳文書，乃毋庸置疑。《殘經》是爲本章所要考察者，寫卷現存凡345行，卷首略有殘缺，失題，卷面正文有個別脫字，全卷可錄7202字。其述摩尼之明暗兩性說，內容頗爲晦澀，顯見翻譯過程之艱辛；然整個寫卷中，被認爲該教輸入之音譯詞語寥寥無幾，足見唐代來華摩尼僧，爲了實現教主在全世界傳播福音之宏願，[3] 把其教義理，甚至每個術語，都竭盡全力意譯的精神。下面擬就寫卷中屬於該教的音譯詞語，在西方學

---

　　[1]《殘經》寫卷所見"拂多誕"一詞，乃延載元年（694）則天朝爲入覲摩尼僧所取稱號，這就意味著該經的問世不可能早於是年（詳參本書《摩尼教"拂多誕"名辨》），而現存的寫卷有武則天造字"𠀀"（正）（見寫卷356、341行），因而其初始流行也不可能晚於武氏在位年代。

　　[2] 關於漢文《下部讚》產生年代，據虞萬里考，應在在寶應二年（763）至大曆三年（768）之間，或建中元年（780）至貞元二十一年（805）間，見氏作《敦煌摩尼教〈下部讚〉寫本年代新探》，《敦煌吐魯番研究》第1卷，商務印書館，1995年，頁37-46。

　　[3] 摩尼生前曾有豪言曰："在西方建立教會的，其便不到東方；選擇在東方建立教會的，就沒有到西方。……而我則希望既到西方，亦到東方。東西方都將聽到我的使者用各種語言發出的聲音，我的使者將在所有的城市中宣明自己的教義。首先在這一點上，我的教會便優於以往的教會。因爲以往的那些教會，都只是局限於個別的國家、個別的城市；我的教會則遍佈於所有的城市，我的福音將傳遍每個國家。"語出20世紀30年代埃及發現的摩尼語錄《克弗來亞》（*Kephalaia* CLIV），見 C. G. Schmidt & H.J. Polotsky, "Ein Mani-Fund in Ägypten, Originalschriften des Mani und seiner Schüler", *SPAW*, phil. -Hist. Klasse, 1933, p.45.

者語言學研究的基礎上，著重從歷史學、文獻學的角度加以考察，闡發其音譯之背景、漢文之意涵，或不得不音譯之原因。竊意了解華夏摩尼教的譯經傳統，於鑒定霞浦所發現相關科册之形成年代，[1]正確解讀箇中所蘊藏的歷史信息，或有所啓示。

5.2　音譯詞語考察

《殘經》所見音譯詞語，依次爲"阿馱""未勞俱孚""呼嚧瑟德""呦嘍囃德""窣路沙羅夷""路傷""業羅泱""嶷嚙而雲喱""摩訶羅薩本""電䑣（那）勿""應輪""寧萬""夷數""慕闍"和"拂多誕"等15個，申論如次。

5.2.1　人名一："阿馱"

"阿馱"一詞僅見於《殘經》開篇第5行，上下文作：

□□□□□□若不遇緣，無由自脫，求解□□□□宍身本性，是一爲是二耶?一切諸聖，出現扵世，施作方便，能救明性，得離衆苦，究竟安樂?作是問已，曲躬恭敬，卻住一面。尒時明使告阿馱言：善哉善哉！汝爲利益無量衆生，能問如此甚深秘義，汝今即是一切世閒盲迷衆生大善知識。我當爲汝分別解說，令汝疑網永斷無餘。……（寫卷第1—8行）

從語境看，"阿馱"無疑是個人名。按古今翻譯通例，人名一般均用音譯。是以，西方學者將該名與摩尼高足'd'［addā］對號。[2]不過，觀開篇之行文用語，明顯師法漢譯佛經，故竊疑如此開篇未必源於胡語原典，而是漢文經典製作者效法佛典，直接用漢文撰寫，虛託一個提問者的名字而已。[3]竊意對中亞摩尼教會來說，最應備受尊敬的摩尼高足，應是阿莫(Ammō)，據云其通曉帕提亞語，由摩尼派往東方帕提

　　〔1〕詳參陳進國、林鋆：《明教的新發現——福建霞浦縣的摩尼教史跡辨析》一文，載李少文主編，雷子人執行主編：《不止於藝》，北京大學出版社，2010年，頁343—389。

　　〔2〕É. Chavannes et P. Pelliot, "Un traité manichéen retrouvé en Chine, traiduit et annoté", *Journal Asiatique*（*JA*）, 10. sér., XVIII, 1911, p.509, n.(4).

　　〔3〕詳參本書《京藏摩尼經開篇結語辨釋》。

亞（Parthia）傳教，並繼續東進，挺入中亞粟特地區。[1] 阿莫用帕提亞語譯寫了大量的摩尼著作，[2] 爲爾後的獨立中亞教會奠定了基礎。輯入《下部讚》的長篇詩偈《歎明界文》（第261—338行）題下云"未冒慕闍撰"，據亨寧教授（W. B. Henning）考證，"未"爲"末"之訛，"末冒"即爲 Mār-Ammō，[3] 是爲阿莫之敬稱。在《下部讚》中，詩偈有署明作者的，尚有"普啓讚文　末夜慕闍作"（第120行），"稱讚忙你具智王　諸慕闍作"（159行），"一者明尊　那羅延佛作"（第164行），"收食單偈　大明使釋（第168行），"歎諸護法明使文　于黑哆忙你電達作"（第184行），"歎無上明尊偈文　法王作之"（第222行），"歎五明文諸慕闍作"（第235行）等，獨未見署名"阿馱"或可與'd'［addā］諧音者，足見在東方摩尼教徒心目中，'d'並非最熟悉和最重要的慕闍。由是，如教主說法緣起非由其高足來提問不可，則與其託名'd'，就不如託名 Ammō. 前者畢竟是被派往西方羅馬傳教，與東方教會無甚關係。竊意"阿馱"之名，不過是粟特人所常用者，如《北史》便載有名曰"康阿馱"之胡人。[4]《殘經》的製作者於佛典頻見的"佛告阿難言"必耳熟能詳，遂用"阿馱"這個熟悉胡名，來個"明使告阿馱言"。

當然，《殘經》以"阿馱"爲名，亦有可能爲了與摩尼高足'd'［addā］諧音，但"馱"，"唐佐切"，[5] 國際音標作 dʰɑ，與摩尼高足'd'［addā］，固可諧音；但若就對音而言，可資遴選漢字甚多，如《殘經》反復出

〔1〕W. B. Henning, "Mitteliranisch",in *Iranistik: Linguistik*, (HO,1 Abt.: Der Nahe und der Mittlere Osten.4. Bd.: Iranistik, 1. Abschn.), Leiden-Köln,:E. J. Brill, 1958, p. 94; "Waručān=Šāh", *Journal of the Great India Society* Ⅺ, No. 2, 1945, p.87.

〔2〕詳參拙文：《早期摩尼教在中亞地區的成功傳播》，見林悟殊：《摩尼教及其東漸》，中華書局，1987年，頁35-45；林悟殊：《摩尼教及其東漸》，淑馨出版社，1997年增訂本，頁35-43。

〔3〕W. B. Henning, "Annotations to Mr.Tsui's Translation，app.To Tsui Chi,'Mo Ni Chiao Hsia Pu Tsan, The Lower (Second？) Section of the Manichaean Hymns,'"，*Bulletin of the School of Oriental and African Studies*，Ⅺ, 1943—1946，p.216, n.6.

〔4〕《北史》卷92《列傳》第80："武平時有胡小兒，俱是康阿馱、穆叔兒等富家子弟，簡選黠慧者數十人以爲左右，恩昵出處，殆與閹官相埒。"中華書局校點本，第10冊，1974年，頁3055。

〔5〕"馱"，見〔東漢〕許慎撰，〔宋〕徐鉉校定：《說文解字》卷10上，"馬部"，中華書局影印本，1963年，頁202上。

現的"達"（見寫卷49、92、97行），[1]中古音作"徒葛切"，[2]國際音標
dʰɑt，亦未嘗不可對之。其選"馱"字，以之爲名，竊意或與漢明帝時白
馬馱經、象教東來之典故有關。該典故唐代兩京無不家喻戶曉，以至
入詩傳誦。[3]經文製作者既那麼熟悉佛經，於此當無不知之理。姑妄言
之。

5.2.2　山名一："未勞俱孚"

"未勞俱孚"，僅見《殘經》第15行，其上下文乃敍明神之創造世
界；

　　　其彼净風及善母等，以巧方便，安立十天；次置業輪及日月
宫，並下八地、三衣、三輪，乃至三災、鐵圍四院、未勞俱孚山，
及諸小山、大海、江河，作如是等，建立世界。（第 13—16 行）
　　就"未勞俱孚山"之解釋，自以沙畹、伯希和爲最早和詳細，[4]
爾後各家解釋，[5]蓋沿襲沙、伯之說，惟芮傳明先生有所闡發。芮先
生在其惠示筆者之未刊稿《從<摩尼教殘經>看宗教和語言的文化交流》
一文中，作如是言：

　　　按沙畹與伯希和之見，"未"字當爲"末"之訛，故此山之
名當爲"末勞"。至於"俱孚"，則當是帕提亞語、中古波斯語
詞 kof 的音譯，義爲"山脈"。這一"末勞"山與古印度宇宙觀
中的世界中心"蘇迷盧（Sumeru）"山及伊朗宇宙觀中的世界中
心"阿爾布爾兹（Alburz）"山是同樣的觀念。（見 Traité I, p.519,

---

〔1〕《下部讚》有一例以"達"字作音譯，見184行的"于黑哆忙你電達"。

〔2〕"達"，見《說文解字》卷2下"辵部"，頁41上。

〔3〕張繼《宿白馬寺》："白馬馱經事已空，斷碑殘刹見遺蹤。蕭蕭茅屋秋風起，一夜雨聲鞞思濃。"
《全唐詩》卷242第45，見中華書局編輯部點校《全唐詩》（增訂本）第4册，中華書局，1999年，頁
2716。

〔4〕Édouard Chavannes et Paul Pelliot, "Un traité manichéen retrouvé en Chine", *Journal Asiatique*,
sér. 10, XVIII, 1911, pp. 499–617. 有關"慕闍"之考釋見 p.519, n.(1).

〔5〕吉田豊：《漢訳マニ教文献における漢字音寫された中世イラン語について》（上），刊《内
陸アジア言語研究》1986年11號，頁1-15，見詞彙表第50；　Werner Sundermann: *Der Sermon vom
Licht-Nous. Eine Lehrschrift des östlichen Manichäismus. Edition der parthischen und soghdischen Version*,
(BTT, 17), Berlin: Akadenile Verlag,1992, p.80.

note 1） 由於梵語常將 Sumeru 略寫作 Meru，故漢譯名也往往稱此山爲"彌樓"等。所以，摩尼教文書在此的"未（末）勞俱孚山"一名，"未（末）勞"借用了印度的"彌樓（蘇迷盧）"觀念；"俱孚"使用了伊朗語 kof（山）的譯音；"山"當然是明確的漢字，不過，它的含義與"俱孚"重複了，故實際上是個衍字。區區五個字，展現了三種不同的文化因素，這是很有趣的現象，同時也是摩尼教漢語文書的顯著特點之一。

竊以爲，假如上揭《殘經》所述的創世說係據西元六七世紀摩尼教中亞教會的新版本，沙、伯氏之解釋及芮先生之闡發，當屬不刊之論。因爲中亞教會頗受佛教文化之影響，在向中亞善信佈道時，把印度 Sumeru 山目爲世界之中心，這是大有可能的；而這一認識也很適合以佛教爲主流宗教之華夏。而"末"誤寫"未"，在古代抄本中並不足爲奇，何況，在現存《殘經》寫卷中，"未"除見於第15行該疑例外，還見於寫卷之第8、126、198、316、342行，而"末"則未之見；因此筆誤的可能性自更大。至於"山"這一"衍字"之出現，在翻譯異域自然地理名稱中並非罕見。[1]不過，如果漢文《殘經》所據的創世說是源於西元三四世紀摩尼的說教，則竊意沙、伯之說未必經得起推敲。緣原始摩尼教創世說的素材，首先離不開本民族的傳統宗教，教主摩尼即便知道印度人把 Sumeru 目爲世界中心，其也不會捨近求遠，把印度人的中心代替本國族之中心。不言自家傳統聖山 Alburz，而稱印度靈山 Sumeru，於情於理不合。

玩上揭《殘經》經文的"未勞俱孚山及諸小山"，從語境看，實謂整個世界所有之山，而"未勞俱孚山"乃與"諸小山'並列，意味著惟其獨大，餘皆爲小。若經文原出摩尼之說教，照邏輯推理，該主山無疑應求諸波斯民族之傳統信仰。既然在古波斯人宇宙觀中，彼等朝夕相處之 Alborz 山脈乃世界之中心，那麼，"未勞俱孚"則當其之謂也。Alborz，亦作 Elburz 或 Elborz，既然西方學者可把"未"目爲"末"之

---

〔1〕如泰國的第一大河，被當地廣居的華人稱爲湄南河，被一些人英譯爲 Menam River，其實，湄南本身就是泰語河流（แม่น้ำ Menam）之音譯。

訛而與 Sumeru 對號，吾輩無妨假設其謄抄時誤把字序倒置，將原來的
"未勞俱孚"試改爲"未勞孚俱"。如是，此四字之中古讀音依次是：
"未"，"無沸切"，[1]讀 mǐwəi；"勞"，"魯刀切"，[2]讀 lɑu；"孚"，"芳
無切"，[3]讀 pʰǐu；"俱"，"舉朱切"，[4]讀 kǐu。四字連讀亦未嘗不可
與 Alborz 等諧音。姑妄言之。

　　據自然地理，Alburz 山脈位於北伊朗，從阿塞拜疆（Azerbaijan）
邊境和亞美尼亞（Armenia）西北部向南延伸，南端直到里海（the Caspian
Sea），東邊止於土庫曼斯坦（Turkmenistan）和阿富汗（Afghanistan）
的邊界。古代瑣羅亞斯德教徒目其爲聖山，其主峰達馬萬德
（Davāmand），更被目爲衆"心靈大師"（the Saheb-e-Dilan， Masters of
the Heart)之所居，原是座死火山。北宋佛僧贊寧(919—1001)《大宋僧
史略》卷下之《大秦末尼》篇有云："火祆火煙切教法，本起大波斯國。號
蘇魯支，有弟子名玄真，習師之法，居波斯國大總長如火山，後行化
於中國。貞觀五年，有傳法穆護何祿，將祆教詣闕聞奏。勅令長安崇
化坊立祆寺，號大秦寺，又名波斯寺。"[5]竊意大總長所往的"火山"
或謂達馬萬德也。

5.2.3　明神名四："呼嚧瑟徳""呦嘍囉徳"
　　　　　"窣路沙羅夷""夷數"

　　《殘經》所見明神稱謂，依次有净風（首見第8行）、善母（首見
第8行）、大智甲（僅見寫卷第9—10行）、先意（首見寫卷第17行），呼
嚧瑟徳、呦嘍囉徳、窣路沙羅夷，惠明使（首見寫卷第57行）、持世明
使（僅見寫卷第109行）、十天大王（僅見寫卷第110行）、降魔勝使（僅
見寫卷第110行）、地藏明使（僅見寫卷第110—111行）、催光明使（僅
見寫卷第111行），夷數，日光明使（僅見寫卷第211行）等15個。該等

　　〔1〕《說文解字》卷14下"未部"，中華書局影印本，1963年，頁311下。
　　〔2〕《說文解字》卷13下"力部"，中華書局影印本，1963年，頁29 2下。
　　〔3〕《說文解字》卷3下"爪部"，中華書局影印本，1963年，頁63上。
　　〔4〕《說文解字》卷8上"人部"，中華書局影印本，1963年，頁164上。
　　〔5〕見《大正藏》（54），No.2126，頁253中。

神名，在不同語種的異域文獻中，多爲音譯，但面對華夏的高位文明，摩尼僧不得不盡量借鑒華夏固有的神名表述方式，大都以地道漢詞擬配。上揭諸神，純音譯者僅有"呼嚧瑟德""呴嘍嚩德""窣路沙羅夷"和"夷數"等四個，比例很小。其間，"夷數"（僅見寫卷第204行）在摩尼創世說中扮演拯救人類元祖的角色，但由於創世說把人類元祖當爲暗魔亂交所生，不合華情，因而在《殘經》中，"夷數"惟一筆帶過。[1]該神源於基督教創始人 Jesus（耶穌），本來就是一個人名，各民族莫不音譯之，《殘經》自一不例外。何況該音譯就只用兩個漢字，完全符合漢人姓名多以兩三字爲度的習慣。因此，與漢俗格格不入的神名實際僅三個耳，即"呼嚧瑟德"（見寫卷第18、74、76、207行）、"呴嘍嚩德"（見寫卷第18、74—75、76、207行）和"窣路沙羅夷"（寫卷第18、20、43、80—81、122、206行）。[2]彼等在《殘經》中均被並列入明神之"十三種大勇力"：

> 其十三種大勇力者，先意、净風各五明子，及呼嚧瑟德、呴嘍嚩德，并窣路沙羅夷等。（第 17—18 行）

據考，"呼嚧瑟德""呴嘍嚩德"分別係帕提亞文 Xrōštag 和 Padwāxtag 的音譯，依次指呼喚和回應兩位明神。[3]像這樣的神名，很難在華夏傳統神譜中找到參照對象，不得不音譯之；但《殘經》爲便於理解，復以漢人熟悉的打更人作譬喻："說聽喚應如喝更者"（第20行）；"以像唱更說聽喚應"（寫卷第42行），由是得以意會這兩個詞之含義。《下部讚》未見這兩位神的音譯名字，但稱"喚應警覺聲"（寫卷第133行）；在新近霞浦發現題曰《摩尼光佛》的清代民間科儀抄本，

---

〔1〕原文作："十二時者，即是十二次化明王，又是夷數勝相妙衣，施与明性。"（寫卷第204—205行）

〔2〕寫卷第206行作"窣（窣）路沙羅夷"。

〔3〕Édouard Chavannes et Paul Pelliot, "Un traité manichéen retrouvé en Chine", *Journal Asiatique*, sér. 10, XVIII, 1911, pp.521—522. M. Boyce, *A Word-List of Manichaean Middle Persian and Parthian*, Leiden，1977, pp.99, 69.該兩神的產生參閱拙文《摩尼的二宗三際論及其起源初探》，刊《世界宗教研究》1982年第3期，頁45—56。修訂本見林悟殊：《摩尼教及其東漸》，中華書局，1987年，頁12—34；淑馨出版社，1997年增訂本，頁12—32；林悟殊：《敦煌文書與夷教研究》，上海古籍出版社，2011年，頁89—112。

其第25頁末行有"警喚應聲如響答"之語，竊意當衍化於茲。[1]該科冊音譯文字甚多，獨未見這兩個音譯神名。疑唐代後期之譯經，當已棄之。

"窣路沙羅夷"，西人早考爲中古波斯語 srwš'hr'y〔Srōsahrāy〕的音譯，[2]譯爲 the righteous Sraoša（正直的斯勞沙），[3]即純淨得救的靈魂所凝聚成的光耀柱（Column of Glory），[4]西方文獻稱其就是天上所見的銀河。就對音而言，並不離譜，但佶屈聱牙，與漢俗稱謂格格不入。《殘經》把實體爲太陽的神稱爲"日光明使"，那麼"窣路沙羅夷"的實體既是銀河，循例可意譯爲銀河明使、銀光明使之類，如是則合華俗。竊意當年摩尼僧未嘗沒有試作意譯，但最終見諸現經文仍不得不作"窣路沙羅夷"，諒必另有苦衷。筆者曾論證《殘經》本應有"月光明使"，但緣外來摩尼僧無從動搖華夏固有的月亮觀，難以用本教月神名號替代嫦娥，故不得不隱晦"月光明使"之稱謂。[5]竊意銀河在華夏民族中，向未被作爲神崇拜，相反的，據千古流傳的牛郎織女愛情故事，[6]銀河是阻隔這對恩愛夫妻相會的障礙物。因此，外來摩尼僧若把銀河作爲明神宣教，則難爲華夏信衆所接受。是以，不得不出此音譯下策。然而，這一遺憾在《下部讚》中就被彌補了，該神被改稱爲佛典之"盧舍那"，該詞音譯自梵文 Locana，義爲光明普照。儘管"盧

---

〔1〕該科冊照片蒙林鴷先生、張鳳女史傳賜，誌謝！

〔2〕最早對該音譯詞進行詞源考察的是沙畹、伯希和，見 Édouard Chavannes et Paul Pelliot, "Un traité manichéen retrouvé en Chine", *Journal Asiatique*, sér. 10, XVIII, 1911, pp.522-523，n.(1).

〔3〕W. B. Henning, "Annotations to Mr.Tsui's Translation，app.To Tsui Chi,'Mo Ni Chiao Hsia Pu Tsan, The Lower (Second?) Section of the Manichaean Hymns'", *Bulletin of the School of Oriental and African Studies*, XI, 1943－1946, p.216，n.8.

〔4〕Gunner B. Mikkelsen, *Dictionary of Manichaean Texts in Chinese,*, Brepols Publishers n.v., Turnhout, Belgium, 2006, p.108；M. Boyce, *A Word-List of Manichaean Middle Persian and Parthian, with A Reverse Index by R.Zwanziger*, (AcIr, 3. sér., II, Suppl., 9a; Textes et mémoires), Téhéran-Liège: Bibliothèque Pahlavi; Leiden:E. J. Brill,1977, p.82.

〔5〕參本書《敦煌摩尼教文書日月神名辨》一文。

〔6〕南朝梁蕭統（501—531）所編《文選》第2卷，收錄《古詩十九首》（見〔梁〕蕭統編，〔唐〕李善注《文選》，上海古籍出版社，1986年，頁1343-1352），其中第十首即《迢迢牽牛星》（見頁1347），已將牽牛、織女當爲一對熱戀情人描述，足見故事形成之古遠。另參隋樹森編著：《古詩十九首集釋》，中華書局，1955年，頁15-16。

153

·欧·亚·历·史·文·化·文·库·

舍那"亦是一個音譯術語，但其僅有三字，易讀易記，早在公元五世紀就已引進中國，爲漢人所熟知，用於更新"窜路沙羅夷"，倒亦相宜。[1]

5.2.4 魔名二："路傷""業羅泱"

"路傷""業羅泱"相繼見於寫卷第21—22行。《殘經》在敍述衆明神征服暗魔，創造世界，囚禁五類魔後，有云：

> 扵是貪魔見斯事已，扵其毒心，重興惡計：即令路傷及業羅泱，以像净風及善母等，扵中變化，造立人身，禁囚明性……。
> （第21—23行）。

從語境看，"路傷"和"業羅泱"無疑就是魔類兩個頭目的音譯名字，其奉命按明神的面貌，變化成人的身軀，以這一身軀來囚禁明性（即由五明子組成的光明成分）。其中"路傷"的"傷"，《說文解字》釋"輕也，從人易聲；一曰交傷。以豉切"，[2]查臺北刊行的《異體字字典》，"傷"即"易"之異體字。西方學者疑其爲"傷"之訛，[3]恐係不諳古漢語多有異體字之故。"傷"，《說文解字》解作"創也，少羊切"[4]"傷"作爲一個常用的動詞，古代鮮見用於音譯。從《殘經》的經文，已清楚地表達了"路傷"和"業羅泱"的身份和角色，西方學者遂將"路傷"與異域文獻的 šq1wn，šklwn 對音，[5]而"業羅泱"則對音 Nabroel 或 Namroel。[6]若就對音而言，無疑顯得很勉強。竊意原始摩尼教義關於人類元祖產生的說法，本來與華夏的傳統觀念就衝突，來華摩尼僧不可

---

〔1〕詳參本書《敦煌摩尼教〈下部讚〉下部讚 "電光佛"非"光明處女"辨》一文。

〔2〕《說文解字》卷8，"人部"，中華書局影印本，1963年，頁166下。

〔3〕Édouard Chavannes et Paul Pelliot, "Un traité manichéen retrouvé en Chine", Journal Asiatique, sér. 10, XVIII, 1911, p. 525, note 1; Gunner B. Mikkelsen, Dictionary of Manichaean Texts in Chinese, Brepols Publishers n.v., Turnhout, Belgium, 2006, p.104.

〔4〕《說文解字》卷8，"人部"，中華書局影印本，1963年，頁167上。

〔5〕Gunner B. Mikkelsen, Dictionary of Manichaean Texts in Chinese, Brepols Publishers n.v., Turnhout, Belgium, 2006, p.104.

〔6〕Gunner B. Mikkelsen, Dictionary of Manichaean Texts in Chinese, Brepols Publishers n.v., Turnhout, Belgium, 2006, p.108.

能照搬照譯。[1]但又非提及不可,遂含糊其辭,用上揭兩三行文字敷衍之。其中兩個暗魔的名字,當指人類元祖的生身父母,本已難以啓齒,但爲便於交代,又不得不給彼等安以名字。在經文中,其名字僅止兩三字,字組又未見有何佳意褒義,是爲漢人所能接受的暗魔代號。既然其所述的細節顯不能與西域文獻契合,焉能冀以角色名字能對上音?

5.2.5　術語二:"嚈嚌而雲喔""摩訶羅薩本"

《殘經》中,最令人費解的術語,竊意應數寫卷第63行的"嚈嚌而雲喔"和第79行之"摩訶羅薩本",均僅一現,而在存世的内外典中,皆未之見。

據西域文獻之摩尼創世說,稱光明王國之神在征服黑暗王國過程中,部分光明分子被暗魔吞噬並消化,爾後明神不得不想方設法,從暗魔身上把該等光明分子取回。[2]就此,《殘經》有如下相應的一段表述:

> 其惠明使,亦復如是。既入故城,壞怨敵已,當即分判明暗二力,不令雜亂。先降怨憎,禁扵骨城,令其淨氣,俱得離縛;次降嗔恚,禁扵筋城,令淨妙風,即得解脱;又伏婬慾,禁扵脈城,令其妙水,即便離縛;又伏怨怒,禁扵肉城,令其妙水,即便解脱;又伏愚癡,禁扵皮城,令其妙火,俱得解脱。貪慾二魔,禁扵中閒;飢毒猛火,放令自在。猶如金師,將欲鍊金,必先藉火;若不得火,鍊即不成。其惠明使,喻若金師,其嚈嚌而雲喔,猶如金鈒。其彼飢魔,即是猛火,鍊五分身,令使清淨。惠明大使,扵善身中,使用飢火,為大利益。其五明力,住和合體。因彼善人,銓簡二力,各令分別。如此宾身,亦名故人。即是骨、筋、脈、宾、皮、怨、嗔、婬、怒、癡,及貪、饞、婬,如是十三,共成一身,以像無始無明境界。……(寫卷第57—68行)

---

〔1〕詳參本書《敦煌摩尼教〈下部讚〉"電光佛"非"光明處女"辨》。

〔2〕參拙文《摩尼的二宗三際論及其起源初探》。

簡中"嶷嚼而雲喹"這一詞語,沙、伯亦早已解讀,[1]後人遂據以收入詞條,稱源於帕提亞語 grywjywndgyg[grīwžīwandagīg],意爲 Living Soul,[2]直譯即"活靈魂";學界大體接受這一解釋。[3]博伊斯(M. Boyce)教授將 gryw[grīw],釋爲 self; soul(自我,靈魂),而將帕提亞語 grywjywndg 釋爲 the Living Self(自我活著者),復將帕提亞詞 grywjywndgyg[grīwžīwandagīg],釋爲 of the Living Self(屬於自我生存者)。[4]最新的辭書亦採用這一解釋。[5]查西文辭書對 Soul 的定義是:spiritual or immaterial part of man, held to survive death:[6]構成人的精神或非物質、無形的部分,人死後還繼續存在。照這一釋義,現代漢語把其翻譯爲"靈魂"。該詞在漢語中爲常用詞,教俗均用,公元前便已入楚辭了,東方朔(前154—前93)《七諫·哀命》就有"何山石之嶄巖兮,靈魂屈而偃蹇"之句。[7]道教釋該詞"謂人之精神也,與身體軀殼無關。故人死後,而精神尚存,謂之靈魂。"[8]"靈魂"或簡稱爲"魂":"精與氣融而生形,魂則精氣之靈,變動不居,其於形也直寄耳";[9]釋家或作"魂魄":"心身之異名。魂者心識,有靈用而無形者。魄者

〔1〕Édouard Chavannes et Paul Pelliot, "Un traité manichéen retrouvé en Chine", *Journal Asiatique*, sér. 10, XVIII, 1911, pp.537-538, note 2; E. Waldschmidt und W. Lents, "A Chinese Manichaean Hymanl from Tun-Huang", 刊 *Journal of the Royal Asiatic Society*(*JRAS*) 1926, p.128.

〔2〕Gunner B. Mikkelsen, *Dictionary of Manichaean Texts in Chinese*, Brepols Publishers n.v., Turnhout, Belgium, 2006, p.108.

〔3〕P. Bryder, *The Chinese Transformation of Manichaeism.A Study of Chinese Manichaean Terminology*,Bokförlaget Plus Ultra, 1985, p.96. 吉田豊:《漢訳マニ教文献における漢字音寫された た中世イラン語について》(上),刊《内陸アジア言語研究》,1986年11號,頁1‐15,§36、43。

〔4〕M. Boyce, *A Word-List of Manichaean Middle Persian and Parthian, with A Reverse Index by R.Zwanziger*, (AcIr, 3. sér., II, Suppl., 9a; Textes et mémoires), Téhéran-Liège: Bibliothèque Pahlavi; Leiden:E. J. Brill,1977, p.42.

〔5〕"a. of the Living Self", Desmond Durkin-Meisterernst, *Dictionary of Manichaean Texts. Vol. iii. Texts from Central Asia and China. Part 1. Dictionary of Manichaean Middle Persian and Parthian*, (Corpus Fontium Manichaeorum, Subsidia), Turnhout: Brepols, 2004,p.165.

〔6〕*The Concise Oxford Dictionary*, Oxford University Press, 1982, p.1013.

〔7〕〔宋〕洪興祖撰,白化文等點校:《楚辭補注》卷13《七諫》第13,中華書局,1983年,頁251。

〔8〕李叔還:《道教大辭典》"靈魂"條,浙江古籍出版社影印,1987年,頁652。

〔9〕〔明〕逯中立撰:《周易劄記》卷3,《景印文淵閣四庫全書》第34册,經部·易類,商務印書館,1983年,頁50。

有形體而爲心識之依處者。"[1]假如帕提亞語之 grywjywndgyg 相當於古漢語"靈魂"的話，來華摩尼僧斷不至於不識該詞而棄用。

西方學者把"嶷嚼而雲喔"與帕提亞語 grywjywndgyg 對音，筆者不敢言其非。但問題是照上揭帕提亞語之釋義，則不禁要令人質疑道：漢譯《殘經》的摩尼僧爲何不將該詞意譯，而竟用如此莫名其妙之五個漢字音譯。因此，竊疑《殘經》之不得不音譯，應是其意並非學者所解者。結合上揭"嶷嚼而雲喔"所在之上下文，不難明白此處所說，應是關於明神從暗魔身上取回明子之事。其把惠明使譬爲煉金師，把暗魔的肉體喻爲猛火，用以煉"五分身"——五種光明成分，使其變得清淨。那麼，被喻爲"金釽"的"嶷嚼而雲喔"，實際應指被暗魔吞噬消化了的光明分子，即文中所謂"五分身"。該等藏於暗魔體內的明子，與古代漢人有關靈魂的概念相去甚遠，無從"擬配"。[2]從古代各家於靈魂的概念看，與《殘經》"嶷嚼而雲喔"完全對不上號，就算現代漢語，也很難找到一個適當之詞彙來對譯。可見當初摩尼僧之音譯，實出不得已。

與"嶷嚼而雲喔"對應的一個音譯字組便是"摩訶羅薩本"，其上下文如次：

　　[078]第二日者，即是智惠十二大王，從惠明化，像日圓滿，具足記驗。

　　[079]第三日者，自是七種摩訶羅薩本，每入清净師僧身中，

　　[080]從惠明處，受得五施及十二時，成具足日，即像宰路沙羅

　　[081]夷大力記驗。如是三日及以二夜，扵其師僧乃至行

〔1〕丁福保編纂：《佛學大辭典》"魂魄"條，文物出版社影印，1984年，頁1252。

〔2〕佛僧譯經，遵"格義"之法："以經中事數擬配外書，爲生解之例。"見釋慧皎撰：《高僧傳》卷第4《竺法雅傳》，《大正藏》(50)，No. 2059，頁347上。有關"格義"的闡釋，詳參陳寅恪：《支潛度學說考》，收入氏著：《金明館叢稿初編》，古籍出版社，1980年，頁141-167；蔡鴻生：《〈陳寅恪集〉的中外關係史學術遺產》，見林中澤主編：《華夏文明與西方世界》，博士苑出版社，2003年，頁2-3；復見氏著：《中外交流史史事考述》，大象出版社，2007年，頁415-421。

者，並

［082］皆具有二界記驗。……

沙、伯最早將"摩訶羅薩本"與中古波斯語 Mahraspand 對號。[1]
就對音而言，其比上揭之將"嶷嚕而雲喔"對帕提亞語的 grywjywndgyg，
自靠譜得多。據博伊斯教授釋讀，該中古波斯語單詞複數
作：'mhr'spnd'n, mhr'spnd'n ［(a)mahrāspandān］，本爲瑣羅亞斯德教術
語，謂廣大不朽者（the Bounteous Immortals），用於指被物質囚禁的五
種光明分子，指内懷光明性的選民（used for the 5 Lihgt Elements
imprisoned in matter; and for the Elect,as beings of Light）。[2]這一解釋亦
爲爾後出版的辭書所繼承。[3]按上揭解釋的第一含義，實際與上揭《殘
經》被喻爲"金鈄"的"嶷嚕而雲喔"同，在摩尼教文獻中，matter
指的就是暗魔的身體。暗魔身上所藏的五種光明分子，在《殘經》中
既可稱爲"嶷嚕而雲喔"，當然亦可稱爲"摩訶羅薩本"。不過，從後
者在《殘經》出現的語境看，該等光明成分應指藏於摩尼僧侣身軀者。
雖然光明分子只有五種，但經文卻言"自是七種摩訶羅薩本，每入清
浄師僧身中"，顯與該詞的釋義有出入。儘管有學者稱"可能包括呼應
兩神"，[4]這得不到其他文獻的佐證；而從道理推想，據摩尼創世說，
呼應兩神是參與拯救明子之明神，未曾被暗魔吞噬，何來進入"清浄
師僧身中"。或謂"指摩尼親撰的七種著述"，則有望"七"生義之嫌，
緣無論是漢文的"摩訶羅薩本"抑或夷文 'mhr'spnd'n，現有的文獻都
未見有用於指摩尼作品者。排除了上揭推測的可能性後，竊以爲，如

〔1〕Édouard Chavannes et Paul Pelliot, "Un traité manichéen retrouvé en Chine", *Journal Asiatique*, sér. 10, XVIII, 1911, pp.544-545, note 1.

〔2〕M. Boyce, *A Word-List of Manichaean Middle Persian and Parthian, with A Reverse Index by R.Zwanziger*, (AcIr, 3. sér., II, Suppl., 9a; Textes et mémoires), Téhéran-Liège: Bibliothèque Pahlavi; Leiden:E. J. Brill,1977, pp.10-11.

〔3〕Desmond Durkin-Meisterernst, *Dictionary of Manichaean Texts. Vol. iii. Texts from Central Asia and China. Part 1. Dictionary of Manichaean Middle Persian and Parthian*, (Corpus Fontium Manichaeorum, Subsidia), Turnhout: Brepols, 2004，p.39.

〔4〕Gunner B. Mikkelsen, *Dictionary of Manichaean Texts in Chinese*, Brepols Publishers n.v., Turnhout, Belgium, 2006, p.105.

果 "摩訶羅薩本" 確爲'mhr'spnd'n 的音譯，則冠於其前之 "七種" 二字，可能是抄經者之筆誤。現存之《殘經》原件，不乏塗改、添插、錯訛和脫漏者，而從上引出現 "摩訶羅薩本" 的經文上下看，更顯有脫漏：既然第81行出現 "如是三日及以二夜" 之句，則默示在 "第二日者" 之前，無疑應有 "第一日者，……" 之論述，然原卷闕如，[1] 說明該段經文被漏抄。復顧《殘經》原件，敍述多用排比句之形式，頗爲工整，互相匹對的各節字數亦不會過於懸殊。[2] 但觀此處於 "第二日者" 和 "第三日者" 之鋪敍，從文字和內容都顯得不對稱，"第二日者，即是智惠十二大王，從惠明化，像日圓滿，具足記驗"，僅24字；而 "第三日者，自是七種摩訶羅薩本，每入清淨師僧身中，從惠明處，受得五施及十二時，成具足日，即像窋路沙羅夷大力記驗"，竟達48字，意思又很費解。故疑此處之經文必有錯簡或脫漏者，而 "七種" 之冠以 "摩訶羅薩本" 之前，未必是經文所原有。假如這一推測成立的話，則表明儘管在摩尼之說教中，暗魔和人類的軀體實質都屬於囚禁光明分子的 "物質"，但華夏傳統觀念以黑白分明、邪正有別爲尚，倘把暗魔的身體直同清淨師僧的肉身，將兩者的 "靈魂" 直當一物，難免要引起華人之困惑。來華摩尼僧看來是不得不遷就華情，刻意將摩尼僧身上的光明成分音譯爲 "摩訶羅薩本"，而暗魔身上的則稱 "嚥嚕而雲喔"，以示區別。因自知兩者本是同根，遂將譯名均設定五字。

5.2.6　信徒名號三："電舵（那）勿" "慕闍" "拂多誕"

《殘經》中 "電那勿" 一詞頻現（見寫卷第128、132、135、225、230、238—239、245、251、259、264、271、277、282、288、294、

---

〔1〕陳垣先生之校錄本最先察覺這一點，在錄文中夾注："原本無第一日。"《陳垣學術論文集》，第1集，中華書局1980年，頁378。

〔2〕如見於寫卷207—212行："第一日者，即是惠明。十二時者，即是勝相十二大王，以像清淨光明世界無上記驗。第二日者，即是新人清淨種子。十二時者，即是十二次化明王，又是夷數勝相妙衣，施與明性以此妙衣，莊嚴內性，令其具足，拔擢昇進，永離穢土。其新人日者，即像廣大窋路沙羅夷。十二時者，即像先意及 以淨風各五明子，並呼嚧瑟德、呦嘍曬德，合為十三光明淨體，以成一日。第三日者，即是說聽及喚應聲。十二時者，即是微妙相、心、念、思、意等，及與憐潛、誠信、具足、忍辱、智惠等，是其此喚應。第四日者，以像大界日光明使憐潛相等。十二時者，即像日宮十二化女，光明圓滿. 合成一日。"

159

·歐·亞·歷·史·文·化·文·庫·

300等行），亦有特別之論述：

　　《應輪經》云："若電那勿等身具善法，光明父子及浄法風，
皆於身中，每常遊止。其明父者，即是明界無上明尊；其明子者，
即是日月光明；浄法風者，即是惠明。"《寧萬經》云："若電那
勿具善法者，清浄光明，大力智惠，皆俻在身。即是新人，功德
具足。"（第131—136行）

　　照《應輪經》和《寧萬經》所云，"電那勿"無疑是指那些那些專
意修持的摩尼教徒。按《儀略·五級儀》將摩尼教信徒分爲五級，即：
慕闍、拂多誕、法堂主、純善人、浄信聽者。那麽，能與"電那勿"
相聯繫，自是一至四級者，亦就是出家修持的信徒，相當於佛教之寺
僧。

　　考摩尼教東傳史，西元6世紀，中亞教會在來自巴比倫的領袖撒特
－奧爾米茲（Šād-Ohrmizd）領導下獨立，以登那瓦爾（Dēnāwars）自
稱，宣佈不受巴比倫總教會領導。[1] Dēnāwars，昔年沙、伯考定"電
那勿"即源於是詞，其意爲"真正的、純潔的"。[2] 後來學者發現粟特
文亦有該詞，即 δyn'βr [3] 或 δyn''βr。[4] 按中古波斯語 dynwr[dēnāvar]，
意爲 religious,, devout; religious man，漢語意思就是宗教徒，或謂宗教的
虔誠信徒。[5] 在中古西域語文中，dēnāvar 一詞並非摩尼教所專用，若

〔1〕Mary Boyce, *A Reader in Manichaean Middle Persian and Parthian*, Leiden, 1975，pp. 3, 41.

〔2〕Édouard Chavannes et Paul Pelliot, "Un traité manichéen retrouvé en Chine", *Journal Asiatique*, sér. 10, XVIII, 1911, pp.554—555.

〔3〕I. Gershevitch, *A Grammar of Manichean Sogdian*，Publications of the Philological Society XVI, Oxford 1954, p.266; B. Gharib, *Sogdian Dictionary:Sogdian-Persian-English*, Farhangan Publications, 2004, p.148.

〔4〕E. Benveniste, *Essai de Grammaire Sogcienne*, Paris, 1929, p.218.

〔5〕M. Boyce, *A Word-List of Manichaean Middle Persian and Parthian, with A Reverse Index by R.Zwanziger*, (AcIr, 3. sér., II, Suppl., 9a; Textes et mémoires), Téhéran-Liège: Bibliothèque Pahlavi; Leiden:E. J. Brill,1977, p 38; 並參 Gunner B. Mikkelsen, *Dictionary of Manichaean Texts in Chinese*, Brepols Publishers n.v., Turnhout, Belgium, 2006, p.103.

要音譯，可資選用的漢字甚多；[1]然《殘經》獨選一"電"字，音譯其第一個音節，當非偶然，諒必孕以光明之義，射意摩尼僧與光明之特別聯繫。[2]

當然，用"電"字來音譯孕義，未必是《殘經》所首創，緣其所徵引的《應輪經》和《寧萬經》的經文業已有之。然而，"電那勿"畢竟還是一個音譯詞，與華俗仍頗有隔閡。《殘經》編譯者或許已意識到這一點，遂在行文中亦有所更新，如上面所已徵引第79行的"第三日者，自是七種摩訶羅薩本，每入清淨師僧身中"，其"清淨師僧"無疑就是指修持有素的"電那勿"。《殘經》以"師僧"指代"電那勿"，尚見第81—82行："如是三日及以二夜，於其師僧乃至行者，並皆具有二界記驗"。而《下部讚》便不再採用該音譯稱謂，咸以"師僧"代之（見349、354、407、412行）。霞浦發現的科冊，也未見"電那勿"一詞。如是，默證該音譯稱謂在唐後應希見流行。

至於"慕闍"（寫卷第226、295、316、321、327）、"拂多誕"（寫卷第226、295行），《儀略·五級儀》有云：

[071]第一，十二慕闍，譯云承法教道者；

[072]第二，七十二薩波塞，譯云侍法者，亦號拂多誕。

作爲摩尼教教階稱謂的"慕闍"與"拂多誕"，在《殘經》流行之前，應已見諸朝廷文檔。緣明代何喬遠（1557—1631）《閩書》卷7《方域志》"華表山"條，記當地明教草庵遺址而追敍摩尼教史時提到：

慕闍當唐高宗朝行教中國。至武則天時，慕闍高弟密烏沒斯拂多誕復入見。群僧妬譖，互相擊難。則天悅其說，留使課經。[3]

---

[1]玄奘：《大唐西域記》卷第11"波剌斯國"條下有云："天祠甚多，提那跋外道之徒爲所宗也。"（《大正藏》[51]，頁938上）當年沙、伯氏把此處的"提那跋"亦解爲 dênâvarì（Éd. Chavannes et P. Pelliot, "Un traite manicheen retrouve en Chine", *JA* 1913, p.150.）玄奘到西域取經事在7世紀初葉，時摩尼教在波斯早已被取締殆絕。玄奘所見"甚多"的"天祠"，當爲瑣羅亞斯德教，或間雜婆羅門教等。其謂"提那跋"，當據土著居民對彼等僧人稱謂之音譯，足見該詞應是對佛教之外宗教徒的稱謂。

[2]有關摩尼僧"姓電"的討論，詳參本書《敦煌摩尼教〈下部讚〉"電光佛"非"光明處女"辨》。

[3][明]何喬遠：《閩書》第1冊，廈門大學校點本，福建人民出版社，1994年，頁171。

161

　　而南宋釋志磐(約1195—1274)《佛祖統紀》卷39延載元年（694）條則載"波斯國人拂多誕^{西海大}_{秦國人}持《二宗經》僞教來朝",[1]兩者所載互補,均應源自佚失的唐代政書。[2]

　　何氏云"慕闍當唐高宗朝行教中國",雖並無明言其是否覲見高宗,但言"拂多誕復入見",則意味著該慕闍應是入朝覲見過高宗。由是,可推測"慕闍"之名號,應是在高宗朝（649—683）定下來的,始能見載於朝廷之文檔,傳於漢籍。這個名號自然是音譯,不過選用這兩個漢字應是經過一番推敲的。因爲慕闍作爲最高教階的僧侶來華覲見,就是意在傳播其宗教,在華建立其教會。其在華夏社會活動,無疑需要一個朝野所能接受的合適稱謂。

　　在華傳教的摩尼僧來自中亞摩尼教會,[3]其教會用語是中古波斯語、帕提亞語和粟特語,因此漢文摩尼教經典無疑應直接源於這3種語文。彼等與"慕闍"對應單詞有：中古波斯語 hmwc'g（或 hmucg）［hammōžāg］(teacher; Teacher, 教師),帕提亞語'mwc'g［āmōžāg, ammōžāg］或'mnwcg［āmōžag, āmmōžag］,[4]粟特語 mwc'k'［mōčāk］,[5]mwck［mōčē］［mōč(ā)k/ē］。[6]這3種語文於慕闍稱謂的寫法固不同,但在發音上卻很接近,粟特語雖省去了第一個音節,但主體音節上並無大異。就中亞教會通用的3種語文,教會的專用術語自然應以中古波斯語爲權威。緣摩尼一生著作,除7部用其家鄉語言——東阿拉米語（East Aramaic）,即古代敘利亞語撰寫外,尚有一部用中古波斯語撰寫的《沙卜拉干》(Šābuhragān),專呈沙卜爾(Šābuhr)一世御覽,

---

〔1〕〔宋〕釋志磐：《佛祖統紀》卷39,《大正藏》（49）,No.2035,頁369—370上。

〔2〕參本書《佛書所載摩尼僧始通中國史事辨釋》一文。

〔3〕參拙文：《唐代摩尼教與中亞摩尼教團》,初刊《文史》23輯,1984年,頁85—93;修訂本見林悟殊：《摩尼教及其東漸》,中華書局,1987年,頁64—75;林悟殊：《摩尼教及其東漸》,淑馨出版社,1997年增訂本,頁61—71;林悟殊：《敦煌文書與夷教研究》（當代敦煌學者自選集）,上海古籍出版社,2011年,頁167—178。

〔4〕Desmond Durkin-Meistererernst, *Dictionary of Manichaean Texts. Vol. iii. Texts from Central Asia and China. Part 1. Dictionary of Manichaean Middle Persian and Parthian*, (Corpus Fontium Manichaeorum, Subsidia), Turnhout: Brepols, 2004, p.40.

〔5〕B.Gharib, *Sogdian Dictionary*, p, 220, no. 5507.

〔6〕B.Gharib, *Sogdian Dictionary*, p, 220, no. 5508.

是爲其整個教義之輯要概述。[1]作爲第一教階之稱謂，帕提亞語或粟特語歸根到底都當衍化自中古波斯語。就漢文“慕闍”與中亞語的對音，與粟特語更顯接近，僅有兩個音節。由是，不禁懷疑高宗朝覲見的慕闍，或當時在場的朝廷譯語人是粟特人。其實，高宗朝中書省一位曰史可耽（史訶擔）的譯語人，便是來自粟特史國。[2]不過，古人音譯，爲求方便易讀，常有略音省譯者。唐代就來華異域人在朝廷入檔的名號，多爲省譯，如文獻屢見名曰“及烈”的波斯僧，其間固然有同屬一人者，但以“及烈”命名者顯非止於一人，且在教內都頗有身份。馮承鈞先生認爲“及烈”是敍利亞文鄉主教（korappiqopa）之省譯，[3]應是有道理的。以此推之，慕闍之名，亦大有可能直接由中古波斯語省譯而成。“慕，習也，莫聲，莫故切。”[4]國際音標作 mu；“闍”，中古讀音“當孤切”，[5]國際音標作 tu；或“市遮切”，[6]國際音標擬 dzʰĭa，既用於音譯，當取是音。慕闍，無論與上揭中亞語哪個單詞對音，都只是相對近似而已。而類似近似的對音，可資選擇的漢字甚多，而最後惟選用“慕”“闍”，則未必純屬偶合，應該是有所斟酌推敲的。“慕”有敬仰之意，華夏亦有複姓“慕容”；“闍”，意爲城上重門，城臺。漢人鮮以入名，佛典則廣用於音譯，其間有“阿闍黎”（梵文：Acharya，巴厘文：Acariya），又譯爲闍梨、阿闍梨等，“僧徒之師也。其義爲正行，謂能糾正弟子品行；又謂之軌範師，以其能爲弟子軌范也。”[7] 該詞之義適類同 hmwc'g。是以，在商較 hmwc'g 的漢文名稱時，或曾與

〔1〕參見 MaryBoyce, "The Manichaean Literature in Middle Iranian", *Handbuch der orientalistik*, I, 4, Iranistik, 2, Literature, Lfg.1 Leiden, 1968, pp.69-70.

〔2〕史可耽行狀見羅豐編：《固原南郊隋唐墓地》，文物出版社，1996年，頁69-71；《唐會要》卷61記及史氏在朝廷的行蹤：“永徽元年（650）十一月二十四日，中書令褚遂良抑買中書譯語人史訶擔宅，監察禦史韋仁約劾之。”〔宋〕王溥撰：《唐會要》，中華書局，1955年，頁1067。

〔3〕馮承鈞：《景教碑考》，上海，商務印書館，1931年，頁62。

〔4〕《說文解字》卷10下，“心部”，中華書局影印本，1963年，頁219上。

〔5〕《說文解字》卷1上，“門部”，中華書局影印本，1963年，頁248上。

〔6〕影印《宋本廣韻》，中國書店，1982年，頁66。

〔7〕參丁福保：《佛學大辭典》“闍梨”條，文物出版社，1984年，頁1377。〔劉宋〕曇無蜜多譯《佛說觀普賢菩薩行法經》有“今釋迦牟尼佛爲我和上，文殊師利爲我阿闍黎”之語，見《大正藏》（9），No.0277，第393頁下。

該佛語聯想。無論如何，"慕闍"這一稱謂既能顯示蕃僧的身份而又易記可讀。其於朝廷來說，不過是摩尼僧其人在朝廷備案之代號。不過，既在朝廷入檔，意味著爲朝廷所認可，就不像一般的音譯術語那樣，可隨意用其他同音漢字代替。像摩尼教第五教階，即聽者，《儀略·五級儀》稱"弟五，耨沙喭，譯云一切净信聽者"（第75行）。其"耨沙喭"被還原爲複數形式的帕提亞語 ngwš'g'n［niγošāgān］或中古波斯語 nywš'g'n［niyošāgān］，[1]釋義作 hearers，Auditor.[2] 然《下部讚》寫卷第410—414行有"你逾沙懺悔文"，其"你逾沙"亦被比定爲該中古波斯語之對音。[3]所用漢字有別，蓋緣該層次的信徒，不可能直接與朝廷打交道，其稱謂不可能在朝廷存檔，内典的音譯遂因時因人而異也。但"慕闍"一詞，爾後不論外典、内典，鮮見改用他字。[4]

西文相關辭書於中亞語的"慕闍"惟作 Teacher（教道者）解，或加釋爲摩尼教第一教階之稱謂。其實，於該稱謂内涵的解釋，漢文獻較異域文獻詳盡得多。《儀略·五級儀弟四》有云："弟一，十二慕闍，譯云承法教道者。"（寫卷第71行）可見"慕闍"除職在"教道"外，更肩負"承法"的使命。"承法"——承繼法統、繼承教主摩尼者，竊意用現代漢語可將"承法教道者"釋爲：承繼法統、傳授教理之人。[5]

漢文"拂多誕"的稱謂，當與"慕闍"一樣，爲了備案和在華活

---

〔1〕Gustav Haloun & Walter B. Henning,"The Compendium of the Doctrines and Styles of the Teachings of Mani, the Buddha of Light", *Asia Major* 111, 1952，p.195，note 67; p.212.

〔2〕吉田豊：《漢訳マニ教文献における漢字音寫された中世イラン語について》（上），刊《内陸アジア言語研究》，1986年11號，頁1－15，§ 62。M. Boyce, *A Word-List of Manichaean Middle Persian and Parthian, with A Reverse Index by R.Zwanziger*, (AcIr, 3. sér., II, Suppl., 9a; Textes et mémoires), Téhéran-Liège: Bibliothèque Pahlavi; Leiden:E. J. Brill,1977, p.61.

〔3〕Tsui Chi, "Mo Ni Chiao Hsia Pu Tsan,The Lower (Second) Section of the Manichean Hymns", *BSOAS*, 11，1943—1946, p. 215; Desmond Durkin-Meisterernst, *Dictionary of Manichaean Texts. Vol. iii. Texts from Central Asia and China. Part 1. Dictionary of Manichaean Middle Persian and Parthian*, (Corpus Fontium Manichaeorum, Subsidia), Turnhout: Brepols, 2004, p.256.

〔4〕《下部讚》寫卷"慕闍"八見，惟120行將"慕"作"暮"，恐屬無心筆誤。

〔5〕當年夏倫和亨寧英譯《儀略》作"The first: the 12 *mu-shê*, interpreted 'trustee of the Law and teacher of the Way '" 見 Gustav Haloun & Walter B. Henning, "The Compendium of the Doctrines and Styles of the Teachings of Mani, the Buddha of Light", *Asia Major*, 111, 1952, p.195.竊以爲並未完整體現漢文所傳遞的信息。

動的需要，與有關職官和譯語人商較的結果。不過，中古波斯文第二教階曰 'spsg［ispasag］,[1]上揭《儀略》音譯爲"薩波塞"，"拂多誕"顯非音譯於茲。據上揭何喬遠所載，該稱謂應是延載元年武則天認可摩尼教的產物，爲了與該入覲摩尼僧打交道，並示恩寵，爲其取"拂多誕"這一漢文名號。其寓去除荒誕之意，諧胡語某些宗教尊號之音。由於該名號來自朝廷，而用此名號者適屬第二品階摩尼僧，教會遂以其作爲該教階之漢文稱號。筆者已有另文專考，[2]不贅。

照上面 dynwr［dēnāvar］的意涵，慕闍和拂多誕自屬該範疇無疑，但他們的身份特別高，與一般的電那勿不同。在《殘經》中，已把彼等明確地區別於一般的出家僧侶，這有兩處經文有證，其一見寫卷第225—226行：

　　　若電那勿具足十二光明時者，當知是師與眾有異。言有異者，是慕闍、拂多誕等，於其身心，常生慈善；柔濡別識，安泰和同。……

另一見寫卷第294—296行：

　　　十一齊心一等者。若有清淨電那勿等內懷齊心性者，當知是師有五記驗：一者法主、慕闍、拂多誕等所教智惠、善巧方便、威儀進止，一一依行，不敢改換，不專己見。……

體味這兩段經文，可以看出所謂慕闍、拂多誕，是配合法主對一般電那勿進行傳道授法，協助教主拯救彼等明性者。於他們自身來說，似乎已修煉得差不多了，否則不可能幫助一般電那勿"常生慈善；柔濡別識，安泰和同。"[3]

5.2.7　經名二："應輪""寧萬"

上揭《殘經》第131—136行徵引了《應輪經》和《寧萬經》兩段

---

　　〔1〕M. Boyce, *A Word-List of Manichaean Middle Persian and Parthian, with A Reverse Index by R.Zwanziger*, (AcIr, 3. sér., II, Suppl., 9a; Textes et mémoires), Téhéran-Liège: Bibliothèque Pahlavi; Leiden:E. J. Brill,1977, p 22.

　　〔2〕詳參本書《摩尼教"拂多誕"名辨》。

　　〔3〕另參本書《京藏摩尼經開篇結語辨釋》。

經文。按《儀略·經圖儀》有云："第一，大應輪部，譯云《徹盡萬法根源智經》"（寫卷第58行），夏倫（G. Haloun）和亨寧教授稱《應輪經》即爲"大應輪部"，亦即科普特文獻的 εὐαγγέλιον，該詞在中亞摩尼教文獻中被訛音爲 'wnglywn，"應輪"便是該詞的音譯。[1] 查摩尼的第一部著作，中古波斯語稱爲 ewangelyōn zīndag。[2] 其前者意爲福音，後者意謂生活，[3] 本意當爲生活之福音。假如《殘經》所引《應輪經》就是'wnglywn 的話，那就並非單純的音譯，而是音義兼顧的省譯。胡語的多音節詞被省譯爲"應輪"二字，復效法佛典綴以"經"，作爲著作的名稱。"應輪"二字立使人聯想佛門的"法輪""輪王"等術語。不空（705～774）譯《仁王護國般若波羅蜜多經》卷下《不思議品》第六就稱"般若波羅蜜多""能應輪王名如意珠"；[4] 唐後譯經《佛説大悲空智金剛大教王儀軌經》卷2更闢有《大相應輪品》之章。[5]

《儀略·經圖儀》又云："第三，泥萬部，譯云《律藏經》，亦稱《藥藏經》。"夏倫和亨寧教授復稱《寧萬經》即爲"泥萬部"。該經中古波斯語讀 dēwān，英譯爲 Epistles(《使徒書》)。[6] "寧"，"奴丁切"，[7] 國際音標作 nieŋ；"萬"，"無販切"，[8] 國際音標作 mĭwen。假如"寧萬"音譯自 dēwān 的話，則顯非一般的對音，緣"寧"與 dē 的讀音頗有距離，聲母韻母均不契合；而"萬"雖尚可與 wān 對音，但可與之對音的漢字成串。《殘經》製作者選此兩字對譯，猶如上揭用"應輪"對

---

〔1〕Gustav Haloun & Walter B. Henning, "The Compendium of the Doctrines and Styles of the Teachings of Mani, the Buddha of Light", *Asia Major*, 111, 1952, p.194.note 61; p.205.

〔2〕M. Boyce, *A Reader in Manichaean Middle Persian and Parthian*, Leiden:E. J. Brill, 1975, p.12.

〔3〕M. Boyce, *A Word-List of Manichaean Middle Persian and Parthian, with A Reverse Index by R.Zwanziger*, (AcIr, 3. sér., II, Suppl., 9a; Textes et mémoires), Téhéran-Liège: Bibliothèque Pahlavi; Leiden:E. J. Brill,1977, pp.16, 106.

〔4〕〔唐〕不空譯：《仁王護國般若波羅蜜多經》，《大正藏》（8），No. 0246，頁843中。

〔5〕〔宋〕法護譯：《佛説大悲空智金剛大教王儀軌經》，《大正藏》（18），No. 0892，頁592上-下。

〔6〕Gustav Haloun & Walter B. Henning, "The Compendium of the Doctrines and Styles of the Teachings of Mani, the Buddha of Light", *Asia Major*, 111, 1952, p.207.

〔7〕《説文解字》卷5上"丂部"，頁101上。

〔8〕《説文解字》卷14下"内部"，頁308上。

譯 'wnglywn 那樣，應另有意趣。

考史上凡爲朝廷認可的宗教，殆無宣稱有護國安民之力，無不爲朝廷祈禱國泰民安者，類似"國界清寧萬姓安樂"[1]之禱詞甚多，摩尼教自不例外，《下部讚》就是以"四海咸寧，萬人安樂"爲結語。因此，以"寧萬"二字音譯，至少可使華夏人士與國家萬民之安寧作聯想，想像該經之無窮妙力。

5.3　餘論

《殘經》產於武周時代，作爲一部外來宗教的早期譯經，七千餘字，不惟未見任何成句成行的音譯經文，新輸入的音譯詞語亦不外15個；而據本章之考察，其間純屬對音翻譯，與華俗格格不入者惟若干耳，而且均實出無奈。可見，唐代來華摩尼僧爲了實現教主在東方傳播福音的宏願，自始便殫精竭慮，盡最大的努力，將本教的義理，包括每個詞語都用華人所能理解的漢文表述之。爾後產生的另兩部漢文經典，更是繼承發揚這一傳統。《儀略》於諸多音譯詞語，都用漢語一一加以解釋，固不待言；而《下部讚》則棄用《殘經》《儀略》不合華俗的音譯詞語，新見的音譯名稱僅有神名三："閻默"（第131、135行），"劫傷怒思"（第205行），"耶俱孚"（第215行）；詩偈作者名諱四："末思信"（第83行），"末夜"（第120行），"于黑哆"（第184行），"未冒"（第261行）；教徒名號二："電達"（第184行）、"你逾沙"（第410行）；另外教主摩尼被改稱"忙你"。可見除一個四字外，其他蓋以二三字爲度。《下部讚》應是中國摩尼教科儀本的初始形態，緣其所輯入的詩偈有標示適用的場合或人群者，[2]有示意誦唱次序、提示動作者，[3]顯爲儀

---

[1] "諸佛護念萬國來朝，令國界清寧萬姓安樂"，見〔唐〕不空譯《大乘瑜伽金剛性海曼殊室利千臂千缽大教王經》卷5《二者後演一切賢聖入法見道顯教修持》第4品，《大正藏》（20）No. 1177A，頁747中。

[2] 如寫卷第 339行"旬齋默結願用之"，第347行"凡常日結願用之"，第405行"此偈爲亡者受供結願用之"，第410行"此偈你逾沙懺悔文"。

[3] 如寫卷351行云："右，三行三礼，立者唱了，與前偈結，即合衆同聲言'我等上相……'。"

式腳本。這樣一個腳本，約一萬一千字，箇中音譯詩偈亦不外三首，計16行381字；另有"烏列弗哇阿富覽"七字（第1851行），作爲《歎諸護法明使文》之首句。所有音譯詩偈所佔篇幅不足整個寫卷的零頭。該等實出於當時宗教儀式的某種需要，與宣傳教理無關。[1]

　　漢文摩尼經音譯詞語之研究，自屬語言學之範疇，本爲筆者所不敢染指者。拙文不過是在西方語言學研究的有關成果上，從歷史學和文獻學的角度略做申說。如是考察，實有感而發：近年福建霞浦新發見的科儀抄本，最備受學界矚目的莫過於上面提及的科册《摩尼光佛》。據林鋆先生惠賜的抄本照片，可見全册内文82頁，凡665行，錄得8373字。其間除散見於行文的音譯詞語外，成行成塊、未見句斷、標音的純音譯文字竟達13處之多，凡936字，佔可錄文字約12%。這樣一本充斥音譯文字的科册，被認爲是北宋明教的傳抄本，[2] 稱爲"霞浦摩尼教徒所尊奉的主要經典"，[3] "典型的摩尼教齋醮科儀經典"，[4] 云云。而據上面對唐代漢文摩尼經之考察，可知摩尼僧之譯經，音譯純屬無奈，即便音譯，亦力求近乎華俗。揆諸常理，隨著摩尼教之華化、本土化、鄉土化，經文音譯的成分只能減少，不可能增加。因此，假如認定《摩尼光佛》科册乃北宋明教所流行者，豈非北宋明教比唐代摩尼教更具胡味？竊意對敦煌摩尼教寫經音譯成分的考察，或可作爲一個系數，供對類似的霞浦科册進行歷史文獻學考察時參照。然耶非耶？期待明教。

　　　　　　（本章初刊《世界宗教研究》，2014 年第 1 期，頁 1-13。）

---

〔1〕詳參本書《摩尼教〈下部讚〉音譯詩偈辨說》一文。

〔2〕參元文琪：《福建霞浦摩尼教科儀典籍重大發現論證》，載《世界宗教研究》2011年第5期，頁168-180，有關論述見頁169。

〔3〕樊麗沙、楊富學：《霞浦摩尼教文獻及其重要性》，載《世界宗教研究》2011年第6期，頁177-183，引文見頁179。

〔4〕元文琪：《福建霞浦摩尼教科儀典籍重大發現論證》，頁170。

6 京藏摩尼經開篇結語辨釋

6.1 引言

　　編號爲"宇56/北敦00256"之京藏敦煌卷子，乃漢文摩尼經（以下簡稱《殘經》），[1]卷長639 cm，高27 cm，現存凡345行，卷首略有有殘缺，卷面正文有個別脱字，全卷可錄7202字。另據文意，寫卷個別地方顯有漏句，但字數不會多。觀現存寫卷，雖首尾缺題，但内容始終明晰，文字雖有殘缺、脱漏，但尚大致完整。《殘經》寫卷出現"拂多誕"一詞（第226、295行），乃延載元年（694）則天朝爲入覲摩尼僧所取稱號，[2]這就意味著該經的問世不可能早於是年，而現存的寫卷有武則天造字"㸴"（正）（見寫卷第356、341行），因而其初始流行也不可能晚於武氏在位年代（690—705）。

　　《殘經》作爲唐代摩尼教之早期漢文經典，無論實質性内容據摩

---

〔1〕該寫卷最先由羅振玉先生著錄，名以《波斯教殘經》，公刊於1911年的《國學叢刊》第2册；隨後法國漢學家沙畹（Édouard Chavannes）、伯希和（Paul Pelliot）即將其界定爲摩尼教經典，發表長篇論文《中國發見之摩尼教經典》法譯並詳加考釋，見：É. Chavannes et P. Pelliot, "Un traité manichéen retrouvé en Chine", *Journal Asiatique (JA)*, sér. 10, XVIII, 1911, pp.499–617；1923年，陳先生復把該寫卷校錄，名爲《摩尼教殘經一》，刊於《國學季刊》第1卷第3號，頁531–544；中華書局1980年出版的《陳垣學術論文集》第1集，收入《摩尼教入中國考》一文，仍以《摩尼教殘經一》爲名，作爲該文附錄，見頁375–392。

〔2〕參本書《摩尼教"拂多誕"名辨》。

尼何典，[1]其借鑒佛僧譯經之格義方法，[2]除大量採用佛教術語擬配外，開篇和終結更一依佛經模式。這就提示吾輩：摩尼教之華化，作爲一個進程，當始於入華之初。由是，會昌年間之遭取締，則不過是斷絕該教與域外教會的組織聯繫，迫使其在中原本土化耳。至於宋代以明教著稱之民間宗教，則爲唐代摩尼教遺緒在華夏本土化之物。新近霞浦發現的近世民間法師所用科儀文書，[3]其間所見明教遺跡，更顯示該教在南宋遭受取締後，進一步與鄉土民間信仰合流，於明末到民初年間，某些遺經竟爲民間法師所採擷吸收，遂成爲當地"新明門"的素材。[4]波斯摩尼教在華發展、變異及其歸宿這一漫長的軌跡，就現有確鑿可資考證的資料而言，自以《殘經》發其端。本章擬重點考察該寫經開篇和結語，庶幾斑窺摩尼教華化之初始形態。

6.2 《殘經》開篇辨釋

現存《殘經》寫本卷首殘缺（見圖版6.1），開篇首段僅剩4行：

　　［001］□□□□□□若不遇緣，无由自脫，求解□□□□

　　［002］宍身本性，是一爲是二耶?一切諸聖，出現扵世，施作

　　［003］方便，能救明性，得離衆苦，究竟安樂?作是問已，曲躬

　　［004］恭敬，却住一面。

---

〔1〕《〈摩尼教殘經一〉原名之我見》，刊《文史》21輯，1983年，頁89-99；修訂本見《摩尼教及其東漸》，中華書局，1987年，頁191-267；林悟殊：《摩尼教及其東漸》，淑馨出版社，1997年增訂本，頁211-226；最新補訂見林悟殊：《敦煌文書與夷教研究》（當代敦煌學者自選集），上海古籍出版社，2011年，頁1-21。

〔2〕有關"格義"的闡釋，詳參陳寅恪：《支湣度學説考》，收入氏著：《金明館叢稿初編》，上海古籍出版社，1980年，頁141-167；蔡鴻生：《〈陳寅恪集〉的中外關係史學術遺產》，見林中澤主編：《華夏文明與西方世界》，博士苑出版社，2003年，頁2-3；復見氏著：《中外交流史史事考述》，大象出版社，2007年，頁415-421。

〔3〕詳參陳進國、林鋆《明教的新發現——福建霞浦縣的摩尼教史跡辨析》，載李少文主編、雷子人執行主編：《不止於藝》，北京大學出版社，2010年，頁343-389。

〔4〕詳參黃佳欣：《霞浦科儀本〈樂山堂神記〉再考察》，見本書附錄。

［005］尒時明使告阿馱言：善哉善哉！汝爲利益无量衆

［006］生，能問如此甚深秘義，汝今即是一切世閒盲迷衆

［007］生大善知識。我當爲汝分別解說，令汝疑網永斷

［008］無餘。⋯⋯

如是以門徒提出問題，然後由教主回答的說經模式正是佛典所常見。當然，這種問答模式，並非佛教的"專利"，瑣羅亞斯德教之《阿維斯陀》早已有之，未受佛教多大影響的西傳摩尼教文書也有之，但彼等多爲對話模式，簡單設問，扼要回答。漢譯佛典的問答式，則往往開篇多所渲染，有場景描述，交代聽衆身份，問題提出的緣起，於提問者更有表情、動作描述，渲染得煞有其事似的。至於回答，相應自是長篇宏論。姑舉二例開篇以參照，吳康居國沙門康僧會譯《六度集經》卷8《明度無極》章第6：

> 一時，佛在舍衛國祇樹給孤獨園，與千二百五十比丘俱，菩薩萬人共坐。第一弟子鶖鷺子前稽首長跪，白言："車匿宿命，有何功德？菩薩處家，當爲飛行皇帝，而勸棄國入山學道，自致爲佛，拯濟衆生，功勳巍巍，乃至滅度。唯願世尊爲現其原。"佛歎曰："善哉善哉！鶖鷺子所問甚善！車匿累世功勳無量，爾等諦聽，吾將說之。"⋯⋯[1]

東晉天竺居士竺難提譯《大寶積經大乘方便會》第38之一：

> 一時佛在舍衛國祇樹給孤獨園精舍，與大比丘八千人俱，皆學無學大聲聞衆；菩薩摩訶薩萬二千人，皆得神通衆所知識，得陀羅尼無礙辯才，得諸法忍無量功德，皆悉成就。爾時，如來從三昧起，無量百千萬億衆生恭敬圍遶，而爲說法。爾時，衆中有菩薩摩訶薩名曰智勝，即從座起，偏袒右肩，右膝著地，合掌向佛，而白佛言："世尊，欲問一事，唯願聽許。若佛聽者，乃敢諮請。"佛告智勝菩薩："善男子，恣汝所問，當爲汝說斷汝所疑。"爾時智勝菩薩白佛言："世尊所言方便，何等爲菩薩方便？世尊

〔1〕康僧會譯：《六度集經》，見《大正藏》（3），No. 0152，頁44中。

云何菩薩摩訶薩行於方便？"如是問已。佛讚智勝菩薩言："善哉善哉！善男子，汝爲諸菩薩摩訶薩故，問方便義，多所利益，多所安樂。愍念世間利益安樂，唯天世人，爲攝未來諸菩薩智慧，及去來現在諸佛法故。善男子，當爲汝說，諦聽諦聽！……"[1]

上揭《殘經》引文惟見直接提出問題，至於佈道場所、聽衆身份等背景描述則闕如，但由於寫卷起始部分有缺，竊意該等很可能就存於被脫落的部分。這不妨參照一下景教經文。同爲敦煌出洞之珍的日藏《大秦景教宣元本經》（編號羽431），其開篇作：

> 大秦景教　宣元本經
>
> 時景通法王，在大秦國那薩羅城和明宮寶法雲座，將與二見，了決真源。應樂咸通，七方雲集。有諸明淨士，一切神天等妙法王，无量覺衆，及三百六十五種異見中民。如是族類，无邊无極，自嗟空昧，久失真源。馨集明宮，普心至仰。時景通法王，端嚴進念，上觀空皇，親承印旨，告諸衆曰：……[2]

此處先交代演講者稱謂、演講地點和聽衆身份，顯屬效法漢譯佛經，並非該教固有的傳統。該教源於基督教聶斯脫里派，該教所遺留下來經典，包括敍利亞文，以及粟特文等，未見有例可循。其"在大秦國那薩羅城和明宮寶法雲座"一句，更似曾相識："釋迦牟尼佛在補陀落迦山觀世音宮殿寶嚴道場中，……"[3]

現存的另一景教敦煌寫經《志玄安樂經》，開篇儘管殘缺，但可看出模式大體相同。

---

〔1〕竺難提譯：《大寶積經大乘方便會》，見《大正藏》（11），No. 0310，頁594下。

〔2〕該寫本見武田科学振興財団杏雨書屋編《敦煌秘笈》影片册5，武田科学振興財団，2011年，頁397。有關考釋參拙文：《敦煌遺書〈大秦景教宣元本經〉考釋》，刊香港《九州學刊》第6卷第4期敦煌學專輯，1995年，頁23-30；修訂本〈敦煌本〈大秦景教宣元本經〉考釋〉，見拙著《唐代景教再研究》，中國社會科學出版社，2003年，頁175-185；最新修訂本見《敦煌文書與夷教研究》，2011年，頁248-258。該經文亦刻於2006年5月洛陽發見的唐代景教經幢，參拙文《經幢版〈大秦景教宣元至本經〉考釋》，見林悟殊：《敦煌文書與夷教研究》（當代敦煌學者自選集），上海古籍出版社，2011年，頁259-283。

〔3〕〔唐〕伽梵達摩譯：《千手千眼觀世音菩薩廣大圓滿無礙大悲心陀羅尼經》，《大正藏》（20），No. 1060，頁106上。

［01］志玄安樂經

［02］聞是至言，時无上□□□□□□□□□

［03］河，浄虛堂內，与諸□□□□□□□□□

［04］衆，左右環遶，恭敬侍立，□□□□□□□

［05］伽，從衆而起，交臂□□□□□□□□□

［06］我等人衆，迷惑固□□□□□□□□□

［07］何方便救護，有情□□□□□□□□□

［08］弥施訶答言："善哉□□□□□□□□□

［09］生，求預勝法，汝□復坐，斂神□□□□□□

［10］一切品類，皆有安樂性，……[1]

就在華的譯經活動，景教無疑早於摩尼教，緣據西安景碑，景僧早於貞觀九祀（635）間便已到中國"翻經書殿"。[2]該教在武宗迫害外來宗教之前，與李唐王朝關係一直良好，李唐以道教教主李聃爲祖先，上揭兩部漢文經典的內容均頗具道味，但開篇仍以效法佛典爲尚。景教尚且如此，遑論更擅長變通的摩尼教。武周奉佛教爲尊，[3]摩尼教受則天優容，自然更明白依傍佛教之重要性。因此，推測《殘經》寫卷起始脫落部分，包含類乎佛經的場景描述和在場聽衆身份介紹，並非憑空臆測。其實，《殘經》之末尾部分亦有披露其聽衆的組成：

［316］……尒時會中諸慕闍等，聞說是經，歡喜踊躍，歎未曾

［317］有。諸天善神，有碍无碍，及諸國王、群臣、士女、四部之衆，无量

［318］无數，聞是經已，皆大歡喜。……

〔1〕該寫本原件照片亦公刊，見武田科学振兴财团杏雨书屋編《敦煌秘笈》影片册1，武田科学振兴财团，2009年，頁128-133。寫卷釋文見林悟殊：《敦煌文書與夷教研究》（當代敦煌學者自選集），上海古籍出版社，2011年，頁314-323；對該寫卷考證《景教〈志玄安樂經〉敦煌寫本真僞及錄文補說》見同書，頁294-314。

〔2〕西安景碑正文第9行，景碑釋文見拙著《中古夷教華化叢考》，蘭州大學出版社，2011年，頁260-268。引文見頁261。

〔3〕"則天天授二年（691）四月,詔令釋教在道門之上,僧尼處道士女冠之前。"見贊寧《大宋僧史略》卷中《僧道班位》，見《大正藏》（54），No.2126，頁246中。

引文所提到的教俗各界聽衆，在開篇中諒必有所提及，前後始能呼應。不過，所臚列的該等聽衆，佛典常見。東晉譯經《佛說菩薩本行經》卷上有曰：

> 一時，天帝釋、無數諸天、國王群臣、夫人婇女、無量庶民，異口同音悉讚歎言："善哉！善哉！"歎未曾有，歡喜踊躍，皆奉行十善之教。[1]

西秦聖堅譯《佛說睒子經》有云：

> 一時，佛在比羅勒國，與千二百五十比丘俱，及衆菩薩、國王、大臣、人民，長者、居士、清信、士女不可稱計，一時來會。[2]

東晉瞿曇僧伽提婆譯《增壹阿含經》卷13《地主品》第23有：

> 爾時，迦游延比丘尼及波斯匿王、四部之衆，聞佛所說，歡喜奉行。[3]

可見，《殘經》所列的聽衆除了本教的"慕闍"，或所謂"善神"外，其他大致套自佛典。依筆者觀之，《殘經》製作者熟習當時流行的佛典，於佛典表述風格了然於胸，於佛典的一些術語、套語運用自如。阿馱提問題的用語，便多出自佛門："施作方便"，當套自佛典的"施造方便"，"方便"，梵語 upāya，《殘經》取其"方法""便用"之義。[4]"究竟"，梵語作 uttara，形容至高無上之境界，或對事物徹底極盡之意。[5]"究竟安樂"，佛典或作"究竟樂"，《殘經》當取其"離一切苦"之義。[6]至於其他一些格式用語，實都爲佛典常見者，像第3行"作是問已"，佛典言弟子提問畢，多用此四字，[7]而問畢後謙恭表現

---

〔1〕《菩薩本行經》，《大正藏》（3），No. 0155，頁113下。

〔2〕〔西秦〕聖堅譯：《佛說睒子經》，《大正藏》（3），No. 0175a，頁438中。

〔3〕〔東晉〕瞿曇僧伽提婆譯：《增壹阿含經》卷第13，《大正藏》（2），No. 0125，頁611中。

〔4〕參丁福保：《佛學大辭典》"方便"條，文物出版社影印本，1984年，頁310-311。

〔5〕丁福保：《佛學大辭典》"究竟"條，頁565。

〔6〕丁福保：《佛學大辭典》"究竟樂"條，頁565。

〔7〕如〔唐〕玄奘譯：《大般若波羅蜜多經》，《大正藏》（6），No. 0220，頁1062下；另有十多部經文可檢得如是用例，不贅。

作"曲躬恭敬，却住一面"，佛典亦多有之；[1] 至於"尒時明使告阿馱言"，佛典則有"爾時佛告阿難言"；[2] "利益無量衆生"，佛典可檢得近200例，法顯（334—420）譯的《大般涅槃經》已見之；[3] 還有"吾當爲汝分別解說"，佛典數以百見。[4] 可見，除了問題的具體內容有別外，在問答形式上的用語殆一模一樣。

不難想象，《殘經》的主體內容，即明使的長篇說教當有原典可據，但經文開篇之鋪墊，當屬來華摩尼僧依華情效法佛典變造而成。因此，提問者的名字是否實有其人，就不必那麼當真。或云"阿馱"即爲摩尼高足'd'［addā]，[5] 即摩尼派往西方傳教者。但對於東方摩尼教徒來說，最受尊敬的摩尼高足應是中亞教會的奠基者阿莫(Ammō)。因此，該提問者或許只是爲效法佛典的開篇模式，虛託一個名字而已。假如《殘經》之"阿馱"，是實指摩尼之某高足，那麼，該高足在經文中顯然是被冷落了。其既然能提出問題，說明其於問題早有思考而未得其解，那麼明使作出解答後，最應談感受的是提問者，但在經文中，阿馱只見於開篇提問，爾後便不再復現，足見該名字不過是爲效法佛經而虛託耳。

6.3　《殘經》結篇辨釋

《殘經》開篇借阿馱之口所提問道："宍身本性，是一為是二耶？一切諸聖，出現扵世，施作方便，能救明性，得離衆苦，究竟安樂？"（第2—3行）所提問題直指摩尼教義根本之所在。摩尼之所以創立其

---

[1] 例如，實叉難陀譯：《大方廣佛華嚴經》有云："爾時，實光明童女，以偈讚歎一切法音圓滿蓋王已，遶無量匝，合掌頂禮，曲躬恭敬，却住一面。"《大正藏》（10），No. 0279，頁395下。

[2] 〔唐〕釋道世撰：《法苑珠林》，《大正藏》（53），No. 2122，頁738上；類似的表述佛典頻見。

[3] 〔晉〕釋法顯譯：《大般涅槃經》，《大正藏》（1），No. 0007，頁203上。

[4] 如見於佛陀耶舍共竺佛念譯《佛說長阿含經》作："佛告諸比丘：'諦聽！諦聽！善思念之，吾當爲汝分別解說。'"《大正藏》（1），No. 0001，頁1下。

[5] Édouard Chavannes et Paul Pelliot, "Un traité manichéen retrouvé en Chine", *Journal Asiatique*, sér. 10, XVIII, 1911, pp.509，n.(4).

175

欧·亚·历·史·文·化·文·库·

宗教，就是認爲人類本身存在明暗二種成分，即明暗二性，乃源於當初世界之形成。寫卷從第8—48行，用了八百餘字論述當初世界如何由明暗"二力和合"造成，人類如何產生，肉身作爲暗性之物如何因禁明性，回答了阿馱所提的第一個問題；阿馱的第二個問題，竊意用現代漢語可表述爲：衆明神降臨世間，用什麼方法措施，提供什麼途徑，使明性得以超脫一切痛苦，得到最終的安樂?就這個問題，寫卷從第48—316行，用了五千六百餘字給以詳盡的回答。如果照佛經的體例，佛陀說經一旦結束，弟子或聽衆若無提出新問題，則意味佈道到一段落，經文惟以提問的弟子名義或聽衆名義，對教主的宣講作一個簡單表態，便結束經文。例如，姚秦天竺三藏鳩摩羅什譯《金剛般若波羅蜜經》的結尾作：

> 佛說是經已，長老須菩提及諸比丘、比丘尼、優婆塞、優婆夷，一切世間天、人、阿修羅，聞佛所說，皆大歡喜，信受奉行。[1]

當然，亦有針對佛陀的說教，談點感受，或對說經效用加以渲染，但都很簡要，如元魏慧覺等譯《賢愚經》卷13《堅誓師子品》第54：

> 爾時四衆，從佛聞說過去因緣，心懷歡喜，深自愧悼悲歎而言："我等愚癡! 不識明哲，生起惡心。唯願如來! 憐愍愚癡，聽悔前罪。"世尊弘慈，因爲說法四諦微妙，隨其宿緣，皆獲諸果，有得須陀洹、斯陀含、阿那含、阿羅漢果者，有發無上正真道意者。是時阿難、四部之衆，聞佛所說，歡喜奉行。[2]

即便這樣全面的結語，亦不過109字耳。然《殘經》的結語從第316至345行，竟達30行，621字之多，而且，從文意看，結語分成三段，第一段（見圖版6.2）作：

> ［316］……尒時會中諸慕闍等，聞說是經，歡喜踊躍，歎未曾
>
> ［317］有。諸天善神，有碍无碍，及諸國王、群臣、士女、

---

〔1〕〔後秦〕鳩摩羅什譯：《金剛般若波羅蜜經》，《大正藏》（8），No. 0235，頁752中。
〔2〕〔隋〕慧覺等譯：《賢愚經》，《大正藏》（4），No. 0202，頁438下。

四部之衆，无量

　　［318］无數，聞是經已，皆大歡喜。悉能發起无上道心，猶如卉木

　　［319］值遇陽春，無不滋茂，敷花結菓得成熟；[1]唯除敗根，不能

　　［320］滋長。

　　寫卷這段經文，早年陳垣先生已疑其有脱字，"唯除敗根，不能滋長"，與上文意思難以銜接，不知所云。竊意不惟此處有脱字或脱句之嫌，而且"悉能發起无上道心，猶如卉木值遇陽春，無不滋茂，敷花結菓得成熟；唯除敗根，不能滋長"整句應屬錯簡。因爲繼"聞是經已，皆大歡喜"之後，無論照佛典常見體例，抑或依一般思維邏輯，應當就是如何奉行的問題，而不是再贅發什麼議論感言。其實，就該段經文，參照佛典常見的結語，只要在318行的"聞是經已，皆大歡喜"後面綴以"信受奉行"四字，復把錯簡調整一下，經文就可讀通並圓滿完結：

　　……尒時會中諸慕闍等，聞說是經，歡喜踊躍，歎未曾有。悉能發起无上道心，猶如卉木值遇陽春，無不滋茂，敷花結菓得成熟；唯除敗根，不能滋長……唯除敗根，不能滋長。諸天善神，有碍无碍，及諸國王、群臣、士女、四部之衆，无量无數，聞是經已，皆大歡喜，信受奉行。

　　此間用"悉能發起无上道心"云云，來作爲慕闍等的聽後感，應爲得體。"無上道"是佛典常用語，謂如來所得之道，無有出其上者，"無上道心"即謂無上道之心，[2]"發無上道心"，竊意可釋讀爲萌發或使其萌發向佛之心，體悟或使其體悟到佛性。佛典多見如是表述，[3]如北涼曇無讖譯《悲華經》卷9《檀波羅蜜品》第5之二有云：

　　我今已化閻浮提人，安置三歸，受八戒齋，住於三乘。我今

---

〔1〕陳垣本夾注："句有脱字。"《陳垣學術論文集》，第1集，頁391。

〔2〕檢索2010年4月版 CBETA 電子佛典，可得373例。

〔3〕檢索2010年4月版 CBETA 電子佛典，可得265例。

當分此閻浮提以爲六分，與此六子，令其得發無上道心，然後我當出家修道。[1]

東晉天竺三藏佛馱跋陀羅譯《大方廣佛華嚴經》卷4《盧舍那佛品》第2之三有云：

說是偈時，如須彌山塵數衆生悉發無上道心。[2]

《殘經》此處之"悉能發起无上道心"，無疑套自佛典，但用"無上道"來比同摩尼教，自然很合適。聽了明使之講解後，明性頓受啓發，以此表達感受，並表示要實踐明使的教誨，作爲全經之終結，無疑得當，適與佛典通例同。上揭的景教《志玄安樂經》的結語亦效法佛經，結經簡潔利落：

岑穩僧伽，重起請益。弥施訶曰："汝當止止，勿復更言。譬如良井，水則无窮，病苦新念，不可多飲，恐水不消，便成勞復。汝等如是，善性初興，多聞致疑，不可更說。"

時諸大衆，聞是語已，頂受歡喜，礼退奉行。（寫卷第154—158行）

然而，出人意表的是，現存《殘經》寫卷在這段結語之後，還另有兩段以"慕闍等"名義的"如是言"，其一見第321—327行（見圖版6.2）：

時慕闍等，頂礼明使，長跪义手，作如是言："唯有大聖，三界獨尊，普是衆生慈悲父母. 亦是三界大引道師，亦是含靈大醫療主，亦是妙空能容衆相，亦是上天包羅一切，亦是實地能生實菓，亦是衆生甘露大海，亦是廣大衆寶香山，亦是任衆金剛寶柱，亦是巨海巧智舩師，亦是火坑慈悲救手，亦是死中与常命者，亦是衆生明性中性，亦是三界諸牢固獄解脫明門。"……

上引"慕闍等"所言凡124字，於明使所宣講的內容，並無實質性的感受，這段話顯爲頌詞，並非發自明使所宣講的教理，給"大聖"所加諸多桂冠，諸如"父母""道師""醫療主""香山""舩師""救手"

---

〔1〕〔北涼〕曇無讖譯：《悲華經》卷第9，《大正藏》（3），No.0157，頁225下。
〔2〕〔晉〕佛馱跋陀羅譯：《大方廣佛華嚴經》卷第4，《大正藏》（9），No.0278，頁417下。

"常命者""明門"等，實際在正文中都未出現，有的還無跡可尋；尤其是稱"大聖"爲"衆生慈悲父母"，顯爲一依華俗，將神明視同父母。若照原始摩尼教義，人類始祖是暗魔亂交的產物，其父母乃一對暗魔，[1]即寫卷第21—22行提到"路傷""業羅泱"。倘其所頌"大聖"乃指明界最高神的話，則屬宗教儀式的脚本，即在儀式進行的某個階段，衆人齊誦的讚詞。作爲說理性的經文，附加這樣的科儀讚文，顯屬不倫不類。若"大聖"指宣講經文的"明使"即教主摩尼的話，那麼這樣一段頌詞，由在場"慕闍等"集體誦讀，則更不合常理。緣佈道者既是教主摩尼本人，那麼聽他佈道的慕闍自是當初其最親近的12位門徒，其中甚或有其親屬，如父親 Pattikios 等。該等門徒可以暢談聽後的心得體會，甚至可發揮教主講話精神，但當著教主之面，集體朗誦與經文主題無内在聯繫的頌詞，蓋難以想象。竊意該等頌詞即便在異域文獻亦有原型可尋，那也是作爲宗教創始人摩尼"回歸光明王國"後始有流行。因此，在明使答阿馱問這樣一篇經文中，以如是讚語作爲聽後感，嫁接的痕跡十分明顯。

復顧該段頌詞，除用語多借自佛典外，所臚列的13個"亦是"導引之排比句，更屬佛經所常見的表述模式。如東晉瞿曇僧伽提婆譯《增壹阿含經》卷7《五戒品》第14：

爾時，世尊告諸比丘："端正比丘者，無有勝難陀比丘；諸根澹泊，亦難陀比丘是；無有欲心，亦是難陀比丘；無有瞋恚，亦是難陀比丘；無有愚癡，亦是難陀比丘；成阿羅漢，亦是難陀比丘。所以然者，難陀比丘端正，諸根寂靜。"[2]

同經卷28《聽法品》第36：

彼云何名爲色？所謂色者，寒亦是色，熱亦是色，飢亦是色，渴亦是色。[3]

北涼時期翻譯的《大方廣十輪經》卷1更有與《殘經》類似者：

〔1〕參本書《敦煌摩尼教〈下部讚〉"電光佛"非"光明處女"辨》。
〔2〕〔東晉〕瞿曇僧伽提婆譯：《增壹阿含經》，《大正藏》（2），No. 0125，頁579上。
〔3〕〔東晉〕瞿曇僧伽提婆譯：《增壹阿含經》，《大正藏》（2），No. 0125，頁707中。

是地藏菩薩作沙門像，現神通力之所變化，有如是等大莊嚴事：亦是如來不可思議無量功德，亦名聲聞辟支佛正法伏藏，亦名解脫智寶之大寶渚，亦名菩薩救世之法，亦名涅槃導師商主，猶若如意寶珠所求滿足；亦如寶渚一切商人所趣，亦如大地能生善根；亦是涅槃大法神器，亦是功德清淨之瓶，亦是日月照明行處，亦是黑闇幽冥大炬；如月清涼除煩惱熱，如無足者得如意乘，如亂心者得甘露味，如羸老者遇其机杖，是大福田之根本也。[1]

上揭《殘經》的"亦是體"，十分流暢，表述明晰，沒有絲毫翻譯味道，顯非出自異域原始經文，很可能是來華摩尼僧之創作。緊接上揭頌詞之後，寫卷又續現（見圖版6.3）：

　　［327］……諸慕闍等又啓明使，作如是言："唯大明一尊，

　　［328］能歎聖德，非是我等宂舌劣智，稱讚如來功德智惠，千万

　　［327］分中能知少分。我今勵己小德小智，舉少微意，歎聖弘慈。

　　［330］唯願大聖垂怜愍心，除捨我等曠劫已來无明重罪，令得

　　［331］銷滅。我等今者不敢輕慢，皆當奉持无上寶樹，使令具足。

　　［332］缘此法水，洗濯我等諸塵重垢，令我明性常得清净。缘此法

　　［333］藥及大神呪，呪療我等多劫重病，悉得除愈。缘此智惠，

　　［334］堅牢鎧仗，被串我等，對彼怨敵，皆得強勝。缘此微妙眾相

　　［335］衣冠，庄嚴我等，皆得具足。缘此本性光明摸樣，印稱（授）我

〔1〕失譯人：《大方廣十輪經》，《大正藏》（13），No. 0410，頁681下。

［336］等，不令散失。緣此甘膳百味飲食，飽足我等，離
諸飢渴。

　　［337］緣此无數微妙音樂，娛樂我等，離諸憂惱。緣此種
種奇

　　［338］異珎寶，給施我等，令得富饒。緣此明網扵大海中，
撈渡

　　［339］我等，安置寶舩。我等今者上相福厚，得覩大聖殊
特相

　　［340］好，又聞如上微妙法門，躅除我等煩惱諸穢，心得
開悟，納

　　［341］如意珠威光，得履盉（正）道。過去諸聖，不可稱
數，皆依此門，得離

　　［342］四難及諸有身，至光明界，受无量樂。唯願未来一
切明性，

　　［343］得遇如是光明門者，若見若聞，亦如往聖，及我今
日，聞法歡

　　［344］喜，心得開悟，尊重頂受，不生疑慮。"……

　　在這段"如是言"後，復續以"時諸大眾，聞是經已，如法信受，
歡喜奉行。"（第344—345行），作爲寫卷最後結句。此段"諸慕闍等"
所啓凡367言，從內容看，實可目爲一篇祈禱文；那麼，"諸大眾"所
聞"是經"是指慕闍所啓這篇祈禱文，抑或是前面明使的長篇說教？
如此模棱兩可、含糊不清，難以想像爲漢文本原來所具有，顯有後人
添綴之嫌。

　　顧該段文字，除"慕闍"這一稱謂是摩尼教入華後始見的新詞外，
其他詞語，諸如"功德""智慧""劣智""曠劫""清淨""諸塵""無
上""具足""法水""法藥""神咒""微妙""煩惱""四難""開悟""明
性""無明"等等，都見諸佛學辭書，即便未被目爲佛門術語，也殆爲
佛經所頻見者。就算"慕闍"這一稱謂，亦貌似音譯自梵語。因此，
於佛學不精者把其直當佛經乃不足爲怪。如果從摩尼教義理看，該篇

祈禱文之内容，則實非慕闍所用者。緣慕闍作爲摩尼教第一教階的稱謂，已見唐高宗朝（649—683）文檔，該詞自是翻自胡語，中亞諸語種摩尼教文獻均見。[1]西文相應辭書對該詞的中亞語惟作 Teacher（教道者）解，或加釋爲摩尼教第一教階之稱謂。然依《儀略·五級儀第四》所云："第一，十二慕闍，譯云承法教道者。"（寫卷第71行），慕闍更有"承法"的意涵。"承法"——承繼法統、繼承教主摩尼者，竊意用現代漢語可將"承法教道者"釋爲：承繼法統、傳授教理之人。當初，摩尼把其最親近、最得力的12位門徒定爲慕闍，就是把彼等目爲身後宗教的繼承者，寄望他們能在東西方建立教會，讓其宗教傳播於全世界。[2]在《殘經》的明使講演中，已把慕闍明確定位爲輔助法主傳法者，見寫卷第294—296行：

十一齊心一等者。若有清净電那勿等内懷齊心性者，當知是師有五記驗：一者法主、慕闍、拂多誕等所教智惠、善巧方便、威儀進止，一一依行，不敢改換，不專己見。……

體味這段經文，可以看出所謂慕闍、拂多誕，是配合法主對一般電那勿（出家僧人）進行傳道授法，協助拯救電那勿之明性者。[3]於他們自身來說，早已修煉得差不多了，不存在上揭慕闍所自稱的"无明重罪""諸塵重垢""多劫重病""煩惱諸穢"等；爾後歷代慕闍是不是有達到這樣的境界，那是另一回事，但摩尼在生時的慕闍無疑應是如此。因此，足見上揭寫卷第327—344行明使所啓之言，應是張冠李戴之辭，把原屬一般僧人的祈禱文移到慕闍名下。

依上面之論證，《殘經》寫卷末尾始自321行的諸慕闍兩段言論，

---

〔1〕詳參本書《京藏摩尼經音譯詞語考察》。

〔2〕摩尼教生前說過："我已選擇的宗教要比以往的任何宗教勝十籌。其一，以往的宗教局限於一個國家和一種語言；而我的宗教則不同，它將流行於每個國家，它將採用所有的語言，它將傳及天涯海角。其二，以往的宗教只有當其有純潔的領袖時才得以存在，而一旦領袖們去世了，他們的宗教亦就陷於混亂之中，其戒律及著作亦就遭到忽視。但（我的宗教）卻由於有活的（經典），有傳教師、主教、選民和聽者，由於有智慧和著作，將永存到底。"見吐魯番出土中古波斯文摩尼教殘片 T II D126，即 M5794，Mary Boyce, *A Reader in Manichaean Middle Persian and Parthian*, Leiden, 1975, p.29; 英譯見 J. P. Asmussen, *Manichaean Literature*, New York, 1975, p.12.

〔3〕參本書《京藏摩尼經音譯詞語考察》。

實際都與其時在場慕闍身份不符。假如上面對寫卷316—320行錯簡文字的調整有理的話，那麼在明使回答提問畢，聽衆"聞是經已，皆大歡喜"後，此後所接續的慕闍數百言，應非漢文版原始經文所有，而是後人所加。

6.4　《殘經》寫卷形成蠡測

儘管《殘經》的主體內容在武則天朝已流行，但現存寫卷製作於何時何地，其內容與初始經文是否一致，尚需進一步考察。

現存寫卷第8—316行的首字"處"，凡310行，除第9行有三字脫損無從認讀外，其他均可過錄，卷面並無其他破損，可計字數凡6466個。完全以明暗二性爲主體，闡發二性形成的過程原因，以及明神如何拯救明性，人類應如何配合明神，皈依本教，按要求進行修持，使自身的明性最終得以回歸明界。儘管寫卷顯有謄抄脫漏之處，但通篇講辭，一氣呵成。整個講經過程沒有被"阿馱"或其他慕闍、在場聽衆打斷插問，可見其講辭本來就是一篇完整的經文。這篇講經無疑應有胡語文本可據，譯者固力圖把其忠實地翻譯成漢文版，但礙於華情，畢竟還有所變通。[1] 其翻譯的痕跡十分明顯，有若干術語概念，因無從找到可資擬配的適當漢詞，不得不採用莫名其妙、佶屈聱牙的音譯。[2] 因此，竊意《殘經》的異域文本應是這長篇漢譯講辭，然爲了因應華情，遂師法佛教，照經文主題，鋪墊了開篇的提問和綴以寫卷316—320行所云的結語。是爲漢文本傳世的初始形態。至於寫卷321行以降數百字的慕闍啓言，應是爾後之添足。這個"添足本"究如何產生，下面試行分析。

照一般邏輯推測，現《殘經》寫卷可據另一個"添足本"謄抄，若然，則意味著早有添足本傳世。不過，這種可能性不大。緣在玄宗

---

[1] 參本書《敦煌摩尼教〈下部讚〉"電光佛"非"光明處女"辨》。
[2] 如見於寫卷第63行的"噎嚕而云噎"、第79行的"摩訶羅薩本"，參本書《京藏摩尼經音譯術語考察》。

·歐·亞·歷·史·文·化·文·庫·

開元二十年（732）勅禁摩尼教之前，摩尼僧在華合法傳教，《殘經》
的原版自不可能被人隨意添加；而從被勅禁到摩尼教藉助回鶻勢力重
新在華傳播的大曆三年（768），時間僅30多年，且雖稱勅禁，仍允許
在華胡人作爲"鄉法"照奉。[1]這就表明《殘經》可在華化胡人中流行
傳存，不存在爾後重新撰譯、產生新版本的問題。在回鶻勢力支持下
的第二波傳播時期，由外來摩尼僧所主導的傳教活動，出於宗教虔誠，
傳抄前朝遺經自必盡量忠實原文，出現瑕疵或可有之，但自行綴續則
有悖教規。因此，其時不可能有像敦煌《殘經》這樣的添足本出現。
依理，當宗教處於正常傳播環境下，即便有僞經、"添足"經產生，也
難以流行；倒是在宗教被取締、處於或隱或現的地下或半地下狀態時，
各色經文，始會魚龍混雜。是以，"添足本"若果曾流行於世的話，那
也應在會昌（841—846）宗教迫害之後。

　　考敦煌發見的3部漢文摩尼經，除《殘經》寫卷外，另一部爲《下
部讚》（S.2659），其寫卷原被當爲廢紙，背面抄寫佛教文書，爾後作爲
佛教抄本從外地輾轉流入敦煌，最後被收藏入洞。[2]該卷由於雙面書寫，
墨色滲透，大量字跡難辨。另一爲《摩尼光佛教法儀略》（S.3969、P.3884，
以下簡稱《儀略》），寫卷今分藏英法，其下半截原被當爲廢紙他用，
現僅剩一紙，其他不知所蹤；倒是前半截三紙始完整保存，也許託題
目有"摩尼光佛"四字之福，被當年佛僧目爲佛典收藏。[3]惟《殘經》
寫卷最爲幸運，整個長卷基本完整保存下來，未被他用，字跡清晰。
其得以倖存洞中，恐怕與其既缺失經名，開篇結尾一派佛典風格，行
文又盡是佛教術語有關。當年石窟的沙門道真或許就是把其當佛門寫

　　〔1〕《通典》卷40載開元二十年七月敕；"末摩尼本是邪見，妄稱佛教，誑惑黎元，宜嚴加禁斷。
以式西胡等既是鄉法，當身自行，不須科罪者。"〔唐〕杜佑撰，王文錦等點校：《通典》卷40，中
華書局，1988年，頁1103。
　　〔2〕詳參劉銘恕：《敦煌遺書雜記四篇》，刊甘肅省社科院文學研究所編《敦煌學論叢》，甘肅
人民出版社，1985年，頁45-67，有關的考證見第一篇《敦煌遺書中所見的取經人物》；榮新江：《敦
煌文獻所見晚唐五代宋初的中印文化交往》，刊李錚、蔣忠新主編：《季羨林教授八十華誕紀念論
文集》，江西人民出版社，1991年，見頁957。
　　〔3〕拙文《英法藏〈摩尼光佛教法儀略〉敦煌寫本原件考察》，刊林悟殊：《敦煌文書與夷教研
究》（當代敦煌學者自選集），上海古籍出版社，2011年，頁27-29。

經珍藏之。

　　現存的《殘經》寫卷，顯非流通之物，絕非像《下部讚》寫卷那樣，來自敦煌外地。緣從其文字內容，今人據上下文意思；不難發現箇中不乏謄抄脫漏之處，陳垣先生的校錄本已一一指出，不贅。若其曾屬僧侶佈道或信徒傳習之物，則在讀經時不難發現而添補訂正之。因此，可推測寫卷之產生，應出於抄經積功德之習俗，作畢即貢諸寺院收藏，未作傳播之用。其製作時間缺考，藉助避諱學亦不無難處，緣該寫卷傳抄前朝遺經，其樣本的避諱字可能照抄不誤，亦可能依傳統或自己習慣寫法。例如，爲避太宗李世民之諱，唐代世俗寫本蓋把"民"缺筆作"𡧈"，夷教寫經亦不敢有違，如上揭敦煌景教寫經《宣元本經》第5行"六十五種異見中𡧈（民）"，然細察《殘經》寫卷，則作"民"（寫卷第57、293行）；寫卷頻見"怜愍"一詞，其"愍"或避諱作"愍"凡22例（第73、075、085、087、109、119、172、186、192、193、194、197、210），但亦有照常作"愍"者，凡4例（第197、210、211、330行），有的同一行兩種寫法並存。諱字尚且如此，更遑論武則天的造字。《殘經》寫卷正字9見，7處作"⿱一皿"（第118、129、177、181、262、274、293行），但如上面已提到，在第256、341行兩處寫成"舌"。足見寫卷的製作者實際不在乎文字的忌諱。據此，不難推想其製作的時間殆不可能早於晚唐，[1] 而地點亦當在敦煌這樣遠離政治中心的地區。時敦煌固存留有前朝摩尼教寫經，但若謂有類似的"添足本"在當地流行，以至成爲《殘經》寫卷謄抄的樣本，則殆無可能。緣若時敦煌仍有摩尼僧從事傳教活動，則自有原經流傳；若摩尼教業已式微，則何必製作添足本傳習。由是，不妨做這樣的推測：在會昌宗教迫害之後，敦煌有宗教善信爲積功德抄寫宗教經文，接觸到傳存當地的一些摩尼教寫經殘本，其中就包括本章討論的《殘經》早期流行本，以

---

　　〔1〕2006年6月洛陽發現的唐代景教經幢，刻《宣元至本經》，並未避"民"諱，然經幢乃勒於唐文宗大和三年（829），時在晚唐。參拙文《經幢版〈大秦景教宣元至本經〉考釋——唐代洛陽景教經幢研究之一》，刊《中華文史論叢》第1輯，總89輯，2008年，頁325-352；修訂本見拙著《中古夷教華化叢考》，頁168-188；林悟殊：《敦煌文書與夷教研究》（當代敦煌學者自選集），上海古籍出版社，2011年，頁259-283。

及一些讚文、祈禱文之類。由於抄經者發現文本末端有缺損，沒有常見的結經用語，便綴以其他殘本的一些文字。該善信於宗教惟有膚淺的感性認識耳，於深奧經文的並不理解，更辨不清摩尼經與佛經的差別。何況，《殘經》首尾本來就是刻意效法佛經，而摩尼教的讚文、祈禱文則更滿篇佛語，因而把彼等直當佛經接續謄抄，自以爲成就一番功德，遂導致了這個添足本的產生。

綜上所論，《殘經》寫卷，主體部分固據異域原典，但開篇結語則純效法漢譯佛經，直接撰寫添加。綴於卷尾的數百字頌詞和祈禱文，並非漢文版《殘經》所原有，是寫卷製作者所擅加。該寫卷爲敦煌當地以抄經爲功德的宗教善信所製作，時間不可能早於晚唐，最終被目爲佛典珍藏於洞。

6.5　餘論

法國漢學大師伯希和有云："佛教的第一批大翻譯家（西元二三世紀），以安世高爲首，乃係康居人、大月氏人、波斯人，很少是印度人。所以某些佛理，諸如與無量光明阿彌陀佛及其西方樂土有關的佛理，都深爲伊朗思想所滲透。大家亦知道，一批佛經是由住在中國新疆的伊朗人所精心製作的。這有助於解釋某些中國詞語。這些詞語看來是抄自佛教的術語和專名，卻是借用伊朗語的形式傳入的。"[1]這段識語揭示漢傳佛教早就滲透伊朗文化成分，亦就提示吾輩，源於伊朗之摩尼教在其入傳唐代中國後，其漢文經典之與佛典結緣，乃有先天基因。佛僧譯經，"以經中事數擬配外書，爲生解之例"；[2]唐代摩尼僧則師法佛僧，以漢譯佛典作爲"擬配"的"外書"，而且行文模仿佛典風格，甚至像本章所討論的《殘經》這樣，連開篇結語都一依佛典模式，臻

---

〔1〕Paul Pelliot, "Les influences iraniennes en Asie centrale et en Extrême Orient," *Revue Indochinois* 18 (1912), pp.1-15, 引文見 p.7.是文復見 *Revue d'histoire et de littérture religieuses*, n.s. Ⅲ, 2, Mars-Avril 1912, pp. 97-119.澳洲柳存仁教授：《唐前火祆教和摩尼教在中國之遺痕》最先徵引該段識語。柳文拙譯刊《世界宗教研究》1981年第3期，頁36—61，有關引文見頁59。

〔2〕〔梁〕釋慧皎撰：《高僧傳》卷第4《竺法雅傳》，《大正藏》（50），No. 2059，頁347上。

於惟妙惟肖，益證華夏摩尼教與佛教之因緣有白。

（本章初刊《西域研究》，2013 年第 2 期，頁 41–50。）

7 摩尼教"裸葬"辨

7.1 摩尼教"裸葬"說之濫觴

　　自從中國摩尼教進入學者的研究視野以來，學界一直認爲，在中國流行的摩尼教，包括唐代西域摩尼僧經中亞傳入之真正摩尼教，以及兩宋之交在東南沿海地區勃興的華化摩尼教（即明教），均有裸葬之俗。此說之濫觴可溯至首篇漢文摩尼教經的發現。1908年，法國漢學家伯希和繼斯坦因之後，於敦煌莫高窟藏書洞中獲得一批古代遺書，其中有一佚名唐寫本殘卷，引起伯氏特別的注意。伯氏熟悉西方摩尼教文獻和漢文獻，很快便將該殘經定性爲漢文摩尼經，並向京師學者披露。蔣斧先生遂於1909年將該寫本著錄，刊於《敦煌石室遺書》。蔣氏刊佈該文書時，將自己所撰的《摩尼教流行中國考略》與羅振玉先生的《敦煌本摩尼教經殘卷跋》一同發表。爲便於說明問題，茲據該殘卷照片著錄如下：

　　　　宿死屍。若有覆藏，还同破戒。

　　　　寺宇儀第五

　　　　經圖堂一，齋講堂一，礼懺堂一，教授堂一，

　　　　病僧堂一。

　　　　右置五堂，法衆共居，精修善業；不得別立

　　　　私室廚庫。每日齋食，僟然待施；若無施

　　　　者，乞丐以充，唯使聽人，勿畜奴婢及六畜

　　　　等非法之具。

　　　　每寺尊首，詮簡三人：

　　　　第一，阿拂胤薩，譯云讚願首，專知法事；

第二，呼嘯喚，譯云教道首，專知獎勸

第三，遏換健塞波塞，

譯云月直，專知供施。皆須依命，不得擅意

出家儀第六

初辯二宗：

求出家者，須知明暗各宗，性情懸隔；若不辯

識，何以修為？

次明三際：

一，初際；二，中際；三，後際。

初際者，未有天地，但殊明暗；明性智慧，暗性

愚癡；諸所動靜，無不相背。

中際者，暗既侵明，恣情馳逐；明來入暗，委質

推移；大患猷離扵形體，火宅願求扵出離。勞

身救性，聖教固然。即妄為真，孰敢聞命？事須

辯折，求解脫緣。

後際者，教化事畢，真妄歸根；明既歸扵大明，

暗亦歸扵積暗。二宗各復，兩者交歸。

次觀四寂法身。

四法□□

　　該殘卷後來隨同伯氏所得的其他敦煌文書，入藏巴黎國家圖書館，編號爲 P.3884。[1]

　　至1911年始，沙畹、伯希和便在巴黎《亞洲學報》（*Journal Asiatique*）連載長篇論文《中國發見的摩尼教經典》，[2] 摩尼教裸葬之說，就是在論文中釋讀 P.3884殘卷時提出來的。

　　按當年伯希和向中國學者展示該殘經時，必定同時介紹其界定該

　　〔1〕《法藏敦煌西域文獻》（29），古籍出版社，2003年，頁86下。

　　〔2〕Éd. Chavannes. et P. Pelliot,"Un traité manichéen retrouvé en Chine", *Journal Asiatique*（*JA*）,10.sér., XVIII, 19ll, pp. 499−6l7, pl.；Deuxième partie, *JA*,11.Sér., I, 1913, pp.99−199；Deuxième partie, suite et fin，*JA*,11.sér., I, 1913, pp.261−394, pl.

經宗教屬性的理由，正如當事人羅振玉跋中所披露："伯希和氏據經中二宗三際之文，證以《佛祖統紀》，定爲摩尼教經。"[1]考《佛祖統紀》，可資證明這一殘文爲摩尼經的文字，當爲卷39所云延載元年（694）"波斯國人拂多誕拂多誕西海大秦國人持二宗經僞教來朝"，[2]以及所附按語：

> 述曰：太宗時，波斯穆護進火祆教，敕建大秦寺。武后時，波斯拂多誕進《二宗經》。厥後大曆間，荊、揚、洪、越等州各建摩尼寺。此魔教邪法，愚民易於漸染。由屢朝君臣、當世名德，不能簡邪正，以別同異，故其法行於世而弗禁。嘘，是蓋西土九十五外道之類歟！良渚曰："準國朝法令，諸以《二宗經》及非藏經所載不根經文傳習惑衆者，以左道論罪。二宗者，謂男女不嫁娶，互持不語，病不服藥，死則裸葬等。……[3]

當然，伯希和在上揭論文中，於 P.3884殘經的釋讀，主要是依靠其他諸語種的摩尼教文獻和西人已有的研究成果，[4]但此前他在北京介紹寫本時，可能就僅提及國人所熟悉的《佛祖統紀》。不過，伯希和之肯定摩尼教有裸葬之俗，倒無疑是利用上引《佛祖統紀》的這段文字佐證。

按沙、伯把上錄經文第一行法譯爲：…déposer les cadavers. Si on les recouvre et les garde, c'est comme si on avait violé les précepts.[5]（……棄置死屍。若將其掩蓋保護，即如同違反戒律。）而在注釋中，則證以《佛祖統紀》所載摩尼教徒 "死則裸葬"：les Chinois attribuaient aux diciples de Mâni la coutume d'enterrer les cadavres nus(死則裸葬)。[6]足見他把經

---

〔1〕羅振玉：《敦煌本摩尼教殘卷跋》，見《羅振玉校刊群書敍錄》卷下，江蘇廣陵古籍刻印社，1998年，頁315-322；引文見頁315-316。

〔2〕〔宋〕釋志磐：《佛祖統紀》卷39，《大正藏》（49），No.2035,頁369下-370上。

〔3〕《佛祖統紀》卷39，《大正藏》(49)，頁370上。明顯誤植字據江蘇廣陵古籍刻印社清版景印本（1992年）參校。

〔4〕Édouard Chavannes et Paul Pelliot, "Un traité manichéen retrouvé en Chine (Deuxième partie)", *Journal Asiatique*, sér. 11,1, 1913, pp.105-116.

〔5〕Édouard Chavannes et Paul Pelliot, "Un traité manichéen retrouvé en Chine (Deuxième partie)", *Journal Asiatique*, sér. 11,1, 1913, p.107.

〔6〕Édouard Chavannes et Paul Pelliot, "Un traité manichéen retrouvé en Chine (Deuxième partie)", *Journal Asiatique*, sér. 11,1, 1913, p.107.n.2.

文的這行字理解爲摩尼教的屍葬戒律。這一解讀，亦爲其他西方學者所認同。例如，比森氏（Bisson）在其《中國的一些漢文摩尼教史料》一文中，便把該行字英譯爲：…deposit the corpses. If they are recovered and kept, it is the same as a violation of the rules.[1] 其實，照西人對卷子這一句的翻譯，摩尼教徒於遺體的處置方式是將其裸露於自然，也就是類乎瑣羅亞斯德教的天葬、野葬，這與古漢語"死則裸葬"的含義未必吻合。查漢代劉熙的《釋名》卷8《釋喪制》有云：

> 葬不如禮曰埋,埋痗也，趨使腐朽而已也。不得埋曰棄，謂棄之於野也。不得其屍曰捐，捐於他境也。[2]

而《周書·異域傳下》波斯國條所記瑣羅亞斯德教葬俗則稱：

> 死者多棄屍於山，一月治服。[3]

這就意味著所謂"死則裸葬"應指死屍不著衣物而入土，若謂將死屍置於露天而不入土，則當言"死則棄屍"。

然而，西人這一誤讀，並未引起中國學者注意。10年後，即1923年，史學大家陳垣先生發表其名著《摩尼教入中國考》，箇中徵引《佛祖統紀》卷48所考洪邁《夷堅志》關於明教的一段記事：

> 述曰：嘗考《夷堅志》云，喫菜事魔，三山尤熾。爲首者紫帽寬衫，婦人黑冠白服。稱爲明教會。所事佛衣白，引經中所謂"白佛，言世尊"。取《金剛經》一佛，二佛，三、四、五佛，以爲第五佛。又名末摩（魔）尼，采《化胡經》"乘自然光明道氣，飛入西那玉界蘇鄰國中，降誕玉宮爲太子，出家稱末摩尼"，以自表證。其經名《二宗三際》。二宗者，明與暗也；三際者，過去、未來、現在也。大中祥符（1008—1016）興道藏，富人林世長賂主者，使編入藏，安於亳州明道宮。復假稱白樂天詩云：

〔1〕T.A.Bisson, "Some Chinese Records of Manichaeism in China", *The Chinese Recorder. Journal of the Christian Movement in China*, Vol.LX, No.7, July 1929, p.419.

〔2〕〔漢〕劉熙：《釋名》（叢書集成初編）中華書局，1985年，頁136；另參〔清〕畢沅疏證：《釋名疏證》第3冊，王雲五主編：《叢書集成初編》1152（據經訓堂叢書本影印），商務印書館，1936年，頁282。

〔3〕《周書》卷50，中華書局點校本，1974年，頁920。

"靜覽蘇鄰傳，摩尼道可驚。二宗陳寂默，五佛繼光明。日月爲資敬，乾坤認所生。若論齋絜志，釋子好齊名。"以此八句表於經首。其修持者，正午一食，裸屍以葬，以七時作禮。蓋黃巾之遺習也。嘗檢樂天《長慶集》，即無蘇鄰之[1]詩。樂天知佛，豈應爲此不典之詞？

儘管此處的"裸屍以葬"，已更明確強調是死屍不著衣物而入土，但在考釋時，陳垣先生仍徵引上錄 P.3884卷子文書稱："其殘存第一行云：'宿死屍，若有覆藏，還同破戒。'可知裸屍以葬，是摩尼法。"[2]

由於中外大師論證的結論一致，裸葬爲摩尼法遂殆成定論。爾後其他名家認同者有之，[3] 補證者亦有之，[4] 惟質疑者則鮮見。

7.2　摩尼教內典未以裸葬爲法

把 P.3884殘卷第一行作爲摩尼教裸葬的內典依據，實際是對經文的誤讀。緣 P.3884寫本其實只是一個完整寫本的中間一部分，其下面部分雖已失落，迄今無從尋獲，但其前半截早在1907年就爲斯坦因（Sir Aurel Stein）所得，入藏大英博物館，現編號 S.3969。[5] 該英藏寫本雖冠有"摩尼光佛教法儀略一卷"十個字，但至1923年始被日本學者矢吹慶輝和石田幹之助判爲摩尼教殘經，隨後復認定與 P.3884殘卷爲同一寫經的前後兩個部分。[6] 1925年，伯希和亦發表一篇題爲《敦煌發現的兩篇摩尼教寫經》之短文，[7] 肯定斯坦因所得寫本 S.3969便是他的 P.3884之前半。因此，從研究史看，無論沙畹、伯希和，抑或陳垣先生，

---

〔1〕《佛祖統紀》卷48《法運通塞志》第17之十五，《大正藏》（49），頁431上-中。小字爲原注。參校江蘇廣陵古籍刻印社清版景印本，1992年，頁2051-2052。

〔2〕陳垣：《摩尼教入中國考》，《陳垣學術論文集》第1集，中華書局，1980年，頁359。

〔3〕見吳晗：《明教與大明帝國》，見《讀史箚記》，三聯書店，1956年，頁240。

〔4〕詳參牟潤孫：《宋代摩尼教》，《輔仁學誌》，第7卷第1、2合期，1938年，頁125-146；

〔5〕《摩尼光佛教法儀略》，殘卷上半截藏倫敦大英圖書館，編號 S.3969，圖版見《英藏》（5），四川人民出版社，1992年，S.3969/1-4，頁223下-225上。

〔6〕見石田幹之助：《敦煌発見《〈摩尼光佛教法儀略〉に見えたる二三の言語に就いて》，刊《白鳥博士還暦紀念東洋史論叢》，1925年，頁157-172。

〔7〕P. Pelliot,"Two New Manichaean Manuscripts from Tun-Huang", *Journal of the Royal Asiatic Society* 1925,p. 113.

在他們利用 P.3884卷子首行文字證明摩尼教有裸葬法時，均不明該行文字之前有何內容，望文生義，亦就在所難免。

按斯坦因卷子 S.3969內容計有4章。其中前3章即《託化國主名號宗教第一》《形相儀第二》《經圖儀第三》，完整無缺；末章《五級儀第四》最後一行與 P.3884卷子的第一行，無論從寫本界面、書寫格式或上下文的連貫看，適好銜接無隙，成爲完整的一章（見圖版7）。[1] 茲著錄如下：

> 五級儀第四
>
> 第一，十二慕闍，譯云承法教道者；
>
> 第二，七十二薩波塞，譯云侍法者，亦号拂多誕；
>
> 第三，三百六十默奚悉德，譯云法堂主；
>
> 第四，阿羅緩，譯云一切純善人；
>
> 第五，耨沙喭，譯云一切淨信聽者。
>
> > 右阿羅緩已上，並素冠服；唯耨沙喭一
> > 位，聽仍舊服。如是五位，稟受相依，咸遵教
> > 命，堅持禁戒，名解脫路。若慕闍犯戒，即
> > 不得承其教命；假使精通七部，才辯卓
> > 然，為有僭違，五位不攝。如樹滋茂，皆因其
> > 根；根若愸者，樹必乹枯。阿羅緩犯戒，視
> > 之如死，表白衆知，逐令出法。海雖至廣，不
> > 宿死屍。若有覆藏，還同破戒。

按“海雖至廣，不宿死屍”，無疑套自佛書的“大海不宿死屍”。佛書中如是表述頻見，據筆者在藏經電子文本中不完全檢索，已得數十例。例如：唐罽賓國三藏般若譯《大乘理趣六波羅蜜多經》卷4《布施波羅蜜多》品第5有云：

> 譬如大海不宿死屍，大乘海中不容慳者，菩薩所以修大乘行，

〔1〕Lin Wushu, "On The Joining Between The two Fragments of 'The Compendium of the Teaching of Mani, The Buddha of Light'", in P. Bryder ed., *Manichaean Studies, Proceedings of the First International Conference on Manichaeism*, Lund Studies in African and Asian Religions I, Lund 1988, pp.89~94.

爲欲遠離一切罪垢，具修功德。[1]

北涼天竺三藏曇無讖譯《大般涅槃經》卷20《梵行品》第8之六有云：

王言："我聞如來不與惡人同止坐起、語言談論，猶如大海不宿死屍，如鴛鴦鳥不住清廁，釋提桓因不與鬼住，鳩翅羅鳥不棲枯樹。如來亦爾，我當云何而得往見？"[2]

由上舉例子看，佛書所謂"大海不宿死屍"不過是一種借喻耳。

從《五級儀》整個內容看，主題顯然不是論說屍葬禮儀，而是介紹摩尼教的教階制度，把教徒分爲五級。第一到第四級爲僧侶，第五爲一般信徒，即聽者。強調所有教徒都要嚴格遵守教規，均不得違犯。其所云"阿羅緩犯戒，視之如死，表白衆知，逐令出法。海雖至廣，不宿死屍。若有覆藏，還同破戒"，若用現代漢語釋讀，似可作："如果阿羅緩違犯戒律，就應把其看爲死屍一般，向衆人公開宣佈，並把其驅逐出教門。猶如大海廣闊無邊，但亦不能容納死屍那樣，如果庇護犯戒者，實際就等於破壞本教戒律。"如是經文，無疑與摩尼教屍葬禮儀無涉。

在敦煌唐寫本摩尼教《下部讚》（S.2659）中，亦有一疑似與屍葬有關的詩句，即"生時裸形死亦尒"，曾被前輩學者用以補注裸葬爲摩尼法之說。[3]查是句乃見《下部讚》的《嘆無常文》，該首讚詩見寫本第83—119行，標題見第83行，同行尚有"末思信法王爲暴君所逼，曰即製之"十四字，說明詩作背景。正文凡36行，每行爲四句七言詩。據整首內容，可判其"無常"一詞，應借自佛語，與"常住"對稱，謂世間一切事物不能久住，乃處生滅遷流，刹那不住。復觀題下十四字之創作背景，結合全詩內容，可知其意在告誡世人，尤其是那些暴

---

[1]《大正藏》（8），No.0261，頁886中。

[2]《大正藏》（12），No.0374，頁481中。

[3] 牟潤孫：《宋代摩尼教》，載《輔仁學誌》，第7卷第1、2合期，1938年，頁125-146；收入氏著《宋史研究集》第1集，1958年，頁97-100；《注史齋叢稿》，中華書局，1987年，頁94-116。原文如下："《下部讚》嘆無常文云：'生時裸形死亦尒。'雖說財物死時不能攜去義，而於《雞肋篇》記喫菜事魔之徒，殯死者時問答之語，正相合，亦可爲裸葬之注腳。"見氏文末端。

君們，人生無常，人總得死，一旦死後，生前的一切榮華富貴便都非己有了：

  [096]愛惜肉身終須捨，但是生者皆歸滅；一切財寶及田宅，意欲不捨終相別。

  [097]縱得榮華扵世界，摧心須猒生死苦；捨除憍慢及非為，專意勤修涅槃路。

  [098]生時裸形死亦尒，能多積累非常住。男女妻妾嚴身具，死後留他供別主。

其間最後四句，如譯成現代漢語，庶幾可作："人出生時赤條條，死的時候也一樣，在生時所獲得的一切都不能帶走。奴僕婢女妻妾等顯示身份的東西，死後都將歸屬他人。"從語境看，"生時裸形死亦尒"，無非是表達"生不帶來、死不帶去"這個世人熟知的哲理，而非指死後下葬亦得像出生時那樣赤條條。

從以上的辨釋，至少可說明，即便宋代明教徒確有"死則裸葬"的習俗，亦未必是摩尼固有之法，現存漢文摩尼寫經的一些表述，並非像前輩學者所理解那樣，可作爲摩尼教以裸葬爲法之依據。

其實，不惟漢文摩尼經並沒有留下教徒屍葬方式的表述，波斯原始摩尼教於屍葬模式亦未見有何規定。考摩尼教史，教主摩尼本人是被波斯瓦赫蘭（Vahrām）一世（274—277）處死的，據說被釘死在十字架上，而後又被剝皮，填以稻草，掛在甘第沙普（Gundisapur，在今伊朗卡澤倫 Kazerun 附近）的城門上。這實際意味著摩尼無從安排自己的身後事，把處理自身遺體作教徒的示範。而自摩尼死後，儘管其宗教仍不斷向東西方擴張，但在大部分時空都是出於被驅趕、被取締的狀態，不可能像其本土傳統宗教即瑣羅亞斯德教那樣，對屍葬逐步形成一整套禮儀和和嚴格的規定。[1]既然迄今無從找到摩尼教有關屍葬的

〔1〕詳參拙文《火祆教的葬俗及其在古代中亞的遺痕》，刊《西北民族研究》，1990年第1期，頁60，61-67。《波斯拜火教與古代中國》，新文豐出版公司，1995年，頁85-97，並參是文附錄：《印度帕爾西人的葬俗》，見頁98-104。是文最新修訂本作《中古瑣羅亞斯德教葬俗及在中亞的遺痕》，見《敦煌文書與夷教研究》（當代敦煌學者自選集），上海古籍出版社，2011年，頁395-406。

明確教規,根據摩尼教之善變傳統,[1]筆者倒寧可相信摩尼教在這方面,多半不會過於執著,實踐中多應因地制宜,不至於與其時其地之民俗大相徑庭。

7.3　裸葬不合古代華情

按中華傳統文化,死者爲大,生者多以厚殮表示敬意;若死者生前出於節儉,遺囑薄葬者,則多被譽爲美德。至若裸葬,若非左道邪門,則屬非我族類。有極個別人,如漢武帝時的楊王孫,遺囑:"吾欲贏葬,以反吾真,必亡易吾意。死則爲布囊盛屍,入地七尺,既下,從足引脱其囊,以身親土。"[2]其本是出於對生命認識的大徹大悟,正如陶淵明所云,"裸葬何必惡,人當解意表",[3]但卻被目爲驚世駭俗之舉,引起輿論界的軒然大波。唐劉知幾之曰斥:"楊王孫裸葬悖禮,狂狷之徒,考其一生,更無他事,而與朱雲同列,冠之傳首,不其穢歟?"[4]直到宋代,仍在爭論此事,時馬永卿辯曰:"王孫裸葬,雖非聖人之道,然其意在於矯厚葬也。"[5]既稱"非聖人之道",實際就意味著,王孫之舉仍不爲宋代主流意識所認同。

假如原始摩尼教有棄屍裸葬之法,則無疑當因循古代波斯瑣羅亞斯德教。但無論地道的波斯瑣羅亞斯德教徒,抑或中亞版瑣羅亞斯德教徒,即祆教徒,他們早在公元五六世紀就大規模移民中土,儘管人多勢衆,並形成諸多聚居點,然也不得不適應華情而放棄其本土實行

---

〔1〕古代希臘文獻稱摩尼教爲"變色龍",見 Ch.Astrue et al.（ed.）,"les sources grecques pour l'histoires des Pauliciens d'Asie Mineure",*Travaux et Memoires (Centre de Recherche d'Histoire et Civilisation Byzantines,Paris)* IV, 1970, p.13.

〔2〕〔漢〕班固:《漢書》卷67,《楊王孫傳》,中華書局,1975年,頁2907。

〔3〕陶淵明（約365—427）:《飲酒 十一》,《陶淵明詩選》,廣東人民出版社,1984年,頁74;《陶淵明集》,逯欽立校注,中華書局,1979年,頁93。

〔4〕〔唐〕劉知几撰:〔清〕浦起龍釋:《史通通釋》卷7《內篇·品藻第二十三》,上海古籍出版社,1978年,頁186

〔5〕〔宋〕馬永卿:《嬾真子》卷1,《景印文淵閣四庫全書》第863册,子部一六九·雜家類,商務印書館,1983年,頁405。

的傳統葬式。[1] 由是觀之，即便原始摩尼教或中亞化的摩尼教也有類似裸葬之法，入華後也不可能執著不變。至若通過漢文經典進行鼓吹提倡，則更不可能，日後就算有新的摩尼寫經出土，也難以設想其間有鼓吹裸葬者。而像上面提及的《摩尼光佛教法儀略》（以下簡稱《儀略》）這樣的經典，本來就是開元19年面臨取締的情況下撰獻朝廷的解釋性文件，[2] 焉敢將不合華情的葬俗形諸文字？從這一角度考慮，益信當初西人相關的翻譯當屬誤解無疑。

按摩尼僧上呈《儀略》次年，即開元20年7月，朝廷即敕禁摩尼教："未（末）摩尼法，本是邪見，妄稱佛教，誑惑黎元，宜嚴加禁斷。以其西胡等既是鄉法，當身自行，不須科罪者。"[3] 此處但以"妄稱佛教，誑惑黎元"入罪，而於其習俗則未加厚非，這起碼默證朝廷尚不認爲其有亂吾華風之處，亦默證摩尼教徒在中土並無實行或倡導裸葬。

事實上，來華摩尼僧死後遺體如何處理，現有的文獻殆無明確的記錄。會昌年間死於非命的摩尼僧固不待言，[4] 其生前教友即便欲對其遺體行禮如儀，亦無能爲力；爾後見於文獻善終者不外兩例。其一，即從會昌法難中逃生到福建傳教的摩尼高僧，即呼祿法師，事見摩尼教學者所熟悉的明代何喬遠《閩書》卷7《方域志》華表山條下：

> 會昌中，汰僧，明教在汰中。有呼祿法師者，來入福唐，授

---

〔1〕詳參拙文《西安北周安伽墓葬式的再思考》，刊《考古與文物》，2005年第5期，頁60-71；修訂本見拙著《中古夷教華化叢考》，蘭州大學出版社，2011年，頁269-292。；張小貴：《中古華化祆教考述》第5章《祆教葬俗及其在北朝隋唐的遺跡》第4節《胡裔墓葬與入華祆教葬俗》，文物出版社，2010年，頁182-206。

〔2〕林悟殊：《敦煌本〈摩尼光佛教法儀略〉的產生》，刊《世界宗教研究》1983年第3期，頁71-76；修訂本見林悟殊：《摩尼教及其東漸》，中華書局，1987年，頁168-176；林悟殊：《摩尼教及其東漸》，淑馨出版社，1997年增訂本，頁198-203；《敦煌文書與夷教研究》（當代敦煌學者自選集），上海古籍出版社，2011年，頁30-39。

〔3〕《通典》卷40，中華書局，1988年，頁1103。

〔4〕唐代來華日本僧人圓仁記"至（會昌三年）四月，中旬，敕下，令煞天下摩尼師。剃髮，令著袈裟，作沙門形而煞之。"見釋圓仁著，白化文、李鼎霞、許德楠修訂校注：《入唐求法巡禮行記校注》卷3，花山文藝出版社，1992年，頁416；〔宋〕贊寧：《大宋僧史略》載："武宗會昌三年勅：'天下摩尼寺並廢入官。'京城女摩尼七十二人死。及在此國迴紇諸摩尼等配流諸道，死者大半。"《大正藏》（54），No.2126，頁253中。

197

侶三山，游方泉郡，卒葬郡北山下。[1]

20世紀20年代，廈門大學教授陳萬里先生曾到泉州訪古，企圖找呼祿法師之墓，未果。但卻從古籍文獻找到了南宋理學大師朱熹（1130—1200）謁奠北山的詩作，並據此考證呼祿法師墓之確實存在。[2]既然來自西域的摩尼僧"卒葬郡北山下"，且留下墳墓供後人憑弔，其當年葬式，當與華俗無異，絕非被棄屍於野。

另一例見《冊府元龜》卷976"明宗天成四年（929）八月"條：

　　癸亥，北京奏葬摩尼和尚。摩尼，回鶻之佛師也，先自本國
　　來太原。少尹李彥圖者，武宗時懷化郡王李思忠之孫也，思忠本
　　回鶻王子盟（溫）沒斯也，歸國錫姓名。關中大亂之後，彥圖挈
　　其族歸。太祖宅一區，宅邊置摩尼院以居之。至是卒。[3]

此處既稱"摩尼，回鶻之佛師也"，意味著奏請按"佛師"，即比同中原高級佛僧規格葬之；如果是因要行迥異華俗葬式，奏請皇上特許的話，則少不了有"依摩尼法"之類的措辭。既無提及，實際默證葬式無何特別之處。其實，即便摩尼教在高昌回鶻被奉爲國教時期，也未聞該國有風行裸葬之俗。

由是，至少可以說，在宋之前的文獻，無論內典外典，蓋未發現裸葬爲摩尼法之證據。而吾人固知，宋代明教乃源於唐代摩尼教之華化，明教的禮俗自應更適合華情才是。"裸屍以葬"爲華俗所不容，唐代摩尼教尚未見實行，華化之後反而有之，於理難通也。因而，宋代文獻所謂明教徒有裸葬之俗的記載，吾人似應持審慎態度，未必可信以爲真，更不可遽定爲摩尼之法。

---

〔1〕〔明〕何喬遠：《閩書》（1），廈門大學校點本，福建人民出版社，1994年，頁172。

〔2〕詳參拙文《泉州摩尼教淵源考》，刊林中澤主編：《華夏文明與西方世界》，博士苑出版社，2003年，頁75-93；修訂本見拙著《中古三夷教辨證》，中華書局，1985年，頁375-398。

〔3〕《冊府元龜》卷976《外臣部·褒貶三》"明宗天成四年（929）八月"條，中華書局影印本，1960年，頁11468下-11469上。

7.4 宋代明教徒實行裸葬質疑

楊王孫之裸葬，本來是出於對厚葬的極端反叛，但長期以來卻備遭主流輿論之斥責。假如此一做法在民間成俗成風，則無疑必遭官府明令禁止。但實際上，只是到了宋代，特別是兩宋之交喫菜事魔運動興起之後，始見有對民間"死則裸葬"之指斥。當年伯希和所引《佛祖統紀》法令，採自紹定六年（1233）刊行的良渚《釋門正統·斥偽志》，原作："唯祖宗法令，諸以《二宗經》及非藏經所載不根經文傳習惑衆者，有罪。《二宗經》，諸男女不嫁娶，互持不語；病大（不）服藥，死則裸葬。"[1]良渚引錄這條法令時，顯然不無錯漏，行文有不通處。倒是志磐(約1195—1274)轉引時，始把其校正理順："良渚曰：準國朝法令，諸以《二宗經》及非藏經所載不根經文傳習惑衆者，以左道論罪。二宗者，謂男女不嫁娶，互持不語，病不服藥，死則裸葬等。"[2]此處所云"法令"，迄今尚未能在現存宋代官方文獻上找到原文，但估計應是南宋時期之物。緣摩尼經在北宋真宗朝興《道藏》時，曾被徵集入藏，天禧三年（1019）張君房所撰《雲笈七籤序》有云：

> 天子銳意於至教矣。在先時，盡以秘閣道書太清寶蘊出降於
> 餘杭郡。……明年冬就除臣著作佐郎，俾專其事。臣於時盡得所
> 降到道書，並續取到蘇州舊道藏經本千餘卷，越州、台州舊道藏
> 經本亦各千餘卷，及朝廷續降到福建等州道書明使摩尼經等，與
> 道士依三洞綱條、四部錄略、品詳科格，商較異同，以銓次之，
> 僅能成藏，都盧四千五百六十五卷，起千字文，天字爲函目，終
> 於宮字號，得四百六十六字，且題曰大宋天宮寶藏。[3]

《二宗經》作爲摩尼經之最著者，自收入其間。在距離北宋滅亡（1126）僅幾年的宣和三年（1121）八月二十五日詔文，敕禁民間不

---

〔1〕〔宋〕良渚沙門宗鑒：《釋門正統》第四《斥偽志》，《卍新纂續藏經》（75），No.1513，頁314下。

〔2〕《佛祖統紀》卷39，《大正藏》（49），頁370上。

〔3〕《道藏》第22冊，上海書店、文物出版社、天津古籍出版社，1994年，頁1。

根經文，還特別點名把該經除外：

> 諸路事魔聚眾燒香等人所習經文，令尚書省取索名件，嚴立法禁，行下諸處焚毀。令刑部遍下諸路州軍，多出文牓，於州縣城郭鄉村要會處，分明曉諭應有逐件經文等，限今來指揮到一季內，於所在州縣首納，除《二宗經》外，並焚毀。限滿不首，杖一百，本條私有罪重者，自從重。仍仰州縣嚴切覺察施行，及仰刑部、大理寺，今後諸處申奏案內，如有非道、釋藏內所有經文等，除已追取到聲說下本處焚毀外，仍具名件，下諸路照會，出牓曉諭人戶，依今來日限約束，首納焚毀施行。[1]

足見該法令不可能頒於北宋。儘管提到的《二宗經》確屬明教之物，而"非藏經所載不根經文"則未必盡然。因而，從法令行文含糊性，"死則裸葬"未必特指明教。倒是志磐所考《夷堅志》，始明確指稱明教"裸屍以葬"。陳垣先生正是據此，參以上揭《儀略·五級儀》殘句，把"裸屍以葬"當成摩尼法。陳垣先生甚至復引宋人廖剛（1070—1143）《高峰文集》卷2《乞禁妖教劄子》，據其間所云喫菜事魔"死則人執柴燒變，不用棺槨衣衾，無復喪葬祭祀之事，一切務減人道"云云，而論道："右所論未明指摩尼教，然云一切務減人道，唯摩尼教似之。"[2] 由此看來，陳垣先生還進而把是否有裸葬之俗目爲甄別摩尼教的一個特徵。但所云"執柴燒變，不用棺槨衣衾"這樣的葬式，並非波斯宗教所固有。倒是宋代佛教盛行荼毗火葬法，民間受其影響，多有焚屍火化者。因此實行這一葬俗的"妖教"，可能是受佛教影響的民間教派，或官方不認可的佛教異端；其間不排斥或有明教徒，但斷非明教固有本色，惟效法佛教耳。竊意民間行火葬，"不用棺槨"，就如佛僧；若無裸屍之狀，則難以"妖"入罪；是以，稱不著衣衾，未必盡然，倒可能是官方刻意貶誣，爲取締製造口實。無論如何，"裸屍以葬"，實際意味土葬；"執柴燒變"，則顯爲火葬。若明教徒的屍葬方式既有土葬，又有火葬，則益證其並沒有像波斯瑣羅亞斯德教徒

---

[1]《宋會要輯稿》165冊刑法2之83，中華書局，1975年，頁6537。
[2]陳垣：《摩尼教入中國考》，《陳垣學術論文集》第1集，頁372。

那樣，有本教特有的屍葬模式，[1]吾人更不可據葬式來判定死者的明教屬性。

另外，還有一被當爲明教裸葬的實例，即見成書於紹興年間（1131—1162）的莊季裕《雞肋編》卷上所載：

> 事魔喫菜，法禁甚嚴，有犯者家人雖不知情，亦流于遠方，以財産半給告人，餘皆沒官。而近時事者益衆，云自福建流至溫州，遂及二浙。睦州方臘之亂，其徒處處相煽而起。聞其法：斷葷酒，不事神佛祖先，不會賓客。死則裸葬，方殮，盡飾衣冠。其徒使二人坐於屍傍，其一問曰："來時有冠否？"則答曰："無。"遂去其冠，逐一去之，以至於盡。乃曰："來時何有？"曰："有胞衣。"則以布囊盛屍焉。云事之後致富。小人無識，不知絶酒肉燕祭厚葬，自能積財也。[2]

此處實際也是泛指喫菜事魔而言，惟其所稱事魔喫菜"云自福建流至溫州，遂及二浙"，則意味著裸葬之俗乃源於福建之明教。不過，這一葬俗的思想根源，實際類乎上揭的楊王孫，但求薄葬耳，並無多少宗教的内涵。莊季裕不責其"一切務減人道"，而稱"絶酒肉燕祭厚葬，自能積財也"，顯然要比廖剛公允寬容得多。

在宗教生活中，不論對死者採取什麽方式的葬式，都有其特定的宗教内涵，往往離不開幫助死者的靈魂脫離苦海，到達天堂、極樂世界之類。在摩尼的創世說中，無論大地和人類，都是混雜黑暗物質和光明成分。人類肉身更是囚禁光明分子——靈魂的軀殼，猶如一個小世界，人死後，靈魂的光明分子經過日月宮的提煉淨化，始能回歸光明王國。[3]假如摩尼教有一套裸葬的規定，其出發點亦當從解救光明分子，即漢文摩尼經所謂"明性"的角度去解釋，而不是從世俗的角度，

---

〔1〕詳參拙文《火祆教的葬俗及其在古代中亞的遺痕》。

〔2〕〔宋〕莊綽撰，蕭魯陽點校：《雞肋編》（唐宋史料筆記），中華書局，1983年，頁11。

〔3〕拙文《摩尼的二宗三際論及其起源初探》，刊《世界宗教研究》1982年第3期，頁45-56；修訂本見林悟殊：《摩尼教及其東漸》，淑馨出版社，1997年增訂本，頁12-34；淑馨出版社，1997年增訂本，頁12-32；《敦煌文書與夷教研究》（當代敦煌學者自選集），上海古籍出版社，2011年，頁89-112。

以"生時裸形"爲由，而導出死時要歸樸反真，實行裸葬。考唐代摩尼教，於亡沒信徒，確有在其遺體旁誦念偈文之儀式。《下部讚》第406—409行有"爲亡者受供結願用之"一首完整偈文可資爲證：

> 某乙明性，去離肉身，業行不圓，恐沉苦海，唯願二大光明、五分法身、清淨師僧、

> 大慈悲力，救拔彼性，令離輪迴剛強之躰，及諸地獄鑊湯、爐炭。唯願諸佛，哀愍彼性，起大慈悲，与其解脫；自引入扵光明世界本生之處，安樂之境。功德力資，依如上願。

這一偈文既稱"爲亡者受供結願用之"，說明很可能就是在死者遺體旁邊誦念的。由於恐怕死者生前修行有所不足，死後從肉體中分離出來明性（光明分子）不夠純淨，因而祈禱諸佛（明神）發大慈悲，使死者明性得以解脫，回歸光明王國。

另有偈文更明確地點明是爲死亡的"聽者"，即該教的一般居家善信服務的，而且儀式就是在遺體旁邊舉行的。見寫本339—346行：

［339］第一　旬齋默結願用之。

［340］稱讚忙你具智王，以及五明清淨躰：稱讚一切諸明使，以及護持正法者！

［341］過去一切慈父等，過去一切慕闍輩，過去一切拂多誕，過去一切法堂主，

［342］具戒男女解脫者，並至安樂普稱歎；亡沒沉輪諸聽者，眾聖救將達彼岸。

［343］　　　　　　　右，三行三礼，至扵亡沒聽者，任依
　　　　　　　　　　梵音唱亡人名，然依後續。

［344］一切信施士女等，扵此正法結緣者，依託明尊解脫門，普願離諸生死苦！

［345］今日所造詣功德，請收明使盡迎將；一切天仙善神等，平安遊止去災殃。

［346］一切法堂伽藍所，諸佛明使願遮防：內外安寧无鄣礙，上下和合福延長！

其間的"三行三礼，至於亡沒聽者"當可理解爲繞聽者遺體巡行並敬禮三次。内容是祈求"衆聖"(諸明神)解救死者。照摩尼教原始教義，一般信徒，即聽者，由於修持不足，身上的光明分子遠沒有選民（僧侶）多，死後靈魂要經過反復鍛煉，始能浮升月宫、日宫。[1]由是，用於亡沒聽者的偈文，並沒有提及死者的明性。

以上所舉唐代摩尼教用於死者的偈文，與《雞肋篇》所記喫菜事魔之徒在遺體旁之對答用語，意趣迥異，完全對不上號，足證後者的用語與摩尼教無涉。其實，從上引《雞肋篇》的文字看，其"事魔喫菜"亦說不上有真正的裸葬習俗，彼等畢竟還"以布囊盛屍"，沒有上揭楊王孫那樣"以身親土"。因此，其葬式與其說成源於摩尼法，毋寧說是像楊王孫那樣，出於對傳統厚葬的反叛。

就現有的文獻看，有關宋代喫菜事魔的記載甚夥，但涉及葬俗的不過就上舉那麼幾條，而具體點名明教的就更少了。於明教特別關注的陸游在上揭《條對狀》，並未把裸葬入罪，而《老學菴筆記》卷10對明教亦有聞必錄：

閩中有習左道者，謂之明教。亦有明教經，甚多刻版摹印，妄取道藏中校定官名銜贅其後。燒必乳香，食必紅蕈，故二物皆翔貴。至有士人宗子輩，衆中自言："今日赴明教齋。"予嘗詰之："此魔也，奈何與之游？"則對曰："不然，男女無別者爲魔，男女不親授者爲明教。明教，婦人所作食則不食。"然嘗得明教經觀之，誕謾無可取，真俚俗習妖妄之所爲耳。又或指名族士大夫家曰："此亦明教也。"不知信否。偶讀徐常侍《稽神錄》云："有善作魔法者，名曰明教。"則明教亦久矣。[2]

此處亦全無提及明教之葬俗。其間特別提到"有士人宗子輩"亦"赴明教齋"，倘其時其地之明教所行葬式大悖儒家傳統，恐難想像該等"士人宗子"於明教會趨之若鶩。

〔1〕參閱拙文《摩尼的二宗三際論及其起源初探》。
〔2〕李劍雄、劉德權點校本：《老學菴筆記》，中華書局，1979年，頁125。

7.5　宋代明教崇尚薄葬蠡測

綜上所述，所謂裸葬爲摩尼法，不過是對內典的誤讀，於理難通，外典亦缺乏確鑿、明晰的記載可資爲證。不過，如上面所已提到，摩尼把人類肉身目爲囚禁光明分子的軀殼，《下部讚・歎無常文》更稱肉身爲"臭穢"非長久之物，死時必遭"破毀"：

[089] 臭穢肉身非久住，无常時至並破毀：如春花葉暫榮柯，豈得堅牢恒青翠？

從這一教理推想，摩尼教的喪葬觀念必與儒家重葬厚殮有別；但若據此便推斷其實行裸葬，則跨度未免太大。因爲畢竟對肉身的定性是一回事，如何處置這一遺體是另外一回事。後者涉及對死者的感情，還有對死者親屬的態度，社會認可程度等等諸多因素。但從這一教理出發，奉行薄葬，這倒符合邏輯，特別是在農村貧困教徒羣體中，實行薄葬，不惟符合教義精神，亦適應教徒生活實際，且不悖華夏傳統。華夏傳統雖有厚葬之倡，但畢竟實行者僅限於富貴階層，廣大貧困階層焉有財力爲之？更遑論逢兵荒馬亂、天災人禍之年，死者無數，得以草草掩埋，已算萬幸；棄屍荒野，尤屬常見。因此，即便主流輿論以厚葬爲尚，但亦不得不接受薄葬之社會現實。從現有文獻看，宋代鄉村明教徒於摩尼教苦行精神不無繼承，甘淡薄，務節儉。教會爲凝聚廣大貧窮大衆，很可能亦有倡導薄葬之舉，而這對參與明教活動的士人來說，也不難接受。竊意薄葬行爲，若被好事者或別有用心者誇大、歪曲，很可能就誤傳爲裸葬，以訛傳訛，載錄於籍，後世遂以爲真。

當然，蠡測宋代明教有崇尚薄葬之俗，若無相應田野資料支撐，則未免有理多於證之嫌。竊意若明教確有此俗，則在其流播的地區必多少會留下遺跡。考泉州晉江華表山麓，今尚完整保存何喬遠所記元代明教草庵遺址，自唐會昌宗教迫害之後，由於呼祿法師"游方泉郡，卒葬郡北山下"，其播下的明教種子更使周遭地區成爲該教重鎮。近幾年當地文博專家粘良圖先生的深入田野調查，業已證明草庵附近村落，尚保存諸多明教遺跡遺習，有關科研成果蓋見其新著《晉江草庵研究》。[1] 由是，筆者特懇請粘先生就當地葬俗作一番田野調查。經徵得粘先生同意，茲將其調查結果附錄於下，以饗讀者。調查報告中所據《青陽莊氏族譜》，多年前李玉昆先生已據其中所記三世祖惠龍（1281—1349）"晚年厭觀世諦，託以蘇鄰法"，而考其爲元代之明教徒。[2] 粘先生的《晉江草庵研究》在李先生考證的基礎上，復在當地文獻《青陽科甲肇基莊氏族譜》集外篇中，查得元至正年間晉江主簿歐陽賢爲莊惠龍撰的墓誌銘，益證是說，並進而考證惠龍明教信仰對族裔乃至鄉人的影響。因而，莊氏家族即便不能目爲明教世家，至少亦可視爲頗受明教影響的家族。從族譜有關家族歷代墓葬的記錄，以及當地喪葬禮俗看，確有崇尚薄葬之遺風，這或有助支撐上揭蠡測。

附錄：粘良圖《晉江喪俗田野調查》

晉江摩尼教葬俗，現尚未發見明晰資料記載，然從《青陽莊氏族譜》中關於摩尼教徒莊惠龍家族的喪葬記錄中，似有跡可尋。該族譜記：

莊氏一世祐孫（1211—1265），與妻蔡氏瓦棺同葬本里石鼓山。

二世公茂，祐孫三子，生卒無考，公婆瓦棺與男惠龍（1281—1349）同葬本里洪基山之原。

四世謙（1299—1363），圭復長子，柩遭元末兵火焚於家，塈周附葬陽山公之墓右。

天驥（1307—1398），惠龍二子，配陳氏，柩遭離亂，焚于

〔1〕有關調查資料詳見粘良圖：《晉江草庵研究》，廈門大學出版社，2008年12月；該書拙評：《爲華化摩尼教研究獻新知——讀粘良圖〈晉江草庵研究〉》，刊《海交史研究》2009年第2期（總56期），頁128-134。

〔2〕李玉昆：《20世紀福建摩尼教的新發現及其研究》，刊《福建宗教》1999年第1期，頁36-38；收入中國航海學會、泉州市人民政府編：《泉州港與海上絲綢之路》，中國社會科學出版社，2002年，頁471-477。

家聖周窆於石鼓山壁立石下。

天瑞（1319—1382），惠龍五子，與配林氏……再遷聖周同葬本都崎山。

五世琨（1332—1389），莊謙三子，與配李氏聖周合葬本里蔭後山之原。

震遠（1336—1392）天爵長子，沒於獄，與配王氏聖周合葬於石鼓山之原。

震亨（1338—1390）天瑞長子，聖周葬於本里湖宅山之原。

震福（1346—1375）天爵三子，配陳氏，長子慧祖先歿，母子之柩同公聖周合窆于本里萬石嶺山。

震華（1354—1398），天瑞三子，與配楊氏合葬本里岱山下，後嫌穴勢脫弱，同聖周改葬湊山。

震懋（1364—1416），天瑞四子，配王氏，卒永樂癸巳，聖周葬於水磨山之原。

震哲（1365—1405），天驥三子，沒於京師，負骨歸鄉，聖周與母陳氏合窆本覺院山。

據上可見自元代到明永樂間，莊氏一族有不少人採用"聖周"葬法。"聖周"，《辭源》釋爲"治土爲甊，以周於棺之坎也"，但依筆者觀之，此處應作火葬來解釋才對，即指屍體火化後將骨灰置於小陶罐埋葬。因爲"聖"字還有"火之餘燼"的一層意思。族譜在這裏用"聖周"來區別於通常的"棺葬"。（而"瓦棺"指用陶甕裝盛骨殖，這是晉江常見的、至今還沿用的"二次葬"法。裝骨殖的陶甕俗稱"皇金"，比裝火化骨灰的陶罐要大得多。）

筆者到博物館這些年，在田野考古中發現不少骨灰罐，證明本地老百姓在宋元時習慣採用火葬，這一風俗直到明代因地方官明令禁止始有改變。《泉州府志》《晉江縣誌》"政績志"載："陳勉，臨川人，成化中進士，以刑部郎出知泉郡，捕海寇，禁以水火葬者……"可資互證。

緣火葬顯比棺葬省錢且方便，故當時下層百姓樂於採用。但莊氏家族在當時頗富有，有大量錢財施予寺廟和民間，其習慣採用火葬，看來是因爲火葬的形式合於摩尼教提倡儉省薄葬的習俗。

除"聖周"葬法外，莊氏族譜還記載族人崇尚薄葬的事實：

《有元在茲孺人王氏墓誌銘》記："……王氏孺人諱在茲（1335—1427）……長茹齋素，善教誨，樂淨施……春秋八十有三，家道殷盛，康寧如壯，臨終之際舉無疾恙。先一日戒諸孫曰：襄事稱家，勿以世俗華侈爲尚，是吾願也。"

《大明安德孺人李氏墓誌銘》記"……母曰惠玉，號安德（1383—1467）……不御葷腥三十餘稔，晚年愈加康強，一旦忽遘微恙，起諸子曰……第慎修善行，勿貽先人羞。喪事稱家有無，勿效時人奢僭。我之素願足矣。"

《大明芸叟處士莊公墓誌銘》記"……啟字廷粲（1403—1463）……謂曰：夫死生者，晝夜常理，修短定數，奚足悲……吾觀世之葬親者，詔諛以幹銘，虛張少實，不以質樸爲本，而以浮靡爲尚，本欲揚其親而反爲親累也。"

反對浮靡，提倡簡葬，從這些人的言行可以看出明教對莊氏家族的影響；而地方亦不乏儒者墓葬，彼等墓誌則蓋多張揚喪禮從豐，適可資比對。

此外，草庵及其附近的紫竹寺歷來有僧尼就地火化的習慣。1998年晉江推廣火葬以來，甚至有蘇內村村民（4名以上）爲方便省事不送火葬場，就在紫竹寺施行火化。遺體火化，無需明器陪葬，蓋薄葬之最薄者。

（本章初刊劉東主編：《中國學術》，總第 32 輯，商務印書館，2012年，頁 244-264。）

8　五代陳州
毋乙之徒非“末尼黨類”辨

8.1　引言

史乘所載梁貞明六年（920）陳州毋乙之亂，向被學界目爲五代時期摩尼教徒活動之證據，作爲摩尼教在華傳播或農民起義利用摩尼教之一條重要史料徵引。[1] 對此，近百年雖偶有不以爲然者，[2] 惟未見刻

---

[1] É. Chavannes et P. Pelliot, "Un traité manichéen retrouvé en Chine ,traduit et annoté (Deuxième partie)", *Journal Asiatique* , Mars. -Avril. 1913, pp.320–323；王國維：《摩尼教流行中國考》，刊《亞洲學術雜誌》，1921年第2期，“專著六”；陳垣：《摩尼教入中國考》，初刊《國學季刊》第1卷第2號，1923年；收入《陳垣學術論文集》第1集，中華書局，1980年，頁329–374。在關於民間宗教或農民起義的一些論著中，也將毋乙看作摩尼教徒，參馬西沙、韓秉方：《中國民間宗教史》，上海人民出版社，1992年，頁87-88；梅村：《摩尼光佛像與摩尼教》，刊《文物天地》，1997年第1期，頁14-18；馬西沙：《中華文化通志·民間宗教志》，上海人民出版社，1998年，頁27；濮文起：《秘密教門：中國民間秘密宗教溯源》，江蘇人民出版社，2000年，頁19；牟鐘鑒、張踐：《中國宗教通史》（修訂本），社會科學文獻出版社，2003年，頁579；芮傳明：《淫祀與迷信：中國古代迷信群體研究》，廣東人民出版社，2005年，頁36-38；周運中：《唐宋江淮三夷教新證》，刊《宗教學研究》2010年第1期，頁210-212；李斌城主編：《中國農民戰爭史·隋唐五代十國卷》，人民出版社，1988年，頁256。此外，一些辭典及通史、斷代史類著作也將毋乙之亂視作摩尼教起義，見《中國歷史大辭典》之“毋乙”條，上海辭書出版社，2000年，頁606；《中國史稿》第5冊，人民出版社，1983年，頁29；王仲犖：《隋唐五代史》，上海人民出版社，1988年，頁1085。新近，楊富學先生發表《〈樂山堂神記〉與福建摩尼教》（見《文史》，2011年第4輯，頁135-173），仍持傳統看法，稱“後梁貞明六年（920）冬十月，陳州爆發了摩尼教徒策劃的毋乙起義”（見頁159）。

[2] S.N.C.Lieu, *The Diffusion of Manichaeism from Persia to Rome and China*, Warwick, 1981, pp.222-223；王見川：《從摩尼教到明教》，新文豐出版公司，1992年，頁197；研究五代史的學者，如陶懋炳：《五代史略》（人民出版社，1985年）曾認爲毋乙用來發動起義的“上乘教”是佛教的一個流派（頁59）；鄭學檬：《五代十國史研究》（上海人民出版社，1991年）則提出“上乘教”與三階教一樣，是從佛教中分立出來的，而毋乙之亂是左道結社反抗統治者的思潮演變成政治鬥爭的結果（頁233）。此外，韓國磐（《隋唐五代史綱》，人民出版社，1979年）、翦伯贊（《中國史綱要》（人民出版社，1983年）、尚鉞《尚氏中國古代通史》（高等教育出版社，1991年）等，只提及毋乙利用宗教發動起義，對其宗教屬性則未下斷語。

意論證，更乏專文探討；多年前筆者雖也曾表不同看法，但並無深入論證。[1]近年思考中古夷教之華化問題，發現毋乙之亂不惟未見有明顯之摩尼教特徵，且某些表現實與摩尼教之華化進程相左，殊難與摩尼教沾邊。有鑒於此，本章擬梳理有關之史料，重新檢視學界目毋乙之亂爲摩尼黨徒起事之緣起及其理據，就毋乙之亂是否與摩尼教有關試加辨釋。

8.2　毋乙之亂之最早記載

查現存有關毋乙之亂的最早文獻記錄，見薛居正（912—981）等撰《舊五代史》（以下簡稱"薛史"）之《梁書·末帝紀》，其貞明6年記事有云：

> 冬十月，陳州妖賊毋乙、董乙伏誅。陳州里俗之人，喜習左道，依浮圖氏之教，自立一宗，號曰"上乘"。不食葷茹，誘化庸民，揉雜淫穢，宵聚晝散。州縣因循，遂致滋蔓。時刺史惠王友能恃戚藩之寵，動多不法，故奸慝之徒，望風影附。毋乙數輩，漸及千人，攻掠鄉社，長吏不能詰。是歲秋，其衆益盛，南通淮夷，朝廷累發州兵討捕，反爲賊所敗，陳、潁、蔡三州大被其毒。羣賊乃立毋乙爲天子，其餘豪首，各有樹置。至是發禁軍及數郡兵合勢追擊，賊潰，生擒毋乙等首領八十八人，械送闕下，並斬於都市。[2]

薛史之編撰，始於宋太祖開寶6年（973）4月，於次年閏10月甲子日完竣。時距毋乙事件不外四十來年。而該史之編撰，係以范質（911—964）的《五代通錄》爲底本，這就意味著後者之成書當更接近事件發生之年代。儘管《五代通錄》已不傳世，但無論如何，薛史有關毋乙事件的記述，所依據的應是直接間接地來自10世紀中葉尚保存的一

---

〔1〕林悟殊：《喫菜事魔與摩尼教》，刊《文史》第26輯，1985年，頁149-155；修訂本見林悟殊：《摩尼教及其東漸》，中華書局，1987年，頁135-144；淑馨出版社，1997年增訂本，頁157-160。
〔2〕《舊五代史》卷10，中華書局，1976年，頁144。

手資料，或事件同時代人之原始記憶。而其時據唐會昌取締摩尼教雖有百年之久，但相信涉及該教史事之唐代政書以及士人著作尚多存世，甚至一些摩尼教內典尚有流傳；而該等資料，對於當時史家來說，自不難接觸到，何況五代和北宋之時，尚不乏高昌回鶻摩尼教之信息。是以，摩尼教於史家當非陌生之物。因此，毋乙之亂發源地陳州里俗之人所習左道，如與會昌所取締的摩尼教有關，史家當不難辨出，不至含含糊糊。但從記載看，冠毋乙、董乙以"妖賊"之號，實際不外意味著其反亂乃藉助宗教迷信。這類"妖賊"，史不絕書，各朝代都有，自未必獨與摩尼教有涉。至於"依浮屠氏之教，自立一宗，號曰上乘"，意味著毋乙之亂藉助教門爲紐帶，組合民眾。這一教門，乃民眾所熟悉之佛教，不過是另立一宗耳。曰"上乘"，自是相對大乘、小乘而言，意味著均屬佛門之內。

考任何教門之立名，必有其特定意蘊，以"上乘"爲宗名，如上面所云，演繹自佛門大乘、小乘之分，則順理成章；若云源於摩尼教，則不知從何說起。緣唐代摩尼教儘管借用了大量佛教術語，但現存內外典均未見有"大乘""小乘"之語，更遑論"上乘"之謂。無論從摩尼教史或義理中，都無從找到可與此名聯繫之形跡。因此，以"上乘"爲宗名，適反證陳州里俗之人所習左道，未必爲摩尼教之餘緒。其實，毋乙時代，民間並非沒有摩尼教派之活動，不過名稱不叫"上乘"，而稱"明教"。這見於諸前輩所徵引之五代末徐鉉（916—991）《稽神錄》，其卷3《清源都將》目下云清源（泉州）人楊某家鬧鬼事："後有善作魔法者，名曰明教，請爲持經一宿。鬼乃唾罵某而去，因而遂絕。"[1]這一"善作魔法者"是否果爲明教徒，姑且不論，但其時有自稱"明教"的教門流行應無疑問。而宋代流行之明教已被確認爲華化摩尼教，那麼，五代時期之"明教"，必是宋代明教之前身。"明"，取義於摩尼

---

〔1〕《稽神錄》，白化文點校本，中華書局，1996年，頁46。

教之崇拜日月光明，以之爲教名，名實相符。[1]反觀"上乘"二字，若謂摩尼教之一宗名稱，則顯屬不倫不類。

上揭薛史所述毋乙之亂其他種種表現，亦無一可證爲摩尼教之特徵。如"不食葷茹"，是大乘佛教徒之一大戒律，即便不出家之居士信女，也多遵此戒或定期齋戒；而唐代摩尼教，則只局限於出家僧侶，並不強求一般信衆遵此戒。因此，若陳州里俗之人都"不食葷茹"，則與其說類乎摩尼教，不如說更接近佛門。還有，"宵聚晝散"，對於古代"圖謀不軌"之群體來說，"宵聚晝散"應該說是一種普遍的活動模式。南宋明教徒往往被指斥爲"夜聚曉散"，貌似相類，但明教徒之"夜聚曉散"實爲禮拜日月。然這種禮拜儀式，在唐代摩尼教，只局限於某些節日，因此，現有史料未見唐代摩尼教徒有"夜聚曉散"之俗。[2]即便宋代明教徒確以"夜聚曉散"爲特色，吾人亦不能以後證前，把五代毋乙之徒的"宵聚晝散"作爲摩尼餘黨之表徵。[3]何況，原始史料完全沒有顯示毋乙之徒有任何日月崇拜之跡象。據上面之分析，可以說，若就毋乙之亂現有之原始記載，吾輩實無從找到其與摩尼教之聯繫。但研究中國摩尼教的前賢，無論是法國的沙畹、伯希和，抑或是陳垣先生，咸把毋乙之亂目爲"末尼作亂"，實另有緣由。

8.3　《佛祖統紀》所記毋乙教派之辨析

考前賢之將毋乙之亂與摩尼教聯繫，乃據宋代佛書之所載，其間以釋志磐（約1195—1274）之《佛祖統紀》最受矚目。是書把摩尼教、白雲菜、白蓮菜三教列入，加以紹介。摩尼教被名以"末尼火祆"居首，云：

---

〔1〕拙文《摩尼教華名辨異》，刊《九州學林》，2007年春季第5卷第1期，頁180–243；收入馬西沙主編《民間宗教卷》，當代中國宗教研究精選叢書，民族出版社，2008年，頁28–77；修訂本見拙著《中古夷教華化叢考》，蘭州大學出版社，2011年，頁51–92。

〔2〕參本書《宋代明教僞託白詩考》。

〔3〕王國維：《摩尼教流行中國考》曾把《舊五代史》毋乙之亂這條史料目爲摩尼教史料徵錄，並作按語："此條雖不言摩尼餘孽，然與宋人所記摩尼教大同，故亦錄之。"

·歐·亞·歷·史·文·化·文·庫·

末尼火祅_{火煙反}者，初，波斯國有蘇魯支，行火祅教，弟子來化中國。唐貞觀五年（631），其徒穆護何祿詣闕進祅教，敕京師建大秦寺。武后延載元年，波斯國拂多誕持《二宗經》僞教來朝。玄宗開元二十年（732），敕末尼本是邪見，妄稱佛教，既爲西胡師法，其徒自行，不須科罰。天寶四年（745），敕兩京諸郡有波斯寺者，並改名大秦。大曆三年（768），敕回紇及荊、揚等州奉末尼，各建大雲光明寺。六年（771），回紇請荊、揚、洪、越等州置摩邪寺。其徒白衣白冠。會昌三年（843），敕天下末尼寺並廢，京城女末尼七十二人皆死，在回紇者流之諸道。五年（845），敕大秦穆護火祅等二千人，並勒還俗。梁貞明六年（920），陳州末尼反，立毋乙爲天子，朝廷發兵擒斬之。其徒以不茹葷飲酒，夜聚淫穢，畫魔王踞坐，佛爲洗足，云佛止大乘，我乃上上乘。[1]

《佛祖統紀》，撰於寶祐6年至咸淳5年（1258—1269），比薛史晚三百年。儘管如此，就毋乙事，志磐亦不無可能讀到某些薛氏未接觸之史料，從而把陳州里俗所習左道界定爲末尼，即摩尼教徒。不過，就其對毋乙之徒宗教表現的記述，卻令人難以置信。曰"畫魔王踞坐，佛爲洗足，云佛止大乘，我乃上上乘"，顯然是把毋乙之徒由薛史所記的佛門一宗，完全改變成凌駕傳統佛門之異端或與佛教對立的異教。假如歷史之毋乙果有如此之言行，則陳州里俗並非學佛，而是反佛。倘然，則毋乙之徒益不可能是摩尼教徒。因爲五代陳州如有摩尼教流傳，從整個摩尼教的東西傳播史看，不可能是來自域外摩尼教的新宗，[2]只可能是唐代中土摩尼教之餘緒。

考3世紀中葉波斯人摩尼所創立之新宗教，自始就無意與佛教對立，在摩尼用中古波斯語撰寫的名作《沙卜拉干》(Šābuhragān)中，便已對自己定位道：

---

〔1〕〔南宋〕釋志磐：《佛祖統紀》卷54，《大正藏》（49），頁474下。明顯誤植字據江蘇廣陵古籍刻印社清版景印本（1992年）參校。其間有關毋乙事的文字，並見《佛祖統紀·法運通塞志一七之九》"末帝（瑱）"六年條，即《大正藏》（49），頁391上。

〔2〕參拙文：《宋元濱海地域明教非海路輸入辨》，刊《中山大學學報》（社會科學版），2005年第3期，頁67-71；修訂本見《中古夷教華化叢考》，頁40-50。

明神的使者一次又一次地把智慧和善行傳到人間。有一個時代由名叫佛陀的使者傳到印度，又一個時代由名叫瑣羅亞斯德的使者傳到波斯，另一個時代由叫耶穌的使者傳到西方。而今，啓示又降下來，在這個最後的時代，先知的職分落在我摩尼身上，由我作爲向巴比倫傳達神的真理的使者。[1]

　　也就是說，摩尼自認爲是繼佛陀、瑣羅亞斯德、耶穌之後，被大明尊遣派人間的最後一位先知，因此，摩尼與佛陀乃一脈相承，而並非與佛陀對立或高於佛陀。復考摩尼教在波斯遭取締後，遂向東西擴張，中亞地區成爲其東傳的中心，並逐步形成獨立教團。中亞教團在當地佛教氛圍下，佛味漸濃。吐魯番出土的伊朗語系摩尼教文獻殘片中，已證明西元三四世紀，中亞教團已引進佛的概念，爾後甚至把摩尼稱爲彌勒佛。[2]進入唐代中國的摩尼教，正是屬於帶有濃厚佛教色彩的中亞教團。[3]隋唐之際，佛教大行其道，中亞摩尼僧進入中土，其佛教色彩應環境自不斷有增無減，以至唐初統治者把其目爲佛教之一宗。上揭釋志磐所載則天朝摩尼高僧入覲事，可資爲證。

　　曰"武后延載元年，波斯國拂多誕持二宗經僞教來朝"，是事原見《佛祖統紀》：

　　　　延載元年（694），勅天下僧尼舊隸司賓[即鴻臚寺]，今改隸祠部[以佛教有護國教人福解尼之]。波斯國人拂多誕[西海大秦國人]持《二宗經》僞教來朝。[4]

　　作爲編年記事錄入，當確有原始資料爲據。不過，兩處所記均過於簡略。揆諸常理，摩尼僧得以徑向朝廷晉獻本教之代表性

---

〔1〕E. Sachau (ed.), *The Chronology of the Ancient Nations*, London: W. H. Allen & Co., 1879, p.207.

〔2〕參拙文：《早期摩尼教在中亞地區的成功傳播》，林悟殊：《摩尼教及其東漸》，中華書局，1987年，頁35-45；淑馨出版社，1997年增訂本，頁33-43。

〔3〕參拙文：《唐代摩尼教與中亞摩尼教團》，《文史》23輯，1984年，頁85-93。修訂本見林悟殊：《摩尼教及其東漸》，中華書局，1987年，頁87-99；林悟殊：《摩尼教及其東漸》，淑馨出版社，1997年增訂本，頁61-71；林悟殊：《敦煌文書與夷教研究》（當代敦煌學者自選集），上海古籍出版社，2011年，頁167-178。

〔4〕《佛祖統紀》卷39，《大正藏》（49），頁369-370上。

經典，[1]事前當應有所鋪墊，而朝廷對此事如何表態，當亦應有所記載纔是，然兩處均闕如。竊意志磐生活年代正是明教至爲活躍之時，其斥明教爲"魔教邪法"，[2]還感慨其對佛門之現實和潛在危害："如此魔教，愚民皆樂爲之。其徒以不殺、不飲、不葷辛爲至嚴。沙門有爲行弗謹反遭其譏，出家守法，可不自勉？"[3]因此，如其所讀史料於摩尼教有惡評，則必會渲染有加；而不置一詞，則默證史料必載則天皇帝賞識該教無疑。明代福建泉州人何喬遠（1558—1631）撰《閩書》，其卷7《方域志》"華表山"條下，因記當地元代摩尼教草庵遺址而追敍摩尼教史，文中倒有提及武氏接見摩尼僧之細節：

> 慕闍當唐高宗朝行教中國。至武則天時，慕闍高弟密烏沒斯拂多誕復入見。群僧妒譖，互相擊難。則天悅其說，留使課經。[4]

何氏這段記載，脈絡清楚，不由不信。其間，慕闍行教高宗朝事，與則天朝拂多誕復入見，有明顯的內在聯繫，不可能是何氏憑空杜撰。竊思就摩尼僧入華事，何氏所據史料應與志磐同源，即同出一佚失之唐代政書，但後者出於排斥異教的心理，刻意刪去利於摩尼教的文字。而前者畢竟是個士人，對摩尼教持較爲客觀的立場，遂據文獻保存了某些細節描述。其間，慕闍入見高宗，高宗可能沒有明確的肯定態度，而時武后尚未當權，故此事何氏所據原始史料或亦只是一筆帶過。但照常理推測，慕闍的入見必定給武后留下良好印象，由是，當她登上皇位後，始會續見其高弟密烏沒斯拂多誕。按武則天崇奉佛教，佛先

---

〔1〕《二宗經》爲摩尼教之代表性經典，參拙文《〈摩尼教殘經一〉原名之我見》，刊《文史》21輯，1983年，頁89-99。修訂本見林悟殊：《摩尼教及其東漸》，中華書局，1987年，頁191-267；淑馨出版社，1997年增訂本，頁211-226；林悟殊：《敦煌文書與夷教研究》（當代敦煌學者自選集），上海古籍出版社，2011年，頁1-39。

〔2〕《佛祖統紀》卷39："述曰：太宗時，波斯穆護進火祆教，救（敕）建大秦寺。武后時，波斯拂多誕進《二宗經》。厥後大曆間，荊、揚、洪、越等州各建摩尼寺。此魔教邪法，愚民易於漸染。由屢朝君臣、當世名德，不能簡邪正，以別同異，故其法行於世而弗禁。噓，是蓋西土九十五外道之類歟！"《大正藏》（49），頁370上。

〔3〕《佛祖統紀》卷39，《大正藏》（49），頁370上。

〔4〕〔明〕何喬遠：《閩書》（1），廈門大學校點本，福建人民出版社，1994年，頁171。

於道。[1]陳寅恪先生在其名作《武曌與佛教》中，業已論證武氏以一介女身而圖當皇帝，遂利用佛教大乘急進派"以女身受記爲轉輪聖王成佛之教義"，"頒行天下以爲受命符讖之大雲經"。[2]如果來華摩尼僧竟不知武氏尚佛，而以佛教之對立面行世的話，焉會得到武氏歡心。揣摩何喬遠這段話，觀見武氏的摩尼僧，必以佛教之一宗標榜，始能使"則天悅其說，留使課經"。從語境看，"群僧妬譖"意味佛僧與拂多誕向武氏爭寵；"互相擊難"則意謂在教義上有所爭論。因此，佛僧與拂多誕之"互相擊難"，實際暗示拂多誕貌似佛僧，所說之教也貌似佛教，其教乃被武氏目爲佛教之一宗而接受。

唐代摩尼教之以佛教一宗行世，更見開元19年（731）來華摩尼僧呈朝廷的解釋性文件，即見於敦煌寫卷 S.3969之《摩尼光佛教法儀略》（以下簡稱《儀略》）。《儀略》作者把本教教主摩尼稱爲摩尼光佛，即Maniprabhatathāgatārhatsamyaksambuddha，[3]是爲華夏流行佛號之一。始見於後魏（386—557）北印度三藏菩提流支譯《佛說佛名經》，內"南無摩尼光佛"三見；[4]"南無勝藏摩尼光佛"三見、[5]"南無種種摩尼光佛"一見；[6]此外，佚名《十方千五百佛名經》有一例"旃檀摩尼光佛"；[7]佚名《現在十方千五百佛名並雜佛同號》（見英藏敦煌寫本S.2180）有一例"百億同號旃檀摩尼光佛"，一例"二萬同號摩尼光佛"；[8]宋罽賓三藏曇摩蜜多譯《觀虛空藏菩薩經》有一例"南方栴檀摩尼

---

〔1〕〔宋〕贊寧：《大宋僧史略》卷中31《左右街僧錄》記，唐"太宗詔令僧尼班於道後，高宗禦極，議欲令拜君親。則天歸心釋門，還令僧班道上。"《大正藏》（54），頁243下；卷中38《僧道班位》載："則天天授二年四月，詔令釋教在道門之上，僧尼處道士女冠之前。"《大正藏》（54），頁246中。

〔2〕陳寅恪：《武曌與佛教》，《金明館叢稿二編》，三聯書店，2001年，頁165。

〔3〕G. Haloun and W. B. Henning, "The Compendium of the Doctrines and Styles of the Teachings of Mani, the Buddha of Light", *Asia Major* III, 1952，p.192, Note 37.

〔4〕《佛說佛名經》卷3，《大正藏》（14），頁129下；復見同書卷6，頁210下；同書卷5，頁137上。

〔5〕《佛說佛名經》卷5，《大正藏》（14），頁137上；同書卷10，頁169中；同書卷12，頁229下。

〔6〕《佛說佛名經》卷22，《大正藏》（14），頁274中。

〔7〕佚名：《十方千五百佛名經》，《大正藏》（14），頁312中。

〔8〕佚名：《現在十方千五百佛名並雜佛同號》，《大正藏》（85），頁1448下。

光佛"。[1] 把教主附會爲佛教的摩尼光佛，既與教主名字 Mani 諧音，又包含摩尼教崇尚光明之義理，儼然成爲佛教諸多教派之一宗。

《儀略》爲證明摩尼教與佛教之同源，又引佛經附會：

> 按《摩訶摩耶經》云："佛滅度後一千三百年，袈裟變白，不受染色。"《觀佛三昧海經》云："摩尼光佛出現世時，常施光明，以作佛事。"[2]

由是，足見唐代摩尼教在主觀上絕無向佛教挑戰之意向。假如釋志磐於唐代摩尼教無知，那於同時代之明教當應清楚。其在《佛祖統紀》卷48《法運通塞志》第17之十五《寧宗》節下"嘉泰二年"（1202）條下，記餘杭南山白雲庵道民沈智元乞賜敕額事，加了個按語：

> 述曰：嘗考《夷堅志》云，吃菜事魔，三山尤熾。爲首者紫帽寬衫，婦人黑冠白服。稱爲明教會。所事佛衣白，引經中所謂"白佛，言世尊"。取《金剛經》一佛，二佛，三、四、五佛，以爲第五佛。[3]

儘管這段話誤解了"五佛"的概念，但無疑承認宋代明教仍依託佛教這一事實。至於元明之明教益與佛道匯流，最後成爲民間宗教信仰，就更不用說。

五代毋乙之徒不以傳統佛教爲然，公然加以挑戰，與摩尼教何淵源之有？有學者認爲其宗教或含有某些外來成分。[4] 據現有資料，可資懷疑的"外來成分"大概就是"畫魔王踞坐，佛爲洗足"。不過，佛僧這一記述無非強調毋乙之徒別有所奉耳。該"佛爲洗足"的"魔王"，未必求諸新的外來成分，盡可從中國傳統宗教的神譜找到借鑒，亦可從佛典提到的衆神中得到靈感，兼之古人的想像力，不難有所創新。

---

〔1〕《觀虛空藏菩薩經》，《大正藏》（13），頁679上。

〔2〕S.3969/2，見《英藏敦煌文獻》（5），四川人民出版社，1992年，第224頁上。《摩訶摩耶經》係蕭齊沙門釋曇景譯，收入《大正藏》（12），引文見頁1013下；《觀佛三昧海經》係東晉天竺三藏佛陀跋陀羅譯，收入《大正藏》（15），引文見頁688上。

〔3〕《佛祖統紀》卷48，《大正藏》（49），頁431上。

〔4〕王見川《從摩尼教到明教》並不認爲毋乙之徒與摩尼教有關，而推測其"應是含有外來成分的佛教異端團體"，見頁197。

當然，前輩學者並非輕信釋志磐之論。1911至1913年沙畹、伯希和在其法文《亞洲報》上發表長篇論文《中國發見的摩尼教經典》，專門研究京藏敦煌摩尼寫經和摩尼教在中國的傳播。[1]其教史部分被馮承鈞先生漢譯爲《摩尼教流行中國考》，箇中據志磐所說，把毋乙記事作爲摩尼教資料輯錄。[2]不過，其在徵引志磐之話後，復與上揭薛史記載對照，寫道：

> 《舊五代史》記載較《佛祖統紀》爲詳，但以其教爲浮屠之教，並未言其爲摩尼教。然則二百餘年後之志磐所志，能無誤乎？顧志磐爲輯述家，所記必有所本。此事贊寧所撰之《僧史略》卷三，亦明言其爲"末尼"，《僧史略》撰於十世紀下半葉，距毋乙之亂僅五十年，似不致有誤也。[3]

無獨有偶，1923年，陳垣先生發表《摩尼教入中國考》，亦因《佛祖統紀》之說而徵引上揭薛史的記載,而後評論道：

> 據此，雖未明言爲摩尼，而其徒衆實含有宗教意味。曰喜習左道，自立一宗，不食葷茹，誘化庸民，固明明一種宗教也。因刺史動多不法，起而動亂，奸慝之徒，望風影附，又含有政治意味也。南通淮夷，陳、穎、蔡三州，大被其毒，其聲勢亦極宏大也。曰妖賊，曰奸慝，曰淫穢，曰被其毒，皆詈詞，所謂敗則爲寇耳。然究何以知爲末尼？讀贊寧僧史略而知佛祖統紀之說所自出矣。[4]

從前賢這些評論看，彼等實際都不以爲毋乙等有何摩尼教色彩，

〔1〕É. Chavannes et P. Pelliot,"Un traité manichéen retrouvé en Chine', *JA*,10.sér., XVIII, 1911, pp.499-6l7,pl.；"Un traité manichéen retrouvé en Chine (Deuxième partie)", *JA*,11.Sér., I, 1913, pp.99-199；'Un traité manichéen retrouvé en Chine(Deuxième partie, suite et fin)', *JA*,11.sér., I, 1913, pp.261-394, pl.

〔2〕Édouard Chavannes et Paul Pelliot, "Un traité manichéen retrouvé en Chine (Deuxième partie)", *Journal Asiatique*, sér. 11,1, 1913, pp.320-323.

〔3〕Édouard Chavannes et Paul Pelliot, "Un traité manichéen retrouvé en Chine (Deuxième partie)", Journal Asiatique, sér. 11,1, 1913, pp.320-321. 沙畹、伯希和撰，馮承鈞譯：《摩尼教流行中國考》，《西域南海史地考證譯叢八編》，商務印書館，1958年，頁88。

〔4〕陳垣：《摩尼教入中國考》，見《陳垣學術論文集》第1集，頁351。

本來亦不相信志磐的記載，只不過是追蹤史源，溯至贊寧《僧史略》，而後者生活接近毋乙事件發生之年代，既言其爲"末尼黨類"，遂信以爲然。由是，吾輩不得不考察贊寧此論之緣由。

8.4 《僧史略》所載"大秦末尼"辨釋

贊寧（919—1001），於太平興國三年（978）奉詔撰《大宋僧史略》（以下簡稱《僧史略》），凡三萬餘字，卷分上中下，自云"立門六十"，實爲"五十九"，其卷下55題爲《大秦末尼》，實述唐代三夷教史。爲便於問題的討論，逐錄如下：

大秦末尼 _{胡神也。官品今有祅正。}

火祅 _{火煙初} 教法，本起大波斯國。號蘇魯支，有弟子名玄真，習師之法，居波斯國大總長如火山，後行化於中國。貞觀五年，有傳法穆護何祿，將祅教詣闕聞奏。勅令長安崇化坊立祅寺，號大秦寺，又名波斯寺。開元二十年八月十五日勅："末尼本是邪見，妄稱佛教，誑惑黎元。以西胡等既是師法，當身自行，不須科罰。"至天寶四年七月勅："波斯經教，出自大秦。傳習而來，久行中國。爰初建寺，因以爲名。將欲示人，必循其本。其兩京波斯寺，宜改爲大秦寺。天下諸州郡有者準此。"大曆三年六月勅："迴紇置寺，宜賜額大雲光明之寺。"六年正月又勅荊、越、洪等州，各置大雲光明寺一所。武宗會昌三年，勅天下摩尼寺並廢入官，京城女摩尼七十二人死，及在此國迴紇諸摩尼等配流諸道，死者大半。五年，再勅大秦穆護火祅等二千餘人並勒還俗。然而未盡根荄，時分蔓衍。梁貞明六年，陳州末尼黨類，立毋乙爲天子。發兵討之，生擒毋乙。餘黨械送闕下，斬於都市。初，陳州里俗喜習左道，依浮圖之教，自立一宗，號上上乘；不食葷茹，誘化庸民，糅雜淫穢，宵集晝散。因刺史惠王友能，動多不法，由是妖賊嘯聚，累討未平。及貞明中，誅斬方盡。後唐石晉時，復潛興。推一人爲主，百事稟從；或畫一魔王踞座，佛爲其洗足。云佛止大乘，此乃上上乘也。蓋影傍佛教，所謂相似道也。或有比丘爲饑凍故，往往隨之效利。有識者尚遠離之！此法誘人，直到地獄。慎之哉！[1]

將此篇和上面《佛祖統紀》的"末尼火祆"錄文比對，顯見後者乃以前者爲藍本。不過，筆者已考證過，釋志磐並非簡單地過錄贊寧文字，他自己也接觸贊寧所依據的唐代政書，在採擷原始資料時，有的還較贊寧爲細。如贊寧云"六年正月又勅荊、越、洪等州，各置大雲光明寺一所"，志磐則言"六年，回紇請荊、揚、洪、越等州置摩邪寺。其徒白衣白冠"，[2]增示"揚州"一地，並加述摩尼教徒之衣冠特色。特別是志磐採錄了上揭"武后延載元年，波斯國拂多誕持《二宗經》僞教來朝"這一重要記載，更爲贊寧所無。[3]因此，志磐之稱"陳州末尼反"，把毋乙定性爲摩尼教，未必是單純抄襲贊寧的觀點，諒必亦經一番思考。

就上錄贊寧《大秦末尼》篇，有關陳州里俗的記載，文字與薛史無大異，可證兩者之史源應同。惟薛史稱其自立一宗，"號曰上乘"，贊寧則稱"號上上乘"耳。雖一字之差，卻大有乾坤。按若新宗"號曰上乘"，則意味著其不外是有別於原來的大乘或小乘佛教的另一宗；若謂"上上乘"，則意味著高於傳統佛教之各宗。所多這個"上"字，未必是薛史脫漏，緣歐陽修《新五代史》亦僅作"上乘"。

歐陽修(1007—1073)撰《新五代史》，後於薛史和《僧史略》約半個世紀，[4]但據說讀到不少新資料，其《梁本紀》第三亦記載毋乙之亂事：

> 六年夏四月己亥，降死罪以下囚。乙巳，尚書左丞李琪爲中書侍郎、同中書門下平章事。河中節度使朱友謙襲同州，殺其節度使程全暉，叛附於晉，泰寧軍節度使劉鄩討之。秋

〔1〕《大宋僧史略》，《大正藏》（54），頁253中。
〔2〕並見《佛祖統紀》卷41《法運通塞志》第17之八《代宗》節下（大曆）六年條，《大正藏》（49），頁378下。
〔3〕參本書《佛書所載摩尼僧始通中國史事辨釋》一文。
〔4〕學界一般認爲該書在景祐三年（1036）之前已著手編寫，到皇祐五年（1053）基本完成。

七月，陳州妖賊毋乙自稱天子。九月庚寅，供奉官郎公遠爲契丹歡好使。冬十月，毋乙伏誅。[1]

此處但稱毋乙爲"妖賊"，然如何"妖"則無細說，倒是卷13《梁家人傳第一》之《友能傳》較爲詳細提及：

> 友能爲宋、滑二州留後、陳州刺史，所至爲不法，奸人多依倚之。而陳俗好淫祠左道，其學佛者，自立一法，號曰"上乘"，晝夜伏聚，男女雜亂。妖人毋乙、董乙聚衆稱天子，建置官屬，友能初縱之，乙等攻劫州縣，末帝發兵擊滅之。自康王友孜謀反伏誅，末帝始疎斥宗室，宗室皆反仄。貞明四年，友能以陳州兵反，犯京師，至陳留，兵敗，還走陳州，後數月降，末帝赦之，降爲房陵侯。[2]

歐陽修所記，與薛史多同，曰"其學佛者，自立一法，號曰'上乘'"，而不作"上上乘"，且從口氣看，更強調該等信衆是"學佛者"，對該教派佛教屬性的表達益爲明確。

至於贊寧所述"後唐石晉時復潛興"的一段文字，則爲薛史和《新五代史》所無，當爲贊寧所聞見。不過，細察贊寧所述之"潛興"者，"推一人爲主，百事稟從；或畫一魔王踞座，佛爲其洗足。云佛止大乘，此乃上上乘也"。與薛史所記陳州里俗之左道已大爲不同，其顯然是企圖凌駕於傳統佛教的新宗。觀中古時代，官方主流宗教是佛教、道教。佛道可以互相抗衡，其他新生的宗教或外來宗教，無非是依託、影傍這兩大宗教，鮮見敢於挑戰者。所以，假如確有這個"上上乘"宗之存在，亦應是由佛門派生異化出來的。爲首者自是有野心的僧人，而且擁有相當的財力，否則，不可能如贊寧所云"或有比丘爲饑凍故，往往隨之效利"。比丘之皈依新宗，是否果"爲饑凍故"，難以稽考，但該等比丘似乎並不認爲自己是改宗新教，背叛佛門，很可能是覺得新宗領袖更有魅力。從贊寧的憐憫口氣看，亦並非把他們當爲叛徒，是作爲"教內矛盾"處理，提示他們懸崖勒馬。因此。若把"上上乘"

---

[1]《新五代史》卷3，中華書局，1974年，頁27。
[2]《新五代史》卷13，中華書局，1974年，頁133。

宗目爲佛門之異端，不難接受；但若視爲來自佛門之外的新宗教，則頗爲費解。由於贊寧耳聞目睹的是"上上乘"教派，在其心目中又認爲是與貞明前陳州左道一脈相承，因此，把原先毋乙所奉教派改稱"上上乘"，或許是他想當然的結果，未必是蓄意篡改史事。不過贊寧筆下的"陳州末尼黨類"，在貞明前後的表現顯有不同。到了志磐筆下，貞明前後的"上乘"和"上上乘"便完全混爲一談，直當一回事。倒是刊於紹定6年（1233）的《釋門正統》，其《斥僞志》亦採錄上揭贊寧《大秦末尼》篇，對"陳州末尼黨類"事並無另作表述。[1]

不過，無論是"上乘"抑或"上上乘"，不論是史家所載，抑或是佛門所述，如上面所分析，都看不出毋乙等與摩尼教有何關係。吾輩尚可退一步設想，假如"上上乘"果爲五代末尼黨類的一個別稱，而在贊寧撰作《僧史略》時對比丘有那麼大的號召力，以至贊寧還要發出"此法誘人，直到地獄。慎之哉"的警示，則足見這一教派必有相當的活力，那麼，在南宋如火如荼的"喫菜事魔"運動中，明教被作爲罪魁禍首，當時凡於社會秩序存在現實或潛在危害之各種教派，其名號、經文、圖像，以及諸多活動表現等等，官方文獻、士人筆記載錄甚夥，但何以惟獨未見"上乘"或"上上乘"派之名號或其活動痕跡？難道這個摩尼教派只是在五代陳州曇花一現，爾後即銷聲匿跡？假如毋乙之亂就是摩尼教徒所發動，那麼在華摩尼教之反叛性早有前科，取締明教的敕令或官員奏摺卻未見將其上掛下聯，借鑒五代摩尼餘黨作亂之教訓。上揭明代的何喬遠《閩書》卷7《方域志》"華表山"條，追述摩尼教史甚詳，但對該教在五代之作爲亦隻字未提。由是益見把"上乘"或"上上乘"這類教派與末尼掛鈎，不過是佛僧一家之言，而士人則未必以佛家之說爲然。

顧陳垣先生之認同毋乙爲"末尼黨類"，亦並非無留餘地，其評曰：

> 釋門正統謂贊寧生於梁貞明五年，是毋乙之反，在贊寧既生

〔1〕〔宋〕良渚沙門宗鑒：《釋門正統》第4《斥僞志》，《卍新纂續藏經》（75），頁314下 -315上。

之後。曰"後唐石晉，時復潛興"，自石晉至北宋初，直三四十年耳。以三四十年聞見之近，謂爲末尼，必有所據。即使非末尼，而佛教徒誣之爲末尼，或革命党假託於末尼，皆可見當時末尼之勢力。[1]

顯然，陳先生認爲贊寧經歷後唐（923—936）石晉（936—947）時代，對"潛興"的毋乙餘黨耳聞目睹，故其"謂爲末尼，必有所據"；但由於未見贊寧舉列"所據"，因此，陳垣先生始復用讓步從句之句式，表述"即使非末尼"的另兩種可能性。其中曰"革命党假託於末尼"這種可能性，竊以爲不過是個僞命題，緣歷史上之摩尼曾被禁斷甚至嚴厲取締，革命黨假託末尼何好處之有？是以，倒是"佛教徒誣之爲末尼"更有客觀實在的可能性。最早懷疑毋乙與摩尼教有關的劉南強（S.N.C. Lieu）先生，實際就是認同這種可能性。[2]

8.5 宋代佛書誣毋乙等爲"末尼黨類"
原因試釋

毋乙之亂所憑藉的教派無論曰"上乘"，無論是薛氏所云"依浮屠氏之教"，抑或歐陽修所云"其學佛者，自立一法"，都顯明在官方或史家心目中，"上乘"教派與佛教有不可分割之關係。實際也意味著，毋乙之亂是由一班學佛之人發動的。這在贊寧或志磐看來，顯然是大傷佛門面子，因此非加以釐清不可。除特別渲染其與佛教之勢不兩立外，還必須爲其另尋源流，道出其來龍去脈，始得擺脫其與佛門之干係，爲佛門討回清白。

更有，贊寧曰"或有比丘爲饑凍故，往往隨之效利。有識者尚遠離之！此法誘人，直到地獄。慎之哉"！從語氣看，至其撰作《僧史略》時，該教門在社會中還有很大影響，還在吸引著贊寧所代表的正統佛

---

[1]陳垣：《摩尼教入中國考》，見《陳垣學術論文集》第1集，頁352。

[2]S.N.C. Lieu, *The Diffusion of Manichaeism from Persia to Rome and China*, Warwick, 1981, pp.222-223.

教徒。而這個新教派，顯然尚未列入官府取締的對象，贊寧方要竭力呼籲佛教徒不可信之。因此，爲讓衆比丘亦不爲所惑，捍衛佛門之純潔性，並提示朝廷取締該教派，揭示這一教派的"真面目"益顯必要。由是，贊寧借奉詔撰作《僧史略》之機，引入明明與僧史無關的毋乙之亂，特立《大秦末尼》門，追溯其源頭，用心亦良苦矣。

顧《僧史略》作爲佛教教團史，"始乎佛生，教法流衍，至於三寶住持，諸務事始，一皆隱括"，[1] 蓋把佛教物事、典章制度的起源和沿革等等，盡行載入。以《大秦末尼》所在的下卷爲例，立門十九，分別題爲《誕辰談論(内齋附)》《賜僧紫衣》《賜師號（德號附）》《內供奉並引駕》《封授官秩》《方等戒壇》《結社法集》《賜夏臘》《對王者稱謂》《臨壇法位》……。贊寧大概亦自我意識到其書所述過於龐雜，有離題之嫌，故在卷下《總論》中，自設問答加以解釋道：

問曰："略僧史求事端，其故何也。"答曰："欲中興佛道，令正法久住。"[2]

若以此爲然，則舉凡有益"正法久住"的內容便都可囊括入內，斥責異端或敵對異教自是題中之義。吾輩苟不論贊寧把毋乙之徒歸入"大秦末尼"是否正確，其在僧史中立《大秦末尼》門這一貌似不倫不類的做法，卻爲爾後佛僧撰史所效法。贊寧之後，良渚沙門宗鑒撰《釋門正統》，亦闢專章《斥僞志》，[3] 評介那些假託佛教的"事魔妖黨"；至於志磐《佛祖統紀》之立《事魔邪黨》章節，就更不用說了。

觀贊寧之把毋乙等誣爲"末尼黨類"，看來並非隨意急就，而是經過一番深思熟慮的。

吾人固知，歷史上敢於向佛教叫板的只有道教，不少所謂左道都曾在道教吸收某些成分，包括符咒等道術，陳州左道亦不排除有這一可能性。但對佛僧來說，畢竟不敢把毋乙之亂栽贓道教，因爲道教爲本土宗教，歷代統治者對其優禮有加，地位時或在佛教之上。把官方

---

〔1〕《大宋僧史略》卷上《自序》，《大正藏》(54)，頁235上。

〔2〕《大宋僧史略》卷下《總論》，《大正藏》(54)，頁254下。

〔3〕《釋門正統》第4《斥僞志》，《卍新纂續藏經》（75），頁314-316上。

已做結論的反叛事件與道教聯繫，不僅會引起道士的反彈，更會令朝廷不悅。因此，除了夷教外，實際別無他教可資遴選。而在夷教中，如上面已分析的，摩尼教與佛教關係最密切。唐代摩尼教之依託佛教，朝廷十分清楚，因此在武周政權垮臺、李唐皇朝恢復後，在取締摩尼教之敕令中就有明確點示，《通典》卷40載有開元20年7月敕；

> 末摩尼本是邪見，妄稱佛教，誑惑黎元，宜嚴加禁斷。以其西胡等既是鄉法，當身自行，不須科罪者。[1]

由是，贊寧將毋乙等稱爲"陳州末尼黨類"，儘管五代以前之陳州是否有摩尼教流行，於史無徵，但把陳州里俗之人所習"左道"，誣爲唐代摩尼教之餘緒，就並非無詞可籍，因爲畢竟如薛史所載，彼等乃"依浮屠氏之教"，恰與唐代摩尼教"妄稱佛教"類同。由是，曰"所謂相似道也"，亦未嘗不可。

摩尼教在唐代三夷教中，因曾得武后青睞，復又憑藉回鶻勢力，聲勢最大，但也因此一再被取締；特別是在會昌初元，回鶻國破之後，朝廷把對回鶻之仇恨往摩尼僧身上發洩，外來摩尼僧被驅逐殺戮殆盡，成爲唐朝與回鶻政治鬥爭之犧牲品。儘管摩尼教並非因爲作奸犯科而遭取締，但在贊寧看來，摩尼業已臭名昭著，把毋乙等歸爲"末尼黨類"，自是最佳選擇。

總上所論，五代陳州里俗所習"左道"，依現有資料，無從證明其衍生自摩尼教；而其信徒在佛僧筆下之反佛表現，則證明其與摩尼教無涉。謂彼等爲"末尼党類"，於史無徵，當屬佛僧門戶之見。現代史家把毋乙之亂目爲五代摩尼教史料徵引，蓋受宋代佛書所誤導。

8.6　餘論

從贊寧所立《大秦末尼》門的文字看，其將摩尼教與其他兩個夷教，即祆教、大秦教混同，遂以"大秦末尼"作爲篇名，曰"火祆^{火煙切}教法，本起大波斯國。號蘇魯支，有弟子名玄真，習師之法，居波斯國

---

[1]〔唐〕杜佑撰，王文錦等點校：《通典》卷40，中華書局，1988年，頁1103。

大總長如火山，後行化於中國。"是把摩尼教的源頭接駁到波斯之瑣羅亞斯德教，溯源波斯國"蘇魯支"。考祆教乃源於波斯瑣羅亞斯德教（Zoroastrianism），因教主 Zoroaster 而得名。該名本應念作"查拉圖斯特拉"（Zarathustra），卻因古希臘人訛音而沿襲爲瑣羅亞斯德，而"蘇魯支"這一音譯，似更近原名 Zarathustra 之省音。贊寧所據史源究竟是什麼，吾人不得而知；但僅從這一點，已可窺其爲考末尼事所涉獵夷教資料之多之廣。曰"貞觀五年，有傳法穆護何祿，將祆教詣闕聞奏"。那是把祆教傳教師詣闕聞奏，當爲摩尼教入華之始。曰"勅令長安崇化坊立祆寺，號大秦寺，又名波斯寺"，則是把祆寺混同大秦寺，又把其等同摩尼寺。所引"開元二十年勅""天寶四年七月勅"，均於史有徵，惟後者是針對大秦教，與摩尼教無關。其大曆3年、6年回紇請置摩尼寺事，質之其他文獻，亦爲可信，可補正史之脫漏；而會昌三年對摩尼教之殘酷取締，有官方文獻和時人著作佐證。至於"五年，再勅大秦穆護火祆等二千餘人並勒還俗。"此條勅令亦見官方文獻，只是針對大秦教、火祆教，與摩尼教無涉，緣摩尼教早在會昌3年便已處置完畢了。把此條敕令亦錄入，益見贊寧把三夷教視爲一體，不加甄別，凡涉及夷教之政令，概當摩尼教史事錄入。之所以這樣，固然與他不屑讀夷教內典有關，諒更出於一心澄清毋乙與佛門之關係，把其歸入曾一再遭取締的"末尼黨類"，故不在乎"末尼"與火祆、大秦究竟是否有別。其顯然是把彼等視爲一物，只是一教多名耳。但無論如何，有關三夷教在華活動大事，多被他錄入，足見其爲尋毋乙黨類之根，確是做了一番調查研究，讀了不少唐代政書。在贊寧心目中，當自以爲把毋乙之徒所奉"上上乘"教的源流勾勒清楚了：源於波斯而非天竺；在唐代始流入中土，遠晚於佛教；玄宗朝曾因"妄稱佛教"被禁斷，大曆年間則憑藉回鶻勢力在中土建寺；會昌年間被嚴屬取締，彼等不過是該教"未盡根荄，時分蔓衍"的產物，佛門乃與之正邪不兩立。如是，立門之旨，業已達到。

　　贊寧的"大秦末尼"到了志磐筆下，又變成"末尼火祆"，足見兩者於唐代三夷教均混淆不清。本來，此兩位僧人均以博學著稱，尤其

·欧·亚·历·史·文·化·文·库·

是贊寧，以其所處年代之早，所能涉獵唐代文獻之多，且應有夷教內典可資流覽，當於三者能有所區別，惜囿於宗教偏見，未能臻此境地，並由是而誤導了後人。時至晚清，學者之考景教，多將摩尼、火祆之資料也混入，開其先者，贊寧是也。然最早將三夷教史料整理成篇者，蓋亦贊寧，其功亦不可沒，儘管其醉翁之意不在此。

（本章與王媛媛合撰，初刊《中國史研究》2012 年第 2 期，頁 92-105。）

9　佛書所載摩尼僧始通中國史事辨釋

9.1　引言

3世紀中葉波斯人摩尼（Mani）所創立的摩尼教，早在公元三四世紀，便已在中亞地區傳播；而唐代之前，中土已有大量西域移民，其中固以祆教徒爲主，但也不乏摩尼教信徒，後者像前者那樣，在中土自發傳播其信仰，當不足爲奇。[1] 儘管如此，摩尼教僧侶以自覺傳播模式，[2] 進入中國佈道，有案可稽者，當始於唐代。有關的記載，首見於佛書。本章擬就佛書的有關記錄做辨釋，以彰其於摩尼教研究之價值。

9.2　佛書關於摩尼僧始通中國之記載

摩尼僧始通中國的時間，學界蓋據宋代釋志磐撰《佛祖統紀》所載，以延載元年（694）爲標誌，有關文字見是書卷39《法運通塞志》第17之六《唐·則天武后》節下編年記事：

---

〔1〕詳參〔澳〕柳存仁撰，拙譯：《唐前火祆教和摩尼教在中國之遺痕》，刊《世界宗教研究》，1981年第3期，頁36－61。另參閱拙文《摩尼教入華年代質疑》，刊《文史》18輯，1983年，頁69-81；修訂本見拙著林悟殊：《摩尼教及其東漸》，中華書局，1987年，頁46-63；淑馨出版社，1997年增訂本，頁44-60；林悟殊：《敦煌文書與夷教研究》（當代敦煌學者自選集），上海古籍出版社，2011年，頁146-166。

〔2〕筆者所理解的宗教傳播，指的是某種宗教通過某種形式，而得到新人的關注乃至信奉；或者某種宗教的信眾聚居到一個新的地域從事宗教活動，從一空間傳至另一空間。如果既沒有新人的關注和參與，又是在原地不動，僅是由原有的信徒自行信奉，就談不上傳播。照此理解，如果從哲學的動機和效果這一對概念出發，宗教傳播的基本模式似可分爲兩類：其一，自覺傳播；其二，自發傳播。前者指的是宗教組織有目的地對非教徒進行本教義理、禮儀等的宣傳，從而引起非教徒的興趣甚至皈依；後者則局限於本教信徒的宗教儀式活動，由於其公開進行從而引起教外人的關注、興趣、效法，甚至參與。

·歐·亚·历·史·文·化·文·库·

　　延載元年，勅天下僧尼舊隸司賓^{即鴻臚寺}，今改隸祠部^{以佛教有護國救人福解尼之}。波斯國人拂多誕^{西海大秦國人}持二宗經僞教來朝。[1]

此處的拂多誕，撿諸敦煌本摩尼教寫經《摩尼光佛教法儀略》（以下簡稱《儀略》）《五級儀第四》，即爲摩尼教第二品級的僧侶，位僅次於慕闍。原書在該記事之下，尚有大段按語：

　　述曰：太宗時，波斯穆護進火祆教，救（敕）建大秦寺。武后時，波斯拂多誕進《二宗經》。厥後大曆間，荊、揚、洪、越等州各建摩尼寺。此魔教邪法，愚民易於漸染。由屢朝君臣、當世名德，不能簡邪正，以別同異，故其法行於世而弗禁。噓，是蓋西土九十五外道之類歟！良渚曰：“準國朝法令，諸以《二宗經》及非藏經所載不根經文傳習惑衆者，以左道論罪。二宗者，謂男女不嫁娶，互持不語，病不服藥，死則裸葬等。不根經文者，謂《佛佛吐戀師》《佛說啼淚》《大小明王出世經》《開元括地變文》《齊天論》《五來子曲》之類。其法不茹葷飲酒，晝寢夜興，以香爲信。陰相交結，稱爲善友。一旦郡邑有小隙，則憑狼（狼）作亂，如方臘、呂昂輩是也。其說以天下禪人但傳盧行者十二部假禪，若吾徒即是真禪。有云菩提子達磨栽，心地種透靈臺。或問終何所歸，則曰不生天，不入地，不求佛，不涉餘途，直過之也。”如此魔教，愚民皆樂爲之。其徒以不殺、不飲、不葷辛爲至嚴。沙門有爲行弗謹反遭其譏，出家守法，可不自勉？[2]

《佛祖統紀》卷54　《歷代會要志》第19之四《事魔邪黨》節下，把摩尼教、白雲菜、白蓮菜三教列入，加以介紹。其間摩尼教以“末尼火祆”爲名居首，也錄入上揭延載元年條。茲過錄如下：

　　末尼火祆^{火卿反}者，初，波斯國有蘇魯支，行火祆教，弟子來化中國。唐貞觀五年（631），其徒穆護何祿詣闕進祆教，勅京師建大秦寺。武后延載元年，波斯國拂多誕持《二宗經》僞教來朝。

　　〔1〕〔宋〕釋志磐：《佛祖統紀》卷39，《大正藏》（49），No.2035，頁369-370上。

　　〔2〕《佛祖統紀》卷39，《大正藏》（49），頁370上。明顯誤植字據江蘇廣陵古籍刻印社清版景印本（1992年）參校。

玄宗開元二十年（732），勅末尼本是邪見，妄稱佛教，既爲西胡師法，其徒自行，不須科罰。天寶四年（745），勅兩京諸郡有波斯寺者，並改名大秦。大曆三年（768），勅回紇及荊、揚等州奉末尼，各建大雲光明寺。六年（771），回紇請荊、揚、洪、越等州置摩邪寺。其徒白衣白冠。會昌三年（843），勅天下末尼寺並廢，京城女末尼七十二人皆死，在回紇者流之諸道。五年（845），勅大秦穆護火祆等二千人，並勒還俗。梁貞明六年（920），陳州末尼反，立毋乙爲天子，朝廷發兵擒斬之。其徒以不茹葷飲酒，夜聚婬穢，畫魔王踞坐，佛爲洗足，云佛止大乘，我乃上上乘。[1]

按釋志磐（約1195—1274）《佛祖統紀》，撰於寶祐六年至咸淳五年（1258—1269）；而早此二三百年的北宋佛僧贊寧（919—1001），於太平興國三年（978）撰《大宋僧史略》，則以《大秦末尼》爲題，專述摩尼教之歷史。爲便於問題的討論，茲把贊寧《大秦末尼》篇文字亦迻錄如下：

大秦末尼_{胡神也。官品
令有祆正。}

火祆_{火煙
切}教法，本起大波斯國。號蘇魯支，有弟子名玄真，習師之法，居波斯國大總長如火山，後行化於中國。貞觀五年，有傳法穆護何祿，將祆教詣闕聞奏。勅令長安崇化坊立祆寺，號大秦寺，又名波斯寺。開元二十年八月十五日勅："末尼本是邪見，妄稱佛教，誑惑黎元。以西胡等既是師法，當身自行，不須科罰。"至天寶四年七月勅："波斯經教，出自大秦。傳習而來，久行中國。爰初建寺，因以爲名。將欲示人，必循其本。其兩京波斯寺，宜改爲大秦寺。天下諸州郡有者準此。"大曆三年六月勅："迴紇置寺，宜賜額大雲光明之寺。"六年正月又勅荊、越、洪等州，各置大雲光明寺一所。武宗會昌三年，勅天下摩尼寺並廢入官，京城女摩尼七十二人死，及在此國迴紇諸摩尼等配流諸道，死者大半。五年，再勅大秦穆護火祆等二千餘人並勒還俗。然而未盡

---

〔1〕《佛祖統紀》卷54《大正藏》（49），頁474下。明顯誤植字據江蘇廣陵古籍刻印社清版景印本（1992年）參校。

·歐·亞·歷·史·文·化·文·庫·

根荄，時分蔓衍。梁貞明六年，陳州末尼黨類，立毋乙為天子。發兵討之，生擒毋乙。餘黨械送闕下，斬於都市。初，陳州里俗喜習左道，依浮圖之教，自立一宗，號上上乘；不食葷茹，誘化庸民，糅雜淫穢，宵集晝散。因刺史惠王友能，動多不法，由是妖賊嘯聚，累討未平。及貞明中，誅斬方盡。後唐石晉時，復潛興。推一人為主，百事稟從；或畫一魔王踞座，佛為其洗足。云佛止大乘，此乃上上乘也。蓋影傍佛教，所謂相似道也。或有比丘為饑凍故，往往隨之效利。有識者尚遠離之！此法誘人，直到地獄。慎之哉！[1]

　　按贊寧時代，存世的唐代資料自比志磐撰書時多得多，但於武后延載元年波斯國拂多誕持《二宗經》來朝事隻字無提。在贊寧之後，志磐之前，尚有佛僧宗鑒撰《釋門正統》，刊於紹定六年（1233）。該書闢有《斥偽志》。[2]上揭志磐“述曰”中的“良渚曰”便多有徵引。觀其所斥，矛頭直至南宋聲勢頗盛的“事魔妖教”，其間念《二宗經》者，自非摩尼教莫屬，但尚有諸多民間教派也被混同。儘管宗鑒提到宋代《二宗經》之流行，但沒有像志磐那樣，追溯該經由來，明示拂多誕朝見武則天事。而有關“事魔妖教”宋之前史事，則採自贊寧《大

---

〔1〕〔宋〕贊寧：《大宋僧史略》，《大正藏》（54），No.2126，頁253中。明顯誤植字據江蘇廣陵古籍刻印社清版景印本（1992年）參校。

〔2〕〔宋〕良渚沙門宗鑒：《釋門正統》第4《斥偽志》，《卍新纂續藏經》（75），No.1513，頁314–316上。

秦末尼》篇，了無新意，[1] 不論也罷。由於延載元年拂多誕持《二宗經》
覲見武后事係隔數百年後始見於《佛祖統紀》，志磐獨家記載而又未言
出處，是否可信，自是一個問題。

9.3 《佛祖統紀》所載
摩尼僧始通中國事之可信性

　　觀上揭志磐所撰的《火祆末尼》篇，明顯是效法贊寧之《大秦末
尼》。將兩者比較，從開篇佈局、行文口氣到具體內容，可明顯看出前
者乃以後者爲藍本。按古人編寫史書，並無今人撰寫學術論著的規範，
採前人之著作，或直抄，或節引，或意引，比比皆是，不足爲奇。不
過，志磐依贊寧《大秦末尼》篇爲藍本，但並非照抄耳。就贊寧所涉
獵的原始資料，志磐顯然亦多有接觸，並自加辨識考證。以火祆的起
源爲例，志磐在《佛祖統紀》卷39《法運通塞志》第17之六《唐·太
宗》節下"（貞觀）五年"條下作：

　　　　初，波斯國蘇魯支立末尼火祆教^{祆，火煙反。胡神，
即外道梵志也。}。勅於京師建大秦

寺^{波斯國在西海，[2]
此云大秦。}

　　箇中的夾注顯示了志磐乃據一手資料加以考釋，而非像姚寬《西

―――――――――

　〔1〕原文如下：

　　據《僧史略》，稱爲大秦末尼火祆^{大煙
初}教法，本起大波斯國。號蘇魯支，弟子玄真習其法，居波
斯國大總長，如火山，後行化於中國。貞觀五年，傳法穆護何祿，將祆教詣闕奏聞。勅長安崇化坊
立祆寺，號大秦，又號波斯。開元二十年勅："末尼本是邪見，妄稱佛教，誑惑黎元。以西胡等既
是師法，當身自行，不須科罰。"天寶四年勅："波斯經教，出自大秦。傳習而來，久行中國。爰
初建寺，因以爲名。將欲示人，必循其本。其兩京波斯寺，宜改大秦。天下州郡有者準此。"大曆
三年勅回紇置寺，宜賜額"大雲光明"。六年，勅荊、越、洪等州，各置大雲光明寺一所。會昌三
年，勅天下摩尼寺並廢。京城女摩尼七十二人死，及在此國回紇諸摩尼等，配流諸道，死者太半。
五年，敕大秦、穆護、火祆等二千餘人，並勒還俗。然未盡根荄，時分蔓衍。梁貞明六年，陳州末
尼黨類立毋乙爲天子。發兵討擒毋乙，餘黨械送闕下，斬於都市。初，陳州里俗喜習左道，依浮圖
教，自立一宗，號上上乘。不食葷茹，誘化庸民。糅雜淫穢，宵集昼散。刺史惠王友能多不法，由
是妖賊嘯聚，累討未平，貞明誅斬方畢。後唐石晉時，復潛興。推一人爲主，百事稟從。或　魔王
踞座，佛爲其洗足，云佛止大乘，此乃上上乘。蓋影傍佛教。所謂相似道也。有比丘爲饑凍故，往
往隨之效利。識者當遠離之。此法誘人，直到地獄。戒哉！（〔宋〕良渚沙門宗鑒：《釋門正統》
第4《斥僞志》，《卍新纂續藏經》（75），No.1513，頁314下－315上。）

　　〔2〕《佛祖統紀》卷第39，《大正藏》（49），頁364上。

231

溪叢語》那樣，單純抄錄贊寧有關的文字。[1]志磐在採擷原始資料時，有的還較贊寧爲細。如贊寧云"六年正月又勅荊、越、洪等州，各置大雲光明寺一所"，志磐則言"六年，回紇請荊、揚、洪、越等州置摩邪寺。其徒白衣白冠"，[2]增示"揚州"一地，並加述摩尼教徒之衣冠特色。考"拂多誕"之謂，《二宗經》之稱，摩尼教徒之尚白，均可在《儀略》或其他摩尼教内典、外典中找到依據，故志磐之云拂多誕持《二宗經》來朝，和摩尼教徒"白衣白冠"，不可能是自己向壁虛構，若非其所寓目資料有載，不可能捏造得如此天衣無縫。不過，就拂多誕來朝事，志磐的文字簡得不可再簡。照常理，摩尼僧得以徑向則天皇帝進獻本教要典《二宗經》，事前應有所鋪墊纔合乎事理；而武則天接見拂多誕後具體態度如何，原始資料必也有所交代。就此，明代何喬遠（1557—1631）的《閩書》卷7《方域志》"華表山"條，記當地明教草庵遺址而追敍摩尼教史時，倒有細節提及：

> 慕闍當唐高宗朝行教中國。至武則天時，慕闍高弟密烏沒斯拂多誕復入見。群僧妬譖，互相擊難。則天悅其說，留使課經。[3]

何氏此處所云摩尼教高僧入華事，疑與志磐所載出自同一史源，但後者刻意刪去利於摩尼教的文字。《閩書》的這段記載或可佐證志磐武后延載元年記事之不誣。

更有，武則天禮待摩尼教事，雖正史並無明確記載，但揣摩杜佑《通典》所錄"開元二十年七月敕：未(末)摩尼法,本是邪見，妄稱佛教，誑惑黎元，宜嚴加禁斷。以其西胡等既是鄉法，當身自行，不須科罪者。"[4]其間"本是邪見"，意味著原來被認爲是"正見"，曾被允

---

〔1〕姚寬（1105—1162）《西溪叢語》卷上有云："至唐貞觀五年（631），有傳法穆護何祿，將祆教詣闕聞奏。敕令長安崇化坊立祆寺，號大秦寺，又名波斯寺。"見〔宋〕姚寬撰，孔凡禮點校：《西溪叢語》（《西溪叢語·家世舊聞》，唐宋史料筆記叢刊），中華書局，1993年，頁42。

〔2〕並見《佛祖統紀》卷41《法運通塞志》17之八《代宗》節下（大曆）六年條："回紇請於荊、揚、洪、越等州置大雲光明寺，其徒白衣白冠。"《大正藏》（49），頁378下。

〔3〕〔明〕何喬遠：《閩書》，廈門大學校點本，福建人民出版社，1994年，第1冊，頁171。

〔4〕《通典》卷40，中華書局，1988年，頁1103。

許傳播，以至"誑惑黎元"——有漢人百姓信奉；也正因爲這樣，始不得不加禁斷。按，允許摩尼教傳播，不可能出於玄宗既往的政策，否則豈非自我掌嘴。玄宗朝摩尼教之流傳，當屬前朝遺留的歷史問題。而此問題之造成不可能始自武后之前，緣此前文獻不乏祆教、大秦教之記載，惟獨於摩尼教一無所提。故云摩尼僧之始得禮待，其教之被允許流行，當發生在武后時期。在唐代的原始百家政書中，記錄該敕令時諒有提示相關背景資料。從邏輯考慮，其間當提及武后禮待拂多誕事，從而點示"末摩尼法"得以流行的原因，以明敕令"本是邪見"之定性，並非無的放矢，而是有針對性。筆者推測志磐有關之記事，很可能就是直接采自類似這樣的某一唐代政書。

9.4 《大宋僧史略》乏載拂多誕覲見武后事原因試釋

儘管我們認爲《佛祖統紀》所云武后延載元年拂多誕持《二宗經》朝覲事應爲可信，但早其二三百年之《大宋僧史略》爲何不記此事？下面試做解釋。

考贊寧乏載拂多誕覲見武后事，可能的原因不外有二：其一，未讀到該條資料；其二，雖寓目過有關記載但不採擷。

觀上錄贊寧《大秦摩尼》篇文字，主旨顯然是敍摩尼教的歷史，但卻與唐代另兩個夷教，即祆教（或稱火祆教）、大秦教（或稱景教，即基督教聶斯脫利派）混淆。其篇名曰"大秦末尼"，復自注"胡神也，官品令有祆正"，已明示其把三個夷教直當一回事，以爲只是叫法有差耳。[1] 從這一認識出發，其對三夷教資料，廣爲網羅，張冠李戴，交相接駁：上溯古波斯之火祆教法，以爲摩尼教之始；下迄後梁陳州母乙之亂，以爲摩尼教之末；中間則夾雜三夷諸多史事，儼然已道盡"大秦末尼"之來龍去脈。考中古中國流行的三夷教，均來自波斯，國人

---

[1] 陳垣先生在其1923年發表的名著《火祆教入中國考》早就指出："僧史略卷下有大秦末尼條，混火祆與大秦、末尼爲一。"見《陳垣學術論文集》第1集，中華書局，1980年，頁323。

向難辨清其間之差別。尤其是摩尼教，其原教旨便已包涵諸多基督教、瑣羅亞斯德教成分，國人更不易與其他兩夷教甄別。唐代士人於三夷教之物事尚分不清，[1] 遑論北宋的佛僧。其實，對佛僧來說，無論祆教、摩尼教、大秦教，都屬"九十六種外道"之類，[2] 委實無必去一一甄別。不過，文章起始至"開元二十年"之前那段文字，即"火祆^{火煙}教法，本起大波斯國。號蘇魯支，有弟子名玄真，習師之法，居波斯國大總長如火山，後行化於中國"云云，雖與摩尼教史無關，但所述火祆教之起源，卻提供了一個很寶貴的信息，即贊寧當時竟然已知曉祆教的開山祖叫"蘇魯支"。[3] 贊寧所據史源究竟是什麼，吾人不得而知；但僅從這一點，已可窺其爲考末尼事所涉獵夷教資料之多之廣。

按拂多誕來朝事，朝覲的是武周皇帝則天。而武氏是唐代佛教之最大施主，佛僧對其宗教敕令、舉措自特別屬意，贊寧尤然。通觀《大宋僧史略》全書，涉及武氏宗教事之文字特別多。如卷中31《左右街僧錄》記唐"太宗詔令僧尼班于道後，高宗御極，議欲令拜君親。則天歸心釋門，還令僧班道上"。[4] 卷中38《僧道班位》復載"則天天授二年(691)四月，詔令釋教在道門之上，僧尼處道士女冠之前"。[5] 卷中39《內道場》載"唐則天令大德僧法處一慧儼行感宣政等在內道場念誦，以薛懷義參雜其間，則天又於洛京大內置內道場"。[6] 卷中

---

〔1〕參閱陳垣：《火祆教入中國考》第11章《唐宋人對火祆大秦摩尼之混同》，見《陳垣學術論文集》第1集，頁322-325。

〔2〕完稿時間約在公元930年前後的一篇佛教講經文（敦煌文書 S. 6551）記載了西州回鶻早期有關情況："門徒弟子言歸依佛者，歸依何佛？且不是磨尼佛，又不是波斯佛，亦不是火祆佛，乃是清淨法身，圓滿報身，千百億化身釋迦牟尼佛。……且如西天有九十六種外道，此間則有波斯、摩尼、火祆、哭神之輩，皆言我已出家，永離生死，並是虛誑，欺謾人天，唯有釋迦弟子，是其出家，堪受人天廣大供養。"（參閱張廣達、榮新江：《有關西州回鶻的一篇敦煌漢文文獻——S.6551講經文的歷史學研究》，張廣達：《西域史地叢稿初編》，上海古籍出版社，1995年，引文見頁219。）

〔3〕祆教乃源於波斯瑣羅亞斯德教（Zoroastrianism），因教主 Zoroaster 而得名。該名本應念作"查拉圖斯特拉"（Zarathustra），卻因古希臘人訛音而沿襲爲瑣羅亞斯德；考"蘇魯支"這一音譯，似更近原名 Zarathustra 之省音。

〔4〕贊寧：《大宋僧史略》卷中，《大正藏》（54），頁243下。

〔5〕《大宋僧史略》卷中，《大正藏》（54），頁246中。

〔6〕《大宋僧史略》卷中，《大正藏》（54），頁247中。

34《國師》言"至則天朝，神秀領徒荆州，召入京師"。[1]卷中35《雜任職員》述"唐太平公主奏胡僧慧範爲聖善寺主，仍加三品封公爵。則天以薛懷義爲白馬寺主，盡由勅補，自餘諸道三年一代耳"。[2]卷下42《賜僧紫衣》更詳釋武后與《大雲經》事："案唐書，則天朝有僧法朗等，重譯《大雲經》。陳符命，言則天是彌勒下生爲閻浮提主，唐氏合微。故由之革薛稱周法朗、薛懷義九人並封縣公，賜物有差，皆賜紫袈裟、銀龜帒。其《大雲經》頒於天下寺，各藏一本，令高座講說。賜紫自此始也。觀《新唐書》，言《大雲》是僞經則非也。此經晉朝已譯，舊本便云女王。于時豈有天后耶？蓋因重譯，故有厚誣。加以挾薛懷義在其間，致招譏誚也。"[3]卷下48《賜夏臘》記"天后朝，道士杜又迴心求願爲僧，勅許剃染，配佛授記寺，法名玄嶷，勅賜三十夏。以其乍入法流，須居下位，苟賜虛臘，則頓爲老成也。賜夏臘起於此矣"。[4]卷下52《賜謚號》云"至天后朝。有北宗神秀居荆州。神龍二年(706)。詔賜謚大通禪師矣。又有西域菩提留支。長壽二年(693)。至洛陽止授記寺"。[5]至於延載元年武后涉及宗教的敕令，贊寧也已關注，緣其《僧史略》卷中37《管屬僧尼》有載："案《會要》云，則天延載元年五月十五日，勅天下僧尼隸祠部，不須屬司賓，知天后前係司賓也。此乃隸祠部之始也。義取其善攘惡福解災之謂也。"[6]這與上揭的志磐延載元年條下所載佛事亦同。贊寧如此留意武氏當權時的宗教舉措，於唐代末尼事尤關注有加，如是，於武氏接見摩尼僧事，焉會漏讀，倒讓三百年後的志磐來拾遺？

其實，志磐所讀到的那類唐代原始政書，至遲到明代還流行，否則何喬遠不可能詳記武后接見拂多誕之始末。若然，該等書在北宋時期就更非秘藏孤本，篤志於史之贊寧自不至一無所知。復觀贊寧的《大

----

[1]《大宋僧史略》卷中，《大正藏》（54），頁244下。

[2]《大宋僧史略》卷中，《大正藏》（54），頁244下。

[3]《大宋僧史略》卷下，《大正藏》（54），頁248下。

[4]《大宋僧史略》卷下，《大正藏》（54），頁251上。

[5]《大宋僧史略》卷下，《大正藏》（54），頁252下。

[6]《大宋僧史略》卷中，《大正藏》（54），頁245中。

秦末尼》篇有云："開元二十年八月十五日勅：'末尼本是邪見，妄稱佛教，誑惑黎元。以西胡等既是師法，當身自行，不須科罰。'"此間所提供勅令頒發日月和具體文字與上引《通典》本有差，其所本當來自志磐所讀的那類政書。竊意這類政書爲說明勅令頒發的原因，應少不了把則天接見拂多誕事作爲背景交代。由是，筆者以爲，與其懷疑贊寧沒有讀到有關記載，倒寧願相信其於有關記載視而不見。至於其不採擷有關記事，恐應從其個人的認識水平與宗教偏見去尋找原因。

按贊寧《大宋僧史略》是一部佛教教團史，凡三萬餘字，卷分上中下，自云"立門六十"，實爲"五十九"，"始乎佛生，教法流衍，至於三寶住持，諸務事始，一皆隱括。"[1]觀是書，蓋把佛教物事、典章制度的起源和沿革等等，盡行載入。下卷有19門，即：41《誕辰談論(內齋附)》、42《賜僧紫衣》、43《賜師號（德號附）》、44《內供奉并引駕》、45《封授官秩》、46《方等戒壇》、47《結社法集》、48《賜夏臘》、49《對王者稱謂》、50《臨壇法位》、51《度僧規利》、52《賜謚號》、53《菩薩僧》、54《得道證果(尼附)》、55《大秦末尼》、56《駕頭床子》、57《城隍天王》、58《上元放燈》、59《總論》。其間第55門名爲《大秦末尼》，說的是夷教史事，而列入佛僧史略，乍看有不倫不類之嫌，細察則因緣有自。緣摩尼教在唐代"妄稱佛教"，而梁貞明6年（920）陳州毋乙末尼黨類起事，又"影傍佛教"，在贊寧看來，自是冒名佛門的異端。尤其是毋乙事件，與贊寧生活年代（919—1001）接近，諒必感觸尤深。而且，贊寧把毋乙之亂歸咎於會昌取締夷教"未盡根荄"，那麼，於僧史中，爲"末尼"特闢一門，述其來龍去脈，釐清與佛教之關係，以警示後人，就並非可有可無者。而他撰文時，把摩尼教與祆教、大秦教混同，以"大秦末尼"作爲教名，溯源波斯國蘇魯支，又目貞觀5年穆護何祿"將祆教詣闕聞奏"爲入華之始，有關該教之由來蓋已清楚。如是，則天接見拂多誕事，在贊寧看來，當屬該教在華歷史之一插曲耳，並非必提的重大事件。當然，更主要的原

---

[1]《大宋僧史略》卷上《自序》，《大正藏》（54），頁235上。

因恐在於：有關的記錄必定是武后如何禮待摩尼僧，而這正是佛僧所不希望看到、不樂意接受的事實。他站在佛教的立場，若非別有所圖，焉會將之援引入書？

9.5 《佛祖統紀》載 摩尼僧始通中國事之動機

上面考察志磐的《火祆末尼》篇於摩尼教史事較贊寧有所添加，但並不等於表明志磐對摩尼教的認識有甚深化。他仍把摩尼教與祆教、大秦教混淆，不過，這回其把摩尼教稱爲"末尼火祆"，而不作"大秦末尼"耳。志磐之錄入"武后延載元年，波斯國拂多誕持《二宗經》僞教來朝"事，絕非出於史家記事求實求備之心理，甚或意識到該事件在中國摩尼教史的標誌性意義，非補入不可。其增補這樣一條資料，實與其生活年代明教之活躍有密切關係。

如果說，生活於北宋初年的贊寧記載摩尼教，不過是目其爲歷史上冒充佛教的異端加以追記，而生活於南宋末年的志磐，則是把摩尼教視爲佛教的現實頭號敵人，非大加抨擊不可。緣自南北宋之交以來，民族矛盾和階級矛盾的激化，時已徹底華化的摩尼教以明教之名，在東南地區民間廣爲流行。其作爲頗有組織的秘密宗教結社，不受官方控制，固然成了專制統治者的心腹大患；而其對民衆的強大凝聚力，更嚴重威脅了佛教的生態環境。志磐對此自然心知肚明。在上揭卷39《唐·則天武后》"延載元年"條下的按語中，他就直斥："此魔教邪法，愚民易於漸染。"而此處則更稱："如此魔教，愚民皆樂爲之。其徒以不殺、不飲、不葷辛爲至嚴。沙門有爲行弗謹反遭其譏，出家守法，可不自勉？"[1]志磐不惟誣摩尼教爲"魔教邪法"，而且把該教之流行，歸咎於"屢朝君臣、當世名德，不能簡邪正，以別同異"之故。觀志磐在《佛祖統紀》中，凡與摩尼教有涉的記事，必定借題發揮，乘機大加撻伐。這些文字，顯示志磐之指斥摩尼教，不過是爲護衛佛

〔1〕以往或以爲該話轉引自良渚《斥僞志》，經筆者查對，實爲志磐夫子自道。

237

法；其把摩尼僧覩見武氏入載編年紀事，不過是有感於其時摩尼教對佛門的威脅，意欲借題發揮，抨擊朝野對該教之寬容耳。其這種心態，也暴露於《佛祖統紀》卷40《法運通塞志》第17之七《玄宗》節下的文字。其間節錄開元20年玄宗敕禁摩尼教的條文："末尼本是邪見，妄託佛教。既是西胡師法，其徒自行，不須科罰。"而後又來個"述曰"：

> 佛言：九十六種外道，佛道爲正，是知餘皆邪法無足議者。
> 末尼既是邪見，朝廷便須禁止。今乃縱其自行，不加科罰，曾不思此立有染其習者，邪以傳邪，適足爲佛法之混濫。嘻！不知當時君臣，何其不能區別耶？[1]

此處表面上是責玄宗朝的君臣，實際是指桑罵槐，發洩對大宋朝廷之不滿。蓋緣前朝有徵集摩尼教經文入編《道藏》之事。志磐在《佛祖統紀》卷48"嘉泰二年"（1202）條下"述曰"所引《夷堅志》就有云：

> 其經名《二宗三際》。二宗者，明與暗也。三際者，過去未來現在也。大中祥符（1008—1016）興《道藏》，富人林世長賄主者，使編入藏，安於亳州明道宮。[2]

即便入編《道藏》果與"富人林世長賄主者"有關，但受命於朝廷的"主者"竟受賄而作此舉，志磐亦難免要痛心疾首。其實，有關徵集摩尼經入《道藏》事，文獻記載鑿鑿。宋代學人黃震的《崇壽宮記》，記寧波崇壽宮，本爲摩尼道院，其主持張希聲力辯信奉摩尼的法理依據，特別提到：

> 希聲復緘示所謂《衡鑑集》，載我宋大中祥符九年（1016），天禧三年（1019），兩嘗勅福州，政和七年（1117）及宣和二年（1120）兩嘗自禮部牒溫州。皆宣取摩尼經頒入《道藏》，其文尤悉。[3]

---

〔1〕《佛祖統紀》卷40，《大正藏》(49)，頁374下。

〔2〕《佛祖統紀》卷39，《大正藏》（49），頁431上。

〔3〕黃震：《黃氏日鈔分類》卷86《崇壽宮記》，《景印文淵閣四庫全書》第708册，子部14·儒學類，商務印書館，1983年，頁890上。

而天禧3年（1019）張君房所撰《雲笈七籤序》也明確寫道：

> 天子銳意於至教矣。在先時，盡以秘閣道書太清寶蘊出降於餘杭郡。……明年冬就除臣著作佐郎，俾專其事。臣於時盡得所降到道書，並續取到蘇州舊道藏經本千餘卷，越州、台州舊道藏經本亦各千餘卷，及朝廷續降到福建等州道書明使摩尼經等，與道士依三洞綱條、四部錄略、品詳科格，商較異同，以銓次之，僅能成藏，都盧四千五百六十五卷，起千字文，天字爲函目，終於宮字號，得四百六十六字，且題曰《大宋天宮寶藏》。[1]

因此，受賄之事真耶？假耶？尚難定論。儘管《大宋天宮寶藏》今不存，但真宗、徽宗朝徵摩尼經入藏應確有其事，聯想則天朝對摩尼教之禮待，志磐必定感觸良深。對大宋朝廷如此不簡邪正，他自不敢公開發洩，便只能項莊舞劍了。

總之，志磐之錄入"武后延載元年，波斯國拂多誕持《二宗經》僞教來朝"事，無非是目其時流行的明教爲佛教的大敵，借以抨擊歷朝君臣對摩尼教的寬容。但他所錄入的這一事件，被當代學者視爲摩尼教正式傳入中國的標誌，則爲他所始料未及。

9.6　餘論

在19世紀末20世紀之交新疆吐魯番考古大發現之前，西方學者於摩尼教之研究，主要依靠古代基督教東西方教會反摩尼教的著作，此外，還利用阿拉伯時期伊斯蘭教作家關於摩尼教的記載。至於中國，儘管漢籍文獻對夷教的記載歷歷，中外學者均未意識到其與波斯摩尼教的淵源。直到20世紀初敦煌漢文摩尼教寫經面世，摩尼教在華傳播史始作爲一個新課題，進入學者的視野。涉及摩尼教的漢籍文獻中，佛書無疑是一個重要組成部分。自10世紀末葉以來，佛門學者由於感到摩尼教對佛教的威脅，開始系統梳理摩尼教的資料，刊刻載籍。佛僧像古代基督教會那樣，出於宗教偏見，對摩尼教不乏污蔑不實之辭，

---

〔1〕《道藏》第22冊，上海書店、文物出版社、天津古籍出版社，1894年，頁1。

·歐·亞·歷·史·文·化·文·庫·

且囿於背景知識之缺乏，復將摩尼教與其他夷教或民間教派混淆。儘管如此，對佛書中的摩尼教資料，只要採取審慎的態度，細加辨釋，把其放到相應的歷史背景下，參照摩尼教的內典，去偽存真，從中亦可發現歷史的真相，補充中國摩尼教史所缺失的環節。

（本章與張淑瓊合撰，初刊余太山、李錦繡主編：《絲瓷之路——古代中外關係史研究》，商務印書館，2011 年，頁 279—297。）

10 《夷堅志》
明教紀事史料價值辨釋

10.1 引言

　　有關宋代華化摩尼教，即明教的研究，自沙畹、伯希和、陳垣諸大師到當今學者，無不重視南宋釋志磐（約1195—1274）《佛祖統紀》稱引自《夷堅志》的一段文字，即：

　　　　述曰：嘗考《夷堅志》云，喫菜事魔，三山尤熾。爲首者紫帽寬衫，婦人黑冠白服。稱爲明教會。所事佛衣白，引經中所謂"白佛，言世尊"。取《金剛經》一佛，二佛，三、四、五佛，以爲第五佛。又名末摩（魔）尼，采《化胡經》"乘自然光明道氣，飛入西那玉界蘇鄰國中，降誕玉宮爲太子，出家稱末摩尼"，以自表證。其經名《二宗三際》。"二宗"者，明與暗也；"三際"者，過去、未來、現在也。大中祥符（1008—1016）興《道藏》，富人林世長略主者，使編入藏，安於亳州明道宮。復假稱白樂天詩云："靜覽蘇鄰傳，摩尼道可驚。二宗陳寂默，五佛繼光明。日月爲資敬，乾坤認所生。若論齋絜志，釋子好齊名。"以此八句表於經首。其修持者，正午一食，裸屍以葬，以七時作禮。蓋黃巾之遺習也。<small>嘗檢樂天《長慶集》，即無蘇鄰之〔1〕</small>
<small>詩。樂天知佛，豈應爲此不典之詞？</small>

　　不過，該段文字不見於現存的洪邁《夷堅志》，其中於明教的一些記述又不無疑點，與同時代其他文獻記載有異，因而早就有學者對該段文字表示懷疑，甚至認爲其或出於釋志磐之僞託。〔2〕鑒於該段文字一

---

〔1〕〔宋〕釋志磐：《佛祖統紀》卷48，《大正藏》（49），頁431上-中，小字爲原注；參校江蘇廣陵古籍刻印社清版景印本，1992年，頁2051-2052。

〔2〕連立昌先生最早質疑該條史料的可信度，認爲"《佛祖統紀》這段引用《夷堅志》的文字多半是釋志磐的僞託，今本《夷堅志》中，也沒有這條材料"。見氏文《明教性質芻議》，刊《福建論壇》，1988年第3期，頁39-43；收入氏著：《福建秘密會社》，福建人民出版社，1989年，頁12-13。

241

直被目爲原始資料，廣被引證並據以立論，因此，本著嚴謹的治學精神，實事求是地對該段文字做一番考察辨釋，去僞存真，評估其作爲史料的可信度，顯然是有必要的。是故，本章擬在前賢、今賢研究的基礎上，就此略作嘗試。

10.2　志磐引錄《夷堅志》明教紀事之緣起

上引"述曰"文字，實際是志磐《佛祖統紀》卷48《法運通塞志》第17之十五《寧宗》節下"嘉泰二年"（1202）條下紀事的按語，爲便於討論，茲過錄該條紀事原文：

> 嘉泰二年（1202），餘杭南山白雲庵道民沈智元，乞賜敕額。臣寮言："道民者，遊墮不逞，喫菜事魔，所謂姦民者也。自植黨與十百爲羣，挾持妖教，鼓矗愚俗。或以修路建橋爲名，或效誦經焚香爲會，夜聚曉散，男女無別。所至各有渠魁相統，遇有諍訟合謀並力。厚啖胥吏，志在必勝。假名興造，自豐囊橐。創置私庵，以爲逋逃淵藪。智元僞民之魁，左道惑衆。揆之國法，罪不勝誅。張杓[1]帥京之日，屢與鄰寺，互論已判；道人私庵，合照前降，指揮拆除。今智元又敢妄叩天閽，玩侮朝廷，若此爲甚。昔傳五斗米道者，始託黃老，分遣弟子，周遊四方，轉相誑誘。其後數十萬衆，同日竊發，漢室遂微。今此曹若不防閑，何所不至？欲下臨安府，將智元等重行編竄，籍其物業，以爲傳習魔法、玩視典憲者之戒。寄居勢家，認爲己產，蓋庇執占者。"臺諫指名以奏。制可。[2]

顯然，上揭所謂白雲庵道民，蓋與明教無涉，對此，志磐並非不清楚。緣其《佛祖統紀》卷54《歷代會要志》第19之四《事魔邪黨》節下，把摩尼教、白雲菜、白蓮菜三教列入，分別加以介紹。就唐代

---

〔1〕《宋史》作"張构"，其爲宰相張浚之子，曾知臨安府，見《宋史》卷361，中華書局，1977年，頁11311-11133。

〔2〕《佛祖統紀》卷48，《大正藏》（49），頁430下-431上；參校江蘇廣陵古籍刻印社清版景印本，頁2049-2051。

摩尼教而言，儘管其將該教與當時其他兩個夷教，即大秦教、火祆教混淆，稱摩尼教爲"末尼火祆"，介紹其來龍去脈，把祆教、大秦教史事接駁其中，但他畢竟明確記錄了摩尼（末尼）教徒念《二宗經》、白衣白冠等特徵：

> 末尼火祆^{火烟反}者，初波斯國有蘇魯支，行火祆教，弟子來化中國。唐貞觀五年（631），其徒穆護何祿詣闕進祆教，勅京師建大秦寺。武后延載元年，波斯國拂多誕持《二宗經》僞教來朝。玄宗開元二十年（732），勅末尼本是邪見，妄稱佛教，既爲西胡師法，其徒自行，不須科罰。天寶四年（745），勅兩京諸郡有波斯寺者，並改名大秦。大歷（曆）三年（768），勅回紇及荊、揚等州奉末尼，各建大雲光明寺。六年，回紇請荊、揚、洪、越等州置摩邪寺。其徒白衣白冠。會昌三年（843），勅天下末尼寺並廢，京城女末尼七十二人皆死，在回紇者流之諸道。五年，勅大秦穆護火祆等二千人，並勒還俗。梁貞明六年（920），陳州末尼反，立毋乙爲天子，朝廷發兵擒斬之。其徒以不茹葷飲酒，夜聚婬穢，畫魔王踞坐，佛爲洗足，云佛止大乘，我乃上上乘。[1]

至於宋代摩尼教，即明教與白雲菜、白蓮菜的區別，志磐則清清楚楚，否則，其在《事魔邪黨》節下不會把彼等分開記述。該節"白雲菜"條下載曰：

> 白雲菜（菜）者，徽宗大觀（1107—1110）間，西京寶應寺僧孔清覺居杭之白雲菴，立四果十地，造論數篇，教於流俗，亦曰"十地菜（菜）"。覺海愚禪師辨之，有司流恩州。嘉泰二年，白雲菴沈智元自稱道民，進狀乞額。臣寮言："道民者喫菜事魔，所謂姦民者也。既非僧道童行，自植黨與千百爲羣，挾持祆教，聾瞽愚俗。或以修橋砌路，斂率民財，創立私菴，爲逋逃淵藪。乞將智元長流遠地，拆除菴宇，以爲傳習魔法之戒。"奏可。[2]

志磐在上錄嘉泰2年白雲庵道民沈智元紀事，並無提及他所熟悉的

---

〔1〕《佛祖統紀》卷54，《大正藏》（49），頁474下。

〔2〕《佛祖統紀》卷54，《大正藏》(49)，頁474下–475上。

任何摩尼教特徵，而在此處則又明確把其歸類白雲菜，可證志磐明知沈智元此類道民本與摩尼無關，但他仍假《夷堅志》明教紀事來作按語。兩者之嫁接不外"喫菜事魔"四字，即嘉泰2年條紀事所謂"道民者，遊墮不逞，喫菜事魔"，而《夷堅志》則云"喫菜事魔，三山尤熾"。就語境看，志磐之所以要援引《夷堅志》的明教紀事，看來無非是要借洪邁之口，提示官府：明教徒就是"喫菜事魔"之徒。

10.3　志磐僞託《夷堅志》明教紀事可能性辨析

按洪邁《夷堅志》爲筆記體志怪小說集巨著，在南宋頗爲流行，其內容爲佛書所采入，並非始於志磐。例如，南宋四明石芝沙門宗曉（1151—1214），生年比志磐早半個世紀，其所編《樂邦遺稿》卷下，便引《夷堅志》"遜長老後身爲李侍郎"故事，[1]經查對，確採自《夷堅甲志》卷12"遜長老"條，文字略異耳。[2]

洪邁"以文章取盛名，躋貴顯"，[3]曾官至翰林學士、龍圖閣學士、端明殿學士。藉洪邁之盛名，佛書引入《夷堅志》此類可通佛理的怪異紀事，不僅可充實內容，且可使說教益具可信度或權威性。由是，撰於寶祐六年（1258）至咸淳五年(1269)的《佛祖統紀》，引用其時流行的《夷堅志》應不足爲奇。查《佛祖統紀》稱引自《夷堅志》者，除本章討論的上引明教紀事外，尚有三例，其間一例，看似節引，見卷46《法運通塞志·徽宗》節下：

---

〔1〕見宗曉《樂邦遺稿》卷下："《夷堅志》曰：李侍郎名彌遜，字似之，爲臨川太守。一日父忌辰，往疎山飯僧，與堂頭行滿長老共飯。滿年八十餘，熟視李曰：'公乃遜老乎？'李不應。滿又曰：'遜老，余同門兄也，上下字與公皆同。余自公守此土，已疑之。今日察公言笑動止精彩，無少異。公必其後身也。'李扣遜之亡，則元祐戊辰正月，乃李初生之歲也。李本號彌遠，偶夢中有人，爲改爲遜。後果中第。李信之。歸家揭燕寢，名'小雲堂'，賦詩見意曰：'老子何因一念差，肯將簪髮換袈裟。同參尚有滿果在，異世猶將遜老誇。結習未忘能作舞，因緣那得見拈花。卻將淨業尋歸路，淡泊何如居士家。'"《大正藏》（47），No.1969B，頁244上。

〔2〕詳見〔宋〕洪邁撰，何卓點校：《夷堅志》，中華書局，1981年，頁636。

〔3〕"邁兄弟皆以文章取盛名，躋貴顯，邁尤以博洽受知孝宗，謂其文備衆體。邁考閱典故，漁獵經史，極鬼神事物之變，手書資治通鑒凡三。"見《宋史》卷373，中華書局，1977年，頁11574。

杨戬議廢太平興國寺爲邸肆民舍，初折正殿，瘞佛像於殿基之下，肢體破裂，已而戩病，胸腹潰裂而死。_{夷堅}_志[1]

另一例見卷33《三法門光顯志・預修齋》節下"述曰"，對故事有詳加引錄。[2]還有一例見卷47《法運通塞志・高宗》節下，述補陀事，注稱據《夷堅志・補陀壁記》。[3]

查現存《夷堅志》，以上諸條及前引明教之紀事，均無從對號。按洪邁編撰《夷堅志》，耗時60年，卷帙浩瀚，隨編隨刻，版本繁多，散失嚴重。[4]據光緒五年陸心源撰《重刻宋本夷堅志甲乙丙丁四集序》稱："《夷堅志》甲至癸二百卷，支甲至支癸一百卷，三甲至三癸一百卷，四甲四乙各十卷，總四百二十卷。……四庫所收支甲至支戊五十卷，民間頗不易得；所通行者，有明仿宋刊分類《夷堅志》五十卷，蓋宋人摘錄之本。坊刻二十卷本，雖從原書摘出，又出分類本下。是不但全書不存，即正集二百卷，若存若亡者，亦數百年。阮文達得宋刻甲至丁八十卷，影寫進呈。"筆者所檢索者，即據該80卷的電子文本。不過，該80卷只是原《夷堅志》的部分殘卷，不見於此80卷，並不等於其他卷亦沒有。但自20世紀初沙畹、伯希和徵引該資料後，《夷堅志》歷代諸版本不斷重印，新殘篇亦時有發現，但迄今未聞有誰找到相應文字。因此，認爲志磐或僞託《夷堅志》，不能不說是審慎的態度。

考志磐之於摩尼教，乃持極端憎厭的態度。如上面所提及，其將摩尼教稱爲"末尼火祆"，目其與白雲菜、白蓮菜同流，入於《事魔邪黨》節下。[5]《佛祖統紀》卷第39載武則天延載元年事，提到"波斯國人拂多誕_{西海大}_{秦國人}持《二宗經》僞教來朝"。其不惟將拂多誕帶來的摩尼教

---

〔1〕《佛祖統紀》卷46，《大正藏》（49），頁421中。

〔2〕見《佛祖統紀》卷33，《大正藏》（49），頁320下-321上："案《夷堅志》載：鄂渚王媼，常買紙錢作寄庫，令僕李大代書押。媼亡，李忽得疾仆地。三日蘇云：'爲陰府逮捕，至庫所令認押字。李曰此我代主母所書也。引舉金紫官，問答如初。官曰但追證此事可令回。將出，媼至，大喜，曰荷汝來我寄庫錢，方有歸也。'今人好營預修寄庫者，當以往生經爲據，以《夷堅志》爲驗。"

〔3〕見《佛祖統紀》卷47，頁428中，篇幅較長，不贅引。

〔4〕詳參張祝平：《〈夷堅志〉的版本研究》，刊《古籍整理研究學刊》，2003年第2期，頁66-77。

〔5〕《佛祖統紀》卷54，《大正藏》（49），頁474下。

貶爲"僞教"，還加大段"述曰"（按語），對該教大肆抨擊，並批評當局對該教失之寬容："此魔教邪法，愚民易於漸染。由屢朝君臣、當世名德，不能簡邪正，以別同異，故其法行於世而弗禁。"又轉引宋代敕令："準國朝法令，諸以《二宗經》及非藏經所載不根經文傳習惑衆者，以左道論罪。"[1]無非意在顯明宋代傳習《二宗經》的"左道"，與則天朝持《二宗經》來朝的"僞教"之聯繫。不過，在《佛祖統紀》涉及摩尼（末尼）的多處記載中，都未見使用"喫菜事魔"的字眼。只有在引入《夷堅志》明教紀事中，始將摩尼與"喫菜事魔"直接掛鉤。考宋代官方文獻，往往把那些未在官府備案的民間秘密宗教結社，冠以"喫菜事魔"之名。而一旦以"喫菜事魔"入罪，則絞則流。《宋會要》紹興11年（1141）敕明確載道：

> 十一年正月十七日，尚書省檢會紹興敕，諸喫菜事魔，或夜聚曉散，傳習妖教者，絞；從者，配三千里；婦人，千里編管。托幻變術者，減一等，皆配千里；婦人，五百里編管。情涉不順者，絞。以上，不以赦降原減，情重者奏裁。非傳習妖教，流三千里。許人捕至死，財產備賞，有餘沒官。其本非徒侶，而被誑誘，不曾傳授他人者，各減二等。[2]

志磐之刻意把明教歸入"喫菜事魔"，顯然是出於狹隘的宗教排他性，非置異教於死地而後快的心態。不過，他作爲一位頗有名望之學者僧，如果說，洪邁所說正合其胃口，遂借題發揮，則較合乎情理；但如果說，其出於對異教的憎惡，便不擇手段，無中生有，杜撰一番《夷堅志》的話來入書，則較難置信。何況，志磐與洪邁生活年代相差僅幾10年，《夷堅志》作爲名著在當時還很流行，也未必佚失很多。而志磐作爲名僧，竟在自己著作中僞造近人名著的話，這殆無可能。當然，是否是僞託，更要從文字內容和表述模式去尋找內證。

觀志磐所稱《夷堅志》明教紀事，箇中對明教最爲中傷者自是"喫菜事魔"四字。按洪邁與陸遊（1125—1209）是同時代人，也都同朝

---

〔1〕《佛祖統紀》卷54，《大正藏》（49），頁369下-370上。
〔2〕《宋會要輯稿》165册，《刑法》2，中華書局影印，1975年，頁6551。

爲官。對明教的看法當與朝廷保持一致。陸游對明教的基本看法見其孝宗乾道2年（1166）的《條對狀》：

> 自古盜賊之興，若止因水旱饑饉，迫於寒餓，嘯聚攻劫，則措置有方，便可撫定，必不能大爲朝廷之憂。惟是妖幻邪人，平時誑惑良民，結連素定，待時而發，則其爲害，未易可測。伏緣此色人，處處皆有。淮南謂之二襘子，兩浙謂之牟尼教，江東謂之四果，江西謂之金剛禪，福建謂之明教、揭諦齋之類。名號不一，明教尤甚。至有秀才、吏人、軍兵，亦相傳習。其神號曰明使，又有肉佛、骨佛、血佛等號，白衣烏帽，所在成社。僞經妖像，至於刻版流佈，假借政和中道官程若清等爲校勘，福州知州黃裳爲監雕。以祭祖考爲引鬼，永絕血食；以溺爲法水，用以沐浴。其他妖濫，未易概舉。燒乳香，則乳香爲之貴；食菌蕈，則菌蕈爲之貴。更相結習，有同膠漆。萬一竊發，可爲寒心。漢之張角，晉之孫恩，近歲之方臘，皆是類也。欲乞朝廷戒勅監司守臣，常切覺察，有犯於有司者，必正典刑。毋得以"習不根經教"之文，例行闊略。仍多張曉示，見今傳習者，限一月，聽賫經像衣帽，赴官自首，與原其罪。限滿重立賞，許人告捕。其經文印版，令州縣根尋，日下焚毀。仍立法，凡爲人圖畫妖像，及傳寫刊印明教等妖妄經文者，並從徒一年論罪。庶可陰消異時竊發之患。[1]

這段文字把盛行於福建的明教斥爲"妖幻邪人"，顯然與"喫菜事魔，三山尤熾"之說並無實質性差別。因此，如果說後者出自洪邁之口，與其官僚身份並不相悖。其實，《佛祖統紀》所據《夷堅志》之明教紀事，僅231字耳。除起始"喫菜事魔，三山尤熾"是定性表述外，其餘文字蓋類乎有聞必錄，措辭殆屬中性。如果純屬佛僧僞造，則難免會像"波斯國人拂多誕持《二宗經》僞教來朝"那樣，自覺不自覺地添以"僞"之類的貶惡性字眼。

---

〔1〕〔宋〕陸游：《渭南文集》卷5，《陸放翁全集》上冊，中國書店，1986年，頁27-28。

筆者更注意到紀事中稱明教徒假稱白樂天《蘇鄰詩》一事。對此志磐特別加注駁斥："嘗檢樂天《長慶集》，即無蘇鄰之詩。樂天知佛，豈應爲此不典之詞？"如果原紀事是志磐所僞託，則志磐又來加注駁斥，就類乎自編自導，過於造作了。緣志磐對明教之憎惡，在書中已多所發洩，他盡可進一步斥責，但委實不必如此煞費苦心來自編自導。何況，陸游的《條對狀》已提到明教經"刻版流佈，假借政和中道官程若清等爲校勘，福州知州黃裳爲監雕"；而紀事則云以白樂天那八句詩"表於經首"，如是做法，實際是同工異曲，顯明並非向壁虛構。故"假稱白樂天詩"應是出自洪邁筆下。至於這首詩究竟是明教徒所僞託，抑或確出自白樂天，那是另外一個問題。另文討論。[1]

當然，古人著述，援引他書，與今日之規範不同。多有節引，甚至會意述引者；所錄之文，或不完整準確，或穿插己見。就以明教紀事這段話而言，從語氣和內容看，志磐只是摘引有關原文的下半部份，其前面必有一段具情節性的"喫菜事魔"紀事，而後始可與此段紀事銜接。而志磐所引，既是藉以發揮自家觀點，故行文中，個別地方隨手篡改，也是有可能的。再者，由於古人著述標點、分段不清，引文本章之間，若乏原文參照，或不易甄別。例如，志磐在上揭延載元年條記拂多誕持《二宗經》覲見武則天事，下面的大段"述曰"中有引文：

良渚曰：準國朝法令，諸以《二宗經》及非藏經所載不根經文傳習惑衆者，以左道論罪。二宗者，謂男女不嫁娶，互持不語，病不服藥，死則裸葬等。不根經文者，謂《佛佛吐戀師》《佛說啼淚》《大小明王出世經》《開元括地變文》《齊天論》《五來子曲》之類。其法不茹葷飲酒，晝寢夜興，以香爲信。陰相交結，稱爲善友。一旦郡邑有小隙，則憑狼（狼）作亂，如方臘、呂昂輩是也。其說以天下禪人但傳盧行者十二部假禪，若吾徒即是真禪。有云菩提子達磨栽，心地種透靈臺。或問終何所歸，則曰不生

─────────────
〔1〕見本書《宋代明教僞託白詩考》。

248

天，不入地，不求佛，不涉餘途，直過之也。如此魔教，愚民皆樂爲之。其徒以不殺、不飲、不葷辛爲至嚴。沙門有爲行弗謹反遭其譏，出家守法，可不自勉？[1]

學者多以爲這段話全采自《釋門正統·斥僞志》，[2]經筆者查對，文末"如此魔教，愚民皆樂爲之。其徒以不殺、不飲、不葷辛爲至嚴。沙門有爲行弗謹反遭其譏，出家守法，可不自勉？"之語，並不見於《斥僞志》，復玩上下文意，可判應屬志磐夫子自道。以此爲鑒，辨釋志磐所"考《夷堅志》"的文字，不得不細察是否亦有類似情況。

總之，就志磐所稱引自《夷堅志》之語，若云純屬僞託，可能性不大。至於內容是否完全符合歷史實際，則另當別論。緣洪邁畢竟是教外人，亦無如陸游那樣憂國憂民，其所述明教事，或僅來自道聽塗説，或走馬觀花所見，未必經過深入調查研究。但既出自志磐所考，則至少意味著爲志磐所認同，實已代表志磐之看法。故目該段文字爲南宋的明教資料，自不成問題。但作爲史料的可信度，則非有其他文獻參照始可判定。

10.4　宋代教外人對明教之誤讀

紀事中雖稱明教徒爲"喫菜事魔"，但畢竟還準確道出其真正的名稱叫"明教會"。20世紀七八十年代之交，曾在福建晉江摩尼教草庵遺址附近，出土了刻有"明教會"字樣的宋代瓷碗，[3]係當時當地明教徒的用具。文獻實物互證，顯示宋代福建明教徒對自己宗教組織的稱謂乃"明教會"，也就反證了其他涉及該教的種種稱謂，多出自官方或其他教外人之口。[4]

---

〔1〕《佛祖統紀》卷39，頁370上。明顯誤植字參他本改正。

〔2〕〔宋〕良渚沙門宗鑒：《釋門正統》第4《斥僞志》，《卍新纂續藏經》（75），頁314下。

〔3〕黃世春：《福建晉江草庵發現明教會黑釉碗》，刊《海交史研究》，1985年第1期，頁73，圖版見封3。

〔4〕詳參拙文《摩尼教華名辨異》，刊《九州學林》，2007年春季，5卷1期，頁180-243，收入馬西沙主編：《民間宗教卷》，民族出版社，2008年，頁28-77。

紀事稱明教會"爲首者紫帽寬衫，婦人黑冠白服"。而按原始摩尼教尚白，在敦煌唐寫本 S.3969《摩尼光佛教法儀略》（以下簡稱《儀略》）開篇《託化國主名号第一》中，還依託佛典以說明尚白之原委，引《摩訶摩耶經》云："佛滅度後一千三百年，袈裟變白，不受染色。"[1]《儀略·形相儀第二》還明確稱教主摩尼光佛"串以素帔，仿四淨法身"。[2] 19世紀、20世紀之交吐魯番高昌出土的摩尼教殘片，其僧侶畫像均白衣白冠，[3]與上引志磐《火祆末尼》篇所稱"其徒白衣白冠"一致。而至元代，明教徒還以尚白著稱，如陳垣先生所考："元史卷一〇五刑法志禁令云：諸以白衣善友爲名，據衆結社者禁之。白衣善友，即指摩尼教。"[4]直至明代，亦仍如此。明代何喬遠（1557—1631）《閩書》卷7《方域志》"華表山"條下，把山麓元代明教草庵作爲名勝古跡錄入，因草庵而追述摩尼教的起源，介紹該教義理、禮儀之要旨，以至唐代入華歷史，尤其是入閩經過；最後還介紹其生活年代該教在泉州民間流傳的狀況，等等。全條凡467字，是爲中國摩尼教研究最寶貴的外典資料。就該教之禮儀，稱"其教曰'明'，衣尚白，朝拜日，夕拜月"。[5]而今，洪邁卻云其時福建明教徒，"爲首者紫帽寬衫，婦人黑冠白服"，儘管上揭同時代人陸游《條對狀》亦有"白衣烏帽"說，但畢竟與上引諸文獻記錄抵牾。按福建明教的源頭，何氏"華表山"條下說得很明確："會昌中汰僧，明教在汰中。有呼祿法師者，來入福唐，授侶三山，游方泉郡，卒葬郡北山下。"[6]該說法的可信性亦爲學者所確

---

〔1〕見《英藏敦煌文獻》（5），四川人民出版社，1992年，頁224上；〔蕭齊〕釋曇景譯：《摩訶摩耶經》卷下，原文作"爾時世尊說此語已，即便闔棺。……千三百歲已，袈裟變白，不受染色。"見《大正藏》（12），No.0383，頁1013中。

〔2〕見《英藏敦煌文獻》（5），頁224下。

〔3〕〔德〕克里木凱特撰，拙譯：《古代摩尼教藝術》，淑馨出版社增訂版，1995年，圖版21、26、27、41a、42、43；古樂慈：《柏林收藏摩尼教藝術遺存》（Z. Gulácsi, *Manichaean Art in Berlin Collection*, Brepols, 2001）輯錄豐富的摩尼教圖像殘片，王媛媛博士已辨認出其間二十多幅有選民（僧侶）形象者，服色均白。

〔4〕陳垣：《摩尼教入中國考》，見《陳垣學術論文集》第1集，中華書局，1980年，頁373。

〔5〕〔明〕何喬遠：《閩書》（1），廈門大學校點本，福建人民出版社，1994年，頁171。

〔6〕《閩書》（1），頁172。

認。[1] 正因爲如此，業師蔡鴻生先生曾指出："相對而言，明教可說是'異端中的正宗'，因爲它是直接由摩尼師呼禄播種的。"[2] 如是，這一"正宗"何以會對本教的"尚白"傳統淡化？這不能以摩尼教在中國的變異做解釋，緣變異是爲因應華情，而"尚白"與中國的傳統審美觀並不矛盾，"一白遮百醜"，自古皆然；更何況作爲中國主流宗教的佛教，就有白衣大士觀音菩薩崇拜，而這也在福建民間流行。由是，洪邁與陸游有關福建明教服色的記述未必準確，可能是誤聽誤記，或者是與其他民間教派混淆。

更有，紀事但稱婦人"黑冠白服"，卻不言男人服色，爲首者的寬衫亦沒道出顏色，這亦可看出洪邁於明教徒之衣著，實際並沒有做過認真的考察，很可能只是道聽塗説耳。而爲首者的"紫帽"，無疑應效法佛僧，緣佛書蓋把"紫帽"象徵佛僧。《宋高僧傳》卷7《宋天台山螺溪傳教院義寂傳》稱釋義寂"生乃首蒙紫帽而誕焉。幼啓二親，堅求去俗，旋入開元伽藍。"[3]《續傳燈錄卷》13《玉泉謂芳禪師法嗣》記"福州聖泉寺紹燈禪師"，"生時異香滿室，紫帽覆首。幼不茹葷，七歲自厭塵坌，觀諸經論如聽舊書，十歲辭親出家，禮潭州開福寺璉長老爲師"。[4]"首蒙紫帽""紫帽覆首"都是爲了說明生前便已結下的出家緣。據此，爲首者戴紫帽的教派，未必源自摩尼教，倒可能是派生自佛教的異端或效法佛教的某一民間教派。

紀事復稱明教徒"所事佛衣白"，正好反證明教徒仍保持尚白的傳統，益令人懷疑上面有關服色的記述有誤。教祖摩尼光佛像仍然是"串以素帔，仿四淨法身"。不過，外人不明就裏，以爲其係附會佛典，"引

---

〔1〕拙文《泉州摩尼教淵源考》，刊林中澤主編：《華夏文明與西方世界》，博士苑出版社，2003年，頁75-93；修訂本見拙著：《中古三夷教辨證》，中華書局，2005年，頁375-398。

〔2〕蔡鴻生：《唐宋時代摩尼教在濱海地域的變異》，刊《中山大學學報》（哲社版），2004年第6期，頁117。

〔3〕〔宋〕贊寧：《宋高僧傳》，《大正藏》（50），No.2061，頁752中；范祥雍點校本，中華書局，1987年，頁162。

〔4〕〔明〕圓極居頂編：《續傳燈錄》，《大正藏》（51）No.2077，頁552中-下。

經中所謂'白佛言，世尊'"。[1]其實，佛經中"白佛"二字出現的頻率數以萬計，其"白"非指顏色，非作形容詞用，而是用作動詞，"白"者，表白也。"白佛"謂向佛表白。就這一點常識，當時士人蓋必有之。是以，引佛經的"白佛"爲解，是當時明教徒數典忘祖，不知教祖衣白的道理，抑或是教外人故意戲謔之，這還是個疑問。竊以爲，應以後者之可能性爲大。陳垣先生曾據陸游《老學庵筆記》卷10所載推斷："今陸游謂至有士人宗子輩於眾中倡言赴明教齋，又或指名族士大夫家曰此亦明教也，則南宋摩尼教信者多知識階級之人也。"[2]該等"知識階級之人"只要稍爲接觸過佛典，就不至於會"引經中所謂'白佛言，世尊'"來解釋教祖衣白的原因。而以洪邁之博學，當應清楚這一點，也許他只是據坊間的傳聞照錄耳。

此外，"取《金剛經》一佛，二佛，三、四、五佛，以爲第五佛"，則更應屬教外人之誤解。緣《金剛經》之五佛，與摩尼無異於風馬牛。據云，摩尼生前曾把自己說成是繼佛陀、瑣羅亞斯德、耶穌之後而被派到人間的最後一位先知，[3]而新近霞浦明教遺跡田野調查，則發現當地民間法師保存的科儀本中，有"那羅延佛、蘇魯支佛、釋迦文佛、夷數和佛、摩尼光佛"五佛之謂。[4]竊意這一新發現或有助於解開"第五佛"之謎。俟另文討論。[5]

〔1〕沙畹、伯希和認為 "《夷堅志》之摩尼白佛，應於阿彌陀佛及觀音大士二佛之中尋求之"。Éd. Chavannes & P. Pelliot,"Un traité manichéen retrouvé en Chine (Deuxième partie, suite et fin)", *Journal Asiatique*,11.sér., I, Mars-Avril, 1913, pp.333-334, n.3 譯文引自沙畹、伯希和撰，馮承鈞譯：《摩尼教流行中國考》，《西域南海史地考證譯叢八編》，商務印書館，1958年，頁92. 據上揭《儀略·依託化國主名號第一》所引《摩訶摩耶經》《觀佛三昧海經》，蓋與阿彌陀佛及觀音大士無關也。此緣《儀略》前半截殘卷（S.3969）之認定刊佈遲至1923至1925年，沙畹、伯希和撰寫《中國發見的摩尼教經典》時尚未及睹該殘卷。

〔2〕陳垣：《摩尼教入中國考》，《陳垣學術論文集》第1集，頁366。

〔3〕E. Sachau (ed.), *The Chronology of the Ancient Nations*, London: W. H. Allen & Co.,1879, p.207.

〔4〕陳進國、林鋆：《明教的新發現——福建霞浦縣的摩尼教史跡辨析》，載李少文主編，雷子人執行主編：《不止於藝》，北京大學出版社，2010年，頁343-389，有關部份見頁372。

〔5〕參閱本書《明教五佛崇拜補說》一文。

10.5 宋代明教之依託道教

紀事雖不識明教"第五佛"稱謂之由來，但明白該佛即爲摩尼："又名末摩尼，采《化胡經》'乘自然光明道氣，飛入西那玉界蘇鄰國中，降誕玉宮爲太子，出家稱末摩尼'，以自表證。"這段文字表明在洪邁看來：宋代的明教乃力圖通過依託道教來取得合法地位。這倒符合史實。

考唐代入華的摩尼教曾以佛教之一宗，獲得武則天的青睞，但在武周政權結束後，爲了討好以老子後裔標榜的李唐朝廷，不得不調整策略。上揭《儀略》，係撰於玄宗開元19年的解釋性文件。[1] 其開篇《託化國主名號宗教》對教主摩尼名號進行解釋，不僅將摩尼和釋迦牟尼聯繫，而且也與老子和合起來：

[005] 佛夷瑟德烏盧詵者，_{本國梵音也。}譯云光明使者，又号

[006] 具智法王，亦謂摩尼光佛，即我光明大慧无上

[007] 醫王應化法身之異号也。當欲出世，二耀降

[008] 靈，分光三體；大慈愍故，應敵魔軍。親受明

[009] 尊清净教命，然後化誕，故云光明使者；精真

[010] 洞慧，堅疑克辯，故曰具智法王；虛應靈聖，

[011] 覺觀究竟，故号摩尼光佛。光明所以徹内

[012] 外，大慧所以極人天，无上所以位高尊，醫王

[013] 所以布法藥。則老君託孕，太陽流其晶；釋迦

[014] 受胎，日輪叶其象。資靈本本，三聖亦何殊？成

[015] 性存存，一貫皆悟道。……按[2]

這段文字不惟把摩尼光佛作爲本教教祖的稱謂，而且將其與釋迦牟尼、老子並列成三位一體。爲證明這三者之同一，《儀略》除多處徵

---

〔1〕拙文《敦煌本〈摩尼光佛教法儀略〉的產生》，刊《世界宗教研究》，1983年第3期，頁71-76；修訂本見林悟殊：《摩尼教及其東漸》，中華書局，1987年，頁168-176；淑馨出版社，1997年增訂本，頁198-203；林悟殊：《敦煌文書與夷教研究》（當代敦煌學者自選集），上海古籍出版社，2011年，頁30-39。

〔2〕S.3969，《英藏敦煌文獻》（5），頁223下。

· 欧 · 亚 · 历 · 史 · 文 · 化 · 文 · 库 ·

引佛經外，還特別徵引"《老子化胡經》云"：

[036] 我乘自然光明道氣，飛入西那玉界蘇隣

[037] 國中，示為太子。捨家入道，号曰"摩尼"。轉大法輪，

[038] 說經、戒、律、定、慧等法，乃至三際及二宗門。上

[039] 從明界，下及幽塗，所有衆生，皆由此度。摩尼尼

[040] 之後，年垂五九，我法當盛者。[1]

摩尼僧顯然不惟以佛教之一宗自詡，復以道教標榜，意欲游刃於佛道之間。其提出摩尼、佛陀、老子三聖同源，[2]顯然力圖最大限度地迎合李唐王朝的倡道興佛的宗教政策，冀以在中土與佛教、道教三足鼎立。不過，這一希望落空了。開元20年7月敕："未（末）摩尼法，本是邪見，妄稱佛教，誑惑黎元，宜嚴加禁斷。以其西胡等既是鄉法，當身自行，不須科罪者。"[3]也就是說，在《儀略》產生的次年，朝廷就明令禁斷該教在漢人傳播，只允許來華的胡人"當身自行"。

儘管唐代摩尼教依託道教未果，但顯然爲爾後的明教開了先河。在宋代明教徒中，是否有《儀略》流行，目前尚乏資料可資說明。然《老子化胡經》雖在唐代曾兩度遭禁毀，[4]而在宋代卻是合法流行的，

─────────

〔1〕S.3969，《英藏敦煌文獻》（5），頁224上。近年關於《老子化胡經》的最新討論參見劉屹：《唐開元年間摩尼教命運的轉折──以敦煌本〈老子西升化胡經序說〉和〈摩尼光佛教法儀略〉爲中心》，刊《敦煌吐魯番研究》第9卷，北京大學出版社，2006年，頁85-109。

〔2〕《〈摩尼光佛教法儀略〉的三聖同一論》，見林悟殊：《摩尼教及其東漸》，中華書局，1987年，頁183-190；淑馨出版社，1997年增訂本，頁204-210；林悟殊：《敦煌文書與夷教研究》（當代敦煌學者自選集），上海古籍出版社，2011年，頁40-48。

〔3〕《通典》卷40，中華書局點校本，1988年，頁1103。

〔4〕《佛祖統紀》卷39《法運通塞志·高宗》節下"總章元年（668）"條："詔百僚、僧、道會百福殿，儀（議）《老子化胡經》。沙門法明排衆而出曰：'此經既無翻譯朝代，豈非僞造？'舉衆愕然，無能應者。乃勅令搜聚僞本，悉從焚棄。" 頁368上。同書卷40《法運通塞志·中宗》節下"神龍元年"（705）九月條，詔曰："如聞道觀皆畫化胡成佛之相，諸寺亦畫老君之形，兩教尊容，互有毀辱，深爲不然，自今並須毀除。其《化胡經》屢朝禁斷，今後有留此僞經，及諸記錄有言化胡者，並與削除。違者準勅科罪。弘道觀者，桓彥道表留《化胡經》。勅曰：'朕志在還淳，情存去僞。頃以萬幾之暇，尋三教道德二篇之說，空有二諦之談，莫不敷暢玄門，闡揚妙理，何假化胡之僞，方盛老子之宗？義有乖違，事須除削。'"頁371中-下。

這是不爭的事實。緣釋念常《佛祖歷代通載》卷18"乙卯"年條（大中祥符7年，1015）記云：

> 詔道釋藏經互相毀者刪去。樞密王欽若以《化胡經》乃古聖遺跡，不可削。又詔王欽若詳定《羅天醮儀》一十卷，頒行。"[1]

《續資治通鑒長編》卷86"大中祥符九年三月己酉"條亦有載：

> 初，詔取道釋藏經互相毀訾者刪去之，欽若言："《老子化胡經》，乃古聖遺跡，不可刪去。"……從之。[2]

20世纪初，斯坦因（Marc Aurel Stein）在敦煌發現了佚失已久的《老子化胡經》卷1和卷10兩篇殘卷，其第1卷也確實有關於老子化摩尼的一段經文：

> 後經四百五十餘年，我乘自然光明道氣，從真寂境，飛入西那玉界蘇鄰國中，降誕王室，示爲太子。捨家入道，号末摩尼。轉大法輪，説經、戒、律、定、慧等法，乃至三際及二宗門，教化天人，令知本際。上至明界，下及幽塗，所有衆生，皆由此度。摩尼之後，年垂五九，金氣將興，我法當盛。西方聖象，衣彩自然，来入中洲，是効也。當此之時，黃白氣合，三教混齊，同歸於我。仁祠精舍，接棟連甍。翻演後聖，大明尊法。中洲道士，廣説因緣。爲世舟航，大弘法事。動植含氣，普皆救度。是名揔攝一切法門。[3]

《化胡經》的這段經文究竟是如何炮製出來，那是另外一個問題。[4]但其無疑嫁接了摩尼教與道教的因緣。這就爲宋代明教徒爭取合法存在提供了法理依據。也許正是這個原因，摩尼經得以一再被徵集編入《道藏》，佛僧也不得不一再提示官方對明教採取更嚴厲的禁斷

---

〔1〕〔元〕釋念常：《佛祖歷代通載》，《大正藏》（49），頁661中。

〔2〕〔南宋〕李燾：《續資治通鑒長編》，中華書局，1993年，頁1976。

〔3〕S.1857《英藏敦煌文獻》（3），四川人民出版社，1990年，頁165下-166上。初刊《敦煌石室秘書》及《石室秘寶》，收入《大正藏》（54），No.2139，引文見頁1267中-下。

〔4〕參閲拙文：《〈老子化胡經〉與摩尼教》，刊《世界宗教研究》，1984年第4期，頁116-122。修訂本見林悟殊：《摩尼教及其東漸》，中華書局，1987年，頁76-86；淑馨出版社，1997年增訂本，頁172-82；林悟殊：《敦煌文書與夷教研究》（當代敦煌學者自選集），上海古籍出版社，2011年，頁49-61。

255

手段。[1]

10.6　摩尼經入《道藏》賄賂說辨正

紀事稱："其經名《二宗三際》。'二宗'者，明與暗也；'三際'者。過去未來現在也。大中祥符（1008—1016）興《道藏》，富人林世長賂主者，使編入藏，安於亳州明道宮。"

此處披露當時明教的代表性經典爲《二宗三際經》，及對二宗三際的解釋，顯然是客觀的。從中可看出洪邁畢竟是個士大夫，尚能尊重基本事實，不像志磐那樣持門戶之見。以往或把"二宗三際"斷開，作《二宗》《三際》，即明教徒奉《二宗經》和《三際經》，似不妥。緣摩尼的教義乃以二宗門和三際論爲出發點，核心是明暗二宗，三際的內容不過是二宗在三際的表現，即明暗在過去、未來、現在三個時期狀況。因此，對中國摩尼教教徒來說，漢文的《二宗三際經》可省稱爲《二宗經》，但不可能有一部別於《二宗經》的《三際經》。已有專文討論，[2]不贅。

至於所云"大中祥符興道藏，富人林世長賂主者，使編入藏"事，則頗爲可疑。以往學者，或信以爲然，[3]有必要多加申說。考現存北宋刑法條文，未見有明確禁止明教者，至少默證其時該教在民間尚未形成氣候，爲臣僚所矚目。至於依附道教或佛教，個人自我修持的寺院式明教，自更未遭官府干預。甚至有個別修持者，死後被地方神化。早在20世紀80年代，專治福建民間宗教的連立昌先生，便已在福建霞浦縣《蓋竹上萬濟南林氏宗譜》發現其間林瞪的明教信仰：

　　　瞪公：宋真宗咸平六年（1003）二月十三日生，行二十五，

[1] 詳參本書《佛書所載摩尼僧始通中國史事辨釋》。

[2] 參拙文：《唐宋〈三際經〉質疑》，刊《文史》1985年第25輯，頁109-114；修訂本見《摩尼教及其東漸》，中華書局本，頁159-167；臺北淑馨增訂本，頁180-188；林悟殊：《敦煌文書與夷教研究》（當代敦煌學者自選集），上海古籍出版社，2011年，頁136-145。

[3] 如牟潤孫先生的《宋代之摩尼教》有云："摩尼教自唐季遭會昌之禁，備受迫害，中更毋乙之亂，益爲政府所厭忌。至宋大中祥符間，乃賄賂道藏主編者，使納其書，欲依託道教以自固也。"氏著《注史齋叢稿》，中華書局，1987年，頁94-95。

字□□。娶陳氏，生二女。天聖五年丁卯（1027），公年二十五，乃棄俗入明教門，齋戒嚴肅。歷二十有二年，功行乃成。至嘉祐四年己亥（1059）三月三日密時冥化，享年五十有六，葬於所居東頭芹前坑。

公歿後靈感衛民，故老相傳：公於昔朝在福州救火有功，尋蒙有司奏封"興福大王"，乃立閩縣右邊之廟以祀之。續蒙嗣漢天師親書"洞天福地"四字金額一面，仍爲奏封"洞天都雷使"，加封"貞明內院定正真君"，血食於鄉，祈禱回應。每年二月十三日誕日，子孫必羅祭於墓，慶祝於祠，以爲常式。[1]

宗譜所載瞪公，無疑應是明教徒。"歿後靈感衛民"，當屬後人炮製的神話，而"有司奏封"之類，是否爲後人虛誇之辭不得而知；但這樣一位明教徒被奉爲神且公然"血食於鄉"後，竟未受官府干預，至少默證其時當地官府並未目明教爲邪。

事實上，摩尼經入《道藏》事，有朝廷之明令，天禧三年（1019）張君房所撰《雲笈七籤序》有云：

天子銳意於至教矣。在先時，盡以秘閣道書太清寶蘊出降於餘杭郡。……明年冬就除臣著作佐郎，俾專其事。臣於時盡得所降到道書，並續取到蘇州舊《道藏》經本千餘卷，越州、台州舊《道藏》經本亦各千餘卷，及朝廷續降到福建等州道書明使摩尼經等，與道士依三洞綱條、四部錄略、品詳科格，商較異同，以銓次之，僅能成藏，都盧四千五百六十五卷，起千字文，天字爲函目，終於宮字號，得四百六十六字，且題曰大宋天宮寶藏。[2]

該《序》明確宣稱奉旨而編的《雲笈七籤》包括了"明使摩尼經"，足見並非以瞞天過海的手法混充進去的。更有前賢徵引過的南宋末思想家黃震（1213—1280）《黃氏日鈔》卷86有《崇壽宮記》，落款"景定五年（1264）五月記"，其中認同摩尼教的主張，溢以言表，還提及

---

〔1〕該重要史料原係連立昌先生摘抄惠賜。拙文：《泉州摩尼教淵源考》（刊林中澤主編《華夏文明與西方世界》，博士苑出版社，2003年，頁75—93）已徵引（見頁86）。

〔2〕《道藏》第22冊，上海書店、文物出版社、天津古籍出版社，1994年，頁1。

有所謂《衡鑒集》者，"載我宋大中祥符九年（1016），天禧三年（1019），兩嘗敕福州，政和七年（1117）及宣和二年（1120）兩嘗自禮部牒溫州：皆宣取摩尼經頒入道藏。[1]

《衡鑒集》雖未見傳本，但所言徵集摩尼教經典事與張君房同，足可互證。按摩尼經入編《道藏》的決策，應是朝廷承認老子化胡說之邏輯結果。是以，摩尼經在北宋時期是被朝廷所認可和重視，進獻摩尼經以入編《道藏》，當屬可邀功之舉，更是玉成《道藏》之主者，焉須賄賂之？所謂"富人林世長賄主者，使編入藏"的說法，於理不合。

大中祥符與《道藏》，主其事者即張君房，故陳垣先生曾說過："夷堅志所謂受富人林世長之賄者，疑即指張君房也。"[2]儘管《宋史》未見張君房傳，但生平事跡散見諸宋人筆記中，近時劉全波先生已依該等筆記及其他史乘所載輯考梳理。[3]據考，"宋張君房，岳州安陸人。景德(1004—1007)中進士及第,官尚書度支員外郎、充集賢校理"；[4]而王得臣《麈史》卷2所載尤詳："集賢張君房，字尹方，壯始從學，逮遊場屋，甚有時名，登第時年已四十餘，以校道書得館職，後知隨、郢、信陽三郡，年六十三分司，歸安陸。年六十九致仕。"[5]張君房"年八十餘卒。"[6]終其一生，好神仙之道，而以輯校道書，修纂《大宋天宮寶藏》（即今不存的宋《道藏》）、《雲笈七籤》等而負盛名。迄今已知資料，均未發現有提及其受賄之傳聞。因此，賄賂之說，實屬《佛祖統紀》的"獨家新聞"，無案可稽。

相反的，上揭何喬遠《閩書》卷7《方域志》"華表山"條下，追述摩尼教歷史時也有提及林世長事，正好反證賄賂說乃子虛烏有：

---

〔1〕〔宋〕黃震：《崇壽宮記》，《黃氏日鈔》卷86，《景印文淵閣四庫全書》第708册，商務印書館，1983年，頁890上。

〔2〕陳垣：《摩尼教入中國考》，《陳垣學術論文集》第1集，頁358。

〔3〕劉全波：《〈雲笈七籤〉編纂者張君房事跡考》，刊《中國道教》2008年第4期，頁39-42。

〔4〕永瑢等：《四庫全書總目》卷146《〈雲笈七籤〉提要》，中華書局，1965 年，頁1252。

〔5〕〔宋〕王得臣：《麈史》卷2，《景印文淵閣四庫全書》第862册，頁618上。

〔6〕〔宋〕王銍：《默記》卷下，中華書局，1981年，頁52。

真宗朝，閩士人林世長，取其經以進，授守福州文學。[1]

此處所提到的"士人林世長"與"富人林世長"，不惟名字相同，而且同屬真宗朝人，同以進摩尼經而入載，故諒爲同一人。林世長對摩尼教經典感興趣，說明其至少曾有涉獵，必屬士人無疑。何喬遠是明代方志史家，福建泉州人，傳見《明史》卷242《列傳》第130，以博覽羣書著稱，"好著書，嘗輯明十三朝遺事爲《名山藏》，又纂《閩書》百五十卷，頗行於世"。[2]何氏於《夷堅志》必有流覽，然在明代，相關的卷帙或已佚失。但《佛祖統紀》之"考《夷堅志》"，何氏當不至於漏讀。其不採納該書的賄賂說，必不以其爲然。至於林世長因進摩尼經，而獲"授守福州文學"，何氏實無理由杜撰此一情節。按林世長不過是地方名流，其事跡自難見載正史，但故里口碑、石碑或文獻當應有之。何氏既熱衷編撰原籍方志，必熟悉該等資料，其所述當有所據。觀何氏所述摩尼教史，純站於學者的客觀立場，並無隨意褒貶。就林世長事，與草庵實無多大聯繫，可記可不記；但何氏特別提及，或許就是不屑《佛祖統紀》所云，意在爲故里先賢辯誣。

按大中祥符早於洪邁在生年代百年，其何從知道有賄賂之事？行賄與受賄畢竟是雙方的秘密行徑，除非東窗事發，不可爲他人所知。既無案可稽，於理又不通，而事主張君房畢竟也是前朝名士，是以，儘管洪邁對明教看法與陸游諸同僚一致，但實在也不必以此來厚誣前賢。即便當時坊間確有此說，洪邁身爲大學問家，在事涉前賢又查無實據的情況下，其又何必當真照錄？是故，竊以爲，《佛祖統紀》對此事的考述，不排斥志磐蓄意篡改的可能性。

宋《道藏》今已不存，其所編入的摩尼經內容迄今仍然是個謎。[3]但摩尼經之得以被編入《道藏》，不管其通過甚麼途徑、甚麼手段都好，固然離不開《老子化胡經》的合法化，但還必須有一個前提，即當時

---

〔1〕《閩書》（1），頁172。

〔2〕《明史》卷242，中華書局，1974年，頁6287。

〔3〕《霞浦縣摩尼教（明教）史迹調查報告》中圖版有當地某法師秘藏的《無名經書》一頁。觀其內容，疑傳抄自宋《道藏》所入摩尼經。冀早日公刊原件，俾便學界研究。

259

道家和摩尼教兩家的經典，確有相類之處，至少在行文或某些義理的表述，有近似、類同甚至雷同之處，由是摩尼教始可被目爲道家之一宗，經典同編入藏。就此，陳垣先生曾有識語：

> 北宋時道學家所宣導之太極、兩儀、陰陽、天理、人欲等對等名詞，殆無不有多少摩尼興味也。[1]

但這畢竟還是間接的證據，冀望日後有確認爲宋代摩尼經的寫本面世，得以就這個問題深化研究。

10.7　宋代明教禮俗考釋

志磐所考《夷堅志》之末句爲"其修持者，正午一食，裸屍以葬，以七時作禮，蓋黃巾之遺習也。"

就所列三則禮俗，"正午一食"和"以七時作禮"，在唐代摩尼教內典確可找到源頭。北圖藏《摩尼教經》（宇56/北敦00256）第253—254行有"但聖所制，年一易衣，日一受食，歡喜敬奉，不以爲難"之語，足見唐代摩尼僧遵行每天只吃一餐的戒律。至於何時用餐，則經文並無明載。但《儀略・寺字儀第五》規定僧侶"每日齋食，儼然待施；若無施者，乞丐以充"，[2]即僧侶自己不做飯，等待普通信徒（聽者）施捨供養。照常理推測，僅吃一餐，則只能在中午，緣若於早晨，則施者要很早送飯到寺；若於晚上，則假如無施者，也難以"乞丐以充"。這一教規到元代還一直保持著。元代陳高（1315—1366）所撰《竹西樓記》述明教寺宇"潛光院"，言及該教禮俗，稱"其徒齋戒持律頗嚴謹，日每一食，晝夜七時，咸暝拜焉"。[3]其實，齋戒於持有宗教信仰之人來說並非難事，[4]南宋諸多民間教派的信徒以"喫菜"爲共同的特

---

[1]1924年6月24日陳垣致胡適函，陳智超編注：《陳垣來往書信集》，上海古籍出版社，1990年，頁174。

[2]見敦煌寫本P. 3884，《法藏》（29），上海古籍出版社，2003年，頁86下。

[3]有關討論詳參拙文：《元〈竹西樓記〉摩尼教信息辨析》，曾憲通主編：《華學》第7輯，中山大學出版社，2004年，頁242-252；修訂本見《中古三夷教辨證》，頁142-160。

[4]當今以小乘佛教爲國教的泰國，僧人便是"日每一食"，而且必在午前。泰人一生多有一段出家時間，長短不一，期間也恪遵這一戒律，不以爲難。至於伊斯蘭教的齋月，就更不用說了。

徵，便是明證。因此，唐代摩尼教華化成宋代的明教後，在當時的大
氣候下，非出家的明教徒亦像唐代摩尼僧那樣，實行"正午一食"，不
足爲奇。不過，到了何喬遠的時代，明教徒對該條戒律似乎鬆弛了，
緣何氏對該教禮俗多有提及，並未言及此。他親自考察過該教時狀，
特別提到"今民間習其術者，行符呪，名師氏法，不甚顯云"，[1]但全
文蓋無提及"日每一食"，這或許暗示其時這一禮俗已不甚流行，未給
何氏留下深刻的印象。

"以七時作禮"，上揭《宋會要輯稿》"宣和二年十一月四日臣僚
言"歷數"明教之人所念經文及繪畫佛像"中，就有《七時偈》者，
可能就是用於七時作禮。上引《竹西樓記》作"晝夜七時，咸瞑拜焉"，
當同。"七時"之說，景教也有之，西安景教碑就有"七時禮贊，大庇
存亡"之句。[2]饒宗頤教授曾考波斯瑣羅亞斯德教的頌經有"七候"之
語。[3]至於"七時"該作何解，則見解各異。[4]不過，據蔡鴻生先生的
最新考證，"古代的民族，在從野蠻到文明的歷程中，各自形成若干神
秘數字，如七、十、十二或七十二等等"；"在唐代九姓胡的禮俗體系
中，包含一種崇'七'之俗，即是粟特人的神秘數字"。[5]若然，源於
西亞經由中亞入華的摩尼教諒必亦有崇"七"之俗，而宋代明教之"以

〔1〕《閩書》，頁172。

〔2〕《西安景碑釋文》第7行，見拙著：《中古夷教華化叢考》，蘭州大學出版社，2011年，頁261。

〔3〕"《火教經》中致 Mithra 上神的頌贊有時用代名詞'Whom'來代替 Haoma。求長生不老的祭
司作 Haoma 祭時，唱頌音聲，上徹三光，下繞九地，遍於七候（Seven times）。（89號頌）"見饒
宗頤：《塞種與 Soma——不死藥的來源探索》，刊《中國學術》2002年第4輯，商務印書館，頁8；
收入《饒宗頤二十世紀學術文集》卷7，新文豐出版股份有限公司，2003年，頁152-166，引文見頁
162。

〔4〕北京大學段晴教授撰有《景教碑中"七時"之說》，刊葉奕良編：《伊朗學在中國論文集》，
第3集，北京大學出版社，2003年11月，頁21-30。是文考證的結論如下："《大秦景教流行中國碑》
中的'七時'之說，除了可以解釋爲'日七次'以外，似乎又可解釋作'一年的七個時令'，因爲
無論從漢語的字義出發，還是從聶斯脫利派基督教會傳統中覓得的依據，都支持這樣的詮釋。但無
論從漢語語言出發，還是依據聶斯脫利派基督教會的傳統，'七時'之說能夠排斥的僅僅是伯希和
的詮文，即'於七時'之譯法。無論一日行七次禱告，還是一年分七時禮讚，似都有其依據。"（見
頁29）

〔5〕蔡鴻生：《唐代九姓胡崇"七"禮俗及其源流考辨》，見氏著《中外交流史事考述》，大象
出版社，2007年，頁51-59；引文見頁51。

七時作禮",或許就是此俗的遺習。竊以爲,既有取"七"爲尚之習,則"七"固然可以有具體的計量含義,亦很可能不外是一個象徵吉利的語言符號,故吾人未必要過於拘泥"七"的數學內涵。由是,假如將"以七時作禮"和"晝夜七時,咸瞑拜焉"該等說辭,與宋代官方對明教徒"夜聚曉散"的指控,[1]以及上揭明代何喬遠對明徒禮儀"朝拜日,夕拜月"的記述,聯繫起來考慮,或許可做如是推論:明教徒的"七時"禮拜,不過是以早晚七時爲吉,用以指代早晨和黃昏耳。也就是說,彼等有早敬和晚敬之儀式,而由於參加者衆,遂被官府誤以爲"夜聚曉散"。姑聊備一說。[2]

"裸屍以葬",並非洪邁獨家之言,宋人多有類似記載,學者已多所徵引,[3]可見這是教外時人的看法,洪邁不外照錄耳。但就此禮俗,現有摩尼教內典尚未見有明晰經文可資爲據,而教外人的傳說則難免有以訛傳訛者,因而真相如何,另文討論。[4]不過,若有此葬俗,依儒家官員看來,自是不合人道之異端行徑。但於宗教徒來說,則自有其道理。佛教宣傳以身體作爲佈施,因而有露屍葬之俗,此俗蓋源於古印度。[5]其某些葬式,也許比《夷堅志》所稱的"裸屍以葬"更令傳統士大夫不可思議。蔡鴻生先生在論及天竺古法"屍陁林"對古代僧尼葬式的影響時,[6]曾提及兩個例證,即梁慧皎《高僧傳》卷8記釋智順"臨終之日,房內頗聞異香,亦有見天蓋者。遺命露骸空地,以施蟲

---

〔1〕《宋會要輯稿·刑法二》之七八:"一溫州等處狂悖之人,自稱明教,號爲行者。今來明教行者,各於所居鄉村,建立屋宇,號爲齋堂,如溫州共有四十餘處,並是私建無名額佛堂。每年正月內,取曆中密日,聚集侍者、聽者、姑婆、齋姊等人,建設道場,鼓扇愚民男女,夜聚曉散。"頁6534下。

〔2〕又,《下部讚》有"七施"之說,如果把其釋爲"七奉法施",則"七時作禮",或可另解爲每天七次祈禱誦經。詳參本書《摩尼教〈下部讚〉音譯詩偈辯說》一文。

〔3〕陳垣:《摩尼教入中國考》,《陳垣學術論文集》第1集,中華書局,1980年,頁370-373。

〔4〕詳參本書《摩尼教"裸葬"辨》一文。

〔5〕詳參劉淑芬:《林葬——中古佛教露屍葬研究之一》,刊《大陸雜誌》第96卷第3、4、5期,1998年;修訂本收入氏著:《中古的佛教與社會》,上海古籍出版社,2008年,頁183-243。

〔6〕蔡鴻生:《唐代"黃坑"辨》,刊余太山主編《歐亞學刊》第3輯,中華書局,2002年,頁244-250。收入氏著:《中外交流史事考述》,大象出版社,2007年,頁60-67。

鳥，門人不忍行之。乃窆于寺側".[1]梁釋寶唱《比丘尼傳》卷2《慧瓊尼傳》云"瓊以元嘉二十年隨孟顗之會稽，至破岡卒。勅弟子云：'吾死後不須埋藏，可借人剝裂身體，以食衆生。'"[2]類似這樣的身後事遺囑，直到近代都有出現。著名高僧弘一法師1935年12月臥病晉江草庵，一度病危時，即遺囑隨侍傳貫法師將遺體"送往樓後之山凹中。歷三日有虎食則善，否則三日後，即就地焚化".[3]據此看來，即便明教徒果有"裸屍以葬"之俗，志磐身爲佛僧，也不至於以"黃巾遺習"惡評之；倒是像洪邁這樣的士大夫，始有可能持這種看法。緣"言左道者必稽張角"，乃古代官員的定勢思維。正如陳垣先生的精闢剖析：

> 摩尼來自外國，與張角何關，然中國人言左道者必稽張角。唐季禁摩尼，本以其爲外教。至宋真宗時，閩人林世長因進摩尼教經而授官。且以其經頒入道藏，是其時並未被禁也。宣和而後，草寇迭起，持齋拜斗，擬於黃巾，於時始有喫菜事魔之禁。然持喫菜事魔，未必盡摩尼，適其時摩尼正盛，世人不察，遂視與草竊同科，而摩尼祖張角之謬說出矣。[4]

把上述宋代明教徒的三則禮俗，言爲黃巾遺習，益證志磐所考《夷堅志》之明教紀事，應大體出自洪邁之筆，並非僞託之辭也。

10.8　餘論

史學研究離不開文獻資料，但文獻資料畢竟是生活在某一特定社會歷史環境下的具體人之作品。如是作品，可能是當時歷史的寫真，但也可能囿於作者個人的主客觀條件，或出於個人的喜惡和某種動機，所述所言難免與歷史的實際有所距離，甚或完全違背歷史的真實。此

---

〔1〕《大正藏》（50），No.2059，頁381上；另見〔梁〕釋慧皎撰，湯用彤校注：《高僧傳》卷第8《釋智順傳》，中華書局，1982年，頁336。

〔2〕《南安寺釋慧瓊尼傳》，見〔梁〕釋寶唱撰：《比丘尼傳》，《大正藏》（50），No. 2063，頁938中；另見〔梁〕釋寶唱撰，王孺童校注：《比丘尼傳校注》卷第2，中華書局，2006年，頁66。

〔3〕林子青：《弘一法師年譜》，宗教文化出版社，1995年，頁235。

〔4〕陳垣：《摩尼教入中國考》，收入《陳垣學術論文集》，第1集，頁371。

·歐·亞·歷·史·文·化·文·庫·

外，隨著時間的推移，該等作品經過不斷的傳抄、輾轉刻印，更免不了有所脫漏、訛錯，甚或遭到篡改；至若原作佚失，僅殘存片段於他人著作者，則更難免參雜過錄者的意思，或純屬僞託。如是等等，益增該等作品作爲史料使用時的風險度。因此，古哲有云，"盡信書不如無書"，良有以也；前賢訓示孤證不立，強調史料以求真爲尚，應是歷史研究之圭臬。本章對《佛祖統紀》所引《夷堅志》明教紀事史料價值之辨釋，惟實踐該等聖訓之一嘗試耳。

（本文與殷小平合撰，初刊《中華文史論叢》，2012 年第 2 期，總第 106 期，頁 255—283。）

11 宋代明教僞託白詩考

11.1 緣起

有關宋代明教研究，南宋釋志磐《佛祖統紀》考《夷堅志》的明教記事，向爲中外摩尼教學者所重視，過錄如下：

> 述曰：嘗考《夷堅志》云，喫菜事魔，三山尤熾。爲首者紫帽寬衫，婦人黑冠白服。稱爲明教會。所事佛衣白，引經中所謂"白佛，言世尊"。取《金剛經》一佛，二佛，三、四、五佛，以爲第五佛。又名末摩（魔）尼，采《化胡經》"乘自然光明道氣，飛入西那玉界蘇鄰國中，降誕王宮爲太子，出家稱末摩尼"，以自表證。其經名《二宗三際》。"二宗"者，明與暗也；"三際"者，過去、未來、現在也。大中祥符（1008—1016）興《道藏》，富人林世長賂主者，使編入藏，安於亳州明道宮。復假稱白樂天詩云："靜覽蘇鄰傳，摩尼道可驚。二宗陳寂默，五佛繼光明。日月爲資敬，乾坤認所生。若論齋絜志，釋子好齊名。"以此八句表於經首。其修持者，正午一食，裸屍以葬，以七時作禮。蓋黃巾之遺習也。^{當檢樂天《長慶集》，即無蘇鄰之[1]詩。樂天知佛，豈應爲此不典之詞？}

志磐所考文字，儘管不見於現存《夷堅志》，但依筆者愚見，大體應出自《夷堅志》作者洪邁（1123—1202）手筆。[2] 尤其第3段所云："復假稱白樂天詩云：'靜覽蘇鄰傳，摩尼道可驚。二宗陳寂默，五佛繼光明。日月爲資敬，乾坤認所生。若論齋絜志，釋子好齊名。'以此八句表於經首。"竊思當屬洪邁原意，緣與洪邁同朝爲官的陸游（1125

---

〔1〕〔宋〕釋志磐：《佛祖統紀》卷48《法運通塞志》第十七之十五，《大正藏》（49），頁431上-中。雙行小字爲原注。參校江蘇廣陵古籍刻印社清版景印本，1992年，頁2051-2052。

〔2〕參本書《〈夷堅志〉明教記事史料價值辨釋》。

·歐·亞·歷·史·文·化·文·庫·

—1209），在其孝宗乾道2年（1166）的《條對狀》中，亦提到福建明教之"假借"行徑：

> 其神號曰明使，又有肉佛、骨佛、血佛等號，白衣烏帽，所在成社。偽經妖像，至於刻版流佈，假借政和中道官程若清等爲校勘，福州知州黃裳爲監雕。[1]

摩尼教歷來多受迫害，僞託他者由來有自。類似手法，官員自不難覺察。而"洪邁以文章取盛名，躋貴顯"，曾官至翰林學士、龍圖閣學士、端明殿學士，[2]當然熟悉白居易作品風格，言其"假稱"，應是可信的。緣即便其未經仔細考證，亦可憑其第一感覺。至於志磐（約1195—1274），與洪邁相隔兩三代，本非以白詩見長，既然洪邁已判該詩爲僞託，本就不必畫蛇添足，再加什麼贅評，但出於對明教之憎惡，[3]不禁要強裝內行，橫加批駁："嘗檢樂天《長慶集》，即無蘇鄰之詩。樂天知佛，豈應爲此不典之詞？"這難免使人反疑"假稱"之說，可能出自志磐，此詩或爲樂天之作，正如陳垣先生所道："至蘇鄰詩，雖不見於白氏長慶集，然長慶爲摩尼正盛時代，士大夫與之酬唱往還，亦非奇事；不得以長慶集不載，遂遽斷此爲非白氏之詩。蓋集外詩之流傳者衆矣。"[4]

考三夷教行於有唐一代，史乘相關記載甚多，但於卷帙浩繁之唐詩中，則除敦煌邊塞詩對祆崇拜略有所述外，[5]能確認與景教、摩尼教有涉者則尚未之見。[6]由於唐詩佚失甚多，吾人自不能因此斷言景教、摩尼教未入唐詩，也不能排斥唐代詩人與夷教有涉。以"樂天知佛，豈應爲此不典之詞"爲由，來斷言白居易不可能作"蘇鄰詩"，誠屬門

---

〔1〕陸游：《渭南文集》卷5，收入《陸放翁全集》上冊，中國書店，1986年，頁27-28。

〔2〕《宋史》卷373，中華書局，1977年，頁11561。

〔3〕有關釋志磐憎惡摩尼教的論述，詳參本書《佛書所載摩尼僧始通中國史事辨釋》一文。

〔4〕陳垣：《摩尼教入中國考》，見《陳垣學術論文集》第1集，中華書局，1980年，頁359。

〔5〕《唐人奉火祆教考辨》，刊《文史》1988年第30輯，頁101-107；修訂本見《波斯拜火教與古代中國》，新文豐出版公司，1995年，頁151-162。

〔6〕或以爲李白《上雲樂》便包含景教之思想，恐屬誤解，詳參拙文：《李白〈上雲樂〉景教思想質疑》，《文史》2007年第2輯，頁169-186；修訂本見《中古夷教華化叢考》，蘭州大學出版社，2011年，頁93-114。

戶之見。就此，意大利漢學家富安敦（Antonino Forte）早在20世紀70年代討論此詩時，亦表示不以爲然。[1]其實，古代中國並非政教合一的神權國家，知識階層除通儒外，知佛、諳道者都不乏其人；在唐代也必有知摩尼、知景教者，若非他們參與，此兩教之經典焉能以漢文行世？至若明清時代之由儒入耶者，則更不在話下。由是，古代學人，兼知兼信多種宗教信仰，乃屬正常。只有像志磐這樣的佛僧，出於宗教的排他性，纔會認爲白樂天既然知佛，就不可能稱揚摩尼。就此，新近芮傳明先生的論著《東方摩尼教研究》，特闢專節《白居易之"摩尼教詩"的可能性》，詳加辨釋，不贅。[2]總之，由於志磐之失言，反而使現代學者益感此蘇鄰詩可能果爲集外白詩。

查古來佚名詩作甚夥，前賢往往從詩的風格造詣品評，推知作者之一二。筆者不諳詩，自無從論詩；於白樂天尤毫無研究，自更無從師法前賢來鑒別該詩是否出自其筆下。不過，如果就"蘇鄰詩"的具體內容，從史學角度，尤其是中國摩尼教史角度考察，竊以爲，該詩不可能出自唐人之手，倒應是宋人之作。本章擬就此試加論證，以就教方家。

11.2　"蘇鄰傳"意解

按上揭蘇鄰詩，應屬五言八句律詩。其詩興無疑發端於讀"蘇鄰傳"，因此，有必要先就"蘇鄰傳"的意涵略做解讀。"蘇鄰傳"既可被"靜覽"，無疑應屬著作類，可標以書名號。但詩人既緣讀《蘇鄰傳》而知"摩尼道"，則意味其必闡發摩尼之教者，故非一般世俗作品，而應爲宗教經書。倘唐代確有這樣一部經書存在，則無疑應出自西來摩尼僧。其竟然能使教外華人讀後而大發詩興，稱羨"摩尼道可驚"，其傳教魅力可想而知。因而，這一經書在唐代摩尼教團中，必頗具地位，不惟流行於教內，且應是對外展示之首選。若然，延載元年（694）"波

〔1〕A.Forte,"Deux études sur le manichéisme chinois", *T'oung Pao*, LIX/1–5, 1973, pp.220–53.

〔2〕芮傳明：《東方摩尼教研究》，人民出版社，2009年，頁344–361。

斯國人拂多誕^{西海大}_{秦國人}持《二宗經》偽教來朝",^[1]該拂多誕所持之經典當是《蘇鄰傳》而不是《二宗經》，至少是兩者並獻；而開元年間唐玄宗準備禁斷摩尼教而詔辨該教時，摩尼僧也不必煞費苦心撰寫《摩尼光佛教法儀略》，^[2]把現成的《蘇鄰傳》晉呈，即足以盡釋朝廷疑慮了。然而，令人奇怪的是，這樣一部重要經書，不惟迄今已知的唐代摩尼教內外典，都沒有提及或暗示其曾存在，爾後的教內外摩尼教資料，也未見有該書存在的蹤影。考會昌宗教迫害時，摩尼教寺院經像雖遭銷毀，但並未絕跡民間，敦煌尚有寫經傳世，便是明證。揆諸常理，像《蘇鄰傳》如此動人之經書必曾在胡漢信徒中廣為流播，斷不至因官府一度禁毀而即無跡可尋。但在宋代流行的諸多摩尼經書，卻未聞其名。如《宋會要輯稿》刑法2宣和2年11月4日的"臣僚言"稱：

　　　　明教之人所念經文，及繪畫佛像，號曰《訖思經》《證明經》《太子下生經》《父母經》《圖經》《文緣經》《七時偈》《日光偈》《月光偈》《平文策》《漢讚策》《證明讚》，《廣大懺》，《妙水佛幀》《先意佛幀》《夷數佛幀》《善惡幀》《太子幀》《四天王幀》。^[3]

《蘇鄰傳》未列其中。宋代佛書於明教經書亦不乏記載，紹定6年（1233）刊行的良渚《釋門正統·斥偽志》有云：

　　　　唯祖宗法令，諸以《二宗經》及非藏經所載不根經文傳習惑眾者，有罪。《二宗經》，諸男女不嫁娶，互持不語，病大（不）服藥，死則裸葬。非藏經所載不根經文，謂《佛吐戀師》《佛說涕淚》《大小明王出世》《開元經》《括地變文》《齊天論》《五來

---

〔1〕《佛祖統紀》卷39《法運通塞志》第十七之六《唐·則天武后》節下編年記事，並見《大正藏》（49），頁369下-370上；卷54《歷代會要志》第十九之四《事魔邪黨》節下，《大正藏》（49），頁474下。

〔2〕參拙文：《敦煌本〈摩尼光佛教法儀略〉的產生》，刊《世界宗教研究》1983年第3期，頁71-76；修訂本見林悟殊：《摩尼教及其東漸》，中華書局，1987，頁168-176；林悟殊：《摩尼教及其東漸》，淑馨出版社，1997年增訂本，頁198-203；林悟殊：《敦煌文書與夷教研究》（當代敦煌學者自選集），上海古籍出版社，2011年，頁30-39。

〔3〕《宋會要輯稿》，中華書局，1975年，頁6534下。

子曲》之類。[1]

於《蘇鄰傳》這最可傳習之經書，亦隻字未提，仿佛悉無所知。如是，不得不令人懷疑是否確有其書。

當然，詩歌畢竟是文藝作品而非史書，"蘇鄰傳"未必要實指以此命名的著作，亦可能只是虛託，即把某一介紹摩尼教的著作，以其發祥地爲蘇鄰國，遂以"蘇鄰傳"一名入詩；也就是說，"靜覽蘇鄰傳"，不過是指讀某一介紹摩尼教起源及其義理等之著作。若然，則20世紀初敦煌發現的唐代摩尼教寫經《摩尼光佛教法儀略》（以下簡稱《儀略》）倒可對號入座。其第1章《託化國主名号宗教》正是介紹摩尼降誕蘇鄰國，創立其宗教的神跡：

［005］佛夷瑟德烏盧詵者，本國梵音也。譯云光明使者，又号

［006］具智法王，亦謂摩尼光佛，即我光明大慧无上

［007］醫王應化法身之異号也。當欲出世，二耀降

［008］靈，分光三體；大慈愍故，應敵魔軍。親受明

［009］尊清净教命，然後化誕，故云光明使者；精真

［010］洞慧，堅疑克辯，故曰具智法王；虛應靈聖，

［011］覺觀究竟，故号摩尼光佛。光明所以徹内

［012］外，大慧所以極人天，无上所以位高尊，醫王

［013］所以布法藥。則老君託孕，太陽流其晶；釋迦

［014］受胎，日輪叶其象。資靈本本，三聖亦何殊？成

［015］性存存，一貫皆悟道。按彼波斯婆毗長曆，自

［016］開闢初有十二辰，掌分年代。至第十一辰，名

［017］"訥"，管代二百廿七年，釋迦出現。至第十二辰，

［018］名"魔謝"，管代五百廿七年，摩尼光佛誕蘇隣

［019］國跋帝王宮，金薩健種夫人滿艷之所生也。

［020］婆毗長曆，當漢獻帝建安十三年二月八日

［021］而生，泯然懸合矣。至若資稟天符而受胎，

---

〔1〕見《卍新纂續藏經》（75），頁314下。

[022] 齋戒嚴潔而懷孕者，本清淨也：自胷前化誕，

[023] 卓世殊倫，神驗九徵，靈瑞五應者，生非凡也。又

[024] 以三願、四寂、五真、八種無畏，眾德圓備，其可

[025] 勝言；自天及人，拔苦與樂，諛德而論矣。若不

[026] 然者，曷有身誕王宮，神凝道慧，明宗真本，智

[027] 謀特正，體質孤秀，量包乾坤，識洞日月？開兩

[028] 元大義，示自性各殊；演三際深文，辯因緣瓦

[029] 合。誅耶（邪）祐正，激濁揚清。其詞簡，其理直．其

行

[030] 正，其證真。六十年內，開示方便。感四聖以為

[031] 威力，騰七部以作舟航；應三宮而建三尊，法

[032] 五明而列五級。妙門殊特，福被存亡也。按

[033]《摩訶摩耶經》云：“佛滅度後一千三百年，袈裟

[034] 變白，不受染色。”《觀佛三昧海經》云：“摩尼光佛

[035] 出現世時，常施光明，以作佛事。”《老子化胡經》

云：

[036] “我乘自然光明道氣，飛入西那玉界蘇隣

[037] 國中，示為太子。捨家入道，号曰‘摩尼’。轉大法

輪，

[038] 説經、戒、律、定、慧等法，乃至三際及二宗門。

上

[039] 從明界，下及幽塗，所有眾生，皆由此度。摩尼尼

[040] 之後，年垂五九，我法當盛者。”五九四十五，四

[041] 百五十年，教合傳於中國。至晉太始二年正

[042] 月四日，乃息化身，還歸真寂。教流諸國，接化

[043] 蒼生。從晉太始至今開十九歲，計四百六十

[044] 年。證記合同，聖跡照着。教闡明宗，用除暗

[045] 惑；法開兩性，分別為門。故釋經云：“若人捨分

[046] 別，是則滅諸法；如有修行人，不應共其住。”又

270

［047］云："鳥歸虛空，獸歸林藪；義歸分別，道歸涅

［048］槃。"不覈宗本，将何歸趣？行門真實，果證三宮。

［049］性離無明，名為一相。今此教中，是稱解脱。略

［050］舉微分，以表進修。梵本頗具，此未繁載。[1]

《儀略》現存寫本，包括藏於法國的下半截，即 P.3884，内容除上錄第一章外，還有《形相儀》《經圖儀》《五級儀》《寺宇儀》《出家儀》等多章。從現有整個寫本的經文看，可確認《儀略》不僅介紹摩尼降誕蘇鄰國創立宗教的神跡，也介紹摩尼教的義理、禮儀、教會組織等等，可以推想，完整的寫本必定是對摩尼教的全面介紹。假如詩人讀了這一著作而把其約稱虛託為"蘇鄰傳"，從詩歌創作的角度，亦未嘗不可，而由此感慨"摩尼道可驚"，倒也順理成章。照此還可進一步推論，既然蘇鄰國為摩尼教的發祥地，如把"蘇鄰傳"用於泛指所有的摩尼教經書，則可目為古詩創作的用典。若然，則"靜覽蘇鄰傳"不外謂"用心讀摩尼經書"罷了，吾人也就無必拘泥於是否確有其書了。但無論如何，只要"蘇鄰傳"並非實指書名，則意味著在詩人心裏，"蘇鄰"與"摩尼"已成一對互為聯想、互可替代的名詞。不過，若是教内人有這種聯想，則很可理解；但若云教外詩人也慣於這種聯想，以至以"蘇鄰傳"為典入詩，則意味著詩人於摩尼經書不止偶讀一二，而是博覽熟讀，或者摩尼教之發祥於蘇鄰國，早為中土士人所熟知，就如近代詩人以祆教、景教為典，指代西方宗教那樣。[2]

11.3　蘇鄰國與摩尼教聯想探流

《儀略》開篇把教主摩尼稱為摩尼光佛，上揭錄文云："摩尼光佛誕蘇隣國跋帝王宫，金薩健種夫人滿豔之所生也。婆毗長曆，當漢獻

---

〔1〕《摩尼光佛教法儀略》，殘卷上半截藏倫敦大英圖書館，編號 S.3969，圖版見《英藏敦煌文獻》（5），四川人民出版社，1992年，本錄文見 S.3969/1–2，頁223下–224上。

〔2〕黃遵憲：《人境廬詩草》卷4《罷美國留學生感賦》中云："亦有習祆教，相卒拜天祠；口嚼天父餅，手繙景教碑。"（見黃遵憲撰，錢仲聯箋注：《人境廬詩草》，上海古籍出版社，1981年，頁304。）此處"祆教"實指基督教，"天祠"指代教堂，"景教碑"則謂《聖經》。

帝建安十三年（208）二月八日而生，泯然懸合矣。"（寫本第18—21行）
據西方文獻，摩尼生母叫 Maryam，此處云"金薩健種夫人滿豔"，滿
豔應爲音譯；金薩健即 Kamsarakan，4世紀亞美尼亞歷史經常提到這個
家族，據稱其源於帕提亞王室，故摩尼的母親亦可算是帕提亞王室的
公主；[1] 至於摩尼生日，西方學者據西亞其他古語種文獻，確認爲公元
216年4月14日；[2] 與此處所云"漢獻帝建安十三年（208）二月八日"，
雖有誤差，但中西曆法不同，能折算出這個結果不算離譜。由是可見
《儀略》對教主身世的介紹，並非純屬虛構。不過，"誕蘇鄰國跋帝王
宮"一句，則頗可玩味。或謂"跋帝"即摩尼的父亲 Patig 的音譯，[3]
但"跋帝"之後是"王宮"二字，在漢語中，"帝者，王天下之號也"。
"跋帝"二字所要傳達的信息，竊意當謂摩尼生父乃蘇鄰國之國王，
而摩尼本人若非太子，便是王子，這實際暗示教主身世類乎釋迦牟尼，
其託佛之心，由此亦可略見一斑。然而，在現存唐代及此前的世俗文
獻，均未見"蘇鄰國"其名，更遑論其傳。

　　吾人固知，作爲宗教創立者歷史真實的摩尼，其家鄉乃在古波斯
西部底格里斯河畔泰錫封（Ctesiphon）附近之瑪第奴（Marchinu），地
理上屬美索不達米亞地區，即古代的巴比倫，今稱伊拉克。在當時帕
提亞帝國（公元前274—公元266）的行政區劃中，其屬阿索里斯坦省
（Asōristān）。由於《儀略》稱摩尼誕蘇鄰國，因此，昔年沙畹、伯希
和曾以《大唐西域記》卷11《波剌斯國》（波斯）都城蘇剌薩儻那比對，

---

〔1〕W.B. Henning, "The Book of Giants", *Bulletin of the School of Oriental and African Studies*，XI, Part I, 1943—1946, p. 52.

〔2〕摩尼生日的確定，參見 G. Haloun and W. B. Henning, "The Compendium of the Doctrines and Styles of the Teaching of Mani, the Buddha of Light", *Asia Major*, N. S. III, p.197; 又見 A. Henrichs und L. Koenen (eds.), *Codex Manichaicus Coloniensis*, 88.15–99.8.

〔3〕W. B. Henning, "The Book of Giants", p. 52.

緣該城亦稱"蘇藺"或"宿利"，即 Sūristān.[1]其實，從地圖看，蘇藺位於泰錫封之東南，兩者距離應有好幾百公里。後來亨寧（W. B. Henning）則直謂蘇鄰國即 Sūristān,謂巴比倫。[2]竊思若非要把蘇鄰與真實地名對音，選擇泰錫封毗鄰城市 Asūristān 或許更爲合適。不過，在《儀略》中，蘇鄰乃國名也，而且言之鑿鑿，云摩尼就是誕生於該國之王宮。如是，吾人似乎沒必要把"蘇鄰國"那麼當真，以至要用對音法來確定蘇鄰國的真實地理名稱。其實，宗教史的常識已告訴我們：有關某一宗教創立的事跡，在傳播的過程中，隨著時間的推移、空間的轉換，越來越被神化，距離史實越來越遠。

按蘇鄰國之名，未必是來華摩尼僧所首創。上揭延載元年觀見武則天的拂多誕，被冠以"波斯國人"，又被加注爲"西海大秦國人"，這至少暗示其時摩尼僧並未以蘇鄰國標榜，也就意味著《儀略》作者取用蘇鄰國一名，未必是繼承來華摩尼師的傳統。而《儀略》所引《老子化胡經》，則已提到該名稱了，其引文在20世紀初發現的敦煌唐寫本《老子化胡經》卷1中得到印證：

> 後經四百五十餘年，我乘自然光明道氣，從真寂境，飛入西那玉界蘇鄰國中，降誕王室，示爲太子。捨家入道，号末摩尼。轉大法輪，說經、戒、律、定、慧等法，乃至三際及二宗門，教化天人，令知本際。上至明界，下及幽塗，所有衆生，皆由此度。摩尼之後，年垂五九，金氣將興，我法當盛。西方聖象，衣彩自然，来入中洲，是効也。當此之時，黃白氣合，三教混齊，同歸於我。仁祠精舍，接棟連甍。翻演後聖，大明尊法。中洲道士，

---

〔1〕É. Chavannes et P. Pelliot, "Un traité manichéen retrouvé en Chine ,traduit et annoté (Deuxième partie)", Journal Asiatique , Jan. -Feb. 1913, p. 122. 玄奘、辯機原著，季羨林等校注：《大唐西域記校注》中華書局，1985年，卷11《波剌斯國》條下，對"蘇剌薩儻那"注釋則稱："梵文 Surasthana 音譯，爲'神之居所'之意。此名不詳從何處來。薩珊王朝之國都爲 Persepolis, 伊斯蘭教入侵後稱 Istakhr.原文見頁938，注釋見頁940-941。近年仍有學者重申"蘇鄰國即《大唐西域記》卷11《波剌斯國》（波斯）都城蘇剌薩儻那（suristan），亦稱蘇藺或宿利"。見蔡相煇《以李邕（673—742）〈泗州臨淮縣普光王寺碑〉爲核心的僧伽（628—709）信仰考》，刊臺灣《空大人文學報》2005年第14期，頁49-63，引文見頁60。

〔2〕W. B. Henning, "The Book of Giants", p.52.

·欧·亚·历·史·文·化·文·库·

廣説因緣。爲世舟航，大弘法事。動植含氣，普皆救度。是名揔攝一切法門。[1]

由此，至少證明在《儀略》撰寫前，有關摩尼降誕蘇鄰國及其所創立二宗三際論這一信息，已爲道士所知曉，並被《老子化胡經》所採入。吾人固知，唐代入華摩尼教以佛教之外衣而獲得武則天的青睞，並取得在中土合法傳播的地位；但武周政權結束後，自認老子後裔的李唐王朝便逐步改變對摩尼教的態度。而《儀略》係玄宗開元19年（731）奉詔撰寫的一個解釋性文件，次年摩尼教便遭禁斷。[2] 撰寫《儀略》的摩尼僧顯然已意識到本教危機的到來，因此，在上揭開篇《託化國主名號宗教》對本教起源之解釋，力圖與佛教、道教匯源，錄文第4—5行稱摩尼光佛"當欲出世，二耀降靈，分光三體"；而下面第10—11行復云"則老君託孕，太陽流其晶；釋迦受胎，日輪叶其象。資靈本本，三聖亦何殊？"把這些話聯繫起來考察，不難看出"二耀"，謂日月光明神，"三體"係指摩尼本人及老君、釋迦這三聖。整個意思就是日月神降下神力，把光明分賜給摩尼、老君和釋迦等三聖。如是，摩尼、老子和釋迦三者的神性，都是光明王國之神所賜予的，本質是一致的。[3] 顯然，作者力圖最大限度地迎合李唐王朝倡佛興道的宗教政策，冀以在中土與佛教、道教三足鼎立。爲證明這三者之同一，《儀略》除在30—32行、42—45行徵引多種佛經外，還在32—37行徵引上揭《老子化胡經》。《儀略》所引《化胡經》與該經唐寫本原文大體相同，尤其是蘇鄰國名稱的一致，無疑給後世留下無限的遐思。依筆者愚見，3世紀中葉摩尼教創立後，便即向東西方擴張，據當時中西交通情況，有關的信息當在四五世紀時傳入中土，給中土的道士提供了老子化摩尼

---

〔1〕初刊《敦煌石室秘書》及《石室秘寶》，收入《大正藏》（54），No. 2139，引文見頁1266中；寫本照片見《英藏敦煌文獻》（3），S.1857/4-5，四川人民出版社，1992年，頁165下-166上；《法藏敦煌西域文獻》（1），P.2007/6，上海古籍出版社，2003年，頁72下。

〔2〕參拙文：《敦煌本〈摩尼光佛教法儀略〉的產生》。

〔3〕參拙文：《〈摩尼光佛教法儀略〉的三聖同一論》，見林悟殊：《摩尼教及其東漸》，中華書局，1987年，頁183-190；淑馨出版社，1997年增訂本，頁204-210；林悟殊：《敦煌文書與夷教研究》（當代敦煌學者自選集），上海古籍出版社，2011年，頁40-48。

之靈感，[1]成全了老子"飛入西那玉界蘇鄰國中，降誕王室，示爲太子。捨家入道，號末摩尼……"之說。不過，其中所謂蘇鄰國，應是虛託之西域胡名。緣摩尼教信息乃輾轉傳入中土，依古代中西交通之狀況、信息交流之條件，實無從將該教發祥地與中土熟悉的西域地名契合。而對道士來說，吸收這一宗教成分，旨在彰顯老子的神跡，實在亦不在乎眞正、確切的地名。按"蘇鄰"二字組合成國名，發音有平有仄，字義有褒無貶，頗爲悅耳中聽。因此，不妨認爲，蘇鄰國作爲西域國名，不過是道士在摩尼教信息啓發下，僞託教主化摩尼之聖地；此一國名與其說是摩尼教發祥地名稱的音譯，毋寧說是道士爲炮製老子化摩尼之神跡而杜撰出來。唐代及此前之世俗文獻之未見蘇鄰國其名，似可佐證這一推想。當西來摩尼僧撰獻《儀略》時，觀《老子化胡經》版本已有化摩尼的完整經文，即便明知教主出生地不叫蘇鄰國，但爲了依託道教，嫁接兩教的因緣，循《化胡經》採蘇鄰國之稱，便成了最佳的選擇。其實，也正因爲這一選擇，遂使摩尼教與道教之同源變得更天衣無縫，爲爾後宋代摩尼經入編《道藏》提供了法理根據。當然這一重大效用，未必是《儀略》撰者始料所及。

　　考古人之命西域地名，多有音譯者，現代學者遂以漢名與西文對音，考其眞實之地理位置；但亦有以漢文自行命名者，最明顯的一例是"大秦國"，緣"其人民皆長大平正，有類中國，故謂之大秦。"[2]大秦在唐代又被目爲當時流行的基督教聶斯脫里派，即景教的發祥地，朝廷曾頒發詔令把該教名爲大秦教。[3]在漢籍中，大秦被描述成"土多金銀奇寶"的國度，"其人質直，市無二價。谷食常賤，國用富饒"云云。[4]景僧欣然接受這一命名，並進一步引錄漢籍，把大秦理想化：

　　〔1〕詳參拙文：《摩尼教入華年代質疑》，刊《文史》18輯，1983年，頁69-81；修訂本見林悟殊：《摩尼教及其東漸》，中華書局，1987年，頁46-63；淑馨出版社，1997年增訂本，頁44-60；林悟殊：《敦煌文書與夷教研究》（當代敦煌學者自選集），上海古籍出版社，2011年，頁146-166。
　　〔2〕《後漢書》卷88《西域傳》，中華書局，1965年，頁2919。
　　〔3〕"天寶四載（745）九月詔曰：波斯經教，出自大秦，傳習而來，久行中國。爰初建寺，因以爲名。將欲示人，必修其本。其兩京波斯寺宜改爲大秦寺。天下諸府郡者亦準此。"《唐會要》卷49，中華書局排印本，1955年，頁864。
　　〔4〕《後漢書》卷88《西域傳》，中華書局，1965年，頁2919。

案《西域圖記》及漢魏史策：大秦國南統珊瑚之海，北極眾寶之山，西望仙境花林，東接長風弱水；其土出火綄（綄）布、返鬼（魂）香、明月珠、夜光璧；俗無宼（寇）盜，人有樂康。[1]

如是，把大秦作爲景教的發祥地，從傳教的角度看，無疑是很有利的。當然，無論是原始基督教也好，聶斯脫里派也好，其發源地都並非《後漢書》所指的大秦。唐代景教徒接受其爲本教的發祥地，無非是遷就中國人對宗教聖地的理念。同樣道理，唐代摩尼僧於本教發祥地之宣傳，首先自當考慮中國人之感受，則要讓中國人樂於接受、易於接受。既然已有現成《老子化胡經》的蘇鄰國可以借用，彼等何樂而不爲？

然而，摩尼僧期以三聖同源、依託佛道而取得傳教合法權益的企圖，以失敗告終。開元20年7月敕："未（末）摩尼法，本是邪見，妄稱佛教，誑惑黎元，宜嚴加禁斷。以其西胡等既是鄉法，當身自行，不須科罪者。"[2]也就是說，在《儀略》產生的次年，朝廷就明令禁斷該教在漢人傳播，只允許來華的胡人"當身自行"。由是，不惟《儀略》，還有其他的摩尼經書均不能公開在漢人羣體傳習。安史之亂後，由於回鶻協助朝廷平亂有功，而回鶻又奉摩尼教爲國教，摩尼教遂藉助回鶻勢力，捲土重來，自大曆（766—779）開始，在中土多處建寺。摩尼教在唐代中國傳播之第二波靠的是回鶻勢力，爲了適應中土主流宗教佛道之氛圍，對本教義理的表述難免要佛化、道化，但無必要爲了討好朝廷而去強調"三聖同源"了。在這個時期編譯的《下部讚》，就表述而言，佛教色彩甚濃，但簡中不再提及釋迦、更不用說老君，連本教教主摩尼也改稱"忙你"，當然更沒有出現蘇鄰國這一字眼。

考古代諸宗教創立者鮮見有留下自傳者，而摩尼死於非命，自更不可能，其入室或及門弟子忙於逃命，也難於整理教主的生平事跡。最有條件爲教主立傳者，無疑應是身居高昌回鶻廟堂的摩尼僧。然儘

---

〔1〕《西安景碑釋文》第12—13行，見《中古夷教華化叢考》，頁261–262。
〔2〕《通典》卷40，中華書局，1988年，頁1103。

管19、20世紀之交，在高昌遺址出土了大量摩尼教殘片，爾後，在吐魯番地區，還不時有摩尼教文書出土，惟獨未發現摩尼傳。現代學者對摩尼生平的瞭解，實際是擷自古代各語種內外典偶存之吉光片羽。[1]因此，筆者很懷疑唐代流行的漢文摩尼經書，除上錄《儀略》的開篇外，還有什麼介紹教主摩尼創教的文字傳世。也就是說，有關摩尼與蘇鄰國的聯繫的文字，很可能僅見於《儀略》和《老子化胡經》耳。由於《儀略》本來就是寫給朝廷看的，並非念誦之經文，因而即便不禁該經，社會也未必多所流播；而《老子化胡經》在唐代多遭禁毀，[2]因此也不可能在社會中合法傳抄。即便道士繼續宣傳老子化摩尼之說，但對世人來說，頂多是加深老子化胡成佛的印象，而不是引發蘇鄰國與摩尼教的聯想。由是，波斯的摩尼誕於蘇鄰國之說，實際只是摩尼教徒或教外極少數人士始可能知曉，絕不可能在社會普及。撲諸宋前文獻，常把摩尼教起源混淆於祆教、大秦教，可看出時人對摩尼教之源於蘇鄰國一無所知。生活於五代末北宋初的佛僧贊寧(919—1001)，於太平興國3年（978）撰《大宋僧史略》，立門59，第55爲《大秦末尼》：

　　大秦末尼_{胡神也。官品}
_{今有祆正。}

　　火祆_{火煙}_切教法，本起大波斯國。號蘇魯支，有弟子名玄真，習師之法，居波斯國大總長如火山，後行化於中國。貞觀五年，有傳法穆護何祿，將祆教詣闕聞奏。勅令長安崇化坊立祆寺，號大

　　〔1〕關於摩尼的生卒日期和重要活動的時間，伊朗學者塔基扎德（S. H. Taqizadeh）曾發表專文討論，見其著作：《早期的薩珊人》（“The Early Sasanians”, *Bulletin of the School of Oriental and African Studies*, Vol. XI, Part I, 1943, pp.125-139.），《摩尼生活的日期》（“The Dates of Manis Life”, *Asia Major*, Vol. VI, Part I, 1957, pp.106-121.原文爲伊朗文，由亨寧英譯並作評論）。

　　〔2〕《佛祖統紀》卷第39《法運通塞志》第十七之六《高宗》節下“總章元年（668）”條：“詔百僚、僧、道會百福殿，儀（議）《老子化胡經》。沙門法明排衆而出曰：‘此經既無翻譯朝代，豈非僞造？’舉衆愕然，無能應者。乃勅令搜聚僞本，悉從焚棄。”《大正藏》（49），頁368上。同書卷第40《法運通塞志》第十七之七《中宗》節下“神龍元年”（705）九月條，詔曰：“如聞道觀皆畫化胡成佛之相，諸寺亦畫老君之形，兩教容忍，互有毀辱，深爲不然，自今並須毀除。其《化胡經》屢朝禁斷，今後有留此僞經，及諸記錄有言化胡者，並與削除。違者準勅科罪。弘道觀者，桓彥道表留《化胡經》。勅曰：‘朕志在還淳，情存去僞。頃以萬幾之暇，尋三教道德二篇之說，空有二諦之談，莫不敷暢玄門，闡揚妙理，何假化胡之僞，方盛老子之宗？義有乖違，事須除削。’”《大正藏》（49），頁371中-下。

·歐·亞·歷·史·文·化·文·庫·

秦寺，又名波斯寺。開元二十年八月十五日勅："末尼本是邪見，妄稱佛教，誑惑黎元。以西胡等既是師法，當身自行，不須科罰。"至天寶四年七月勅："波斯經教，出自大秦。傳習而來，久行中國。爰初建寺，因以爲名。將欲示人，必循其本。其兩京波斯寺，宜改爲大秦寺。天下諸州郡有者準此。"大曆三年六月勅："迴紇置寺，宜賜額大雲光明之寺。"六年正月又勅荊越洪等州，各置大雲光明寺一所。武宗會昌三年，勅天下摩尼寺並廢入官。京城女摩尼七十二人死，及在此國迴紇諸摩尼等配流諸道，死者大半。五年，再勅大秦穆護火祆等二千餘人並勒還俗。然而未盡根荄，時分蔓衍。梁貞明六年，陳州末尼黨類，立毋乙爲天子。發兵討之，生擒毋乙。……[1]

從上錄文字看，作者明明要專述摩尼教史，但不僅沒提及摩尼源於蘇鄰國，而是把其接駁到"大波斯國"的"蘇魯支"。贊寧博覽羣書，尚於摩尼與蘇鄰國的關係一無所知，更遑論他人。

生於南宋的志磐，於蘇鄰國自不陌生，但仍重申贊寧舊說，稱"初，波斯國蘇魯支立末尼火祆教祆,火煙反,胡神,即外道梵志也。。勅於京師建大秦寺波斯國,在西海,此云大秦。。"[2]其《佛祖統紀》卷54，修訂上錄贊寧有關唐代摩尼教的記載：

末尼火祆火烟反者，初，波斯國有蘇魯支，行火祆教，弟子來化中國。唐貞觀五年（631），其徒穆護何祿詣闕進祆教，勅京師建大秦寺。武后延載元年，波斯國拂多誕持《二宗經》僞教來朝。玄宗開元二十年（732），勅末尼本是邪見，妄稱佛教，既爲西胡師法，其徒自行，不須科罰。天寶四年（745），勅兩京諸郡有波斯寺者，並改名大秦。大曆三年（768），勅回紇及荊、揚等州奉末尼，各建大雲光明寺。六年（771），回紇請荊、揚、洪、越等州置摩尼寺。其徒白衣白冠。會昌三年（843），勅天下末尼寺並

---

〔1〕〔宋〕贊寧《大宋僧史略》，《大正藏》（54），頁253中；參校江蘇廣陵古籍刻印社清版景印本（1992年）。

〔2〕《佛祖統紀》卷第39《法運通塞志》第十七之六《太宗》節下，《大正藏》（49），頁364上。

廢，京城女末尼七十二人皆死，在回紇者流之諸道。五年（845），
勅大秦穆護火祆等二千人，並勒還俗。……[1]

所引文字下加黑點者，爲贊寧所無，可見志磐所涉唐代文獻之多。[2]
然而，就摩尼教之源頭，其仍以贊寧之說法爲然，這實際暗示志磐所
涉文獻均未有蘇鄰國之說。其引《夷堅志》之文字，稱明教"采《化
胡經》"云云，實際就是認爲摩尼發祥蘇鄰國之說，於史無徵，不過是
明教徒之僞託道教耳。

從史料看，自宋代以降，有關摩尼教源於蘇鄰國之說，始見風行。
上揭洪邁《夷堅志》稱其時明教　"采《化胡經》'乘自然光明道氣，
飛入西那玉界蘇鄰國中，降誕玉宮爲太子，出家稱末摩尼'，以自表證。"
這一做法，其實就是借老子化摩尼之說，公然以道教之一宗標榜。年
代稍後的道士白玉蟾(1194—1229)與彭耜（耜）有關明教的對話，也佐
證了這一點：

> 耜（耜）問："鄉間多有喫菜持齋以事明教，謂之滅魔，彼
> 之徒且曰太上老君之遺教，然耶？否耶？"
>
> 答曰："昔蘇鄰國有一居士號曰慕闍，始者學仙不成，終乎
> 學佛不就，隱於大那伽山。始遇西天外道有曰毗婆伽明使者，教
> 以一法，使之修持，遂留此一教，其實非理。……"[3]

此處，白玉蟾對彭耜提問的回答，明確否定明教與老子的關係，但也
不得不承認明教源於蘇鄰國。足見摩尼教發祥於蘇鄰國，已成爲社會
之共識。元代陳高（1315—1366）所撰《竹西樓記》繼承這一說法："明
教之始，相傳以爲自蘇鄰國流入中土。"[4]

---

〔1〕《佛祖統紀》卷第54《歷代會要志》第十九之四《事魔邪黨》節下，《大正藏》（49），頁
474下。

〔2〕另參本書《佛書所載摩尼僧始通中國史事辨釋》一文。

〔3〕紫壼道士謝顯道編：《海瓊白真人語錄》卷之一，見《道藏》第33冊，上海書店、文物出版
社、天津古籍出版社，1984年8月，頁114下-115上。該則明教史料係香港饒宗頤教授最早徵引，見
氏文：《穆護歌考》，載《大公報在港復刊三十周年紀念文集》下卷，1978年，頁733-771。

〔4〕《竹西樓記》，見〔元〕陳高：《不繫舟漁集》卷12，有關討論見林悟殊：《元〈竹西樓記〉
摩尼教信息辨析》，刊曾憲通主編《華學》第7輯，中山大學出版社，2004年，頁242-252；修訂本
見林悟殊：《中古三夷教辨證》，中華書局，2005年，頁142-160；該文校錄見頁147-148。

溫州文博專家林順道先生"於1988年夏天在蒼南縣括山鄉下湯村選真寺前田野中"發現該寺元碑《選真寺記》,落款至正十一年(1351),碑文稱該選真寺,原"爲蘇鄰國之教者宅焉",用"蘇鄰國之教"指明教。[1]

泉州文博專家李玉昆先生從元代泉州《青陽莊氏族譜》發現莊氏三世祖惠龍(1281—1349)信仰明教的記載:[2]

> (莊)惠龍,生前元至元辛巳四月初三日,卒至正巳五年十月廿一日。幼失怙恃,勵志自强,從遊鄉先生丘釣磯之門,孝友刑於家,文章名扵冊,詠詩百首,皆可刊後。拓業千里,以遺子孫。晉邑主簿歐陽賢甚器重之,稱之爲林泉逸老。晚年厭觀世諦,託以蘇鄰法,搆薩壇以爲娛賓优友之所。[3]

此處把明教稱爲"蘇鄰法"。

以上資料表明,宋代以降,有關老子化摩尼、摩尼誕蘇鄰國的神話已經普及化,人們似乎越來越把摩尼與蘇鄰作聯想,甚至把摩尼教稱爲蘇鄰教、蘇鄰法。在宋代明教徒中,是否有《儀略》流行,目前尚乏資料可資說明。但《儀略》把蘇鄰國定爲宗教發祥地之說,必定爲明教徒所繼承。由於明教在東南沿海地區廣爲流播,此說自不難家喻戶曉。當然,這離不開一個重要前提,即《老子化胡經》得到官方的承認。儘管《老子化胡經》在唐代曾兩度遭禁毀,而在宋代卻恢復了合法地位。釋念常《佛祖歷代通載》卷18"乙卯"年條(真宗大中祥符7年,即1015)記云:

> 詔道釋藏經互相毀者刪去。樞密王欽若以《化胡經》乃古聖遺

---

〔1〕參閱拙文:《宋元溫州選真寺摩尼教屬性再辨析》,刊《中華文史論叢》2006年第4輯,總84輯,頁265-288;修訂本見拙著:《中古夷教華化叢考》,頁1-19。

〔2〕李玉昆:《20世紀福建摩尼教的新發現及其研究》,刊《福建宗教》1999年第1期,頁36-38;收入中國航海學會、泉州市人民政府編:《泉州港與海上絲綢之路》,中國社會科學出版社,2002年9月,頁471-477。

〔3〕《青陽莊氏族譜》,明崇禎續修抄本,藏晉江縣圖書館。有關研究見李玉昆:《20世紀福建摩尼教的新發現及其研究》,刊《福建宗教》1999年第1期,頁36-38;收入中國航海學會、泉州市人民政府編:《泉州港與海上絲綢之路》,中國社會科學出版社,2002年,頁471-477。

跡，不可削。又詔王欽若詳定《羅天醮儀》一十卷，頒行。"[1]

《續資治通鑑長編》卷86"大中祥符九年三月己酉"條亦有載：

> 初，詔取道釋藏經互相毀訾者刪去之，欽若言："《老子化胡
> 經》，乃古聖遺跡，不可刪去。"……從之。[2]

由於《老子化胡經》爲朝廷所承認，其間老子化摩尼的經文無疑
就成了明教的護身符。如果朝廷仍視老子化胡屬僞說，那麼明教欲依
託此說而弘教就只能適得其反。由是，兩者聯想的普及化，大概不會
太早於真宗朝。饒有趣味的是，明教徒爲了依託老子化摩尼之說，在
傳播過程中，還進一步將此說細節化、具體化。明代何喬遠《閩書》
卷7《方域志》"華表山"條下稱：

> 摩尼佛，名末摩尼光佛，蘇隣國人；又一佛也，號具智大明
> 使。云老子西入流沙，五百餘歲，當漢獻帝建安之戊子，寄形楺
> 欓。國王拔帝之后，食而甘之，遂有孕。及期，擘胸而出。楺欓
> 者，禁苑石榴也。其說與攀李樹、出左脇相應。[3]

上揭《老子化胡經》之化摩尼說，還有上錄《儀略》第18—20行
有關摩尼降誕的描述，均未見"寄形楺欓"等細節，足見此說是後來
添加的。何氏所述，並非訛傳誤聽；因爲據晉江博物館粘良圖先生的
田野調查，當地摩尼教草庵遺址所在地的蘇內村村南有境主宮，摩尼
佛作爲主神，與其他四位神被供奉其中，"據云，境主皆屬'菜佛'，
上供筵碗要用素菜、水果、蜜餞。但水果中的番石榴（土名'楺拔'），
即相傳摩尼光佛從中託生的'楺欓'，是不能用來上供的。"[4]可見摩尼
光佛"寄形楺欓"之說，確實曾在明教徒中流傳。竊意該等傳說，唐
代未見，或爲宋代託隱道教的摩尼教徒，糅合道書《玄妙內篇》《上元
經》等之老子出生說而成，旨在密切摩尼與道教之因緣，俾便他們繼
續修持摩尼之道。上揭宣和2年"臣僚言"所稱"明教之人所念經文"

〔1〕〔元〕釋念常：《佛祖歷代通載》卷第18，《大正藏》（49），頁661中。
〔2〕〔南宋〕李燾：《續資治通鑑長編》卷86，中華書局，1993年，頁1976。
〔3〕〔明〕何喬遠：《閩書》（1），廈門大學校點本，福建人民出版社，1994年，頁171。
〔4〕粘良圖：《摩尼教信仰在晉江》，刊《福建宗教》2004年第6期，頁24—26，引文見頁26；
另參氏著：《晉江草庵研究》，廈門大學出版社，2008年，頁85。

欧·亚·历·史·文·化·文·库·

中的《太子下生經》，或許就包括了這些內容。緣無論《儀略》抑或《化胡經》，咸稱摩尼誕於帝王家，那麼，明教徒效法佛典的《彌勒下生經》，編造教主降誕神跡的故事，便非出奇。

當然，上面論證社會於摩尼教發祥蘇鄰國的普遍認知，應在宋代以降而不在唐代，但這並不排斥一種可能性，即唐代個別士大夫有緣與摩尼僧過從，熟知蘇鄰事，即如上揭陳垣先生所云的，"長慶爲摩尼正盛時代，士大夫與之酬唱往還，亦非奇事"。不過，正如中國摩尼教研究的奠基者沙畹、伯希和所指出，唐代的摩尼教是"真正之摩尼教，質言之，大摩尼師自外來傳佈之教"。[1] 也就是說，摩尼教進入唐代中國後，其教理、禮儀等，雖不得不有所變通，但畢竟都可在西域摩尼教中找到淵源，與爾後華化的摩尼教即明教迥異，後者已長期脫離西域教會，形成自身的中國模式並不斷發展。因此，假如詩人用心所讀的摩尼經書，不論名曰《蘇鄰傳》與否，只要是唐代的經書，而其所接觸的也是唐代摩尼教徒的話，那麼其在感慨"摩尼道可驚"之後，對摩尼道的進一步抒發，自然也應符合"真正之摩尼教"的形態。因此，判斷該詩是否爲唐人作品，無疑還要依次剖析詩歌其他各句的內涵。

11.4 "二宗" "五佛" 意辨

詩歌開篇之後爲 "二宗陳寂默，五佛繼光明"。這無疑是作者所要抒發的 "摩尼道" 最實質性的兩句詩。老前輩宗教學家許地山先生的《摩尼之二宗三際論》早就指出 "從現在所有的材料來研究摩尼的根本教義，我們知道摩尼底思想出發點在他底二宗門和三際論。"[2] 這一觀點實際也是學術界之共識。上引《儀略》稱摩尼光佛 "開兩元大義，示自性各殊；演三際深文，辯因緣瓦合"，表達的正是這個意思。其第

---

〔1〕Édouard Chavannes et Paul Pelliot, "Un traité manichéen retrouvé en Chine (Deuxième partie)", *Journal Asiatique*, sér. 11,1, 1913, p.303. 譯文引自沙畹、伯希和撰，馮承鈞譯：《摩尼教流行中國考》，《西域南海史地考證譯叢八編》，商務印書館，1958年，頁80。

〔2〕許地山：《摩尼之二宗三際論》，刊《燕京學報》1928年第3卷，頁382-402；引文見頁383。

6章《出家儀》更對二宗三際做了權威的解釋：

　　　　[097] 初辯二宗：

　　　　[098] 求出家者，須知明暗各宗，性情懸隔；若不辯

　　　　[099] 識，何以修為？

　　　　[100] 次明三際：

　　　　[101]　　　一，初際；二，中際；三，後際。

　　　　[102] 初際者，未有天地，但殊明暗；明性智慧，暗性

　　　　[103] 愚癡；諸所動靜，無不相背。

　　　　[104] 中際者，暗既侵明，恣情馳逐；明來入暗，委質

　　　　[105] 推移；大患猒離扵形體，火宅願求扵出離。勞

　　　　[106] 身救性，聖教固然。即妄為真，孰敢聞命？事須

　　　　[107] 辯折，求解脫緣。

　　　　[108] 後際者，教化事畢，真妄歸根；明既歸扵大明，

　　　　[109] 暗亦歸扵積暗。二宗各復，兩者交歸。[1]

　　是以，假如詩人讀的是唐代摩尼教經書的話，無疑必用"三際"來與"二宗"對仗，而不是什麼"五佛"。而"二宗"所"陳"的自應是明暗二宗，或進一步發揮爲善惡二宗等，而不是"寂默"。"寂默"一詞當借自佛家，指的是修持入定的狀態，把"寂默"作爲二宗的核心內容，顯然完全不合西域摩尼教的義理。但在宋代的明教資料中，倒可以發現時人目"二宗"爲修持戒律的表述，見釋志磐《佛祖統紀》卷39所轉引的上揭良渚《斥僞志》：

　　良渚曰：準國朝法令，諸以《二宗經》及非藏經所載不根經文傳習惑衆者，以左道論罪。二宗者，謂男女不嫁娶，互持不語，病不服藥，死則裸葬等。……[2]

　　至於"五佛"，若指的是本章起始《夷堅志》引文之"又名末摩尼"，即指教主摩尼的話，那麼"五佛繼光明"尚可解作：摩尼降誕指引人類走向光明，勉強與"二宗"對仗。但上錄《儀略》開篇第2—10行已

---

〔1〕敦煌文書 P.3884，見《法藏敦煌西域文獻》（29），頁86下。
〔2〕釋志磐：《佛祖統紀》卷39，《大正藏》（49），No.2035，頁370上。

把教主摩尼的諸名號一一臚列解釋，其中蓋無"五佛"之謂。據云，摩尼生前曾把自己說成是繼佛陀、瑣羅亞斯德、耶穌之後而被派到人間的最後一位先知：

> 明神的使者一次又一次地把智慧和善行傳到人間。有一個時代由名叫佛陀的使者傳到印度，又一個時代由名叫瑣羅亞斯德的使者傳到波斯，另一個時代由叫耶穌的使者傳到西方。而今，啟示又降下來，在這個最後的時代，先知的職分落在我摩尼身上，由我作爲向巴比倫傳達神的真理的使者。[1]

考該段語錄乃出自摩尼其名作《沙卜拉干》（ Šābuhragān ），是著乃摩尼教義輯要，用當時波斯王沙卜爾（ Šābuhr ）一世所熟悉之波斯語撰寫，呈其御覽，冀望其接受新宗教。[2] 其說顯爲解釋摩尼與以往宗教創立者之關係，解除波斯王的疑慮，而非闡發其教所奉主神名次。何況，所云明神乃派遣四位先知的明界最高統治者，即便把提到的諸先知都改稱爲佛，摩尼也是第四佛，而不是第五佛。西域摩尼教徒更不可能把該明神視同各教創立者，是以，在異域文獻或考古資料中，未聞有摩尼教徒將其與四位先知拼組爲五位主神供奉者。當然，摩尼教在傳播過程中，可能因應新傳播地固有的宗教信仰，拼組取數爲五之先知進行宣教。例如，《摩尼教突厥語菩提書》（ Manichaean Turkic Pothi-book ），就提到摩尼之前有四位先知（回鶻文作 tört burkhan），雖然並無留下具體名字，[3] 然已意味著回鶻摩尼教曾流行五位先知之說。不過，唐代摩尼教即便因應華情，其要宣教之先知，要供奉之主神亦不可能以五爲數；緣如上面已指出的，其時來華摩尼僧聲稱教主與佛陀、老子三聖同一，因而，如果要拼組，也是三位，而不是五位。

---

〔1〕E. Sachau (ed.), *The Chronology of the Ancient Nations*, 1879, p.207.

〔2〕參閱 Mary Boyce, *The Manichaean Literature in Middle Iranian*, Handbuch der orientalistik, I, 4, Iranistik, 2, Literature, Lfg.1 Leiden, 1968, pp.69-70.

〔3〕Z. Gulácsi, "A Manichaean Portrait of the Buddha Jesus: Identifying a 12th—13th century Chinese Painting from the Collection of Seiun-ji Zen Temple, near, Kofu, Japan", Yishu Fo Zheng 69/1, 2009, pp.1-38, 16pls, note 64；王媛媛譯：《一幅宋代摩尼教〈夷數佛幀〉》，刊《藝術史研究》，第10輯，中山大學出版社，2009年，頁181，注釋65。

其實，在會昌法難之前，中原摩尼教乃隸屬中亞摩尼教會，既然異域摩尼教沒有將語錄所提到的諸先知拼組崇拜，華夏教區當然更不可能。尤其是未見漢文譯經之瑣羅亞斯德教，其教主瑣氏即上揭《大宋僧史略》所云之"蘇魯支"，更不可能入座"五佛"之位。在現存之唐代摩尼教文獻中，沒有任何跡象顯示中原摩尼教曾供奉之，相反的，《下部讚》於其名號一無提及，倒默證其未進入該教之萬神殿。尤其是《收食單偈》，序列十二位主神名號：

> [169] 一者旡上光明王，二者智恵善母佛，三者常勝先意佛，四者歡喜五明佛，

> [170] 五者勤修樂明佛，六者真實造相佛，七者信心淨風佛，八者忍辱日光佛，

> [171] 九者直意盧舍那，十者知恩夷數佛，十一者齊心電光佛，十二者恵明莊嚴佛。[1]

在這個序列中，未見瑣氏、釋氏、摩尼，而可與先知耶穌對號之"夷數佛"則名居第十，益證上揭摩尼之語錄，並未在唐代摩尼教中演繹爲"五佛"。假如其時該教有流行"五佛"稱謂的話，從上揭《收食單偈》看，惟一可能則是對"四者歡喜五明佛"之簡稱。

按"五明佛"在《下部讚》中又稱"五等光明佛"[2]"五大光明佛"，[3]無疑指代摩尼創世說中之五明子。據該說，在明與暗的戰爭中，大明尊曾召喚出氣、風、明、水、火等五種明子，即京藏摩尼教經（宇56／北敦00256，以下簡稱《殘經》）所稱的清淨氣、妙風、明力、妙水和妙火等五種參加戰鬥，然彼等竟被暗魔所吞噬，以致大明尊不得不另派出一系列明神來拯救之，其間包括善母、淨風、夷數等等。後者與人類關係最密切，緣其使命就是解救被困在人體肉身之中的光明

---

[1]《英藏敦煌文獻》（5），S. 2659/6，頁148。

[2]《下部讚》第129行："又啓五等光明佛，水火明力微妙風，并及淨氣柔和性，並是明尊力中力。"

[3]《下部讚》第236行："敬歎五大光明佛，充為恵甲堅牢院。世界精華之妙相，任持物類諸天地。"第244行："覺察五大光明佛，緣何從父來此界。了知受苦更无過，善巧抽拔離魔窟。"

分子。[1]因此，《下部讚》中除頻頻出現稱揚或祈求夷數的詩句外，第一首讚詩便是"□□□覽讚夷數文"，（第6—44行）接著是"讚夷數文第二疊"（第45—82行）；此外還有《讚夷數偈》（第368—371行）。雖然《下部讚》中也有兩首題爲《歎五明文》（第235—260行）的詩篇，但内容主調卻是感歎彼等"離於安樂國"（第247行），把彼等喻爲"流浪他鄉子"（第249行），即指彼等離開光明王國，被囚禁在人體内，故祈望將彼等"速送本鄉安樂處"（第251行），即早日回歸光明王國。就此看來，在唐代摩尼教團中，五明子也不可能作爲"五佛"成爲顯著的崇拜對象，以至教外人以其爲"摩尼道"的突出標識而入詩。何況，摩尼教本來就反對聖像崇拜，諸神畫像是用於圖解教義、宣傳教義，而不是用來祭祀，[2]教外人更不易對五明佛留下深刻印象。因此，把"二宗"與"五佛"對仗的詩人，其所讀的摩尼經書未必是唐代之物，所耳聞目睹的摩尼教徒未必是來自西域。

唐人不可能用"五佛"來與"二宗"對仗，但宋人倒不無可能。緣宋代明教徒顯有五佛崇拜。上引《宋會要輯稿》宣和2年11月4日"臣僚言"稱"明教之人所念經文"，列有《妙水佛幀》，由是可推想當有《妙火佛幀》等其他四幀；而陸游《條對狀》則提到明教的"神號曰明使，又有肉佛、骨佛、血佛等號"。據《殘經》，清淨氣、妙風、明力、妙水和妙火等五明子爲黑暗王國眾暗魔所吞噬，暗魔創造人類這一肉身，把這些光明分子分別囚禁在人體的骨、葡（筋）、脉、宍、皮五個城裏，而明神則努力把這些被囚禁的光明分子解救出來。[3]骨、筋、脈、肉、皮這些人體結構的概念，被喻爲五座囚禁光明分子的城圍。既然有"肉佛、骨佛、血佛"，很可能也就有"脉佛""皮佛"之類。宋代明教

---

〔1〕參拙文：《摩尼的二宗三際論及其起源初探》，刊《世界宗教研究》，1982年第3期，頁45—56；修訂本見林悟殊：《摩尼教及其東漸》，中華書局，1987年，頁12—34；淑馨出版社，1997年增訂本，頁12—32；林悟殊：《敦煌文書與夷教研究》（當代敦煌學者自選集），上海古籍出版社，2011年，頁89—112。

〔2〕參拙文：《元代泉州摩尼教偶像崇拜探源》，刊《海交史研究》，2003年第1期，頁65—75；修訂本見《中古三夷教辨證》，中華書局，2005年，頁399—417。

〔3〕有關論述見《殘經》第30—68行。

徒可能把被囚於五座城的明子，或解救他們之神，衍化成"肉佛、骨佛、血佛"等五佛，廣爲供奉。若然，則所謂"五佛繼光明"，當是對宋代明教形態的反映。

根據以上之分析，"二宗陳寂默，五佛繼光明"所表述的摩尼道核心，應非唐代西來之摩尼教，倒很像是宋代流行之明教。

11.5　釋"日月""乾坤"觀

蘇鄰詩的第3、4句是"日月爲資敬，乾坤認所生"。言摩尼教徒敬日月，於摩尼創世說可找到依據：在初際結束後的明暗大戰中，黑暗王國的軍隊雖被打敗，但彼等已吸收、消化掉部份五明子。五明子緊附在五類魔身上，"如蠅著蜜，如鳥被黏，如魚吞鈎"。[1]如果這些五明子不恢復過來，光明王國就將永遠失去這一部份。因此，爲了從衆暗魔身中，把被吸收、消化的光明分子提取出來。光明王國之神，首先將一部分光明分子從戰死的暗魔身上擠出來，造成了日月；其中一些受到黑暗污染的，則造成天上的衆星。又剝下他們的皮做成"十天"，用他們的糞便造出"八地"，抽他們的骨頭築成山嶽，"作如是等，建立世界"。[2]這樣，通過雨露的洗滌，殘留在暗魔遺體上的純潔分子便可提取出來。摩尼認爲人類靈魂要經過月宮的鍛煉，變得純淨後方能浮升日宮，再由日宮到達新樂園，最後回歸光明王國。由於日月宮在拯救人類靈魂的光明成份，起著重要作用，[3]因此，在《下部讚》中，多有崇敬日月詩句，稱其爲"日月光明佛"（第25行）、[4]"日月光明宮"（第127行），[5]寫本第360—367行還有《讚日光偈》[6]，《收食單偈》（第168—172行）則列有"忍辱日光佛"（第170行）等。[7]由是，有學者在

---

〔1〕見《殘經》第11行。

〔2〕《殘經》第11—16行。

〔3〕參閱拙文《摩尼的二宗三際論及其起源初探》。

〔4〕《英藏》（5），S.2659/1，頁143。

〔5〕《英藏》（5），S.2659/5，頁147

〔6〕《英藏》（5），S.2659/13，頁155。

〔7〕《英藏》（5），S.2659/6，頁1489。

判斷唐代回鶻可汗是否信奉摩尼教時，以其尊號是否帶有回鶻語的日月稱謂（即 ai tängrida 和 kün tängridä）作爲一個標識。[1]不過，就唐代摩尼教徒而言，比日月光明佛更可資爲敬之明神有的是，除大明尊、摩尼光佛外，根據《殘經》所述的創世說，在征服暗魔的戰爭中所出現的明神就有"淨風、善母二光明使""大智甲五分明身"（第8—10行），有"十三種勇力者"，即"先意、淨風各五明子，及呼嚧瑟德、嘚嘍嚟(嚟)德，窣路沙羅夷等"（第17—18行）。還有"惠明"使（第71、76、115、117、137行……）等等。而在《下部讚》中，稱頌祈禱之神就更多了，上揭的《收食單偈》，便臚列十二位神號，其間的日光佛位居第八，月光佛則未見。在日月神創造出來之前，已經有眾多品位更高、更重要的明神存在，這些神當然更值得敬。而詩的作者卻突出敬日月，顯然是把禮拜日月作爲摩尼教徒的標誌而入詩，就如何喬遠的《閩書》卷7《方域志》所寫明教徒"朝拜日，夕拜月"那樣。[2]

儘管從義理看，唐代摩尼教徒無疑崇敬日月，但敬日月是一回事，用什麼儀式去表達崇敬是另外一回事。唐代摩尼教信眾雖以胡人爲主，但若有早晚集結行"朝拜日，夕拜月"之俗，必成景觀，吸引漢人圍看或參與，如是則官私難免有所記錄。祆教有公開宗教活動，便爲時人所關注，如張鷟之記載涼州祆神祠，[3]光啟元年（885）《沙州伊州地志殘卷》（S.367）之述伊吾縣祆廟。[4]同理，倘唐代摩尼教有設壇祀日月之舉，甚至因此而被時人目爲該教之表徵，則文獻當不至於全無雪泥鴻爪留下。如果是僧人在寺內低調進行，則何以教外人會以此作其

---

〔1〕見田坂興道：《回纥に於ける摩尼教迫害運動》，刊《オリエント》（《東方學報》）XI/1，1940年，頁223–232。

〔2〕〔明〕何喬遠：《閩書》（1），廈門大學校點本，頁171。

〔3〕"涼州祆神祠，至祈禱日祆主以鐵釘從額上釘之，直洞腋下，即出門，身輕若飛，須臾數百里。至西祆神前舞一曲即卻，至舊祆所乃拔釘，無所損。臥十餘日，平復如故。莫知其所以然也。"〔唐〕張鷟撰，趙守儼點校：《朝野僉載》（《隋唐嘉話・朝野僉載》，唐宋史料筆記叢刊），中華書局，1979年，頁64–65。

〔4〕"伊吾縣……火祆廟中有素書，形像無數。有祆主翟槃陁者，高昌未破以前，槃陁因入朝至京，即下祆神，因以利刀刺腹，左右通過，出腹外，截棄其餘，以髮繫其本，手執刀兩頭，高下絞轉，說國家所舉百事，皆順天心，神靈助，無不徵驗。神沒之後，僵僕而倒，氣息奄，七日即平復如舊。"《英藏敦煌文獻》（1），頁158。

表徵入詩？其實，唐代摩尼僧即便在寺院内，亦未必行"朝拜日，夕拜月"之禮，《下部讚》頌日月的詩篇並非用於這一儀式，可資爲證。兹錄上面提到的《日光偈》爲例：

> ［360］此偈讚日光訖，未後結願用之。

> ［361］稱讚微妙大光輝，世閒最上最无比！光明殊特遍十方，十二時中作歡喜。大力

> ［362］堪譽慈悲母，驍健踴猛淨活風，十二舩主五收明，及餘无數光明衆。各乞愍念慈

> ［363］悲力，請救普厄諸明性，得離火海大波濤，合衆究竟願如是！[1]

此偈禮讚對象爲太陽之光輝，若唐代摩尼教每天有祭日儀式，是偈無疑用於該場合。但詩題卻云"此偈讚日光訖，未後結願用之"。按"結願"一詞，當借自佛教，佛教謂法會之末日，與法會之首日"開白"相對。摩尼教有諸多節日，漢文獻雖未多記載，但高昌回鶻摩尼教卻多有文獻可稽。[2]竊意像《日光偈》這樣的讚詩，乃用於諸節日活動之結束時，而未必專用於祭日儀式。這實際也就反證唐代摩尼教雖敬頌日月，但不一定以日月作爲每天例行之祭祀對象。其理當與摩尼教不行偶像崇拜同。其實，高昌回鶻摩尼教與唐代中土教團同屬中亞教會，其遺留下來的文獻多有涉及禮俗者，也未見有"朝拜日，夕拜月"之說，足見西域摩尼教即便有禮拜日月之舉，但也未必成風。

當然，如果從摩尼教傳統教義出發，把"日月爲資敬"硬說是來自讀經之感受，也未嘗不可；但作者以"乾坤認所生"對仗，卻顯示作者所讀經書必非唐版。緣古人傳統思維，與日月相對之乾坤，蓋指天地無疑。因此，"乾坤認所生"，儘管意涵並不清晰，但不論其意謂天地生日月，或日月生天地，抑或天地另有所造等都好，從語境看，都是把日月天地當作同一系列、同可資敬之物。然而，西域摩尼教可

---

〔1〕《英藏敦煌文獻》（5），S.2659/13，頁155。

〔2〕詳參王媛媛：《從波斯到中國：摩尼教在中亞和中國的傳播》第3章《高昌摩尼教》第2節《高昌回鶻摩尼教的宗教、世俗儀式》，中華書局，2010年，頁204-227。

並不這樣認爲。據上面已提到摩尼創世說，天地與日月完全不可相比，後者是光明分子所組成，前者是用暗魔的皮和糞便製成的。因此，摩尼教崇拜日月，但不崇拜天地，且希望天地早日毀滅。10世紀的伊斯蘭作家奈丁（al-Nadim）的《羣書類述》(Kitab al-Fihrist)，保存了摩尼關於世界末日的説教：

> 在太陽和月亮所能提煉的光明分子都從地上吸收走後，地球本身將被置於火裏，它將燃燒到所有天上的物質都從其身上提煉出來爲止。這場最後的大火將持續一千四百六十八年。[1]

由是，在摩尼看來，世界的末日是一件好事，而不是壞事。難怪當年波斯國王瓦赫蘭（Vahräm）一世決定處死摩尼時説道："此人（指摩尼）出而提倡世界的毀滅，我們應當乘他圖謀未逞之時，將他毀滅。"[2]

照摩尼的天地觀，其在唐代中國的僧侶不可能崇拜天地。正因爲如此，《下部讚》有稱頌日月的詩句篇章，但於天地乾坤卻無半字美言。當然，摩尼教的天地觀顯然難爲華夏傳統觀念所容。華夏民族像古代世界各民族一樣，崇拜日月，因爲其帶來光明，引發人們無窮的想像。但華夏民族認爲日月星辰與天是連在一起，因此，既崇拜日月，自然也就崇拜天。同樣源於西亞的瑣羅亞斯德崇拜日月星，古代中國人就以爲其崇拜的是天神，正是出於這種習慣思維。[3]還有，在華夏民族的觀念中，天不過是相對地而言，沒有地就沒有天，沒有天就沒有地，因此，既崇拜天當然也就崇拜地。是以，日月乾坤是具有內在聯繫、密切相關的一組概念。蘇鄰詩作者把日月與乾坤對仗，實際正是出於華夏民族的思維，而不是根據西域摩尼教的義理。由是，這兩句詩的靈感當非來自讀唐代摩尼經書。

按外來宗教之華化，離不開弘揚發展適合華情者，揚棄或折中、

---

〔1〕G. Flügel, *Mani, seine Lehre und Schriften*, Leipzig, 1862, repr. 1969, p.90.

〔2〕E. Sachau, *The Chronology of Ancient Nations*, London, 1879, p.405.

〔3〕就如陳垣先生所說："天神云者，以其拜天也；其實非拜天，不過拜日月星耳；日月星三光皆麗天，拜日月星無異拜天，故從中國名謂之天神。"陳垣：《火祆教入中國考》，收入《陳垣學術論文集》第1集，中華書局，1980年，頁305。

調和與華情衝突者。宋代明教既然是華化的摩尼教，自然已和華夏傳統文化溶成一體。原始摩尼教之敬日月符合華情，明教徒便繼承發揚，上揭宣和2年11月4日"臣僚言"云"明教之人所念經文"就有《日光偈》《月光偈》，是否與唐代讚詩一致，雖難稽考，但其稱頌日月光明則蓋無疑；至於是否另有稱頌天地的經書，雖未可確認，但跡象倒有。上揭良渚《釋門正統·斥僞志》列舉的"非藏經所載不根經文"，有《括地變文》《齊天論》。此二經具體內容雖缺考，但既以天地取名，當與稱頌天地有關；若敢咒天罵地，則早已斬無赦了。即便此二經不是出自明教徒手筆，至少也不爲明教徒所反對；何況傳習的鄉民，其中或不乏該教信徒。

何喬遠直言明教徒"朝拜日，夕拜月"，宋代文獻雖沒如此明確記載。但上揭"臣僚言"有云：

> 一溫州等處狂悖之人，自稱明教，號爲行者。今來明教行者，各於所居鄉村，建立屋宇，號爲齋堂，如溫州共有四十餘處，並是私建無名額佛堂。每年正月內，取曆中密日，聚集侍者、聽者、姑婆、齋姊等人，建設道場，鼓扇愚民男女，夜聚曉散。[1]

依筆者愚見，所謂"夜聚曉散"，其實就是明教徒禮拜日月的聚會。緣照常理，鄉民不可能經常徹夜聚會，但例行早晚聚會禮拜日月則完全可能。官員或不明就裏，或欲以徹夜聚會、圖謀不軌罪之，遂蓄意歪曲爲"夜聚曉散"。這一傳統可能被一直保持，而且爲其他民間教派或別有用心者所效法、利用，爾後歷代都有禁"夜聚曉散"的奏摺、敕令，大明律更是明文取締：

> 凡師巫假降邪神、書符、咒水、扶鸞、禱聖，自號端公太保、師婆，及妄稱彌勒佛、白蓮社、尊明教、白雲宗等會，一應左道亂正之術，或隱藏圖像、燒香集衆、夜聚曉散、佯修善事、煽惑人民，爲首者絞；爲從者各仗一百，流三千里。[2]

在宋代，明教徒之朝拜日，夕拜月應是一種羣體性、經常性的禮

---

〔1〕見《宋會要輯稿》165冊《刑法二·禁約》，頁6534。

〔2〕〔明〕應檟：《大明律釋義》卷11，"禁止師巫邪術"條，明嘉靖刻本。

拜活動，如是始會被官府注意。而照國人的習慣思維，既拜日月，自亦敬天地。因此詩人之云"日月爲資敬，乾坤認所生"，與其說是從摩尼經書中得到的啓發，不如說是直觀明教徒宗教活動之實錄。

11.6 "齋絜志"析

蘇鄰詩以"若論齋絜志，釋子好齊名"結句。"齋絜"，一般謂齋戒，但從此處語境看，當泛指齋戒在內各種宗教戒律、道德修持等。毫無疑問，原始摩尼教於"齋絜"的要求頗高，就此，西方學者根據原始摩尼教文獻，已有深入的研究。其間，包括信徒每天要懺悔皈依前犯過的10種不當行爲，即虛僞、妄誓、爲惡人做證、迫害善人、播弄是非、行邪術、殺生、欺詐、不能信託及做使日月不喜歡的事情；信徒要遵守十誡，即不拜偶像、不謊語、不貪、不殺、不淫、不盜、不行邪道巫術、不二見（懷疑）、不惰、每日四時（或七時）祈禱等。[1]至於漢文獻，《殘經》於信徒的道德修養尤有詳解。其間，就個人的性格心懷，要求"常生慈善；柔濡別識，安泰和同。"（第226—227行）"心恒慈善，不生忿怒"（278行）；"常懷歡喜，不起恚心"（第278—279行）；"不樂鬥諍誼亂，若有鬥諍，速即遠離；強來鬥者，而能伏忍"（246—247行）；"對值來侵辱者，皆能忍受，歡喜无怨"（第280—281行）等等。此外，在日常生活上，要求"年一易衣，日一受食，歡喜敬奉，不以爲難"（第253—254行）；在經濟上，"所至之處，若得儭施，不私隱用，皆納大衆"（第232—233行），等等。難怪陳垣先生有云："讀今京師圖書館所藏摩尼教經殘卷，可知摩尼教治己極嚴，待人極恕，自奉極約，用財極公，不失爲一道德宗教。"[2]

〔1〕Jes P. Asmussen, X"āstvānīft, Studies in Manichaeism, 第5章"The Confession of Sins among the Manichaeans", Copenhagen, 1965, pp. 167–261.許地山先生的文章亦有詳細介紹。 "十戒"原始文獻見中古波斯語殘片 M5794和 M6062, F. C. Andreas & W. B. Henning, "Mitteliranische Manichaica aus Chinesisch-Turkestan II",SPAW（Sitzungsberichte der〔Königlich-〕Preussischen Akademie der Wissenschaften Philosophisch-Historische Klasse, Berlin.）, 1933, pp.295–297; N. Sims-Williams, "The Manichean Commandments: A Survey of the Sources", Acta Iranica 25, Leiden, 1985, p.578.

〔2〕陳垣：《摩尼教入中國考》，收入《陳垣學術論文集》第1集，中華書局，1980年，頁370。

其實，各種宗教皆有其清規戒律，其中也不乏相似之處；然即便相同，但各教出發點卻相異。原始摩尼教貫穿著一個徹底的善惡二元體系。教主摩尼認爲明暗，即善惡二宗的活動貫穿於世界的過去、現在和未來。其把善惡作爲自始就存在著的兩個對立原素，把現在的世界當爲善惡混合的產物，認爲世界上的一切東西，包括人類、動物、植物無不由黑暗物質所組成，但裏邊又都包含著光明分子——善的成分。摩尼又把地球的最後毀滅，善惡的永遠徹底分開作爲世界的歸宿。摩尼所定的各種戒規，正是以這個思想爲出發點。例如：信徒不得傷害動物，甚至植物，緣動植物裏邊均包含著光明分子；反對結婚，因爲結婚就要產生新的生命，這就意味著使光明分子再度受囚禁；反對擁有財產，因爲現世的一切都是惡的生成物，不可留戀。如此等等。佛教的一些禁慾規定實際與摩尼教同，但其以一切皆空爲出發點；而其反對殺生，主張素食，則緣佛陀主張衆生平等。等等，不一而足。因此，就齋絜的種種規定而言，佛教與摩尼教的出發點不同，因而可比較其異同，卻無從比較高低。按辭書有云："志者，心之所至也。"故詩句所謂"若論齋絜志"，當非指兩教各種齋絜規定，而是指信徒遵本教戒律、自我修持的認真程度。是以，最末兩句詩的意涵當謂：比較了兩教僧人於修持的具體態度和表現，認爲兩者不相上下。不過，言摩尼僧與佛僧（釋子）"好齊名"，似不偏袒，但明顯是用後者來爲前者抬轎子。

　　儘管如上面所示，唐代摩尼教確有嚴格戒律和高度的道德要求，但實際上，該等多係針對出家僧侶而言。品位越高的僧侶，相應要求也越嚴格。據《儀略》的第4章《五級儀》，摩尼教有明確的教階制，計分5級。寫本該部份正好裂開，故被分藏英法，茲拼接過錄如下：

　　　［070］五級儀第四

　　　［071］第一，十二慕闍，譯云承法教道者；

　　　［072］第二，七十二薩波塞，譯云侍法者，亦号拂多誕；

　　　［073］第三，三百六十默奚悉德，譯云法堂主；

　　　［074］第四，阿羅緩，譯云一切純善人；

［075］第五，耨沙喭，譯云一切净信聽者。

［076］右阿羅緩已上，並素冠服；唯耨沙喭一

［077］位，聽仍舊服。如是五位，稟受相依，咸遵教

［078］命，堅持禁戒，名解脱路。若慕闍犯戒，即

［079］不得承其教命；假使精通七部，才辯卓

［080］然，為有愆違，五位不攝。如樹滋茂，皆因其

［081］根；根若傷者，樹必乾枯。阿羅緩犯戒，視

［082］之如死，表白衆知，逐令出法。海雖至廣，不[1]

［083］宿死屍。若有覆藏，還同破戒。[2]

此處所列5個品級，其稱謂音譯、意譯俱全；而於教外文獻，則多依次稱爲“慕闍”“拂多誕”“法堂主”“阿羅緩”和“聽者”。云“右阿羅緩已上，並素冠服；唯耨沙喭一位，聽仍舊服”。意味著前四品級屬於出家僧侶階層，而第五品級聽者則爲一般在家信徒；“聽仍舊服”，表面意思是照穿俗人衣服，實際意味著皈依摩尼教後，日常生活依舊，不受多少約束；也就是說，在齋絜修持上，並無多少強制性的要求。《儀略》的第5章《寺宇儀》可印證這一點：

［084］寺宇儀第五

［085］經圖堂一，齋講堂一，礼懺堂一，教授堂一，

［086］病僧堂一。

［087］　右置五堂，法衆共居，精修善業；不得別立

［088］　私室廚庫。每日齋食，儼然待施；若無施

［089］　者，乞丐以充，唯使聽人，勿畜奴婢及六畜

［090］　等非法之具。[3]

此處所規定的摩尼寺之五堂，是爲僧人所設，僧人被稱爲“法衆”，彼等要“共居”，“精修善業”；而“聽者”在此處又被稱爲“聽人”，不被要求“精修善業”，而主要是承擔宗教義務，供養僧人，聽僧人使

---

〔1〕《英藏敦煌文獻》（5），S.3969/4，頁225上。

〔2〕《法藏敦煌西域文獻》（29），P.3884，上海古籍出版社，2003年，頁86下。

〔3〕《法藏敦煌西域文獻》（29），頁86下。

喚，爲僧人服務。可見唐代摩尼教的嚴格修持戒律，實際只限於出家僧人。如上面所已指出，在原始的摩尼教義中，對一般信徒，也有種種的修持要求，但反映在唐代漢文獻上，對聽者的要求實際不在乎修持，而重在對僧侶的供養義務。這也許是特別因應華情。因爲華夏民族之諸神崇拜，多以現實功利爲出發點，於摩尼教諸神諒必亦不例外。由是，西來摩尼僧於中土信徒來說，與其冀望他們能成爲僧侶，參與"精修善業"，毋寧更實際點，要求他們對摩尼寺有所貢獻，成爲摩尼教的供養人。當摩尼教成爲高昌回鶻之國教後，隨著僧侶地位的提高，聽者益發要盡供養之義務了。[1]

在唐代摩尼教團中，雖然一般信徒即聽者或許不乏漢人或華化的胡人，但需要嚴格修持的實際局限於外來的摩尼僧。彼等於唐代社會中，不過是人數極少的一個羣體，就算在其依仗回鶻勢力最旺盛的時期，與龐大的中土佛僧教團相比，仍屬小數中之小數；[2]因此，不論摩尼僧有多高的"齋絜志"，都不可能在全社會中造成什麼效應，以至時人將其與廣大佛僧來做評論比較，並引發詩人靈感，寫出將兩者比較的詩句。何況，安史之亂後摩尼教之在華擴張，靠的是回鶻，唐人恨回鶻之恃功而驕，橫行坊市，難免也累及其所尊之摩尼僧，以至史乘有"摩尼至京師，歲往來西市，商賈頗與囊槖爲奸"之說，[3]足見唐人於摩尼之興論鮮有佳評。儘管陳垣先生曾爲此辯誣，[4]但竊思既見諸載籍，若無空穴，何有來風？考古今宗教處逆境之時，信徒往往嚴於自律；一旦春風得意，則魚龍混雜，多有犯戒者。故在依仗回鶻勢力之時，若有個別、少數摩尼僧行爲不端，不足爲奇；更不用說後來在高

〔1〕參耿世民：《回鶻文摩尼教寺院文書初釋》，刊《考古學報》，1978年第4期，頁497-516。

〔2〕唐長慶年間（西元821—824年）舒元輿所撰《唐鄂州永興縣重巖寺碑銘並序》："故十族之鄉，百家之間，必有浮圖爲其粉黛。國朝沿近古而有加焉，亦容雜夷而來者，有摩尼焉，大秦焉，祆神焉，合天下三夷寺，不足當吾釋寺一小邑之數也。其所以知西人之教，能蹴踏中土而內視諸夷也。"見《唐文粹》卷65之三，浙江人民出版社影印本，第2冊，1986年；《全唐文》卷727，中華書局，1983年，頁7498。

〔3〕《新唐書》卷217上《回鶻傳》，中華書局，1975年，頁6126。

〔4〕陳垣：《摩尼教入中國考》，收入《陳垣學術論文集》第1集，頁340-341。

昌回鶻的特權表現了。[1]倒是宋代明教，雖人多勢眾，但在官府虎視眈眈下，教徒嚴於齋戒，口碑頗佳，以至敵對的佛僧也不敢完全抹煞。上揭《釋門正統・斥僞志》，稱明教徒"但以不茹葷酒爲尚"。[2]此後的志磐評論其時的摩尼教徒時，更如上面所已提到，稱"其徒以不殺、不飲、不葷辛爲至嚴。沙門有爲行弗謹反遭其譏，出家守法，可不自勉？"足見將明教徒和佛僧進行比對品評已成時尚。因此，如果稱"若論齋絜志，釋子好齊名"是反映南宋士人之看法，也許更切歷史的實際。

11.7　結語

綜上所論，蘇鄰詩發興於讀"蘇鄰傳"，抒發對"摩尼道"欽羨之情。無論"蘇鄰傳"是實指或虛託，慣於把蘇鄰與摩尼做聯想的人未必生活於唐代；而詩中所勾勒的摩尼道與唐代由西域摩尼僧帶來的真正摩尼教比對，顯有相當距離，倒與宋代華化摩尼教（明教）頗可匹配。因此，若云該詩爲唐人所作，就不如說是出自宋人手筆。

蘇鄰詩，若果爲宋人佚名之作，無疑便是宋代明教之一則寶貴原始資料。從表面行文意境看，該詩作者應是教外對摩尼教不存成見的士人，因與明教友人酬唱或讀摩尼經書感懷而作，爲明教會所悅，遂冠以白樂天之名"表於經首"。但從上面詩篇內容的分析看，此詩應是深思熟慮之精心力作，斷非一時有感而發、即興而就。其假讀經書之名，驚歎摩尼之道，爾後從義理、禮儀、修持3個方面宣介該教，刻意稱頌該教信徒之律己精神。是以，若非深諳該教之人，斷寫不出這樣的詩篇。因而，更可能是明教中人，假白樂天之名，作此五言八句，純屬有策劃的作假行爲。當然，究竟是誰人所作，如果沒有相應新資

---

〔1〕詳參 S.N.C.Lieu, 'Precept and Practice in Manichaean Monasticism', *Journal of Theological Studies* XXXII, 1981, pp.153-162；收入氏著 *Manichaeism in Central Asia and China*, Brill, 1998, pp.76-97. 該文拙譯：《摩尼教寺院的戒律和制度》，刊《世界宗教研究》，1983年第1期，頁24-37；修訂本附錄於林悟殊：《摩尼教及其東漸》，淑馨出版社，1997年增訂本，頁107-130。

〔2〕〔宋〕良渚沙門宗鑒：《釋門正統》第4《斥僞志》，《卍新纂續藏經》（75），頁314下。

料的發現，任何推測都不過是一種可能而已。"然無論爲真白氏詩與否，總有藉以爲重之意。既依託於道，復依託於佛（指第五佛），又依託于詩人，其護教之心，亦良苦矣。"[1]善哉！陳垣先生此言。

前賢以詩證史，傳爲佳話，本章不過是受此啓發，反其道而行之，以史證詩。詩史互證，庶幾更逼近歷史的真實。

（本文初刊《文史》，2010年第4輯，總第93輯，頁175-199。）

---

[1]陳垣：《摩尼教入中國考》，收入《陳垣學術論文集》第1集，頁359。

12　弘一法師《重興草庵碑》考釋

12.1　引言

　　泉州晉江華表山麓的草庵作爲元明摩尼教遺址而遐邇聞名，其保有世界獨一無二的元代摩尼佛雕像，成爲國家重點文物保護單位；而一代高僧弘一法師在20世紀30年代曾三度住錫其間，更使草庵爲人們所津津樂道。[1] 當年弘一法師曾爲草庵留下一批墨寶，[2] 彌足珍貴。尤其是所撰書的《重興草庵碑》（下面或簡稱 "碑記"），以黑葉巖勒刻，嵌於草庵石室東壁（見圖版12.1），[3] 常爲參觀者駐足欣賞誦讀。迄今有關草庵的文章論著，鮮見不提及該碑者，但對該碑作專門考釋者則未之見。竊以爲，解讀該碑之真諦，不惟於草庵這一宗教遺址之研究是必要的，對探討弘一法師晚年行狀和思想更不無意義。本章擬就該碑內容及其與佛教、摩尼教的關係做一考察，並對其所蘊含的儒釋和合理念試加探索。

12.2　碑記版本錄文校勘

　　被廣爲重印或再版的林子青居士《弘一大師年譜》（1944年上海刊印，以下簡稱 "舊譜"）"民國二十五年丙子（1936年）大師五十七歲"

―――――――――

　　[1] 弘一法師從1933年底到1938年初，曾三度到草庵，具體活動多有文章紹介，如胡善美：《弘一法師在晉江草庵》（刊《福建宗教》，2004年第4期，頁29-31），粘良圖：《弘一法師在草庵》（見氏著：《晉江草庵研究》，廈門大學出版社，2008年，頁111-117）等，該等文章所依據的原始資料，林子青《弘一法師年譜》多有輯錄，有關文獻盡見弘一大師全集編輯委員會編纂《弘一大師全集》，福建人民出版社，1992年。

　　[2] 參粘良圖：《晉江草庵研究》，頁113-114。

　　[3] 碑刻高26釐米，長72釐米，參粘良圖：《晉江草庵研究》，頁116。

五月條下載曰："撰重興草庵記，及奇僧法空禪師傳，發表於佛教公論。"
同時分別加注過錄了這兩文。在《奇僧法空禪師傳》錄文之後，尚加
括弧注明"佛教公論第三期"。新修訂的年譜，即作爲"中國近現代高
僧年譜系列"，1995年由北京宗教文化出版社刊行的《弘一法師年譜》
（以下簡稱"新譜"）則詳注爲"1936年10月，廈門《佛教公論》第3
期"。[1]據此，筆者推測碑記最初亦應發表於《佛教公論》，果在1937
年出版的第6、7號合刊第17頁上找到該文（以下簡稱"初版"），[2]但文
字與"舊譜"所錄稍有不同，題目則作《重興草庵碑》。復觀《弘一大
師全集》（以下簡稱"全集"），所錄該文與舊譜無二，[3]故推測全集若
非錄自舊譜，也與舊譜所本相同。新譜錄文仍襲自舊譜，惟校正了個
別字。至於嵌於草庵石壁的碑記則是經過修訂的版本（以下簡稱"碑
本"），凡263字。落款時間不同，主文個別字有異，碑本末端還有附加
文字。現據草庵石刻著錄全文，其間用字有異則加黑點並夾注說明；
年譜增補的字加括弧；碑本添加的文字，下加黑線標明；其他差異另
加注。

　　重興草庵碑^{新旧谱}^{作记}

　　惠安瑞集巖大華嚴

　　寺沙門演音撰并書[4]

　　草庵肇興^{初版、新舊}^{谱均作建}，蓋在宋代。逮及明初，輪奐盡美。有龍泉^{初版、}^{舊谱均作象}

巖，其地幽勝。尒時十八碩儒，讀書其間；後悉登進，位躋貴顯。

殿供石佛，昔為巖壁，常現金容。因依其形，劚造石像。余題句

云："石壁光明，相傳為文佛現影；史乘記載，於此有名賢讀書。"

蓋（記^{新舊谱}^{增字}）其事也。

　　〔1〕見林子青：《弘一法師年譜》，宗教文化出版社，1995年，頁246。經王媛媛博士查對，《奇僧
法空禪師傳》刊民國25年10月15日出版的《佛教公論》第1卷第3號，頁15，影印收入《民國佛教期
刊文獻集成》第82卷，全國圖書館文獻縮微複製中心，2006年，頁75。
　　〔2〕經王媛媛博士查閱，該刊該期並無出版日期，但第1頁編者的《新年之希望》起始寫道："民
國二十六年悄悄地來人間了。"第2、3頁爲慧雲《我與佛教公論》一文，最後落款是："二六、一、
三十，寫于海印樓。"是以，可推6、7號合刊出版時間當不早於1937年2月。
　　〔3〕《弘一大師全集》第8冊"雜類卷"第1部類"題記"，頁3。
　　〔4〕初版和新舊譜均無"并書"二字，舊譜把落款移於文末。

　　勝清御宇，寢以零落；昔日金剎，鞠為茂艸。中華建業十二載，瑞意、廣空上人，傷其廢圮，燚意重興。縣歷歲時，營治堂宇。壬申十月，復建意空樓三楹；雖未循復舊觀，亦可粗具規范。

　　余扵癸戌_{初版、新舊譜均作丙}之際，歲莫_{初版、新舊譜均作}春首，輒居意空，淹留累月。夙緣有在，蓋非偶然。乃為記述，垂示來葉焉。

　　於時二十七_{初版、新舊譜均作五}年，歲次析木_{初版、新舊譜均作玄枵}。

　　瑞意上人，重興草庵，功在萬世。扵中華壬申三月二十六日示寂，仐後每年扵是日念佛迴向，永久勿替。

　　上面將碑本與最初刊佈的版本及新舊譜錄文進行了勘對，下面就其間的某些差異略做申論。

　　（1）初版與碑本題目均作“重興草庵碑”，如果沒有更早的文本，則說明是文之撰寫自始乃爲勒碑，既爲勒碑，自暗示應受庵主所請，而非單純出於個人興致。舊譜、新譜、全集等均作“重興草庵記”，未審另有所本抑或擅把“碑”字改爲“記”。

　　（2）碑本題下落款“惠安瑞集巖大華嚴寺沙門演音撰幷書”，比初版增加“幷書”二字，說明文章首先是供發表，爾後始按勒石的規格，另揮毫書寫，供刻字用。碑本落款時間爲“於時二十七年（1938），歲次析木”，而初版和新舊譜作“於時二十五年，歲次玄枵”，說明揮毫勒碑乃後於初版兩三年，文字有所改動，也就理所當然了。1938年弘一法師撰書《碑記》事，新舊年譜均未提及。

　　（3）碑文首句將初版“草庵肇建，蓋在宋代”，改爲“草庵肇興，蓋在宋代”，一字之差，顯經推敲。竊意文章題目稱“重興草庵碑”，既有“重興”之語，必定要從“肇興”追述起。此處的“興”既可作“興建”解，亦可作“興起”“興盛”解，含義較廣；初版用“肇建”，即意謂奠基施工、開始營建，含義較窄。既然單指施工，那麼所配搭的時間，自然應力求具體。而實際上，在20世紀50年代之前，草庵石室及石像肇建的具體年代鮮有人知，但宋代有人在龍泉巖“結草爲庵”，則向有傳聞，也爲新近發現的族譜資料所證實。[1]"蓋在宋代"，不過是據傳說而推測的一個大略時期。因此，初版用"肇建"，雖亦無不可，但畢竟不如碑文所用的"肇興"更貼體。足見當年弘一法師爲勒碑，曾對全文重加過濾，頗爲審愼。

（4）碑文"有龍泉巖"，初版和舊譜卻作"有龍象巖"。按草庵有"龍泉巖"，弘一法師曾親臨其地，當年送交刊物的文稿，絕對不會把"龍泉"誤書爲"龍象"。但"龍象"是佛教徒一個熟悉的術語，常用作對出家人的尊稱，草書"泉""象"或亦形近，故佛教刊物把其誤植乃大有可能。

（5）"蓋（記）其事也"一句，初版和碑本都沒有"記"字，當係最初過錄者從上下文語意酌加。按弘一法師碑記中的題句原係其1933年首次到草庵撰寫的楹聯，庵主依原墨寶雕刻成木質對聯，掛於石佛兩側，今尚保存完好（見圖版12.2），據該木質對聯：

上聯"石壁光明相傳爲文佛現影"，上款書"後二十二年歲次癸酉仲冬草庵題句以志遺念"。

下聯"史乘記載於此有名賢讀書"，下款書"晉水無盡藏院沙門演音時年五十有四"。[2]

這一對聯正好概括了碑記起始所云的草庵肇興史，因此被作爲"題句"入碑。

（6）"余抃癸戌之際，歲莫春首"，初版和新舊譜均作"余於癸丙之際，歲暮春首"。按"莫"與"暮"乃通假，不必贅論。而據弘一法師丁丑（1937）2月16日在南普陀寺講演的《南閩十年之夢影》，其於民國22年（1933）11月由泉州開元寺"搬到草庵來過年"；"民國23年2月，又回到南普陀"；民國25年（1936年）11月，生了一場大病，遂由惠安淨峰寺"搬到草庵萊養病"，"在草庵住了一個多月"。[3]按民國22年即干支癸酉，民國25年即丙子。紙本的"癸丙之際"自指1933到1936

〔1〕粘良圖：《晉江草庵研究》，頁43-44。
〔2〕參粘良圖：《晉江草庵研究》，頁114，圖版第18。
〔3〕《弘一大師全集》第8冊"雜著卷"第3部類"雜誌"，頁20-21。

年這段時間。而據葉青眼《千江印月集》："戊寅元月,公在草庵講《華嚴經普賢行願品》。"新譜、舊譜"1938年（民國二十七年戊寅）五十九歲"條下均記"是年元旦,在泉州草庵講《普賢行願品》"。[1]這就意味著戊寅年初,弘一法師曾到草庵弘法。那麼,是年書寫的碑文自然把原先的"癸丙之際"相應改爲"癸戊之際"。

（7）"瑞意上人,重興草庵,功在萬世。扵中華壬申三月二十六日示寂,尒後每年扵是日念佛回向,永久勿替。"該段話原爲初版、新舊譜所無,内容亦與碑文無内在關係。碑文是用一塊完整的黑葉巖勒刻,附加的這段話則是刻於另一小塊黑葉巖,與碑文一道拼嵌在牆壁上。由此顯見是特意補充的。

12.3　20世紀初葉草庵的佛教屬性

上揭舊譜,對弘一大師撰寫草庵碑記事只是如上引那句話,一筆帶去。當然,其時草庵並無今日的知名度。事隔幾十年後,編撰者林子青居士重修大師年譜,對草庵的了解程度顯然大爲加深,因此,新譜在同一年月條下,就撰寫碑記事,文字有所增加：

> 泉州草庵爲摩尼教遺跡,向由僧侶董理。師愛其幽寂,晚年屢居其地。爲撰《重興草庵記》嵌於庵壁,以留紀念。[2]

至於注釋中所錄《重興草庵記》,則仍轉錄舊譜,惟改正了一個明顯的錯字,即把"龍象巖"改正爲"龍泉巖"。按年譜撰寫的一條基本原則,就是如實客觀記述主人的行狀。舊譜所記弘一法師撰重興草庵碑記事,應是符合這一原則的;而上引新譜這段文字則似有添足之嫌。從行文看,居士顯然已清楚學界把草庵所供奉的石佛定性爲摩尼教遺物,因而對其所崇敬的大師當年竟然住錫該寺並爲之撰碑,似有尷尬之感,故用"向由僧侶董理"來婉轉解釋。而且把"師愛其幽寂"作爲其晚年屢居草庵的原因,而撰記不過是"以留紀念"耳。居士似乎

---

〔1〕林子青：《弘一法師年譜》,頁265,注釋見頁266-267。
〔2〕林子青：《弘一法師年譜》"1936年（民國25年丙子）五十七歲"條,頁237。

是有意低調處理撰寫碑記事。不過，有關弘一在草庵講經弘法活動，新譜之記錄都有增無減，1935年12月臥病草庵一度病危時所撰充滿佛教精神的遺囑，[1] 亦照錄無遺。

按弘一法師當年撰碑記，當然離不開"晚年屢居其地"這一緣分，即文中所云"輒居意空，淹留累月。凤緣有在，蓋非偶然"。因此，說撰書勒碑是爲了紀念，自沒有錯；但其初衷，則絕不止於紀念曾屢居草庵耳。碑記以"重興草庵"爲題，內容也是圍繞這一主題，第一段敍述草庵歷史，爲"重興"作鋪墊，最實質性的文字自是中間一段："勝清御宇，寖以零落；昔日金刹，鞠爲茂艸。中華建業十二載，瑞意、廣空上人，傷其廢圮，奘意重興。縣歷歲時，營治堂宇。壬申十月，復建意空樓三楹；雖未循復舊觀，亦可粗具規范。"這段碑文明顯是表彰瑞意、廣空上人重興草庵的貢獻，亦是該碑立意之所在。正是出於揄揚兩位上人重興草庵的無量功德，在勒碑時纔會特別補上一段追薦瑞意上人的文字。因此，如果把撰寫動機僅僅歸結爲作者對個人行止的紀念，顯有悖大師之初衷。看來，居士鑒於草庵原係摩尼寺而非佛寺，便認爲瑞意、廣空重興草庵的行動與弘揚佛法無關，不值得撰文歌頌。其實，專門爲佛教營建寺院，固然史不絕書，但由其他宗教廟宇，尤其民間宗教廟宇、祠堂改建或擴建成佛教寺院，亦屢見不鮮。而摩尼教作爲非主流宗教，其原有的廟宇被改造或嬗變爲佛教寺院，在歷史上更絕非罕見。8、9世紀吐魯番的許多摩尼教洞窟後來都被改造成佛教洞窟，這是國際摩尼教學者所周知的事實；[2] 而位於溫州蒼南縣括山鄉下湯村彭家山山麓的選真禪寺，在宋代便是摩尼教寺。[3] 類似這種寺廟改變宗教屬性的現象，各國、各種宗教均不稀有，不贅。就

〔1〕即在重病中給隨侍傳貫法師的一紙遺囑，其中囑在其命終後，將遺體"送往樓後之山凹中，歷三日有虎食則善；否則三日後就地焚化，焚化後再通知他位。萬不可早通知余之命終前後，諸事極爲簡單……"云云。

〔2〕詳參森安孝夫：《ウィグルニマニ教史の研究》，刊《大坂大学文学部紀要》第卅——卅二卷合併号，1991年。

〔3〕拙文：《宋元溫州選真寺摩尼教屬性再辨析》，刊《中華文史論叢》，2006年第4輯（總84輯），頁265-288；修訂本見《中古夷教華化叢考》，蘭州大學出版社，2011年，頁1-18。

史料看，未見歷代佛僧對所居寺院昔年的異教屬性多所介意，當今善信自也不必爲此耿耿於懷。

按草庵原先確曾屬於摩尼教，但據粘良圖先生的最新研究，在明嘉靖8年至10年（1529—1531）間任晉江知縣的錢楩，爲改變地方信奉鬼神的陋俗，發展教育，已將摩尼教草庵改爲書院。[1]自此，草庵便與摩尼教脫鉤，不再是其教徒宗教活動之中心。而書院不久廢棄，復經明清之際的戰爭，更見荒蕪。有關該庵本來的宗教面目，在人們的記憶中早已中斷了。至20世紀初，瑞意、廣空上人把草庵目爲廢棄的佛教古廟，把其間石像目爲佛教之佛而加修葺，並按佛寺模式擴建。彼等重興草庵事跡年代不遠，當地口碑相傳，耳熟能詳。粘良圖先生通過對耆老及草庵住持哈姑（1925—2006）的採訪，已將這段歷史形諸文字，爲一般著作所未有，特過錄如下：

> 至民國初年，蘇內村有一位曾氏的農民出家草庵，法號叫瑞意（1891—1932）。他是個"胎裏素"，從小吃不得魚肉，一吃就會嘔吐，已近而立之年了，尚未娶親，自己覺得有佛緣，便就近到草庵出家。當時草庵寺宇已經零落，只得暫搭草棚居住，但好歹還有幾畝齋田，可以耕種自給，而附近蘇內等村落，信善衆多，只要是收成時節，提著布袋到村裏化些齋糧，不會空手而歸的。只是瑞意半路出家的人，佛教知識甚少，根本不懂得做佛事。只依傍著摩尼光佛雕像，供奉香火而已。也是機緣湊巧，來了一個廣空和尚（1887—1970）與他合作，興復了草庵。
>
> 廣空是晉江小沿塘人，早年在青陽石鼓齋堂受戒，曾遠遊九華、五台、普陀名勝，後任靈鷲寺住持。1924 年到草庵，結識瑞意師，又睹華表山勝景，遂來草庵與瑞意合作。廣空師有俗家兄弟在南洋，家境甚好，本人會替人看風水、解詩籤、做佛事，就負責理外。瑞意師有力氣，能吃苦，就在寺內鋪路築牆，整頓寺宇，種植蔬果。寺廟漸有起色，又在草庵寺前面蓋了一座三開

---

[1]粘良圖：《晉江草庵研究》，頁70。

間的"龍泉寺"，内供佛教的五方佛。僧侶漸漸增加到十來個和尚，兩個菜姑。當時草庵地方偏僻，香火不多，每年四月初八"佛祖生"，也只能募得到四角、六角香火錢。僧尼主要還靠自耕自食。每天既做功課，也下田幹活。耕種一片十餘畝的田園，又種了二三畝茶在山上，還雇了一個長工幫著種田。經過多年勤儉粒積，奔走籌資，1932 年又在摩尼光佛崖刻東面建了一幢三楹小樓，作爲僧舍。不料是年三月瑞意師在建屋基礎石時失手受傷，不治身亡。[1]

上引田野調查資料述瑞意的出家因緣，雖未刻意提及受戒事，但作爲佛僧的身份似不必質疑；至於廣空的佛僧身份，則更無可辯駁。在這兩位佛僧心目中，草庵的古石像就是佛陀，覆蓋石像的石室就是佛殿。他們"傷其廢圮，彆意重興"。假如他們清楚原有的石像與他們所應崇拜的佛無關，即便不予剷除，照理也得在石室另塑佛陀金身以供奉。至於石室主殿之外所增建者，更是一按佛寺的模式。當年弘一法師三度住錫草庵，就是下榻在新建的三楹小樓僧舍。"爲紀念瑞意師、廣空師的辛勤勞苦創業及宣揚佛教虛空的理義，新建的僧舍取名'意空樓'，弘一法師親筆書篆文'意空樓'三字刻於匾額。"[2]如是，已荒廢之草庵即便原來非屬佛教，但瑞意、廣空上人把其當佛寺重興，弘一法師站在佛教徒的角度，加以讚揚，顯然並無不妥。

20世紀初葉的草庵，無疑應是佛教寺院，儘管其還保存著時人所未知的摩尼教遺跡。弘一法師當年之入住草庵，乃應庵主之邀。新舊年譜的"1933年（民國22年癸酉）五十四歲"條都徵引性常《親近弘一法師之回憶》："十一月十五日（即1933年12月31日），大師應草庵寺主請，由傳貫法師陪大師菭庵過冬。余在廈聽經畢，遂詣庵伴大師度歲。"[3]年譜還記載法師在草庵度歲期間的佛教活動，諸如"歲晚至月臺隨喜佛七法會，受請擬泉州《梵行清信女講習會規則並序》"；除夕

---

〔1〕粘良圖：《晉江草庵研究》，頁112。
〔2〕粘良圖：《晉江草庵研究》，頁113。
〔3〕林子青：《弘一法師年譜》，頁204，頁213注釋（26）。

305

之夜，"於意空樓登座佛前，爲傳貫與性常二師選講靈峰大師《祭顯愚大師爪髮鉢文》"，等等。[1]足見弘一法師草庵之行，斷非誤入異教寺廟，雖曰度歲，但絕不忘弘揚佛法。

12.4　草庵早期歷史辨釋

如上面所已論證，20世紀初葉弘一法師曾三度住錫的草庵乃為佛寺，那麼，其既要撰文頌瑞意、廣空重興草庵之舉，必定要追溯草庵之往昔、肇建之緣起，是以，碑記開篇即云：

> 草庵肇興，蓋在宋代。逮及明初，輪奐盡美。有龍泉巖，其地幽勝。尒時十八碩儒，讀書其間；後悉登進，位躋貴顯。殿供石佛，昔為巖壁，常現金容。因依其形，劚造石像。余題句云："石壁光明，相傳為文佛現影；史乘記載，於此有名賢讀書。"蓋其事也。

按以石室和石像爲主體的草庵，乃源於元代，本爲華化摩尼教，即明教之廟宇，不僅文獻資料記載明確，而且還有碑刻資料佐證，確鑿無疑。其文獻資料見成書於萬曆47年（1619）的何喬遠（1557—1631）《閩書》，其卷7《方域志》"華表山"條下凡467字。該條文字起始云：

> 華表山與靈源相連，兩峰角立如華表。山背之麓，有草庵，元時物也，祀摩尼佛。……

接著便是追述摩尼教的起源，介紹該教義理、禮儀之要旨，以至唐代入華歷史，尤其是入閩經過，及至作者生活年代流播的情況等。[2]其碑刻資料則是草庵石像兩側字跡漫漶的題記，於20世紀50和60年代先後發現，錄文如下：

> 興化路羅山境姚興祖，奉捨石室一完。祈薦先君正卿姚汝堅三十三宴，姊郭氏五九太孺，繼母黃十三娘，先兄姚月澗，四學世生界者。

---

[1] 林子青：《弘一法師年譜》，頁204-205。

[2]《閩書》（1），廈門大學點校本，福建人民出版社，1994年，頁171-172。

謝店市信士陳真澤立寺，喜捨本師聖像，祈薦考妣早生佛地者。至元五年戌月四日記。[1]

這一題記，用語顯與佛教徒造像碑不同，所奉捨的建築物不稱佛寺、佛殿之類，而稱"石室"；所造的神像不稱某佛、某菩薩之類，而稱"本師聖像"，[2] 由是益證當時草庵的供養人並非佛教徒；而題記落款至元5年（1339），正與《閩書》所云"元時物"契合。

"逮及明初"，則不但有供奉摩尼佛的石室，而且還有僧房，緣在20世紀50年代，尚可見到庵前有摩崖石刻，勒刻"勸念 清淨光明 大力智慧 無上至真 摩尼光佛 正統乙丑年九月十三日 住山弟子明書立"諸字。[3] 按"清淨光明 大力智慧 無上至真 摩尼光佛"十六字，[4] 乃元明時代東南沿海地區明教的偈語。[5] 而草庵既有明教的"住山弟子"，就意味著已經擴建，有了僧舍等，成了名副其實的寺院。"正統乙丑年"，即西元1445年。該落款說明時至明朝（1368—1644）早期，草庵仍是明教徒的宗教活動中心。

如是，雕琢石像、蓋建草庵石室事，對當今學者來說，已十分清楚，毋庸置辯。不過，碑記所述的草庵早期歷史必有所本，緣20世紀80年代初泉州發現的清蔡永兼撰《西山雜志》抄本，其中"草庵寺"條，亦就有類似說法。[6] 可見其版本至遲在清代已流傳。由於石室和石像肇建於元末，而到明代中期纔被改造爲書院，因此，"文佛現影"之

〔1〕吳幼雄先生據20世紀60年代初拓片過錄，見吳文良原著，吳幼雄增訂《泉州宗教石刻》（增訂本），科學出版社，2005年，頁443。

〔2〕此處曾請益北京故宮碑拓專家施安昌先生，誌謝！

〔3〕見曾閱：《"草庵"摩尼教遺跡漫紀》，刊《福建文博》，1980年第1期，頁53。原石已在文革時被毀，今庵旁所刻者係複製品。

〔4〕石刻位於"庵前約40米處"，十六字爲正書，"徑63釐米"。見林文明：《摩尼教和草庵遺跡》，刊《海交史研究》，1978年第1期，頁22-40，引文見頁40。

〔5〕詳參拙文：《福建明教十六字偈考釋》，刊《文史》，2004年第1輯，頁230-246；修訂本見拙著：《中古三夷教辨證》，中華書局，2005年，頁5-32。

〔6〕志云："宋紹興十八年（1148），宋宗室趙紫陽在石刀山之麓築龍泉書院，夜中常見院後石壁五彩光華。於是僧人吉祥，募資琢佛容而建之寺，曰'摩尼寺'。元大德時（1297—1307），邱明瑜曾航舟至湖，格登摩尼步，捐修石亭，稱曰'草庵寺'。明正統乙丑十年（1445）修。明洪天馨先生與吳象坤先後隱居於此。爾後佛會僧人謂摩尼非牟尼，遂置之荒蕪也；而龍泉庵則被清兵所毀。"錄文爲李玉昆先生惠賜，誌謝！

傳說，即使有可能早就有之，但與"名賢讀書"事綴合在一起，似就不可能早於元末。竊意該等傳說之源頭，或出自明教徒。草庵被改爲書院，明教住山弟子被驅離，信衆當有所不甘，遂力圖將草庵神化，冀以保護舊址。該等故事，膾炙人口，歷代相傳，自更活靈活現。當然，傳說也並非純屬空穴來風，"其地幽勝"，適宜讀書，何況確曾爲書院，出人才自是順理成章的事，但過於誇大了，對此粘良圖先生已詳加考證，[1]不贅。至於佛容現影之說，亦非毫無依託，緣草庵的石像，據晉江文博專家黃世春先生細緻的考察：

>此像以整堵化崗巖石雕成，全身均為灰白色，但其面部竟呈"青草石"色，手部卻"粉紅"色，如此天造地設，神化色彩，實爲奇特。[2]

既然石像刻於如此奇特的天生石頭上面，那麼，被想像爲按巖壁所現佛容，劚造石像，也並非不可思議。宗教徒向以神跡爲信，庵主固樂於這一傳說，弘一法師顯更欣賞有加。

12.5 草庵石像稱謂考述

在弘一法師的碑記中，最引人矚目並爭論者，莫過於稱所供石像爲"文佛"。在上揭草庵元代題記中，該石像被稱爲"本師聖像"。上揭《閩書》"華表山"條下述及明教入閩歷史時寫道：

>會昌中，汰僧，明教在汰中。有呼祿法師者，來入福唐，授侶三山，游方泉郡，卒葬郡北山下。至道中，懷安士人李廷裕，得佛像于京城葡肆，鬻以五十千錢，而瑞相遂傳閩中。[3]

至道（995—997）爲宋太宗年號，故"京城"當指北宋的東京，即今開封。草庵的"本師聖像"，很可能就是依這個"瑞相"雕琢的。《閩書》把這一聖像稱爲"摩尼佛"，可能就是時人的稱謂。明教所崇

---

〔1〕粘良圖：《晉江草庵研究》，頁73-74。

〔2〕黃世春：《草庵和陳埭回族》，刊《晉江鄉訊》1991年第74期。

〔3〕《閩書》（1），《方域志》，頁172。

拜諸神早就以佛稱之，如"妙水佛""先意佛""夷數佛"等。[1]其實，該摩崖雕像，迄今保存完好，頂端所勒刻的"摩尼光佛"四字，清晰可讀(見圖版12.3)。復據摩崖石刻那16個大字，元明時代晉江的明教徒對草庵石像的正式稱謂無疑作"摩尼光佛"。這一稱謂可溯至唐代，有敦煌唐寫本摩尼經《摩尼光佛教法儀略》爲證，其中把教主摩尼稱爲"摩尼光佛"。[2]該詞借自佛教，[3]漢譯佛典多見。[4]草庵題記中所謂"本師聖像"，當謂本教教主"摩尼光佛"之像。這一稱謂到了明代，可能被晉江當地善信簡化，變成《閩書》所載的"摩尼佛"。不過，隨著對草庵明教源頭記憶的中斷，鄉民則多稱之爲摩尼公，至今尤然，顯示其早已成爲當地民間信仰諸神之一。由於"摩尼"與"牟尼"名字音近，文化不高的佛教徒把兩者混同，在清代或已有之，就如上揭《西山雜誌》所稱："爾後佛會僧人謂摩尼非牟尼，遂置之荒蕪也。"

當年重興草庵的瑞意和廣空必定亦把"摩尼"與"牟尼"混同，目草庵的石像爲釋迦牟尼佛。這一誤解，顯非個別人士，緣時人已有發文責難者。1937年廈門《佛教公論》第1卷第6、7號合刊載有署名念西的文章《辨泉州摩尼如來偽像》，其開篇云："余昔聞泉州石刀山摩尼如來像，鬚髮之相，疑怪所以！至於今者，閱泉報一月一日所載，乃知是摩尼教初祖呼祿像，非如來也。"[5]文中披露了20世紀50年代以來草庵研究者未曾提到的另一石刻文字：

> 祿像之右畔，鐫石有"摩尼如來"四字者，蓋後人無知識，

〔1〕參閱《宋會要輯稿》一六五冊"刑法二"，中華書局，1957年，頁6534。

〔2〕見 S.3969《摩尼光佛教法儀略·託化國主名號宗教第一》："佛夷瑟德烏盧詵者，本國梵音也。譯云光明使者，又号其智法王，亦謂摩尼光佛，即我光明大慧无上醫王應化法身之異号也。"圖版見《英藏》（5），四川人民出版社，1992年，頁223。

〔3〕梵文作 Maniprabhatathāgatārhatsamyaksambuddha，參 Haloun and W. B. Henning, "The Compendium of the Doctrines and Styles of the Teachings of Mani, the Buddha of Light", *Asia Major* III, 1952，p.192, Note 37.

〔4〕見《觀虛空藏菩薩經》，《大正藏》（13）；《佛說佛名經》，《十方千五百佛名經》，《大正藏》(14)；《佛說觀佛三昧海經》，《大正藏》（15）；《現在十方千五百佛名並雜佛同號》，《大正藏》(85)。

〔5〕念西《辨泉州摩尼如來偽像》，刊《佛教公論》1937年第1卷第6、7號合刊，第12-13頁，影印收入《民國佛教期刊文獻集成》第146卷，全國圖書館文獻縮微複製中心，2006年，頁44-45。是文余前未所知，蒙廣州中山圖書館張淑瓊博士惠示，誌謝！

而妄安其名，殊不知摩尼與牟尼，梵音雖近，譯義不同；今將梵語考稽真實，庶不致以盲引盲而墮坑落漸（土底）也。請見於左：

　　摩尼：梵，又作末尼。此云：珠，寶，離垢，如意，隨意；珠之總名也。

　　牟尼：釋迦世尊聖號，譯曰：寂；又譯：寂默，寂靜，有事理二種解釋，備載佛學典。[1]

石像右畔摩崖所刻“摩尼如來”四字，今無所見，但這四個字斷非草庵肇建時所刻，是否如念西推測那樣，爲“後人無知識，而妄安其名”，則似未必。緣無論刻字者把石像誤判爲何神，心目中必目其爲聖像，在其旁刻字，絕非教外好事者一時心血來潮、玩世不恭的隨意行爲。是以，刻字者若非佛教徒，便是明教徒。如係前者，意欲把該像歸屬本教所有，則直刻“牟尼如來”便可，焉會把本師“牟尼”改成“摩尼”？故竊疑當屬後者所爲，即明代被驅離草庵的明教徒或信衆，或其後人之所作，他們始不敢改本師名諱，假以如來之名，意在保護本師聖像，免得官府目爲邪教或淫祠之物破壞之。不管怎樣，“摩尼如來”四字之刻，應非近人行徑。這至少意味著草庵石像之混同釋迦世尊，當事出有因，由來有自。而《泉州日報》和《佛教公論》都發文澄清這一誤會，則反證了其時泉人，不論教俗，殆把草庵石像直當釋迦牟尼佛。當年廣空上人向弘一法師介紹草庵時，必定也以供奉如來石佛自詡。無論弘一法師是否認同，至少從禮貌上，他不會提出異議。而將該古石像名以“文佛”入聯，自無拂庵主之意，緣釋迦牟尼佛又稱釋迦文佛也，佛典常見。“牟尼，經中或作文尼。”[2]釋迦牟尼略“尼”字，即成“釋迦文”也。[3]儘管佛典中鮮見單以“文佛”二字

---

〔1〕念西：《辨泉州摩尼如來僞像》，頁12下欄。

〔2〕慧琳撰：《一切經音義》卷第72，《大正藏》（54），頁776下。

〔3〕慧琳撰：《一切經音義》卷第27：“釋迦文：釋迦能姓。劫初之時未有君長，衆推有道以爲司契，共立一王，號莫訶三未多，云大等音樂，謂大衆齊等音樂立爲王也，即佛高祖。以嫡相從，曾不失墜，共讚能爲人帝。因斯遂姓釋迦。牟尼寂義，佛之別號，謂能寂默生死惡法，亦能證得涅盤寂埋。姓號雙舉，故云“釋迦牟尼”。今語略云“釋迦文”。《智度論》云釋迦文尼即牟尼同譯，殊略尼字也，云釋迦文也。”《大正藏》（54），頁485中。

來稱呼釋迦牟尼佛，但在特定的語境下，如爲了入聯而把釋迦文佛簡略成"文佛"，似亦可通。當初庵主笑納對聯，可能就是這樣把"文佛"當釋迦牟尼解。

不過，弘一法師所謂"文佛"，當非釋迦文佛之略稱。緣草庵石像（見圖版12.4）與釋迦牟尼佛形象的差異，即便是教外人也不難看出，當年吳文良先生在將草庵與《閩書》的記載對號時就指出：

> 從佛像的雕塑看，也和釋迦牟尼的造像大不相同。釋迦造像多雕塑成慈眼低垂，鼻樑高暢，雙頰圓潤，且頭上有螺髮，下巴無鬚；今日在草庵所見的摩尼佛造像，無螺髮，而有二道長鬚，垂至腹際，其背後的光輪，也和牟尼背後的佛焰不同。這是非常明顯的。[1]

弘一法師作為一代高僧，精通像、教，在俗時又是首屈一指的美術大師，所見如來金身畫塑何止千百，焉會看不到這些差異？相反的，很可能一眼便識穿此像非"吾佛如來"。倘弘一法師果目石像為釋迦牟尼佛的話，何不就照石像旁邊的"摩尼如來"四字，徑以"如來"入聯，作"石壁光明，相傳為如來現影"，大可不必假"文佛"之名。何況，題句中上聯的"文佛"乃與下聯的"名賢"對仗，假如"文佛"指的是釋迦文佛，則意味著對聯竟將佛祖與世俗士人比對，吾人殊難信弘一法師本意如此。因此，竊疑弘一法師撰聯時，當非將"文佛"指代"牟尼"。

按草庵石像畢竟是古代傳下來的，在當時已爲佛僧所供奉，其雖非釋迦牟尼，但誠如粘良圖先生所指出："弘一法師是一個佛教徒，本身以弘揚佛法爲志願，先前由於草庵明教的零落，使佛教徒能輕易地把草庵改造成佛教的道場。這時豈有察察爲明，辯明摩尼光佛並非佛教，把它推出去的道理？"[2] 顯然，在弘一法師看來，其仍不失爲一佛。名之"文佛"，就是把其列入佛的系列。竊意草庵的石像，儘管有兩道長鬚，類乎道貌，但趺坐於蓮花座上，一派佛身，十八道背光，則可與

---

〔1〕見吳文良：《泉州宗教石刻》，科學出版社，1957年，頁44。

〔2〕粘良圖：《晉江草庵研究》，頁116。

311

佛教所謂"十八圓淨"相匹。[1]更何況諸佛隨類化現,在不同時空, 也不盡相同。石像的形象是按佛常現的"金容"雕琢的, 那就是某佛的真身, 即便所雕刻的形象與常見諸佛有異, 那也無礙其作爲佛的身份。

按中國佛典既把如來佛也音譯爲釋迦文佛, 而在漢語中, "文"字含意多襃,[2]爾後佛門或民間宗教效法之, 名某些神明作"某某文佛", 應在常理之中。如福建地區, 就有"泗洲文佛"崇拜, 據云該佛原型爲唐時僧人釋僧伽;[3]而福州浦西福壽宮則供奉"明教文佛"。[4]其他地區當還有其他甚麼文佛崇拜之類。至於世俗, 或直把文佛作文化聖人解, 以之恭維某些文人, 此當別論。無論如何, 至少在弘一法師旅居十年的南閩,[5]宗教範疇的"文佛", 並非陌生的名字。不過, 像草庵石像那樣的佛容, 弘一法師肯定並未看過類似者, 弘一法師但以一"文"字名之, 而不冠以其他任何修飾語, 顯係特指草庵石像, 乃專稱, 而非模擬神譜上別的甚麼文佛。

12.6 "文佛"非指摩尼佛辨

或以爲弘一法師對草庵摩尼佛早已了然, 其所謂"文佛"乃意同摩尼佛、摩尼光佛, 坊間甚或演繹爲明教徒將本教主神稱文佛, 遂把有文佛之名的古物目爲明教遺跡, "驚現"於報章, 流播於網絡。其實, 在漢文摩尼教文獻中, 不論內典、外典, 都未見有將摩尼教諸神稱"文

---

〔1〕"按其面貌、服飾、姿式和背光, 已與高昌壁畫所見的摩尼大異, 可說是一座華化的偶像。背光十八道, 也與摩尼'十二光'的理念不合。很可能, 草庵摩尼的十八道背光, 意在象徵佛教所謂'十八圓淨'其第一項'色相圓淨':'光明遍照無明世界', 可與摩尼二宗論附會, 並與'清淨光明'的偈語對應。"見蔡鴻生《唐宋時代摩尼教在濱海地域的變異》, 刊《中山大學學報》(社會科學版), 2004年第6期, 頁114-117;引文見頁116。

〔2〕張守節:《史記正義·謚法解》:"經天緯地曰文;道德博聞曰文;勤學好問曰文;慈惠愛民曰文;湣民惠禮曰文;錫民爵位曰文。"見《史記》(10), 中華書局, 1959年, 頁19。

〔3〕文字資料參見香港寶蓮禪寺網站文章:林曉君:《福州泗洲文佛信仰初探》, 發表時間:2009年1月22日, 作者係福建師大社會歷史學院研究生。

〔4〕詳參拙文:《福州浦西福壽宮"明教文佛"宗教屬性辨析》, 刊《中山大學學報》(社會科學版), 2004年第6期, 頁118-123;修訂本見《中古三夷教辨證》, 頁58-72。

〔5〕弘一法師曾在南閩弘法十年, 詳見其《南閩十年之夢影》, 收入《弘一大師全集》第8冊"雜著卷"第3部類"雜誌", 頁19-21。

佛"者。生活於近現代的弘一法師，焉可能爲中古摩尼教取此神名？多年來，總有一些學者認爲弘一法師早已察覺到草庵的摩尼教遺跡，但卻未見任何有力的舉證。其實，當年弘一法師是否已意識到草庵石像便是摩尼佛像，只要對其時泉州有關人士和弘一法師本人於摩尼教的認識程度略作考察，便可了然。

如上面所已指出，泉人多把草庵石像誤當釋迦世尊，但並非沒有人懷疑。依筆者目前所知，最早提出公開質疑者，當屬上揭念西所"閱泉報一月一日所載"文章，按念西文章落款"民廿五年二月一日稿於泉州開元寺"，則其所閱文章應刊《泉州日報》1936年1月1日，筆者曾拜託粘良圖先生在當地文獻檔案館尋覓是文，未果。不過，念西文章對該文多有徵引，尤其是下面兩句：

據報云："唐會昌中，汰僧；傳摩尼教，即明教也。"

又報云："呼祿卒於泉，葬於郡北之老君巖後。"[1]

所引這兩句話，行文類乎上揭《閩書》"華表山"條，足證泉報文章的作者當讀過是條史料，且據該條史料所云"有呼祿法師者，來入福唐，授侶三山，游方泉郡，卒葬郡北山下"一句，將草庵石像直當呼祿像，明確否定其爲如來。當然，把草庵石像當呼祿像，也不準確，但畢竟已往摩尼教靠近了。不過，念西的文章雖認同其非如來之說，但卻不以其屬摩尼教爲然：

又報：謂呼祿法師傳摩尼教，此吾釋史所未之聞。或當道門別設名教，以欺世人！如周武通道觀之設，表面詐合二教，內容專爲老教，而撲滅佛教者；今摩尼教，似名異而制同。茲更爲摩尼像，略述一種明證，以決所疑者：自來道士，多是怒髮衝冠，不除鬚髮；何有法師素隱行怪，居諸異乎人？此可證明呼祿像是道士，非如來者一。又報云："呼祿卒於泉，葬於郡北之老君巖後"。此足見其學老教，而性相近者，斯可證明呼祿像法道士，非如來者二。吁！有是二證，足知是獵師披袈裟，原非彼使物；

[1]念西：《辨泉州摩尼如來僞像》，頁12。

其爲僞濫真亦爾，自有明眼識之。[1]

可見，即便當時竭力否定草庵石像佛教屬性之人士，實際也不明白該像由來，畢竟都缺乏摩尼教及其在華傳播史的基本知識。

按中國摩尼教研究源於20世紀初敦煌摩尼教寫經的發現，迄至30年代弘一法師到草庵時，國人研究摩尼教者屈指可數，不外寥寥數位，這只要檢索一下有關書目，便可了然於胸。其時，即便於摩尼教有所專攻的學者，就該教入傳中土前在中亞、波斯的流播情況，所知也不多，無從比較其入華後的變異，對摩尼教華化歷程的認識不過爾爾。而草庵石像的造型，實際是摩尼教在中國東南沿海地區深度華化後所自行創作的教主形象，與波斯摩尼的形象迥異。[2]就算對摩尼教略有研究的人，看到草庵的石像，也未必能辨認出其與摩尼教之關係。20世紀50年代學者之所以敢確認草庵摩尼教遺跡，是由於宗教史大家陳垣先生已將《閩書》所載草庵判定爲元明時代摩尼教資料：

閩書著於明萬曆末年，以其人（何喬遠）非佛教徒，故其言獨持平而無貶語。且於摩尼生卒及流傳中國年代，言之甚詳，爲前此載籍所未有，而元明兩朝摩尼之狀況，亦因此可略見一斑。[3]

而中國摩尼教研究的奠基者伯希和對此也予以認同。[4]是以，其時學者之發現，乃在《閩書》記載的指引下，刻意尋訪該遺址，並與之對號的結果；而非見草庵有特異處，而據摩尼教理加以考證所得。上面提到的"泉報"文章作者，可能是偶讀《閩書》對草庵的記載，但卻不明白其所以然，由是，始把草庵石像目爲呼祿法師。因此，似乎可以這樣說：除非弘一法師讀過陳垣先生的《摩尼教入中國考》，帶著問題入住草庵考察，他纔可能發現草庵原來的摩尼教屬性。但我們知

---

〔1〕念西：《辨泉州摩尼如來僞像》，頁12。

〔2〕參拙文：《泉州草庵摩尼雕像與吐魯番摩尼畫像的比較》，刊《考古與文物》，2003年第2期，頁76-80；修訂本見《中古三夷教辨證》，頁33-41。

〔3〕陳垣：《摩尼教入中國考》，引文見《陳垣學術論文集》第1集，頁367。

〔4〕P. Pelliot, "Les traditions manichéennes au Fou-Kien", *T'oung Pao* XXII, 1923, pp. 193-208；馮承鈞漢譯：《福建摩尼教遺跡》，收入《西域南海史地考證譯叢九編》，中華書局，1958年，頁125-141；商務印書館重印，1995年。

道，當年弘一法師之到草庵，是應庵主之邀，或"度歲"，或"養病"，或弘法，斷非有感於草庵之與摩尼教有關而前往學術考察。復觀《弘一大師全集》，洋洋十大冊，八百多萬字，除個人著述講演外，本人書信、日記，他人回憶紀念文章等等，攬括無遺，惟未有論及摩尼教者，亦未發現弘一法師曾與任何一位摩尼教學者，包括1926年到泉州訪古企圖尋訪草庵的廈門大學張星烺、陳萬里諸教授等，[1]有所過從或書信往來。因此，無論從弘一法師的知識領域或其學術興趣，抑或其交往的人際羣體看，迄今均未見有任何可能通向摩尼教研究領域的跡象。當然，這並不等於說，弘一法師對泉州當地教俗之質疑草庵石像置若罔聞。

按1936年"泉報一月一日所載"文章，我們難以肯定弘一法師有讀到。緣新譜"1936年（民國二十五年丙子）五十七歲"條下伊始寫道："是年元旦，臥病草庵，晨起試筆，書'菩薩四攝行'八大字，並自記年月。"[2] 病魔纏身，未必會對俗世報紙那麼關注，多所留意。但次年發表的念西文章與弘一法師的碑記同刊《佛教公論》第1卷第6、7號合刊，弘一法師則必讀無疑。觀念西文章，頗諳佛學，文章末端"稿於泉州開元寺"的落款，益證乃佛門中人。更有，上引新譜條下還提到弘一法師是次在草庵臥病患的是臂瘡，"對於病因、病情發展與險惡及醫療經過，於致夏丏尊、念西、豐德、劉質平書及蔡吉堂、吳丹明之《弘一法師在廈門》等有詳細記述"。[3] 其間致念西、豐德書新譜有節錄，見注釋5，[4]《弘一大師全集》全文收入。[5] 這位撰文辨偽的念西

---

〔1〕當年諸學者尋訪草庵遺址事跡見張星烺：《泉州訪古記》，刊《史學與地學》，1928年第4期，頁16；陳萬里：《閩南遊記》，上海開明書店，1930年，頁47-48。

〔2〕林子青：《弘一法師年譜》，頁236；注釋云："手書'菩薩四攝行'：'佈施、愛語、利行、同事。——丙子元旦晨試筆。時臥病草庵，沙門一音年五十又七。'"見頁237。

〔3〕林子青：《弘一法師年譜》，頁236。

〔4〕林子青：《弘一法師年譜》，頁238。

〔5〕見《弘一大師全集》第8冊：雜著卷・書信卷103 《致念西、豐德律師》，頁310-311。

很可能就是弘一法師所致書的念西。[1]若然，則就石像屬性的問題，弘一法師即便沒有與之討論，但對其有關文章，也必細讀。念西文章站在佛教徒立場，力證草庵石像爲"僞像"，最後，甚至主張將該像進行改造：

> 總之，誤傳之錯，錯已錯矣！今當將錯就錯，以像更（平聲）雕：去其鬚、而改其髮爲旋螺之髮，修其容，而成佛滿月之容，易其服制爲法服之制；至於名稱"摩"字，須改"牟"字爲正，始可以言諸寺院牟尼如來，一體同觀，而息諸見聞之嫌駭異者！[2]

這篇文章顯然頗有殺傷力，以致曾有小和尚敲掉石像的一截鬍鬚，[3]而上面提到的"摩尼如來"四字，亦被悄悄磨除。不過，弘一法師顯然不以念西的主張爲然，否則，以他的威望，只要他認同，庵主也許真的會付諸行動，對石像多加更修，甚或毀棄重塑，若然，則今人必將唏噓扼腕矣。面對泉州教俗人士之質疑，弘一法師更於1938年重新撰書《重新草庵碑》，勒石嵌於庵壁，其中實質性的文字，一無改易；而且，還特地添加一段追薦瑞意上人的文字，高度評價其"重興草庵，功在萬世"。這固然說明其對碑記的提法很自信，認爲經得起推敲，不必因念西的辨僞而修改，但恐怕也暗示當時泉州佛教界乃以弘一法師之馬首是瞻，實際已認同他的觀點；否則，像弘一法師這樣的一代高僧，爲會那麼固執己見，故意與教友較勁？竊意弘一法師勒碑的行動，實際就是要藉自己在泉州佛教界的威望，肯定瑞意、廣空上人重興草庵、弘揚佛法的無量功德，肯定石佛並非異教之物，希望

---

〔1〕上揭《弘一大師全集》第8册《弘一大師全集》書信卷《致念西、豐德律師》注釋曰："念西律師，名義俊，福建漳州人，出家石室巖，專修淨土法門，故號念西。後又從弘一法師學律。著有《念西集》及《龍袴國師傳》。"見頁311。

〔2〕念西：《辨泉州摩尼如來僞像》，頁13。

〔3〕泉州資深文博專家李玉昆先生曾考察過石像："草庵摩尼光佛有背光，背光有十八道光線光芒四射。面相圓潤，頭髮披肩，下巴有兩縷長鬚（在四十多年前爲小和尚所敲斷一截，他們試圖讓他變爲釋迦牟尼，因爲佛是沒有鬍鬚的）。身穿寬袖僧衣、無扣，胸前有一飾物爲圓圈套打結，兩條帶下垂至臍部，又套在圓圈上部，圓圈下部有兩條帶下垂至結跏趺座腿部打蝴蝶結，然後向兩側作八字形下垂。"見氏文：《福建晉江草庵摩尼教遺跡探索》，刊《世界宗教研究》，1986年第2期，頁134-139；引文見頁135。

日後不再出現有損草庵的言行。因此，這一行動既是正式地回應了泉人對草庵石像屬性的質疑，實際上也就終結了佛教界這場爭論。而從認知的角度看，則反證了弘一法師並無意識到草庵與摩尼教之淵源。

12.7　草庵"文佛"之意涵

《碑記》中"文佛"之名，既非釋迦文佛之略稱，也非模擬中國神譜上的某某文佛，又排除其指代摩尼佛的可能性，那麼何其爲真實之意涵？

顧南閩地區多古刹，實不乏"幽寂"者；而30年代的草庵，在南閩諸多佛寺中，可說是藉藉無名。然弘一法師卻對其情有獨鍾，一而再，再而三地入住，"淹留累月"；撰對聯，賜墨寶，爲草庵石像正以佛名；復不畏人言，刻碑頌草庵之重興。該等行動，隱隱約約透露出其對草庵別有情結，並非把其目爲一般佛寺，而另有所寄。

按弘一法師（1880—1942），俗名李叔同，自幼飽讀儒家詩書，出家前是中國新文化運動的前驅，被譽爲近代史上著名的藝術家、教育家、思想家、革新家；在諸多文化領域中，都大有建樹，桃李滿天下。可謂傑出的文化人——"大儒"了。這位大儒中年出家入釋，成爲中國近現代佛教史上一位最著名的高僧，被尊爲南山律宗大師，律宗第十一世祖。考援釋入儒的文化人，史不絕書；惟像李叔同這樣由儒入釋，出家而嚴守戒律並成爲律宗大師者，則罕見其匹。作爲由儒入釋的弘一法師，對於儒釋關係的認識自比他人要深刻得多，尤其是感性認識，益非世俗學者所可比匹。因此，竊意其在修持過程中，出於儒釋情結，無論是自覺或不自覺，必然經常在追求某種儒釋和合之境界。藝術家出身的弘一法師，對這種境界的表現自然有其獨特的手法。觀碑記所云"十八碩儒，讀書其間；後悉登進，位躋貴顯。殿供石佛，昔爲巖壁，常現金容"，實際是描繪了一幅儒生夜讀詩書、佛容顯現巖壁之畫面，豈非儒釋和合的一種藝術體現？而題句的"石壁光明，相傳爲文佛現影"，點明是借用傳說；"史乘記載，於此有名賢讀書"，則

·歐·亞·歷·史·文·化·文·庫·

明示乃據史書。如是虛實結合，將所描繪的儒釋和合意境，以楹聯的形式概括之。

照傳說，石佛的真身經常現影於書院之巖壁上，乃意味著其一直與儒生同在，或隱或現。爾後儒生之悉進貴顯，無疑與該佛顯靈分不開。那麼，"因依其形" 所劃造的石像之名 "文佛"，當係基於其與儒生的關係。按國人把供奉孔夫子的廟宇稱文廟，弘一法師把與儒生同在之石佛名為 "文佛"，不亦宜乎！"文" 者，儒也；"文佛" 者，儒佛也。

復觀草庵石像，有佛陀之坐姿，雖因兩道長鬚而被認為是 "佛身道貌"；但察其相："面容慈祥，神清氣爽，五官端正，頭圓、額寬、面方、肩闊；眼若秋日，恢然遠視；眉秀而長，如懸犀新月；鼻直如膽，口唇適中。可以說，其是按中國傳統相術所崇尚的相貌塑造的。"[1] 這一金容，當然也是中國傳統士大夫所欣賞或欽羨之福相。因此，如著眼宗教所常用的象徵手法，吾人目其為儒釋和合的化身或象徵恐亦未嘗不可。其實，有意無意地將異教所崇拜的神祇，吸收改造為本教的崇拜對象，這在宗教史上是屢見不鮮的現象。因此，弘一法師把草庵石像名為 "文佛"，請進佛教萬神殿，其間雖不無誤會，然不足為奇。

華化的佛教與中國傳統儒家並非冰炭，二家的理念不無共通之處，但碑記所表達的儒釋和合理念，倒不是在思想上、理性上的相融，或像某些失意文人援釋入儒那樣，以出世思想平衡自家心態。弘一法師顯然是從草庵的起源傳說得到靈感，於是從禮儀上、情感上來將兩者溝通。其假釋家的神明，以 "文佛" 之名延入儒家，目 "文佛" 為儒生精神之所寄，靈魂之所託，倡導供奉。當然，他並非奢望文化人也都出家修持念佛、研佛弘法，但無疑希望文化人也能受佛法薰陶、淨化。正因為對 "殿供石佛" 作出這樣的定性定位，那麼，將草庵從零落廢圮的狀態下修復重興，在弘一法師看來，便是 "功在萬世" 之舉。因此，為重興草庵而工傷故去的瑞意，儘管全無佛學根柢，只是一個

---

〔1〕參拙文：《泉州草庵摩尼雕像與吐魯番畫像的比較》，刊《考古與文物》，2003年第3期，頁76-80，引文見《中古三夷教辨證》，頁37。

"胎裏素"，如果在大寺裏，無非是個勞作僧耳，但弘一法師卻備極尊敬，刻意勒石追薦。

在對草庵石像的態度上，由大儒而成高僧的弘一法師與辨僞派相比，學識與宗教胸懷的高低立見。後者惟拘泥於佛像之外貌，以外表辨真僞；前者則更悟佛法之真諦，深信吾佛隨類化現，普渡眾生，只要有利弘揚佛法，無妨兼收並蓄。正是由於弘一法師的學識和宗教胸懷，使草庵得以完整倖存下來。

12.8　結語

元末肇建的晉江明教草庵，於16世紀中葉被改爲書院，爾後復歷遭戰亂而荒棄。20世紀初，凋零的草庵被佛僧誤當佛寺重修。一代高僧弘一法師在30年代曾三度住錫該庵，1936年撰《重興草庵碑》，1938年復加修訂刻石，嵌於庵壁。在《碑記》中，源於明教徒炮製的草庵神跡，被弘一法師解讀成一幅儒釋和合的圖景，明教徒所供之摩尼佛石像被名爲文佛，進入佛教神譜，遂得以完整保存下來。而今，草庵復原爲摩尼教遺跡，位居國家重點文物保護單位。草庵之有今日風光，弘一法師之功不可沒。

草庵自肇建到於今，歷時近7個世紀，其間盛衰興替，跌宕多姿，猶如萬花筒，因緣巧合，必然偶然，令人遐思無窮。

（本文初刊臺灣《普門學報》，2010年5月第57期，頁1-32。）

13 泉州草庵遺址明教屬性辨識之學理與方法

13.1 引言

明教在20世紀80年代之前，即便在學術圈子，也只是極少數學者關注的課題；至於明教究為何物，能說出個子丑寅卯的，在社會中恐屬鳳毛麟角。不過在今天，明教已是家喻戶曉、婦孺皆知，更成為日常津津樂道之話題。這自是拜金庸先生名作《倚天屠龍記》及據該書改編的影視劇所賜。近幾年，隨着明教知名度的提高，旅遊經濟的發展，網絡、報刊不時有驚現"明教遺址""明教遺物"的報導。其間有的"驚現"係以金庸武俠小說所述明教為座標，進行比對，互相印證，蓋與學術無涉；緣武俠小說所寫的明教屬於文學創作，與歷史真實畢竟頗有距離。[1]但有的則已進入學術界之視野，亟待討論落實。本章無意對該等新發現一一評論，僅擬以泉州晉江華表山麓草庵遺址（見本書圖版13.1）為個案，在逾半個世紀來學界研究的基礎上，從學理與方法之角度，解讀該遺址明教屬性確認的依據，庶幾可資其他明教遺跡的辨識、鑑定參考，更冀就教方家。

13.2 "明教"定義的界定

以往國人多把明教與摩尼教等同，互相通用；但嚴格來說，兩者是有區別的。摩尼教是公元3世紀中葉波斯人 Mani 所創立的一個世界性宗教，西文遂以其教主名之，稱 Manichaeism. 如今常說的"摩尼教"

---

[1] 參拙文：《金庸筆下的明教與歷史的真實》，刊《歷史月刊》第98期，1996年，頁62–67。

一名，倒非譯自當代西文，而是承襲唐代已有的叫法。[1]學界業已證明，唐代流行的摩尼教隸屬該教的東方教會，係由中亞經陸上絲綢之路進入中原傳播。[2]唐人因其來自西域、胡人所奉，遂目其爲外夷之教，與大秦教（景教）、祆教並稱三夷教。該教曾在唐代中國領三夷教之風騷，爲佛僧所側目。會昌年間（841—846），唐武宗迫害外來宗教，摩尼教首當其衝，寺廟悉被拆毀，西來僧侶遭驅逐殺戮殆盡。該教被迫潛伏民間，自行生存發展。學界把宋元期間直至明代活躍於東南沿海地區的明教，目爲摩尼教在中國傳播的又一階段。不過，兩者已有很大的不同，正如中國摩尼教研究之奠基者沙畹、伯希和所指出："真正之摩尼教，質言之，大摩尼師自外來傳佈之教，已滅於八四三年之敕；尚存者爲已改之摩尼教，華化的摩尼教耳。"[3]沙、伯所謂"華化的摩尼教"，蓋指唐後流行的明教。教名曰"明"，取意"教闡明宗、用除暗惑"[4]之教旨；"明"字從日從月，表意崇拜日月，是爲地道之漢名。

作爲教門稱謂的"明教"一詞的西譯，沙、伯二氏爲最早，意譯成法文 La religion de La Lumière,[5]爾後西人遂照此譯成其他文種，如英文作 The Religion of Light。當然，依漢語讀音譯作 Ming-che, Mingjiao 等也有之。但西方學者絕對不會用"明教"來指代中國之外的摩尼教，

〔1〕李德裕：《賜回鶻可汗書意》："摩尼教天寶以前中國禁斷。自累朝緣回鶻敬信，始許興行；江淮數鎮，皆令闡教。近各得本道申奏，緣自聞回鶻破亡，奉法因茲懈怠。蕃僧在彼，稍似無依。吳楚水鄉，人性嚚薄。信心既去，翕習至難。且佛是大師，尚隨緣行教，與蒼生緣盡，終不力爲。朕深念異國遠僧，欲其安堵，且令於兩都及太原信嚮處行教，其江淮諸寺權停，待回鶻本土安寧，即却令如舊。"《全唐文》卷699，中華書局，1983年，頁7182。

〔2〕參拙文：《早期摩尼教在中亞地區的成功傳播》，見林悟殊：《摩尼教及其東漸》，中華書局，1987年，頁35-45；林悟殊：《摩尼教及其東漸》，淑馨出版社，1997年增訂本，頁33-43。《唐代摩尼教與中亞摩尼教團》，刊《文史》第23輯，1984年，頁85-93；修訂本見林悟殊：《摩尼教及其東漸》，中華書局，1987年，頁64-75；林悟殊：《摩尼教及其東漸》，淑馨出版社，1997年增訂本，頁61-71；林悟殊：《敦煌文書與夷教研究》（當代敦煌學者自選集），上海古籍出版社，2011年，頁167-178。

〔3〕Éd. Chavannes & P. Pelliot,"Un traité manichéen retrouvé en Chine (Deuxième partie, suite et fin)", *Journal Asiatique*,11.sér., I, Mars-Avril, 1913, p.303. 譯文引自沙畹、伯希和撰，馮承鈞譯：《摩尼教流行中國考》，《西域南海史地考證譯叢八編》，商務印書館，1958年，頁80。

〔4〕《摩尼光佛教法儀略一卷》，《英藏敦煌文獻》（5），四川人民出版社，1992年，頁224上。

〔5〕Édouard Chavannes et Paul Pelliot, "Un traité manichéen retrouvé en Chine (Deuxième partie)", *Journal Asiatique*, sér. 11,1, 1913, p.325.

一般只在討論中國流行的摩尼教始會以此名之。但更嚴謹地說，明教一詞只能用作唐後華化摩尼教之異稱別名，緣唐代未見有以明教指代摩尼教者。就筆者所知資料，明教之作爲教門稱謂，莫早於五代末徐鉉（916—991）撰編的《稽神錄》，其卷3 "清源都將" 目下云清源（泉州）人楊某家鬧鬼事："後有善作魔法者，名曰明教，請爲持經一宿。鬼乃唾罵某而去，因而遂絕。"[1]

按歷史上各種宗教無不吸收其他宗教的成分，摩尼教尤其如此，以至曾被學者當成是一個 "糅合" "折衷" "雜糅" 或 "混合" 基督教、瑣羅亞斯德教、佛教而成的宗教。西漸的摩尼教被學者解讀爲基督教諸斯替派之一宗，足見其基督教成分之多；而當該教東傳時，爲適應中亞的人文環境，與原教旨摩尼教更是日行漸遠，佛教色彩日益濃烈，入唐之後更極力躋身佛、道之間。明教既是唐代摩尼教遺存中土自生自滅的華化產物，歷經數百年變異，與中國的佛教、道教以及地方民間信仰匯流，遂成了本土宗教。其時的明教羣體，從高層到低層，包括一般信衆，皆爲華人；即便有胡人，也是早已華化的胡裔。自宋代以降，域外已不存在摩尼教會，明教自然就不存在與域外的宗教聯繫。[2]因而，儘管明教諸神名以及經文或保留唐代某些音譯文字，但其絕非像唐代摩尼教那樣，被時人目爲夷教。道理猶如唐後之佛教，業已融入中華文化的大熔爐，儘管保留諸多音譯梵文，但不再被視爲外夷之物。

此外，尚須強調的是，"明教" 一詞，古漢語中早就有之，作 "高明的教誨" "明了的教導" 等解，在對別人言論或書劄表示尊敬的場合下，往往使用該詞。[3]唐代《九姓回鶻可汗碑》述摩尼教傳入回鶻史事，簡中出現 "明教" 二字，以往一些學者遂以爲唐人也將摩尼教稱爲 "明

---

〔1〕徐鉉撰、白化文點校：《稽神錄》，中華書局，1996年，頁46。

〔2〕參拙文：《宋元濱海地域明教非海路輸入辨》，載《中山大學學報》2005年第3期，頁67—71；修訂本見《中古夷教華化叢考》，蘭州大學出版社，2011年，頁40—50。

〔3〕如《戰國策》卷22《魏策一·蘇子爲趙合從說魏王》便有 "寡人不肖，未嘗得聞明教" 之語，上海古籍出版社，1978年，頁791。

教”，正是出於這一誤會。[1]就此，連立昌老先生早在1988年就詳加辨釋了，[2]不贅。“明教”若非專指某一教門，則不過是一個偏正結構的普通名詞，但如果與其他名詞組合，又可成爲專用名詞，如唐代東京“明教坊”[3]，宋代福建長樂“明教堂”。[4]前者爲住坊名，後者則是書齋名，均取教誨之義。而佛門僧傳中更有因精通說教而被賜號“明教大師”者。[5]所以，吾人不能一見有“明教”字樣，便直與摩尼教聯想。但如果是“明教會”則不同，因爲從漢語角度，這明確表明屬於教派名稱。《佛祖統紀》卷48“述曰”：

> 嘗考《夷堅志》云：“喫菜事魔，三山尤熾。爲首者紫帽寬衫，婦人黑冠白服，稱爲明教會。所事佛衣白，引經中所謂‘白佛言，世尊’。取《金剛經》一佛、二佛、三、四、五佛，以爲第五佛。又名末摩尼，采《化胡經》‘乘自然光明道氣，飛入西那玉界蘇鄰國中，降誕玉宮爲太子，出家稱末摩尼’，以自表證。其經名《二宗三際》。‘二宗’者，明與暗也；‘三際’者，過去未來現在也。[6]

此處的明教會無疑便是明教組織的稱謂，其與摩尼教的血緣關係，也表述得很明確。20世紀七八十年代之交，晉江文博專家黃世春先生主持草庵遺址的修復和發掘工作，就發現刻有“明教會”字樣的宋代

---

〔1〕參閱 Édouard Chavannes et Paul Pelliot, "Un traité manichéen retrouvé en Chine (Deuxième partie)", *Journal Asiatique*, sér. 11,1, 1913, p.325；馮承鈞譯：《摩尼教流行中國考》，《西域南海史地考證譯叢八編》，頁88。

〔2〕連立昌：《明教性質芻議》，刊《福建論壇》，1988年第3期，頁39-43。

〔3〕徐松撰，李健超增訂：《增訂唐兩京城坊考》卷5：“定鼎門街第一街，從南第一曰明教坊。”三秦出版社，1996，頁263。

〔4〕明教堂在長樂二十三都姚坑村，方志、族譜有載，遺址已得到修復。有關資料蒙福建姚詩殷先生見賜。誌謝！

〔5〕如唐代僧利涉於開元年間儒釋道三教對論中，鎮服諸師，帝乃賜號“明教寺”，封號“明教大師”。見《宋高僧傳》卷17《唐京兆大安國寺利涉傳》，中華書局，1987年，頁420。宋代還有一些沙門高僧享有明教大師的稱號，如《佛祖統紀》卷43提到的太平興國五年（980）至汴京的印度僧天息災，《鐔津明教大師行業記》所載仁宗時代契嵩（1007—1072年），等等。詳參《佛光大辭典》“明教大師”條，書目文獻出版社，1989年，頁3283上-中。

〔6〕《佛祖統紀》卷48，《大正藏》（49），頁431上。

·歐·亞·歷·史·文·化·文·庫·

瓷碗，[1] 係當時當地明教徒的用具，可資爲證。

13.3　晉江元代草庵遺址的發現

　　位於福建泉州晉江華表山東麓的草庵，因庵内摩崖石雕像被確認爲元代明教遺物，而成爲全國重點文物保護單位。該遺址的發現，實有賴明晰的文獻記載指引，是爲明代何喬遠（1557—1631年）的《閩書》卷7《方域志》"華表山"條下。該條資料與本章主題關係密切，特據當今流行的廈門大學《閩書》校點本過錄於下：

　　　　華表山，與靈源相連，兩峯角立如華表。山背之麓，有草庵，元時物也，祀摩尼佛。摩尼佛，名末摩尼光佛，蘇隣國人。又一佛也，號具智大明使。云：老子西入流沙五百餘歲，當漢獻帝建安之戊子，寄形梣曇。國王拔帝之后，食而甘之，遂有孕，及期擘胸而出。梣曇者，禁苑石榴也。其說與攀李樹出左脇相應。其教曰明，衣尚白，朝拜日，夕拜月；了見法性，究竟廣明，云："即汝之性，是我之身。即我之身，是汝之性。"蓋合釋老而一之，行於大食、拂菻、吐火羅、波斯諸國。晉武帝太始丙戌，滅度於波斯，以其法屬上首慕闍。慕闍，當唐高宗朝，行教中國。至武則天時，慕闍高弟密烏沒斯拂多誕復入見。群僧妬譖，互相擊難。則天悅其說，留使課經。開元中，作大雲光明寺奉之。自言其國始有二聖，號先意、夷數，若吾中國之言盤古者，末之爲言大也。其經有七部，有《化胡經》，言老子西入流沙，托生蘇鄰事。會昌中，汰僧，明教在汰中。有呼祿法師者，來入福唐，授侶三山，游方泉郡，卒葬郡北山下。至道中，懷安士人李廷裕，得佛像於京城卜肆，鬻以五十千錢，而瑞相遂傳閩中。真宗朝，閩士人林世長，取其經以進，授守福州文學。皇朝太祖定天下，以三教範民，又嫌其教門，上逼國號，擯其徒，毀其宫，戶部尚

---

　　〔1〕黃世春：《福建晉江草庵發現明教會黑釉碗》，刊《海交史研究》，1985年第1期，頁73，圖版見封3。

書郁新、禮部尚書楊隆奏留之，因得置不問。今民間習其術者，行符呪，名師氏，法不甚顯云。庵後有萬石峰，有玉泉，有雲梯百級及諸題刻。[1]

從整篇文字看，何氏是把草庵作爲當地名勝古跡錄入方域志。顯然，何氏對該古跡很感興趣，爲說明其性質由來，還查閱了當時所能看到，包括今已失傳的諸多有關書籍。其因草庵而追述摩尼教的起源，介紹該教義理、禮儀之要旨，以至唐代入華歷史，尤其是入閩經過；最後還介紹其生活年代該教在民間流傳的狀況，等等。全條460餘字，是爲中國摩尼教研究最寶貴的外典資料。陳垣先生最先注意到這條資料，在其1923年發表的名著《摩尼教入中國考》中，把其作爲"元明時代摩尼教"史料徵引，全文過錄。[2]

當1923年陳垣先生刊出這條資料後，伯希和十分振奮，即將陳垣先生之錄文法譯，並以此作爲主要史料，在《通報》發表《福建摩尼教遺跡》一文。[3] 文章中還據《大清一統志》卷328、1868年版《福建通志》卷8等的記載，考定華表山的地理位置應在泉州南40里（現今行政區劃隸屬晉江市）；同時揭示1870年版《泉州府志》"華表山"條，有"識及祀摩尼佛之草庵，並引有黃鳳翔（《福建通志》卷204志其人歿於1614年）秋夜遊其廢址感詠之詩"，[4] 昭示了草庵遺存下來的可能性，從而把其推入考古、文博專家的視野。隨後在1926年11月、12月，廈門大學教授陳萬里先生等一再訪古泉州，試圖找到該遺址，未果。陳先生於其《閩南遊記》中整節引錄了《閩書》卷7《方域志》有關文字後，以懷疑的口吻曰：

何喬遠當時所謂草庵者，是否尚在，無從加以證明，則明萬

---

〔1〕《閩書》（1），廈門大學校點本，福建人民出版社，1994年，頁171–172。

〔2〕陳垣：《摩尼教入中國考》，刊《國學季刊》，第1卷第2號（1923年4月），頁203–239；收入《陳垣學術論文集》第1集，中華書局，1980年，頁329–374，相關錄文見頁367–368。

〔3〕P. Pelliot, "Les traditions manichéennes au Fou-Kien", *T'oung Pao* XXII, 1923, pp.193–208. 馮承鈞漢譯：《福建摩尼教遺跡》，收入《西域南海史地考證譯叢九編》，中華書局，1958年，頁125–141。

〔4〕P. Pelliot, "Les traditions manichéennes au Fou-Kien", pp.199–200, n.2; 馮承鈞譯：《福建摩尼教遺跡》，頁131–132。

· 欧 · 亚 · 历 · 史 · 文 · 化 · 文 · 库 ·

曆時此庵猶在之說，似有疑問也。[1]

其實，草庵一直存在着，不過是被目爲荒廢的佛寺。當1926年陳萬里諸先生尋找草庵時，法號曰瑞意和廣空的兩位佛僧，正在整修重興草庵。[2]陳先生之所以找不到，如吳文良先生後來所說，是"因走錯了路"。[3]20世紀30年代，經過整修的草庵成爲泉州佛寺之一，且以"其地幽勝"著稱，以至一代高僧弘一法師曾三度住錫該庵，或弘法，或養病。[4]儘管30年代泉州僧俗已有人質疑草庵所供石像的佛教屬性，甚至提出更修該像。[5]但弘一法師從儒釋和合的角度，撰寫了《重興草庵碑》，肯定草庵的佛教性質，遂平息了有關的爭論。[6]這一學術公案可能由於當年國難當頭，學界未加措意，否則，草庵的本來屬性可能會提早宣示。

明教草庵之最終發現，應歸功於泉州外來宗教石刻考古家吳文良先生。[7]吳先生藉助其熟悉鄉土文化之優勢，照《閩書》等方志文獻之指引，按圖索驥，於40年代便找到弘一法師駐錫過的草庵，並經多次考察，認定其即爲《閩書》所載者。[8]這一重要發現早在1956年便被披

---

〔1〕陳萬里：《閩南遊記》，上海開明書店，1930年，頁49。

〔2〕粘良圖：《晉江草庵研究》，廈門大學出版社，2008年12月，頁112。

〔3〕吳文良：《泉州宗教石刻》，科學出版社，1957年，頁45。

〔4〕據林子青：《弘一法師年譜》（宗教文化出版社，1995年），弘一法師從1933年秒到1938年初，曾三度到草庵，或度歲，或養病，或弘法。

〔5〕1937年廈門《佛教公論》載有署名念西的文章《辨泉州摩尼如來偶像》（見第1卷第6、7號合刊，頁12-13），其開篇云："余昔聞泉州石刀山摩尼如來像，鬚髮之相，疑怪所以！至於今者，閱泉報一月一日所載，乃知是摩尼教初祖呼祿像，非如來也。"最後，更主張"以像更雕：去其鬚，而改其髮爲旋螺之髮，修其容，而成佛滿月之容，易其服製爲法服之製"，云云。影印收入《民國佛教期刊文獻集成》第146卷，全國圖書館文獻縮微複製中心，2006年，頁44-45。是文蒙廣州中山圖書館張淑瓊博士惠示，誌謝！

〔6〕詳參本書：《弘一法師〈重興草庵碑〉考釋》，刊《普門學報》2010年第57期，頁1-32。

〔7〕有關草庵的發現，參拙文：《晉江摩尼教草庵發現始末考述》，刊《福建師範大學學報》2010年第1期，頁61-65。

〔8〕吳幼雄：《泉州宗教文化》，鷺江出版社，1993年，頁292。

露，[1]國外也有報導，[2]但在吳先生1957年出版的《泉州宗教石刻》始正式公諸於世。[3]

就草庵遺址的發現物，吳著的報導主要有3項，即：名曰草庵的石廟建築，廟內正壁的石雕像，以及廟前"清淨光明 大力智慧無上至真摩尼光佛"十六大字摩崖石刻。當年吳先生認定該草庵爲摩尼教遺址的4點理據是：

1. 釋迦牟尼佛在每一個佛教徒的印象中是非常深刻的，決不至於將"牟尼"誤寫爲"摩尼"。

2. 從佛像的雕塑看，也和釋迦牟尼的造像大不相同。釋迦造像多雕塑成慈眼低垂，鼻樑高暢，雙頰圓潤，且頭上有螺髮，下巴無鬚；今日在草庵所見的摩尼佛造像，無螺髮，而有二道長鬚，垂至腹際，其背後的光輪，也和牟尼背後的佛焰不同。這是非常明顯的。

3. 凡佛寺所在地，其刻石往往刻有勸念："南無阿彌陀佛，南無……"等句子，從未見有勸念："清淨光明"等句的。

4. 泉俗紀念釋迦牟尼佛誕生日子（其實是紀念觀音菩薩的誕辰）是農曆 2 月 19 日；而今日南門外紀念摩尼光佛誕辰，卻是在農曆 4 月 16 日，這樣看，紀念佛誕的日子也各不同。[4]

上述理據，實際都無涉摩尼教義理，不過是力排草庵的佛教屬性，重點是否認草庵所供石像爲釋迦牟尼，從而推定其就是何氏所云的明教草庵。

按第一條理據關於"牟尼"與"摩尼"的混同，實際事出有因。緣據上個世紀30年代資料，草庵石像右畔"鐫石有'摩尼如來'四字"，

〔1〕莊爲璣：《談最近發現的泉州中外交通的史跡》，刊《考古通訊》，1956年第3期，頁43-48，有關部分見頁47。

〔2〕L. Carrington Goodrich, "Recent Discoveries at Zayton", *Journal of the American Oriental Society* LXXVII, 1957, pp.161-165.

〔3〕吳文良：《泉州宗教石刻》，頁44-45。

〔4〕吳文良：《泉州宗教石刻》，頁44。

被認爲是"後人無知識，而妄安其名"。[1]竊疑係明代被驅離草庵的明教徒假以如來之名，意在保護本師聖像，免得官府目爲邪教或淫祠之物破壞之。[2]按摩尼與牟尼，譯義不同，但梵音相近，[3]在晉江當地方言中，兩者的讀音僅在韻母上稍有區別，一般未必分得很清。該"摩尼如來"四字，今雖無所見，但當年佛僧之所以目石像爲釋迦牟尼，顯然與這四字有關。當然，20年代重興草庵的兩位僧人並非學問僧，其修復草庵廢廟之初衷恐與求得修持棲身之地分不開。[4]因此，即便其意識到"摩尼"與"牟尼"有別，或察覺到石像與當地佛寺的釋迦牟尼金身有異，但潛意識中也寧願相信其就是釋迦牟尼。

第二條理據是從造型上辨草庵石像之異於釋迦牟尼像。當然，從形貌上來否定草庵石像爲釋迦牟尼佛並不難。如上面所已提到，30年代泉州教俗便已對其提出質疑，惟未引起相關學者注意耳。

就晉江草庵與《閩書》的對號，尚有石像兩側題記可資補證，是爲20世紀五六十年代當地文博工作者所先後發現。記云：

> 興化路羅山境姚興祖，奉捨石室一完。祈薦先君正卿姚汝堅三十三宴，姚郭氏五九太孺，繼母黃十三娘，先兄姚月澗，四學世生界者。

> 謝店市信士陳真澤立寺，喜捨本師聖像，祈薦考妣早生佛地者。至元五年戊月四日記。[5]

題記落款至元五年（1339），正是元代年號，與《閩書》所云"元時物"契合。觀題記模式，類乎佛教的建寺造像碑，但遣詞造句，顯

---

[1]念西：《辨泉州摩尼如來偈像》，《民國佛教期刊文獻集成》第146卷，頁44-45。

[2]參本書：《弘一法師〈重興草庵碑〉考釋》。

[3]"摩尼，（物名）Mani，又作末尼。譯曰珠，寶，離垢，如意。珠之總名。""牟尼，（術語）muni，譯曰寂。又作牟默，寂靜。有二解：一就事，一就理。就事而解，則悉多太子始入劫毗羅城時，使諸釋子寂靜無言，故父王附以牟尼之稱，又出家後常修禪行，而寂默無言，故從時人受牟尼仙之號。……就理而解，則佛與三乘之聖人所證之法名寂默，依之而稱佛爲牟尼，蓋佛及阿羅漢之通稱也。"丁福保：《佛學大辭典》，文物出版社，1984年，頁1284，529。

[4]關草庵興廢沿變的歷史，詳參見粘良圖《晉江草庵研究》，瑞意、廣空重修草庵詳情，見是書頁112。

[5]吳幼雄先生據20世紀60年代初拓片過錄，見吳文良原著，吳幼雄增訂：《泉州宗教石刻》，科學出版社，2005年，頁443。

與佛教不同：所奉捨之建築物不稱佛寺、佛殿之類，而稱"石室"；所造神像不謂某佛、某菩薩，而稱"本師聖像"，這就排除了立碑者爲一般佛教徒的可能性。[1]而後，就陳眞澤立寺之舉，文博專家李玉昆先生從當地族譜資料找到相應的記載：

> 謝店市，今名佘店，離草庵約四里。陳眞澤在《佘店陳氏族譜》中有記載。譜云，陳眞澤"修建草庵石佛，不吝資財，立有石碑，垂裕後昆於不朽"。[2]

族譜和碑記互證，確認了陳眞澤其人其事。

以上回顧，意在強調文獻記載與考古發現互補的重要意義。正如王國維先生在《古史新證·總論》中所倡："吾輩生於今日，幸於紙上之材料外，更得地下之新材料。由此種材料，我輩固得據以補正紙上之材料，亦得證明古書之某部分全爲實錄，即百家不雅訓之言，亦不無表示一面之事實。此二重證據法惟在今日始得爲之。"[3]

13.4　草庵摩崖石刻的明教屬性

由於《閩書》有關華表山草庵的明教淵源記載翔實，毋庸置疑，[4]因此，只要能證明弘一法師曾駐錫的草庵便是《閩書》所載的草庵，兩者對上號，那麼其作爲元代明教遺址，從邏輯來說，便可成立。不過，這一推論方法對明教遺址的考證而言，似只有個案意義，缺乏普遍的參考價值。緣迄今世界各地的摩尼教遺址，像草庵這樣有明確的文獻記載作導引者，乃獨此一家，別無分號。其實，若離開《閩書》的記載，不論如何排除草庵石像的佛教屬性，發現草庵石像有多少特

---

〔1〕此處曾請益北京故宮碑拓專家施安昌先生，誌謝！

〔2〕李玉昆：《20世紀福建摩尼教的新發現及其研究》，刊《福建宗教》，1999年第1期，頁37。

〔3〕王國維：《古史新證——王國維最後的講義》，清華大學出版社，1994年，頁2。

〔4〕按何喬遠，傳見《明史》卷242，其間有云："喬遠博覽，好著書，嘗輯明十三朝遺事爲《名山藏》，又纂《閩書》百五十卷，頗行於世，然援據多舛云。"（中華書局，1974年，頁6287）不過，就何氏專述摩尼教這四百多字，幾十年來學者們的研究，已越來越證明其所言不誣。參閱拙文《泉州摩尼教淵源考》，刊林中澤主編：《華夏文明與西方世界》，博士苑出版社，2003年，頁75-93；修訂本見《中古三夷教辨證》，中華書局，2005年，頁375-398。

異之處，均難將草庵直掛明教，緣其他民間信仰也多把佛道神靈雜糅，形態各異。

草庵作爲一個古代遺址，能證明其原來明教屬性的實物證據，應是吳著報導的十六大字摩崖石刻。該摩崖石刻原位於"庵前約40米處"，"徑63釐米"，[1] 已在文革時期被毀，今庵旁所刻者係複製品。原刻尚有詳細的落款，完整的錄文是：

勸唸　清淨光明　大力智慧　無上至真　摩尼光佛　正統乙丑年九月十三日　住山弟子明書立[2]

該石刻《閩書》闕載，竊意何喬遠畢竟並非明教中人，未能意識到該石刻與草庵摩尼佛的內在聯繫，而目同庵後"諸題刻"，遂略而不錄。

觀石刻的"清淨光明　大力智慧　無上至真　摩尼光佛"十六大字，當屬四字格組成的連貫短語。主詞是"摩尼光佛"，其他3個四字格則是其修飾語。考漢譯佛典，"摩尼光佛"一詞首見於東晉（317—420）天竺三藏佛陀跋陀羅譯《佛說觀佛三昧海經》卷9：

是諸世尊皆說如是觀佛三昧，亦讚白毫大人相光，勸多眾生懺悔係念。過是已後，復得值佛，名摩尼光多陀阿伽度阿羅呵三藐三佛陀。摩尼光佛出現世時，常放光明，以作佛事，度脫人民。如是二萬佛皆同一號名摩尼光。時諸世尊皆以化佛微妙光明誘接眾生，次復有佛名栴檀摩尼光，十號具足。如是百億佛皆號摩尼光，是諸世尊誓願力故，正以眉間白毫相光，覆護眾生除滅眾罪。[3]

此處之摩尼光佛，梵文作 Maniprabhatathāgatārhatsamyaksambuddha。[4] 檢索2010年4月版 CBETA 電子佛典，該詞在眾多佛經中只出現

---

〔1〕石刻位置和勒字大小見林文明《摩尼教和草庵遺跡》，刊《海交史研究》，1978年第1期，頁22-40，有關論述見頁40。

〔2〕該石刻最早報導見吳文良：《泉州宗教石刻》，頁44，圖105。準確的錄文見曾閱《"草庵"摩尼教遺跡漫紀》，刊《福建文博》，1980年第1期，頁53。

〔3〕《佛說觀佛三昧海經》卷9，《大正藏》（15），頁688上。

〔4〕見 Haloun and W. B. Henning, "The Compendium of the Doctrines and Styles of the Teachings of Mani, the Buddha of Light", *Asia Major* III, 1952, p.192, Note 37.

十來例：後魏（386—557）北印度三藏菩提流支譯《佛說佛名經》卷3稱"若善男子善女人受持讀誦是諸佛名一阿僧祇劫，超越世間，不入惡道"，[1]開列誦讀"南無初發心不退轉成就勝佛"等579個佛名，其中第148名爲"南無摩尼光佛"；[2]該經卷6復以同樣理由，勸"善男子善女人受持讀誦""南無智燈佛"等202個佛名，"南無摩尼光佛"名列第68；[3]該經卷5臚列"南無天蓋佛"等1124個佛名，"南無勝藏摩尼光佛"名居第853；[4]該經卷10，臚列"南無不減莊嚴佛"等佛名943個，"南無種種摩尼光佛"列第221；[5]該經卷12列有"南無師子稱佛"等402個佛名，"南無勝藏摩尼光佛"居第357；[6]該經卷22"佛告舍利弗：汝等應當至心歸命北方佛"，開列"南無勝藏佛"等佛名247個，"南無種種摩尼光佛"列第19。[7]此外，佚名《十方千五百佛名經》列南方"純藏寶佛"等156個佛名，"旃檀摩尼光佛"則居最末。[8]佚名《現在十方千五百佛名並雜佛同號》（英藏敦煌寫本 S.2180）有兩例："百億同號旃檀摩尼光佛"，"二萬同號摩尼光佛"。[9]宋罽賓三藏曇摩蜜多譯《觀虛空藏菩薩經》有一例："南方栴檀摩尼光佛"。[10]

由以上的考察可看出，在佛經中摩尼光佛不過是無數佛名之一，並非享有最崇高的地位，其名字被佛教徒誦讀，但不過是泛泛而讀而已；因此，佛僧斷不可能在該佛名之前，冠以"無上至真"這類最高級的形容詞，顯見十六大字摩崖石刻應非佛教之物。

儘管摩尼光佛原是佛教衆佛之一，但考宗教史，把異教之神奉爲本教之神尚且屢見不鮮，遑論借用他教之神名。因此，"摩尼光佛"名

〔1〕《佛說佛名經》卷3，《大正藏》（14），頁129下。
〔2〕《佛說佛名經》卷3，《大正藏》（14），頁129下、130中。
〔3〕《佛說佛名經》卷6，《大正藏》（14），頁210下、211中。
〔4〕《佛說佛名經》卷5，《大正藏》（14），頁137上、141上。
〔5〕《佛說佛名經》卷10，《大正藏》（14），頁169中。
〔6〕《佛說佛名經》卷12，《大正藏》（14），頁229下、231中。
〔7〕《佛說佛名經》卷22，《大正藏》（14），頁274中。
〔8〕《十方千五百佛名經》，《大正藏》（14），頁312下。
〔9〕《現在十方千五百佛名並雜佛同號》，《大正藏》（85），頁1449上。
〔10〕《觀虛空藏菩薩經》，《大正藏》（13），頁679上。

號爲他教所用，實不足奇。就現有的資料，該詞之被借用，當以唐代外來摩尼僧爲先，見其開元19年（731）奉詔而撰解釋本教大略的文件，即敦煌寫本 S.3969《摩尼光佛教法儀略》（以下簡稱《儀略》）。[1] 現存寫本不足兩千字，該詞出現凡七次，[2] 將摩尼光佛作爲本教教主摩尼之神號：

[005] 佛夷瑟德烏盧詵者，_{本國梵音也。}譯云光明使者，又号

[006] 具智法王，亦謂摩尼光佛，即我光明大慧无上

[007] 醫王應化法身之異号也。當欲出世，二耀降

[008] 靈，分光三體；大慈愍故，應敵魔軍。親受明

[009] 尊清净教命，然後化誕，故云光明使者；精真

[010] 洞慧，堅疑克辯，故曰具智法王；虛應靈聖，

[011] 覺觀究竟，故号摩尼光佛。光明所以徹內

[012] 外，大慧所以極人天，无上所以位高尊，醫王

[013] 所以布法藥。則老君託孕，太陽流其晶；釋迦

[014] 受胎，日輪叶其象。資靈本本，三聖亦何殊？成

[015] 性存存，一貫皆悟道。……[3]

這段文字不惟把摩尼光佛作爲本教教祖的稱謂，而且將其與釋迦牟尼、老子並列成三位一體。

按吐魯番出土的伊朗語系摩尼教文獻殘片中，已證明公元三四世紀，中亞摩尼教團已引進佛的概念，爾後甚至把摩尼稱爲彌勒佛，[4] 但未見將摩尼稱爲摩尼光佛。假如《儀略》作者但求將本教與佛教掛靠，當可駕輕就熟，稱摩尼爲彌勒佛。該佛在中土家喻戶曉，比摩尼光佛知名得多。假如作者寄意突出本教崇尚光明之教義，則佛教之有

〔1〕參拙文：《敦煌本〈摩尼光佛教法儀略〉的產生》，刊《世界宗教研究》，1983年第3期，頁71-76；修訂本見林悟殊：《摩尼教及其東漸》，中華書局，1987年，頁168-176；林悟殊：《摩尼教及其東漸》，淑馨出版社，1997年增訂本，頁198-203；林悟殊：《敦煌文書與夷教研究》（當代敦煌學者自選集），上海古籍出版社，2011年，頁30-39。

〔2〕其中一處是引錄《佛說觀佛三昧海經》卷9（頁688上）："摩尼佛出現世時，常放光明，以作佛事。"

〔3〕S.3969《摩尼光佛教法儀略一卷》，《英藏》（5），頁223下。

〔4〕參拙文：《早期摩尼教在中亞地區的成功傳播》。

光明、日月稱謂的佛號甚多，盡可選用。上揭後魏北印度三藏菩提流支譯《佛說佛名經》卷3臚列佛名1167個，其中名字意含光明者甚夥，殆什中有一，如放光明佛、妙勝光明佛、功德王光明佛、十上光明佛、寶光明佛、光莊嚴佛、無障礙光明佛、發光明無礙佛、無等香光佛、賢無垢威德光佛、功德王光明佛、光明波頭摩光佛、無量功德勝名光明佛、無邊光明佛、光明輪佛、光明王佛、光明上勝佛、大雲光明佛、善得平等光明佛、最勝光明佛、羅網光明幢佛、日月淨明德佛、日月光明師子幢佛、日月佛、日然燈上勝佛、優鉢羅然燈佛、十方然燈佛……不一而足。摩尼光佛不過是其中之一，來華摩尼僧獨選該名，顯然不止要突出崇尚光明之教義，更冀藉助諧音張揚教主名諱，與釋迦牟尼、老子並駕齊驅，躋身當時中國的主流宗教。按上引《儀略》文字，稱摩尼光佛爲"光明大慧無上醫王""當欲出世，二耀降靈""應敵魔軍""親受明尊清淨教命""精真洞慧""光明所以徹內外""大慧所以極人天""无上所以位高尊"，云云，實際便已表述了摩崖石刻冠於摩尼光佛之前的修飾語，即"清淨光明　大力智慧　無上至真"的意涵了，只是沒有明確組成三個四字格而已。因此，就這十六字與摩尼教的關係，只要對照《儀略》，便可昭然若揭。

草庵石刻落款正統乙丑年，即公元1445年，爲明初之物。像草庵這樣十六字的碑刻，20世紀八九十年代，在福建省莆田地區的涵江和北高鄉續有發現；[1] 其中涵江碑已被李玉昆先生考定爲元延祐二年（1315）至洪武二年（1369）時物；[2] 北高碑形制小於涵江碑，據當地村民云，原位於一實心石塔之頂尖，石塔毀於1966年。筆者估計該石塔歷史未必很古老，建築也未必很有規模特色，否則，地方文獻當留下記錄。故推測該斷碑年代未必會早於涵江碑。無論如何，元明時代福建當有如是十六字碑刻流行。這樣一個十六字組合的表述模式，與

---

〔1〕有關報導見：陳長城：《莆田涵江發現摩尼教碑刻》，刊《海交史研究》，1988年第2期，頁117–118；陳長城、林祖泉：《涵江摩尼教碑刻考略》，刊《湄洲報》，1988年11月24日第2版；程德魯：《涵江又發現摩尼教殘碑》，刊《湄洲報》，1992年6月12日；鄭旭東：《我市發現第二塊摩尼教碑》，刊《湄洲報》，1992年6月16日。

〔2〕李玉昆：《20世紀福建摩尼教的新發現及其研究》，刊《福建宗教》，1999年第1期，頁37。

"南無大慈大悲救苦救難南海觀世音菩薩"很類似，勸唸這十六個字與佛教勸唸後者如出一轍。近年的田野調查發現，草庵周遭村民把該石稱爲"咒石"，傳說以往誦念這十六個字有辟邪之效。[1]這與佛教徒誦念觀世音菩薩的功效也相類。因此，吾人可把這十六字目爲元末明初時代明教徒特有的偈語、頌語或咒語，也是他們所普遍採用的。這也就提示我們，假如要界定某一遺址的明教屬性，無妨通過考古發掘或田野調查，尋找這一偈語的遺跡。

吾人固知，若有人虔誠地誦念"南無阿彌陀佛""南無觀世音菩薩"，我們自可立判其爲佛弟子；同理，古人虔誠誦念"清淨光明　大力智慧　無上至真　摩尼光佛"十六字，其爲明教徒也應無疑。因此，假如在一個古代遺址中，發現有這十六個字的遺存，吾人自不得不重視其作爲明教遺址的可能性。當然，此處但言可能，或大有可能，在未經進一步縝密考證前，尚不能定案。緣在古代中國諸多民間宗教，把異教神號移入本教並非稀見；明教作爲宋元時期著名的宗教，在福建影響特大，其他非主流教門把明教諸神延入本教神殿應大有可能。更有，這十六字既然被渲染具有辟邪神力，那麼一般民衆出於迷信，在其供奉的各種神廟附近，擇石勒刻也未嘗不可。因此，某一古跡即便有該碑刻，也未必就可立判爲明教徒所遺存。

按上揭草庵造像碑落款的"至元五年"（1339），比草庵石室及其石像之肇建遲106年，這就意味着其並非草庵所原有，並非石室、石像的同時物。其與草庵爲鄰，與草庵固有的信仰未必就有內在的聯繫。不過，值得慶幸的是，原十六字石刻尚保有落款"住山弟子明書立"七字。立碑者明書冠以"住山弟子"，意味着其就是草庵住持，修持於草庵石室附屬的僧舍。而草庵肇建距立碑不外百年之久，上揭《閩書》有云"皇朝太祖定天下，以三教範民，又嫌其教門上逼國號，擯其徒，毀其宮。戶部尚書郁新、禮部尚書楊隆奏留之，因得置不問"。可推證草庵在這百年裏並未遭受嚴重變故，住山弟子尚不可能數典忘祖。其

---

〔1〕據粘良圖先生的田野調查，草庵周遭村民把其用作辟邪咒語。見粘良圖：《晉江草庵研究》，頁88。

選擇庵前刻石，無疑是爲對應正殿所供石像，意在弘揚摩尼光佛教法。

考明教所崇拜諸神早就以佛稱之，如"妙水佛""先意佛""夷數佛"等，[1]均以三字爲度。教祖稱摩尼光佛，日常也可能約稱爲"摩尼佛"，《閩書》遂以摩尼佛入載。據此摩崖石刻，與《閩書》的記載互證，判定晉江草庵原爲明教遺址應是鐵案一宗。事實上，文革後當地文博工作者對草庵遺址的發掘和周遭的田野調查，已確證自宋代以來，當地存在着一個良好的明教生態環境。[2]草庵作爲明教徒宗教活動中心，其存在有必然性，而絕非歷史的偶然。

以上討論的草庵摩崖石刻，是草庵明教屬性最有力的實物證據。但如果遺跡出現的並非完整偈語，而是其中的若干字，若要以此而目爲明教遺物的證據，則要格外小心。"實物"並非"原物"。"原物"即某一物品本來的面目。我們在研究某件"實物"時，不應僅據這件實物現在的樣子而遽下定論，應回溯到它的本原狀態，纔能達到真正的理解。[3]十六字偈雖源自明教徒的創造，不過，那是擷取佛經或道藏的用語綴合而成的。"摩尼光佛"借自佛教固明，其餘修飾性的三個四字格更非明教所專有。而在三個修飾性的四字格中，有實質意義的是前兩個，其間首個四字格"清淨光明"，筆者據上揭佛經電子版檢索，得330餘例，足見佛教之常用。而次四字格"大力智慧"也屬佛教術語，在衆多佛號中，就有"南無大力智慧奮迅王佛"之謂。[4]該術語在佛經中並非罕見，如隋北印度犍陀羅國三藏闍那崛多譯《四童子三昧經》有云：

> 爾時無攀緣菩薩說此偈已，波羅奈城一千徒衆作如是言："此童子者甚奇稀有，智慧辯才無畏深入，生已乃能憶知宿命生生之事，復能巧說種種妙偈。乃有如是大力智慧、無畏難伏淨妙辯才。

---

〔1〕《宋會要輯稿》165冊"刑法二"，中華書局，1957年，頁6534。

〔2〕拙文：《爲華化摩尼教研究獻新知——讀粘良圖〈晉江草庵研究〉》，刊《海交史研究》，2009年第2期（總56期），頁128—134。

〔3〕參巫鴻：《實物的回歸：美術的"歷史物質性"》，刊《美術史十議》，三聯書店，2008年，頁41—53。

〔4〕《佛說佛名經》卷10，《大正藏》（14），頁274上。

願令我等得如是智若此童子。"[1]

"無上至真"則佛道常用,佛經可檢得40多例,多冠於"正覺"之前。道士則常用此語以自詡本教義理。如敦煌文書 P.2456號《大道通玄要》卷1並序引《靈寶自然經訣》云:"太上玄一真人曰:太上無極大道,無上至真,玄居虛無,無形自然。紫薇臺上極虛無之上,上無復天,下無復地,故曰無上至真大道。"[2]

從現存的敦煌唐寫本摩尼經看,其時的摩尼僧對佛經中"清淨光明""大力智慧"這兩個用語情有獨鍾,多所借用。如京藏摩尼經(宇56/北敦00256)第135—136行:

[134]……《寧萬經》

[135]云:"若電那勿具善法者,清净光明,大力智惠,皆偹在

[136]身。即是新人,功德具足。"[3]

英藏摩尼教《下部讚》(Stein 2659)亦有類似的用語,見第146行:

清淨光明大力惠,我今至心普稱歎,慈父明子淨法風,並及一切善法相。[4]

另第151行:

清淨光明力智惠,慈父明子淨法風,微妙相心念思意,夷數電明廣大心。[5]

當然,唐代摩尼僧最初引進這八個字時,很可能是爲格義原教旨的"父的四面尊嚴",但當在華的教徒失去與中亞教團的聯繫,逐步嬗變成本土宗教後,從華夏的思維傳統,信徒們恐已難理解所謂"父的四面尊嚴"這一西方概念。在本土佛教、道教彌漫的氛圍下,恐怕只

---

[1]〔隋〕闍那崛多譯:《四童子三昧經》卷上,《大正藏》(12),頁933下。

[2]見《法藏敦煌西域文獻》(14),上海古籍出版社,2001年,頁119上。

[3]黃永武主編:《敦煌寶藏》(110),新文豐出版公司,1984年,頁421。

[4]《英藏敦煌文獻》(4),頁147。

[5]《英藏敦煌文獻》(4),頁148。

是從修持角度去理解。[1]因此，南宋道士白玉蟾（1194—1229）與彭耜（耜）論明教時，提到該教"大要在乎清淨、光明、大力、智慧八字而已"，[2]這8個字未必指代"父的四面尊嚴"。宋代明教徒很可能經常標榜"清淨光明，大力智慧"，以至道士把其目爲明教徒所奉義理的"大要"。但這八個字原出自佛教，既然明教可以借用，各種受佛教影響的民間教派同樣可以借用；因此，即便遺址有此八字，若無其他資料佐證，亦未必可以遽定其明教屬性。

如果進而將3個四字格還原成6個詞彙，即"清淨、光明、大力、智慧、無上、至真"等，則均爲世俗用語，只因被引進宗教領域後，始帶上崇高和神秘感。對佛教來說，這6個詞彙是頗爲常用的術語，檢索上揭 CBETA 電子佛典，"清淨"出現的頻率逾十八萬例，"光明"逾五萬，"大力"近五千，"智慧"近五萬，"無上"約五萬，"至真"則約二千四百。儘管這一檢索結果未必完整，但佛典頻用該等詞語已毋庸置疑。翻閱《道藏》，這些術語也頗常見，"至真"出現的頻率可能要比佛典高。至於諸多民間宗教的科儀文書、經文等，也都隨處可見。尤其是光明，更是衆多宗教所崇尚，道籙所常見。多年前筆者曾到福建莆田地區考察，便見鄉間或街坊的廟宇多黏貼紅紙，書以"光明"二字。作爲外來夷教的景教，在其遺存下來的幾部經文中，也可以找到該等或相近的詞彙。當然，不同的宗教對該等詞彙所寄寓的意涵未必都相同。因此，民間宗教遺跡中，發現這些用語可能與明教有關，即直接源於明教或受其影響，也可能毫無關係，務必審慎對待。

13.5　草庵明教遺跡引發的思辨

按考古術語中的遺址、遺物、遺跡應是近義詞。其間前兩者顯然

---

〔1〕參拙文：《福建明教十六字偈考釋》，刊《文史》，2004年第1輯，頁230-246；修訂本見《中古三夷教辨證》，頁5-32；林悟殊：《敦煌文書與夷教研究》（當代敦煌學者自選集），上海古籍出版社，2011年，頁198-224。

〔2〕紫壺道士謝顯道編：《海瓊白真人語錄》卷1，《道藏》第33冊，上海書店、文物出版社、天津古籍出版社，1894年，頁115上。

應有實物形態，後者的涵義則較廣，即便不具實物形態，以往遺留下來的習俗等，也可以遺跡稱之。例如，據粘良圖先生在草庵周遭的田野調查，發現當地蘇內村有境主宮，其間供奉草庵摩尼佛畫像和其他諸神雕像，"上供的筵席要用香菇、木耳、花生、豆乾、豆皮等素菜，用水果、蜜餞做果盒。但水果中的芭樂（土名"椋拔"，即相傳摩尼光佛從中託生的"椋暈"）是不能用來上供的"。[1]此處不供椋暈，可能是明教的遺跡。當然，此一遺跡不能引申爲當今的供奉者爲明教徒。近年的田野調查提示我們，[2]不同地區流行的明教間有差異。也就是說，明教還有地方化，即鄉土化的問題，其生存發展還要因應所在地區的具體民俗。因此，其遺跡往往亦可在流行地區的民間信仰和習俗中發現。

在具體語境中，其間更有微妙之差別。如果說"明教遺址"，通常的理解應是明教徒遺留下來的固定宗教建築之類，意味着其有文物價值；若云"明教遺物"，則範圍要廣些，不惟宗教建築物，其他明教徒專用的宗教物品甚至生活用品，都包括在內，同樣都具文物價值。但如果說"明教遺跡"，則舉凡帶有明教成分之實物或非實物均可稱之，其既可以是古代明教徒直接遺留或變異下來，也可能是非明教徒受明教的影響而產生保留下來的。比如，近幾年在晉江草庵所在地的村落裏，田野調查就發現了諸多與明教有關、或帶有明教成分的神像、詩簽，甚至還有摩尼佛的木雕像等。我們可以稱其爲明教遺跡，但不能稱爲明教遺址或遺物，因爲其不過是清代或更晚近時代，當地村民受傳統的影響所製作留傳，其時明教作爲一門獨立宗教早已不存在，已匯入當地的民間信仰中，村民早已不識明教爲何物了。

觀現有文獻，明教雖保有唐代摩尼教"教闡明宗"的靈魂，繼承了二宗三際的基本義理，但構成宗教的其他要素，諸如教團組織、禮儀等，與原來的波斯摩尼教已有重大變異，甚至迥然不同；即便教義，

---

[1]粘良圖：《晉江草庵研究》，頁85。

[2]見福建霞浦縣第3次全國文物普查領導小組《霞浦縣摩尼教（明教）史跡調查報告》，落款時間2009年5月25日，其中有關信息網上甚多。

往往也是寓託於佛、道之說教，佛道色彩至爲明顯，禮儀則多雜地方民俗。不過，由於明教鼓吹明定伏暗，迎合了農民造反之口味，其倡導素食、節儉、互助，對貧苦大衆則不乏凝聚力，因而在南宋東南沿海地區的"喫菜事魔"運動中，起龍頭作用，以至被統治者目爲代表，把衆多帶有宗教色彩的農民結社都劃入其旗下。[1]由是，作爲一個有影響力的教門，難免亦爲其他民間教門所驥附、效法。本來，明教的雜揉性已決定了其獨有特色不彰，而某些較突出的表徵，包括經像、神名、禮儀又難免爲其他教門所移植、吸收。例如，明教之素食尚白，元、明不乏教門亦有之。究竟是他教效法明教，抑或同襲一門、甚或各有所襲，在沒有深入探討之前，殊難回答。

判斷明教遺跡，無論是用語或圖像，都必須十分審慎，尤其是後者。以上面所論草庵石像爲例，判定其爲摩尼光佛並非就像論像，而是通過《閩書》文字記載和草庵摩崖石刻的互證。就該像的造型，李玉昆先生曾做過仔細的考察：

> 草庵摩尼光佛有背光，背光有十八道光線光芒四射。面相圓潤，頭髮披肩，下巴有兩縷長鬚（在四十多年前爲小和尚所敲斷一截，他們試圖讓他變爲釋迦牟尼，因爲佛是沒有胡鬚的）。身穿寬袖僧衣、無扣，胸前有一飾物爲圓圈套打結，兩條帶下垂至臍部，又套在圓圈上部，圓圈下部有兩條帶下垂至結跏趺座腿部打蝴蝶結，然後向兩側作八字形下垂。[2]

石像這一形象，並無其他已確認的摩尼像可資參照。緣波斯摩尼教反對偶像崇拜，迄今並沒有發現其教主的任何偶像。20世紀初，西方探險家在吐魯番高昌回鶻摩尼教寺廟遺址中，發現諸多壁畫，簡中德人勒柯克（A. von Le Coq）所發現的一幅羣體人物壁畫，其中心人

---

〔1〕參拙文：《摩尼教華名辨異》，刊《九州學林》，2007年春季，5卷1期，頁180-243；修訂本見《中古夷教華化叢考》，頁51-92。

〔2〕李玉昆：《福建晉江草庵摩尼教遺跡探索》，刊《世界宗教研究》，1986年第2期，頁134-139；引文見頁135。

物被部分西方學者認爲是摩尼。[1]不過，這幅畫的摩尼呈鷲形鼻，貌甚胡，頭戴扇型高帽，裝飾華麗，頭部復有光環，作象牙狀。其形象與草庵石像大相徑庭，兩者委實無從令人產生聯想。草庵石像明顯是"佛身道貌"，背後又有十八道光芒，不惟高昌發現之諸多摩尼教神像所未見，在西方摩尼教文獻上，也未發現有取數十八的光明說教。唐代漢文摩尼教經亦然，就教祖的形象，《儀略·形相儀》作如是說：

[052] 摩尼光佛頂圓十二光王勝相，體備大明，無

[053] 量秘義；妙形特絕，人天無比；串以素帔，做四

[054] 净法身；其居白座，像五金剛地；二界合離，初

[055] 後旨趣，宛在真容，觀之可曉。諸有靈相，百千

[056] 勝妙，寔難備陳。[2]

此處有"十二光"之說，也未言十八光。因此，若就草庵石像本身，很難認定其就是摩尼光佛。但在確認其爲明教的摩尼光佛後，對其之所以如此造型，倒可以一一求解。例如，業師蔡鴻生先生從摩尼教華化的角度，對十八道光做出了如下勝解：

元代遺存的晉江草庵摩尼雕像，則至今仍完好無缺，供人觀瞻。按其面貌、服飾、姿式和背光，已與高昌壁畫所見的摩尼大異，可說是一座佛身道貌的華化偶像。背光十八道，也與摩尼"十二光"的理念不合。很可能，草庵摩尼的十八道背光，意在象徵佛教所謂"十八圓淨"。其第一淨"色相圓淨"，"光明遍照無明世界"，可與摩尼二宗論附會，並與"清淨光明"的偈語對應。[3]

---

〔1〕A. von Le Coq, *Die buddhistische Spätantike in Mittelasien, II. Die Manichäischen Miniaturen*, Berlin 1923; repr. Graz 1973, pl. 1a. 吐魯番壁畫的摩尼像爲8至9世紀西州回鶻的遺物，現編號III 6918。參閱 H.J. Klimkeit, *Manichaean Art and Calligraphy* (Iconography of Riligions, XX), Leiden 1982, p.29; Plate 10a, 10b; 拙譯：《古代摩尼教藝術》，淑馨出版社，1995年，頁56；圖版10a, 10b。該像的最精緻圖版和最新研究見 Z. Gulacsi, *Manichaean Art in Berlin Collection*, Brepols, 2001, pp.200-201。陳垣先生《摩尼教流行中國考》曾據日人文章最早向國人介紹該畫像，見《陳垣學術論文集》第1集，頁354。

〔2〕《摩尼光佛教法儀略一卷》，《英藏》（5），頁224下。

〔3〕蔡鴻生：《唐宋時代摩尼教在濱海地域的變異》，刊《中山大學學報》，2004年第6期，頁114-117，引文見頁116。

至於佛身道貌，這從中國文獻也可以尋求答案。上引《閩書》云"至道（995—997）中，懷安士人李廷裕，得佛像於京城卜肆，鬻以五十千錢，而瑞相遂傳閩中"。據此文意，草庵"摩尼佛"的形象應源自李廷裕所得的那幅佛像。稱像主爲"佛"，則意味着像主的基本姿態應類乎常見之佛；而其又以摩尼名之，則在形象上也應有別於常見之佛像。草庵石像正符合這一同中有異的條件。緣像主結跏趺坐於蓮花座上，態姿有如佛陀，但形貌又與佛陀有別，特別是有兩綹常見於道教神靈象徵長生久視的長鬚。其這一"佛身道貌"的形象，在現今所知的中國萬神殿中，顯然是獨一無二的。觀上引《儀略》，正是把教祖作爲佛道合作的產物："則老君託孕，太陽流其晶；釋迦受胎，日輪叶其象。"把摩尼光佛塑成佛身道貌，適得其宜。當然，這並不等於說，凡造型爲"佛身道貌"者便是摩尼佛。如上面所已指出，中國民間信仰所奉衆神千奇百怪，佛道雜糅乃常見。

草庵被確認爲明教廟宇，其所供石像被確認爲摩尼光佛石雕像，這無疑可以作爲辨識他地明教圖像的參照物，但這只是相對而已。因爲宋代興起的明教，從現有的資料看，除依附佛、道自行修持的少數僧侶之外，餘者多屬民間宗教結社，在統治階級的監控和迫害下，未見有跨地域的統一教會組織。在這種情況下，各地多以分散獨立發展爲主，地方化是必然的選擇。因此，隨着時間的推移，因應各自的人文環境、歷史淵源，各種圖像必有差異。是以，對一些疑似明教遺址所發現的圖像，爲了證明其明教屬性而力圖與草庵勉強對號，這恐怕是踏入誤區。正確的途徑應該是努力去確定圖像所在遺址的明教屬性，爾後尋找導致圖像差異的原因。對於疑似的圖像，在確定遺址的明教屬性之前，不宜隨意以摩尼教的教義強解，因爲圖像學（Iconography）的常識告訴我們，對任何圖像的解釋，"如果一開始就弄錯了作品所屬的範疇，甚至更糟糕，對作品可能屬於的範疇不屑一顧，那麼哪怕最天才的解釋者也會步入歧途"。[1]

---

〔1〕范景中等譯，E.H.貢布里希撰：《象徵的圖像——貢布里希圖像學文集》，上海書畫出版社，1990年，頁5。

13.6　餘論

　　有關中國摩尼教及其華化的研究，隨着新資料的不時發現，當必日益深化，而對其遺址、遺物的甄別鑒定，必定會更加規範，更有把握，更加準確。本章並非要給明教文物的鑒定提出什麼指引，而只是借對晉江草庵遺址明教屬性的辨釋，提醒涉及明教新發現的鑒定，包括遺址、遺物或文獻，都要保持嚴謹的科學態度，要恪遵孤證不能立的聖訓，盡量發掘資料，多方求證，排除各種可能性，目前能說到什麼程度就什麼程度。對學人來說，考證明教文物應是純學術的研究，唯真是求，不是爲了某種"社會效益"。純學術研究得出的結果可能會有"社會效益"，也可能暫時沒有，甚至完全不可能有，但只要其能深化我們的認識，則其之缺乏社會效益，正是其價值之所在。

　　（本文與王媛媛合撰，初刊《中華文史論叢》，2010 年第 3 輯，頁343—369。）

14 明教五佛崇拜補說

14.1 引言

唐會昌（841—846）初元，摩尼教備遭殘酷迫害，頓失與西域教團的組織聯繫，只能在中土自求生存發展。學界一般認爲，宋代東南沿海一帶流行的明教，源於唐代摩尼教，但已完全華化了。所謂"華化"，蓋指依託、依附華夏主流宗教，即佛教、道教而言。宋代明教作爲華化摩尼教，見諸教外之一明顯表徵便是"五佛"崇拜。不過"五佛"究何所指，一直難以確認。新近學界披露的霞浦明教遺跡田野調查所見新資料，使這個問題的解決看到了曙光。本章擬在傳統文獻的基礎上，藉助新見的資料，在學界已有研究的基礎上，就明教"五佛"崇拜的內涵作一補說，就教於方家。

本章所涉及的霞浦科冊，蓋已見諸公開報導；具體文檢的過錄則據2010年8月林鋆先生助手張鳳女士傳賜的照片，謹此先行申謝！科冊中的異體字，凡未見當今電腦字庫者，經確認後代以正體字，謹此說明。

14.2 問題的提出

南宋釋志磐《佛祖統紀》曾引《夷堅志》一段佚文，文曰：

> 嘗考《夷堅志》云，喫菜事魔，三山尤熾。爲首者紫帽寬衫，婦人黑冠白服。稱爲明教會。所事佛衣白，引經中所謂"白佛，言世尊"。取《金剛經》一佛，二佛，三、四、五佛，以爲第五佛。又名末摩（魔）尼，采《化胡經》"乘自然光明道氣，飛入西那玉界蘇鄰國中，降誕玉宮爲太子，出家稱末摩尼"，以自表

·欧·亚·历·史·文·化·文·库·

證。……

復假稱白樂天詩云："靜覽蘇鄰傳，摩尼道可驚。二宗陳寂
默，五佛繼光明。日月爲資敬，乾坤認所生。若論齋絜志，釋子
好齊名。"以此八句表於經首。[1]

志磐所引文字，儘管不見於現存《夷堅志》，但大體出自《夷堅志》
作者洪邁（1123—1202）手筆應屬可信；[2]而所云假稱白樂天之詩作，
則應爲宋代明教形態之寫真。[3]第一段文字的表述，清楚地傳遞了如下
信息：明教會所事"衣白"之佛，就是第五佛，亦即教主摩尼，緣敦
煌寫經 S.3969《摩尼光佛教法儀略》（以下簡稱《儀略》）描述的教主
形象，適有"串以素帔，傚四净法身"（寫本第53—54行）之語。不過，
曰"取《金剛經》一佛，二佛，三、四、五佛，以爲第五佛"，則屬無
稽之談。查《金剛經》提及五佛的一段話，乃見於如來答"須菩提"
問的一段訓示，原文作：

如來滅後後五百歲，有持戒修福者，於此章句能生信心，以
此爲實，當知是人不於一佛，二佛，三、四、五佛而種善根，已
於無量千萬佛所種諸善根。[4]

復檢佛典有"或有一劫一佛出世，或有一劫二佛出世，或於一劫
百佛千佛億百千佛"之語，[5]竊意《金剛經》所謂"一佛，二佛，三、
四、五佛"，從語境看，指的當非具體的佛號，而應指佛劫，即指很漫
長很漫長的時間世界。如果把這段話翻譯成現代漢語，似可作："在
我如來入寂後五百年，會有一批受持戒律、修持積福的人，相信並奉
行我這些說教。這些人當然就不止於在一佛、二佛，甚至三佛、四佛、
五佛的世界中種下了善根，而且已在無數成千成萬的佛世界中種下了

[1]〔宋〕志磐：《佛祖統紀》卷48《法運通塞志》第十七之十五，《大正藏》（49），No. 2035，頁431上–中。
[2]參本書《〈夷堅志〉明教記事史料價值辨釋》一文。
[3]參本書《宋代明教僞託白詩考》一文。
[4]〔姚秦〕天竺三藏鳩摩羅什譯：《金剛般若波羅蜜經》，《大正藏》（8），No. 0235，頁749上。
[5]〔姚秦〕涼州沙門竺佛念譯：《最勝問菩薩十住除垢斷結經·菩薩證品第二十七》，《大正藏》（10），No. 0309，頁1043上。

各種善根。"倘如是理解不離譜的話，則與摩尼之爲"第五佛"實爲風馬牛。竊疑《夷堅志》所云者，當來自教外人的無知附會或故意揶揄。但其畢竟披露了宋代明教徒應有稱教主爲"第五佛"之習，否則，不可能有這樣的說法。

第二段所云白詩有"二宗陳寂默，五佛繼光明"之句。箇中"二宗"之"二"顯爲數量詞，"五佛"與之對仗，此"五"如屬數量詞，則顯示宋代明教徒應有禮拜平列式"五佛"之習。就平列式"五佛"，索解不難，緣摩尼的創世說，把世界和人類當成明暗二力和合的產物，而這二力，又各由五種成分組成。如京藏敦煌摩尼寫經（宇56/北敦00256，以下簡稱《殘經》）所云：

[008] ……即此世界未立已前，淨風、善母二光明

[009] 使，入扵暗坑无明境界，拔擢、驍健、常勝，□□□大智

[010] 甲五分明身，策持昇進，令出五坑。其五類魔，黏五明身，

[011] 如蠅著蜜，如鳥被黐 ，如魚吞鈎。以是義故，淨風明使以

[012] 五類魔及五明身，二力和合，造成世界，十天八地。……

作爲光明成分的"五明子"，在唐寫本摩尼教《下部讚》就已稱佛了，謂 "五等光明佛"（第129 行）、"五明佛"（第169行） "五大光明佛"（第236行）等，明教予以繼承，供奉之，自不奇怪。不過，詩中"五佛"的"五"若作序列詞用，即指第五佛，謂摩尼，亦未嘗不可與"二"對仗，惟稍遜工整耳。若然，則可佐證其時明教徒存在著序列式的五佛崇拜。這首詩無論是誰所作，其內容都應是明教會所認可，始會被"表於經首"。"五佛"入詩，至少意味著"五佛"崇拜作爲明顯的表徵，已成爲其時明教會的一道風景線。

不過，就序列式"五佛"之內涵，中國摩尼教研究的奠基者沙畹、

伯希和自始就表示疑惑，[1] 爾後該謎底亦一直未見揭開。時至2009年，上揭霞浦明教遺跡田野調查，發現了當地民間法師保有的某些科儀抄本有明教術語、辭章，[2] 更有提及“五佛”者。陳進國、林鋆先生率先撰文披露這一信息：“陳法師藏未名科儀書有請‘五雷子’，解釋了五佛之名稱：那羅延佛、蘇魯支佛、釋迦文佛、夷數和佛、摩尼光佛。”是文並過錄了該“五雷子”文字，[3] 雖未多加申論，然於“五佛”問題的解決，已有拔頭籌之功。

14.3　“五雷子”屬薦亡詞

上揭陳文所云“陳法師藏未名科儀書”，原封皮已失，陳法師加封後，名其爲“摩尼光佛”。如是命名，若與科冊內容比較，則顯得不倫不類。然爲論述方便，姑從科冊主人，暫以此名之。檢視該科冊照片，未見有任何年代落款，然封皮既有健在法師題字，適可證時至近年，法師仍在使用該科冊。單依抄本之外觀字跡，尤其是所用異體字，云爲清抄本，自不離譜；若云民國寫本，亦不無可能。全冊內文現存82頁，665行，約8400言。對科冊內容的全面考察，並非本章主旨，但其中某些內容乃源自唐代摩尼教，或唐後明教的佚文，自毋庸置疑。陳文所提到的“五雷子”見於科冊第62至64頁，即全冊文字第496—514行，乃緊接一段七言唱詞之後。爲便於討論，茲據照片（圖版14.1、14.2、14.3）把有關部分過錄標點如下：

　　［491］恭望聖慈垂光宝座　和　謹謹上請：
　　［492］九霄隊仗排空下，降節飄飄映彩霞。

---

〔1〕詳參 Éd. Chavannes & P. Pelliot,"Un traité manichéen retrouvé en Chine (Deuxième partie, suite et fin)", *Journal Asiatique*,11.sér., I, Mars-Avril 1913, pp. 337-338, n.1.

〔2〕參閱福建霞浦縣第3次全國文物普查領導小組《霞浦縣摩尼教（明教）史跡調查報告》，落款時間2009年5月25日。

〔3〕陳進國、林鋆：《明教的新發現——福建霞浦縣的摩尼教史跡辨析》，載李少文主編，雷子人執行主編：《不止於藝》，北京大學出版社，2010年，頁343-389，有關部份見頁372。爾後，元文琪先生的《福建霞浦摩尼教科儀典籍重大發現論證》一文（刊《世界宗教研究》，2011年第5期，頁168-180）亦過錄句點“五雷子”，對陳的錄文多所修訂。竊意元先生之錄文爲是。

［493］毫相光臨七宝座，祥烟散作五雲車。

［494］梵音繚繞三千界，珠網玲瓏散百花。

［495］月面金容降塵刹，接引亡灵入佛家。

［496］　　　　　随案唱　五雷子

［497］一佛那羅延，降神娑婆界，國應波羅

［498］門，當淳人代。開度諸明性，出離生死

［499］苦。願亡灵乘佛威光，證菩薩會。

［500］二佛蘇路支，以大因緣故，説法在波斯，

［501］度人無數。六道悉停酸，三途皆息苦。

［502］願亡灵乘佛威光，證菩薩會。

［503］三佛釋迦文，四生大慈父，得道毘藍

［504］苑，度生死苦。金口演真言，咸生皆覺

［505］悟。願亡灵乘佛威光，證菩薩會。

［506］四佛夷数和，無上明尊子，降神下拂

［507］林，作慈悲父。刹刹露真身，爲指通通

［508］宵路。願亡灵乘佛威光，證菩薩會。

［509］五佛摩尼光，最後光明使，托化在王

［510］宫，示為太子。説法轉金輪，有緣蒙濟

［511］度。願亡灵乘佛威光，證菩薩會。

［512］稽首我世尊，以大因緣故，應化下生

［513］來，作四生父。悲心度衆生，永離生死

［514］苦。願慈悲接引亡灵，徃生净土。

在同一科册中，五佛咸有"世尊"之名號，故上錄第512—514行之頌"世尊"，從語境看當是對上面五佛頌之概括，而非另頌一神。顧以上錄文，第492—495行七言唱詞係請神降臨，以"接引亡灵"，接著"随案唱五雷子"，而"五雷子"各節復有"願亡灵乘佛威光證菩薩會""願慈悲接引亡灵徃生净土"之結句，這無疑著意味以上所錄第492—514行文字內容，是有機的組合體，蓋服務於同一薦亡儀式的腳本，而不像同一科册某些內容，本與儀式主旨無關而附會穿插。

·欧·亚·历·史·文·化·文·库·

無獨有偶，查元代釋如英編《高峰龍泉院因師集賢語錄》卷4《歌揚讚佛門》有"薦亡讚三寶"之唱詞，亦題爲"五雷子"，詞曰：

南無佛陀耶，三界大慈父。苦海作舟航，飄流六趣。千百億化身，救我衆生苦。慈悲生，接引亡靈，往生淨土。

南無達磨耶，龍宮黃卷軸。般若波羅蜜，經留四句。十二部真詮，言言是佛語。五天書，接引亡靈，往生淨土。

南無僧伽耶，六通傳今古。金錫手中携，降龍伏虎。身掛紫檀衣，托鉢隨緣去。爲化主，接引亡靈，往生淨土。[1]

兩相比較，可見霞浦之"五雷子"與佛門唱詞相類，佛門是"薦亡讚三寶"，霞浦版則是薦亡讚五佛。從表述形式看，疑"五雷子"爲詞牌名，然查業已整理出版的宋元詞作，似未見有以此牌填詞者。原創於誰，待考。

就上錄《摩尼光佛》兩段唱詞看，前者固無半點明教味道，後者雖可見若干摩尼教術語，但整個看來，其薦亡對象實際並非明教徒。緣據摩尼創世說，人類的肉身不過是囚禁靈魂的黑暗物質，而被囚禁的靈魂則係被黑暗物質所污染之光明分子，該等分子要經過反復淨化，始得回歸光明王國。[2]據此，《下部讚》之《嘆無常文》把肉身直當"臭穢"之物："臭穢肉身非久住，无常時至並破毁：如春花葉暫榮柯，豈得堅牢恒青翠？"（寫本第89行）；而於死者，無非是祈求其靈魂得被拯救，如同一寫本"爲亡者受供結願用之"偈文所云：

［406］某乙明性，去離肉身，業行不圓，恐沉苦海，唯願二大光明、五分法身、

［407］清净師僧、大慈悲力，救拔彼性，令離輪迴剛強之躰，及諸地獄鑊湯、

［408］爐炭。唯願諸佛，哀愍彼性，起大慈悲，與其解脱；

〔1〕《卍新纂續藏經》第65册，No.1277，頁17上。

〔2〕拙文：《摩尼的二宗三際論及其起源初探》，刊《世界宗教研究》，1982年第3期，頁45-56；修訂本見林悟殊：《摩尼教及其東漸》，中華書局，1987年，頁12-34；淑馨出版社，1997年增訂本，頁12-32；《敦煌文書與夷教研究》，上海古籍出版社，2011，頁89-112。

自引入扵光明世

〔409〕界本生之處，安樂之境。功德力資，依如上願。

因此，所謂亡靈，實際類乎"戴罪之身"，等待審判，盼望拯救。但從上錄科册之薦亡唱詞看，不惟天上諸神擺駕下凡，隆重迎接亡靈，而且那羅延等五佛，亦被請來烘托。惟憑法師一口唱詞，亡靈便有如此之風光，實與摩尼教義理無涉。竊意該等唱詞用於薦亡儀式，不過是法師爲迎合醮主而特設耳。上揭唱詞，看來未必是宋代明教徒之所用，因爲宋代明教崇尚薄葬，以至被佛僧誇大爲"死則裸葬"，文獻所載明教徒的喪葬儀式也十分簡樸，[1] 像那樣"高調"的唱詞，用於富有人家的薦亡齋醮倒差不多；若云專爲明教徒而設，則似未必。

不過，抄本"五雷子"所唱的"五佛摩尼光，最後光明使，托化在王宮，示爲太子，說法轉金輪，有緣蒙濟度"，行文倒似曾相識，緣敦煌摩尼教寫經《儀略》把教主摩尼名爲"摩尼光佛"，爲證明其與道教之同源，引《老子化胡經》云：

〔036〕我乘自然光明道氣，飛入西那玉界蘇隣

〔037〕國中，示為太子。捨家入道，号曰"摩尼"。轉大法輪，

〔038〕説經、戒、律、定、慧等法，乃至三際及二宗門。上

〔039〕從明界，下及幽塗，所有衆生，皆由此度。摩尼

〔040〕之後，年垂五九，我法當盛者。……[2]

兩相比對，可見彼此必有淵源。此外，唱詞中把摩尼光佛列爲"五佛"，位居其他四佛之末，稱爲"最後光明使"，似可對號上揭《夷堅志》佚文的"以爲第五佛"，是以，不失爲解讀明教序列式五佛的新線索。其實，"五雷子"所云"五佛"，科册開篇第2頁即已出現 (見圖版14.4)，之後該等佛名在同一科册中反復出現，並增添了諸多名號，神跡亦有不同篇幅的演繹，在科册中的顯著地位，躍然可見。

〔1〕詳參本書《摩尼教"裸葬"辨》。

〔2〕《英藏敦煌文獻》（5），S.3969/2，四川人民出版社，1992年，頁224上。

14.4 霞浦版"五佛"與摩尼語錄

考華夏民間鄉土信仰，把佛、道神譜某些神明，與本地民間諸神併合成組，置廟供奉，絶非罕見；然像科册這樣，把"蘇路支""夷數和"這樣鮮見的外來神名，亦撮合進來，則前所未聞。是以，其"五佛"之組成，顯非借鑒本土信仰，而應另有源頭。觀其把摩尼光佛稱爲"最後光明使"，實際已暗示這一組合應從摩尼教文典去尋根。

考摩尼用中古波斯語撰寫的名作《沙卜拉干》(*Šābuhragān*)中，有如下一段語錄：

> 明神的使者一次又一次地把智慧和善行傳到人間。有一個時代由名叫佛陀的使者傳到印度，又一個時代由名叫瑣羅亞斯德的使者傳到波斯，另一個時代由叫耶穌的使者傳到西方。而今，啓示又降下來，在這個最後的時代，先知的職分落在我摩尼身上，由我作爲向巴比倫傳達神的真理的使者。[1]

上引這段語錄並未見於吐魯番發見的中古波斯語《沙卜拉干》殘片，[2] 而是傳載於中古伊斯蘭作家比魯尼（Al-Biruni, 973—1048）的《古代諸民族編年史》（*Āthār albāqiya*）之中，如是輾轉留下的記録是否忠實於原文，没有原始文獻可資比較確認。不過，從邏輯上看，摩尼應說過這樣或類似的話。據摩尼教史，摩尼創立新教後爲了啓迪當時的波斯王沙卜爾(Šābuhr)一世，使他接受新宗教，用當時波斯語將其整個教義輯要概述，以《沙卜拉干》爲名，獻給沙卜爾，遂贏得沙卜爾的歡心，允許他在波斯全境傳教。[3] 而瑣羅亞斯德、佛教和基督教都先於摩尼教而存在，而且在摩尼創教時，在西亞、中亞都頗有影響，摩尼勢必要對波斯王解釋其新宗教與既有宗教的關係，而他把這三教的教主都說成是明神派遣的使者，把自己置於這三者之後，這顯然是一個

---

[1] E. Sachau (ed.), *The Chronology of the Ancient Nations*, London: W. H. Allen & Co.,1879, p.207.

[2] D. N. MacKenzie, "Mani's Šābuhragān", *BSOAS*, Vol. XLII, Part 3, 1979, pp.500–534；Vol.XLIII, Part 2, 1980, pp. 288–310. pl.

[3] 參閲 Mary Boyce, *The Manichaean Literature in Middle Iranian*, Handbuch der orientalistik, I, 4, Iranistik, 2, Literature, Lfg.1 Leiden, 1968, pp.69–70.

最佳的解釋，理順了摩尼教與此三教的關係。因此，可相信這段話的實質性意思應源於《沙卜拉干》。類似的話還散見於吐魯番出土的的粟特語摩尼教《譬喻》文書 T III T 601（Ch/U 6914）、T III 2015（So. 15000 (5)）及 T II D 2（Ch 5554），其間摩尼自稱是繼瑣羅亞斯德、釋迦牟尼、耶穌之後的第四位先知。[1]足見這一語錄隨著摩尼教的傳播，因應時空的推移，傳譯成其他語種，還被採錄入新編的摩尼教經籍。有西方學者甚至認爲摩尼與上揭其他諸先知的形象，還見於吐魯番出土的摩尼教旗幡繪畫殘片上。[2]當然，由於繪畫畢竟殘缺不全，是否對得上號，尚有待確認；但如果上揭摩尼的語錄曾被形象化，成爲繪畫主題，這與摩尼教固有的藝術傳統無疑吻合。不過，即便諸先知組列入畫，亦不意味著唐代摩尼教會曾將彼等都列入本教神譜，作爲主神崇拜。緣在《殘經》所述摩尼創世說中，除耶穌（夷數）外，其他先知並未出現；而其中眾多明神，多有品位比夷數更高者。現存的唐代摩尼教資料，不論外典、內典，均無跡象顯示摩尼教會曾將上揭諸先知拼組崇拜或列居最高品位，有《下部讚》的"收食單偈"爲證：

［168］收食單偈 大明使釋

［169］一者旡上光明王，二者智惠善母佛，三者常勝先意佛，四者歡喜五明佛，

［170］五者勤修樂明佛，六者真實造相佛，七者信心净風佛，八者忍辱日光佛，

［171］九者直意盧舍那，十者知恩夷數佛，十一者齊心電光佛，十二者惠明莊嚴佛。

［172］身是三世法中王，開楊一切秘密事；二宗三際性相

〔1〕W. Sundermann, *Ein manichäisch-soghdisches Parabelbuch, mit einem Anhang von Friedmar Geissler über Erzählmotive in der Geschichte von den zwei Schlangen* (Berliner Turfantexte XV), Berlin, 1985, pp.19-36.

〔2〕Z. Gulácsi, "A Manichaean 'Portrait of the Buddha Jesus'(*Yishu Fo Zheng*).Identifying a 13th-century Chinese Painting from the Collection of Seiun-ji Zen Temple, near Kofu, Japan", *Artibus Asiae*, 69/1 (2009), p.20. 王媛媛譯，古樂慈撰：《一幅宋代摩尼教〈夷數佛幀〉》，刊《藝術史研究》第10輯，中山大學出版社，2009年，139-189頁，有關譯文見頁157。

義，悉能顯現无疑滯。[1]

這一偈文所臚列十二位神名，也許就是唐代摩尼教所禮拜的主神，其間明使夷數不過位居第十，而釋迦牟尼、瑣羅亞斯德和教主摩尼則未入列。

儘管現存的漢文摩尼教文典未見上揭摩尼語錄，但"五雷子"把摩尼說成"最後光明使"，當應源自該語錄，因漢文科冊與異域文獻的提法如此雷同，若云不謀而合，實難置信。科冊中所提到的"蘇路支""釋迦文""夷數和"名稱，亦可佐證與這段語錄的聯繫。語錄所云的佛陀，自指印度創立佛教的釋迦牟尼，在漢文佛典中，釋迦牟尼佛又稱釋迦文佛，"牟尼，經中或作文尼。"[2]釋迦牟尼略"尼"字，即成"釋迦文"也。而瑣羅亞斯德，則指波斯瑣羅亞斯德教（古漢籍稱祆教或火祆教）之教主 Zoroastre，是爲古希臘人訛音，本作 Zarathustra，古漢籍音譯爲"蘇魯支"。依現存漢籍，該名首見於太平興國3年（978）贊寧所撰《大宋僧史略》，其第55篇《大秦末尼》有云：

> 火祆火煙切教法，本起大波斯國。號蘇魯支，有弟子名玄真，習師之法，居波斯國大總長如火山，後行化於中國。[3]

贊寧於火祆教這一說法，爾後被教內外所普遍接受，如宋代姚寬《西溪叢語》卷上，[4]南宋釋志磐《佛祖統紀》卷49、卷54，明代顧起元《說略》卷19，均沿襲此說。蘇路支與蘇魯支諧音，無疑同一。[5]

至於基督教的"耶穌"（Jesus），其在摩尼體系中所表現的形象比較複雜，有"明使耶穌"，有"受難耶穌"，有"救世主耶穌"。[6]在漢

---

〔1〕見《英藏》（4），頁148。

〔2〕慧琳撰：《一切經音義》卷第72，《大正藏》（54），No. 2128，頁776下。

〔3〕〔宋〕贊寧：《大宋僧史略》，《大正藏》（54），頁253中。參校江蘇廣陵古籍刻印社清版景印本（1992年）。

〔4〕姚寬撰，孔凡禮點校：《西溪叢語》（《西溪叢語·家世舊聞》，唐宋史料筆記叢刊），北京中華書局，1993年，頁42。

〔5〕上揭陳振國、林鋆文披露霞浦發現的另一科冊，即"謝氏法師保存的清乾隆五十一年（1786）《吉祥道場門書》抄本"，其間便作"蘇魯支"，陳進國、林鋆：《明教的新發現——福建霞浦縣的摩尼教史跡辨析》，頁376-377.。

〔6〕詳參 M. Boyce, *A Reader in Manichaean Middle Persian and Parthian*, Leiden: E. J. Brill, 1975, p.10. 〔德〕克里木凱特撰，拙譯：《古代摩尼教藝術》，淑馨出版社增訂版，1995年，頁30。

文摩尼經中，Jesus 被音譯爲"夷數"，如《殘經》第204行"又是夷數勝相妙衣"，《下部讚》亦然，見寫經第35、45、126、131、138、152等行。直到宋代，明教徒仍把 Jesus 音譯爲"夷數"，《宋會要輯稿·刑法二·禁約》"宣和二年十一月四日臣僚言"：

> 明教之人所念經文，及繪佛像，號曰《訖思經》《證明經》《太子下生經》《父母經》《圖經》《文緣經》《七時偈》《日光偈》《月光偈》《平文策》《漢讚策》《證明讚》《廣大懺》，《妙水佛幀》《先意佛幀》《夷數佛幀》《善惡幀》《太子幀》《四天王幀》。已上等經佛號，即於道釋經藏並無明文該載，皆是妄誕妖怪之言，多引爾時明尊之事，與道釋經文不同。至於字音又難辨認，委是狂妄之人，僞造言辭，誑愚惑衆，上僭天王太子之號。[1]

其間的《夷數佛幀》便是。然科册作"夷數和"，其"和"之音，顯非衍化自 Jesus。明季耶穌會士以及近世之新教傳教士，也從未把 Jesus 音譯成3個漢字。如此稱謂，前所未見。竊疑霞浦版之五佛，把釋迦牟尼，簡約成釋迦文，實際是爲與"摩尼光""那羅延""蘇路支"一樣，規範成三個字，俾便頌唱時之協調，而非賦予該神名以新的意蘊。緣在同一科册之中，也有把耶穌稱爲"夷數王"，如頁26有"各神珍重廣大智，皈依能甦夷數王"，頁45則有"各承珍重廣大智，皈依能使夷數王"；而照傳統稱"夷數佛"者，更有多例，如頁40有"稱念夷數佛，暨死而復甦；稱念夷數佛，枯木令茲（滋）茂；稱念夷數佛，沉淪俱解脫；稱念夷數佛，枯骨再甦還"之唱詞。從語境看，無論"夷數王"或"夷數佛"都與"夷數和佛"所指無別，只不過前兩者出現的場合均未見與其他諸佛並提，不存在字數要對稱的問題。至於選取"和"字，竊意或與該字在漢語中含義有關，和合、和諧、和好、和平等等，都是人們嚮往的目標；尤其是和合，佛經出現的次數頻頻，更是佛教徒追求的境界。摩尼語錄中所謂的 Jesus，既然像瑣羅亞斯德、佛陀那樣被派往人間傳教，指的應是基督教的創立者耶穌（Jesus the

---

〔1〕《宋會要輯稿》165册，中華書局，1975年，頁6534。

Christ）。"五雷子"所云"降神下拂林"的"夷數和"，從語境看，指的亦應是這一 Jesus the Christ。至於他處於"夷數和"形象的描述或有別於此，那是另一個問題。

據上面考釋，上揭摩尼語錄除了"明神"被寫成"那羅延佛"尚不可解外，其他四位使者蓋可與抄本"五雷子"之諸佛對號。由是，益見"五雷子"所謂"五佛"，歸根結蒂，應源於該則摩尼語錄。

當然，如上面所已指出，摩尼本意只是爲了理順自己與其他三大教主之間的關係，未必要信徒把其他三大教主亦同樣供奉。此一崇拜之盛行，無疑應是到了華化成明教之後。考華夏民族向有多神崇拜傳統，而明教並非官方認可的主流宗教，爲結籬自保，勢必盡可能把各教主神延入本教神殿，更何況釋迦牟尼、蘇魯支、夷數與該教淵源尚有典可據。因此，宋代明教徒把彼等序列化，視同一家，加以供奉，不悖邏輯。顧原語錄，於諸使者的排列，惟強調摩尼是最後一位耳，其他使者則示其降世區域之不同，似不在意時間的先後。若以時間爲序的話，則應如上揭粟特文書的排列，瑣羅亞斯德應早於釋迦牟尼。這段語錄的漢譯，隨著時空推移，不斷傳抄，於人名、地名的音譯，以及諸使者的排列次序或許有差異，但最關鍵的一句，即摩尼爲明神遣往人間的最後一位使者，並不見改變。

筆者曾考《沙卜拉干》即爲漢文的《二宗經》，[1]唐初之際，該經便已漢譯，緣武則天延載元年（694），已有"波斯國人拂多誕^{西海大秦國人}持《二宗經》僞教來朝"。[2]《二宗經》在宋代明教徒中尚廣爲流行，文獻多有提及，如《佛祖統紀》卷39引《釋門正統》卷4云：

> 良渚曰："準國朝法令，諸以《二宗經》及非藏經所載不根經文傳習惑衆者，以左道論罪。"[3]

《二宗經》未見存世，而今，從霞浦抄本之"五佛"發現《沙卜

---

〔1〕參閱拙文：《〈摩尼教殘經一〉原名之我見》，刊《文史》1983年21輯，頁89-99。修訂本見林悟殊：《摩尼教及其東漸》，中華書局，1987年，頁191-267；淑馨出版社，1997年增訂本，頁211-226。

〔2〕《佛祖統紀》卷39，《大正藏》（49），頁369下-370上。

〔3〕《佛祖統紀》，《大正藏》（49），頁370上。

拉干》語錄之遺跡，或可爲《沙卜拉干》之對應《二宗經》再添一證。當然，如上面所提到，該語錄已傳譯成粟特語，被摩尼僧編入新的經籍，那麼該段語錄也許還見於其他失傳的漢文摩尼經。無論如何，唐代摩尼教徒或宋代明教徒於該語錄應非陌生，甚至耳熟能詳，否則不可能衍化出這一序列式之"五佛"。《二宗經》是摩尼教最有代表性的經典，在宋代曾合法傳播，並入編官方《道藏》；因此，假如霞浦地區的田野調查果發現有北宋明教遺書存世的話，則《二宗經》比各種"明門科典"的幾率應大得多，吾人翹首以待。

14.5　宋代明教第一佛之稱謂

上揭摩尼語錄所云"明神"，即摩尼教之最高神。據《儀略》開篇《託化國主名号宗教第一》，摩尼是"親受明尊清净教命，然後化誕，故云光明使者"（寫本第8—9行），那麼，摩尼教所認爲的最高神，在漢文摩尼經中無疑應稱爲"明尊"。把摩尼教最高神稱爲"明尊"，亦見於唐代摩尼教的早期譯經，即上揭《殘經》第77行：

　　[075]……其氣、風、明、水、火、憐愍、誠信、具

　　[076]足、忍辱、智惠，及呼嚧瑟德、咄嘍嚂（曬）德，
与彼惠明，如是十

　　[077]三，以像清净光明世界明尊記驗。……

在《下部讚》中，明尊一詞凡15見，[1] 從出現的語境看，無疑均指最高神。如見於第47行的"无上明尊力中力，无上甘露智中王，普施衆生如意寶，接引離斯深火海"，便是把明尊置於無上的高位。《下部讚》中還收入法王撰作的"歎無上明尊偈文"，見寫本第222—234行。明尊作爲摩尼教之最高神，亦見於《儀略》徵引過的10卷本《老子化胡經》，是爲20世紀初敦煌所發現的唐寫本，其卷1末尾一段經文曰：

　　後經四百五十餘年，我乘自然光明道氣，從真寂境，飛入西

_____

〔1〕見寫本第44、47、129、145、164、165、222、223、250、262、265、320、344、352、356等行。

那玉界蘇鄰國中，降誕王室，示爲太子。捨家入道，号末摩尼。轉大法輪，説經、戒、律、定、慧等法，乃至三際及二宗門，教化天人，令知本際。上至明界，下及幽塗，所有衆生，皆由此度。摩尼之後，年垂五九，金氣將興，我法當盛。西方聖象，衣彩自然，来入中洲，是効也。當此之時，黄白氣合，三教混齊，同歸於我。仁祠精舍，接棟連甍。翻演後聖，大明尊法。中洲道士，廣説因緣。爲世舟航，大弘法事。動植含氣，普皆救度。是名揔攝一切法門。[1]

既然漢文摩尼經稱最高的明神爲 "無上明尊"，《老子化胡經》之謂其爲 "大明尊"，很可能也是來自摩尼教徒。

在中古波斯語摩尼教文獻中，最高神稱 Zawān，意爲永恒，[2] 但更常見的稱謂是 pyd，pdr， pydr，pd'n 等，意謂父親（father）。在該詞之前，或添加某些修飾語，如 pyd 'y wzrgyh， pyd 'y wzrgyy，即偉大之父親（father of greatness）。[3] 顯然，將神稱父，更合華人的傳統倫理；因此，漢譯摩尼經多依此意譯，稱最高神爲 "父"，或再加某些修飾語，如《下部讚》曰 "慈父"（第132、146、151、163、210、341、370、390行），曰 "大慈父"（第232行）、"慈悲父"（第13、62行），曰 "真實父"（第46、388行）等。

古漢語中，"尊" 爲 "君父之稱也"，因此，把 pyd 等譯爲父，乃直譯；譯爲 "尊"，則係雅譯。漢文摩尼經最常見的 "明父、明尊"，實際同義。就如《殘經》所引《應輪經》云：

［132］……若電那勿等身具善法，光明父子及净法風，皆

［133］扵身中，每常遊止。其明父者，即是明界无上明尊；

其明

---

〔1〕初刊《敦煌石室秘書》及《石室秘寶》，收入《大正藏》（54），No. 2139，引文見頁1266中。原件照片見《英藏》（3），S.1857/4-5，頁165下-166上；《法藏》（1），P. 2007/6，上海古籍出版社，2003年，頁72下。

〔2〕F. C. Burkitt, *The Religion of the Manichees*, Cambridge, 1925, repr.1978, p.19.

〔3〕D. Durkin-Meistererrnst, *Dictionary of Manichaean Middle Persian and Parthian*, Brepols, 2004, p.289.

［134］子者，即是日月光明；净法風者，即是惠明。……

在《下部讚》中，還有一例併稱爲“明尊父”，見第223行：“我等常活明尊父，隱密恒安大明處。”作爲最高神，在摩尼教經典上因應不同語境，難免亦有其他名號，如上揭《下部讚》的“收食單偈”首句“一者无上光明王”，顯然亦謂最高神。因此，宋代明教會如果要把最高神作爲第一佛，其稱謂自有多種選擇，但最佳選擇自是明尊佛，因爲照古漢語習慣，此稱最爲典雅；其次是“明父佛”，當然也可以作“明尊父佛”；至於“大光明佛”“光明佛”之類，易與其他明神混淆，且如是佛號，佛教早已有之，廣爲流行，故未必選用。

上引“宣和二年十一月四日臣僚言”所云明教徒所奉佛幀並無什麼那羅延佛，而所念經文則“多引爾時明尊之事”，實際亦意味著彼等確把把最高神稱爲明尊。不過，在崇道興佛的宋代，明教若立一明尊佛作爲第一佛，居於釋迦牟尼之上，招致佛僧憎恨固不必說，而道士對此當亦不快，緣摩尼教之得以在北宋復興，乃乘其時《老子化胡經》合法化之機，藉口摩尼爲老子所化，而以道教之一宗行世，[1] 故在五佛中，必定得處理好道教神靈之地位。若堅持摩尼即爲老子所化，其位居第五，實則矮化了老子；若認爲老子與摩尼有別，則應把道教所奉開天闢地之元始天尊入列，並奉爲第一佛，以表明其與道教之淵源。宋代明教徒無疑必須在五佛崇拜中，理順與道教的關係。彼等爲此而努力的痕跡，亦見於《摩尼光佛》科冊。其開篇（第1—2頁）有云：

［001］端筵正念，稽首皈依，嚴持香花，

［002］如法供養：十方諸佛，三寶尊天，

［003］羅漢聖僧，海衆菩薩。冥符默

［004］契，雲集道場，為法界衆生消

［005］除三障。莊嚴善業，成就福田，我

［006］等一心和南聖衆。　　左先舉大聖。

［007］　　　衆唱大聖：

---

〔1〕參拙文：《“宋摩尼依託道教”考論》，載張榮芳、戴治国主編：《陳垣與嶺南：紀念陳垣先生誕生130周年學術研討會論文集》，中國社會科學出版社，2011年，頁81–107。

357

```
［008］          元始天尊那羅延佛
［009］          神变世尊蘇路支佛
［010］大聖      慈濟世尊摩尼光佛
［011］          大覺世尊釋迦文佛
［012］          活命世尊夷数和佛
```

此處錄文起始之幾句，顯屬法事之套語，殆爲佛味，與明教無涉。而後頌唱之五佛，佛名與"五雷子"同，但不按序列。抄本的寫法（見圖版14.4），疑參照法事儀式所展示的位牌。類似的寫法尚見頁47（見圖版14.5）、頁61。如是排次，實際是以摩尼光佛爲中心，爲最尊。但那羅延佛竟被冠以"元始天尊"四字，科册他處提及那羅延時，雖把"天尊"改爲"世尊"，但仍保留"元始"之謂。考敦煌唐代摩尼教寫經大量使用"無始"這一字眼，惟未見出現"元始"一詞。之所以出現如是稱謂，竊意宋代明教徒諒必曾依傍道教神譜，冠明尊佛以"元始天尊"之號，時過境遷，當明尊佛被易爲那延羅佛後，該名號仍被無意殘留下來，成爲歷史的積澱。

14.6　霞浦版"五佛"產生之年代

觀霞浦抄本五佛，既明顯打上宋代明教五佛崇拜的烙印，卻又刻意規避第一佛明尊，實際暗示了該版本出現時，明尊佛應已成爲一個敏感、忌諱的詞彙。而社會之以"明尊佛"爲忌，依現存的史料，當始於明代。查《大明律》有禁"明尊教"之條：

> 凡師巫假降邪神、書符、咒水、扶鸞、禱聖，自號端公太保、師婆，及妄稱彌勒佛、白蓮社、明尊教、白雲宗等會，一應左道亂正之術，或隱藏圖像、燒香集衆、夜聚曉散、佯修善事、煽惑人民，爲首者絞；爲從者各仗一百，流三千里。若軍民裝扮神像、鳴鑼擊鼓、迎神賽會者，杖一百，罪坐爲首之人。里長知而不首

者，各笞四十；其民間春秋義社，以行祈報者，不在此限。[1]

該"禁止師巫邪術"之條實際醞釀於洪武元年（1368），頒發於洪武三年（1370）。[2]也就是說，朱元璋建立明朝伊始，即有敕禁明尊教之舉。而該律條不僅一直爲明代所執行，而且也爲清律所繼承。檢索文淵閣《四庫全書》電子版，可知明清文獻，尤其是政書中，一再提及該條文，如明楊一清撰《關中奏議》卷16，黃訓編《名臣經濟錄》，明黃淮等編《历代名臣奏议》卷29、卷43，明俞汝楫纂《禮部志稿》卷84，明王圻撰《續文獻通考》卷79，明丘浚著《大學衍義補》卷138，明倪岳撰《青谿漫稿》卷11，清乾隆46年敕辑《御選明臣奏議》卷7，《大清律例》卷1等。

儘管現存文獻尚未發現有取締明尊教之確鑿案例，但明律既明文點名取締，諒必不會無的放矢，元明之際該教之存在應無疑問。"明尊教"，顧名思義，當以供奉明尊之教派，既然明清時期嚴禁之，那麼，像霞浦科儀本，用於法事頌唱之用，如果其間大唱"一佛大明尊"，或展示之位牌，赫然有明尊神號，其法師豈非自討苦吃，恐不絞，亦得"杖一百，流三千里"。是以，科冊所頌五佛既然規避明尊佛，必定懾於明清法律之取締明尊教，其產生年代當不可能早於明朝。如果這一推斷得以成立，則無論現存科冊的形成是畢其功於一役，抑或是歷有年所始編就，至少意味著現科冊的定型的年代不可能早於明代。其實，科冊所輯入唱詞中，就有出自明人手筆者。例如，科冊第19頁有唱詞云：

［152］我今以稱讚，大聖摩尼光佛，從彼大

［153］明國，降下爲明使；又以再稱讚，一切光

［154］明衆，以大威神力，護持正法者。

［155］明家因此戰得強，誰通善信奏明王。

［156］勢至變化觀音出，直入大明降吉祥。

〔1〕〔明〕應檟：《大明律釋義》卷11，"禁止師巫邪術"條，明嘉靖刻本；另見《四庫全書》史部·政書類·通制之屬《明會典》卷129，文字稍有出入。

〔2〕有關考證參拙文：《摩尼教華名辨異》，初刊《九州學林》2007年春季，5卷1期，頁180-243；修訂本見《中古夷教華化叢考》，蘭州大學出版社，2011年，頁51-92。

這段唱詞，用了兩個"大明"字眼。"大聖摩尼光佛，從彼大明國，降下爲明使"，此處的"大明國"，特別加了個"彼"字，顯特指摩尼教的光明王國。而"勢至變化觀音出，直入大明降吉祥"，倘直釋爲勢至、觀音菩薩進入光明王國降吉祥，於理不通，緣摩尼教之光明王國，就如佛教的西方極樂世界，自不需要什麼神來降吉祥。從語境看，此處的"大明"顯指現實的大明國，即明朝人對中國之稱謂。由是，可判這段唱詞應爲明代人所作。科冊既然採入明人之作，其定型年代自不可能早於明代。這與上面所論五佛規避明尊佛之年代，適好互證。

不過，霞浦版五佛的出現是否與明教會有關，抑或純係民間法師所炮製，這尚需進一步考察。在明代，明教和明尊教顯非同義詞。假如等同的話，則明教之知名度遠高於明尊教，朝廷若欲救禁該教的話，點名自應首選前者。明律但指名明尊教而不點明教，實際就意味著朝廷認爲兩者有別。朝廷於明教網開一面，有明代何喬遠（1557—1631）《閩書·方域志》"華表山"條所記爲證。該條因記晉江華表山麓之元代明教草庵遺址，而述及明教歷史，其間有云：

> 皇朝太祖定天下，以三教範民，又嫌其教門上逼國號，擯其徒，毀其宮。戶部尚書郁新，禮部尚書楊隆，奏留之，因得置不問。[1]

其實，明代的明教之與明尊教有別，至少在崇拜對象上有明顯不同。後者既以明尊教爲名，顧名思義，自必供奉明尊，或曰明尊佛；而前者供奉的是摩尼光佛。泉州晉江元代草庵供奉石雕，上面刻有"摩尼光佛"四字，庵前約40米處，復有落款正統乙丑年（1445）的摩崖石刻"清净光明 大力智慧 無上至真 摩尼光佛"16大字，足見明教徒惟以摩尼光佛是崇。同樣內容的石刻尚先後發現於福建的莆田涵江區和北高村。[2]諸石刻蓋爲元明之物，摩尼光佛既冠以"無上至真"，明

---

〔1〕〔明〕何喬遠：《閩書》（1），廈門大學校點本，福建人民出版社，1994年，頁171-172，引文見頁172。

〔2〕參閱拙文：《福建明教十六字偈考釋》，刊《文史》，2004年第1輯，頁230-246；修訂本見《中古三夷教辨證》，中華書局，2005年6月，頁5-32；林悟殊：《摩尼教及其東漸》，淑馨出版社，1997年增訂本，頁198-224。

教徒蓋以其爲最尊，實際意味著在教徒心目中，其已取代唐代摩尼教的明尊，後者地位實際已被大大淡化。上面提到的位牌式五佛，其把摩尼光佛置於中間最尊位，實際也意味著如是位牌，應源於宋代之後。正因爲如此，在泉州晉江和霞浦的田野調查中，發現有名爲摩尼光佛的神像，或石雕，或木雕，或壁畫，卻未見有何明尊形象之遺存。由是，即便唐代的一些摩尼教經文還在他們中間傳播，像《下部讚》那樣，其間不無提及"明尊"，霞浦科儀本中亦保存明尊之字眼，但必定只被目爲抽象的明神，不像摩尼光佛那樣，被實質性供奉。何喬遠《閩書》所記明教，也不像洪邁《夷堅志》那樣，道及五佛，足見宋代明教五佛崇拜那道景觀業已不再。既然明代的明教徒惟摩尼光佛是尊，不以五佛爲尚，法律之禁止明尊教，自與其無涉，教會自亦不必刻意去修改前代留下的經文，刻意迴避明尊的字眼。

儘管明太祖擱置取締明教之敕令，但畢竟該教已成強弩之末，就如《閩書》所載："今民間習其術者，行符呪，名師氏法，不甚顯云。"[1]所謂"不甚顯"，實際意味意味著信衆不多。若然，明教會就更不會爲經籍中存在明尊字眼去操心。不過，何氏是泉州晉江人，其有關明教的記載是緣於當地草庵遺址而發，所云"不甚顯"，也許僅局限於其在家鄉一帶所見，未必涵蓋地處閩東北、距泉州逾三百公里之霞浦。因此，當時霞浦或緣特別的人文歷史因素，明教仍很"顯"。但即便如此，"五佛"崇拜亦未必仍顯。緣就目前所知，"五佛"之名僅見於科儀本。倘其時當地盛行五佛崇拜，應有石刻、廟宇之類的遺跡，方志少不了有所記錄。查當地洋里鄉王姓會計保有舊抄本88頁，錄載分佈各村落35所宮廟供奉的神名，其中落款"康熙五十年（1711）辛卯歲七月　日，傳教弟子林法耀抄"的有15所，其餘或爲民國時期續錄。檢視其中提到的神名衆多，或有與明教有關者，但未見有那羅延佛、蘇路支佛或夷數和佛之謂。竊意該等宮廟必是古舊之物，善信始錄其所奉神名以傳存，故彼等營建年代，若非明代，亦必近之。近時霞浦考古，稱有

---

〔1〕〔明〕何喬遠：《閩書》（1），頁172；就何氏這一記載的辨析，參閱拙文《摩尼教華名辨異》。

明教遺址之重大發現，其中提到明代之三佛塔，被官方和一些學者定性爲明教遺址，[1]若然，則意味著明代霞浦明教還盛行三佛崇拜。考明教之有三佛崇拜，於典無據；而五佛崇拜，則於典有徵。若明代果仍盛行的話，則當有五佛塔之類纔是，而今卻未之聞。文物遺跡闕如、方志文獻乏載，實際暗示無論其時明教"顯"否，五佛崇拜早已不成氣候。

按理，假如明代明教會仍保有供奉明尊等五佛的習慣，又顧慮被官府誤當明尊教取締的話，據上文舉列的相關漢譯諸稱謂，實際只要在箇中遴選就可，例如把所供奉之明尊佛改稱"明父佛"，一字之易，舉手之勞，絕無必要大費周章，另立一位什麼那羅延佛來替代。

再查吐魯番發現之諸語種摩尼教殘片，不難發現摩尼教與佛教有密切關係，甚至可以找到摩尼被目爲釋迦牟尼、阿彌陀佛等的例證，但無從找到摩尼本人或摩尼教諸神與那羅延佛有涉者。而就已知的宋代文獻，也沒有提及明教與那羅延佛聯繫的任何雪泥鴻爪。

考漢文獻中，那羅延佛之名，似首見於西晉燉煌三藏譯《佛說決定毘尼經》，其中有一段誦念敬禮釋迦牟尼等35個佛號，那羅延佛名居第23位。[2]如果把那羅延佛目爲佛教衆佛之一，那其無疑並非佛教之主神，中國佛教或民間亦未將其作爲主神供奉；在一些名勝古跡中，倒有多個以那羅延窟命名者，墨客騷人行至，不乏感懷賦詩，如山西五臺縣五臺山東臺就有那羅延窟，北京圓明園月地雲居四十景之一亦有是窟，青島嶗山也有之。該等那羅延窟少不了有關於那羅延佛的迷人傳說，但這只能說明該佛名在華夏社會中並不陌生，而不意味著其普被僧俗供奉。因此，即便從品位可比性看，那羅延佛亦非像明尊那樣，在本教中屬至尊，以至兩者可以借替。

就外來宗教之最高神名稱之漢譯，基督教與摩尼教風格迥異。前

---

〔1〕《霞浦縣摩尼教（明教）史跡調查報告》，頁4；《寧德市博物館關於霞浦縣上萬村摩尼教（明教）遺址、遺物考古報告》，頁2；陳進國、林鋆：《明教的新發現——福建霞浦縣的摩尼教史跡辨析》，頁375-377。

〔2〕《大正藏》（12），No.0325，頁38下。

者最高神 Jehovah，西安出土唐代景教碑音譯爲"阿羅訶"，近世《聖經》或音譯爲"雅威""耶威"，尤以"耶和華"爲多，或亦意譯爲"上帝""天父""天主"之類，但緣易與華夏傳統觀念之天混淆，曾備受基督教正統派之詬病；至於簡約，泛稱爲"神"，教内人自能意會，教外人則易生困惑。摩尼教則相反，在其現存的漢文内典中，其最高神從未見有音譯者，如上面所舉示的中古波斯語 pyd 這樣的實詞，與漢語之"父"適對應，將光明王國之最高神漢譯爲"明父""明尊"，就翻譯之信達雅技巧而言，可謂臻於觀止；若還強要音譯，則純屬多餘。而實際上，即便音譯，從音素看，pyd 與"那羅延"的發音，自相去甚遠。如用中古波斯語之另一稱謂 Zawan 對音，則相去更遙。當然，摩尼教傳播區域廣袤，各地各時期對其最高神的稱謂或有所不同，是否適好有發音與"那羅延"近似者，吾輩難以一一排查。但唐代中國的摩尼教畢竟是來自中亞摩尼教團，[1]而宋代明教又是衍變自唐代摩尼教，[2]竊意在追溯漢籍摩尼教最高神稱謂的詞源時，也就不必捨近求遠了。

總之，佛教之那羅延佛與摩尼教之明尊佛之間，在宗教上，既不存在任何淵源；在品位上，亦不存在可比性；在名字上，更亦不存在發音的近似。作爲有組織的明教會，若保有本教傳統之五佛崇拜，斷不至於如此不恭，將原來之第一佛隨便用如此神名取代。是以，霞浦版之"五佛"，未必是明代霞浦明教會應對官方法律之舉措，倒大有可能是後世民間法師之個人行爲，彼等未必諳於明教，把五佛納入，或另有所託，另有所圖。

科册未必是明教會原作之忠實傳抄本，並非謹上述一例孤證。查唐代敦煌摩尼教寫經《下部讚》大體完整，所存凡11043字，但全卷僅有3首音譯唱詩，共383字，蓋佔整個篇幅3.5%，各詩且用漢文數字斷

---

〔1〕參拙文：《唐代摩尼教與中亞摩尼教團》，刊《文史》23輯，1984年，頁85-93；修訂本見林悟殊：《摩尼教及其東漸》，中華書局，1987年，頁64-75；淑馨出版社，1997年增訂本，頁61-71；《敦煌文書與夷教研究》，上海古籍出版社，2011年，頁167-178。

〔2〕參拙文：《宋代明教與唐代摩尼教》，刊《文史》24輯，1985年，頁115-126；修訂本見林悟殊：《摩尼教及其東漸》，中華書局，1987年，頁120-134；淑馨出版社，1997年增訂本，頁141-155；《敦煌文獻與夷教研究》，上海古籍出版社，2011年，頁179-194。

·歐·亞·歷·史·文·化·文·庫·

句，有些字還加注切音。而科册竟有音譯詩偈10多首，近千言，佔全册篇幅約12%；各偈均"一氣呵成"，沒有任何句讀或單字切音的標示，咋看要比《下部讚》產生的年代更早，更接近波斯正宗。但實際卻非盡然，緣頁15—16竟然編入對土地之音譯讚文：

> ［120］　　　衆坐鋪，對土地讚
> ［121］奴特奴特湛嗢特奴訖沙地阿佩耶友
> ［122］大咘佩耶咟囉緩阿罰囉罰囉漢嗢
> ［123］特弗哩咟德建記八陣那喻咟毘遮
> ［124］囉摩尼俱喻滿那勿特波引特阿𠴟
> ［125］佩耶咟伴那訖耶咟哆綻阿𠴟嗢特
> ［126］喻嗢特德彼伊喻吥特奴許湛嗢特
> ［127］奴沙地

上錄音譯七行凡88字，多非佛典梵文常見的音譯選字，故筆者倒相信若果是音譯讚詩，必非襲自佛典。儘管國內已有伊朗文專家論證該科册之摩尼教屬性，惜未見揭示這88字之含義。[1]不過，依筆者愚見，即便這首音譯讚詩被解讀出來，也不可能是讚土地。緣據摩尼的創世說，人類所居住的這個地球是用暗魔的皮和糞便製成的，最後是要毀滅的。[2]因此，西域摩尼教焉有頌土地之詩偈？若云明教徒因應華情，用漢文創作土地讚詩，則完全有可能。是以，就科册之10多首音譯唱詞，其編撰者是否明白其意思，有沒有張冠李戴或隨意拼湊者，尚有待高明發覆。

14.7　那羅延佛替代明尊佛之因緣蠡測

當然，用"那羅延"來代替明尊，諒必不會平白無故，其間或有某種憑藉或取巧，下面試加蠡測。

---

〔1〕見元文琪：《福建霞浦摩尼教科儀典籍重大發現論證》，刊《世界宗教研究》，2011年第5期，頁168–180。

〔2〕參本書《宋代明教僞託白詩考》。

儘管如上面所已辨釋，在異域摩尼教文獻上未能發現明尊與那羅延佛相聯繫的任何痕迹。然而，令人奇怪的是，在敦煌《下部讚》寫本上，卻有一偈文之標題將明尊與那羅延佛並列，該偈文見寫本第164—167行（見圖版14.6），過錄如下：

　　［164］一者明尊那羅延佛作

　　［165］一者明尊，二者智惠，三者常勝，四者歡喜，五者勤修，六者真實，

　　［166］七者信心，八者忍辱，九者直意，十者功德，十一者齊心和合，

　　［167］十二者內外俱明。莊嚴智惠，具足如日，名十二時，圓滿功德。

　　顯然，此處之164行是將“一者明尊”作爲偈文題名，“那羅延佛作”則爲落款，表明該偈文作者名曰“那羅延佛”。早年英國華裔學者崔驥（Tsui Chi）把其英譯如下：

　　The First One The Venerable Lord of Light. By Na-luo-yen the Buddha (Nārāyaṇa?).[1]

　　也就是說，崔驥把“那羅延佛”作爲佛名翻譯，並疑心該佛就是那位印度教佛。幾十年後德國漢學家施寒微(H. Schmit-Glintzer)把該句德譯爲：

　　Erstens Lichterhabenheit, verfaβt von Na-lo-yen, dem Buddha.[2]

　　譯者雖未對那羅延的語源提出看法，惟照漢語音譯，但仍把其目爲佛號。

　　然而，《下部讚》不過是來華摩尼僧製作的一個讚詩選輯，原作者應是摩尼的高足或其身後教會的高僧們，就如其譯後語所提示：

　　［415］吉時吉日，翻斯讚唄。上願三常捨過及四處法身，

---

　　〔1〕Tsui Chi, “Mo Ni Chiao Hsia Pu Tsan,The Lower (Second?) Section of the Manichaean Hymns”, *BSOAS* 11, 1943－1946, pp. 174–215, pp. 174–215, 引文見 p.190.

　　〔2〕H. Schmidt-Glintzer, *Chinesische Manichaica, Mit textkritischen Anmerkungen und einem Glossar*, Otto Harrassowitz・Wiesbaden 1987, p.31.

下願五級

[416] 明群乃至十方賢恕，宜為聖言无盡，凡識有厓。梵本三千之

[417] 條，所譯二十餘道；又緣經、讚、唄、願，皆依四處製焉。

[418] 但道明所翻譯者，一依梵本。……

既然《下部讚》的20餘道讚詩都是屬於"五級明群"和"十方賢恕"所撰"聖言"，即便有所誇張，但至少上引的"一者明尊"不可能是出自異教神靈。因此，"那羅延佛作"顯然不應解讀爲名曰那羅延之佛所撰作；若特指印度教神 Nārāyaṇa 所作，則更離譜。

考"那羅延"，作爲人名，正史已見，"隋高祖文皇帝姓楊氏，諱堅，小名那羅延"。[1]楊堅爲何如此取名，不得而知。西域也有以此爲名之王：

> 俱蜜者，治山中。在吐火羅東北，南臨黑河。其王突厥延陀種。貞觀十六年，遣使者入朝。開元中，獻胡旋舞女，其王那羅延頗言爲大食暴賦，天子但尉遣而已。天寶時，王伊悉爛俟斤又獻馬。[2]

俱蜜王名那羅延，自是胡名之漢字音譯。據業師蔡鴻生先生考證，在漢文獻中，"延"是胡名的常用詞尾，如：

> 曹阿攬延、曹破延、何破延（《吐魯番出土文書》3，頁 120、319、321）、曹炎延、史烏破延（同上，6，頁 479）、安莫延、康烏破延、康陁延（同上，7，頁 94、389、470）、曹伏帝延、安了延（敦煌《差科簿》）。[3]

由是，益可證"那羅延"應是一個常用的胡人名字。因此，吾人不妨把"那羅延"猜測爲一名粟特摩尼高僧之名字，"一者明尊"便是他所撰，但由於那羅延佛是一個熟悉的佛號，傳抄者或不知就裏，以

〔1〕《北史》卷11《隋本紀上》第11，中華書局，1983年，頁395。
〔2〕《新唐書》卷221下《西域下》，中華書局，1975年，頁6255。
〔3〕蔡鴻生《唐代九姓胡與突厥文化》，中華書局，1998年，頁40。

爲便是那羅延佛所撰，遂擅添了一"佛"字；或者雖知兩者有別，但刻意加以附會，以提高詩篇之神威性。當然，還不排斥一種可能性，就是寫本上所落款的"那羅延佛"四字本來就純屬一個西域摩尼僧的名字，"佛"不過是其名字的詞尾。考漢文"佛"字，在佛教未傳入中國之前就已有之。《詩經·周頌·敬之》有云："維予小子，不聰敬止；日就月將，學有緝熙于光明。佛時仔肩，示我顯德行。"[1]此處的佛通輔。爾後，佛的發音又作 but，跟 Buddha 接近，方被借來音譯，供佛教使用。[2]儘管"佛"字被用作 Buddha 的音譯，但在漢文獻中，仍一直被作爲音譯選字，用於其他外來語的音譯。漢文摩尼教經亦不乏用例。如《儀略》寫本第5行的"佛夷瑟德烏盧詵者本國梵音也，譯云光明使者"，其"佛夷瑟德"即爲帕提亞語 frêştag 音譯，意爲使者。[3]《下部讚》的音譯文字也有"佛"字的用例，見於157行的"佛呬不哆"，178行的"佛呬弗哆"，均爲帕提亞 frihīft 的音譯，意爲"愛"。[4]因此，吾人不能排除"那羅延佛"作爲西域胡名音譯的可能性。但由於尚未能找到同樣或類似以"佛"爲詞尾的胡名譯例，故目前只能作爲一種可能，聊備一說。無論如何，既然《下部讚》出現了那羅延佛的字眼，這無疑爲解開霞浦版五佛出現這一名稱之謎提供了一條線索。

靚《下部讚》寫本164行"一者明尊那羅延佛作"，古代抄本沒有句點，自不用說，而像上揭敦煌本那樣，沒有任何間隔，也屬常見。因此，如何點斷句讀，見仁見智，可不止一種。上面筆者把"一者明尊"當標題，"那羅延佛作"爲落款，不過是當代學者的一般看法。但

〔1〕《十三經注疏·毛詩正義》卷十九之三，中華書局影印本，1980年，頁599。

〔2〕據季羨林教授的考證，"佛"這一名詞的成立是在漢末三國時期，見氏文《浮屠與佛》，原載：《中央研究院歷史語言研究所集刊》第20本，此處據《季羨林佛教學術論文集》，東初出版社，1995年，引文見頁14；該文及英譯本已收入《季羨林文集》第7卷，江西教育出版社，1998年6月，頁1-27。

〔3〕參見石田幹之助：《敦煌發現〈摩尼光佛教法儀略〉に見えたる二三の言語に就いて》，刊《白鳥博士還曆紀念東洋史論叢》，1925年，頁160-161；Mary Boyce, *A Word-List Of Manichaean Middle Persian and Parthian*, Leiden, 1977, p.41.吉田豐：《漢訳マニ教文獻における漢字音寫された中世イラン語について》（上），刊《內陸アジア言語研究》1986年11集，頁1-15，"詞例"第35。

〔4〕吉田豐：《漢訳マニ教文獻における漢字音寫された中世イラン語について》（上），"詞例"第34。

當年科册製作者爲規避明尊佛這一敏感詞語，自可把"一者"點斷爲標題，把"明尊那羅延佛作"目爲落款，如是句點，"明尊"和"那羅延佛"則屬同位語，"明尊"即爲"那羅延佛"。這無疑類乎古來常見的文字遊戲，但"明尊佛"之改成"那羅延佛"，始作俑者可能就是受此啓發，至於"明尊那羅延佛"有無可能是這一偈文的作者，其自不在乎此。

筆者讀《摩尼光佛》科儀抄本，發現其內容表述，多有效法、演繹《下部讚》之模式，甚至直接襲用其詩句。《下部讚》全卷423行，其第11、30、42、119、127、135、140、169—172、206、301、303、411—414等行，都間雜於該科册之行文中，有的還反復出現。就該等詩文於敦煌卷之分佈，可推測科册製作者是全卷式的遴選其詩文，其所接觸的《下部讚》應是比較完整的全本。[1]因此，可確認製作者必定讀過"一者明尊"這一詩偈。當然，最初把明尊佛改爲那羅延佛，或許只是投機取巧，旨在借用耳，但現存科儀本所述"一佛那羅延"，實際已把古印度教之主神直當五佛之第一位。顧"五雷子"首節云：

　　一佛那羅延，降神娑婆界，國應波羅門，當淳人代，開度諸明性，出離生死苦。

而科册頁65，還有"做信禮"，首節亦是讚那羅延：

　　［519］志心信礼：第一那羅延，自洪荒世下西

　　［520］方，甘露初長，養佛法，漸流傳，清齋

　　［521］戒，經五萬七千載，姑得通仙道，八代

　　［522］度明緣，向生死海駕明船。

科册頁76還有一首頌那羅延佛的七言唱詞：

　　［609］那羅延伕　　那羅元始度人輪，

　　［610］得度為功十礼文；教設洪荒行正道，

　　［611］果佺淳朴化初人。一傳八代源流遠，

　　［612］五萬七千法正真。十四真言功不泯，

<hr>

〔1〕參閱本書《霞浦科儀本〈下部讚〉詩文辨異》。

［613］　屹然銅住更加新。

綜合上錄三處文字一些實質性的表述，如"降神娑婆界""當淳人代""自洪荒世""元始度人輪""教設洪荒""淳樸化初人"，可知所指那羅延佛是最早下降世間之神；而"國應波羅門""下西方""養佛法"等，則意味著該神應是降世於印度者。由是，科册所云之那羅延佛，實際已與摩尼教之最高神毫無關係，倒是近乎古印度婆羅門教之"大梵王"，慧琳撰《一切經音義》云："'那羅'，此云人。'延'，此云生本。謂人生本，即是大梵王也。外道謂一切人皆從梵王生，故名人生本也。"[1]不過，科册編撰者看來於該大梵王所知亦甚少，於其事跡之宣介實際是糅合一般佛道常識，間以"明船""明性"一二摩尼教術語，並非有原典可依，惟目其爲諸神降世之最早者耳。把摩尼教之最高神直當印度的那羅延佛，數典忘祖，已完全不明當初易名之緣由。雖事屬荒唐，但若出自後世民間法師，便不足爲奇，而且顯得頗有心計。以那羅延佛在華之知名度，絕對不會被官府與明尊教相聯想，頌唱以其爲首的五佛，自不至被科以"師巫邪術"之罪。其實，職業法師製作科儀本，如此隨意附會，對彼等來說，不過是家常便飯、小菜一碟，在同一科册或其他科儀本中多可俯拾，不贅。

14.8　餘論

自2008年以來，宗長林鋆先生致力於霞浦明教遺跡田野調查，蒐集幸存當地民間涉及明教之文獻，時有斬獲，令人鼓舞。林鋆先生爲促進明教研究所做的重要貢獻，有目共睹，自應得到學術界的高度評價。蒙林鋆先生及其助手張鳳女史惠賜其中部份照片，令筆者大開眼界。就筆者所見照片，其間明教痕跡最爲明晰豐富者，自以本章論及的《摩尼光佛》科册爲最。今次辨釋明教五佛崇拜的内涵，正是循該科册所存五佛之跡。除五佛之外，該册尚蘊藏諸多有關宋代明教甚或其他夷教的寶貴信息，俟另文討論。

---

〔1〕慧琳撰：《一切經音義》第27卷，《大正藏》（54），No. 2128，頁767下。

查霞浦位於福建東北部，距離著名的宋代道化摩尼寺崇壽宮所在地四明（寧波）僅40多公里，距溫州蒼南約90公里，離省會福州約150公里。在宋代，溫州、福州都是明教盛行之地，文獻記載鑿鑿；而蒼南，近年更有明教文物新發現。[1]因此，霞浦在歷史上曾流播明教，當無疑問。復考歷代統治者之禁斷民間"邪教"，向來是禁而不止；於其經書的銷毀，也不過多爲官方行動，蓋無羣衆性的參與。是以，若云20世紀50年代之前，當地民間尚保存某些曾被官方禁毀的非主流宗教經籍，尤其是明教經書，不論完整或殘缺，其實在可能性亦毋庸置疑，亦爲今次田野調查結果所證實：倘當地未曾保有該等經書，焉有上揭抄本之明教詞章？

從迄今已公開披露之諸多有關抄本看，儘管明教遺痕歷歷在目，但從抄本的原來用途看，均屬宗教儀式的腳本，本章所討論的《摩尼光佛》也不例外。儘管田野調查稱該等抄本承傳自北宋明教，但諸抄本僅少數有標示朝代年號外，大多數並無年代之標識。從所使用的異體字看，早於明代者固未之見，即便可疑爲明寫本者亦稀有，多屬清代或民國時期之物。當然，今所見者蓋爲民間法師所傳抄，其所承傳之原件年代或可上溯；但筆者考其文字內容，欲證其早於明代而頗感力不從心，惟待高明者指點。

今所見霞浦科儀本畢竟與《二宗經》《下部讚》之類的經書有所不同，後者既爲專門修持的僧人所存修，也面向一般廣大信衆，傳抄或刻印該等經書被視爲無量功德。按照宗教的神聖性，該等經書不是出自教主，就是出自資深的修持者編譯或撰作，傳抄印刻時，於文字不能隨意增刪修改。科儀本作爲法事腳本，多爲"職業法師"所專用，是彼等的謀生工具，私相授受，世家秘傳。因此，見諸報導的霞浦科儀本，即便原屬明教會所製作，但隨著時間推移，宗教生態環境之改變，難免會有所修訂；特別是淪爲謀生工具以後，更會因應法事服務對象的變化，迎合醮主的願望，進行修改增刪，甚至更新版本；至於傳抄過

---

〔1〕詳參林順道：《蒼南元明時代摩尼教及其遺跡》，刊《世界宗教研究》，1989年第4期，頁107-111。

程出現的差錯，就更不用說了。此外，目前還不能排除一種可能性，即箇中某些寫本，本來就不是出自明教會，而是近世民間職業法師，出於謀生的目的，直接間接地利用當地明教資料的遺存，效法當地傳統道門、佛門或其他教門的科儀模式炮製。筆者尤其注意到，諸如《樂山堂神記》《明門初傳請本師》《興福祖慶誕科》這3份最被津津樂道的寫本，其間與摩尼教有涉的神名，殆無超過《摩尼光佛》者；《興福祖慶誕科》的文字更是大段大段襲自《摩尼光佛》，其中所引音譯咒文、《下部讚》詞句亦均見諸後者。由是不由得懷疑某些寫本的撰作者，未必接觸過當地原始的明教經書。職是之故，於該等科册產生背景、形成過程、定型年代，益需在田野調查的基礎上，做進一步考察。但無論如何，是次田野調查發現的文字資料，無論其如何形成，產生於什麽年代，於學術研究都有非常之價值，關鍵在於如何從不同角度切入，堅持科學研究的嚴謹性，仔細甄別辨釋，去偽存真，去蕪存菁耳。

（本文初刊《文史》，2012 年第 3 輯，總第 100 輯，頁 385–408。）.

15 霞浦科儀本《下部讚》詩文辨異

15.1 引言

　　《下部讚》（S.2659）寫卷，與京藏摩尼教經（宇56／北敦00256，以下簡稱《殘經》）、《摩尼光佛教法儀略》（S.3969、P.3884，以下簡稱《儀略》）同爲20世紀初敦煌出洞的唐代漢文摩尼教寫經。摩尼教華化爲明教後，學界雖有發現《下部讚》傳播於明教的痕跡，[1]但惜無確鑿證據。新近由林鋆先生主導的霞浦明教遺跡田野調查，發現當地民間法師所保存的某些科儀本，間雜摩尼教詞章，爲揭示摩尼教在華的歸宿，追蹤佚失的摩尼教經典做出重大貢獻。其間，若干《下部讚》詩文更是赫然可見，頗引學界興趣。本章擬就該等科儀本所見《下部讚》詩文，與敦煌發見的寫卷略做比較，考察其間之異同，辨釋造成差異的原因，庶幾有助於解開該等科儀本形成之謎。不妥之處，仰祈方家賜教。

15.2 霞浦科儀本所見《下部讚》詩文

　　2010年8月，蒙林鋆先生囑其助手張鳳女士傳賜部分霞浦科册照片，感戴莫名！筆者據此查得敦煌卷《下部讚》（以下簡稱"敦煌本"）

---

　　〔1〕《宋會要輯稿·刑法二·禁約》"宣和二年十一月四日臣僚言"述及其時明教之人所念經文，有一首題爲《日光偈》者，竊意或源於《下部讚》第360-362行的讚詩。另有晉江學者粘良圖先生在當地摩尼教遺址草庵周遭進行田野調查，發現成形於明末清初的草庵詩籤，表述風格與《下部讚》類似，而且包含《下部讚》一些常用術語。詳見拙文：《泉州晉江新發現摩尼教遺跡辨析》，刊饒宗頤主編：《華學》第9、10輯（二），上海古籍出版社，2008年，頁754-767；修訂本見拙著《中古夷教華化叢考》，蘭州大學出版社，2011年5月，頁20-39。

的一些詩文，見於陳姓法師"存修"並題的《摩尼光佛》科册（以下簡稱"陳摩本"），還有其保藏的《興福祖慶誕科》（以下簡稱"陳興本"），[1]另見於謝姓法師保有的《點燈七層科册》（以下簡稱"謝點本"）。現將彼等詩文完整可確認者，列組比較如下：

第1組（見圖版15.1）：

是故澄心礼稱讚，除諸乱意真實言。承前不覺造諸愆，今時懇懺罪銷滅。（敦煌本第 11 行）

是故澄心礼稱讚，除諸乱意真实言。承前不覺造諸愆，今夜懇懺罪消滅。（陳摩本第 358—359 行，見頁 45）

是故登心礼稱讚，除諸乱意真實言。承前不覺造諸愆，今夜懇懺罪消滅。（陳摩本 596—596 行，見頁 74—75）

第2組（見圖版15.2）：

願施戒香解脱水，十二寶冠衣縷珞。洗我妙性離塵埃，严餝浄体令端正。（敦煌本第 30 行）

願施戒香解脱水，十二寶冠衣瓔珞，洒除壇界離塵埃，嚴潔淨口令端正。（陳摩本第 256—256 行，見頁 32；另第 346—347 行，見頁 43—44）

願施戒香解脱水，十二宝冠衣瓔珞，洒除壇界離塵埃，嚴潔净口令端正。（陳興本頁 5）

第3組（見圖版15.3）：

大聖自是吉祥時，普曜我等諸明性。妙色世間无有比，神通變現復如是。（敦煌本第 42 行）

大聖自是吉祥時，普曜我等諸明使，妙色世間無有比，神通变化復如是。（陳摩本第 231—232 行，見頁 29）

大聖自是吉祥時，普曜我等諸明使，妙色世間無有比，神通

---

[1]霞浦發現的《興福祖慶誕科》應不止一個文本，緣見於元文琪先生《福建霞浦摩尼教科儀典籍重大發現論證》一文（刊《世界宗教研究》，2011年第5期，頁168-180）披露的某些文字未見於林鋆先生傳賜之照片；經向林鋆先生求證，答曰確有兩個抄本。由於筆者所看到者殘缺較嚴重，有可能屬較早的抄本。

变化復如是。（謝點本頁 2）

大聖自是吉祥時，普耀我等諸明使。妙色世間無有比，神通變現獲如是。（陳興本頁 2）

第4組（見圖版15.4）：

普願齊心登正路，速獲涅槃淨國土。七厄四苦彼元旡，是故名為常樂處。（敦煌本第 119 行）

普頍（願）灵魂登正路，速脱涅槃淨國土。七厄四苦彼元無，是故名爲常樂處。（陳摩本第 356—357 行，見頁 45）

第5組（見圖版15.5）：

又啓日月光明宮，三世諸佛安置處，七及十二大舡（船）主，并餘一切光明衆。（敦煌本第 127 行）

又啓日月光明佛，三世諸佛安置處。七級十二大舨（般）主，并諸一切光明袠（衆）。（陳摩本第 342—343 行，頁 43）

第6組（見圖版15.6）：

又啓普遍忙你尊，閻默惠明警覺日，從彼大明至此界，敷楊（揚）正法救善子。（敦煌本第 135 行）

又啓普遍摩尼光，閻默惠明警覺日，從彼大明至此界，敷扬正教救善子。（陳摩本第 340—341 行，見頁 43）

第7組（見圖版15.7）：

復告竇（冥）空一切衆，大力敬信尊神輩，及諸天界諸天子，護持清淨正法者。（敦煌本第 140 行）

復告冥空一切衆，大力敬信尊神輩，及諸天界諸天子，護持清淨正法者。（陳摩本第 89—90 行，見頁 11；另第 350—351 行，見頁 44）

第8組（見圖版15.8）：

一者旡上光明王，二者智恵善母佛，三者常勝先意佛，四者歡喜五明

佛，五者勤脩樂明佛，六者真實造相佛，七者信心净風佛，八者忍辱日光佛，九者直意盧舍肥（那），十者知恩夷數佛，十

一者齊心電光佛，十二者惠明莊嚴佛。身是三世法中王，開楊一切秘密事；二宗三際性相義，悉能顯現无疑滯。（敦煌本 169—172 行）

一者無上光明佛，二者智惠善母佛，三者常勝先意佛，四者歡喜五明佛，五者勤修樂明佛，六者真實造相佛，七者信心淨風佛，八者忍辱日光佛，九者直意舍那佛，十者知恩夷数佛，十一者齊心電光佛，十二者莊嚴惠明佛。自是三世法中王，開揚一切秘密事；二宗三際性相儀，悉能顯現無疑滯（陳麼本第 383—390 行，見頁 48—49）

第9組（見圖版15.9）：

唯願今時聽我啓，降大慈悲護我等，任巧方便自遮防，務得安寧離怨敵。（敦煌本第 206 行）

惟願今時听我啓，降大威神護我等，任巧方便自遮防，務得安寧離冤敵。（陳麼本第 362—363 行，見頁 45—46）

唯願今時聽我啓，降大威神護我等，任巧方便自遮防，務得安寧離冤敵。（陳興本頁 5）

惟願今時听我啓，降大威神護我等，任巧方便自遮防，無等安寧離冤敵。（謝點本頁 1）

第10組（見圖版15.10）：

香氣□氳周世界，純一无雜性命海，弥綸充遍无鄣礙，聖衆遊中香妙最。（敦煌本第 301 行）

香氣氤氳周世界，純一無雜性命海，迷綸充遍無障碍，聖衆遊中香妙最。（陳麼本第 67—68 行，見頁 9）

香氣氤氳周世界，純一無雜性命海，弥倫充遍無障碍，聖衆遊中香妙最。（陳麼本第 447—448 行，見頁 56）

第11組（見圖版15.11）：

彼界寶山億千種，香煙涌出百万般，內外光明躰清淨，甘露充盈无邊畔。（敦煌本第 303 行）

彼界宝山億千衆，香煙湧出百萬般，內外光明躰清淨，甘露

充盈無边畔。（陳摩本第 78—79 行，見頁 10）

　　彼界寶山億千衆，香煙湧出百萬般，內外光明躰清淨，甘露充盈無边畔。（陳摩本第 452—453 行，見頁 57）

　　彼界宝山一切衆，香煙湧出百萬般，內外光明躰清淨，甘露充盈無边畔。（陳摩本第 478—479 行，見頁 60）

第12組（見圖版15.12）：

　　［410］此偈你逾沙懺悔文。

　　［411］我今懺悔所，是身口意業，及貪嗔癡行，乃至縱賊毒心，諸根放逸；

　　［412］或疑常住三寶并二大光明；或損盧舍舥（那）身兼五明子；扵師僧父母、

　　［413］諸善知識起輕慢心，更相毀謗；扵七施十戒、三印法門，若不具脩，願

　　［414］罪銷滅！（敦煌本第 410—414 行）

　　懺悔玄文。我今懺悔所，是身口意業，及貪嗔痴，或乃至從賊毒心，諸根放逤（逸）；或宜常住三宝并二大光明，或損盧舍那身及五明子；於僧師父母、諸善知識起輕慢心，更相毀謗；於七世十戒三印法門，若不具修，願罪消滅。（陳摩本第 268—273 行，見頁 34）

15.3　霞浦本《下部讚》詩文與敦煌本同源

　　以上12組僅限於筆者所能看到的抄本，也許未披露者還有。從上面12組詩文比對的圖版看，霞浦本文字書寫明顯比敦煌本近代化，諸多唐代異體字已不重現；雖然也使用了一些異體字，不過多屬明清時期當地所流行，今人蓋不難辨認。除異體字有別外，各版本一些不同字，如"銷滅"和"消滅"，"普曜"和"普耀"，"弥（彌）綸"和"迷綸""弥倫"等，屬於漢語的通假或別字，並無造成意思的變化。

　　更有，敦煌本個別字損缺不清，竟亦可在霞浦本得到參證。例見

第十比較組，敦煌本第301行首句　"香氣□氳周世界"第3字，既往之錄文，包括《大正藏》，均作"気"。筆者細察敦煌寫卷原件照片，該字乃在旁補入，字跡不清，但作爲部首的外形"气"，清晰無疑；至於裏面的筆劃則依稀難辨，不過底端明顯有一橫劃，故該字不可能復原爲"気"。照現存的字跡，結合詩句的語境，原字若非"氳"，則當爲"氤"。"氳氳"，辭書釋爲"氣盛貌"，"彌漫充滿貌"，"沉鬱貌"；"氤氳"，辭書作煙氣、煙雲彌漫貌解，均符合本處意境。該行詩句陳摩本兩度出現，是字均作"氤"。是以，可據此確定敦煌卷之模糊字必作"氤"。

　　還有，敦煌寫卷個別字句亦可參霞浦本勘誤。例見第8組的"十二者惠明莊嚴佛"一句。按"惠明"作爲明尊召來與暗魔戰鬥之明神，名字已見《殘經》，因此莊嚴無疑應爲惠明佛的修飾語。瑞典學者翁拙瑞早就疑敦煌本此處有錯。[1]陳摩本作"十二者莊嚴惠明佛"，確認了敦煌本此句之誤。當然，敦煌本爲何會出現這一瑕疵，那是另外一個問題。[2]

　　有些明顯的差異，屬於霞浦本書寫過程的無心之錯。如第1組的"是故澄心礼稱讚"，陳摩本有一處.將"澄心"作"登心"；第9組第4句的"務得安寧離冤敵"，謝點本把"務得"作"無等"。甫一比較，即可看出係筆誤，不至誤導看官。

　　此外，有些字詞完全不同，但究其意思並未引起實質性的差異，可能是源於唐代《下部讚》的不同版本。例見第9組，即《下部讚》第206行。該行在寫卷中，隸屬題爲《歎諸護法明使文　第二疊》（第197—208）之詩偈，其次句"降大慈悲護我等"，霞浦3個科册均把"大慈悲"寫成"大威神"。這顯非傳抄筆誤，緣"慈悲"和"威神"無論字形、發音和含義，都無近似之處。但在詩中，兩者都可以解通。從意境看，面對冤敵的糾纏，請神降"大慈悲"或降"大威神"來救護，並無引起意思的變化。不過，從詞語的配搭看，"降大威神"比"降大

---

〔1〕P. Bryder, *The Chinese Transformation of Manichaeism. A Study of Chinese Manichaean Terminology*，Bokförlaget Plus Ultra，1985, p.111.

〔2〕另參本書《敦煌〈下部讚〉"電光佛"爲"光明處女"說質疑》。

慈悲"更符合漢語的表達習慣，後者若改作"發大慈悲"似較貼體。不過，這一差異很可能出自唐代不同抄本，緣如此細微處，後世明教徒未必會顧及。

類似例子尚見第11組，即《下部讚》第303行前兩句"彼界寶山億千種，香煙涌出百万般"。首句末字的"種"，在霞浦諸本中作"衆"，兩字發音近似但義不同。霞浦版的"寶山億千衆"當然很通，但從上下句看，"億千種"與次句的"百萬般"對仗則更工整。如此修辭上之微妙不同，未必就是霞浦本之所爲，很可能亦是源於唐代之不同版本，寫本在僧侶傳抄時被有意無意修訂。該詩在陳摩本出現3次，其第3次出現時把"億千衆"寫作"一切衆"，看來不過是無心之錯。"一切"，是佛典極爲頻用的一個詞語。[1]佛學辭書釋之爲："梵語 sarva，巴厘語 sabba。乃總賅衆物之詞。音譯作薩婆。"《下部讚》的表述深受佛門影響，萬言寫卷使用該詞凡84次。而陳摩本科册約8400字，亦有15見，其間見於第七組敦煌本《下部讚》140行的"復告實空一切衆"一句，在陳摩本第89行、360行反復出現，也就是說，科册的製作者於"一切衆"已耳熟能詳。那麼第478 行寫出現"彼界宝山一切衆"，也就不難理解了。

從上舉詩句的比較不難看出，即便某些文字差異含義有別，但各詩文所表達的主體思想並無二致。因此，無論出自霞浦科册，抑或敦煌石窟，毫無疑問，都應源自唐代"道明所翻譯"（敦煌本《下部讚》第417—418行）的同一摩尼教讚詩。

唐代摩尼教《下部讚》的一些完整詩文，竟出現在霞浦的科儀本上，證明了儘管摩尼教在會昌初元遭到殘酷迫害，外來摩尼僧被殺害、驅逐殆盡，但其漢文經典，尤其是像《下部讚》這樣佛味濃厚、表達通俗之宗教儀式用經，卻仍長期在華夏民間傳播。而福建、兩浙在宋代以盛行明教著稱，霞浦位於福建東北部，距著名的宋代道化摩尼寺崇壽宮所在地四明（寧波）僅40多公里，而離曾因明教之盛遭官方點名的溫州則

---

〔1〕檢索2010年4月版 CBETA 電子佛典，該詞出現凡486912次！

僅90公里，其地處明教流播區域，遺存《下部讚》詩文，自不爲奇。

15.4　霞浦本所據《下部讚》版本

儘管上揭三個霞浦科册都出現《下部讚》詩文，但以陳摩本爲多。敦煌本《下部讚》全卷423行，而今被採入該科册者，依次是第11行、第30行、第42行、第119行、第127行、第135行、第140行、第169—172行、第206行、第301行、第303行、第410—414行。就其所攝《下部讚》詩文於敦煌卷之分佈，可推測科册製作者所接觸的《下部讚》，應是比較完整者，而非殘篇斷簡，否則不可能如此全卷式的遴選其詩文。不過，其所據者未必是唐寫本，而應是被唐後明教徒修訂過的新版。這從第6組首句的差異就可看出。敦煌本作"又啓普遍忙你尊"，在陳摩本中，"忙你尊"作"摩尼光"。竊意此蓋非科册製作者的修改。科册有關詩偈見第43頁：

　　[340]　又啓普遍摩尼光，闇默惠明警覺日。

　　[341]　從彼大明至此界，敷揚正教救善子。

　　[342]　又啓日月光明佛，三世諸佛安置處。

　　[343]　七级十二大般主，并諸一切光明衆。

　　[344]　仰啓摩尼大聖尊，願降慈悲哀愍我。

前4句採自《下部讚》，倘其所讀《下部讚》抄本作"又啓普遍忙你尊"，那麼爲求稱謂的統一，無非就是把"忙你尊"改爲"摩尼尊"耳，而"摩尼尊"與該段唱詞末行的"摩尼大聖尊"適好對應。而今科册作"摩尼光"，顯然是照錄所依據的抄本。在陳摩本科册中，"摩尼光"之謂，尚見於509—610行（科册頁64）："五佛摩尼光，最後光明使，托化在王宮，示爲太子。"第559—560行（科册頁70）："伍佛記，諸經備。第一那羅延，蘇路二，釋迦三，夷數四，末號摩尼光。"

考"摩尼光"與"五佛"之聯繫，並不見於摩尼教在唐代中國之第一波傳播，即自高宗武后到開元20年（732）被玄宗敕禁這段時期。《儀略》撰於開元19年（731），開篇《託化國主名号宗教》於教主諸名號闡釋甚詳，惟未涉及第五佛之謂，足以默證之。而到了第二波時期，即安史之亂後借回鶻勢力卷土重來，於大曆3年（768）請建寺至會昌2年（842）被殘酷取締，時教主被改稱爲"忙你"，自無"摩尼光"之號。改名原因很可能緣"摩尼"之謂，已被朝廷等同"邪見"，[1]就如當年，波斯語 Mani 與瘋子一詞諧音而被影射那樣。[2]爲避免尷尬，遂改用其他同音漢字來稱教主。敦煌《下部讚》即爲此一時期的產物。[3]在整個寫卷中，找不到"摩尼"一詞，指代教主的是"忙你"。另雖有"五等光明佛"（第129行）、"歡喜五明佛"（169行）、"五大光明佛"（第236、244行）之謂，但蓋源於光明王國之五種光明分子，與序列式之五佛顯無涉，更與教主名號沒有直接關係。因此，諸如"五佛摩尼光""末號摩尼光"的提法，不可能始於唐代，而應是華化成明教之後。考北宋解禁《老子化胡經》，編入官方《道藏》，這就意味著其老子化摩尼之說爲朝廷所接受，而明教以摩尼爲教主，也就成了道教之一宗。[4]因此，摩尼已不再等同"邪見"，而是老子所化。是以，現存涉及宋代明教的文獻，蓋未提及或暗示明教徒有稱教主爲"忙你"者。而到了元明時期，明教徒把教主通稱爲摩尼佛、摩尼光佛，更得到諸多文獻和碑石資料的證明，毋庸置疑，不贅。[5]因此，在宋代及其爾後流傳的《下部讚》抄本，不可能採用"忙你"的字眼，科冊所據《下部讚》無疑並非唐代古本。既非唐版，又較爲完整，當非出自教外人

---

〔1〕《通典》卷40載有開元20年7月敕："末摩尼本是邪見，妄稱佛教，誑惑黎元，宜嚴加禁斷。以其西胡等既是鄉法，當身自行，不須科罪者。"見〔唐〕杜佑撰，王文錦等點校：《通典》卷40，中華書局，1988年，頁1103。

〔2〕一位拜占廷注釋家在一部反對一般異教徒的法典上，把摩尼教徒釋爲"波斯狂人的信徒"。Schol. 3 on Basillca 21.1.45=Codex Iustinianus 1,5,21, 轉引自 S. N. C. Lieu, "Polemics against Manichaeism as a Subversive Cult in Sung China", *Bulletin of the John Rylands University Library of Manchester*, No. 2, 1979, .p.132.

〔3〕關於《下部讚》的年代考證，見虞萬里：《敦煌摩尼教〈下部贊〉寫本年代新探》，刊《敦煌吐魯番研究》第1卷，1995年，頁37-46。

〔4〕詳參拙文：《"宋摩尼依託道教"考論》，張榮芳、戴治國主編：《陳垣與嶺南：紀念陳垣先生誕生130周年學術研討會論文集》，中國社會科學出版社，2011年，頁81-107。

〔5〕詳參拙文：《福建明教十六字偈考釋》，刊《文史》，2004年第1輯，頁230-246；修訂本見《中古三夷教辨證》，中華書局，2005年，頁1-32；林悟殊：《敦煌文書與夷教研究》，上海古籍出版社，2011年，頁198-224。

士之手，應是明教會所認可者，故其權威性自毋庸置疑。

陳摩本所據《下部讚》抄本既出自明教會，那麼其所錄文字如與敦煌本有實質性差異，在排除出於唐代不同版本和明教會修改的可能性後，問題自出在科儀本製作者本身，或誤錄，或誤改，或刻意修改。下面試行辨釋。

15.5 霞浦本出於不諳教理之筆誤

霞浦本與敦煌本之差異，有些顯爲前者出於不諳教理的筆誤。例見第三組即《下部讚》第42行前兩句："大聖自是吉祥時，普曜我等諸明性。"在這一組裏，霞浦3個科册都將次句的"明性"寫成"明使"。

把敦煌本的"明性"，寫成明使，一字之差，貌似粗心筆誤，其實真正的原因是科册製作者不明原詩真諦。敦煌本的明性，從語境看，指的是信徒的靈魂，信徒的心，該句用現代漢語，可解讀爲祈禱明神以光明照亮吾等信徒的心。而"明使"，本來就屬於明界之神，焉還得祈禱明神照耀他們。因此，明白教理的信徒不可能把"明性"誤爲"明使"。假如此一錯誤出在所依據之母本上，其教中人在反復誦念時當會發現，並早已改之。惟有那些不諳教理的人纔會產生這一筆誤後，一直不知錯而不改。

另例見第5組的錄文，是爲《下部讚》第127行："又啓日月光明宮，三世諸佛安置處，七及十二大舩主，并餘一切光明眾。"陳摩本將第三句的"舩"寫成"般"。此處之"舩"，在摩尼教義中乃喻運送善子回歸光明王國的載體，而"船主"，則指拯救善子之明神。"舩"和"般"儘管字形相近，但在摩尼教義中，船有著重要的內涵，明教徒絕不可能把"船主"誤作"般主"。在敦煌本《下部讚》中，"船"寫成"舩"，凡七見（第019、127.249、250、362、370.394行）；"般"字六見（第022、054、057、117、250、303行），均按漢字規範書寫，兩字的區分清清楚楚，絕無混淆之可能。明教版《下部讚》自也不會在"船"這樣關鍵詞上出現筆誤。而在陳摩本中，"船"寫作"舩"，見第182行（科

381

册頁23）“運大明船（船）於彼岸”，第360行（頁45）“大聖每将解脱船”，第442行（頁56）“廣遊苦海駕明船”，第522行（頁65）“向生死海駕明船”；又寫爲“舡”，見583—584行（頁73）“願离惡黨致明舡（船）”。而“般”則作“舡”，除第343行（頁43）的“七級十二大舡主”外，尚見第78行（頁10）“香煙湧出百萬舡（般）”（並見第478行，頁60），第84行（頁10）“惧深甚舡若”，第439行（頁55）“十舡殊勝永清新”；還有一處作“舣”，見第601行（頁75）“八舣（般）無畏表神威”。由是，可見科册抄寫者在“船”和“般”的書寫上分別清楚，未見含糊，以至兩者可能被他人混淆。初始有誤，不足爲奇，但科册乃用於法事儀式，反復頌唱，假如科册的製作者及其承傳者明白經文意思，斷不難發現這一硬傷而予以修正。

　　類似這樣不諳教理的筆誤復見於第12組，其間敦煌本413行的“七施十戒”被寫成“七世十戒”。“施”和“世”同音，自可用筆誤解釋；但敦煌本《下部讚》兩度出現“七施”，除本處外，另一見於387—400行的《聽者懺悔願文》，其間要聽者懺悔“有缺七施十戒、三印法門”（391—392行）。至於“七世”，不僅《下部讚》未見，其他摩尼教經典也未見該術語。從語境看，“七施十戒”顯指摩尼教信徒應遵守的善行和教規。其“十戒”，見於異域摩尼教文獻的懺悔文，即要信徒遵守十誡，即不拜偶像、不謊語、不貪、不殺、不淫、不盜、不行邪道巫術、不二見（懷疑）、不惰，每日四時（或七時）祈禱。[1]而“七施”，其具體内容未見現存的漢文摩尼教文獻，未有明確的記載；但施者，惠也，與也。就宗教意蘊而言，“七施”當謂七種惠與他人之善行。至於具體哪七種，如今雖不清楚，但於古代摩尼教徒、明教徒來說，應屬教理初階。假如陳摩本的編撰者及其傳人與明教確有承傳關係，不至於不解其意而筆誤且誤而不改。

　　[1] Jes P. Asmussen, $X^u\bar{a}stv\bar{a}n\bar{i}ft$, *Studies in Manichaeism*, 第5章“The Confession of Sins among the Manichaeans”，Copenhagen, 1965, pp. 167–261.

15.6　霞浦本不諳教理之誤改

霞浦本在採錄《下部讚》時，不僅有不諳教理而產生的筆誤，還有因不諳教理而自作聰明的擅改。例一同見上揭第五組，其將敦煌本127行首句的“光明宮”改爲“光明佛”。咋看未嘗不可，但結合次句，即可識其誤；緣日月作爲宮殿始能安置三世諸佛。這固然是於詩句理解有差所致，實際則自曝科册製作者於摩尼教理無知，不曉日月宮於拯救善子過程中之作用。

另例見第八組，即敦煌本第169—172行，其在原寫卷中，題爲“收食單偈　大明使釋”，乃完整一詩偈，以十二位明神之名號稱揚各種美德，敦煌本除“一者無上光明王”和“九者直意盧舍那”外，其他十位均綴以“佛”字。霞浦版則統稱爲佛。在敦煌本中，該偈本來是對應其上面另一偈“一者明尊　那羅延佛作”（第164行）：

　　［165］一者明尊，二者智恵，三者常勝，四者歡喜，五者勤修，六者真實，

　　［166］七者信心，八者忍辱，九者直意，十者功德，十一者齊心和合，

　　［167］十二者內外具明，莊嚴智恵，具足如日，名十二時，圓滿功德。

在敦煌本中“光明王”僅見於此一處，稱之爲“王”，冠以“無上”，列其爲“一者”，其實就是對應上偈的“明尊”，指光明王國最高神。其不稱佛，而稱“王”，稱“明尊”，顯然就是要區別於其他明神，緣其他明神概可稱爲光明佛。敦煌《下部讚》第025行就有“日月光明佛”，另第129行有“五等光明佛”，第244行有“五大光明佛”。因此，可以斷言，敦煌本《下部讚》作“一者无上光明王”，並無筆誤，道明原作就是如此。把“光明王”改稱“光明佛”，亦不可能是源於陳摩本所依據的明教本。緣明教徒抄寫整部讚詩時，當然明白其間光明王與光明佛之有別，不會擅改。倒是科册的製作者採錄時不明就裏，爲求稱謂的統一而將王擅改爲佛。

15.7　霞浦本之刻意修改

霞浦本與敦煌本的差異，固然有製作者不諳教理造成的錯誤，還有與教理無涉者，只是爲因應法事場合而刻意加以變通修改。例1見第一組，即敦煌本第11行："是故澄心礼稱讚，除諸乱意真實言。承前不覺造諸愆，今時懇懺罪銷滅。"該詩在《下部讚》中，本屬題爲"□□□覽讚夷數文"的一頌。從題目看已可判斷是用於例行的禮拜場合。而在陳摩本科册中，是用於夜間舉行的薦亡招魂齋醮上，是以把第3句的"今時"改爲"今夜"。見於第四組的敦煌本第119行，爲"□□□覽讚夷數文"之最末一頌。其首句"普願齊心登正路"，"齊心"二字同樣爲因應薦亡招魂，改爲"靈魂"。

另例見上面已討論的第12組（敦煌本第410—414行）懺悔文。敦煌本原題目作"此偈你逾沙懺悔文"。"你逾沙"無疑爲西域文字的音譯，早年崔驥把該經英譯時，已把該詞比定爲中古波斯語 Niyōšāg 之對音，[1]爾後日本吉田豐教授亦認同之。[2]查按中古波斯語 nywš'g［niyōšāg］，義謂 Hearer，Auditor，即聽者。[3]陳摩本製作者是否明白"你逾沙"的含義，吾人不敢妄評。但即便不懂，從懺悔文内容看，亦可推測其應指一般善信。科册中採錄之，顯然不是爲了讓一般善信去誦讀、懺悔，而是爲法師齋醮時誦唱，服務的對象是醮主，因而逕改爲"懺悔玄文"。"玄"者，深奥也，故弄玄虚耳。

另一更明顯的例子見第2組，即《下部讚》的第30行："願施戒香解脱水，十二寶冠衣纓珞。洗我妙性離塵埃，嚴餝净躰令端正。"在這一組裏，《下部讚》的第3句"洗我妙性"被改成"洒除壇界"，第4句

---

〔1〕"Mo Ni Chiao Hsia Pu Tsan，The Lower (Second) Section of the Manichean Hymns"，translated by Tsui Chi，*BSOAS*，11，1943，p. 215.

〔2〕參閲吉田豐：《漢訳マニ教文獻における漢字音寫された中世イラン語について》（上），刊《内陸アジア言語研究》，1986年11號，頁1-15，"詞例"第65。

〔3〕Desmond Durkin-Meisteremst, *Dictionary of Manichaean Texts. Vol. iii. Texts from Central Asia and China. Part 1. Dictionary of Manichaean Middle Persian and Parthian*, (Corpus Fontium Manichaeorum, Subsidia), Turnhout: Brepols, 2004, p.256.

的"嚴飾淨躰"被寫爲"嚴潔淨口"。這首被修改的詩在科冊中兩度出現，見256—257行（頁32）、346—347行（頁44-45）。這顯明其製作者認爲該詩經此一改，於法事甚合。在該詩首次出現之前，科冊還有一段指導法事程序的文字：

> 首淨垏（壇），各唱：清淨光明，大力智惠，咦咹嚧詵，蘇路和醓。各念三遍，又舉北方清淨，東方光明，南方大力，西方智慧^{中央無量}咦咹嚧詵^{蘇路和醓}三遍，遶垏（壇）舉。（見 251—255 行）

這段話說明該詩就是用於法壇所舉行的儀式上。把"洗我妙性"改成"洒除壇界"顯然就是爲對應這一場合。在該科冊中，"壇"字頻頻出現。或異寫爲"壇"（見第108、257、347、406），或作"垏"（見第251、255、262、263行）。箇中薦亡儀式更有"開壇讚"，見406—419行（頁51-53）。足見其本來就是用於法壇所舉行齋醮儀式的腳本。而吾輩固知，依傳統道壇齋醮儀式，主持的法師自少不了要"淨口"，因此，科冊上"淨口"的字眼也屢屢出現。除上引所修改的《下部讚》詩句外，在科冊的第022、242、391、393都有示意"淨口"。把"嚴飾淨體"改爲"嚴潔淨口"，無疑旨在因應齋醮儀式。

"壇界""淨口"這類道壇科儀的術語，唐代摩尼教未必引入。現存的三部摩尼教寫經，既未見有"壇"字，也沒有出現"淨口"這樣的字眼。尤其是像《下部讚》這一宗教儀式用經，其内容和表述形式頗類霞浦科儀本，否則不會多被後者採錄。然其沒有出現這類字詞，實際也就默證時摩尼教尚未有齋醮之舉。從現有的教外文獻看，唐代摩尼教不論是在傳播的第一波，抑或第二波時期，其宗教活動都是以外來摩尼僧爲主導，其儀式活動殆限於官方批准置建的寺院内。假如其僧侶曾依仗回鶻勢力，深入民間設壇齋醮，爲漢人請福薦亡，這就意味著其時多有漢人公開、積極參與摩尼僧的活動，成爲其齋主醮主，那麼，在殘酷迫害該教時，該等漢人信徒焉能安然無恙？但從有關的文獻看，會昌初元於摩尼教的迫害僅止於外來僧尼，於内地漢人一無涉及，這亦可反證唐代摩尼教尚未諳道門之齋醮。

五代時期的明教，現今所見的惟一記載見於徐鉉（916—991）《稽神錄》卷3"清源都將"目下所云清源（泉州）人楊某家鬧鬼事："後有善作魔法者，名曰明教，請為持經一宿。鬼乃唾罵某而去，因而遂絕。"[1] 就該條史料看來。驅鬼不外是"持經一宿"，並未暗示有設壇齋醮。時至南宋，官方文獻不乏論及明教，也未明言其有建壇之舉。如上引"宣和二年十一月四日臣僚言"，在列示明教之人所念經文及繪佛像之前，還提到他們的活動形態：

> 溫州等處狂悖之人，自稱明教，號爲行者。今來明教行者，各於所居鄉村，建立屋宇，號爲齋堂，如溫州共有四十餘處，並是私建無名額佛堂。每年正月內，取曆中密日，聚集侍者、聽者、姑婆、齋姐等人，建設道場，鼓煽愚民男女，夜聚曉散。

此處但稱明教之人"建立屋宇，號爲齋堂"，還把彼等之建齋堂定性爲"私建無名額佛堂"，但沒有點明其有結壇行爲。而密日聚會，建設道場，不過是常規禮拜；至於"夜聚曉散"，無非是朝拜日、夕拜月的禮俗。該等畢竟均屬例行宗教活動，與爲特定功利目的而舉行之齋醮儀式自應有別。因此，從官方文獻這些措辭看，至少暗示即便南宋明教有齋醮活動，也不像道教那樣地道普遍，以至官員未予直指。

像《下部讚》這樣的讚詩，從其名稱和內容看，屬於宗教讚詩的選編，主要面向下層信徒即聽者，供他們所傳修，並因應日常和節日諸宗教儀式選用頌唱。[2] 而道壇齋醮，是持有特定的目的，或請福，或薦亡等等。是以，宋明時代的明教徒即便也有設壇齋醮之俗，在各種具體的齋醮科儀中，雖可像陳摩本科冊那樣，參考擷取其部分內容，然將全卷照搬或改造作爲某一特定齋醮的科儀本，則殆無可能。因此，諸如"洒除壇界""嚴潔淨口"這樣的道壇齋醮術語，不會是出自陳摩本所依據的母本上，而應出自科冊製作者之刻意修改。

---

〔1〕徐鉉撰、白化文點校：《稽神錄》，古小說叢刊，中華書局，1996年，頁46。

〔2〕參閱本書《摩尼教〈下部讚〉音譯詩偈辨說》。

15.8　餘論

　　本章涉及的3個霞浦科册，均有《下部讚》詩文出現，但這並不意味著其撰作者都有緣接觸《下部讚》抄本。所比對12組詩文，陳摩本不但均有，而且有的還反復出現，足見該科册原始製作者曾把《下部讚》作爲重要參考資料。至於其他兩個科册所見《下部讚》詩文，不惟未超過陳摩本已有的内容，而且少得多。其中，陳興本僅見《下部讚》第30行（第2組）、第42行（第3組）和第206行（第9組）3處；謝點本則惟見《下部讚》第42行（第3組）、第206行（第9組）兩處。不過，後兩個科册均不如第一個完整，是以，自不能因彼等只有兩三處就斷言其未接觸過全抄本。但陳摩本既是全卷式地選錄《下部讚》，那麼，其他兩個文本即便其佚失的部份還有《下部讚》詩文，未必就剛好包括了上揭陳摩本所錄的其他9處，以至可供陳摩本襲用。因此，最有可能接觸《下部讚》全抄本者，應數陳摩本。至於陳興本和謝點本有關詩句是否亦直接錄自《下部讚》抄本，則未必。緣從上面12個比較組看，霞浦3個版本與敦煌本的一些差異，存在著共同性；尤其是上面所舉第3比較組，霞浦本均把“普曜我等諸明性”的“明性”都誤作“明使”，尤爲典型。故竊疑原錯出陳摩本，而其他兩個文本則以訛傳訛耳。假如這一推測不謬的話，則單從採錄《下部讚》詩文這一點，便可推斷陳摩本科版的製作要比其他兩個科册爲早，成爲後兩者編撰的參考物。亦正因爲如此，霞浦3個版本與敦煌本之比較始見多有共同的差異。這也就提示吾輩，田野調查所發現的有關科儀本，未必是同一時期的批量產物，彼等之形成或有先有後，若後者參考前者，亦屬常理。

　　學界或把霞浦科儀本直當北宋明教遺書，本章考察上揭抄本中採錄《下部讚》詩文之異同，辨釋其差異產生之諸多原因，庶幾有助於澄清有關之認識。

　　（本章初刊《世界宗教研究》，2012 年第 3 期，頁 170—178。）

16 霞浦科儀本《奏教主》形成年代考

16.1 引言

近年，由林鋆先生主導、陳進國先生積極參與的霞浦明教遺跡調查所得科儀抄本，多有涉及明教術語詞章者。就已披露的科冊看，涉及齋醮儀式的文疏格式頗爲齊備，學界或言該等即爲明教科典，傳承自宋代，甚至唐代，並據該等新資料，演繹有關宋代明教甚至唐代摩尼教之種種新見。竊以爲，該等新發現的資料，於追蹤失傳的明教、摩尼教信息，認識摩尼教在華的最後歸宿，無疑有重要的價值。不過，該等抄本爲私家世傳秘藏，如果要作爲歷史文獻使用，自應依歷史文獻學的規範，就文本形成年代，藉助相關學科的知識，進行一一考實。就已披露的寫本看，大多數未見朝代年號，顯示"大明國"字樣的僅屬個別，出現"大清國福建……"之類國號與行政區劃名稱的，倒有若干，本章所要討論的《奏教主》即爲其中之一。是篇文字不多，內容較爲簡單，筆者擬把其作爲麻雀，進行個案解剖，探討其形成年代，庶幾有助於揭示同類寫本之產生背景。不妥之處，仰祈學界同仁不吝批評賜教。

本章所涉及的霞浦科冊，蓋已見諸公開報導；具體文檢的過錄則據2010年8月林鋆先生助手張鳳女士傳賜的照片，謹此先行申謝！霞浦科儀本多見明清時期流行的異體字，爲便於排版，本章過錄時，凡未見當今電腦字庫者均代以正體字，謹此說明。

16.2 《奏教主》釋文

《奏教主》一文，見於封面手題 "謝道璉傳用" 的《奏申牒疏科册》第15—16頁。陳進國先生率先過錄並附局部照片刊佈，[1] 而後馬小鶴先生亦予過錄並評介。[2] 觀陳、馬兩位先生之錄文，文字與標點均略有差異。爲便於討論，謹在兩位先生錄文之基礎上，據照片（見圖版16.1、16.2）重作釋文如下：

[01] 　　奏教主　　嗣[3]

[02] 太上清眞無極大道正明內院法性靈威^{精進意}部主事^{渝沙}臣 厶 謹奏爲度

[03] 亡事。恭聞　光明教閫包羅萬法之宗，智惠門開濟度四生之德，一

[04] 介么微，冒干　佛聽。今據　大清國福建福寧州^云^云由詞旨至

[05] 明界，照得亡靈生前過惧，歿後愆尤，倘拘執對，未獲超昇，今建良

[06] 緣，特伸薦拔。但臣 厶 忝掌　真科，未敢擅便，錄詞百拜上奏：^{簽三个}

[07] 神通救性電光王佛^{金蓮下}，太上教主摩尼光佛^{青蓮下}，

[08] 廣惠莊嚴夷数和佛^{金蓮下}，恭惟　慈悲無量，濟度有緣，愍孝誠

[09] 之懇切，允微臣之奏陳：迄頒　明勑行下陰府諸司，赦釋亡魂，脫離刑

---

〔1〕陳進國、林鋆：《明教的新發現——福建霞浦縣的摩尼教史跡辨析》，載李少文主編，雷執行主編：《不止於藝》，北京大學出版社，2010年，頁343-389；有關部分見頁384-385。

〔2〕馬小鶴、吳春明：《摩尼教與濟度亡靈——霞浦明教〈奏申疏牒科册〉研究》，刊《九州學林》2010年·秋刊，頁15-47；有關部分見頁26-31。

〔3〕"嗣"，陳本缺錄。蒙聶志軍先生賜教："'嗣'爲繼承、傳承之義。黃志賢主編《道教科儀文疏總匯》（牒文六類匯集）屢見 '嗣法/教弟子/小臣　（空格）'，句首和句末都有出現。竊意本應作 '嗣法' 或 '嗣教'，用以導引第2行的啓奏者。文本的製作者顯欲效法道教科儀格式而所學未精。"

〔10〕曹之所，乘毫光徑赴法壇領善功，直登 淨邦。恭望慈光 厶 夜至期，

〔11〕奏請光降道場，證明修奉。恩資逝性即超昇，福利存家常迪吉。臣 厶

〔12〕誠惶誠恐，稽首頓首百拜，謹具奏 聞，伏候 恩命之至。

〔13〕年 月 日主事臣 厶 百拜謹狀。

就上揭奏疏的形成，馬小鶴先生做出如下判斷：

"奏教主"內核形成的時代，應該是在唐宋，製作者將明顯的摩尼教成分披上了道教的外衣。經過歷代傳抄，可能又加進一些其他因素，最後抄寫是在清代。這份文檢的作用是請三尊最高神光臨道場，超度亡靈。[1]

下面據馬先生這一提示試行考辨。

16.3 《奏教主》之製作年代

《奏教主》全文281字，另有自擬的代字號"厶"五個，其間第2、6、11、13行的"厶"，當示意填入道場主事人之名字；第10行之"厶"則示意法事舉行的具體日期。此外第4行用了"云云"一詞，其示意的內容自不止於死者姓名，或可包括死者的其他資訊，諸如具體鄉籍村籍、身份，死因，甚或迎合喪家需要，對死者的某些溢美之詞等，總之是讓主事者因情應景自行發揮。據此，可看出該文檢不過是一個格式樣板，供借鑒用，法師具體運作時，另要重寫一個正式文本，就具體人事，加以填空補充。照道教齋醮程序，在法壇上宣讀奏疏後還要焚化，象徵上達聖聽。

《奏教主》此一樣板格式製作於何時? 考寫本第4行的"大清國福建福寧州"八個字，便大致可知。查民國《霞浦縣志》於霞浦行政區域沿革有云：

---

〔1〕馬小鶴、吳春明：《摩尼教與濟度亡靈——霞浦明教〈奏申疏牒科册〉研究》，頁27。

元升（長溪）縣爲福寧州，明洪武（1368—1398）改州爲縣，
成化（1465—1487）復升爲州，清初仍其舊，雍正（1723—1735）
時升爲府，乾隆時析霞浦爲福鼎縣，民國廢府亦屬之閩海道，縣
仍其舊。[1]

　　升府的具體年份是雍正12年（1734）。[2] 這意味著該奏疏之製作應
在清初到雍正12年之前這段時期。按“大清國福建福寧州”，應爲原
作所有，而非傳抄時自行補上。如果是傳抄自前朝的話，自應照抄前
朝國號，以示源於古本，彌足珍貴。該文本從清初傳於今，雍正12年
（1734）升府之後，並沒有將“福寧州”改爲福寧府，民國時期亦未
改“大清國”之號，可見，作爲科儀本樣板書式，已定型的文字乃不
會被修改。就此，霞浦科儀本中尚另有一例可資佐證，其所在科冊封
面手題《禱雨疏奏申牒狀式》和“後學陳寶華存修”字樣，科冊頁66
題“又式州官龍請用”，首句作 “大明國福建等處，承宣布使直隷福
寧州公廨居住，奉光明正教下穰災求雨弟子信官臣厶，率領同僚臣厶，
偕鄉宦厶，耆民厶，通州軍民等，謹露丹誠拜…… ”（見圖版16.3）。儘
管該抄本歷經多代法師之手，“大明國”“福寧州”字樣照樣保存，未
被改寫。考民間法師用的文疏格式樣板，其製作者爲顯示格式由來有
自、傳自古昔，把朝代故意提前或可有之，若云推後則不可理喻。但
《奏教主》不可能是託古之作，緣其所在科冊包括諸多文疏，清代異
體字比比皆是，無疑是個清抄本，故《奏教主》也不可能是晚晴或清
後之物，製作者當爲清初之人。因此，該文疏無論是否爲傳抄本，其
原始製作應在清崇德元年（1636）至雍正12年（1734）這百年之內。

　　不過，馬先生稱“‘奏教主’內核形成的時代，應該是在唐宋，製
作者將明顯的摩尼教成分披上了道教的外衣。” 鑒於馬先生論文題目

　　〔1〕詳見羅汝澤等修，徐友梧纂：《霞浦縣志》，民國十八年鉛印本，影印本收于《中國方志叢
書·第一〇二號》，成文出版社，1967年，有關記載見頁11。
　　〔2〕羅汝澤等修，徐友梧纂：《霞浦縣志》，頁11；並參《福安縣志》（清光緒十年刊本）卷2：
“元至正二十三年升長溪縣爲州，縣改屬州。明洪武二年復爲縣，並屬福州。景泰六年，析縣十一都等
里，置壽寧縣。成化九年，復升福寧爲州，縣仍屬州。國朝定鼎初，仍其舊。雍正十二年，始升州爲府，
今屬福寧府。”

已明確地把該科册定性爲明教，竊意如是說法，似意在把這一清代製作的文檢亦當爲承傳自唐宋。《奏教主》中所謂"明顯的摩尼教成分"大概是指第3行的"光明教闡包羅萬法之宗，智惠門開濟度四生之德"這一偶句，還有第7—8行的"三尊最高神"，即"神通救性電光王佛""太上教主摩尼光佛""廣惠莊嚴夷數和佛"。

所謂"內核"，究何所指，則似不明確。按第3行那一對偶句，不可能源於唐代，其時摩尼教斷無"光明教"之稱，現存文獻亦未見"智慧門""四生"之謂，即使有，也不可能與所謂"光明教"等組成偶句；宋代明教是否有流行，目前未有資料可以佐證。但這樣的偶句無疑是用於對信徒或教外人之宣教，如寫成對聯懸掛等。若宋代明教果有呈自家教主的奏疏，不可能用"恭聞光明教闡包羅萬法之宗，智惠門開濟度四生之德"這樣的教外人口氣。這一破綻，曝露了該文檢應是後世法師所自行撰作，並非承傳宋代明教之科典。其實，就算這一偶句源於宋代明教，亦顯非奏文所要闡發的內容，當不能目爲"內核"。若謂把第7—8行所列三佛拼組膜拜，目爲內核，這倒無不可，畢竟彼等就是奏請的對象。此外，既云"這份文檢的作用是請三尊最高神光臨道場，超度亡靈"，那麽這種上疏請神下凡濟度亡靈的方式，若亦目爲"內核"，恐也不違馬先生之本意。該等"內核"的形成是否可上溯唐宋，下面擬一一辨釋，俾便進一步確認《奏教主》形成之年代。

16.4 "電光王佛"名號之淵源

《奏教主》所奏三佛，"電光王佛"居首。筆者於傳統漢籍中，尚未能檢索到有此神名。現存佛經，亦未見。但若爲"電光佛"，則爲佛教衆多佛號之一，後魏北印度三藏菩提流支譯《佛說佛名經》，多處出現。[1] 馬先生稱"'電光王佛'無疑源自敦煌摩尼教文書的'電光佛'。

---

〔1〕〔後魏〕菩提流支譯：《佛說佛名經》，《大正藏》（14），頁146上、146上，240下、223上、237中、298中。

一般文獻中，摩尼教神'電光佛'（光明處女）的職能就是引誘雄魔，使其將身上吸收的光明分子隨同精液一起射泄出來"。[1]筆者檢索敦煌摩尼教文書，"電光佛"僅一現，見S.2659《下部讚》中《收食單偈》之第3頌：

[168] 收食單偈 大明使釋

[169] 一者无上光明王，二者智惠善母佛，三者常勝先意佛，四者歡喜五明佛，

[170] 五者勤修樂明佛，六者真實造相佛，七者信心淨風佛，八者忍辱日光佛，

[171] 九者直意盧舍那，十者知恩夷數佛，十一者齊心電光佛，十二者惠明莊嚴佛。

[172] 身是三世法中王，開楊一切秘密事；二宗三際性相義，悉能顯現无疑滯。[2]

顯然，馬先生認爲"電光王佛"便是源自此偈的"十一者齊心電光佛"；而該"電光佛"就是摩尼創世說中的"光明處女"。苟不論是否如此，但至少說明馬先生在唐宋文獻上亦未覓得曰"電光王佛"者，始以此"電光佛"來對號。不過，在3世紀中葉波斯摩尼的創世說中，"光明處女"絕非名列前茅的主神。由是，不禁令人要質疑道：七八世紀的唐代中國的外來摩尼僧，在中國傳統倫理的氛圍下，真的會把這一色誘雄魔的"光明處女"晋升爲主神嗎？如果不可能，那麽，爾後的明教徒在男尊女卑的封建專制下，難道會把一個外來的女神奉爲最尊？其實，在《收食單偈》中，"電光佛"名居第11，顯非最高者；而霞浦版"電光王佛"多了一個"王"字，至少表明始作俑者即便靈感來自該佛，亦必不屑其品位之低，始會添加一個"王"字，以示此佛非彼佛。

至於宋代明教，目前雖未見可資確認的內典，但傳統文獻於其所奉神名不乏提及。《宋會要輯稿·刑法二·禁約》的"宣和二年（1120）

〔1〕馬小鶴、吳春明：《摩尼教與濟度亡靈——霞浦明教〈奏申疏牒科冊〉研究》，頁30。

〔2〕S.2659《下部讚》，見《英藏敦煌文獻》）（4），頁148。

十一月四日臣僚言":

　　明教之人所念經文，及繪佛像，號曰《訖思經》《證明經》《太子下生經》《父母經》《圖經》《文緣經》《七時偈》《日光偈》《月光偈》《平文策》《漢讚策》《證明讚》，《廣大懺》，《妙水佛幀》《先意佛幀》《夷數佛幀》《善惡幀》《太子幀》《四天王幀》。已上等經佛號，即於道釋經藏並無明文該載，皆是妄誕妖怪之言，多引爾時明尊之事，與道釋經文不同。至於字音又難辨認，委是狂妄之人，偽造言辭，誑愚惑衆，上僭天王太子之號。[1]

而後，復有陸遊（1125—1210）《渭南文集》卷5《條對狀》裏述明教之種種表現，其中提及其徒所奉“妖像”：

　　其神號曰明使。又有肉佛、骨佛、血佛等號。[2]

考摩尼的創世說，在明暗之爭的過程中，光明王國的五種光明分子，即京藏摩尼經（宇56/北敦00256，以下簡稱《殘經》）所云的清淨氣、妙風、明力、妙水和妙火，參與對黑暗的戰鬥，但不幸爲黑暗王國衆暗魔所吞噬，而後暗魔創造人類這一肉身，把這些光明分子分別囚禁在人體的骨、筋、脉、肉、皮五個城裏，而明神則努力把這些被囚禁的光明分子解救出來。[3] 既然原始教義可把骨、筋、脈、肉、皮這些人體結構的概念，喻爲五座囚禁光明分子的城圍，那麼，如果宋代明教把拯救該等明子的明神，衍化成陸遊所云的“肉佛、骨佛、血佛”應符合邏輯，而其“等號”，則自指代被省略的“脈佛”“皮佛”無疑。同理，既然作爲五明子之一的“妙水”被奉爲“妙水佛”，自可推想尚應有妙氣佛、妙風佛、妙明佛、妙火佛等。至於“神號曰明使”，則是繼承唐代摩尼教傳統。《殘經》提到之明使就有持世明使、降魔勝使、地藏明使、催光明使等，《下部讚》更對衆明神咸稱明使。

此外，《道藏》中有南宋道士白玉蟾（1194—1229）與彭耜（耜）

----

〔1〕《宋會要輯稿·刑法二·禁約》165册，中華書局，1975年，頁6534。
〔2〕見陸游：《渭南文集》卷5，據《陸放翁全集》，上册，中國書店，1986年，頁27-28。
〔2〕有關論述見《殘經》寫本第30—68行。
〔3〕有關論述見《殘經》寫本第30—68行。

就明教的對話，亦論及明教神譜：

其教中一曰天王，二曰明使，三曰靈相，土地以主。[1]

上面這些傳統文獻，於宋代明教所奉神號，已多所披露，獨未見有"電光王佛"者，甚至連帶"電"字的佛號都未見，亦就無從像"脈佛""皮佛""妙氣佛""妙風佛"等那樣，從見載的佛號來推導其存在。當然，這尚不能排除失載之可能性。不過，倘該佛如論者所云，在宋代已被奉爲最高神的話，則無失載之理；緣在南宋包括明教在內的"喫菜事魔"運動中，社會共所矚目，官方及士人著作相關記載甚夥，於其"魔王"之名號焉會毫不在意？"電光王佛"既未見載，竊意至少已暗示宋代明教神譜即便有此佛，亦絕非主神。

實際上，"電光王佛"迄今僅見於霞浦科册，除《奏教主》把其列居第一外，業已披露的霞浦其他科册，亦頻頻出現該名號。既然如此，竊意無妨從該等科册中另求新解。筆者注意到另一被題爲《摩尼光佛》的科册，是册的製作年代據考不可能早於明代。[2]其頁26—27有專向該佛"志心信禮"的一段唱詞：

志心信禮：神通電光王，本明尊，性妙真，空宝地，威嚴相。淨活微妙風，三明化，五來聖，藉神通，統攝三千界，鎮壓二輪，中禦諸星像，震威雄，延續衆生命福惠。願昌隆，今我等，淨三業，讚神通。願今夜，消灾障，降吉祥。（見科册第 212—217 行）

琢磨該段唱詞，其"神通電光王，本明尊"，竊意似可解讀爲"電光王佛"本來就是"明尊"。其下面之"統攝三千界"等讚詞，實際也是最高神始能配用。而在科册中，繼該段唱詞之後，纔依次"志心信禮""夷數和"（佛）與"長生甘露王"（摩尼），這亦暗示其地位本來高於後兩者。按"電光"象徵光明，"王佛"則示意最高神，亦適好與明尊對稱。

---

[1] 紫壺道士謝顯道編：《海瓊白真人語錄》卷1，見《道藏》第33册，上海書店出版社、文物出版社、天津古籍出版社，1984年，頁114下-115上。

[2] 詳參本書《明教五佛崇拜補說》。

·歐·亞·歷·史·文·化·文·庫·

考明清法律均把"明尊教"列入"師巫邪術"取締，[1]而明代明教，據明人何喬遠 (1557—1631)《閩書·方域志》"華表山"條所述明教史：

> 皇朝太祖定天下，以三教範民，又嫌其教門上逼國號，擯其徒，毀其宮。戶部尚書郁新，禮部尚書楊隆，奏留之，因得置不問。[2]

竊意朝廷雖對明教網開一面，但明教徒若繼續張揚明尊崇拜，難免易被地方官府作明尊教取締。是以，教會爲避嫌，不得不另立"電光王佛"這一對等的神號，在某些不適宜張揚本教原有"明尊佛"之場合，代替之。該名稱之立，靈感或來自《下部讚》之"電光佛"；但歸根結底還是變造自佛典。年長日久，信仰弱化，"電光王佛"本爲何神，漸被淡忘。從《摩尼光佛》科册的內容看，作者無疑曾採錄某些摩尼教和明教的遺經。至於稱頌電光王佛的這段唱文，究竟是擷取自明代經文，抑或是作者自創，難以稽考。但無論如何，其揭示了電光王佛原本就是明尊，這應是可信的。

16.5　"摩尼光佛"稱謂之流行

波斯摩尼教之教主摩尼，在華夏確有"摩尼光佛"之稱，現存文獻最早見於敦煌寫卷 S.3969，即《摩尼光佛教法儀略》（以下簡稱《儀略》）的上半截，[3]《儀略》落款"開元十九年（731）六月八日大德拂多誕奉詔集賢院譯"，是來華摩尼僧面臨勅禁危機，撰呈朝廷的解釋性文件，[4]箇中所論無疑代表了當時在華的摩尼教會。其不惟以"摩尼光佛教法"立題，且開篇《託化國主名号宗教第一》闡釋教主名號：

---

〔1〕另參閱拙文：《摩尼教華名辨異》，刊《九州學林》，2007年春季，5卷1期，頁180-243；收入拙著：《中古夷教華化叢考》，蘭州大學出版社，2011年，頁51-92。

〔2〕〔明〕何喬遠：《閩書》（1），卷7《方域志》"華表山"條，廈門大學校點本，福建人民出版社，1994年，頁171-172，引文見頁172。

〔3〕S.3969《摩尼光佛教法儀略》上半截，見《英藏敦煌文獻》（5），頁223下-225上。

〔4〕拙文：《敦煌本〈摩尼光佛教法儀略〉的產生》，刊《世界宗教研究》，1983年第3期，頁71-76。修訂本見林悟殊：《摩尼教及其東漸》，中華書局，1987年，頁168-176；淑馨出版社，1997年增訂本，頁198-203；《敦煌文書與夷教研究》，上海古籍出版社，2011年，頁30-39.

“佛夷瑟德烏盧詵者$_{本國梵}^{音\ 也}$，譯云光明使者，又号具智法王，亦謂摩尼光佛，即我光明大慧无上醫王應化法身之異号也。”（第5—7行）然而，儘管吐魯番發現的摩尼教殘片，有稱摩尼爲“彌勒佛”者，[1]有稱爲佛陀者，[2]然於“摩尼光佛”之謂，則未之見。竊疑教主這一名號，應爲其時在華摩尼教團所正式法定。不過在漢文獻中，此一稱謂惟以《儀略》爲首見。此前是否亦有之？竊意回答恐應否定。下面試加推證。

顧上面已臚列的衆多摩尼教、明教神號，諸如如先意佛、夷數佛等，不過是在本教原有神名綴以“佛”字耳。此“佛”固然是借鑒佛教，但不外是作爲一種敬稱耳，並不意味著彼等與佛教神譜有關。猶如慈禧和康熙皇帝被稱爲老佛爺，回鶻摩尼僧被稱爲“佛師”然，[3]並不意味著彼等蓋屬佛門。不過，摩尼教初入華之際，亦未必多把明神稱佛，武后時期流行的《殘經》可資爲證，其現存約七千言，“佛”字僅一見。[4]因此，其時爲因應華人稱佛之習，把教主稱爲摩尼佛，或可有之；而《儀略》以“摩尼光佛”名教主，靈感乃來自具體的佛典，見卷中所稱：“《觀佛三昧海經》云：‘摩尼光佛出現世時，常施光明，以作佛事。’”（第34—35行）被引佛典全名《佛說觀佛三昧海經》，係東晉（317—420）天竺三藏佛陀跋陀羅所譯，引文出卷9《本行品》第8，原文作：“過是已後，復得值佛，名摩尼光多陀阿伽度阿羅呵三藐三佛陀。摩尼光佛出現世時，常放光明，以作佛事，度脫人民。如是

---

〔1〕殘片編號 M 42，W. B. Henning, "Ein manichäisches Bet-und Beichtbuch", *APAW* X, Berlin, 1937, pp. 18-32; H. J. Klimkeit, *Gnosis on the Silk Road : Gnostic Parables, Hymns &Prayers from Central Asia*, New York, 1993, p. 134.

〔2〕殘片編號 M 801，F. C. Andreas & W. B. Henning, "Mitteliranische Manichaica aus Chinesisch-Turkestan III", *SPAW*, 1934, pp. 878-881; M. Boyce, *A Reader in Manichaean Middle Persian and Parthian*, Téhéran-Liège: Bilbliothèque Pahlavi; Leiden: E. J. Brill, 1975, pp. 170-173; H. J. Klimkeit, *Gnosis on the Silk Road : Gnostic Parables, Hymns &Prayers from Central Asia*, New York, 1993, p. 125.

〔3〕見《册府元龜》卷976後唐“明宗天成四年（929）八月”條：“癸亥，北京奏葬摩尼和尚。摩尼，回鶻之佛師也，先自本國來太原。”中華書局影印本，1960年，頁11468下-11469上。

〔4〕見寫卷第227—229行：“如是記驗，即是十二相樹初萌，顯現扵其樹上，每常開敷无上寶花；既開已，輝光普照，一一花間，化佛无量；展轉相生，化无量身。”

397

二萬佛，皆同一號名摩尼光。"〔1〕用此佛號來比同教主摩尼，取摩尼之同音，借光明之同義，把本教教主與佛教名號融成一體，附會佛教於無形，顯比稱教主爲彌勒佛或其他佛更高明，足見時摩尼僧於漢譯佛經之博通。竊意摩尼僧初入華之際，即便已在努力依託佛教，恐亦未必能臻如此爐火純青之境地。

復考摩尼教初入唐代中國，現存有關記載無非兩條，一爲釋志磐《佛祖統紀》所記延載元年，"波斯國人拂多誕西海大秦國人持二宗經僞教來朝"。〔2〕另一見何喬遠《閩書》所載："慕闍當唐高宗朝行教中國。至武則天時，慕闍高弟密烏沒斯拂多誕復入見。群僧妬譖，互相擊難。則天悅其說，留使課經。"〔3〕這兩條資料，均應據失傳的唐代政書，可以徵信。〔4〕觀這兩則記載，並無絲毫透露其時摩尼僧曾像《儀略》那樣，自稱教主爲摩尼光佛，所持宗教爲"摩尼光佛教法"；相反的，倒明顯暗示彼等並未對武則天如是宣稱過。因爲武氏迷於佛教，摩尼僧面對的勁敵是武氏身旁的佛僧，"摩尼光佛"是佛僧誦念的衆多佛號之一，後魏（386—557）北印度三藏菩提流支譯《佛說佛名經》，就有"南無摩尼光佛"三例。〔5〕如果其時摩尼僧竟自稱教主就是該佛，佛僧就無需在教理上來與之辯論，以至授以"擊難"的機會，而是直斥其冒用佛號就可了。如是，武則天焉會"留使課經"？

按《儀略》本是摩尼僧應對勅禁危機之作，爲了保住其教在華岌岌可危的合法地位，自充分發揮"變色龍"本性，〔6〕把該教的變通適用本能發揮得淋漓盡致，故於其時華夏的主流宗教大加依託附會。除依

〔1〕《大正藏》（15），頁688上。摩尼光多陀阿伽度阿羅呵三藐三佛陀，即 Maniprabhatathāgatār-hatsamyaksam- buddha，見 G. Haloun and W. B. Henning, "The Compendium of the Doctrines and Styles of the Teachings of Mani, the Buddha of Light", *Asia Major* III, 1952，p.192, Note 37.

〔2〕《佛祖統紀》卷39，《大正藏》（49），頁369下－370上；並見卷54，同書，頁474下。

〔3〕《閩書》（1），頁171。

〔4〕參本書《佛書所載摩尼僧始通中國史事辨釋》。

〔5〕《佛說佛名經》卷第3，《大正藏》（14），頁129下；復見卷第6，同書，頁210下；卷第5，同書，頁137上。

〔6〕摩尼教徒猶如變色龍那樣善變，語出古代拜占庭學者的評論。見 Ch. Astruc, "Les source grecques pour l'histoire des Pauliciens d'Asie Mineure", *Travaux et Mémoires* 4, 1970, p.13.

託佛教外，還附會道教。《儀略》第36—40行引證了《老子化胡經》云：

我乘自然光明道氣，飛入西那玉界蘇隣國中，示為太子。捨家入道，号曰"摩尼"。轉大法輪，説經、戒、律、定、慧等法，乃至三際及二宗門。上從明界，下及幽塗，所有衆生，皆由此度。摩尼之後，年垂五九，我法當盛者。[1]

曰摩尼光佛，曰老子化摩尼，無非旨在廁身佛道之間。後者畢竟還有《化胡經》可據；而前者，如上面所分析，畢竟是據佛典，直將該佛號比附。此舉於該教之後世深入華夏鄉間民衆，確曾發揮了重要作用，但於當時存心取締該教之朝廷來說，無疑是授予了最好的把柄：假冒佛教之罪，立可定讞，難怪《儀略》撰呈次年，即開元20年7月所頒之敕稱："末摩尼本是邪見，妄稱佛教，誑惑黎元，宜嚴加禁斷。"[2]"妄稱佛教"之罪，顯然是針對號稱"摩尼光佛"而言。

安史之亂後，摩尼教藉助回鶻勢力，重新入傳中原。不過，其教會雖有回鶻勢力可恃，但並未彰顯教主"摩尼光佛"之號，連"摩尼"亦改寫成"忙你"。《下部讚》可資為證，全卷共17處出現"忙你"，卻未見有"摩尼"者，更遑論摩尼光佛。其間專頌"摩尼"之詩偈，亦概以"忙你"代之。[3]其中原因，或吸取玄宗朝勅禁該教的教訓，或另有隱情。但無論如何，唐代摩尼教之用"摩尼光佛"名號，依目前現存文獻，僅見《儀略》一例，若非曇花一現，亦屬偶用耳。

宋代明教會恢復了"摩尼"的稱謂，其依託道教，以《化胡經》老子化摩尼之說，把教主認同老子。[4]昔年陳垣先生所徵引的南宋黃震《崇壽宮記》，[5]其間詳記崇壽宮這一道化摩尼寺的歷史，於該教與儒

---

〔1〕《英藏敦煌文獻》（5），S.3969 /2，頁224上。

〔2〕〔唐〕杜佑撰，王文錦等點校：《通典》卷40，中華書局，1988年，頁1103。

〔3〕即寫本行159—163的《稱讚忙你具智王》，《英藏》（4），頁148；寫本行372——379的《此偈讚忙你佛》，《英藏敦煌文獻》（4），頁155。

〔4〕參閱拙文：《"宋摩尼依託道教"考論》，載張榮芳、戴治国主編：《陳垣與嶺南：紀念陳垣先生誕生130周年學術研討會論文集》，中國社會科學出版社，2011年，頁81-107。

〔5〕黃震：《崇壽宮記》，《黃氏日鈔》卷86，《景印文淵閣四庫全書》，第708册，商務印書館，1983年，頁889-890，陳垣：《摩尼教入中國考》有詳加徵引，見《陳垣學術論文集》第1集，中華書局，1980年，頁359-361。

釋道之關係亦多有討論。內中著錄其時主持張希聲的自述，張氏稱"吾師老子之入西域也，嘗化爲摩尼佛"。惟稱摩尼爲"佛"，而無"光"之謂。不過張希聲畢竟是個寄身道觀修持的明教徒，坊間明教徒對教主是否流行"摩尼光佛"的稱法，自另要考證。

　　觀上揭的"臣僚言"，並未提到教主摩尼的名字，但卻有《太子下生經》和《太子幀》。宗教經像卻以世俗太子爲名，豈非怪哉？竊以爲，其"太子"一詞，應指代教主摩尼。不過，這倒不是因爲歷史上之摩尼出生於王室之故。按《儀略》謂"摩尼光佛誕蘇鄰國跋帝王宮，金薩健種夫人滿艷之所生也"（第18—19行），據亨寧氏（W. B. Henning）考證，"金薩健"，即 Kamsarakan，4世紀亞美尼亞歷史常提及此一家族，據云源自帕提亞王室，故一般認爲摩尼生母係帕提亞王室公主。[1]在華夏，公主之子與太子，其身份自不可比同。明教徒宣揚教主摩尼的"太子"身份，顯然不是衍化摩尼教史的說法。觀世界各種宗教，其教主殆有非凡的誕生神話，中國宗教尤然。摩尼教入華後，教主的誕生神跡自要結合華情，借鑒《化胡經》進行演繹，可謂最佳的選擇。

　　上揭《儀略》所引的《化胡經》經文，並非摩尼僧所杜撰。斯坦因（Marc Aurel Stein）所發見的敦煌寫本《老子化胡經》第1卷，也有類似的一段經文：

> 後經四百五十餘年，我乘自然光明道氣，從真寂境，飛入西那玉界蘇鄰國中，降誕王室，示爲太子。捨家入道，号末摩尼。轉大法輪，説經、戒、律、定、慧等法，乃至三際及二宗門，教化天人，令知本際。上至明界，下及幽塗，所有眾生，皆由此度。摩尼之後，年垂五九，金氣將興，我法當盛。西方聖象，衣彩自然，来入中洲，是効也。當此之時，黃白氣合，三教混齊，同歸於我。仁祠精舍，接棟連甍。翻演後聖，大明尊法。中洲道士，廣説因緣。爲世舟航，大弘法事。動植含氣，普皆救度。是名惣攝一切法門。[2]

---

〔1〕W. B. Henning, "The Book of Giants", *BSOAS* XI, Part I, 1943, p.52.

〔2〕S.1857,《英藏敦煌文獻》（3），四川人民出版社，1990年，頁165下–166上。

宋《道藏》所收《化胡經》無疑應包含這段經文，是以，即便《儀略》並無在宋代明教徒中流行，亦可直接依當時合法流行之《化胡經》，爭取自己生存空間。難怪上揭張希聲稱"吾師老子之入西域也，嘗化爲摩尼佛"。由是，可以推斷明教之人所念之《太子下生經》，其內容應是關於老子降誕蘇鄰國王室爲太子事。不過，必定要多所演繹，始能由《化胡經》幾句經文，變造出一部《太子下生經》。其演繹的內容，傳統文獻並非無跡可循。據上揭《閩書》"華表山"條下的記載：

> ……山背之麓有草庵，元時物也，祀摩尼佛。摩尼佛，名末摩尼光佛，蘇鄰國人；又一佛也，號具智大明使。云老子西入流沙，五百餘歲，當漢獻帝建安之戊子，寄形棕櫚。國王拔帝之后，食而甘之，遂有孕。及期，擘胸而出。棕櫚者，禁苑石榴也。其說與攀李樹、出左脅相應。[1]

此處所云"寄形棕櫚"諸細節，既不見於《儀略》，亦不見於《化胡經》。但何氏所述，並非獨家新聞。近年晉江粘良圖先生的田野調查，在上揭草庵遺址所在地蘇內村，發現有境主宮，其中以摩尼佛爲主神，與其他四位神一同供奉，"據云，境主皆屬'菜佛'，上供筵碗要用素菜、水果、蜜餞。但水果中的番石榴（土名'棕拔'），即相傳摩尼光佛從中託生的'棕櫚'，是不能用來上供的。"[2]其實，老子出生，"寄形棕櫚"，道經《玄妙內篇》《上元經》等早已有之，顯然被明教徒吸收採擷，納入其《太子下生經》。

假如上述對《太子下生經》內容的推測屬確，則《太子幀》畫像無疑就是摩尼。這就意味著於教主摩尼的尊號，宋代明教徒寧願稱"太子"，難怪官方指斥其"上僭天王太子之號"。爲依傍老子，明教徒刻意宣揚教主摩尼的"太子"身份，連教主聖像都名爲《太子幀》，這實際亦就默證彼等處於非法地位，於教主的正式名號亦不得不隱蔽，不敢公開張揚。

---

〔1〕《閩書》（1），頁171-172。

〔2〕粘良圖：《摩尼教信仰在晉江》，刊《福建宗教》2004年第6期，頁24-26，引文見頁26；另參氏著：《晉江草庵研究》，廈門大學出版社，2008年，頁85。

　　"摩尼光佛"名號之在明教徒真正流行，從考古發發現看，似應始於元代。上揭何喬遠所記草庵爲元時物，其所祀摩尼佛摩崖石刻，今保存完好，頂端勒刻有"摩尼光佛"四字。[1]而著名的明教十六字偈"清淨光明，大力智慧，無上至真，摩尼光佛"十六字偈，即勒刻於該庵門前之崖石，落款年代是正統乙丑年（1445）；[2]另外，福建莆田發見的同樣石刻，年代則在延祐二年（1315）至洪武二年（1369）之間。[3]該等石刻，突出摩尼光佛之號，甚且冠以"無上至真"，視爲最高神，不過均屬元明之物。竊意其間原因，當與元蒙統治者奉行宗教寬容政策有關，明教在元代享有獨立宗教之合法地位。早年吳文良先生收藏的雙文合璧墓碑石，[4]可資爲證。該碑主體文字爲："管領江南諸路明教秦教等，也里可溫，馬里失里門，阿必思古八，馬里哈昔牙。"落款年代"皇慶二年"（1313）。是碑顯示明教隸轄於一位叫馬里失里門的基督教主教，[5]足見其得到朝廷的承認。到了明初，據上揭《閩書》"華表山"條下所載，雖一度遭禁，隨後不久，也就"得置不問"。明教得以合法存在，張揚教主名號自適得其時。何況，就"摩尼光佛"這一名號，於元明時期鄉間的佛教氛圍諒必更顯融洽。

　　綜上所論，儘管《儀略》已把教主名號正式定爲"摩尼光佛"，但由於宗教生態環境，在元代之前，信徒實際未敢公開宣揚此一名號。由此推論，即便其時教會亦有奏教主之類的文疏，其臺頭當亦不使用此四字。清初《奏教主》的製作者於"摩尼光佛"這一稱謂，應是承繼元明的傳統，把其逕溯唐宋，有超越時空之嫌。

---

　　〔1〕雕像左上角有摩崖記："謝店市信士陳真澤立寺，喜捨本師聖像，祈薦考妣早生佛地者。至元五年（1268）戌月四日記。"年代確鑿無疑。參吳幼雄《泉州宗教文化》，鷺江出版社，1993年，頁292。

　　〔2〕吳文良：《泉州宗教石刻》，科學出版社，1957年，頁44，圖105。

　　〔3〕李玉昆：《20世紀福建摩尼教的新發現及其研究》，刊《福建宗教》1999年第1期，頁37。

　　〔4〕吳文良：《泉州宗教石刻》，頁45–46；圖版108。

　　〔5〕有關該碑的考證詳參拙文《泉州摩尼教淵源考》，刊林中澤主編：《華夏文明與西方世界》，博士苑出版社，2003年，頁75–93；修訂本見《中古三夷教辨證》，中華書局，2005年，頁375–398；並見頁464，圖版6。

16.6　"夷數和佛"與"夷數佛"之因緣

　　摩尼教之創立，曾吸收了大量的基督教成分，原係基督教教主之耶穌（Jesus），在摩尼所創立的宗教體系中扮演重要角色，是爲摩尼教研究者之常識。西域摩尼僧把 Jesus 引入華夏，以漢字音譯爲"夷數"。就漢字含義講，"夷"字或稍有貶意，"數"字則不褒不貶，適爲中性。由於摩尼的創世說，把人類元祖說成是暗魔亂交的產物，觸犯華夏傳統禮教，是以武后時期流行的《殘經》，儘管於摩尼創世說頗多敍說，惟於人類元祖之起源卻閃爍其詞，殆隱而不提。復據創世說，夷數是被派來啓迪人類始祖的明神。既然不言人類元祖如何產生，亦就無從述說夷數在創世時之重要作用。是以，《殘經》於"夷數"之名僅見於第204—205行："十二時者，即是十二次化明王，又是夷數勝相妙衣，施与明性。以此妙衣，莊嚴內性，令其具足，拔擢昇進，永離穢土。"語焉不詳。職是之故，若言在玄宗勅禁摩尼教之前，唐代摩尼教徒已把耶穌奉爲主神崇拜，似不可信。倒是到了摩尼教藉助回鶻勢力重新入傳中國時，夷數崇拜始見流行。其時產生的《下部讚》有長篇禱讚夷數的詩偈，見第6—119行、第368—371行，蓋佔全卷篇幅逾四分之一。當然，這些禱讚詩偈惟把夷數當爲拯救之神唱誦，毫無涉及創世說之細節。在《下部讚》中，夷數多以佛稱之，有的還加一些修飾語，如上揭《收食單偈》的"知恩夷數佛"（第171行），此外，還有"具智法王夷數佛"（第76行），更有與《奏教主》類同的"廣惠莊嚴夷數佛"（第29行），相差惟一"和"字。檢索唐代摩尼教內外典，雖有"夷數佛"之謂，但未見有"夷數和佛"之稱。

　　宋代的明教徒繼承唐代摩尼教傳統，有夷數佛崇拜，上引宣和二年的"臣僚言"，舉列"明教之人所念經文及繪佛像"便有《夷數佛幀》，足以證明。不過，同唐代摩尼教一樣，涉及宋代明教的資料，除"夷數佛"之外，未見另有"夷數和佛"者。是以，假如《奏教主》的"夷數和佛"形成自唐宋，當不可能和摩尼教有關；緣如上面所云，摩尼教的"夷數"音譯自基督教《聖經》的 Jesus，而該名字在古代各民族

·欧·亚·历·史·文·化·文·库·

文字的音譯中，都不可能找到"和"的諧音。因此，華夏唐宋文獻，無論與摩尼教、明教是否有關，都無從檢索到"夷數和"這樣的神名。既然唐代來華摩尼僧已將 Jesus 準確地音譯爲"夷數"，而該音譯在漢文的字義並非很有貶意，宋代明教會實在無必以"和"添足。因此，倘"夷數和佛"源於摩尼教，衍化自"夷數佛"，則竊意其出現應在宋後該教餘緒匯入鄉土民間信仰之後。緣外來神進入本土民間信仰萬神殿時，原稱謂因應信仰生態環境而被更新並非鮮見，猶觀世音菩薩之變觀音娘娘然。

從上揭《摩尼光佛》科册看，"夷數佛"與"夷數和佛"並用不悖，含義並無不同。筆者推測緣其他神靈稱謂多以四字爲度，始作俑者也許出於修辭造句原因，爲唱詞工整，位牌書寫對稱之類的原因，遂酌添一"和"字。[1]後人不明就裏，遂因襲之

16.7　摩尼教並無拼組三神膜拜的傳統

上面已論證《奏教主》所奏三佛的稱謂，在唐宋實際並未真正流行。其實，從現有的文獻看，唐代摩尼教與宋代明教亦未見有將3位本教神靈特別拼組崇拜的傳統。

考古代諸民族均不乏數字崇拜者，如九姓胡便以"七"爲吉。[2]唐代摩尼教屬中亞教團，來華的摩尼僧多有粟特人，故亦似有此俗。

摩尼一生的著述有8部，[3]但《儀略》卻云其"騰七部以作舟航"（第31行），箇中亦只介紹摩尼7部著作的名稱（第57—69行），或許與此有關。摩尼教本身顯然亦有崇"五"崇拜，否則其不會將光明善子設定爲5種，並且"法五明而定五級"（《儀略》第31—33行），即把本

---

〔1〕詳參本書《明教五佛崇拜補說》一文。

〔2〕參閱蔡鴻生：《唐代九姓胡崇"七"禮俗及其源流考辨》，見氏著：《中外交流史事考述》，大象出版社，2007年，頁51-59。

〔3〕參拙文：《〈摩尼教殘經一〉原名之我見》，刊《文史》1983年21輯，頁89-99；修訂本見林悟殊：《摩尼教及其東漸》，中華書局，1987年，頁191-267；淑馨出版社，1997年增訂本，頁211-226；《敦煌文書與夷教研究》，上海古籍出版社，2011年，頁1-39。

教信徒分爲5個教階（見《儀略》第70—75行）。當然，還可能有崇拜"十二"之類，緣《殘經》屢見該數字，如"十二時""十二化女""十二相樹""十二大王"等。至於西域摩尼教是否有以"三"爲吉之習，似未有人提出論證。倒是漢文獻的記錄，有暗示異域摩尼教未有此俗。上引《閩書》"華表山"條記述摩尼僧初入華的文字，下面尚有續文，爲便於說明問題，重錄之：

> 慕闍當唐高宗朝行教中國。至武則天時，慕闍高弟密烏沒斯拂多誕復入見。群僧妬譖，互相擊難。則天悅其說，留使課經。開元中，作大雲光明寺奉之。自言其國始有二聖，號先意、夷數，若吾國之言盤古者。[1]

從語境看，"自言其國始有二聖，號先意、夷數"，乃唐代來華摩尼僧所云。此處但言"二聖"而不稱"三聖"，蓋可反證唐代摩尼教並無特別供奉三位明神之習。

不過，摩尼教入華後，經文的表述確有諸多用"三"組成的詞語，諸如"三衣"（《殘經》第15行、《下部讚》133行），"三輪"（《殘經》第15行、《下部讚》133行），"三災"（《殘經》第15、24行，《下部讚》337行），"三常"（《殘經》第118—119行，《下部讚》第10、27、38、58、60、336、415行），"三界"（《殘經》第198、321、322、326行，《下部讚》第23、52、374行），"三毒"（《下部讚》第22、31、104、118行），"三世"（《下部讚》第127、132、172行），"三際"（《儀略》第28、38、100行，《下部讚》第172行），"三願"（《儀略》第24行），"三冬"（《下部讚》第31行），"三有"（《下部讚》第37行），"三印"，"三大勝"（《下部讚》第395行），"三歿（終）"（《下部讚》第330行），"三寶"（《下部讚》第412行），"三聖"（《儀略》第14行），"三宮"（《儀略》第31、48行），"三尊"（《儀略》第31行），等等。但其原因顯非於"三"情有獨鍾，緣在現存漢文摩尼經中，也有諸多以"二""四""六""八"打頭的合成詞語，更遑論用"五"用"七"者。該等不過是像漢譯佛經那

─────────

〔1〕《閩書》（1），頁172。

·歐·亞·歷·史·文·化·文·庫·

樣，效法漢語的表述模式，爲簡約起見，把同類事物用數量詞來概括。在上揭這些"三"字頭的合成詞中，諸如"三衣""三輪"、"三災""三界""三世""三毒""三有""三際""三願""三寶""三印"等，其實漢譯佛典早已有之，摩尼僧不過是更新其內涵耳。這種表述模式，讀起來朗朗可口，易於記憶，但隨著時間的推移，文獻的佚失，卻給後人的解讀帶來很大的困難，有些迄今尚無從釋讀其具體內涵，以至西方學者編纂的《漢文摩尼教文本詞典》，[1]對這類數字合成詞往往只能照書面意思直譯，令人不得其要。

儘管漢文摩尼經有諸多以數量詞"三"構成的術語，但很難發現有用該數量詞來簡約本教神靈者。筆者僅發現若干疑似例子，經細察後亦一一排除。該等疑例，有《下部讚》第126行："復啓道師三丈夫，自是第二尊廣大，夷數与彼電光明，并及湛然大相柱。"141行："又啓善業尊道師，是三明使真相兒，自救一切常勝子，及以堅持真實者。"從語境看，此間的"三丈夫"和"三明使"的"三"，均非數量詞，而是序數詞，是"第三"的簡略，即指摩尼創世說的"第三使"（Third Messenger，the Third Envoy）。漢文"一"到"九"這些數字，既可作數量詞用，亦可作序數詞用，不像某些異域文字，數量詞與序數詞乃不同之單詞。由是，益見外來摩尼僧於漢文數字使用之諳熟。《下部讚》389—390行復有"對日月宮，二光明殿，各三慈父，元堪讚譽"之語，其"三"字雖屬數量詞，但"三慈父"冠以"各"字，結合前面的"二光明殿"，則意味此處所指的"慈父"共有6位，《下部讚》398行云"從彼直至日月宮殿，而於六大慈父及餘眷屬，各受快樂无窮"，可資爲證。考《下部讚》慈父一詞的使用，實際亦像上面提到的"佛"一樣，是作爲一個敬稱，除用於對明神外，教主、以及歷代教會的最高領袖，都可配用之。用於稱教主摩尼者，例見370—371："五收明使七舫主，忙你慈父光明者！捨我一切諸愆咎，合衆平安如所願！"用於稱歷代教會領袖者，例見341行："過去一切慈父等，過去一切慕闍輩，過去一

---

〔1〕Gunner B. Mikkelsen, *Dictionary of Manichaean Texts in Chines,* Brepols Publishers n.v., Turnhout, Belgium, 2006.

切拂多誕，過去一切法堂主。"當然，亦用於稱明尊，不過其一般還冠有某些特別修飾語，例見232行："奇特光明大慈父，所集善子曰祖力。槌鍾擊皷告衆生，明身離縛時欲至。"151行："清净光明力智惠，慈父明子净法風，微妙相心念思意，夷數電明廣大心。"是以，儘管就"六大慈父"的真正名號尚未能確認，但至少可排除有將某三位神靈特簡稱爲"三慈父"的可能性。

至於《儀略》的"三聖"一詞，更非摩尼教所固有。《儀略》在上引釋讀教主摩尼名號之後，復稱摩尼光佛"當欲出世，二耀降靈，分光三體；大慈愍故，應敵魔軍。親受明尊清净教命，然後化誕，故云光明使者；精真洞慧，堅疑克辯，故曰具智法王；虛應靈聖，覺觀究竟，故号摩尼光佛。光明所以徹内外，大慧所以極人天，无上所以位高尊，醫王所以布法藥。則老君託孕，太陽流其晶；釋迦受胎，日輪葉其象。資靈本本，三聖亦何殊？成性存存，一貫皆悟道。"（第7—15行）這段話顯然是把摩尼與異教教主老君、釋迦拼組爲"三聖"，摩尼僧這樣闡釋，旨在將其教廁身於中國的主流宗教之間，冀望與道教、佛教三教鼎立。[1] 當然，"三聖"這一提法，不過是因應華情耳。該教在波斯本土或在中亞地區，當然未之見。而如上面已指出的，《儀略》撰呈次年，摩尼教即遭勅禁，也就無從進一步宣揚這三聖。至於《儀略》第31行有"應三宮而建三尊"之云，竊意不過是對此"三聖"演繹，而非另指本教之三位神靈。其實，《儀略》既然把摩尼、釋迦、老君併稱"三聖"，實際就是向中國朝廷表白其教奉的就是這三位主神，這無疑就排除了在中國另拼"三佛"作主神的可能性。

復考《殘經》所提到的明神，依次有净風、善母、大智甲五分明身、先意、呼嚧瑟德、呦嘍嘍（嘍）德，窣路沙羅夷、惠明使、持世明使、十天大王、降魔勝使、地藏明使、催光明使等，另尚有上揭《下部讚·收食單偈》所開列的諸神名。不論該等神靈的品位高低，均未

---

〔1〕詳參拙文：《〈摩尼光佛教法儀略〉的三聖同一論》，見林悟殊：《摩尼教及其東漸》，中華書局，1987年，頁183–190；淑馨出版社，1997年增訂本，頁204–210；《敦煌文書與夷教研究》，上海古籍出版社，2011年，頁40–48。

見有將其中任何三位拼合成組者，亦沒有暗示有哪三位地位相等或接近，信徒應特別膜拜有加。像《收食單偈》，儘管其將無上光明王、善母佛、先意佛列爲前3名，但在《下部讚》中，並無專偈稱頌善母佛、先意佛，反而是名居第"十者"的"知恩夷數佛"享有專偈。足見時至《下部讚》流行的唐代後期，亦沒有將前三神突出供奉。

至於宋代明教，現有資料亦未見有拼組三佛崇拜者；上引南宋道士白玉蟾論明教，但云"其教中一曰天王，二曰明使，三曰靈相"，這顯示該位於明教所知頗多的道士，甚至已知曉其教神譜乃分成三類，然亦毫無暗示該教特別供奉哪三位佛。若云宋代有五佛崇拜，那倒不假。南宋釋志磐《佛祖統紀》曾引《夷堅志》一段佚文，其中有云：

> 復假稱白樂天詩云："靜覽蘇鄰傳，摩尼道可驚。二宗陳寂默，五佛繼光明。日月爲資敬，乾坤認所生。若論齋絜志，釋子好齊名。"以此八句表於經首。[1]

其間"五佛"之"五"，如果是數量詞，則宋代明教所崇拜的五佛，如上面論及的，有肉佛、骨佛、血佛、脉佛、皮佛等爲一組的五佛，亦有妙水佛、妙氣佛、妙風佛、妙明佛、妙火佛等爲一組的所謂"五明佛"。如果"五"是序列詞，據摩尼名作《沙卜拉干》(Šābuhragān)的語錄：

> 明神的使者一次又一次地把智慧和善行傳到人間。有一個時代由名叫佛陀的使者傳到印度，又一個時代由名叫瑣羅亞斯德的使者傳到波斯，另一個時代由叫耶穌的使者傳到西方。而今，啓示又降下來，在這個最後的時代，先知的職分落在我摩尼身上，由我作爲向巴比倫傳達神的真理的使者。[2]

摩尼既自稱是被派到人間的最後使者，那麼，宋代明教徒便有可能據此演繹出明尊、佛陀、瑣羅亞斯德、耶穌及摩尼等五佛。新近霞浦明教遺跡田野調查，發現當地民間法師保存的科儀本中，有"那羅延佛、蘇魯支佛、釋迦文佛、夷數和佛、摩尼光佛"五佛之謂，[3] 或可佐證這

---

〔1〕《佛祖統紀》卷48《法運通塞志》第十七之十五，《大正藏》（49），頁431上。

〔2〕E. Sachau (ed.), *The Chronology of the Ancient Nations*, London: W. H. Allen & Co.,1879, p.207.

〔3〕陳進國、林鋆：《明教的新發現——福建霞浦縣的摩尼教史跡辨析》，頁372。

一推想。[1]

無論如何，宋代明教徒有五佛崇拜之習，記載鑿鑿；然於三佛崇拜，則現有文獻未見有何暗示。這雖還不能完全排除另有三佛崇拜的可能性，但至少可默證即便有，也當不屬當時明教的主流。像《奏教主》那樣的奉三佛爲最高神，應在宋代之後始可能出現。

其實，既然以"奏教主"爲題，而並列3位神靈作爲啓奏對象，已顯得不倫不類。緣依一般宗教常識，倘教主謂宗教之創始人，則明教僅止於被神格爲"光佛"的摩尼一位；若指其時活著的宗教領袖，則同樣僅一位耳；如云歷代宗教領袖，則又何止3位？除非摩尼教有以"三"爲尚的數字崇拜傳統，入華後復有特別崇敬禮拜3位神靈的習俗，始有可能並列三佛同爲啓奏對像。既然摩尼教沒有那種傳統習俗，文檢的製作者如是做法適自曝其短，顯明其未諳真正的明教經典。

16.8　《奏教主》與《奏三清》之淵源

儘管《奏教主》之啓奏三佛顯得不倫不類，但畢竟事出有因。觀該文檢所在的《奏申牒疏科册》，還有一批請神保苗祈熟除蟲害的表文，其中有兩篇題爲《奏三清》者。其一見科册頁33—34（以下簡稱"之一"）：

[1]　　　奏三清

[2]但弟子 厶 領此來詞，未敢擅便，謹具文狀，百拜奏聞者：^{右謹具狀上奏。}

[3]廣明上天夷數和佛^{金蓮下}，靈明大天電光王佛^{金蓮下}，太上眞天摩尼光佛^{金蓮下}，

[4]漲萬頃之黃雲，冬歛足千倉之玉粒，無飢餓於我土，地^富增福壽，永溢門^盛

[5]庭。伏願　佛天降福，星主施仁，祐境土以無虞，保

---

〔1〕詳參本書《明教五佛崇拜補說》一文。

·歐·亞·歷·史·文·化·文·庫·

人民而妥泰，祷祈不

［6］盡，悉賴 忭懱。但弟子厶 下情無任瞻望 佛恩激切之至，謹疏以 聞。

［7］帝号年月　　　　　　日，奉 光明正教下保苗乞熟會首厶 等百拜^{謹疏}。

另一篇見科冊頁35–36（以下簡稱"之二"），上揭陳進國先生、馬小鶴先生的文章有過錄，今據照片重錄如下：

［1］　奏三清

［2］但弟子厶 領此來詞，未敢擅便，謹具文狀，百拜奏 聞者：^{右謹具狀上奏。}

［3］廣明上天夷数和佛^{金蓮下}，靈明大天電光王佛^{金蓮下}，太上眞天摩尼光佛^{金蓮下}，

［4］　恭望 佛慈允俞奏懇，乞頒勅旨行下上中下三界、東嶽地府城隍、

［5］當境一切神祇，尅應是時，光降壇墠，證明修奉。保禾苗而秀實，祈

［6］五穀以豐登，滅除蝱蟻而絕跡，蝗蟲鼠耗以潛消，仍庇鄉閭永吉人物^{云³}（云）。

這兩篇文檢所奏"三清"均作："廣明上天夷数和佛^{金蓮下}，靈明大天電光王佛^{金蓮下}，太上真天摩尼光佛^{金蓮下}"，適與《奏教主》所奏三佛同，惟排列次序有差，所冠修飾語亦有異。由是，竊疑《奏教主》與《奏三清》之間必有淵源。

就上揭這兩個《奏三清》文檢看，"之一"結構完整，連落款樣式也標示出來。"之二"則未示範結語模式，最末僅用"云云"二字。不過，察其下面緊接一篇《奏貞明》的文疏樣板，題目標示"或設醮《奏貞明》"，即提示亦可以設齋醮另請貞明大帝。由是"云云"二字，竊意即提示參照《奏貞明》的結尾添補。顧此兩個文檢均無時間可考，儘管從字跡看，所在的整個科冊同出一人的手筆，意味著內中各文檢抄錄時間大體一致，但這並不能證明各文檢形成年代亦同。由是，無

從判定其產生年代與《奏教主》孰先孰後，其間三佛之拼組，是否存在誰效法誰的可能性。

幸蒙林鋆先生、張鳳女士惠賜另一科冊照片，箇中竟保存了三篇《奏三清》。該科冊封面題《禱雨疏奏申牒狀式》，落款"後學陳寶華存修"。有關文檢首篇見科冊頁12—13（以下簡稱"之三"）：

［1］　　　奏三清

［2］且臣△ 領此來詞，未敢擅便，謹具文狀，百拜奏 聞者：

［3］右謹具奏。

［4］再甦活命夷數和佛^{金蓮下}，　　　　用籤三个。 靈明大天電光王佛^{金蓮下}，

［5］太上真天摩尼光佛^{金蓮下}，　恭望

［6］聖慈允臣奏懇，乞頒　勅旨行下　上中下三界合属靈祇，遍及城隍、當境山川社

［7］稷，明勅傳宣五海龍王行　△ 井直年直月直日行雨龍王菩薩，^{或取△佛即寫仸名}^{莫寫聖井電王名号}

［8］衛奉 玄天上帝同行甘雨，憫念愚民，即乞轟雷掣電，興雲沛雨，驅逐旱魅，濟

［9］潤燋枯，以慰民心。但臣△ 下情無任仰望　佛恩之至，謹狀。

次篇見科冊頁40—41（以下簡稱"之四"）：

［1］　　　　奏三清

［2］　　且臣[△] 領此來詞，未敢擅便，謹具文狀，百拜奏 聞者：右謹具奏。^{用籤三个。}

［3］再甦活命夷數和佛^{金蓮下}，神通降福電光王佛^{金蓮下}，

［4］太上教主摩尼光佛^{金蓮下}，　恭望　聖慈允俞奏懇，特頒明勅遍及上

［5］中下三界，水府河源行下城隍、當境諸司，請降法筵，領此殊勳。乞賜雨澤時 6 沾，禾稻秀實，十倍全收，境土繁華，

411

人民康泰。但臣 ⌄ 下情無任仰望

[7] 聖恩之至。謹狀。

第三篇見科册頁47（以下稱"之五"，見圖版16.3）：

[1]　　　　　奏三清

[2]　　且臣 ⌄ 領此來詞，未敢擅便，謹具文狀，百拜奏

聞者：右謹具奏。^{用簽三个。}

[3] 廣明上天夷數和佛^{金闕下}，靈明大天電光王佛^{金闕下}，

[4] 太上真天摩尼光佛^{金闕下}，　恭望　　聖慈允俞奏懇，乞

頒　明勅上中

[5] 下三界、東嶽、地府、城隍、當境一㘞神祇，尅應今

夜，咸乘雲馭，光降道場，證明

[6] 脩奉。專保禾苗秀茂，五穀豐登，鼠耗潛消，災虫杜

絕，更冀鄉閭清吉人物

[7] 咸安。但臣 ⌄ 下情無任仰望　聖恩之至。謹狀。

從上錄5篇《奏三清》的文檢看，三佛的實質稱謂一致，排列次序

亦同，彼等所冠的修飾語所用字眼或略異。而就文字內容和行文風格

看，亦多類似，尤其是"之二"和"之五"，更殆同出一轍，惟前者不

顯示結語耳。

筆者未審未披露的霞浦科册是否另有《奏教主》的版本，然《奏

三清》則至少已有如上所錄五個：兩個與《奏教主》同存於《奏申牒

疏科册》，另三個則獨存於上揭的《禱雨疏奏申牒狀式》。既已確認《奏

教主》的製作年代在清初百年之內，其所在《奏申牒疏科册》的抄錄

年代當然不可能早於此。因此，只要能考實《禱雨疏奏申牒狀式》的

成書年代早於或晚於《奏申牒疏科册》，便可進一步確認《奏教主》與

《奏三清》彼此的聯繫。

就字跡看，《禱雨疏奏申牒狀式》顯得較古舊，全册字跡多爲相同。

其間所集文檢，有的卷面可見實質性的塗改、添補，故竊疑編入該科

册的文檢多半是原作，而不像《奏申牒疏科册》那樣，可能是後人之

傳抄。上面已提及其頁66至69的《又式州官龍請用》（見圖版16.3），便

有多處塗改。其出現大明國福建福寧州的字眼，依上揭霞浦行政沿革，霞浦在明代之作爲州治，年代應在成化九年（1473）到明朝滅亡（1636）這百多年時間。據此，可推測該科册的形成應在明朝（1368—1636）的後半期。

復觀《禱雨疏奏申牒狀式》科册，現存正文凡71頁，所集各式文檢七十有多，內容均與農事，尤其是禳災祈雨有關。竊意法師之刻意製作彙編如是科册，必緣旱災頻發，爲方便齋醮禱雨需要，始有此舉。查霞浦晉爲州治後，方志有關當地旱災的記錄，蒙黃佳欣君檢索整理如次：

> 成化年間（1465—1487）惟載二十二年（1486）"大旱"，爾後至正德三年（1508）始有"五月至七月不雨"之載。到了嘉靖年間，則載三年（1524）"四月不雨至六月"，五年（1526）"四月旱至九月方雨"，十五年（1536）"旱"，十六年（1537）"三月至六月不雨"，十七年（1538）"正月不雨至四月九日始雨"，二十年（1541）"三月至六月不雨"。進入萬曆朝，十六年（1588）"州縣旱，自此連歲相繼"；二十一年（1593）"九月霜旱"，二十二年（1594）"大旱"，三十四年（1606）"大旱"，四十一年（1613）"六月不雨至九月重陽始雨，州洋田絕收山田，僅收三分之一"；四十二年（1614）"州又被旱荒"。[1]

據以上資料，霞浦旱災之頻發，應在嘉靖和萬曆年間，即爲明代的晚期。是以，該科册的製作時間，更可能是在晚明年代。但即便晚明，其製作年代也早於《奏申牒疏科册》。是以，難怪《奏三清》"之二"的文字得以與"之五"同。至於"之一"之落款，即"帝号年月 日，奉光明正教下保苗乞熟會首 ㄙ 等百拜謹疏"這一模式，亦並非該文檢首創，緣在《禱雨疏奏申牒狀式》中已有多例，如頁第49的《保苗完滿疏尾繳式》作"年号年月 日，奉光明正教下保苗祈熟會首 ㄙ 等百拜謹疏"，其間雖有個別異字，但屬同義詞。如是落款還見科册第49—

〔1〕參《霞浦縣誌》（民國18年版）卷3《大事志》，崇文出版社，1967年，頁19-23。

50頁的《保苗請聖疏》，頁50—51的《保苗符使狀》，足見"之一"亦曾效法該科冊。職是之故，可以推斷，當《奏教主.》製作時，霞浦早已有多個版本的《奏三清》了，足以爲《奏教主》的製作提供參考。

考"三清"，本是地地道道的道教術語，謂元始天尊，靈寶天尊和道德天尊三位最高神。而如上面所論，摩尼教本無以三爲度拼組本教神靈的傳統，霞浦科儀本的《奏三清》，顯然是效法道教之舉。而清初製作的《奏教主》所奏三佛，顯然就是生搬硬套《奏三清》了。晚明年間的法師，既把夷數和佛、電光王佛、摩尼光佛拼組爲"三清"，目爲最高神，後世不明就裏的人把彼等均等同教主，亦就不難理解了。竊意《奏教主》的製作者諒必接觸過《奏三清》的諸多表文格式，惟未發現用於薦亡者，故不得不製作一個乞請教主救拔亡靈的奏疏，遂移植這3位最高神作爲奏請對象。至於其三佛的排列次序與《奏三清》有別，其原因蓋可猜測如下：3位神既併稱"三清"，實際已默示彼等並無高低之分，至於彼等在原始摩尼教神譜中的座次，文本的製作者未必清楚，亦未必有興趣去考究。彼等的排列，在上錄的五個《奏三清》文本雖然一致，但在佚失或未披露的文本中，未必亦同樣，或許就有與《奏教主》那樣排列者。此外，既然"三清"被奉爲最高神，在舉行法事儀式時，即便不展示"三清"的神像，至少也要展示"三清"的位牌。漢字豎寫的位牌有左中右之分，按傳統習慣，多以中間者爲大，然"三清"既是平列，法師們遂不在意彼等神號於位牌的位置，三者的排列自更無定式。由是，《奏教主》於三個神號的排列，既可能出自隨意，亦可能參照某一佚失的《奏三清》文本，亦可能照錄某一位牌的寫法。其實，在霞浦的其他科冊，就這三尊神除實質性稱謂一致外，排列的次序和所冠的修飾語亦多有差異。如在一篇題"陳道興記"的《佛事文檢》寫本，臚列大量諸教神名，亦出現有關三佛，依次作"靈明大天電光王佛、太上真天摩尼光佛、廣明上天夷數和佛"；上揭陳振國先生文章所披露的《明門初傳請本師》開篇則作："本師教主摩尼光佛，寶光^{吉降（降）福}_{凶（凶）救性}電光王佛，再甦活命夷数和佛，輪回正宮九天貞明大聖，……。"[1]同屬陳先生披露的《樂山堂神記》臚列了大量神名，這三神見開篇："太上本師教主摩尼光佛，電光王佛，夷數如來，淨風、先意如來，天地化身盧舍那佛……"[2]；還有陳先生提到的《興福祖慶誕科》，其第2頁於此三神有個位牌式的寫法，摩尼光佛位於中間。若過錄，依次是貞明法性電光王佛、長生甘露摩尼光佛、延生益算夷數和佛。[3]該等差異實際暗示著有關文本未必是同一時期的作品。隨著時間的推移，文本製作者的不同，"三清"的次序及其所冠名號亦時有更新。

其實，從上面提及考古發現的明教十六字偈石刻，已證明早在元末明初，摩尼光佛已被信眾奉爲"無上至真"的教主了。《奏教主》的製作者若於此有知的話，既標榜明門法嗣，其呈教主奏疏，教主臺頭便作"無上至真摩尼光佛"即可。爾後的法師也許意識到《奏教主》添足之繆，故在已披露的科册中，尚未見復有把三佛併列爲教主者。而在一本陳姓法師保存、陳進國先生拍攝，長達90頁的薦亡科册上，裏面彙集了與薦亡有關的各式文檢，其間亦未見有將摩尼光佛與電光王佛、夷數和佛連署者，與異教神並列倒有之。如頁11有《三詣靈旛銘》，並列了"大聖冥途教主地藏菩薩、大聖圓通教主觀音菩薩、大聖本師教主摩尼光佛"。有個《薦亡疏旨》則將"釋迦文佛"與"摩尼如來"並列。收入該科册的文檢，凡奏請摩尼者，多稱爲"太上清真摩尼如來"（見頁17、19、21、38等）。該科册尚有若干篇文疏出現"大清國福建福寧州"字樣，有一篇甚至可見"康熙厶年厶月厶日"（頁35），足見其製作年代應與《奏教主》同屬清代早期。無論如何，這至少暗示把摩尼光佛與電光王佛、夷數和佛並列爲教主的格式，在現已披露的霞浦科册中未見以訛傳訛。

---

[1] 陳進國、林鋆：《明教的新發現——福建霞浦縣的摩尼教史跡辨析》，頁355。

[2] 陳進國、林鋆：《明教的新發現——福建霞浦縣的摩尼教史跡辨析》，頁353。另參楊富學：《樂山堂神記與福建摩尼教》，刊《文史》，2011年第4輯，頁135-173；錄文見頁138-140。

[3] 陳進國、林鋆：《明教的新發現——福建霞浦縣的摩尼教史跡辨析》，頁356。

16.9　唐宋摩尼教之薦亡儀式

顧《奏教主》，無疑模擬道教薦亡齋醮用的科儀本，箇中除上面提及的若干摩尼教、明教術語成分外，於靈魂的觀念，蓋與摩尼教無涉。其一按華夏傳統宗教的思維，認爲人死後，因生前過失，靈魂要被陰司拘禁，未能升天。拯救的辦法是請法師上疏最高神，請神頒敕陰司，赦釋亡魂。如此想像亡靈的處境並據此採用的拯救措施，顯與波斯摩尼教的教義格格不入。依摩尼的原始教義，拘禁人類靈魂不是別的，而是自身肉體這一軀殼。人死了，靈魂便得以脫離軀殼。只是由於靈魂受到黑暗物質不同程度的污染，必須經過反復淨化，提煉純淨後，始能返回光明王國。[1]由這一理念出發，死亡意味著靈魂的解脫，未嘗不是好事；於死者的喪事，絕不會採用上疏求神明頒敕"赦釋亡魂"的儀式。

按唐代摩尼教團乃隸屬中亞教會，該教在中原的種種宗教儀式活動，蓋以外來摩尼僧爲主導，難以想像其在信徒的喪葬儀式上，竟會煞有介事地宣讀類乎《奏教主》那樣的文疏。事實上，現存唐代文獻亦未留下任何記載，顯示或暗示其時摩尼教有如是儀式。高昌回鶻摩尼教與唐代中原摩尼教同一淵源，活躍年代殆處於同時段，而唐亡後尚持續了一段時期。有關回鶻摩尼教，漢文獻不乏記載，當地考古更發現大量經文殘簡和其他實物，惟均未發現有這方面的痕跡。

考唐代摩尼教的薦亡儀式，並非無跡可循。《下部讚》中至少有兩首詩偈是專用於聽者(一般信衆)的薦亡儀式。其一見寫卷第339—346行：

[339] 第一　旬齋默結願用之。

[340] 稱讚忙你具智王，及以五明清淨躰；稱讚一切諸明使，及以護持正法者！

---

〔1〕詳參拙文:《摩尼的二宗三際論及其起源初探》，刊《世界宗教研究》，1982年第3期，頁45—56。修訂本林悟殊：《摩尼教及其東漸》，中華書局，1987年，頁12—34；淑馨出版社，1997年增訂本，頁12—32；《敦煌文書與夷教研究》，上海古籍出版社，2011年，頁89—112。

〔341〕過去一切慈父等，過去一切慕闍輩，過去一切拂多誕，過去一切法堂主，

〔342〕具戒男女解脫者，並至安樂普稱歎；亡沒沉輪諸聽者，衆聖救將達彼岸。

〔343〕　　　　　　　　右，三行三礼，至扵亡沒聽者，任依梵音唱亡人名，然依後續。

〔344〕一切信施士女等，扵此正法結緣者，倚託明尊解脫門，普願離諸生死苦！

〔345〕今日所造諸功德，請收明使盡迎將；一切天仙善神等，平安遊止去災殃。

〔346〕一切法堂伽藍所，諸佛明使願遮防：內外安寧无鄣礙，上下和合福延長！[1]

細味這首詩偈，不難意會到薦亡儀式的參與者，是以歌唱的形式，稱頌教主，稱頌諸明神，稱頌既往回歸光明王國的高僧們，請求他們共同拯救去世的聽者，參與者要對死者敬禮，唱念其名字，爲其祝福。整首詩偈的意境，並無顯露悲慨之感，於亡靈之得救顯有信心，頗具摩尼教的原汁原味。

另一詩偈見寫卷第406—409行，題"爲亡者受供結願用之"：

某乙明性，去離肉身，業行不圓，恐沉苦海，唯願二大光明、五分法身、清淨師僧、大慈悲力，救拔彼性，令離輪迴剛強之躰，及諸地獄鑊湯、爐炭。唯願諸佛，哀愍彼性，起大慈悲，與其解脫；自引入扵光明世界本生之處，安樂之境。功德力資，依如上願。[2]

這首詩偈，應是儀式主持者誦念祈禱詞，請求明神拯救死者的靈魂。儘管其間把對靈魂的提煉，已依華情表達爲在地獄經受"鑊湯、爐炭"之煎熬，但並未像《奏教主》那樣，出現亡靈被陰司"拘執"

---

〔1〕《英藏敦煌文獻》（5），S. 2659/12—13，頁154-155.。

〔2〕《英藏》（5），S. 2659/15，頁157；《敦煌文書與夷教研究》，上海古籍出版社，2011年，頁463。

·歐·亞·歷·史·文·化·文·庫·

的措辭。這顯明《下部讚》的編譯者，於陰司執拘亡靈這一華夏觀念尚未知曉，或者不能接受。無論如何，既然亡靈並非被陰司"拘執"，亦就沒必要奏請明敕"赦釋"了。

　　怠至宋代，摩尼教華化爲明教，在北宋藉《化胡經》老子化摩尼之說自保，甚至以道教之一宗行世，以至一些摩尼經亦被頒入官方道藏。在道教的濃烈氛圍下，像北宋霞浦有依託道教，在寺院拜師修持的明教徒林瞪（1003—1056），[1] 或上揭崇壽宮主持張希聲，彼等身後事如何處理，儘管沒有什麼明晰文獻可資說明，但竊意彼等被目爲道士，喪事薦亡一按道教齋醮儀式，或參合某些摩尼教模式，自不無可能。但就非寺院式的明教徒而言，當無存在這種可能性。

　　考兩宋之交勃起的明教運動，在社會造成重大的影響，當然與張希聲那樣潛修寺院的信徒無關，因爲彼等畢竟人數極少。被官方目爲喫菜事魔的鄉間廣大信徒，纔是運動的群衆基礎。因此，該教的任何宗教儀式，該教所用的經典，包括科儀文本等，能否得以廣爲流播和承傳下來，實際是取決於鄉間信徒。琢磨《奏教主》的行文，苟不論宋代明教是否有其那種"亡靈觀"，從其披露的法事程序看，顯然已不可能爲鄉間明教徒所接受。緣其既要由法師上疏最高神，請其頒敕陰司，赦釋亡魂，還要請其光降道場，證明修奉；神明既然光臨，自然還要恭送神明離開，等等，整個儀式必是一次完整的齋醮活動，需要一個繁複耗時的過程，斷非草草片刻。如此齋醮，場面不可能簡陋，法壇排場不可或缺，法師酬勞更免不了。貧苦的鄉村明教徒，焉能負擔？

　　揆諸宋代文獻，鄉間貧苦農民之皈依明教，乃緣明教繼承唐代摩尼教道德宗教的傳統，[2] 貧苦鄉民以同教相親，互相照應，有助於解除所遭遇之困厄。正如起居舍人王居正紹興4年（1134）5月的奏疏所云：

---

〔1〕詳參拙文《"宋摩尼依託道教"考論》。

〔2〕詳參拙文：《宋代明教與唐代摩尼教》，刊《文史》1985年24輯，頁115-126；修訂本見林悟殊：《摩尼教及其東漸》，中華書局，1987年，頁120-134；淑馨出版社，1997年增訂本，頁141-155；《敦煌文書與夷教研究》，上海古籍出版社，2011年，頁167-178。

……凡事魔者，不食肉。而一家有事，同黨之人皆出力以相賑卹。蓋不肉食則費省，費省故易足；同黨則相親，相親故親卹而事易濟。臣以爲此先王導其民使相親相友相助之意。而甘淡薄，務節儉，有古淳樸之風。今民之師帥，既不能以是爲政，乃爲魔頭者竊取以蠱惑其黨，使皆歸德於其魔。於是從而附益之。以邪僻害教之說，民愚無知，謂吾從魔之言，事魔之道而食易足，事易濟也。故以魔頭之說，爲皆可信，而爭趨歸之。此所以法禁愈嚴，而愈不可勝禁。[1]

其時士人的筆記甚至稱鄉民"始投其黨有甚貧者，衆率財以助，積微以至於小康矣。凡出入經過雖不識，黨人皆館穀焉。人物用之無間，謂爲一家，故有無礙被之說，以是誘惑其衆。"[2]由是可見鄉人之皈依明教，並非單純出於信仰，或多爲生活所迫，帶有求生存的動機。喪葬事儀，歷來令貧者不堪負擔；而鄉村明教徒，於這樁事殆皆難免。像道教那種繁瑣且多所耗費的齋醮儀式，顯然不適合一般鄉村明教徒。

如上面所已提到，原始摩尼教把人體當成囚禁明性的軀殼，因此迄今未聞摩尼教徒於死者有實行厚葬者，指責其"死則裸葬"倒有。追其原因，蓋因喪事過於儉樸之故。[3]宋代明教徒既於殯葬從簡，其薦亡儀式焉會崇繁從奢？

復考上揭《摩尼光佛》科册的文字，不乏襲自《下部讚》者，敦煌卷的第11、30、42、119、127、135、140、169—172、206、301、303、410—414等行，蓋可在科册中找到對號。敦煌卷凡423行，從科册所襲諸行於卷中之分佈看，科册製作者顯然讀過較爲完整的《下部讚》抄本。由是證明這一部唐代摩尼教儀式用詩，主體內容必曾在宋代明教徒中流行。[4]這也提示吾輩，在喪葬儀式上，其時鄉間明教會大

〔1〕李心傳《建炎以來繫年要錄》卷76，中華書局，1988年，頁1248-1249；景印文淵閣《四庫全書》第326册，商務印書館，1983年，頁67-68。

〔2〕〔宋〕莊綽撰，蕭魯陽點校：《雞肋編》（唐宋史料筆記）卷上，中華書局，1983年，頁11-12。是書撰成於紹興年間（1131—1162）。

〔3〕詳參本書《摩尼教"裸葬"辨》。

〔4〕詳參本書《霞浦科儀本〈下部讚〉詩文辨異》。

有可能循《下部讚》的指引，而不會刻意效法道教薦亡齋醮模式。

任何宗教都有其成套的儀式活動，宋代明教自不例外。薦亡儀式，不外是其中之一。倘宋代明教已採用奏疏請神下凡的模式，則其他諸多宗教儀式，凡有求於神者，蓋當有類似做法。由是，宋代明教之盛行道教式齋醮活動自殆無疑問。論者稱是次霞浦發見的諸多科儀文疏傳承自宋代明教會，當然也順理成章。不過，若宋代明教已盛行齋醮活動，其時官府士人焉會視而不見？然現存宋代文獻，提及彼等種種宗教活動，蓋屬例行儀式，未見責難彼等設壇齋醮斂財之詞。如上引"宣和二年十一月四日臣僚言"，在列示明教之人所念經文及繪佛像之前，還提到他們的活動形態：

> 溫州等處狂悖之人，自稱明教，號爲行者。今來明教行者，各於所居鄉村，建立屋宇，號爲齋堂，如溫州共有四十餘處，並是私建無名額佛堂。每年正月內，取曆中密日，聚集侍者、聽者、姑婆、齋姐等人，建設道場，鼓煽愚民男女，夜聚曉散。[1]

密日聚會，建設道場，不過是常規禮拜；至於"夜聚曉散"，無非是朝拜日、夕拜月的禮俗。該等活動與爲特定目的舉行之道教齋醮儀式當應有別。

按道教作爲官方宗教，可以自行發展系列式齋醮禮儀，以適應各種場合的需要，撰作相應的種種科儀文疏，培養有關的專業人才。其服務對象面向全社會，不分宮廷官府，草民百姓。齋醮活動的收入實際成爲道門的重要財源。但鄉間的明教會，本非官方所認可，即便有齋醮活動，也只能局限於教內，不能擴大到社會。而今霞浦發見諸多標榜明門奏申文疏，諸如上揭《禱雨疏奏申牒狀式》這類用於公益齋醮科儀文書，若言亦傳承自宋代明教，無異意味著明教在宋代享有像主流宗教那樣的待遇，亦能爲社會舉行齋醮服務。顯然，這違背了南宋統治者曾殘酷迫害明教這一基本歷史事實。

---

[1]《宋會要輯稿・刑法二・禁約》165冊，頁6534。

16.10 結論

綜上所考,《奏教主》製作於清初百年之内,文檢雖標榜明門法嗣所用,但製作者於真正的明教經典並未多所涉獵。所奏3位主神名號:"電光王佛",直接間接地變造自佛門的"電光佛",現有唐宋文獻未見,明代始用於指代摩尼教之最高神,以避"明尊教"之嫌;"摩尼光佛",作爲摩尼的名號,僅見於敦煌摩尼經 S.3969,但於唐宋時期並未普遍使用;"夷數和佛",僅見於霞浦科册,變造自唐宋文獻所見的"夷數佛"。摩尼教並無以"三"爲吉的數字崇拜,其在唐宋中國傳播時期,亦未見有以三爲度拼組本教神靈的習俗。上揭"三佛"的拼組,源於明代後期製作的《奏三清》,而後者則效法道教之"三清"崇拜。至於《奏教主》所顯示的薦亡齋醮模式,唐代摩尼教和宋代明教都不可能流行。因此,無論文檢本身的製作,或其所謂"内核"之形成,都無從上溯唐宋,其與唐代的摩尼教會或宋代的明教會不存在什麽承傳關係,其製作者很可能假明門之名,依道教薦亡科儀之格式,參合前代遺存的某些明教信息而撰成。

16.11 餘論

如上面所揭示,《奏教主》所奏三佛,乃參照《奏三清》。而《奏三清》則是效法道教的"三清",以夷數和佛、電光王佛、摩尼光佛對稱道教的元始天尊、靈寶天尊和道德天尊作爲啓奏對象,形諸文疏,其道教做派,無以復加。霞浦版《奏三清》製作於晚明,適好與同時期何喬遠所見明教道教形態互證:"今民間習其術者,行符呪,名師氏法,不甚顯云。"[1] 漢籍"符呪",乃"符籙"和"呪語"的合稱,本屬道教之物。"行符呪",正是典型的道教行爲。諸如《奏三清》這類模仿道教科儀文疏格式,以明教佛號取代道門天尊,在見諸報導的霞浦科册中,並非個案。由是,重新回味何喬遠之言明教"不甚顯",實際意味

---

〔1〕《閩書》(1),頁172;就何氏這一記載的辨析,參閱拙文《摩尼教華名辨異》。

著時明教已失去民衆基礎，往昔如上揭王居正所云那種作爲民間"相親相友相助"的組織，"一家有事，同黨之人皆出力以相賑卹"的景觀業已不再，教會實際已淪爲某些職業法師所操控，原有經典、神譜漸次被利用改造成道教模式的科儀文疏，成爲該等法師的謀生工具。

假如把相關文檢目爲明清時期某些職業法師的作品，於其中啓奏者的頭銜，諸如"太上清眞無極大道正明內院法性靈威精進意部主事渝沙臣"等，似乎不必那麼當眞。竊意該等銜頭不過是因應奏疏文書之需要，法師們自行創製沿襲耳。在《禱雨疏奏申牒狀式》，亦有類似者，如"摩尼正教正明內院法性靈感^{精進意}_{勇猛思}部主行^{祈雨}_{保苗}法事^{渝沙}_{覛達}臣 厶"；[1]此外，上面提的《奏三清》"之一"落款的"光明正教下保苗乞熟會首厶"，《保苗完滿疏尾繳式》《保苗符使狀》《保苗請聖疏》的"光明正教下保苗祈熟會首 厶"；另在《禱雨疏奏申牒狀式》中有諸如"光明正教下保苗感雨謝恩會首 厶"這樣的落款，[2]等等。吾輩自不能據此推論其時該教組織龐大，信徒衆多。即便從事齋醮活動的那些法師果具該等頭銜，亦無非誑惑鄉民、或自我意淫耳。其實，該等標榜明門的科儀本，均屬若干法師的世傳秘本，不敢或不願流傳他人。法師利用秘傳科册以做法事謀生，與有鄉民皈依明門畢竟是兩回事。試想清初，滿漢政權交替不久，朝廷爲鞏固滿人統治，於前朝殘餘勢力、漢人復明意識根除唯恐不盡，倘其時霞浦還有標榜明門的教派公開大肆活動，密日聚會或夜聚曉散，當地官吏寧不如坐針氈歟？

（本章初刊香港《九州學林》，第 31 輯，2013 年 4 月，頁 102–135。）

---

〔1〕見該科册頁3，另頁5、6、7、9等。
〔2〕見該科册頁35、36、37、43、44等。

附：

霞浦科儀本《樂山堂神記》再考察

一、引言

2009年，由林鋆先生主導的福建霞浦明教遺跡田野調查中，發現了一批當地民間法師所保存的科儀傳抄本，內中不乏明顯摩尼教的術語甚至詞章斷簡，在國內外引起了轟動。學界或譽爲繼19世紀末20世紀吐魯番、敦煌摩尼教文獻發現後，中國境內摩尼教文獻的第2次大發現。[1] 筆者有幸，得讀林鋆先生、張鳳女史惠賜的部份抄本照片，對其間所顯示的摩尼教信息亦不禁驚喜萬分，深信認真考證辨釋該等抄本所保存的摩尼教遺跡，必有助於復原古代摩尼教、明教的真實面貌,爲摩尼教研究開創新的局面。林鋆先生在是次田野調查中，不吝資財，不辭辛勞，厥功至偉，謹借此機會，向林鋆先生表示崇高敬意；此外，張鳳女史爲是次田野調查拍攝抄本，整理相關文獻，顯示其高度的專業素養和敬業精神，不禁由衷欽佩。飲水思源，筆者涉及是次田野調查的任何研究成果，首先應歸功於林鋆先生與張鳳女史。

在霞浦田野調查所發現的科儀本中，一份名爲《樂山堂神記》（以下稱《神記》）的抄本格外引人關注，其間不惟記載樂山堂所請衆神名號，且有"傳教歷代宗祖"名錄，而在田野調查中，亦確實發現霞浦柏洋鄉上萬村的樂山堂遺址。由是，該寫本特別受到學者重視。《神記》

---

〔1〕楊富學：《〈樂山堂神記〉與福建摩尼教》，刊《文史》，2011年第4輯，頁136。對霞浦發現重大意義的專文論證見元文琪：《福建霞浦摩尼教科儀典籍重大發現論證》，刊《世界宗教研究》，2011年第5期，頁168-180；樊麗沙、楊富學：《霞浦摩尼教文獻及其重要性》，刊《世界宗教研究》，2011年第6期，頁177-183。

· 欧 · 亚 · 历 · 史 · 文 · 化 · 文 · 库 ·

最先由陳進國、吳春明先生披露，[1]隨後不久，馬小鶴先生也在第7屆國際摩尼教研究學術研討會上予以報導，[2]接著，陳進國、林鋆先生復將《神記》過錄及部分影照在國內公刊。在他們刊布《神記》錄文的文章中，以霞浦北宋明教教徒林瞪爲中心，認爲《樂山堂神記》和另一抄本《明門初傳請本師》均言及閩東"明教門"的形成和發展，以及林瞪在教門中的地位，有助於釐清摩尼教入閩後融匯三教及法（巫）教，演化爲"明門"的過程。[3]是文顯然認爲抄本与明教、林瞪有著直接的聯繫；之後，楊富學先生復以更專業的方式，過錄公刊《神記》，並將《神記》中所出現的神靈名稱與古文獻的摩尼教諸神進行對比，辨認出與摩尼教有淵源的若干神靈名稱，認爲"樂山堂与《樂山堂神記》堪稱摩尼教中國化的典型代表"。[4]

竊以爲，以《樂山堂神記》民間傳承的寫本，與敦煌石窟出土的文書自不可相提並論，後者即便文書上沒有年代可考，其產生時間的下限至少不會晚於閉窟的年月，是貨真價實的古代遺物；而像《神記》這樣私家保存的抄本，如果要把其當爲一份新發現的歷史文獻使用，首先得確認其撰作的大致年代，探索其形成的大體背景。作爲民間保存的文本，其來源固然要重視口碑資料，但不能單以口碑爲據，还得經過嚴謹的考證。本章擬在諸學者研究的基礎上，將《神記》再做一番考察，庶幾有助於學界更準確地使用這份寶貴的新資料。不妥之處，祈請方家不吝賜教。

二、《神記》之性質和用途

《神記》冠以樂山堂之名，顧名思義，可推測其撰寫的初衷應是：把樂山堂目爲一个教壇，開列該教壇所信奉或供奉的眾神名號，包括

---

[1]陳進國、吳春明：《論摩尼教的脫夷化和地方化——以福建霞浦縣的明教史跡及現存科儀文本爲例》，提交2009年6月9—10日台灣佛光大學"民間儒教與救世團體"國際學術研討會論文。

[2]Ma Xiaohe, "Remains of the Religion of Lightin Xiapu 霞浦 County, Fujian Province", paper for the the Seventh Internationgal Conference of Manichaean Studies, Dublin, 2009, Sept, 8-12.

[3]見陳進國、林鋆：《明教的新發現——福建霞浦縣的摩尼教史跡辨析》，載李少文主編，雷子人執行主編：《不止於藝》，北京大學出版社，2010年，頁343-389，有關部分見頁351、353-354。

[4]楊富學：《〈樂山堂神記〉與福建摩尼教》，載《文史》，2011年第4輯，頁135-173。

可資本教壇追溯的先賢名諱，供宗教儀式時誦念拜請。由於《神記》只臚列所拜請的諸神名號及諸先師名諱，但稱"拜請"，而沒有提出任何具體的懇求目的，也沒有像其他一些科儀本那樣，標示"是日是夜"之類的字眼，可見撰作該《神記》的初衷並非要用作某一特定場合的儀式腳本，而是展示本壇的神譜和紀念本壇的先師。《神記》撰成伊始，可能局限或多用於樂山堂舉行的法事，不過爾後，諒必凡該壇所奉諸神可參與的宗教儀式，不論何時何地何目的，都可用之。於此，《神記》原抄本題下的標注文字便可資證，其云"廿九都上萬桃源境普度，後山堂七月十五"。按7月15本爲佛教的盂蘭盆節，道教的中元節，但已成爲華夏民族一個重要民間節日，節日的主體內容是舉行超度先人亡靈及孤魂儀式。這一標注顯示該科儀本曾用於當地後山堂舉行的超度法事。

按《神記》原件，並非一個獨立抄本，而與其他抄件彙編於一個佚名科册，現今整理者或見所收抄件多有請神內容，遂名其爲《請神科儀合抄本》。筆者據張鳳女史拍攝的全册照片，可知全册連同封底凡79頁，未見封面，所收抄本依次爲《高廣文》《冥福請佛文》《樂山堂神記》《明門初傳請本師》《借錫杖文》《借珠文》《付錫杖偈》《破獄好了送錫杖偈》《四寂讚》《送佛讚》《送佛文》《凶科看貞明經畢用此文》《送三界神文》等13份。從該等科儀本名稱及內容看，顯然不僅有請神，也有送神等其他內容者。無論如何，《神記》名列第三，篇幅佔10頁之多。

細覽合抄本中的各份抄件，保存狀況有差，如《高廣文》《冥福請佛文》《神記》數份，紙質較新，墨色較濃，紙面無甚破損；餘者則紙面多見破碎，甚或蟲蛀。竊意如合抄本中各件，係同一段時間謄抄之物，則全本的保存狀況應大致相近纔是；復觀封底打眼穿線處另有孔眼痕跡，顯示曾重訂過。由是疑科册各文本原屬不同時期寫成的散件，並非自始都存於同一科册，可能在比較晚近的時期，始由法師加以整合。

三、《神記》與樂山堂

《神記》既以"樂山堂"冠名，考察該《神記》，自應討論樂山堂之來龍去脈。田野調查已確認"樂山堂"位於該縣柏洋鄉上萬村，[1]筆者亦曾於2011年8月中旬前往實地考察，所見景象與相關考古報告所發照片同。關於樂山堂的歷史，目前學界所依據的唯一文獻資料，見霞浦縣柏洋鄉禪洋村《孫氏宗譜》中的《摘抄孫綿大師來歷誌》，志云：

孫公諱綿，字春山，禪洋人，初禮四都本都漁洋龍溪西爽大師門徒誠庵陳公座下，宋太祖乾德 4 年丙寅（966）肇剏本堂，買置基址而始興焉，誠爲本堂一代開山之師祖也。本堂初名龍首寺，元時改樂山堂，在上萬，今俗名蓋竹堂。門徒一，號立正，即林念五公，幼名林瞪，上萬桃源境人，真宗咸平癸卯年（1003）2 月 13 日誕生，天聖丁卯年(1027)拜孫綿大師为師。五公卒嘉祐己亥年（1059）三月初三日，壽五十七，墓在上萬芹前坑。孫綿大師墓在禪洋東坮對面路後。顯揚師徒，俱得習傳道教，修行皆正果。[2]

考該志所云"龍首寺"之名，並非孫綿所首創或霞浦特有。如宋陳思撰《寶刻叢編》卷8載有"唐龍首寺會覺法師塔碑，唐韓休撰，劉朝正書，張珍題額，建中四年，_{京兆金石錄}"之語；[3]清陳夢雷《古今圖書集成‧方輿彙編職方典》第546卷《延安府部彙考六‧鄜州》載"龍首寺在城東"；[4]民國重修之馮煦《金壇縣志》卷12載"龍首寺在大雲橋南"，

〔1〕參閱福建霞浦縣第3次全國文物普查領導小組：《霞浦縣摩尼教（明教）史跡調查報告》，落款時間2009年5月25日；《寧德市博物館關於霞浦縣上萬村摩尼教（明教）遺址、遺物考古報告》稱："樂山堂遺址位於上萬村西面堂門樓地方，離村二公里許。座標：N27°05′586″、E119°54′494″，海拔585 m，坐東向西。始建於北宋乾德四年（966年），元、明，清歷代重修，毀於2006年桑美颱風，部份梁架木料堆放在遺址北側。遺址進深40.3 m，面闊38.6 m，面積約1560㎡。"

〔2〕霞浦縣柏洋鄉禪洋村：《孫氏族譜》，民國壬申年（1932）修，無頁碼。

〔3〕〔宋〕陳思撰：《寶刻叢編》卷8，清光緒十四年吳興陸氏十萬卷樓刊本，中國東方文化研究會歷史文化分會編《歷代碑誌叢書》第1冊，江蘇古籍出版社1998年。頁514上；該條另見《寶刻類篇》卷4，作"龍首寺會覺法師塔碑，韓休撰，劉朝正書題額，建中四年，京兆"，同冊，頁728下。

〔4〕《古今圖書集成‧方輿彙編職方典》卷546，〔清〕陳夢雷：《古今圖書集成》，中華書局民國影印本，第104冊，頁56。

〔1〕等等。上揭諸"龍首寺"，無疑蓋爲佛門之寺院。當今霞浦縣也有龍首寺，位於城北"龍首山"主峰山麓翠微澗之東，原名"龍首庵"，明代已載，近年始將"庵"改爲"寺"。筆者曾參拜之，是地道佛寺，爲霞浦佛教協會會址。該寺以龍首爲名是否有接駁孫綿所置龍首寺之意，不得而知；但其本名龍首庵，顯然是"因地製名"，緣庵位於龍首山故。復觀孫綿所置者，並非位於龍首山，卻何以取名如是，《誌》未見明示。

至於元代改稱"樂山堂"，此一新名亦非元代霞浦人之發明或"專利"。宋代名志《嘉定赤城志》卷5《穎建》載曰：

樂山堂在清平閣下，淳熙三年尤守袤建，取"仁者樂山之义"慶元二年（1196），劉守坦之徙閣於今地，前爲堂，後爲挹爽。尤诗云："草堂有遺基，榛莽歲月久。我來始經茸，挹翠開戶牖。群山供笑傲，萬象皆奔走。所以名"樂山"，欲企仁者壽。〔2〕

光緒17年刻印的《廣西通志》卷10《勝跡》載"愛民堂，在州東東□，又有樂山堂在郡圃"；〔3〕光緒三年刻印的《善化縣志》卷24載嘉慶丙子舉人曾興仁"著有《樂山堂詩文集》"。〔4〕類似的以"樂山堂"冠名的詩文集甚多，不贅。以上諸例，足見"樂山堂"之謂，實際並無多少嚴格意義的宗教意蘊，暗示與何教門有關。士人以此名所居，名自家之詩文集，或以此名入詩入文，無非寄意恬淡超俗耳。

由是看來，無論蓋竹堂之初名龍首寺，抑或元代之改"樂山堂"，該等名字均沒有釋放出摩尼教或明教的點滴味道。而何以被改名，宗譜似諱而不提。至於當地文物部門和一些學者把其定性爲宋代明教遺

---

〔1〕《金壇縣志》卷12，民國刊本。

〔2〕《嘉定赤城志》卷5，《宋元方志叢刊》第7冊，中華書局，1990年版，頁7381。

〔3〕〔清〕沈秉成：《廣西通志輯要（全）》卷10，光緒十五年刊本，影印本見《中國方志叢書》第17號，成文出版社，1967年，頁247。

〔4〕《善化縣志》卷24《人物》，光緒版，早稻田大學圖書館藏本，頁13（卷內）。

427

址，倒不是出於对遺址出土文物的考證，[1]而是因爲以該堂冠名的《神記》出現了一些明教神名，而在村民的記憶和口碑中，該堂在文革前又一直供奉著林瞪公塑像及牌位。

按林瞪，福建霞浦縣《盖竹上萬濟南林氏宗譜》有北宋"瞪公"條，載曰：

（林瞪）宋真宗咸平六年（1003）二月十三日生，行二十五，字□□。娶陳氏，生二女。天聖五年丁卯（1027），公年二十五，乃棄俗入明教門，齋戒嚴肅。歷二十有二年，功行乃成。至嘉祐四年己亥（1059）三月三日密時冥化，享年五十有六，葬於所居東頭芹前坑。

公歿後靈感衛民，故老相傳：公於昔朝在福州救火有功，尋蒙有司奏封"興福大王"，乃立閭縣右邊之廟以祀之。续蒙嗣漢天師親書"洞天福地"四字金額一面，仍爲奏封"洞天都雷使"，加封"貞明內院定正真君"，血食於鄉，祈禱回應。每年二月十三日誕日，子孫必羅祭於墓，慶祝於祠，以爲常式。[2]

作爲後人纂修的族譜，於先人業績若多有張揚，與史實有差，實不足怪；然《譜》云瞪公入明教門事，倒似可信；緣明教畢竟並非主流宗教，宋代更曾慘遭取締，因此，儘管宋代福建明教徒甚夥，但在衆多族譜中，若偶有一見則學者無不關注。宗譜入載林瞪入明教門，

---

[1]《考古報告》稱："遺址進深40.3 m、面闊38.6 m，面積約1560㎡。遺存構件有：

A.柱礎。宋代蓮花覆盆式柱礎1個，外方內圓，邊長59 cm、厚27 cm，外圓51 cm，厚10 cm；元明蓮花柱礎多個，外方內圓，邊長53 cm，外圓直徑43 cm、內圓直徑29 cm；圓型柱礎底直徑32 cm，腰直徑49 cm，高度19 cm。

B.神龕底座。磚土結構，現遺二層底座，下層邊長265 cm、寬22 cm、高45 cm，上層內長159 cm、寬108 cm，高13 cm。

C.梁架構件。遺存部份柱、梁、枋、斗拱等，正樑書寫"大清嘉慶拾壹年（1806）歲次丙寅季春桃月朔越四日壬子卯時吉旦建"，說明了最後一次承建時間。

D.瓦片堆積。在厝基遺址上大量發現瓦礫外，屋後東北角後，斜坡山體切面堆積有瓦礫、陶瓷器等，表層60 cm，堆積層20 cm，有宋代瓦片和宋元明清殘陶瓷片。

E.條石臺階。一是大門入口處9級臺階，寬237 cm、深237 cm，每級石條寬157 cm、深36 cm，兩邊垂帶寬40 cm、長238 cm，二是主殿廊前條石仍在、臺階三級。在原天井內有一株千年檜樹。"

毫無疑問，《考古報告》所提到的該等遺物，尚未見可目爲摩尼教或明教所特有者。

[2]是條記載係20世紀80年代福建專治民間宗教的學者連立昌先生所首先發現。

自緣明清時期，並無針對明教的禁令，何況林瞪已成爲神，更無必隱諱。假如認定瞪公爲明教徒，從其死後之道教封號看，則無疑就是依託道教的"宋摩尼"，[1]而"齋戒嚴肅"，則意味著其應類乎宋代道化摩尼寺崇壽宫主持張希聲及其祖張安國那樣，[2]專心修持於寺院，於教理必有造詣者，而絕非以法事謀生之輩。據田野調查，霞浦流行林瞪崇拜由來有自，有關林瞪神跡，也入載方志，就目前已知資料，最早見於嘉靖版《福寧州志》：

> 宋興福真人、二十九都上萬人林瞪，姿秀性穎，濟人利物，常自言平生無過，生不貴顯，死當爲神。殁葬本都。嘉祐間，福州閩縣前津門火，郡人望空中有人，衣素衣，手持鐵扇撲火，遂滅。遙告衆曰："我長溪上萬林瞪也。"閩人訪求至其墓拜謁。事聞，敕封"興福真人"，立廟致祭。墓前有大樹，高數仞。一旦，狂風顛僕，耆民當夜夢瞪，告曰："汝等可多備酒飯，明日召衆扶樹。"耆民率衆如言，樹果自起。本朝正德（1506—1521），初，閩縣令劉槐失辟囚，禱之，夜夢神衣象服，告以亡處，明日果獲。凡民疾疫旱患，禱之輒應。[3]

爾後萬曆《福寧州志》卷15"仙梵"傳，也有類似的記載。不過，查成書於淳熙9年（1182）《淳熙三山志》，[4]於林瞪事跡一無所提。這至少暗示林瞪之聲名鵲起或在宋代之後。州志所載正德年間"失辟囚事"之真相，自可另作索隱，但方志載此事，已足見林瞪崇拜在當地民間之盛，也可信正德以後，當地官府於民間的林瞪崇拜至少予以默認，不至把其目爲淫祀而取締。然令人奇怪的是，無論《林氏宗譜》

---

〔1〕參閱林悟殊：《"宋摩尼依託道教"考論》，張榮芳、戴治國主編：《陳垣與嶺南：紀念陳垣先生誕生130周年學術研討會論文集》，中國社會科學出版社，2011年，頁81-107；有關論述見頁102-106。

〔2〕黃震：《黃氏日鈔分類》卷86《崇壽宫記》，見《景印文淵閣四庫全書》第708冊，子部14·儒學類，商務印書館，1983年，頁889-890。陳垣先生最早採用這條史料，見氏著：《摩尼教入中國考》，收入《陳垣學術論文集》第1集，中華書局，1980年，有關論述見頁359-361。

〔3〕《（嘉靖）福寧州志》卷12《異聞》，《天一閣藏明代方志選刊續編》41，上海書店，1990年，頁559-560。

〔4〕《淳熙三山志》，《宋元方志叢刊》第8冊，中華書局，1990年。

抑或州志，均未提及林瞪師承於孫綿事。諸學者爲坐實林瞪確爲傳承霞浦明教的重要人物，就不得不以孫氏宗譜的記載爲據，溯林瞪之明教信仰於孫綿。若果，則林瞪不過是孫綿之高足耳。當然，青勝於藍，弟子造詣超過師傅，成爲更多人的崇拜對象，這并不悖常理。問題是樂山堂既爲孫綿所手創，其乃"開山之師祖"，而林瞪本是其徒弟，且出師於該堂，那麼，在該堂固然可以供奉林瞪，但如果不保存孫綿的神位，則於理不合。田野調查未見報導堂中曾有孫綿神位之設，而《神記》第33—36行"拜請樂山祠中祖神洞天興福感應雷使真君，祖婆陳氏順懿夫人，馬、趙二大元帥，樂山堂常住三寶、隨佛土地、伽藍、真宰，合刹神祇"云云，於孫綿大師又一無提及，實際也就默證至少在《神記》形成的時候，堂裏確沒有特別供奉孫綿神位或偶像，故惟在《神記》第15行開始所列"靈源傳教歷代宗祖"名單中，把"樂山堂開山地主孫綿大師"擺入（見第17行）。不過，由此卻導出了新的疑點，緣上揭《孫綿大師來歷誌》已云孫綿"初禮四都本都漁洋龍溪西爽大師門徒誠庵陳公座下"，這意味著，假如孫綿是林瞪入明教門的度師，則孫綿的明教信仰應傳承自"誠庵陳公"，而"誠庵陳公"則應傳承自"西爽大師"。但這兩位先師之名諱均未入列《神記》傳教世系名單，在名單中，孫綿置於"胡天尊祖師，胡古月（祖師），高佛日（祖師）"之後，位居第4，即意味著孫綿的明教先師應姓高，姓胡。由是就孫綿的師承及其與林瞪的傳承關係，《孫氏宗譜》的記載與《神記》所述有差，又得不到《林氏宗譜》的佐證，不禁令人要質疑道：若非兩方都屬杜撰，至少有一方違背實際。

其實，假如林瞪受度入明教是在樂山堂，則意味著樂山堂原來供奉的主神應是摩尼光佛，若時明教依託於道教，則該堂供奉的主神應是老子或道教神譜的主神。無論如何，即便林瞪爾後成爲霞浦明教之一代宗師，其之入祀樂山堂也應是身後多年之事，明教徒亦斷不可能由於其入祀而不再供奉原有的主神。是以，要確認樂山堂爲北宋明教寺院遺址，從純學術的角度考慮，似有待考古發現樂山堂之北宋明教遺物；若未有遺物出土，至少應就上揭文字資料的疑點，找到合理之解釋。

四、《神記》與《明門初傳請本師》傳教世系比較

　　學者們在論及《神記》時，往往也提及同一科册中的《明門初傳請本師》（以下簡稱爲《明門》，釋文見附錄）。就内容看，其無疑與《神記》同屬請神文檢。比較兩个抄本，表述語气明顯雷同，篇章結構如出一轍：起始第一句，《神記》稱"太上本師教主摩尼光佛"，《明門》則稱"本師教主摩尼光佛"，均標榜摩尼光佛爲教主，開篇所請諸神亦均有若干與摩尼教、明教有關者，如電光王佛、夷數、淨風、惠明等，中間一段請"靈源傳教歷代宗祖"，依次開列衆先師名諱，而後是請"上清三洞五雷篆中官將吏兵"，接著是衆地方神。此外，《神記》第11—13行云"本壇明門都統威顯靈相，感應興福雷使真君，濟南法主，四九真人"；《明門》第24—25行亦云"本壇祖師，明門統御威顯靈相，洞天興福雷使真君，濟南四九真人"，所奉主神類同，足見兩个文本應師出同門。照此推想，兩者所出示的傳教世系當應大體相同纔是；如果有别的話，當局限於末端，緣後寫的文本可能多接續若干傳承者。但仔細對比這兩個版本的世系，卻完全出人意表。

　　《神記》自16—31行開列"靈源傳教歷代宗祖"名諱凡50位，計祖師3位，大師1位，尊者39，師爺1，師公2，師伯4；而《明門》對所有傳人的尊稱不分級别，均稱祖師，共36位。兩個文本所列最早的祖師蓋爲胡姓、高姓，不過，從書寫格式看，《神記》是把胡天尊和胡古月當兩位祖師，而《明門》則但言"胡天尊祖師"，似乎是把胡天尊與胡古月目爲同一個祖師。究竟是一抑或二，兩个文本至少有一個搞錯。

　　有學者推斷《神記》所云胡古月乃胡人，爲西域摩尼僧，並據此就福建摩尼教的傳播史多所演繹。不過，照《神記》這一傳教世系，按輩分，胡古月乃孫綿之師公，而據上揭孫誌，孫綿締造樂山堂於"宋太祖乾德四年丙寅"，亦即公元966年，孫綿是否見過師公，無從考實，但以常理推算，胡古月與孫綿不外間隔一代，頂多也就相差三十來歲罷了。按唐武宗會昌（840—846）初元對外來摩尼僧大開殺戒，胡古

·欧·亚·历·史·文·化·文·库·

月作爲西域摩尼僧有幸逃過此劫，並非絕無僅有，緣另有著名的呼祿法師可資爲證，後者文獻記載鑿鑿，[1]後人還有至其墳墓憑弔者。[2]若胡古月果與呼祿法師同類，而且逃難福建數十年後還能活著傳教，則其留下的史跡自應比後者爲多。竊以爲，在未能提供田野調查資料佐證之前，從嚴謹的治學角度出發，至少尚不能把其當真，並加以演繹。

至於始祖胡天尊，若是有別於胡古月的另一位摩尼僧，吾輩倘要把其當歷史人物立論，至少得就其人其事做一番考證。最早的祖師是一"胡"抑或二"胡"，姑且不論，但自高佛日之後，兩個版本的世系就大爲不同了。大名鼎鼎的孫綿竟未見載《明門》，惟見《神記》第17行，作"樂山堂開山地主孫綿大師"。顯然，此處強調的是孫綿爲本堂"買置基址"之功。

除上揭几位先師的對號尚有疑點外，兩個版本其他傳人絕大多數有異，《神記》竟出現了13位與林瞪同姓的尊者，其中名曰"法正"者二現，是同名不同人抑或是筆誤，難以稽考；而在《明門》諸多傳人中，林姓者惟"林德興"一名。其他能互相對號者，僅下面寥寥幾個：《神記》第7傳人"張德源尊者"，與《明門》第18位祖師同名，但兩者排次相隔十一位，即便都確有其人，也必非同時代者；《神記》第25傳人"黃道明尊者"，《明門》第28位祖師與之同名，由於序列接近，或許是同一個人。此外，《神記》自第43傳人的"隨擔陳法震尊者"，以及隨後的"吳法性師爺、謝法如師公，吳法廣師公，詹法通師伯"等五位傳人（見圖版16.5），名字均可與《明門》最後用小字添加的幾位祖師對上號（見圖版16.6）。這意味著，末尾這五位名諱相同者，顯爲較晚近的人物，應屬確有其人者。而這五個人，在《明門》中是用小字添補的。從原件照片所顯示的筆跡判斷，小字與正文應同屬一人

---

〔1〕〔明〕何喬遠：《閩書》（1）卷7《方域志》載"會昌中汰僧，明教在汰中。有呼祿法師者，來入福唐，授侶三山，游方泉郡，卒葬郡北山下"。見廈門大學校點本，福建人民出版社，1994年，頁172。

〔2〕詳參林悟殊：《泉州摩尼教淵源考》，刊林中澤主編：《華夏文明與西方世界》，博士苑出版社，2003年，頁75-93；修訂本見氏著：《中古三夷教辯證》，中華書局，頁375-398。

書寫。這幾位實實在在之人物能否列入祖師行列,《明門》的炮製者顯經反復斟酌,最後始敲定補入。

上揭《明門》最後幾位用小字添補的傳人,在《神記》的世系中以正文形式顯示,惟吳法廣顯因遺漏而在旁補加,各人只有尊號改變而已。而在作爲最後一位傳人詹法通之後,《神記》復用小號字添加了謝法昭、謝法元、謝法行3位傳人,筆跡與正文完全一樣。這表明《神記》作者不僅認同《明門》開列的最後幾位傳人,而且還加以接續下去,無疑也就證明其撰作應在《明門》之後。

見於《神記》傳教世系末行的謝法昭、謝法如、謝法行3位傳人,在另一霞浦發現的科儀本中有跡可尋,是爲《繳憑請職表》。馬小鶴先生已論及該表文,並對其年代有所提示,惟未見論證。[1] 粘良圖先生亦過錄了此表文,並注意到簡中提及這3位法師名字。[2] 筆者在粘先生的提示下,於《奏申牒疏科冊》照片中找到是篇。該科冊完整,封面、封底具存,封面題有"謝道璉傳用"字樣。從科冊所見文本看,《繳憑請職表》(圖版16.7)之後還附有一個《謝表》和一個《皈真牒頭》。茲據芮傳明先生惠賜的原抄本照片,[3] 在粘先生錄文基礎上,重新過錄如下:

[01] 繳憑請職表 楚才先生皈真 詹芸亭代爲主事 傳

[02] 摩尼如來正教精進意部主行加持度亡法師渝沙臣詹法揚,誠惶誠恐,稽首頓

[03] 首百拜,謹表奏爲 大清國福建云 居住,奉

[04] 佛追修,繳憑升秩,求薦報恩子△△洎哀眷等詞稱:通篤念亡過考△,原命△

年

〔1〕馬小鶴先生在《摩尼教與清度亡靈——霞浦明教〈奏申疏牒科冊〉研究》一文中,最先對該文檢進行整理考察。見《九州學林》2010年·秋刊,頁15-47,有關論述見頁43-44。

〔2〕見粘良圖:《福建晉江霞浦兩地明教史跡之對照》,提交"國際視野下的中西交通史研究學術討論會"論文,廣州暨南大學主辦,2010年12月21日至24日;收入馬明達主編:《暨南史學》,第7輯,廣西師範大學出版社,2012年,頁43-52。

〔3〕抄本照片原係陳進國先生拍攝。

[05] ⌒月⌒日⌒時受生，幼習儒業未就，承父法如所遺　明門科典，居恒演誦，護壇有年，

[06] 皈投叔祖法昭爲師，傳授心訣，曾於乙未　ㄙ年六ㄙ月十五　ㄙ日恭就　法主壇前，修設淨供，啟

[07] 佛證明，具陳文疏表，取法名法行，請授正明內院精進意部主事之職爲任，並領

[08] 諸品法器、給出合同、號簿、職帖爲據，號簿先繳法壇存案，職帖付與法行佩照，體

[09] 教奉行一十三載。緣師祖法昭仙逝，未經奏名轉職，不幸於今丁未年二月二十四日酉時

[10] 皈真，昨於二月廿七夜殞殮凡形。所有原給職帖，即經焚付隨身佩帶，以憑對照，伏念

[11] 考法行遵依教典，濟生度死，頗有微勛，不揣冒昧，希乞贈秩。茲當二七屆期，合伸表

[12] 明，並請升秩。爰向今月是日，延請法侶於家，修禮三寶如來度亡勝會，一筵迎請

[13] 佛聖光降證明，宣通文疏表明，先繳原領職帖於中，良便恭進表緘，懇請

[14] 天恩轉職升秩，以憑給帖繳付，候擢受任等因，但臣法揚領詞虔恪，不容拒抑，未敢擅便，

[15] 承茲請命，依科修崇，幸畢勛修，謹具文謝表，頓首上言。伏以

[16] 聖朝命官原有陟位之典，道家請職亦有升秩之條，今古同皈，幽明一理。恭惟簽

[17] 昊天至尊玉皇上帝　玉陛下　權尊三界，范總十方，赫聲濯靈已懋昭於

[18] 亙古；深仁厚澤，尤洋溢於今茲。凡有爵位之班，須待寵錫之命。茲爲皈真法

[19] 官謝法行追資冥福，懇請升秩。照得法行生前秉心正直，

制行端方，體教宣揚，

[20]志念精專，論功授爵，似宜褒嘉。臣^{法揚}覽孝誠之懇切，爰上表以陳情，伏願

[21]恩開格外，澤洽寰中，恭望睿慈俯允表懇，請加授^法^行爲勇猛思部^{主事}之職，乞

[22]判三聖答以憑，造報號簿，加給職帖繳照，拱候銓擢，仍乞　睿旨遍頒上、

[23]中、下三界，幽顯聖賢，咸令知聞，庶見褒功獎德，聿彰　天朝之盛典，供成任事，丕

[24]顯　明門之宗風矣！但^{法揚}下情，無任仰望　天恩，激切屏營之至。謹奉表恭進以聞。

以上表文所傳達的信息頗爲豐富，但與我們討論有關者大致如下：主持是次奏申儀式的是詹法揚（第1行），被奏申者俗名“楚才先生”（第1行），其“幼習儒業未就，承父法如所遺明門科典”（第5行），而後“護壇有年”（第5行）——在本壇有多年服務的經歷，復“皈投叔祖法昭爲師，傳授心訣”（第6行）——正式拜法昭爲師，作爲本壇接班人培養。於“乙未年六月十五日”正式舉行儀式，“取法名法行”，主持本壇事務，歷13載，“於今丁未年二月二十四日酉時”去世（第6—10行）。由於表文第18—19行有“茲爲皈真法官謝法行追資冥福”之句，可證法行俗姓“謝”，其父當爲《神記》世系有載的“謝法如”，叔祖“法昭”自也姓“謝”，由是與《神記》世系人物可一一對號。這實際意味著謝氏家族在《神記》撰成之前的一段時期，均爲樂山堂之骨幹，屬於從事法事的“專業戶”，或謂法師世家。

觀表文云法行於丁未年“皈真”，第3行又明確出現“大清國”之謂，而查清代的“丁未”年份有康熙6年（1667）、雍正5年（1727）、乾隆52年（1787）、道光27年（1847）與光緒33年（1907）。是以，法行之去世無非就在這五個年頭之一。故該奏申表文已填具名字、日期，照一般常例，在儀式宣讀後就當焚化，以達神聽，而今卻得以倖存下來，或爲副本或草稿而已。觀該科册尚有《繳牒意》（見頁7）和《奏

教主》（頁15）兩篇表文，均出現"大清國福建福寧州"字樣，而民國《霞浦縣志》於霞浦行政區域沿革有云：

> 元升（長溪）縣為福寧州，明洪武（1368—1398）改州為縣，成化（1465—1487）復升為州，[1]清初仍其舊，雍正（1723—1735）時升為府，乾隆時析霞浦為福鼎縣，民國廢府亦屬之閩海道，縣仍其舊。[2]

升府的具體年份是雍正12年（1734）。[3]據此，既然同一科册已有上揭兩篇出現"大清國福寧州"的字樣，那麼，謝法行皈真的"丁未"年當應在1667年或1727年。不過，該科册內容相當龐雜，其中固然不乏保有明教味道者，但也有聞不出半點明味的。因此，該科册也許是據散件文本編纂而成。特別是像已填具真實姓名、日期的這一《繳憑請職表》，更可能是謄抄自幸存的單件。因此，以同科册的其他寫本作參照物，推測這一表文的年代，也未必可靠。但謝法行是《神記》傳教世系中的最後一位，《神記》把其作先賢具名，可推定《神記》之產生應是他身後之事；不過，由於其名字與謝法元、謝法昭是用小字補上的，因此，不排除《神記》原撰於法行仙逝之前，名字是在他身後補上的可能性。但謝法行之父謝法如名字，在世系中是以正文的形式出現的，因此無論如何，《神記》的撰作肯定應在謝法如身後。見於科册頁26的《皈真牒頭》第6行，披露謝法行"得年五十六歲"，這意味其父子去世時間之差，不過是幾十年耳。由是，《神記》的撰作年代無非就是在清代某一丁未年前後幾十年的時間內。最早莫過於明末清初，晚則清末民初。竊以為，後一種可能性或更大，緣從《神記》題下之鋼筆標記看，即便到了20世紀中葉，法師還在使用該《神記》，假如法行所死丁未年是1667年或1727年，那麼歷時二三百年，版本應有所更新，少不了續加一串傳人，但《神記》止於最後添加的三位，後繼無

---

〔1〕具體為成化9年（1473）。詳見羅汝澤等修、徐友梧纂民國18年鉛印本《霞浦縣志》，影印本見《中國方志叢書》第102號，成文出版社1967年，頁11。

〔2〕《霞浦縣志》，頁11。

〔3〕具體為雍正12年（1734），出處同上。

〔3〕《霞浦縣志》，頁11。

人，實際暗示自法行去世後不久，社會必定發生顛覆性的變革，作爲有組織機構的"教壇"，不能再效法"聖朝命官原有陟位之典"（表文第16行）進行神職神授了，法脈不得不中斷。如果從這個角度考慮，法行去世之丁未年應在清末，即光緒33年（1907）。清朝被推翻後，標榜"明門"的法師變得低調了。當然，這無礙其以個體的身份，繼續利用原有的科儀本，以做法事謀生。

從上面對明門傳教世系兩個版本的比較可以看出，既然兩個世系的始末相同，當可排除歷史上霞浦的明門存在不同世系的可能性。考佛道各門派無不以法脈爲重，《神記》和《明門》都開列傳教世系，顯然是效法主流宗教，然竟出現如此之差異，匪夷所思也。這實際暗示吾輩，有關的那些人物未必都確有其人。其實，無論哪個版本，由於承傳鏈延至明清時期，竊意中間必有多人生活於南宋時代者。而在南宋，該等傳人無論曰祖師、曰尊者，在官府的心目中不外是要加以取締的"妖幻邪人"或"魔頭"，彼等名諱焉能一一得傳後世？

五、《神記》之形成

上面已論及《神記》與《明門》之類同，且判定《明門》撰寫在前，《神記》在後。比較兩個抄本，有異者除上面討論的傳教世系外，尚有篇幅大小：《神記》全篇約750字，《明門》約1740字，後者爲前者二倍有多，實際字數相差近千。不過，多出的近千字並非有涉及教理方面的實質内容，而是因爲多出了大量不同名號之神祇，《神記》所請神祇不外70多位，而《明門》卻逾200位。[1] 兩者所請道教系或佛教系之神無甚差別，倒是在土著神系上，《明門》請得特別多，而且，兩者各有所請，相同者不多。筆者特別注意到《神記》繼"拜請樂山祠中祖神洞天興福感應雷使真君"之後，是請"祖婆陳氏順懿夫人"（第34行），即林瞪夫人，《明門》缺請；《神記》第37行請"芹前坑龍鳳姑婆"，即林瞪的兩個女兒，《明門》對這二位亦全無提及。這實際暗示吾輩：《神記》是在樂山堂入祀林瞪及其夫人偶像後，當地法師出於樂山堂

---

〔1〕諸如"三十六員猛將"這類相同名號的神，計數僅算一個，以利實質性比較。

祭祀儀式的需要，因而據原有的《明門》，進行相應的修訂，這一修訂特別突出林瞪家族，讓其夫人与女兒都進入神譜外，同時，亦在傳教世系中，追加手創樂山堂的孫綿，並延入一批林姓尊者。至於土著神，則不像《明門》廣爲羅列，可能僅篩選那些與上萬村村民較有淵源者，其他則由法師誦念時"任意隨請"，不一一列出，以省篇幅。顯然，《明門》應爲《神記》之"藍本"。由是，於《明門》的產生背景有必要略加討論。

《明門》在科册中佔18頁之多，筆者迄今無緣得睹寫本原件，但從張鳳女史所惠賜的照片看，箇中多有塗改補入，筆跡又多與正文無異，從筆者所看到的諸科儀抄本，卷面多爲工整，有插入或修改，但一般無傷卷面之美觀；《明門》則不然，有些頁面，例如頁16，塗改處甚至難以卒讀（見圖版16.8）。是以，頗疑該件並非傳抄本，而是原始寫本。從卷面的破碎看，亦顯示其應歷有年所，並非近人謄抄的新本。

考漢文獻，"明門"二字用於指代摩尼教，可溯至武后時代流行之京殘摩尼經（宇56／北敦00256），其卷末將教主所宣講之經文頌揚爲"三界諸牢固獄解脫明門"（寫卷第326—327行）；唐長慶（821—824）年間所立的《九姓回鶻可汗碑》亦見該詞。其碑文述及摩尼僧之開教回鶻一段有云："可汗乃頓軍東都，因觀風俗敗民弗師，將睿息等四僧入國，闡揚二祀，洞徹三際。況法師妙達明門，精通七部，才高海獄，辯若懸河，故能開正教於回鶻，以茹葷重酪爲法，立大功績，乃曰汝侯悉德。"[1]《明門初傳請本師》，既稱"初傳"，廣義而言，當指摩尼教初入中國；狹義而言，應指摩尼教初傳福建；最狹義亦當指摩尼教初傳霞浦。是以，咋看該寫本，即令人以爲其應是很古老的寫本。是否如此，無妨作一考證。

顧寫本頁16，有一章節專請州縣城隍：

[090] 作上元請福出門，首請聖第，三請下界，先請本州城隍。

---

〔1〕引文據程朔洛新校本，見氏著：《釋漢文〈九姓回鶻毗伽可汗碑〉中有關回鶻和唐朝的關係》，載林幹編：《突厥與回紇歷史論文選集》，中華書局，1987年，頁706-719。

［091］本州城隍大王，州主七聖郎君，左右二位郎

［092］神，祠山昭列大帝，關公大王，　縣官。

［093］本县城隍大王、左右同官，县主陈公大师，詹公侯

王，拏公电师，

寫本既請"州"城隍大王，又請"縣"城隍大王，這可能與當地行政區劃沿革多變有關。據上揭《霞浦縣志》，霞浦由縣升州，最早是在元代，而後雖然州縣屢變，這與民衆的宗教信仰似無多大關係，當州城隍出現後，即便撤州復縣，民衆也未必即跟著拋棄州城隍。《明門》既有"先請本州城隍"，實際意味著此文本的出現至早也不可能先於元代。不過，即便該文本於元代就有之，但竟以"明門初傳"冠題，亦顯與史事不合。姑不論摩尼教早在唐代便已正式入華傳播，而入傳福建，至遲也應在上揭《閩書》所載會昌呼祿法師"來入福唐"時。至若福建摩尼教以"明教"之名行世，至遲也於五代便有之。[1]而就霞浦而言，依上揭林氏宗譜所記，北宋的林瞪已"棄俗入明教門"。由是，逮有元一代，即便是在霞浦，明教也何止"初傳"？當然，寫本製作者於明門的今世前生不甚了了，這不足爲奇；但其稱"明門初傳"至少意味著在撰作該寫本時，明門在當地已息影多年，如今始得重新傳播。

由於上面已考證《神記》与《明門》之歷史聯繫，從其傳教世系的36傳中，名居第32的謝法如就是《神記》末位傳人謝法行的父親，其父子去世時間相差不過數十年，因此，無論法行死於清初抑或清末，《明門》的產生不可能早於明季。這亦意味著明末清初之時，霞浦當地仍有摩尼教或明教經文的遺存，從而爲重啓明門提供了可能性。

六、餘論

學界或認爲新發現的霞浦科儀抄本，乃傳承自宋代明教內典，並據此演繹立論。本章所討論的《神記》，不過個案耳，當不能以偏概全；

---

［1］徐鉉（916—991）《稽神錄》卷3"清源都將"目下云清源（泉州）人楊某家鬧鬼，"後有善作魔法者，名曰明教，請爲持經一宿。鬼乃唾罵某而去，因而遂絕。"徐鉉撰、白化文點校：《稽神錄》，古小說叢刊，中華書局，1996年，頁46。

439

但從史學研究的角度，竊以爲，在把該等寫本當明教內典使用之前，似乎還要排除一種可能性：即明季逮至清末民初，霞浦當地民間社會或存在一些"爲民衆提供驅邪、度亡等宗教服務"的"儀式專家"，[1] 彼等出於謀生的目的，利用民間秘藏的某些明教遺書，效法當地流行的佛道和其他民間宗教，並加於糅合，從而製作出該等寫本。不過，即便如此，既然其間包含了某些早已失傳的明教經書成分，那其於明教研究的價值亦就不言自喻了。

（本文初刊陳春聲主編：《海陸交通與世界文明》，商務印書館，2013年，頁227–255。）

---

[1]語出李志鴻：《宋元新道法與福建的"瑜伽教"》，載《民俗研究》，2008第2期，頁138–152。"專業戶"的提法見頁150。

跋《〈樂山堂神記〉再考察》

資料以新爲尚，治學者莫不樂見新資料的發現。是以，新近雜有明教詞章之霞浦科儀本之發現，關注摩尼教者莫不振奮焉。然而，治學貴在潛心，吾輩於振奮之餘，更需要的是按學術規範進行冷靜的探討。從歷史研究之角度而言，對任何新資料的使用，在據以立論之前，應先從文獻學的角度，就其的真僞、來源、產生年代、文本的性質等等做必要的考察。若忽略該等環節，難免會被新資料所誤導，學術史上此類前車之鑒，自不必贅舉。是以，黃佳欣君撰《霞浦科儀本〈樂山堂神記〉再考察》，考察《神記》文本之性質、用途，產生年代等，不過是循學術研究之規範進行的一次基本訓練。其連《神記》所在科册的多餘裝訂孔都注意到了，不可不謂細心矣。

黃君將《神記》與另一科儀本《明門初傳請本師》加以仔細比較，判前者以後者爲藍本；復揭示兩個寫本傳教世系之諸多差異，質疑早期法脈的真實性；並據兩個版本後期法脈中之世家承傳，考其最後傳人卒於大清丁末年，推斷《神記》爲清季民國時期之作，而《明門》之產生則或早於《神記》幾十年。佳欣君觀點若得以成立，則迄今目《神記》爲古代明教內典而加演繹之若干觀點，恐得重新推敲；至於媒體之某些宣傳，則更不用說。茲事體大，伏望同仁審慎。相信排除非學術性的因素，公論自現。

竊以爲，樂山堂雖確有遺址存在，但現存方志均未見載。尤其是清末纂修的《福寧府志》，據晉江粘良圖先生統計，入載"霞浦寺觀"120餘所，然"樂山堂"未見。[1] 由是，足證歷代方志編纂者並不目其

---

〔1〕參粘良圖：《霞浦縣明教（摩尼教）史跡之我見》，刊陳春聲主編：《海陸交通與世界文明》，商務印書館，2013年，頁204-214。

爲寺觀，而等同於宗族祠堂或教門壇所之類。《神記》第33—34行云"拜請樂山祠中祖神洞天興福感應雷使真君，祖婆陳氏順懿夫人"，可資互證。而田野調查亦確認樂山堂於文革前一直供奉林瞪夫婦偶像和牌位，至堂被拆毀後，始移入今林氏宗祠。是以，樂山堂本屬林氏祠堂，應無疑問。《神記》之撰，蓋樂山堂由祠堂改"明門"教壇之配套措施也。

"明門"選擇供奉林瞪偶像牌位之樂山堂爲壇址，自欲依傍林瞪。是以，《神記》奉請神祇中有"本壇明門都統威顯靈相，感應興福雷使真君，濟南法主四九真人"（見抄本第11—13行）。《明門》"一心奉請"的名單亦有："本壇祖師，明門統御威顯靈相，洞天興福雷使真君，濟南四九真人，……"（見抄本第24—25行）學界或以該等詞句爲據，直把林瞪目爲明教教主。查學者所引《林氏宗譜》乃清嘉慶22年（1817）所修，既然修譜者不諱先祖林瞪之入明教門，且以其"齋戒嚴肅"爲耀，那其修成正果，若已成爲當地明門之"都統威顯靈相""祖師"，夫人陳氏也被封"順懿夫人"，後代修譜者焉有不加彰顯之理，不意宗譜林瞪條下於此卻全不著墨，豈非怪哉！假如說，林瞪條已載"興福大王""洞天都雷使""貞明內院定正真君"等道門封號，明門封號相形已不重要以至可忽略不提的話，那麼，收入同一宗譜的《八世祖瞪公贊》（見圖版16.9），爲嘉慶22年裔孫庠生林登鼇所撰，其間特別提到瞪公入明教事，但竟然無視上揭明門於林瞪之崇奉，不僅不稱頌瞪公於明門之貢獻，相反的，卻云其"自入明教後，若無所表見，時人得無爲公病，而不知人之所以病公者，正公之所以爲公也"，[1] 無異於否認林瞪生前於明教有何建樹。假如其撰讚時，林瞪在霞浦明門早已赫赫有名，焉會有如此措辭？由是，可判斷林瞪若果有"明壇祖師""明門都統威顯靈相"之類的明教名號，倘不在撰讚之後，則只是侷限於法師小羣體中流行，不爲當地世俗社會所知曉認同。

吾人若以《神記》奉林瞪爲"明門都統威顯靈相"，而證林瞪在霞

---

〔1〕庠生林登鼇撰：《八世祖瞪公贊》，見《蓋竹上萬濟南林氏宗譜》，民國辛酉年（1921）重修本。

浦明教發展之重要作用，則似有把歷史人物和神話人物混淆之嫌。按林瞪不僅見載宗譜，生卒時日明確，且據田野調查，墳墓尚在，作爲真實歷史人物，不容否認。而宗譜所云"乃立閩縣右邊之廟以祀之"，則已把林瞪當爲神。至於"奏封洞天都雷使，加封貞明內院定正真君"，其屬道教神號固不待言，而"血食於鄉"，益與嚴持齋戒的摩尼教、以"喫菜"著稱之明教無涉。作爲歷史上存在的人物和作爲"故老相傳"的神，畢竟是兩回事。當然，其間也有一定的聯繫。像林瞪這樣死後成神的人物，在民間信仰中俯拾皆是。彼等之一個共同點，便是生前在當地民衆中口碑頗佳。同樣的，儘管目前沒有林瞪生時爲民服務造福之相關資料，但如沒有懿德善行，故老絕不可能把諸多神跡附會到他身上，把其塑造成神來供奉。因此，有林瞪這樣的先祖，當地林氏後裔自可引以爲榮。

作爲歷史人物的林瞪曾入明教門，宗譜這一記載，20世紀80年代學界便有所聞。最早發現這條史料者，當推專治福建民間宗教和秘密會社的連立昌老先生。不過，其時社會並沒有當今這股明教熱，遂未引起當地領導或有關部門的高度重視。竊以爲，無論歷史上的明教是正是邪，清修宗譜不諱先祖入明教門事，足見修譜者不以明教爲邪。而林瞪生活在北宋，時明教被作爲道教之一宗而合法存在，經書一再被頒入《道藏》。筆者已考林瞪乃依託道教之明教徒，以其爲個案補證陳垣先生昔年"宋摩尼依託道教"之論斷，[1] 不贅。但林瞪入明教門是一碼事，生前在教門中有何品位又是另一碼事。據《孫綿大師來歷誌》，孫綿肇刱樂山堂於乾德4年丙寅（966），林瞪之受度入堂，則在天聖丁卯年（1027）。那麼，假如孫綿創堂時年爲20，則收林瞪爲徒時應逾80，林瞪是否爲其關門弟子，不得而知。但孫綿以八秩高齡尚收林瞪爲徒，其此前自創堂以降60年間，不知授徒凡幾，無疑已是桃李滿天下。林瞪在濟濟師兄面前，即便有非凡才幹，亦恐難展示，難怪"自入明教後，若無所表見"。吾輩無妨作一逆思維，倘林瞪生前便已執掌明門，

〔1〕拙文：《"宋摩尼依託道教"考論》，收入張榮芳、戴治國主編：《陳垣與嶺南：紀念陳垣先生誕生130周年學術研討會論文集》，中國社會科學出版社，2011年，頁81-107。

呼風喚雨，在南宋時期，少不了被民間明壇奉爲祖師、壇主，當南宋殘酷迫害喫菜事魔時，其墳墓恐已在厄難逃，焉能完整保存至今。作爲神的林瞪，民間傳說之神跡諒必夥矣，然入載宗譜和歷代方志者不外二三椿，各自詳略有差。其間，記載一致者爲嘉祐（1056—1063）年間滅火勅封"興福真人"事，是事無疑奠定了林瞪在當地民間之崇高地位。不過，如此被朝廷肯定的奇跡，對方志來說，正是顯揚本地人傑地靈的大好資料，然成書於淳熙9年（1182）《淳熙三山志》，儘管涵括霞浦（長溪）在內的整個福建省，亦闢有"祠廟""僧道""寺觀"等章節，並無一字涉及林瞪。嘉祐神跡，亦應是洪邁(1123—1202)志怪小說集《夷堅志》之絕好素材，但現存版本未見入書。其他傳世的宋代筆跡文集等，亦均檢索未獲。當然，不排除有關文獻業已佚失之可能性。但事隔五百年後，嘉靖（1522—1566）州志卻把其當"異聞"入載。"異聞"者，怪異之傳聞也。嘉靖版之州志，當以前版爲基礎。這實際意味著是事即使前此便已入志，但編纂者亦未必依宋代文獻，蓋據當地傳說，姑妄聽之、記之耳。

州志所載正德（1506—1521）年間"失辟囚事"，頗見蹊蹺。監犯逃獄，中外古今屢見不鮮，然死囚得逃，且不知所蹤，則不多見。竊意縣令諒必另有難言之隱，以至不得不假託神意把其抓回。像這樣爲官方認可的神跡，宗譜卻不入記，若非民間於此事另有版本，則可能修譜者出於天有好生之德，不以林瞪托夢縣令抓回死囚爲然。不管真相如何，透過此事，可證其時霞浦當地之林瞪崇拜已蔚然成風，官民同奉。那麼，如有新教門出現，以其爲假託自不足爲奇。

從宗教史看，任何一個新宗教的形成都離不開吸收既有的宗教材料，問題是創教者如何加以糅合改造，推陳出新；而諸多大宗教雖早已消亡，但其思想影響可能長期存在，或大或小，或隱或現，或明或暗。假如該教尚有經書存世，則更易借屍還魂，野火重生。是以，歷朝的新教派叢出不窮，儘管箇中多爲曇花一現或傳播範圍甚小。每種新教派往往少不了自亮法脈，依託古聖或神人，以自詡源遠流長。像《神記》《明門》所標榜的"明門"，竊以爲無妨歸入這類新教派。故

《明門初傳請本師》，亮出法脈三十六傳，然卻以"明門初傳"冠題，其之乖謬，不言而喻。黃君把其別解爲"重啓明門"，善哉！循此思路，不妨把其標榜之"明門"，苟名爲"新明門"。透過《明門》和《神記》這兩個科儀本，不難看到，就霞浦"新明門"之神譜而言，其特色在於奉摩尼光佛爲教主，而以林瞪爲纛，在華夏及當地傳統信仰的神譜上，添加若干衍化自唐代摩尼教、宋代明教甚或其他夷教之神靈。通向歷史實際有種種門徑，竊意從新門派的角度，去解讀霞浦科儀本之明教遺跡，或不失爲門徑之一。

不佞讀黃君之作，頗有共鳴之意，遂試作如上申說，苟爲之跋，企盼同仁明教。

（本文初刊陳春聲主編《海陸交通與世界文明》，商務印書館，2013年，頁256-260。）

再跋：

黃文考定《神記》傳教宗師世系最後傳人謝法行卒於大清丁未年，就其所據《繳憑請職表》之奏申者詹法揚蹤跡，新近筆者有所發現，見林鋆宗長傳賜之霞浦抄本照片題爲《度亡禮懺》者。[1] 該文檢末端落款："雍正　柒禩　己酉歲次ㄥ月　日奉行度亡法事渝沙弟子詹法揚稽首百拜謹疏。"（圖版16.10）觀其"法揚"簽字筆跡與《繳憑請職表》無異，蓋可確認兩者應同一人。查"雍正　柒禩（七祀）己酉"，即雍正7年，爲公元1729年，而雍正五年適爲丁未年（1727）。因此，法行死於是年應無疑問，而《神記》之成形定稿亦當不可能有早於此。不過，即便1727年文檢便已形成，且林瞪果被該壇法師奉爲教主的話，亦屬於清代霞浦若干法師的小羣體行爲，與其時霞浦社會於林瞪之認

---

[1] 該《度亡禮懺》文檢見於陳培生法師所藏的另一無名科冊頁55-57，是科冊內文凡94頁，照片係陳進國先生2009年10月9日所拍攝。

445

欧·亚·历·史·文·化·文·库

知是兩回事。否則，嘉慶22年（1817）始撰寫之《八世祖瞪公贊》，焉會抹殺先祖瞪公於明門之貢獻？

復勘黃文業已提到的《神記》抄本題下標注的文字，即"廿九都上萬桃源境普度，後山堂七月十五"，筆跡細小，疑似用鋼筆或鉛筆書寫，若然，則係現代使用者所添加，說明該抄本從雍正年間到清季民國，一直爲民間法師在法事上所用。然而，現抄本傳教宗師之名諱一無接續，這至少暗示：即便當初文檢製作之時，霞浦確存在一個標榜明門的法師小羣體，但自法行死後，便已後繼乏人，小羣體隨之日漸瓦解，文檢則最後落入個別法師手中，成爲其世代私傳之謀生工具。

2013年中秋節

《樂山堂神記》釋文

說明： 抄本原件係霞浦當地民間法師陳培生所藏。本釋文據張鳳女史 2009 年 11 月 20 日拍攝之抄本原件照片過錄標點。異體字首現時用括號加注正體字，原抄本有些提示性或添補性文字用小寫，本釋文從之；原件有製作者自造的代略號，凡據上下文可推其意思者，則予補入，外加括號標示。本章注釋所稱陳本，指前此陳進國先生以簡體字過錄之文本，[1] 楊本則指楊富學先生過錄之繁體字本。[2]

頁1

［01］樂山堂神記 廿九都上万桃源境普度后山堂，七月十五。[3]

［02］太上本師教主摩尼光佛，電光王佛，夷数（數）

［03］如來，淨風、先意如來，天地化身盧舍

［04］那佛；北方鎮（鎮）天䁰（真）武菩薩，法相、[4] 惠明

［05］如來，九天貞明大聖，普庵祖師，觀音、

［06］勢至二大菩薩；太上三元三品三官大

頁2

［07］帝——上元一品天官錫福紫微（微）大帝、中元二

［08］品地官赦罪濟（清）虛大帝、下元三品水官

［09］鮮（解）厄洞陰（陰）大帝，三天教主張大䁰（真）人，三

---

〔1〕見陳進國、林鋆：《明教的新發現——福建霞浦縣的摩尼教史跡辨析》，載李少文主編、雷子人執行主編：《不止於藝》，北京大學出版社，2010年，頁343-389；錄文見頁353-354。

〔2〕楊富學：《〈樂山堂神記〉與福建摩尼教》，刊《文史》，2011年第4輯，頁135-173；錄文見頁138-140。

〔3〕從照片看，該句筆跡細小，疑似用鋼筆或鉛筆書寫，若然，則係現代使用者人所添加。

〔4〕陳本、楊本無此頓號，不過觀另一霞浦科冊抄本《摩尼光佛》頁54有"志心皈命禮 神通化身電 光淨宝 惠明 法相二 尊菩薩"之句，竊意霞浦法師乃把"惠明"和"法相"目爲兩個神名，故點以頓號。

447

［10］銜教主靈（靈）寶（寶）天尊，勅封護國太后元

［11］君予 本壇（壇）明門都統威顯靈相，

［12］感應興福雷使真君，濟南法主四九真

頁3

［13］人，移活吉思大聖，[1] 貞明法院三十六員

［14］天將、七十二大吏兵，雄猛四梵天王，俱（俱）孚

［15］元帥，嗦噭明使。靈源傳教歷代宗祖：

［16］胡天尊祖師，胡古月予（祖師），高佛日予（祖師）；

［17］樂山堂開山地主孫綿大師，玉林尊者，

［18］陳平山予（尊者），張德源（源）予（尊者），上官德水予（尊者），

頁4

［19］廖道濟予（尊者），陳彌海予（尊者），陳道成予（尊者），

［20］杜（杜）道興予（尊者），陳道全予（尊者），陳友样（樣）予（尊者），

［21］杜道明予（尊者），張玉輝予（尊者），楊戒成予（尊者），

［22］黃戒初予（尊者），王惠泉予（尊者），吴（吳）長明予（尊者），

［23］張德雲予（尊者），楊復初予（尊者），林守光予（尊者），

［24］林士玄予（尊者），黃道明予（尊者），林法正予（尊者），

頁5

［25］林法賢予（尊者），林法震（震）予（尊者），林法靈予（尊者），

［26］林法正予（尊者），林法真予（尊者），魯（魯）善膺予（尊者），

---

〔1〕查霞浦發見的科儀抄本有封面手題"後學陳寶華存修"的《禱雨疏奏申牒狀式》抄本（林鋆、陳培生提供，陳進國拍攝於2009年10月9日，內文共71頁）。有題爲《牒本壇》（見頁22）的文檢，其正文（見頁23）有"右牒請天門威顯靈相　洞天興福度師　濟南四九真人　夷活吉思大聖"之語。本處句點參該文檢之書寫格式。

［27］林法光彡（尊者），毛法震彡（尊者），方法隆（隆）彡（尊者），

［28］林法顯彡（尊者），林法明彡（尊者），鄭法統（統）彡（尊者），

［29］王法正彡（尊者），林思賢彡（尊者），魯寂連彡（尊者），

［30］林法興彡（尊者），隨（隨）担陳法震彡（尊者）；吳法性師爺，

頁6

［31］謝法如師公，具法廣彡（師公），詹（詹）法通（通）師伯，謝法昭彡 謝法元（師伯），謝法行彡（師伯）。

［32］上清（清）三洞五雷籙中官將彡[1]

［33］拜請（請）樂山祠中祖神洞天興福感應

［34］雷使真君，祖婆陳氏順懿夫人，馬、趙二

［35］大元帥，樂山堂常住三寶、隨佛土地、

［36］伽藍、真宰，合剎神祇；

頁7

［37］芹前坑龍鳳姑婆，李思洋宮中土主明王，

［38］柂（桃）源境瑜伽壇內合垓（壇）聖衆，梨園（園）壇內田、

［39］寶二大師爺，閭山法壇文武將帥，臨（臨）淯（清）

［40］亭三聖諸佛，僊源宮八位尊神，李垓宮

［41］中土主明王，彭家山宮中彡（土主明王），崎山宮中彡（土主明王），

［42］鄭節母宮中彡（土主明王），火炎山頂楊老真僊，

第8頁

［43］松槺（樹）下宮中彡（土主明王），冠槺下宮中彡（土主明

---

〔1〕楊本將代略符號釋爲"師伯"，不過觀另一霞浦抄本《明門初傳請本師》第037行起始有"上清三洞五雷籙中官將吏兵：張元帥、趙元帥、鄧元帥、韓元帥，……"足見《神記》此處代略的是諸多"官將吏兵"的稱謂。

449

王），路後宮中

　　　［44］崇福太后元君，橋頭冥陽司院五通舍投（投）[1]，

　　　［45］西林宮中彡（五通舍投），亭前宮彡（五通舍投），下路宮

中古跡

　　　［46］跡靈壇，井尾宮彡阜洋宮彡；

　　　［47］竹尾不林四使舍投，戴峯境戴四師公，杜

　　　［48］家境詹公侯王，杜大祖公，孫靈大王，禪峰

頁9

　　　［49］境孫靈大王，孫三師公，繆大兵馬，周孫靈

　　　［50］王，陳九祖公，洪倪宮中吳大祖公，南楼

　　　［51］宮中徐大祖公，魁洋八境列廟大小

　　　［52］王侯，阜洋宮中劉尊官舍投，臨水

　　　［53］崇福太后元君，洞天興福感應雷使員

　　　［54］君，蕭八九公、楊八九公；鄭先鋒舍投，合

頁10

　　　［55］宮聖普同彡（舍投），任意隨請。

　　　［56］上臨溪頭、下臨水尾、橋、亭、佛塔（塔）、古跡、靈

　　　［57］壇、草廟神祇，普同拜請。

---

　　〔1〕"投"，"投"的異體字，楊本錄爲"掾"字。

《明門初傳請本師》釋文

說明：寫本原件係霞浦當地民間法師陳培生所藏。本釋文據張鳳女史 2009 年 11 月 20 日拍攝之抄本原件照片過錄標點。異體字首現時用括號加注正體字，原抄本有些提示性或添補性文字用小寫，本釋文從之；原抄本因紙張爛損之缺字用方格號代替，尚能辨識推定之模糊字外加黑框，存疑者復夾以問號。原件有製作者自造的代略號，凡據上下文可推其意思者，則予補入，外加括號標示。

頁1

［001］　　明門初傳請（請）本師

［002］本師教主摩尼光佛，寳（寶）光^{吉降（降）福、}_{凶（凶）救性}電光

［003］王佛，刕（再）甦活命夷数（數）和佛，輪面正宫九

［004］天貞明大聖，日月光王大聖，天地化身净

［005］風大聖，觀音、勢至菩薩，惠明、法相如來。

［006］凶筵請：那羅，数路，釋（釋）迦，夷数，四府帝君，

頁2

［007］十殿明王，目連，地藏（藏）。吉筵請：　眞（真）武大聖，

［008］普庵大德禪師菩薩，玄壇（壇）關、趙二

［009］大元帥，天地水火上元一品錫福天官

［010］紫微（微）大帝，中元二品赦罪地官清（清）虛

［011］大帝，下元三品解厄水官洞陰（陰）大帝，太

［012］上三元三品三官大帝，一帝、二帝、三帝、四帝，

頁3

［013］遍（通）天玉府五顯靈（靈）官大帝菩薩，華光

［014］藏菩薩，妙吉祥如來，聖父，聖母，護國

［015］孫靈大王，勸善明覺大師，金鎗金釵巡

［016］爐火鴉，日宮、月府二位太后夫人，王、楊二太

［017］后，巡風耳、千里眼舍投（投），閭、茆二洞祖本

［018］先師，招財子、進寶童郎，是$\frac{日}{夜}$今時～～

頁4

［019］一心奉請：都統威顯靈相，度師，四九真人，靈

［020］源歷代傳教宗師，閭、茆二洞祖本仙師，

［021］洞玄靈應靖嗣教列位祖師，貞明

［022］法院三十六員猛將（將）、七十二大吏兵，

［023］惟願是$\frac{日}{夜}$今時～～隨担門前降（降）

［024］所（所）祀紫荊山上 太一 天一聖舍投～～

頁5

［025］本壇祖師，明門統御威顯（顯）靈相，洞天

［026］只（興）福雷使真君，濟南四九真人，夷活

［027］吉思大聖，貞明法院諸大官將吏兵、

［028］三十六員猛將、七十大吏兵；靈源歷

［029］代傳教宗師：胡天尊祖師，高佛日

［030］祖師，玉林祖師，阮彥俊祖師，游彥清㇞（祖師），

頁6

［031］陳彥明㇞（祖師），詹玉安㇞（祖師），高德光㇞（祖師），

［032］吳道生㇞（祖師），何道玄㇞（祖師），鄭世明㇞（祖師），

［033］卓法輝㇞（祖師），詹（詹）證明㇞（祖師），彭文林㇞（祖師），詹法只㇞（祖師），林景昌㇞（祖師），

［034］安伯深㇞（祖師），張 德 源（源）㇞（祖師），詹道只㇞（祖師），廖道清㇞（祖師），

［035］鄭伯通㇞（祖師），黃文通㇞（祖師），林德只㇞（祖師），

［036］鄭乾明㇞（祖師），吳□光㇞（祖師），黃□灵（靈）㇞（祖師），

452

頁7

［037］鄭士成彡（祖師），黃道明彡（祖師），何法明彡（祖師），

［038］吳法正彡（祖師），吳廻光彡（祖師），^{謝法如彡（祖師），隨担陳法震彡（祖師），〔1〕 吳法性彡（祖師），吳法廣彡，詹法通彡。}

［039］上清三洞五雷籙中官將吏兵：張

［040］元帥、趙元帥、鄧元帥、韓（韓）元帥，溫、康

［041］都統二大元帥，杭州風火院田、竇、郭

［042］三大元帥舍投，莽天神王舍投，巡山

頁8

［043］侯王九使、十使、十一使舍投，通天入地

［044］五位顯應侯王五通舍投，太后，三位

［045］元君夫人，奶娘，三十六員官將，吏兵，

［046］天兵天將，地兵地將，雷兵雷將，神兵神將，天功曹，地功曹，年功曹，月功曹，日功曹，

［047］時功曹，左手持男功曹，右手持女功曹，值（值）年、值月、值日、值時護身護

［048］命護躰功曹，合壇一炓（切）聖貧（賢）。

頁9

［049］當境土主龍首宮中勑封詹公侯王、威口十六公〔2〕

［050］投，九天金闕吳四公投，勑封大奶陳氏夫人、陳七夫

［051］人，天宮坐席林九夫人、百化橋馬六夫人，走馬靈通三位舍

［052］人、林四祖公、洞通天只福林五師公，韓將

［053］軍公投，李將軍公投，謝將軍公投，溫、康二大元帥，前

［054］來地主，後來地主。^{奉請本境門前眜所祀紫荊勝境，通天達地大圣、伍通侯王，合剌具宰是夜丬丬}

［055］本隂地主塗（塗）大公、江大公、施大公、阮大

［056］公，平水大王英顯舍投，蕳（蕭）杜（杜）監舍投，林

［057］四使舍投，竹、木二位夫人，車山輦石王，

［058］三公牛皇，八部將軍，看牛童子，守牛童

---

〔1〕原件第38行寫法參見本書圖版16.6。

〔2〕原件該行右上端頁邊頂角處有"顯助"二小字。

［059］郎，田园（園）公母，禾稼神君，五穀（穀）大道㕙

［060］仙，遣虫（蟲）逐耗使者，觧(解)冤（冤）釋結司大王，

頁11

［061］林大王，林小王，南朝護國七五師公。

［062］瑞山堂常住三寶——佛寶、法寶、僧寶，

［063］諸天菩薩，羅漢聖僧，伽藍土地，歷代

［064］宗祖，靈相、度師，四梵天王，張十五師公；

［065］阮洋門首宮中陳大公投，游大公投，橋

［066］頭五通舍投，梨㮨（樹）丫五顯灵官大帝，深

頁12

［067］坑林公侯王，峯窩詹公侯王、潘（潘）公侯王，

［068］湯（湯）家山宮中湯九公投，湯显（顯）十法士，菜（葉）

洋

［069］宮中林五公投，平水大王杜耳（甘）舍投，田元

［070］帥舍投，山裡（裡）宮中黃三公、黃九公投，上

［071］楼下楼、芹峯山下菜八公投，新田宮中

［072］黃七公、黃九公投，棗（棘）溪鄭先鋒公投，興

頁13

［073］民堂常住三寶、伽藍土地、合祠㕙宰，何

［074］家何八師公，方家方六師公，坑口陳九

［075］公投，溪邊（邊）林和四舍投、和七舍投，水母

［076］娘々（娘），後洋宮中土主明王，何家師公，丘家

［077］師公，羅家、林羅家師公，深渡溪施家々（師公），

［078］徐家坪徐八公、徐九公、徐十三公投，朱家

頁14

［079］師公，王家師公，敖家師公，高家師公，菜

［080］家師公，游家師公，潘家師公，周家周孫

［081］靈王舍投，胡家胡天尊舍投，吳洋致敬堂（堂）吳

［082］四師公。本境五門禁主師公，過関請本壇就請奶娘。

［083］臨（臨）水大殿（殿）勅封大洞經籙法師陳氏夫

［084］人，左宮林九夫人，右宮李三夫人，神父陳

頁15

［085］相公，神母葛（葛）氏夫人，神兄陳二相公，神嫂

［086］魯（魯）氏夫人，王、楊二將，灵通有感三位舍人，

［087］三十六宮婆神聖衆（衆），觧究釋結司大

［088］神，當年遣火盜神君，消灾息災菩薩，

［089］遣災蕩瘴菩薩，長壽延壽菩薩，集

［090］善布福神君，今年太歳（歲）至德尊神，文

頁16

［091］班武列一切有感神祇。

［092］作上元請福出門，首請聖第，三請下界，先請本州城隍。

［093］本州城隍大王，州主七聖郎君，左右二位郎

［094］神，祠山昭（昭）列大帝，関公大王，　縣（縣）管（管）。

［095］本縣城隍大王、左右同官，縣主陳公大師，詹公侯王，拏公電師，

［096］協祐尊神，七聖郎君，二位郎神，案公神王，通天平水大王，皇后夫人，感□林大王，阜俗江大王，孽大王，孫灵王，池大公，池小公，顕應侯王，石室大王，秦大王墓，楚大王合県（縣）诸（諸）宮３。[1]

頁17

［097］前宮疋馬单鎗林四使舍投，五顕灵官

［098］大帝舍投，五通舍投，本家伏祀九蓮

［099］臺上三聖諸佛，福德堂上司命六神，門

［100］神戶慰（慰），井灶（灶）神君，倉龍庫藏，九宮

［101］八卦，一切有位神聰（聰）。但臣ム散處遊行，

［102］護國救民。各境地頭、地主、神壇、草廟、

〔1〕原件第95—96行不堪卒讀，見圖版16.8。

頁18

［103］橋亭、佛塔，上臨溪頭，下臨水口，一切有

［104］感神祇，見聞隨喜，見喜隨聞，良^日_夜

［105］今時普同請降道場，證明修奉。

［106］一心奉請，^厶會上，^{資度}_{吉祥}筵中迺文、迺武、迺聖、迺賢，近者悅，遠

［107］者來，虛空請不盡之神官，下（？）界迎無邊聖袋，一切微漏聖

［108］賢，不損（損）威光，擁從而來，觀光（光）聽法，次當密語加持，啟請。

［109］弟子^{就鋪}_{臨門}設拜，大袞虔誠，香花奉請，仰請來降。

456

17　《摩尼光佛》釋文並跋

說明： 抄本原件係霞浦陳培生法師所藏。釋文據張鳳女史 2009 年 11 月 20 日拍攝之抄本原件照片過錄標點。異體字首現時用括號加注正體字，原抄本有些提示性或添補性文字用小寫，本釋文從之；個別模糊之字外加黑框。抄本有自造的一些代略號，釋文推補之字均外加括號標示。抄本有些屬文字示意圖，難以一一臨摹，可參附錄相應圖版。

頁1

［001］端筵正念，稽（稽）首皈依，嚴（嚴）持香花，

［002］如法供養：十方諸佛，三寶（寶）尊天，

［003］羅漢聖僧，海衆（衆）菩薩。冥（冥）符默（默）

［004］契，雲集道場，為法界衆生消

［005］除三障。莊（莊）嚴善茶（業），成就福田，我

［006］等一心和南聖衆。　左先羊（舉）大聖。

［007］　　衆（衆）唱大聖：

頁2

［008］　　　　　　　　元始天尊那羅延佛

［009］　　　　　　　　神变（變）世尊蘇（蘇）路支佛

［010］大聖　　　　　慈濟世尊摩尼光佛

［011］　　　　　　　　大覺世尊釋迦文佛

［012］　　　　　　　　活命世尊夷数（數）和佛

［013］左羊　阿孚林摩訶和弗里耶瑟

［014］德健（健）那虛（虛）弥（彌）耶娑弗囉漢嘔特紐

457

［015］穫產祚乎綻那嗢特牟虛哩耶健

頁3

［016］那阿縛（縛）阿陣那度悉冊（丹）忽那蒲（滿）那

［017］波引特吥特因那盧（盧）乎祚伊伽醢

［018］阿嘶唯耶悉伴那訖悉哆綻伊耶

［019］陣那喻嘶特訖囉漢俱（俱）吥地囉特奴

［020］早（卑）耶嘔（嘘）似阿嘶佩那摩尼乎大渾

［021］和哩耶度馱（馱）和悉噉哩阿佩耶伊

［022］耶但　　和里耶　左羊凈口

［023］阿弗哩特菩和味囉摩尼弗哩

頁4

［024］唯特嘔詵嗢特阿弗哩特菩勻

［025］弗哩悉德健嘔詵難陣波悉和

［026］南　　　辛唱：

［027］昔時大聖聞三宝（寶），尓（爾）是今（今）生孛（學）道人，

［028］愚迷不晓（曉）無爲聖，却執几（凡）中有碍(礙)身。[1]

［029］　　　左羊，　袞和礼。

［030］恭敬十方常住三寶。

［031］一心奉請：千花薹（臺）上，百寶光中，辞（辭）六

頁5

［032］　寶而權（權）串碍（礙）身，入五濁而廣度群

［033］品，十方遍（遍）法界，圓明佛寶，光中聖

［034］袞。惟（顧）巨明毫晄曜，八無畏而表威神；

［035］妙相端嚴，九灵（靈）祥而超世俗。不違（違）本

［036］誓，怜（憐）愍有緣，降（降）臨（臨）道場，證明修奉。

香

---

［1］此四句詩並見《興福祖慶誕科》頁6。

［037］花請　　一心奉請：應(應)輪宝藏（藏），秘妙玄文，

［038］是忺（忙、茫）示[1]之替身，作群生妙義，十方遍法

［039］界，微（微）妙法宝，光中聖衆，^惟_宣 金華演處（處），

［040］明明洞徹於三常；玉偈（偈）宣時，了了玄通（通）

頁6

［041］於六趣。不遺本誓，怜憫有緣。降臨道

［042］場，證明修奉。香花請。

［043］一心奉請：真（真）佺上士，四果明仁，性天佛

［044］日，以常圓心，地戒珠明，朗徹十方遍法

［045］界，清净僧宝，光中聖衆。^惟_宣 説法度人，

［046］溪山便是廣長舌；随（隨）緣應現，山色無

［047］非清净身。不遺本誓，怜憫有緣，降臨

［048］道場，證明修奉。香花奉請。　　迴向

［049］皈依佛，過（過）去、現在、未來無等相；營灵

頁7

［050］臺，蓮花座上咲哈哈，便是摩尼境界。

［051］極樂最經劫（刧）加持，舌根不壞根不壞。

［052］佛性湛然常在，與天道光輝，大來於

［053］人世，散安排萬種，梯航若（苦）海功難宰，

［054］長福消災，咸祈永（永）頼（賴）。

［055］皈依法，應輪寶藏妙諦，功與德不思儀。

［056］金華梵宇廣弘施，載盡二大義理。祖

［057］師意萬卷，玄微皆由思致；由思致，指

頁8

［058］點大員鏡智。説平地，當今時，金枝

［059］玉葉遠相貽。恭祝當今皇帝萬丂（萬）

---

〔1〕"忺示"疑爲"忙你"之訛，緣《下部讚》稱教主摩尼爲"忙你"也。《儀略·經圖儀》把"大應輪部"，即《徹盡萬法根源智經》列爲教主摩尼的第一部著作（寫卷第58行），《應輪寶藏》之謂，當衍化於兹。其既爲摩尼所作，亦就象徵、代表了摩尼。

459

〔060〕崴（崴），文武官僚同資祿位。　　三皈依，

〔061〕皈依僧，分明二宗如故思，得度裟

〔062〕生者。聖頌（願）意教生徒萬億恒河數。

〔063〕弗尓思，世ㄣ（世）常行楽（樂）玉（土），行楽土，蒲

地嚚

〔064〕塵掃去；飯蔬食，食不語，無令學者到

〔065〕迷途。委付力擎，卄（甘）露專心賜洒，作空中

頁9

〔066〕六花雪乳。

〔067〕香氣氤氳周世界，純一無雜性命海。

〔068〕迷綸充遍無障礙，聖裟遊中香妙最。[1]

〔069〕　　依佛漸修，如法炷焚修

〔070〕戒香定惠　　　　　　　光明佛

〔071〕　　　　香皈命庹（虔）誠

〔072〕觧（解）脱知見　　　　　微妙法

〔073〕　　　　十方常住

〔074〕洞真法性　　　　　　　清净僧 佛寶

〔075〕　　　　伸供養

〔076〕道德靈（靈）宝　　　　　　　　　丹（再）甦活[2]

頁10

〔077〕　我等同誠伸供養，十方常住光明佛。

〔078〕彼界宝山億千裟，香煙湯（湧）出百萬般（般）。

〔079〕內外光明躰(體)清净，卄露充盈無迩（邊）畔。[3]

〔080〕我今稽首，志念皈依佛法僧宝，戒定

---

〔1〕敦煌本《下部讚》第301行作：“香氣□氳周世界，純一无雜性命海，弥綸充遍无郣礙，聖裟遊中香妙最。”

〔2〕第70—76行之各個短語，在原抄本中乃以線連接，見圖版17.1。

〔3〕敦煌本《下部讚》第303行作：“彼界寶山億千種，香烟涌出百万般，內外光明躰清净，甘露充盈无邊畔。”

460

［081］惠香，普頒熏修佛種智，彼我等入

［082］佛智，見悞（悟）佛智見，獨步圓覺成僧，長

［083］善牙道樹（樹），得菩提心，堅固無退轉（轉）。

［084］廣開甘露門，悞深甚般若。得達總（總）持，

頁11

［085］同登法喜；清净明緣，成就無邉（邊）功

［086］德。頒我捨此翻（翻）身日，永證大明常

［087］樂聖果。次頒法界一切裟生，齊入如

［088］如佛會。

［089］復（復）告冥空一切裟，大力敬信尊神輩，

［090］及諸天界諸天子，護持清净正法者。[1]

［091］嚧縛迗（逸）囉弥阿迗囉茶縛囉迗囉

［092］噫娑囉迗囉能遏（遏）蘇師能悉噈呴

頁12

［093］思娑隣度師阿孚林度師

［094］　我今燊（發）弘頒，勹（頒）此星相輪化，從

［095］清净　　　　　北　　　　　　　嚧縛

［096］光明　　　　　東　　　　　　　弥訶

［097］大力　　門示現　南方佛此方真教主茶（業）囉迗天王

［098］智惠　　　　　西　　　　　　　娑囉

［099］威德　　　　　中央　　　　耶俱孚大将〔2〕
　　　　　　　　　　　　　　　　末秦皎明使

［100］和：惟頒此夜今時降臨請福道場，長福消災！

頁13

［101］　　　讚天王

［102］十天王者，梵（梵）名阿薩漫沙也，是故道

［103］教稱（稱）爲昊天玉皇大帝。住在第七天

〔1〕敦煌本《下部讚》第140行作："復告寶空一切衆，大力敬信尊神輩，及諸天界諸天子，護持清净正法者。"

〔2〕第95—99行之各個短語，在原抄本中乃以線連接，見圖版17.2。

461

［104］中，處在大殿，晉（管）於十天善惡之事。此

［105］天內有十二面宝鏡，上面觀（觀）於涅槃，下

［106］面照於陰（陰）司地府，十面鑒於十天諸

［107］庅（魔）背叛等事。化四天王晉四天下：嘔

［108］縛逃天王晉北礬壇（壇）界，弥訶逃天

頁14

［109］王統禦南闇（閻）浮提，娑囉逃天王掌

［110］握西瞿耶尼。四天大明神若見諸天

［111］惡庅起奸計，搔擾天空地界諸聖，

［112］應時展大威神，折挫調伏（伏），速令安定。

［113］急使調伏。[1]一心虔恭，合掌皈依。同降

［114］道場，加彼下界福德男女，長福消灾（災），

［115］增延福壽。　　首辛

［116］已獻明香伸供養，雲臺繚綋（繞）遍大千。

頁15

［117］遍空遍界諸灵聰（聰），護國護家明使裵。

［118］乘此香雲臨法會，阿除憔悴悅明群。

［119］先憑我佛妙真言　安慰灵祇迎上聖。

［120］　　　　裵坐鋪，對土地讚

［121］奴特奴特湛嗢特奴訖沙地阿佩耶友

［122］大唰佩耶咟囉緩阿罰囉罰囉漢嗢

［123］特弗哩咟德健記八陣那喻咟毘遮（遮）

［124］囉摩尼俱喻蒲那勿特波引特阿唰

頁16

［125］佩耶咟伴那訖耶咟哆綻阿唰嗢特

［126］喻嗢特德彼伊喻呔特奴許湛嗢特

［127］奴沙地　　　　二段（段）

---

〔1〕"急使調伏"四字，疑為衍文。

［128］清新喜慶大歡（歡）娛，頻從無上明尊

［129］降，加彼天仙善神輩，在此殿堂居住

［130］者，勤（勤）加踊（踴）躍相冥衛（衛），一切災禍（禍）

永消

［131］除。内外安寧無障碍，廣見歡榮新慶

［132］樂。　　　　三段

頁17

［133］南波林麻和弗里悉德健阿佩耶但

［134］記八陣那喻唰特訖囉弗囉漢穢產伊

［135］蒲波引特弗囉漢穢產伊蒲波引特

［136］　　　　第四段

［137］敬禮及稱讚，勇（勇）健諸明使，助（助）善尊神

［138］輩，護持正護[1]法者，土地諸靈相，加勤相

［139］保護，護法威靈相，加勤相保護。

［140］　　　　第五段

頁18

［141］嚧縛逡囉彌阿逡囉粦縛囉逡囉嗺

［142］娑囉逡囉能過蘇思能唯噭呴素思

［143］娑隣度師阿孚林度師　　第六段

［144］沃速地，匐速地，穢隣穢色，天仙地袰，

［145］味秦皎明使，四天大王嚧縛逡、彌訶

［146］逡、粦縛囉逡、娑囉逡，耶具（具）孚　弗哩

［147］悉特，土地灵相，善神穢色，有碍（礙）無碍，

［148］阿護正法，弗哩渾奴沙彦。

頁19

［149］沃速地　匐速地　弗隣穢色　仙后利氏

［150］姑弗里健九夫列悉哆獨囉娑噭引

---

〔1〕此“護”疑爲衍字。

［151］弗里渾奴沙彥。　　囬向　第二時

［152］我今以稱（稱）讚，大聖摩尼光佛，從被（彼）大

［153］明國，降下為明使；又以冄稱（稱）讚，一切光

［154］明衮，以大威神力，護持正法者。

［155］明家因此戰（戰）得強，誰通善信奏明王。

［156］勢至变化觀音出，直（直）入大明降吉祥。[1]

頁20

［157］請佛　冄（再）拜，香花請，雲聲将奉（舉），天

［158］樂玲与（玲），朝真闕，聖下瑶（瑤）墓，霓（霓）旌雜

［159］遝，降卲（節）徘徊（徊），天樂飛來，龍天八部

［160］擁仙陪，琅瑈（瑤？）[2]響（響），臨法會，冄拜香花

［161］請，香花奉請。

［162］一心奉請：真靈妙境，湛寂明源（源），三常

［163］垂（垂）濟度之人，五大示洪慈之念，默羅

［164］紫帝　無上尊佛。　惟頌　妙以至尊無有極，

頁21

［165］寂然不動感随遍。降臨道場，證

［166］明修奉。　恭望：聖慈降臨宝座。

［167］一心奉請：虛無寂相，清净員明，形

［168］容水月以分輝，性等雲山而無碍，大

［169］慈正智　夷数和佛。　惟亘　現乘白鴿下

［170］騰空，降臨道場，證明修奉。香花奉（請）[3]。

［171］　　恭望聖慈，降臨宝（寶）座。

［172］一心奉請：真空妙境，謹你（你）嘔詵二千

頁22

---

〔1〕第155—156行"明家因此戰得強，誰通善信奏明王。勢至变化觀音出，直入大明降吉祥。"勢至和觀音二神所"直入"之"大明"顯非光明王國，而明人稱本朝曰"大明"，故疑此頌明代始見。

〔2〕"瑈"，辭書查無此字，疑爲當地生造者。

〔3〕原本脱"請"字，據文意補入。

464

［173］九百四十身，千变萬化無端現，大

［174］天真宰　電光王佛。^惟　虛空現出

［175］毫光相，迅速權分变化身。降臨道彡（場，證明修奉。）

［176］　　　恭望聖慈降臨宝座

［177］一心奉請：輝凝妙相，圓蒲慈容，常悲

［178］原（原）以度人，每現慈心而應世，真寂妙

［179］躰　摩尼光佛。^惟　蓮花宝座騰空下，

［180］宝相三身湧座間，降臨道場，彡（證明修奉。）

頁23

［181］一心奉請：玉毫遍燭，卐（耳）目澄清，布

［182］金色網於愛河，運大明船（船）於彼岸（岸），妙

［183］智妙惠　日月光佛。^惟　朝囬暮轉

［184］河沙界，寂照光明有頂天。降臨道彡（證明修奉。）

［185］一心奉請：慈悲聖力，清净法身，舍

［186］洪員界，方興蒲遝，亘法橋立道中，

［187］金剛相柱　盧（盧）舍那佛^惟　身超八地及

［188］十天，躰含萬像（像）及森羅。降臨道場。

頁24

［189］　　　恭望聖慈降臨宝座

［190］一心奉請：神通廣大，聖化難量，運

［191］上擎下拓之功，施物濟生随感應，

［192］荷載乾坤持世尊佛。^惟　身居六合

［193］娑婆外，名遍十方法界中。　恭望彡(聖慈降臨宝座。)

［194］一心奉請：化身現劫，説法娑婆，應

［195］示之同五異之機，顯（顯）現千变萬化之

［196］躰，設教度人　四大尊佛。^惟　四度下生

頁25

［197］權示相，十方諸佛悉來迎，降臨彡（宝座。）

［198］一心奉請：化權默運，大造垂慈，重天

［199］人紫府之宮，紀上界冊臺之籍，宝

［200］光天主　玉皇尊佛。^惟_叵　宝鏡明ゝ（明）十

［201］二面，玉皇隱（隱）ゝ（隱）七重天。降臨了（宝座。）依

前和。

［202］一心奉請：潮音演化，海采皈依，昏衢

［203］耿智燭之輝，若海燦璃摽（標）之炬，随光

［204］現諸大菩薩。和：^惟_叵　警喚應聲如響荅（答），

頁26

［205］本來宝相示員明。降臨了（宝座。）依前和。

［206］一心奉請；矜憐法界，利益群生，盡森羅

［207］萬像以包容，遍三界十方而普度，

［208］過去未來一切諸佛。和：惟頌十方開

［209］闡如來藏，八面玲瓏弥勒龕，降臨了（宝座。）

［210］盈目瞻（瞻）仰大慈尊，咸開善口替稱（稱）揚。

［211］各神珎（珍）重廣大智，皈依能甦夷数王。

［212］志心信禮：神通電光王，本明尊，性妙真，

頁27

［213］空宝地，威嚴相。净活微妙風，三明化，五

［214］來聖，藉神通，統攝三千界，鎮壓二輪，

［215］中禦諸星像，震（震）威雄，延續裒生命，福

［216］惠碩昌隆（隆）。今我等，净三紫，讚神通。

［217］頌今夜，消灾障，降吉祥。

［218］志心信禮：正智夷数和，從梵天界，珍

［219］妖氛，騰空如鴿下，火熖（焰）起流（流）波，神通驗（驗）；

［220］拂林國，聖無過，應化河沙数，天地及

頁28

［221］森羅，將忍辱（辱）界，度坦婆。我今稽

［222］首禮，皈命末尸訶。施慈悲，恕我等，

［223］罪消氛。頌今夜，消灾障，降吉祥。

466

［224］志心信礼：長生斗（甘）露王，從真實

［225］境，下西方趺（跋）帝。蘇隣國，九種現靈

［226］祥；末艷氏，智前誕，世無双。十三登

［227］正覺，成道大闡揚，化諸群品稱法王。

［228］听（聽）我誠心啓：頖垂降道場，施慈悲，恕

頁29

［229］我等，净三紫，罪消亥。頖今夜消災

［230］障，延福寿。

［231］大聖自是吉祥時，普曜我等諸明使。

［232］妙色世間無有比，神通变化復如是。[1]

［233］　　看（看）經，念天女呪，首想念，在意結時。

［234］啊㘓囃唧∴和燚弥耶哩詋那囉悉

［235］噉咭吻咭囉健心默羅師致訖那哩

［236］娑和夷咥夷数精和謹你嘔詋護

頁30

［237］泯護瑟弥惟啥惟啥[2] 叅弥叅弥奚弥奚呼弗

［238］思嘶∴和弗哆和弥駄和咥哆哆達

［239］摩僧伽哩弥勒菩薩穫色如示能

［240］訖夷数謹你謹你穫泯穫色檀（檀）越伽又

［241］度師伽度師　　第三時

［242］　　第四時，净口，看光明経（經），四寂赞

［243］奥和匐賀廬詋嗟鵑（鶡）囉唰哩狒哆

［244］嗟哩能河淡渾淡摩和夷数訖你門

頁31

［245］呼弥特味囉摩尼阿特弗哩咥德

［246］健代醯渾麻阿呼特伽稽囉縳居陣

---

〔1〕敦煌本《下部讚》第42行作："大聖自是吉祥時，普曜我等諸明性。妙色世間无有比，神通變現復如是。"

〔2〕四小字係在旁補入，筆劃甚細，疑用鋼筆或鉛筆寫。

·欧·亚·历·史·文·化·文·库·

［247］那南波緩步唭阿弗哩特菩和味

［248］囉摩尼你耶你耶咗阿弗哩特味囉（囉）

［249］摩尼你曳（曳）你曳咗阿哆緩哆和娑

［250］遮伊但伽度師

頁32

［251］　　首净垓（壇），各唱：清净光明，

［252］大力智惠，咦咗嚧詵，蘇（蘇）路和醯。

［253］各念三遍，又辛

［254］北方清净，東方光明，南方大力，

［255］西方智惠^{中央無量}咦咗嚧詵^{蕬（蘇）路和醯}　　　三遍　逺（遠）垓辛

［256］頌施戒香鮮（解）脱水，十二寶冠衣瓔珞。

［257］洒除壇界離塵埃，嚴潔净口令端正。^{〔1〕}

［258］天王化四明神，鋭持手甲，全身禦冤（冤）敵，

頁33

［259］護真人，令正教免（免）因循，遮伊但伽度師。

［260］　　修齊行道，奉請，　首辛

［261］北方清净，嚧縛詵天王，過素明使。

［262］伏望威聪，降臨垓所（所），導引亡灵，旋登彼岸。^{〔2〕}

［263］啓請北方清净界，護法降垓，過素思結，水垓

［264］界　鎮北方，黑帝當權來守護。　　和：

［265］和(和)哩耶度馱（馱）和咗嗷哩阿佩遮夷耶但

［266］　　　回向

---

〔1〕敦煌本《下部讚》第30行作："願施戒香解脱水，十二寶冠衣纓珞。洗我妙性離塵埃，嚴餙净躰令端正。"

〔2〕本部分乃屬"請福科"，然竟出現祈神"導引亡灵"之句，疑有錯簡。

頁34

[267]　　　懺悔玄文[1]

[268]我今懺悔所，是身口意㣚（業），及貪嗔（嗔）

[269]痴，或乃至從賊毒心，諸根放逆（逸）；或宜

[270]常住三宝并二大光明，或損廬（盧）舍那身

[271]及五明子；於僧師父母、諸善知識起輕（輕）

[272]慢心，更相毀（毀）謗；於七世十戒三印法門，

[273]若不具修，碩罪消戒（滅）。宣⬚疏 明使赞（贊）

[274]佩耶摩尼乎大渾阿縛群伊伴奴待

頁35

[275]弗哩咜德健沙特訖臕（臘）弗带（帶）嗮咽伽喁

[276]那嗮咽那恨悉門伊和咜致阿和遏勒

[277]忌佩耶夷数特嘔特弗哩咜冊特度

[278]馱弗隣奥和都佩耶婆囉婆囉阿縛

[279]陣那弗囉嗉坦沙都和[2]大嗮致囉奴畢也

[280]嘔似喁特僕德具和嘔特息致囉怀

[281]特自㞞里遮但　　輸潭摩乎大恨嗮麻

[282]怀特沙地耶嘔訖那思訖里那囉喁阿麻

頁36

[283]致息咜地別囉泯地耶希咜卅（井）摩嗟

[284]特牟囉特　　　送佛

[285]再拜，香花送。雲罾将𡠝，天楽雲間

[286]來擁去，步步相随，蓮花襯足，香空

---

〔1〕自本行以降至273行乃襲自《下部讚》第410—414行之"你逾沙懺悔文"：
[410]此偈你逾沙懺悔文。
[411]我今懺悔所，是身口意業，及貪嗔癡行，乃至縱賊毒心，諸根放逸；
[412]或疑常住三寶并二大光明；或損盧舍那身兼五明子；扵師僧父母、
[413]諸善知識起輕慢心，更相毀謗；扵七施十戒、三印法門，若不具修，願
[414]罪銷滅！
作爲信徒的懺悔詞，用於"請福科"，顯不協調。
〔2〕"和"係用紅字在旁補入。

·欧·亚·历·史·文·化·文·库·

［287］竒（奇）琭，上皈翠微，霞衣飄渺，虛空裏，

［288］翠容遠，不思儀。冄拜。香花送。香花奉

［289］送。　　稱揚讚嘆，荷重光明功德，一

［290］時普潤三界，有情無盡。咸頌龍天八

頁37

［291］部天王，四大明神，庶量詮者，哀憫庅

［292］軍，護我净衆，長養善荄，增崇福

［293］田。普頌真常，究竟安樂。吻哆咘哆

［294］哪嗖哩嗯　　　　請福科終　　下生讚

［295］摩尼佛下生時，托蔭（蔭）於蘇隣，石（石）榴（榴）樹

［296］枝呈瑞，園（園）官詣册墀，表奏希奇，阿師

［297］健氏，命宮官摘捧盤，殷懃奉献（獻）。末艷

［298］氏喜食，花顔（顏）喜歡，神人誡責別宮安。

頁38

［299］十月滿将花誕出，詣嬌培湧化胥

［300］間。地湧金蓮，捧天洒丬露。十方諸佛

［301］盡歡忻，三毒庅王悲煩惱。巍ㄅ（巍）

［302］宝相，九間难（難）比。嬶（嬪）妃仰止，咸迎太子

［303］婦（歸）宮裏。年四歲出家，十三成道便破

［304］水洗。於今闇默聖引，觀三際初中後，

［305］事皆通知，般ㄅ(般)無凝，漸次前行薄斯

［306］波魯諸國。龍天八部咸仰德，人人讚，

頁39

［307］難曹（遭）想，[1]威感波斯，説勃王悟里四維，

---

〔1〕"難曹想"，費解。查佛典常有"起難遭想""生難遭想""興難遭想"之語。疑"曹"爲"遭"之訛；復據《故訓匯纂》，"曹"可與"遭"通假。按"想"，梵語sajjñā，巴利語saññā，概念也（参《佛光大辭典》）。"遭"，遇也（見《說文解字》卷2"辵部"）。"難遭想"：認爲難以遇到、機會難逢也。"生（起、興）難遭想"，當謂意識到機會難得也。

470

[308] 上中下皆從，皈依沙窖（密）闍黎，随佛遊
[309] 先化長眉。我佛説法，人天會裡（裏）總持。
[310] 持佛説二宗大義三際，消舊罪。五九
[311] 数蒲，法流東土。上祝當今皇帝千秋
[312] 萬萬歳，海清萬國盡皈依。各求福
[313] 利，各保平安。惟頋十方施主，增崇福
[314] 寿永綿ㄣ（綿）![1]　　吉思呪

頁40

[315] 志心敬稱讚，移活吉思大聖，[2]為佛林
[316] 計薩[3]照（詔）[4]㓕夷数佛教，對二大光明，誓頋
[317] 行正教，殄㓕諸妖神，刀梯及鉄（鐵）鋶（銃）、鉄靴
[318] 㓕藜等劒（劍）輪刑害，具廾心，不辞若。称（稱）
[319] 念夷数佛，曁死而復蘇；稱念夷数佛，
[320] 枯木令茲茂；稱念夷数佛，沉輪倶解脱；
[321] 稱念夷数佛，朽骨（骨）再甦還（還）活。是身在
[322] 囚縶（繫），令彼所居舍柱，化為大樹。病児（兒）請

頁41

[323] 乞頋，救我諸疾若。再念夷数尊佛，
[324] 瘖瘂及盲聾，能言復聞見；破彼妖
[325] 神庿（厝），喝（喝）禁諸庅鬼（鬼）；摧倒坭龕像，邪
[326] 祟倶殄㓕。計薩復祚恕（作怒），[5]四毒加刑

---

〔1〕從294行的“下生讚”到此處的“增崇福寿永綿綿”，顯屬“請福科”的内容，而與薦亡科爲伍，疑屬錯簡。

〔2〕查敦煌景教寫卷 P.3837，其《尊經》篇開列諸多法王，中有“宜和吉（吉）思法王”者，法國吳其昱博士考該法王名字即敘利亞語之 Gîwergîs，是爲公元303年在巴勒斯坦殉教的聖喬治。（見氏文《唐代景教之法王與尊經考》，刊《敦煌吐魯番研究》第5卷，北京大學出版社，2000年，頁13–58；有關論述見頁25。）竊意“移活吉思大聖”或衍化自該“聖喬治”。

〔3〕“計”中古讀 kiei，“薩”中古讀 sɑt，“計薩”疑羅馬帝國皇帝戴克里先拉丁文名（Gaius Aurelius Valerius Diocletianus）首字 Gaius 之音譯。其公元284年11月20日至305年5月1日在位，史上以迫害基督教徒著稱，聖喬治即爲其所殺。

〔4〕“照”疑爲“詔”之訛。

〔5〕“祚恕”疑爲“作怒”之訛。

〔327〕害，所作皆已办（辦），戰敵彽軍已畢日，即

〔328〕欲歸疾戒。仰啓夷数佛，同弘無盡

〔329〕頌。若人有惡（惡）夢（夢），或被官司囚繫，及

〔330〕一天宂旱、苦難逼身者，稱念吉思聖，

頁42

〔331〕尋(尋)聲皆如應，發頌已，竟還真寂，裳

〔332〕皆懺悔求捨過，頌求斷惡盡，成如

〔333〕上道。　　　　　　天王讚

〔334〕奧和弗里悉德徤那渾湛嘔縛遆

〔335〕弥訶遆罰悉勒去嗦囉遆娑囉遆嗢特唯

〔336〕悉伴那弗哩悉德徤那俱滿阿囉

〔337〕駄緩你喻沙徤那訶降彽陣俱滿特囉弥

〔338〕詵烏思滿那哩忽特波引吥特沙地

頁43

〔339〕阿和遮伊但

〔340〕又啓普遍摩尼光，闇默惠明警覺（覺）日。

〔341〕從彼大明至此界，敷揚正教救善子。[1]

〔342〕又啓日月光明佛，三世諸佛安置處。

〔343〕七級十二大般主，并諸一切光明裳。[2]

〔344〕仰啓摩尼大聖尊，頌降慈悲哀愍我。

〔345〕早闡光明 福德 解脫 門 舍除我等諸愆（愆）咎

〔346〕頌施戒香鮮脫水，十二宝冠衣瓔珞。

頁44

〔347〕洒除壇界離塵埃，嚴潔淨口令端正。[3]

〔348〕寶光降福電光王，変化急於想念寂。

---

〔1〕敦煌寫卷《下部讚》第135行作："又啓普遍忙你尊，闇默惠明警覺日，從彼大明至此界，敷揚正法救善子。"

〔2〕敦煌寫卷《下部讚》第127行作："又啓日月光明宮，三世諸佛安置處，七及十二大舡主，并餘一切光明裳。"

〔3〕參第256—257行注釋。

［349］或出八地入十天，或入八地十天出。

［350］復告冥空一切衆，大力敬信尊神輩，

［351］及諸天界諸天子，護持清净正法者。[1]

［352］天地本來真父母，草木花菓是其乳。

［353］天地覆載汝身存，因此養育得活路。

［354］盈目瞻仰大慈尊，咸開善口替称揚。

頁45

［355］各承琭重廣大智，皈依能使夷数王。

［356］普頌灵魂登正路 速脱涅槃净國土。

［357］七厄四苦彼元無，是故名爲常楽處。[2]

［358］是故澄心礼称讚，除諸乱意真实（實）言。

［359］承前不覺造諸愆，今夜懇懺罪消減。[3]

［360］大聖每將觧脱船，常在五濁來運載。

［361］頌收我等入明宮，頂礼三常及五大。

［362］惟頌今時听我啓，降大威神護我等。

頁46

［363］任巧方便自遮防，務（務）得安寧離宄敵。[4]

［364］遂化先意降宄將，串佩五明為甲仗。

［365］保護明界大慈尊，掃蕩宄軍除逆黨。

［366］稱讚丹甦蘇，貞明及惠明，捨我諸愆

［367］咎，保護離災殃，降大平安福。

［368］净地法筵，誕啓，明筵現前，各承法位，俱大

［369］善威儀，生净想，絕攀緣，真心仰對

---

〔1〕參第89—90行注釋。

〔2〕敦煌本《下部讚》第119行作："普願齊心登正路，速獲涅槃净國土。七厄四苦彼元旡，是故名為常樂處。"

〔3〕敦煌本《下部讚》第11行作："是故澄心礼称讚，除諸乱意真實言。承前不覺造諸愆，今時懺懺罪銷減。"

〔4〕敦煌本《下部讚》第206行作："唯願今時聽我啓，降大慈悲護我等，任巧方便自遮防，務得安寧離怨敵。"

［370］聖賢（賢），稱揚礼拜

頁47

［371］			元始		那羅延	
［372］			神変		蘇路支	
［373］大聖	慈濟		世尊	摩尼光		佛
［374］			大覺		釋迦文	
［375］			活命		夷數和[1]	

［376］頌降道場，證明功德，接引亡灵，來臨法會。

［377］一、那羅初世人，二、蘇路神門变，

［378］三、釋迦托王宮，四、夷数神光現。

頁48

［379］裒和：救性離災殃，速超常楽海。

［380］一、摩尼大法王，二、最後光明使，

［381］三、出現於蘇隣，四、救我有緣人。

［382］裒（和）[2]：救性離灾殃，速超常楽海。

［383］一者無上光明佛，二者智惠善母佛，

［384］三者常勝先意佛，四者懽（歡）喜五明佛，

［385］五者勤修楽明佛，六者真實造相佛，

［386］七者信心净風佛，八者忍辱日光佛，

頁49

［387］九者直意舍那佛，十者知恩夷数佛，

［388］十一者齊心電光佛，十二者莊嚴惠明佛。

［389］自是三世法中王，開揚一切秘宻事。

［390］二宗三際性相儀，悉能顯現無疑滯（滯）[3]

---

〔1〕抄本第371—375行各短語有線連接，參見圖版14.5。

〔2〕"和"，抄本缺，參第79行補入。

〔3〕敦煌本《下部讚》第169—172行作："一者无上光明王，二者智惠善母佛，三者常勝先意佛，四者歡喜五明佛，五者勤修樂明佛，六者真實造相佛，七者信心净風佛，八者忍辱日光佛，九者直意盧舍那，十者知恩夷數佛，十一者齊心電光佛，十二者惠明莊嚴佛。身是三世法中王，開楊一切秘密事；二宗三際性相義，悉能顯現无疑滯。"

［391］ 　　　　　　回向　　　小净口

［392］阿咈哩特菩和味囉摩尼咈哩咻特

［393］嚧詵難陣波悉和喃　　　大净口

［394］我今以稱讚，大聖摩尼光佛，從彼大明

頁50

［395］三常，[1] 各三寶五大五莊嚴，一一莊嚴，居

［396］微塵諸國土，九重微妙躰，無数億千身，皆

［397］從明数現，变化實難陳。我等五袠齊心

［398］啓請：諸護法袠，嚧縛逃、弥訶逃、嗉縛囉

［399］逃、娑囉逃天王；一心虔恭，幵請遏素思

［400］明使、味素思明使、捺素思明使、那居

［401］噉呴素明使，頭首大将耶俱孚，及悉

［402］潭仙，味嗉皎明使，諸護法袠，一切降庅

頁51

［403］使，碩降威神，保護正法門，頓（頓）漸二袠，

［404］普碩常加護。法輪大轉，佛日高懸，堂

［405］堂無障碍，誠心匪礙。我碩与（碩）無窮，碩

［406］遍三千界。　　　開壇讚

［407］稽首廣大智，微妙善心王，萬法本根源，

［408］圓明常寂照。　稽首圓鏡智，微妙大

［409］惠明，警覺諸群迷，随緣有感應。

［410］稽首净法智，微妙净法風，妙意变化

頁52

［411］間，分身千佰億。三隐净法身，圓明

［412］一性智，亦現躰不同，一性元無二。我今

［413］普法袠，運心竭（竭）志誠，遍沾誠水性，洒

<hr>

〔1〕顧抄本第152—153行作"我今以稱讚，大聖摩尼光佛，從彼大明國，降下為明使"；而第340—341行又曰"又啓普遍摩尼光，闇默惠明警覺日。從彼大明至此界，敷揚正教救善子"，足見第394和395行之間意思不連貫，若非拍照時漏一頁，便是原件有所脫漏。

·欧·亚·历·史·文·化·文·库·

［414］浄新人殿。启請法中王，安住法空座。
［415］埶(熱)以七覺香，戒品爲香氣；燃以七宝
［416］燈，智惠為光熖；散以七宝花，萬法爲莊
［417］嚴；献以法喜食，檀忱以爲味。以兹妙
［418］法，供彼浄福田因。虗空可度量，功徳
頁53
［419］無窮盡。薦扳（拔）亡者灵，徃生安楽國。
［420］　　　同舉扳香偈
［421］光明衆，志心齊，同稱讃，化菩提，救亡
［422］性，幽沉迷。遮伊但伽度師
［423］　　　恭敬十方常住三寳
［424］　　　　　觀音势（勢）至二尊菩薩
［425］志心皈命礼　随感應身闇默明宝
［426］　　　　　不動法身夷数聖宝
頁54
［427］志心皈命禮 神通化身電光浄宝 惠明法相二尊菩薩
［428］　　　三皈依
［429］皈依佛，薩緩默羅聖主，居方外，永安
［430］固。巍ㄅ（巍）美（美）相若寳珠，無生無滅，法
［431］躰真常住。萬億聖賢，常仰瞻慕；
［432］仰瞻慕，顊降威神加護，一定光，無暁
［433］暮，真實元本安楽處。普顊三界明

頁55
［434］性早覺悟，盡向大明，相将皈去。
［435］皈依法，夷数始立天真微妙義。最
［436］可珎，遍周沙界作通津，二宗三際義
［437］廣開。陳覺悟，明性脱，離九塵；離九
［438］塵，復本真，如聖身。續來世，轉法

［439］輪，十般殊勝永清新。惟頌今宵功德

［440］薦亡灵，志心回向，修證佛因。

［441］皈依僧，羅漢真人上佺，囬光性降十

頁56

［442］天。廣遊苦海駕明船，澇漉無價

［443］琼寶至。法筵救扳，無數真善明緣；

［444］善明緣，五戒三印俱全。微妙義，最

［445］幽玄，光明袞，廣宣傳。七時禮懺，

［446］志意倍精專。流傳正法，相繼（繼）萬年。

［447］香氣氤氳周世界，純一無雜性命海；

［448］弥倫充遍無障碍，聖袞遊中香妙最。[1]

［449］護法座，豁明筵，降真聖，從群仙。

頁57

［450］無爲眼，照心田，貌湏（須）肅（肅），竞湏專。

［451］遮伊但，伽度師。

［452］彼界寶山億千袞，香煙湧出百萬般。

［453］內外光明躰清净，卄（甘）露充盈無迓畔。[2]

［454］香風來法界，吹散宝花名，廣大無迓，

［455］依佛漸修，如法炷焚修，

［456］真常憐憫香，皈命虔誠伸供養，元始世尊

［457］那羅延佛。

頁58

［458］誠信香，皈虔命，誠伸供養，神变世尊蘇路支佺（佛）

［459］　　　智惠　　　　摩尼光佺

［460］真常　具足　伸供養　釋迦文佺

［461］　　忍辱　　　夷数和佺

---

〔1〕參第67—68行注釋。

〔2〕參第78—79行注釋。

［462］　　　我等同誠　　　大讚（讚）香[1]

［463］我今誕啓無餘會，心爐焚起六和香。

［464］供養十方常住，光明佛，微妙法，清净

［465］僧海會裏，真氣普照，融結雲蓋。

頁59

［466］遍布三千大千無邊法界，上通無為

［467］三清境，一切佛國，橐（囊）括無方，俱得

［468］觧脱，智見加勝。一切旃檀，熏陸沉

［469］麝，諸邪異香，愛樂正法，無價法

［470］香，法性三身，各其資勳，無非定

［471］惠；道德灵宝，接引一切虚空微

［472］塵裏，咸令啓發智惠，分別真实

［473］善果功德之心，戕除今生積生多

頁60

［474］劫塵沙重罪，是名迊性安楽法門。

［475］伏頌現在當來世一切有緣人，沾染

［476］餘波勝郁，修此香國俱證宝，香身超

［477］生安楽國。

［478］彼界宝山一切裏，香煙湧出百萬般。

［479］内外光明躰清净，甘露充盈無迲畔。[2]

［480］已献（獻）明香伸供養，雲蓋繚繞遍大千。

［481］遍空遍界諸灵聰，護國護家明使眾。

頁61

［482］乘此香雲臨法會，阿除憔悴悦明群。

［483］先憑我佛妙真言，安慰灵祇迎上聖。

［484］　　　對土地贊　看貞明経　回向

［485］志心皈命，虔誠奏請真天

---

〔1〕原抄本第459—462行有連綫，見圖版17.3。

〔2〕參第78—79行注釋。

[486]　　　　　　　　　元始世尊那羅延
[487] 賢劫示現大慈大悲　神变蘇路支佛
[488]　　　　　　　　　摩尼光佛
[489]　　　　　　　　　釋迦文佛
[490]　　　　　　　　　夷数和佛

頁62

[491]　　恭望聖慈垂光宝座，和，謹謹上請：
[492] 九霄隊仗排空下，降卽飄ㄣ（飄）映彩霞。
[493] 毫相光臨七宝座，祥烟散作五雲車。
[494] 梵音繚繞三千界，珠網玲瓏散百花。
[495] 月面金容降塵刹，接引亡灵入佛家。
[496]　　　　　随案唱：　五雷子
[497] 一佛那羅延，降神娑婆界，國應波羅
[498] 門，當淳人代。開度諸明性，出離生死

頁63

[499] 苦。頌亡灵乘佛威光，證菩薩會。
[500] 二佛蘇路支，以大因縁故，説法在波斯，
[501] 度人無数。六道悉停酸，三途皆息苦。
[502] 頌亡灵乘佛威光，證菩薩會。
[503] 三佛釋迦文，四生大慈父，得道毘藍
[504] 苑，度生死苦。金口演真言，咸生皆覺
[505] 悟。頌亡灵乘佛威光，證菩薩會。
[506] 四佛夷数和，無上明尊子，降神下拂

頁64

[507] 林，作慈悲父。刹ㄣ（刹）露真身，爲指通
[508] 霄路。頌亡灵乘佛威光，證菩薩會。
[509] 五佛摩尼光，最後光明使，托化在王
[510] 宮，示為太子。説法轉金輪，有縁冡（蒙）濟
[511] 度。頌亡灵乘佛威光，證菩薩會。

［512］稽首我世尊，以大因緣故，應化下生

［513］來，作四生父。悲心度裹生，永離生死

［514］苦。頌慈悲接引亡灵，徃生净土。

頁65

［515］弗都魯昏沉麻歆麻意昏沉唎限

［516］唎夷咃哆，那羅延、蘇路支、釋迦文

［517］末尸訶、末囉摩尼，遮伊但伽度師。

［518］　　　　歇（歇）時　　　　做信礼

［519］志心信礼：第一那羅延，自洪荒（荒）世下西

［520］方，斗露初長，養佛法，漸流傳，清齋

［521］戒，經五萬七千載，姑得通仙道，八代

［522］度明緣，向生死海駕明船。我今稽首

頁66

［523］禮，心意倍精專，乘怜愍為我等

［524］戚深德。頌今夜薦亡灵生净土。

［525］志心信礼：第二蘇路支，救净風性，

［526］下波斯，開化麝多習，十二現灵奇，

［527］威声（聲）震，臭（鼻）蛇出，去昏迷，爲有天

［528］神像，妖幻徃波毘，放神光照盡崩

［529］隳（隳）。我今稽首禮，頌降大慈悲誠信

［530］水，蕩真痴。頌今夜薦亡灵生净土。

頁67

［531］志心信礼：第三釋迦文，下天竺國，号

［532］世尊。玉毫消暗昧，金口演敷宣；婆

［533］婆界，潤火宅，布慈雲，相乃非真相，

［534］言滇達真言，化千百億皆立權。我

［535］今稽首礼：惟頌普慈恩具足，行清

［536］妙法去昏癡。頌今夜薦亡灵生净土。

［536］志心信礼：活命夷数和，從梵天界，殄

480

［538］妖厹，腾空如鸽卜，火焰起流波，神通

頁68

［539］驗；拂林國，聖無過，應化河沙数，天地

［540］及森羅，将忍辱戒度怛婆。我今稽首礼：

［541］皈命末尸訶，恕我等諸憋咎，盡消厹。頎

［542］今夜薦亡灵生净土。 随案唱蓮臺：

［543］我等一心皈命礼，賢劫一座大如來。

［544］如來純人代，降神潛（潛）托阿會，胎經晋（留）

［545］五萬七千載，救性出離生死海，證菩

［546］薩會，救盡有緣性，同登妙宝蓮臺。

頁69

［547］蓮臺究竟逍遥（遙）自在，極楽逍遥自在。

［548］我等一心皈命礼：賢劫二座大如來。和：

［549］如來波斯界，叱蛇起馬功最大，殄疯

［550］妖横振雄威，仗誠信水洗塵埃，觧脱

［551］無碍，救盡有緣性，同登妙宝蓮臺。

［552］我等一心皈命礼，賢劫三座大如來，和：

［553］如來悲頎大，雪山修行經五載，廣行六

［554］道三聚戒，三十二相曇花開，法流後代。

頁70

［555］我等一心皈命礼，賢劫四座大如來。

［556］如來神光回瑞應，人間震法雷，臨行

［557］厹假功用大，活命神通教弘開，功濟

［558］無碍，救盡有緣性，同登妙宝蓮臺。

［559］伍佛記，諸經備。第一那羅延，蘇路二，

［560］釋迦三，夷数四；末號摩尼光，具智

［561］稱明使。八無畏，九灵祥，無上[1]明尊諸佛

---

〔1〕“上”，抄本以紅字在旁補入。

［562］子。有神通，動天地，鬚表二宗，髪宗分[1]

頁71

［563］三際。催外道，皈三宝，收救氣、風、明、水

［564］火。為人天，敷法座，金口宣揚明暗種

［565］因果。諸明子，湏覺悞，人生百歲如

［566］電掃，棄邪庅，湏办早，救與同皈彼岸

［567］無煩惱。 左辛

［568］登宝宮，皈命道，先意太空見閻

［569］羅，豕褒譽，重印可，天楽來，迎宝

［570］花，初賞賜。

頁72

［571］佛為降庅（魔）興亘力，因縁未了我猶

［572］深。我今沉淪三界者，殷懃誓

［573］亘発（發）悲心。衆和：伏亘深如海亘度此亡灵，

［574］稽首敬皈依，常超觧脱道。

［575］登相宮，見舍那，二十八殿尽（盡）經過；

［576］生平時，諸因果，化作善桊，明尊來

［577］引導。亘觧我等諸緾縛（縛），亘捨我

［578］等諸過悪（惡），亘尽無明ㄣ（明）性明，亘証

頁73

［579］三乘（乘）無漏李。伏頎深如海云云了（亘度此亡灵，稽首敬皈依，常超觧脱道。）

［580］登月宮，見慈母，先意、電光、夷数和，

［581］三勝賜，更加褒，神通、聖智、妙形皆相

［582］好。願催法性廣無邉，頎荐（薦）亡灵出

［583］盖（蓋）緾，願敵邪庅催外道，願离（離）悪

［584］黨致明舡（船）。衆唱：伏亘深如海云云了（亘度此亡灵，

〔1〕“分”，抄本以紅字在旁補入。

稽首敬皈依，常超觧脫道。）

［585］登日宮，會三宝，日光凈凤（風）神妙座，諸

［586］聖裴，復加褒，受賜宝香宝花相引座。

頁74

［587］法門常住我㢠度，地獄輪廻我㢠怖，

［588］慈（慈）悲方便我㢠行，四生萬類（類）我願度。

［589］　　伏㢠深了了（如海，㢠度此亡灵，稽首敬皈依，常
超觧脫道。）

［590］登常明，觀默羅（羅），㝠尊攝取恩（恩），具多生

［591］懽悅，加賞褒光明，快楽勝賜泭（蒱）沙河。

［592］登三常，會九宝，新明九品蓮花座，恣

［593］優㳺（游？），殊勝好，永証菩提無如真妙道。

［594］　　偰（伏）㢠深如海^云_云了（㢠度此亡灵，稽首敬皈依，
常超觧脫道。）

［595］是故登心礼稱讃，除諸乱意真實言。

頁75

［596］承前不竟（覺）造諸慫，仐夜懇懺罪消戚。[1]

［597］仰啓真天諸聖裴，秘（秘）為父母显（顯）真（真）機
（機），

［598］大開方便度群生，接引亡灵登正路。

［599］大聖摩尼光佛，^{和：}原（原）闬（開）智惠大慈門　^{摩尼}_{光佒}

［600］蘇憐降跡號摩尼，應化三身妙入微。

［601］九種雯（靈）祥超世俗，八狀（般）無畏表神威。

［602］四歲出家辤國位，十三成道演真言。

［603］一切有緣皆得度，萬灵咸仰尽皈依。

［604］仰啓慈濟世尊摩尼光佒，大慈大悲，

頁76

---

〔1〕參358—359行注釋。

［605］尋声來救度。惟頌亡者离苦，上生天堂（堂），

［606］見佛闻（聞）經，逍遥自在，極樂惟娱無量（量）

［607］受，蓮坌（臺）救竟永逍遥。一案辛（舉）。

［608］大聖那羅延伕，和：頌開憐愍大慈門，^和_{那羅}

［609］那羅延伕， 那羅元始度人輪，

［610］得度為功十礼文；教設洪荒行正道，

［611］果佺淳朴（樸）化初人。一傳八代源流遠，

［612］五萬七千法正真。十四真言功不泯（泯），

［613］屹然銅住更加新。仰啟元始世 尊 .

頁77

［614］那羅延伕，大慈大悲。 尋声：

［615］大聖蘇路支伕，和：亘開誠信大慈門］^和_伕

［616］二尊蘇路是真身，叱喝邪広到紫輪。

［617］世界（界）三千威振習，城門（門）十二現威神。

［618］鼻蛇叱去王心悟，死後重蘇国（國）論称。

［619］六十年间（間）身寂去，宗凤三百歳清真。

［620］仰啓示現世尊蘇路支伕，如前：

［621］大聖釋迦文伕，亘闲具足大慈门，^和_伕

［622］釋迦天竺誕王宮，彈指還（還）知四者空。

頁78

［623］十九春城求國位，六年雪嶺等成功。

［624］火凤地水明先体（體），大地山河显聖功。

［625］搜記以名餘國位，我今得遇後真宗。

［626］仰啓大竟世尊釋迦文伕,大慈大悲

［627］大聖夷数和伕,亘闲忍辱大慈門,和：

［628］頌開夷数歼甦生，聖化神通不可量。

［629］白鴿飛來騰瑞相，那能（能）俗處現凤光。

［630］六旬住世身皈寂，三百餘年教闡揚。

［631］搜記明童迎後圣（聖），亘為家等布津梁（梁）。

484

［632］仰啓活命世尊夷数和伏，大慈了

［633］智惠楽，智慧聖境受懽娛；智慧楽，

［634］歸去來兮帰（歸）去末（來），誰能六道免輪廻。

［635］借問家鄉（鄉）何處去，光明 宝 男百花金。

［636］光明楽，光明勝境受懽娛；光明楽，

［637］七宝池中七宝橋，香空聖子尽相邀。

［638］聖子把花齊讚咏，化生池裏唱齊（齊）饒（饒）。

［639］大力楽，大力聖境受懽娛；大力楽，

［640］極楽雲金七宝莊（莊），金金銀闕満三千。

［641］瑠璃殿塔相交映，瑞色高明日月光。

［642］清淨樂，清（清）淨聖境受懽娛；清淨樂，

［643］十二光王常翊從，無邉聖子競來前。

［644］香空聖裳常圍（圍）遶（遶），雨下花鬘及寶冠（冠）。

［645］皈命樂，皈命聖境受懽娛；皈命樂，

［646］玲ㄅ（玲）天楽満長空，風散餘聲西復東。

［647］應是下几新得度，引見明尊曲來終。

［648］香風吹鐸響玲ㄅ（玲），無数天人作梵聲。

［649］極樂不過於寶界，爭如相喚早帰明。

［650］新明界欲成，相喚湏歸（歸）去。

［651］莫戀此闇浮，不是安居處。

［652］救性離災殃，速超常樂海。

［653］新明寶刹中，玉殿金闈裏。

［654］　　　　　　　　救性ㄅㄅ（離災殃，速超常樂海。）

［655］七寶座踜蹭，賜汝降広子。

［656］新明今已登，賜汝一國伏。

［657］　　　　　　　　救性ㄅㄅ（離災殃，速超常樂海。）

［658］一國如千城，一城千萬邑。

頁82

［659］新明寶宮衢，化生無量壽。

［660］ 救性 ﹀ ﹅

［661］歌咏齊唱饒，終日無 停 息。

［662］新明最好遊，永證花臺上。

［663］ 救性 ﹀ ﹅

［664］長生少楽時，壽命無限庋。

［665］ 四寂讚　戒 月 結　三大聖

跋《摩尼光佛》釋文

本科册現存內文82頁，665行，可錄得8372字，另據代略號提示，釋文試推補101字。抄本中某些代略號實際示意法師因應場合自行發揮，今人自無從確知。原封皮缺失，現封上款題"摩尼光佛"，下款題"陳培生存修"。上下筆跡同，足見封皮爲陳氏所加。據田野調查報導：陳培生，法號"香花道士"，霞浦當地民間法師，保藏科册抄本多種。[1]

抄本第294行（見頁37）有"請福科終"之字樣，意味其上溯文字屬"請福科"。該科37頁，294行，凡3660字。而該科終後文字，存45頁，371行，可錄得4712字，末尾顯有缺頁，頁數不得而知，現存頁面未見科名。內容多爲超度亡靈，參照"請福科"之名，或可對應名之"薦亡科"。作爲齋醮科儀本，陳法師單以一佛號爲名，顯爲不倫不類，不合常例。檢視抄本文字，無論請福或薦亡，蓋以五佛爲主要祈禱和稱讚對象；因此，若把整册名爲"請五佛科"，比陳法師手題之"摩尼光佛"或更近乎原稱。不過，爲敍述方便，避免標新立異之嫌，提及該科册時仍以陳法師手題之名指代，簡稱爲"摩册"。

觀現抄本的內容和表述，無疑是用於請福和薦亡齋醮儀式之腳本；而從其現存文字看，作爲腳本，有始有終，加上臨場發揮，足以敷衍法事起碼應維持的時間。科册以頌五佛爲主，而此五佛崇拜，可溯源於摩尼生前語錄；[2] 箇中摩尼光佛行狀，尤於唐宋摩尼教資料有徵；至於所採錄《下部讚》詩文，還有衆多摩尼教術語，更是赫然在目。由是，認爲該科册保存了摩尼教、明教之重要遺跡，目其爲摩尼教、明教遺跡田野調查之重大收穫、重大發現，當不爲過。不過，從嚴謹之

---

〔1〕參粘良圖：霞浦縣明教（摩尼教）史跡之我見》，刊陳春聲主編：《海陸交通與世界文明》，商務印書館，2013年，頁204-214。

〔2〕參本書《明教五佛崇拜補說》一文。

·歐·亞·歷·史·文·化·文·庫·

學術研究規範來說，於任何新資料之發現，尤其是這類與考古出土文物不同的民間私藏文書，就其產生的年代及背景，自要進行相應之歷史文獻學考察，以便更準確地使用該等新資料。

觀摩册現本，其原版之製作應在霞浦，儘管其不像其他一些霞浦科儀本那樣，出現當地特有的神祇和地理名稱，但從其所用之特有生造字亦可窺一斑。例如，科册把"魔"字寫成"庅"（見第107、111、219、223、229、263、291、301、325、327、337、364、365、402、538、541、566行），凡17處；又作"庂"（見第571、583、616、655行）計4見。如此寫法，傳統字書未見，現代諸異體字典、俗字典均未收入。按任何宗教，殆少不了用魔來指代邪惡勢力。作爲華夏主流宗教之道教、佛教如是，外來摩尼教自亦從之。《殘經》出現35個"魔"字，《下部讚》則有53個。按魔，字書部首爲"鬼"，形聲"從鬼麻聲"。歷代俗寫雖與正體有異，但都很接近，不僅都保存"广"之外殼，"鬼"形更少不了，未見有將"鬼"形完全剝離者。筆者判斷其爲"魔"字，乃緣"麼"被簡化爲"么"，而"庅"和"庂"類乎該簡化字，而"麼"與"魔"音近，再據寫本上下文意思而推定之。復檢視陳培生保存、林鋆先生拍於2010年2月17日、長達156頁之無名抄本照片，其内容和表述模式蓋類道教之符咒，惟多雜摩尼教術語，箇中亦有諸多"魔"，既有以正體寫法者，亦有作"庅"，作"庂"，甚至作"麼"者。這意味著，霞浦當地法師於"魔"之寫法，蓋以讀音爲重，而不在乎其"鬼"形。按霞浦民間，多有流行當地特有之俗字，例如抄本《明門初傳請本師》第66行有"梨㯷丫五顯灵官大帝"，《樂山堂神記》第43行有"松㯷下宮中（土主明王）"，其"㯷"字便是其中之一，屬當地生造之字，相當於"樹"。"庅""庂"當屬是類。[1] 是以，摩册無疑應與調查發現的其他諸多科儀本一樣，出自霞浦當地；而其所依據更早寫本或原始

---

[1] 福建省霞浦縣地名辦公室主編之《霞浦縣地名錄》（1981年），有"霞浦縣地名中部分方言用字和生僻字處理意見表"（見頁184），列有多個與地名有關的"生造字"，"㯷"適在其間。至於"庅""庂"，竊意與地名無關，該書編者自不必提出"處理意見"。不過，由此不難推想，當地民間生造之字爲數必夥。

寫本，亦應爲霞浦當地之作品。緣若由外地傳入，難免保存若干原作的"鬼"形"魔"字。現抄本有"魔"21個，竟一無"鬼形"者，意味原作便是如此。

由於科册原封面佚失，末尾部分有缺，我們無從肯定原作是否有落款某一教門。不過，被筆者疑爲晚明抄本的《禱雨疏奏申牒狀式》，多有以"光明正教"落款之文檢。[1]足見當地向有以此教門自詡者；而顧摩册內容多與明教有涉，於光明備極推崇，故竊意其炮制者與此門或有淵源。

考生活於晚明時代的何喬遠（1557—1631）曾記載明教史事，並述其所見福建明教之時狀："今民間習其術者，行符呪，名師氏法，不甚顯云。"[2]上面所提及夾雜摩尼術語之符呪，霞浦科册多見，竊疑或與晚明時代之明教有關。然耶？待考。就已披露的霞浦科册看，有符呪、有奏疏，或用於治病辟邪，或用於禱雨禳災，等等；不過，像摩册這樣長篇之齋醮腳本，則希見其匹。儘管另有名曰《興福祖慶誕科》者，類乎摩册之"請福科"，篇幅也達三千多字，不過筆者已考證過，箇中採錄《下部讚》詩文，乃直接間接轉抄自摩册，[3]可證其行世當不可能在摩册之前。因此，若就筆者所知之霞浦科册，用於請福和薦亡齋醮法事最早、且較完整之科儀本，自非摩册莫屬。按宋元以來，民間稍爲殷實之家，逢有紅白喜事，多有請辦齋醮之舉，而請福、薦亡實際就涵蓋了該等內容。由是，竊意當年霞浦雖多遺存標榜明門之科儀文檢，然乏請福、薦亡之齋醮腳本，摩册之炮製，當與該齋醮市場之需要有關。

從摩册現存內容看，其原版之形成，自不可能早於明代，緣箇中有輯入明人作品之遺跡（如155—156行）；[4]而且亦不可能早於清代，緣其引入那羅延佛，目爲摩尼教最高神，於此，不惟傳統摩尼教文獻

---

〔1〕詳參本書《霞浦科儀本〈奏教主〉形成年代考》。

〔2〕〔明〕何喬遠：《閩書》（1），廈門大學校點本，福建人民出版社，1994年，頁172。

〔3〕參閱本書《霞浦科儀本〈下部讚〉詩文辨異》。

〔4〕參閱本書《明教五佛崇拜補說》。

資料未之見，[1] 且時至清初形成的科儀本《奏教主》亦闕如。[2] 是以，摩册之產生不可能早於清代。不過，亦不會晚於清代，緣抄本第59—60行有“恭祝當今皇帝萬萬歲，文武官僚同資祿位”之頌語；第311—312行復有“上祝當今皇帝千秋萬萬歲，海清萬國盡皈依”之諜辭。若爲清季亂世之作，未必會以“海清萬國盡皈依”爲祈。至於摩册現抄本，則未必是清代之物，緣如是科册，必被經常翻閱，但封面和末尾部分失落外，內文頁面竟殆無缺損，未見文字因紙張爛損脫落者，若云其爲逾百年前之物，誠難置信。復次，抄本中多有同一字而異寫者，既形諸繁體，又多代以簡體。姑舉二例，其一，“寶”，抄本作“寳”（第2、30、31、32、33、55、74、256、348、395、423、430、443、452、644、649、653、655行），凡18見，顯爲更早文本之寫法，但現本中更多的是寫作“宝”（第27、076、078、166、180、346、415、416、425、426、427、454、476、493、546、568、569、585、586、592、635、637a、637b、640行），計24現；此外，還有更省爲“宝”者（見第171、176、179、189、199、200、205、213、270、302、471、478、491、551、558、563行），共16處；其二“靈”，現抄本作“靈”，5見（第76、138、139、162、225行），如是寫法見於上揭的《禱雨疏奏申牒狀式》），可見應爲當地科儀文檢之傳統寫法；但現本除一處作“霙”（見601行）外，餘29處均作“灵”（見第35、49、117、147、262、356、376、419、440、471、481、483、495、499、502、505、508、511、514、524、526、530、536、542、561、573、582、598、603行）。按宗教經文之製作，爲顯示信仰的虔誠，殆採用其時之正統文字，鮮見民間俗字，惟在流傳過程中始漸被俗化。像“寶”和“靈”這樣宗教經文極爲常用、含義又比較莊重的文字，摩册既保存了原寫法，而更大量的是形諸俗體，正好證明現本絕非原始或早期之物，而是後人所傳抄。“宝”

---

〔1〕參閱本書《明教五佛崇拜補說》。
〔2〕參閱本書《霞浦科儀本〈奏教主〉形成年代考》。

和 "灵" 兩字唐代敦煌寫本俗字未見，宋元始見，[1]民國時期頗流行，民國24年教育部公佈的第一批簡體字表凡324字，均被收入。抄本中類似這樣繁簡並用的例子不勝枚舉。因此，益令人疑該抄本屬近世之物。當然，現抄本製作時間的最後確定，除探詢保存者，追溯抄本之承傳關係外，或可藉助科技手段、社會調查等方法，查實所用紙張之產地和大體生產年代。

現抄本儘管分爲請福、薦亡兩部份，但細察之，上半部之請福也有超度亡靈的詞句，還有其他與請福不協調的文字内容；下部份則有不屬薦亡或有悖薦亡的詞章。寫本還有諸多明顯之錯字、錯簡、脫漏。故疑現抄本所據的樣本或其更早的抄本必定已多風化、爛損、脫落，以至傳抄者不得不重新整理、拼接。由於傳抄者未諳原科册所涉諸多教理，因而謄抄和拼接時難免多見 "硬傷"。正因爲現抄本存在如是先天缺陷，益增釋讀和標點之困難。本釋文之標點惟據筆者目前之認識水平耳。日後隨著新資料之披露、認識之深化、學界同仁之指教，定得多所修訂。此外，現抄本有大量的音譯文字，除散見各頁之音譯名字、術語和短語外，還有13處成行成塊音譯文字，計77行，凡936字。該等音譯文字在復原其意群之前，自無從點斷。筆者在霞浦其他科册中，亦見有這類文字，不過，除上面提及《興福祖慶誕科》較爲密集外，其他多爲分散或零星，箇中用字亦不乏差異，說明在傳抄和傳誦過程已多出錯訛。就該等音譯文字，於今已排除來自佛門、道門以及元代蒙文之可能性，殆可惟三夷教是求。復據抄本之行文，有少許音譯意群尚可認定，試復原爲中古讀音後，有的在摩尼教中亞教會用語中可找到對應，是以，誠如元文琪先生所推測，應源於中古伊朗語系。[2]竊意該等成塊音譯文字，當爲唐代夷教師僧輸入之祈禱文，宗教套語，尤其是神咒之類。另待專文考察。

---

〔1〕見劉復、李家瑞編：《宋元以來俗字譜》 "宀部" "雨部"，國立中央研究院歷史研究所單刊之三，民國19年（1930），頁22、104。

〔2〕參元文琪：《福建霞浦摩尼教科儀典籍重大發現論證》，刊《世界宗教研究》，2011年第5期，頁168-180。

·欧·亚·历·史·文·化·文·库·

　　若就摩册之行文模式、表述風格、齋醮用語等，實際與華夏流行的佛教、道教以及諸多民間教門鮮有差別，其最初引起學界矚目，乃緣箇中之摩尼教詞章。其實，細察抄本文字，其間更蘊藏有前此漢籍文獻鮮見的其他兩夷教信息，包括基督救世主、基督教殉道者，以及祆教創立者等的某些史事傳說！由是，不禁令人推想科册的原始製作者不僅熟悉其時流行之宗教齋醮文檢，而且更接觸過當地傳存的一些摩尼教、明教、景教，甚至祆教抄本及有關文獻資料，或知曉其時尚在民間流行的相關口碑。正因爲如此，從夷教研究之角度而言，竊以爲摩册乃已披露之霞浦諸科儀本中最有價值者。其於摩尼教、明教研究之價值，隨著研究之深入，必定日益爲學界所認知並逐步取得共識；至於其所蘊藏的唐後景教、祆教之重要信息，當亦彌足珍貴，至少提示吾輩：對景教、祆教在唐後中國歷史之傳統看法，有必要重新檢討。相信在本釋文公刊之後，學界相應之研究必將接踵而至。

2013年7月15日

18 京藏敦煌寫本摩尼教經釋文

說明：原卷缺題，藏北京圖書館，舊編號：宇字 56；新編號：北敦 00256。卷長 639 釐米，高 27 釐米。寫本中殘缺不清之字，有把握確認者始錄入，並外加黑圈標示；對完全脫落之字，則據書寫體例匡算，各以"□"代之；異體字首現時以括號夾注正體字。

［001］□□□□□若（若）不遇緣，无由自脫（脫），求<u>解</u>（解）□□□□

［002］宍（肉）身本性，是一為是二耶?一切諸聖，出現扸（於）世，施作（作）

［003］方便，䏻（能）救明（明）性，得離衆苦，究竟妟（安）樂?作是問已，曲躬

［004］恭敬，却住一面。

［005］仐（爾）時明使告阿馱（馱）言：善（善）戈（哉）善戈!汝為利益（益）无（無）量衆

［006］生，䏻問如此甚深秘義，汝仐（今）即是一切世閒（間）盲迷衆

［007］生大善知識。我當為汝分（分）別解說（說），令汝疑（疑）網（網）永斷（斷）

［008］無餘。汝荨（等）當知，即此世界（界）未立已前，净<u>風</u>、<u>善</u>母二光明

［009］使，入扸暗坑（坑）无明境界，抵（拔）擢、驍健（健）、常胗（勝），□□□<u>大智</u>

［010］甲五分明身，箓（策）持昇（昇）進，令出五坑。其五類

魔，黏五明身，

［011］如蠅（蠅）著蜜，如鳥被黐，如魚吞鈎。以是義故，淨風明使以

［012］五類魔及五明身，二力和合，造成世界，十天八地。如是世

［013］界，即是明身醫療藥堂（堂），亦是暗魔禁繫牢獄。其彼淨

［014］風及善母等，以巧方便，安立十天；次寘（置）業輪及日月宮，并

［015］下八地、三衣、三輪，乃至三灾（災）、鐵（鐵）圍四院、未勞俱孚[1]山，及諸

［016］小山、大海、江河，作如是等，建（建）立世界。禁五類魔，皆扵十

［017］三光明大力，以為囚縛。其十三種大窍（勇）力者，先意、淨風

［018］各五明子，及呼嘘（爐）瑟德、呦嘍嚷(嚷)[2]德（德），并宰路沙羅隶（夷）等。其

［019］五明身猶如牢（牢）獄，五類諸魔同彼獄（獄）囚；淨風五子如掌獄

［020］官，說聴（聽）噢（喚）應如喝更者；其弟（第）十三宰路沙羅隶如斷事

［021］王。扵是貪（貪）魔見斯事已，扵其毒心，重興恶（惡）計：即令路

---

〔1〕"未勞俱孚"，疑爲"未勞俱孚"之訛，爲伊朗高原最著名山脈 Alborz 之音譯，詳參本書《京藏摩尼經音譯詞語考察》一文。

〔2〕"嚷（嚷）"，1911年羅振玉先生著錄本作"嚷"，1923年陳垣先生校錄本改作"嚷"，原拙校本從陳本。蒙芮傳明先生賜教，作"嚷"爲是。緣"呦嘍嚷（嚷）德"對應之帕提亞語爲 Padwāxtag. "穫"，中古音國際音標作 γuɑk，從口象聲，音較"嚷"近 wā.

［022］傷[1]及業羅泱，以像净風及善母等，扵中燮（變）化，造立

［023］人身，禁囚明性，放大世界。如是毒惡貪慾宍身，雖復（復）

［024］微（微）小，一一皆放天地世界。業輪星宿，三灾四圍，大海江河，

［025］乾濕二地，草木禽獸，山川堆阜，春夏秋冬，年月時日，

［026］乃至有碳（礙）无碳，无有一法，不像世界。喻若金師（師），摸（模）白象

［027］形，寫（寫）指環內，扵其象身，无有增減（減）。人類世界，亦復如是。

［028］其彼净風，取五類魔，扵十三種光明净躰，囚禁束縛，

［029］不令自在。魔見是已，起（起）貪毒心．以五明性，禁扵宍身，

［030］為小世界。厽（亦）以十三无明暗力，囚固束縛，不令自在。其彼

［031］貪魔，以清净氣，禁扵骨城，安置暗相（相），栽（栽）蒔死樹；又以妙

［032］風，禁扵菏（筋）城，安置暗心，栽蒔死樹；又以明力，禁扵脉（脈）城，

［033］安置暗念，栽蒔死樹；又以妙水，禁扵宍城，安置暗思，栽蒔

［034］死樹；又以妙火，禁扵皮城，安置暗意，栽蒔死樹。貪魔

［035］以此五毒死樹，栽扵五種破壞（壞）地中，每令忒（惑）乱（亂）光明

［036］本性，抽彼客性，燮成毒菓。是暗相樹者，生扵骨城，其

［037］菓是惡（怨）；是暗心樹者，生扵菏城，其菓是嗔；其暗念樹者，

---

〔1〕"傷"，"輕也"（參《說文解字》，音同"易"，此處當作音譯用。查臺北刊行的《異體字字典》，"傷"即"易"之異體字。

495

［038］生扵脉城，其菓是婬（婬）；其暗思樹者，生扵宍城，其菓

［039］是忿（忿）；其暗意樹者，生扵皮城，其菓是癡（癡）。如是五種，骨、

［040］葯、脉、宍、皮荨，以為牢獄，禁五分身。亦如五明，囚諸魔

［041］類。又以惡憎、嗔恚、婬慾、忿怒及愚癡荨，以為獄官，放

［042］彼净風五驍健子；中閒貪慾，以像唱更說聽噢應；饞（饞）

［043］毒猛火，恣令自在，放宰路沙羅羑。其五明身，既被如

［044］是苦切禁縛，癡忌^{〔1〕}本心，如狂如醉（醉）。猶如有人以衆毒

［045 虵，編之為籠，頭皆在內，吐毒縱橫；復取一人，倒懸扵

［046］內，其人尒時為毒所（所）逼，及以倒懸，心意迷錯，無暇思惟

［047］父母親臧（戚）及本歡（歡）樂。今五明性在宍身中為魔囚縛，

［048］畫夜受苦，亦復如是。又復净風造二明舩（船），扵生死海運

［049］渡善子，達（達）扵本界，令光明性究竟安樂。惡魔貪主，見

---

〔1〕"忌"，或以爲"忘"。按"忌""忘"形近，但該寫本顯然有別，前者見行44、84、99、後者見行89、91、93、96、100、104、105、106，可資比較。"癡忌"，佛典有用例："是故如來依此立制，令半月說，若時久延便令廢忌，若時更促，事恐煩勞。故唯半月，半月而說。"《四分比丘戒本疏》卷上，見《大正藏》（40），No. 1807，頁465中。在寫卷中，論述"新人"與其本來"明性"的關係，有三處用"忘失"一詞，見寫卷第89、93和104行；有三處用"癡忌"，見寫卷第44、84和99行。如作"癡忘"，在含義上與"忘失"實無別。照經文之風格，同一詞語或句式一再重複出現乃常式，若既用"忘失"，復用"癡忘"，有悖風格。而"癡忌"與"忘失"，義顯不同。"癡"通"廢"，放棄也；"忌"，憎惡也。"新人"忘失自己原來的明性，經過教誨可得拯救；但若"癡忌"，則程度嚴重的多。照摩尼之而宗三際論，墮落不悔的靈魂，將在世界末日中，與黑暗物質一道被永埋於地獄裏。竊意經文在論述新人與明性之關係時，除用"忘失"一詞外，還引入"癡忌"，顯爲區別新人墮落之程度，不無警示之意。

［050］此事已，生嗔妒心，即造二形雄雌荞相，以放日月二大

［051］明舩，惑乱明性，令昇暗舩，送入地獄，輪迴五趣，俻（備）受諸

受諸

［052］苦，卒難鲜（解）脱。若有明使，出興扵世，教化衆生，令脱諸

令脱諸

［053］苦。先徔（從）耳門，降妙法音；後入故宅，持大神呪。禁衆毒

禁衆毒

［054］虵（蛇）及諸恶獸，不令自在；復賚智斧，斬伐毒樹，除去株

去株

［055］杌，并餘穢（穢）草。並令清净，厳（嚴）餝（飾）宮殿（殿），敷置法座，而乃坐之。

（殿），敷置法座，而乃坐之。

［056］猶如國王破惢覣（敵）國，自扵其中庄（莊）餝臺殿，安處（處）寶座，

處（處）寶座，

［057］平斷一切善恶人民（民）。其惠明使，亦復如是。既入故城，壞惢

城，壞惢

［058］覣已，當即分判明暗二力，不令雜乱。先降惢憎，禁扵骨城，

城，

［059］令其净氣，俱得離縛；次降嗔恚，禁扵葧城，令净妙風，即

即

［060］得解（解）脱；又伏婬慾，禁扵脉城，令其妙水[1]，即便離縛；又伏忿怒，禁扵肉城，令其妙水，即便解（解）脱；又伏[2]愚

離縛；又伏忿怒，禁扵肉城，令其妙水，即便解（解）脱；又伏[2]愚

［061］瘵，禁扵皮城，令其妙火，俱得解脱。貪慾二魔，禁扵中閒；

閒；

［062］飢毒猛火，放令自在。猶如金師，将（將）欲鍊金，必先藉火；若不

藉火；若不

［063］得火，鍊即不成。其惠明使，喻若金師，其嶷嚕而云喏，

---

〔1〕"妙水"，陳垣本據文義改為"明力"，確。漢文之"明力"爲五明子之一，羽田亨首倡此説，見氏文：《波斯教殘經に就て》，刊《東洋學報》1912年第2卷第2號，頁231。

〔2〕以上加點16字係原寫本夾行補遺。

猶如金

[064] 釳。其彼飢魔，即是猛火，鍊五分身，令使清净。惠明大使，扵善

[065] 身中，使用飢火，為大利益。其五明力，住和合體。因彼善人，

[066] 銓簡二力，各令分別。如此宍身，亦名故人。即是骨、蓄、脉、宍、

[067] 皮、惡、嗔、婬、怒、疢（癡），及貪、饞、婬，[1] 如是十三，共成一身，以像无[2]始无

[068] 明境界。苐二暗夜，[3] 即是貪魔毒惡思惟諸不善性，所謂

[069] 愚疢、婬慾、自譽、乱他、嗔恚、不净、破壞、銷散（散）、死亡、誑惑、返送（逆）、

[070] 暗相，如是等可裹（畏）无明暗夜十二暗時，即是本出諸魔記

[071] 驗（驗）。以是義故，惠明大智，以善方便，扵此宍身，銓救明性，令

[072] 得解脫。扵已五體，化出五施，資益明性。先從明相，化出怜

---

〔1〕陳垣本已提示此處“婬”字兩見，竊意當屬抄經者之筆誤，其間一“婬”或為“飢”之訛，參見寫本第213—215行，其間把“飢火”接續扵“怨憎、嗔恚、婬慾、忿怒、愚癡、貪欲”之後，目為暗性。

〔2〕“无”，陳垣本刻意改作“元”。竊以為寫本無誤，不必改。緣現存敦煌摩尼寫經，未見有用“元始”一詞者，惟用“无始”。本寫經尚有215行“以像暗界无始无明苐一暗夜”之句；而《下部讚》亦有三例：第271行：“彼諸世界及國土，金剛寶地徹朿暉，无始時来今究竟，若言震動无是處。”314行：“聖衆色相甚微妙，放大光明无邊所，无始現今後究竟，若言身壞无是處。”326行：“一切諸魔及餓鬼，醜惡面狠及形軀，无始時来今及後，若言說有无是處。”該等多例“无”字，寫法與“元”有明顯區別。

〔3〕陳垣本夾注：“原本無苐一暗夜。”

[073] 慈(慜),加被净氣;次從明心,[1]化出具𧾷(足),加被明力;又扵明思,化出忍

[074] 辱(辱),加被净水;又扵明意,化出智恵,加被净火。呼嚧瑟德、嗷

[075] 嘍嚩德,扵語蔵(藏)中,加被智恵。其氣、風、明、水、火 、憐慜、誠信、具

[076] 𧾷、忍辱、智恵,及呼嚧瑟德、嗷嘍嚩德,与彼恵明,如是十

[077] 三,以像清浄光明世界明尊記驗。持具戒(戒)者,猶如日也。

[078] 第二日者,[2]即是智恵十二大王,從恵明化,像日圓(圓)滿(滿),具𧾷記驗。

[079] 第三日者,自是七種摩訶羅薩(薩)本,每入清浄師僧身中,

[080] 從恵明處,受得五施及十二時,成具𧾷日,即像窣路沙羅

[081] 夷大力記验(驗)。如是三日及以二夜,扵其師僧乃至行者,並

[082] 皆具有二界記验。惑[3]時故人与新智人共相鬪(鬥)戰,如初貪

[083] 魔擬(擬)侵(侵)明界。如斯記验,從彼故人暗毒相(相)中,化出諸魔,即

[084] 共新人相體鬪戰。如其新人,不防記念,癈忌[4]明相,即有

[085] 記验:其人扵行,无有憐慜,觸事生怨,即汙明性清浄相

[086] 體;寄(寄)住客性,亦被損(損)壞。若當防護(護),

〔1〕陳垣本在此處補入"化出誠信,加被妙風,次從明念",夾注:"此十二字原脱,據文義補入。"

〔2〕陳垣本夾注:"原本無第一日。"

〔3〕陳垣本夾注:"本文或、惑二字通用。"

〔4〕"忌",或以爲"忘",參第44行注。

記念警覺（覺），迸逐惡

［087］憎，當行憐愍。明性相體，遅（還）復清净；寄住客性，離諸危

［088］厄。歡喜踴躍．礼謝而去。

［089］忒時新人忘失記念，扵暗心中化出諸魔，共新明[1]心，當即

［090］鬥戰。扵彼人身，有大記驗：其人扵行，无有誠信，觸事生

［091］嗔；寄住客性，當即被染（染）。明性心體，若遅記念，不忘本

［092］心，令覺駈逐，嗔恚退散，誠信如故；寄住客性，免脫諸苦，達

［093］扵本界。忒時新人忘失記念，即被无明暗毒念中化出

［094］諸魔，共彼新人清净念體，即相鬥戰。當扵是人有大記

［095］驗：其人扵行，无有具巳，慾心熾盛；寄住客性，即當被染。

［096］如其是人記念不忘，扵具巳體善恀防謢，摧諸慾想，不

［097］令復起；寄住客性，免脫衆苦，俱時清净，達扵本界。

［098］弍（或）時扵彼无明思中，化出諸魔，共新人思，即相鬥戰。如

［099］其是人癈忌[2]本思，當有記驗：其人扵行，即無忍辱．觸

［100］事生怒；客主二性，俱時被染。如其是人記念不忘，覺来

［101］拒敵，怒心退謝，忍辱大力，遅當扶謢；寄住客性，欣然解

［102］脫，本性明白，思體如故。

---

〔1〕"明"，羅振玉錄本作"人"，陳垣本改"明"。察原寫卷，"人""明"重疊，顯爲塗改。按寫卷多有塗改之字，常例是簡筆者塗改爲繁筆者，若原誤作"明"，要改作"人"，當將"明"字圈廢，旁側補以"人"字。陳垣本大概據此而錄爲"明"，而"明心"適好對應前面之"暗心"。

〔2〕"忌"，或以爲"忘"，參第44行注。

［103］尔時扵彼无明意中，化出諸魔，即共新人意體闘戰。

［104］如其是人忘失本意，當有記驗：其人扵行，多有愚癡；

［105］客主二性，俱被染汙。如其是人記念不忘，愚癡若起，當

［106］即自覺，速能降（降）伏；策勤（勤）精進，成就（就）智惠。寄住客性，

［107］因善業故，俱得清浄；明性意體，湛然无穢。如是五種熈（極）大

［108］闘戰，新人故人，時有一陣。新人因此五種勢力，防衛窓

［109］覬，如大世界諸聖記驗：憐愍以像持世明使，誠信

［110］以像十天大王，具足以像降魔勝使，忍辱以像地藏

［［111］明使，智惠以像催光明使。為（爲）此義故，過去諸聖及

［112］現在教，作如是說：出家之人，非共有碳，宍身相戰，乃是

［113］无碳。諸魔毒性，互相闘戰，如此持尔清浄師等，類同

［114］諸聖。何以故？降伏魔怨不異聖故。尔時故人兵衆退敗，

［115］惠明法相宽（寬）泰（泰）而遊。至扵新人五種世界无量國土（土），

［116］乃入清浄微妙相城。扵其寶殿，敷置法座，安處其中：乃

［117］至心、念、思、意等城，亦復如是，一一遍入。若其惠明遊

［118扵相城，當知是師所說㲹（正）法，皆悉（悉）微妙，樂說大明三

［119］常五大神通變化，具足諸相；次扵法中，專（專）說憐愍。

［120］尔遊心城，當知是師樂說日月光明宮殿，神通變化，具

［121］足威力；次扵法中，專說誠信。

［122］忒遊念城，當知是師樂說大相窣路沙羅表，神通變化，

［123］具足默然；次扵法中，專說具足。

［124］忒遊思城，當知是師樂說五明，神通變現；次扵法中，

501

〔125〕專説忍辱。

〔126〕惑遊意城，當知是師樂説明使過去、未来及現在者，

〔127〕神通變化，隐（隱）現自在；次扵法中，專説智恵。是故智者

〔128〕諦觀（觀）是師，即知恵明在何國土。若有清净電舩（那）勿荨，如是

〔129〕住持无上正法，乃至命終不退轉（轉）者。命終已後，其彼故人

〔130〕及以兵衆、无明暗力，堕（墮）扵地獄，无有出期。當即恵明引己

〔131〕明軍、清净眷属，直至明界，究竟无畏，常受快樂。《應

〔132〕輪經（經）》云：“若電那（那）勿荨身具善法，光明父子及净法風，皆

〔133〕扵身中，每常遊止。其明父者，即是明界无上明尊；其明

〔134〕子者，即是日月光明；净法風者，即是恵明。”《寧萬經》

〔135〕云：“若電那勿具善法者，清净光明，大力智恵，皆俻在

〔136〕身。即是新人，功（功）德具足。”

〔137〕汝荨諦聽（聽），恵明大使入此世界，顛倒耙（邪）城，屈曲聚落，壞朽

〔138〕故宅，至扵魔宫。其彼貪魔，為破落故，造新穢城，曰（因）

〔139〕己愚癡，恣行五慾。惑時白鴿微妙净風、勇健（健）法子、大聖之

〔140〕男，入扵此城，四面顧（顧）望，唯見烟霧周部、屈曲无量聚

〔141〕落；既望見已，漸次遊行，至扵城上，直（直）下遙望，見七寶珠。一

〔142〕一寶珠，價直[1] 无量，皆被雜穢，纏覆其上。時恵明使先

---

〔1〕“直”，陳垣本徑録為“値”，兩字通假。

［143］取膏腴肥（肥）壤好地，以己光明无上種子，種之扵中；又扵己

［144］體脫出模（模）樣（樣），及諸珎（珍）寶，為自饒益，大利興生，種種莊嚴，

［145］具呈内性，以為依柱。真實種子，依曰此柱，得出五重旡（無）

［146］明暗坑，猶如大界。先意净風各有五子，与五明身作依止

［147］柱。扵是惠明善巧田人，以惡旡明崎嶇五地而平填之。先

［148］除荊藜（藜）及諸毒草，以火焚燒；次當誅伐五種毒樹。其五

［149］暗地既平弥（弥）已，即為新人置立殿堂及諸宫室；扵其園中，

［150］栿蒔種種香花寶樹；然後乃為自身莊嚴宫室、寶

［151］座臺殿，次為左右无數（數）衆等，亦造宫室。其惠明使，以

［152］自威神，建立如是種種成就；又翻（翻）毒惡貪慾暗地，令其

［153］顛倒。扵是明性五種净體，漸得申暢。其五體者，則相、

［154］心、念、思、意。是時惠明使扵其清净五重寶地，栿蒔

［155］五種光明勝譽无上寶樹；復扵五種光明寶

［156］臺，燃五常住光明寶燈。

［157］時惠明使施五施已，先以駈（驅）逐旡明暗相，伐却五種毒惡死

［158］樹。其樹根者自是惡憎，其莖（莖）剛（剛）強，其枝（枝）是嗔，其菜（葉）是

恨；菓

［159］是分拆（拆），味是泊淡，色（色）是譏嬚（嫌）。其次駈逐无明暗心，伐却死

503

〔160〕樹。其樹根者自是无信，其莖是忘，枝是諂憻（憻）[1]，葉是剛強，

〔161〕菓是煩惱（惱），味是貪慾，色是拒諱。其次駈逐无明暗念，伐去

〔162〕死樹。其樹根者自是婬慾，莖是怠憻[2]，枝是剛強，葉是增

〔163〕上，菓是譏誚，味是貪嗜，色是愛慾。諸不净業，先為後誨。

〔164〕次逐暗思，伐去死樹。其樹根者，自是忿怒，莖是愚癡，枝是

〔165〕无信，葉是柚[3]鈍（鈍），菓是輕（輕）蔑（蔑），味是貢[4]高，色是輕他。次逐暗意，

〔166〕伐去死樹。其樹根者，自是愚癡，莖是无記，枝是嬣（嫚）鈍；葉是

〔167〕顧影，自謂无比；菓是越衆，莊嚴服餙；味是愛樂，瓔珞、真珠、

〔168〕環釧諸雜珎寶，串佩其身；色是貪嗜，百味飲食，資益宍身。

〔169〕如是樹者，名為死樹。貪魔扵此无明暗窟，勤加種蒔。

〔170〕時惠明使，當用智惠快利鑼（鑼）斧，次第誅伐，以以[5]已五種无上

〔171〕清净光明寶樹，扵本性地而枕種之；扵其實樹溉甘露水，生

---

〔1〕"憻"，陳垣本作"憜"，並有夾注："原作墮。"按："憻""憜""墮"，古代通假。

〔2〕"墮"，陳垣本作"憜"，並有夾注："原作墮。"

〔3〕"柚"，陳垣本改"拙"，夾注："原作柚。"，按："柚"，斷也；古同"杌"，謂樹無枝。"柚鈍"，從語境看，亦有義可解，故竊意原寫本用"柚"，未必是誤。。

〔4〕"貢"，或以爲"自"之譌。按"貢高"，佛家語，謂驕傲自大。《百喻經》卷第3《磨大石喻》："方求名譽，憍慢貢高，增長過患。"（《大正藏》〔04〕，No. 0209，頁549下。）

〔5〕"以"字兩現，必有一衍。

［172］成仙菓。先栿相樹。其相樹者，根是怜愍，莖是快樂，枝是歡

［173］喜，荼是羡（美）衆，菓是安泰，味是敬慎（慎），色是堅（堅）固。次栿清浄妙

［174］寶心樹。其樹根者自是誠信，莖是見信，枝是怕懼，荼是

［175］警覺，菓是勤學（學），味是讀誦，色是安樂。次栿念樹。其樹根

［176］者自是具己，莖是好意，枝是威儀（儀）；荼是真實，狂嚴諸

［177］行；菓是實言，無虛（虛）妄語；味是詉清浄正法，色是愛樂相見。

［178］次栿思樹。其樹根者自是忍辱，莖是安泰，枝是忍受，荼是

［179］弍律，菓是斎（齋）讚，味是勤俻（修），色是精進。次栿意樹。其樹根

［180］者自是智惠，莖是了二宗義，枝是明法辩（辯）才（才）；荼是推（權）變

［181］知機（機），觥摧異學，崇建正法；菓是觥巧問荅（答），随機善

［182］詉；味是善觥辟（譬）喻，令人曉（曉）悟；色是柔濡羡辭（辭），阡陳悅

［183］衆。如是樹者，名為活樹。

［184］時惠明使以此甘樹，扵彼新城微妙宮殿寶座四面及

［185］諸園，觀自性五地，扵其地上而栿種之。其中王者即是怜

［186］愍。其怜愍者，即是一切功德之祖。猶如朗日，諸明中最（最）；亦如

［187］滿月，衆星中尊；又如國王花冠，扵諸嚴餝最為第一；亦

［188］如諸樹，其菓為最；又如明性，扅彼暗身，扵其身中，微妙

［189］无比；亦如素塩（鹽），餂与一切上妙餚饌而作滋味；又如國王印

［190］璽[1]，亍印之處，无不遵奉：亦如明月寶珠，扵衆寶中而為苐

［191］一；又如膠（膠）清，扵諸畫色而作牢固；亦如石灰，亍塗（塗）之處，无不

［192］鮮白；又如宮室，扵中有王，旦彼王故，宮得嚴净。其怜愍者，亦復

［193］如是。有怜愍者，則有善法。若无怜愍，俻諸功德，皆不成就。

［194］緣（緣）此事故，故稱為王。其怜愍中，復有誠信。其誠信者，即是

［195］一切諸善之母。猶如王妃，餂助國王，撫育一切；亦如火力，通熟

［196］万物，資成諸味；又如日月，扵衆像中，最尊无比，舒光普照（照），无不滋益。

［197］怜愍誠信，扵諸功德，成就（就）具呈，亦復如是。怜愍誠信，亦是諸聖

［198］過去、未来，明因基（基）址，通覩妙門。亦是三界煩惱大海，側呈狹

［199］路，百千衆中，稀有一人，餂入此路；若有入者，依因此道得生净圡，

［200］離苦觧脫，究竟无畏，常樂安净。

［201］又惠明使，扵魔暗身，通顯三大光明惠日，降伏二種无明暗

［202］夜，像彼无上光明記驗。苐一日者，即是惠明。十二時者，即是勝相

─────────

〔1〕"璽"，"繭"之異體；當爲"璽"之譌。

［203］十二大土，以像清净光明世界无上記驗。第二日者，即是新

［204］人清净種子。十二時者，即是十二次化明王，又是夷數（數）膁相妙衣，施

［205］与明性。以此妙衣，疰嚴内性，令其具呈，抏擢昇進，永離穢土。

［206］其新人日者，即像廣大宰（窂）[1]路沙羅夷。十二時者，即像先意及

［207］以净風各五明子，并呼嘔瑟徳、呦嘍曠徳，合為十三光明净

［208］體，以成一日。

［209］第三日者，即是詵聴及噢應聲（聲）。十二時者，即是微妙相、心、念、思、

［210］意寽，及与怜愍、誠信、具呈、忍辱、智恵寽，是其此噢應。第四

［211］日者，以像大界日光明使怜愍相寽。十二時者，即像日宫十二化

［212］女，光明圓滿．合成一日。

［213］其次復有两種暗夜。第一夜者，即是貪魔；其十二時者，即是

［214］骨、葡、脉、宍、皮寽，及以窓憎、嗔恚、婬慾、忿怒、愚癡、貪欲、飢

［215］火，如是寽輩，不净諸毒，以像暗界无[2]始无明第一暗夜。第二

［216］夜者，即是猛毒慾熾焰；十二時者，即是十二暗毒思惟。如是

［217］暗夜，以像諸魔初興記驗。時恵明日，對彼无明重昏暗夜，

---

〔1〕"窂"，寫本凡六見，惟此處作"宰"。

〔2〕"无"，陳垣本改爲"元"，夾注："原作无。"參第67行注。

［218］以光明力降伏暗性，靡不退散。以是義故，像初明使降魔記

［219］驗。又惠明使，於无明身．種種自在，降伏諸魔，如王在殿，賞

［220］罰無畏。惠明相者，第一大王，二者智惠，三者常滕．四者歡喜

［221］五者懃（懃）侑，六者平等，七者信心，八者忍辱，九者直意，十

［222］者功德，十一者齊（齊）心一苐，十二者内外俱明。如是十二光明大時，

［223］若入相、心、念、思、意苐五種國土，一一挐迊（筵）无量光明，各各現

［224］果，亦復无量；其菓即於清浄徒（徒）衆而具顯現。

［225］若電舥（那）勿具㫄十二光明時者，當知是師与衆有異。言有異者，是

［226］慕闍、拂多誕（誕）苐，於其身心，常生慈善；柔濡別識，安泰和

［227］同。如是記驗，即是十二相樹初萌，顯現於其樹上，每常開

［228］敷无上寳花；既開已，輝光普照，一一花閒，化佛无量；展轉相

［229］生，化无量身。

［230］若電舥勿内懷第一大王樹者，當知是師有五記驗：一者不樂久

［231］住一處，如王自在，亦不常住一處，時有出遊；将諸兵衆，嚴持器

［232］仗，種種具俻，能令一切恶獸怨敵，悉皆潜（潛）伏。二者不慳（慳），所至之

［233］處，若得儭施，不私（私）隐用，皆納大衆。三者貞潔，

防諸過患，自𩕳

[234] 清净；亦復轉勸（勸）餘俌學者，令使清净。四者扵已尊師有智

[235] 惠者，而常親近；若有无智、樂欲戲論及鬭諍者，即皆遠離。

[236] 五者常樂清净徒衆．与共住止；所至之處，亦不別衆獨寝（寢）一室。

[237] 若有此者，名為病人。如世病人，為病所惱，常樂獨處，不顚

[238] 親近眷属知識。不樂衆者，亦復如是。二智惠者。若有持

弍電

[239] 舭勿𡩡內懷智性者，當知是師有五記驗：一者常樂讚歎清净

[240] 有智惠人，及樂清净智惠徒衆同會一處，心生歡喜，常無

[241] 瘱（厭）離；二者若己智根見觧（解）狹劣，聞他智者智惠言語，心無妬嫉；

[242] 三者諸有業行，常當勤學，心不懞（懈）怠；四者常自勤學智

[243] 惠方便、諸善威儀，亦勸餘人同共俌習；五者扵其禁弍，

[244] 慎懼不犯，若悮犯者，速即對衆菝（發）露陳悔。

[245] 三常勝者。若有清净電舭勿𡩡內懷勝性者〔1〕，當知是師有

[246] 五記驗：一者不樂讒諂限（狠）〔2〕悷（悷），如有是人，亦不親近。二者不樂

[247] 鬭諍諠乱，若有鬭諍，速即遠離；強来鬭者，而𦝼伏忍。三

[248] 者若論難有退屈者，不得承危，嗤（笑）以稱快。四者輙不㳻（漫）

---

〔1〕“者”，原本脫，陳垣本據語意補入，確。

〔2〕“限”，原本如是，當係筆誤；陳垣本改錄為“狠”，確。

·欧·亚·历·史·文·化·文·库·

〔249〕陳，不問而說；若有来問，思忖而荅，不令究竟，曰言被恥。五

〔250〕者扵他語言，随順不逆，亦不強證，以成彼過；若扵法衆，其心

〔251〕和合，无有分拆[1]。四歡喜者。若有清净電舭勿旹内懷歡喜

〔252〕性者，當知是師有五記驗：一者扵聖教中所有禁式、威儀進

〔253〕止，一一歡喜，盡力依持，乃至命終，心无放捨。二者但聖所制，年

〔254〕一易衣，日一受食，歡喜敬奉，不以為難；亦不妄證，云是諸

〔255〕聖推設（設）此教，虛引經論，言通再受；求解脱者，不依此式。三

〔256〕者但學己宗清净舌（正）[2]法，亦不求諸扡敗教。四者心常畀（卑）下，扵

〔257〕諸同學而无憎上。五者若謂處下流（流），不越居上；身為尊

〔258〕首，視衆如己，愛无偏黨。

〔259〕五勤俻者。若有清净電舭勿旹内懷懃性者[3]，當知是師有五

〔260〕記驗：一者不樂睡眠（眠），妨俻道業。二者常樂讀誦，勵心不怠；同

〔261〕學教誨，加意喜謝，亦不曰教，心生惡恨；己常懃俻，轉勤

---

〔1〕"拆"，陳垣本作"析"。
〔2〕"舌"，武則天造字。
〔3〕"者"，原本脫，陳垣本據語意補入，確。

［262］餘者。三者常樂演說清净乢法。四者讃咀[1]礼誦、轉誦抄寫、

［263］继念思惟，如是寺時，无有虚度。五者肵持禁式，堅固不缺（缺）。

［264］六真實者。若有清净電舭勿寺內懷真實性者，當知是

［265］師有五記驗：一者肵說経法，皆悉真實，一依聖教，不妄宣

［266］示；扵有說有，扵无說无。二者心意常以真實和同，不待外

［267］緣，因而耴（取）則。三者肵持式行，每常真實；若獨若衆，心无

［268］有二。四者常扵己師心懷決定，盡力承（承）事，不生疑惑，乃

［269］至命終，更无別意。五者扵諸同學，勸令脩習，以真實行，

［270］教導一切。

［271］七信心者。若有清净電舭勿寺內懷信心性者，當知是師有

［272］五記驗：一者信二宗義，心净无疑，弃（棄）暗徔明，如聖肵說。二者

［273］扵諸式律，其心決定。三者扵聖経典，不敢增减一句一字。四者扵

---

〔1〕"咀"，羅振玉本作"唄"，或疑"咀"爲"唄"之筆誤而改之，緣"讃唄"乃佛教之術語。檢索文淵閣四庫全書，有"讃咀"四例：宋李昉等編《文苑英華》852 "釋三"的王勃《廣州寶莊嚴寺舍利塔碑》有句云 "魚峰多讃咀之懂，虎磧有送迎之限"；《太平御覽》卷654 "釋部" 2 "奉佛"章下曰有到溉其人，臨終前"屏家人請僧讀經讃咀，及卒顏色如恒，手屈三指，即佛道所云得果也"；又曰有裴休其人，"中年後不食葷血，恒齋戒，屏嗜欲，香爐具典不離齋中，咏歌贊咀以爲法樂"。還有，宋余靖撰《武溪集》卷8《潭州興化禪寺新鑄鐘記》有"皷鑄於寺之東隅，羣僧讃咀以俟其成"之句。儘管在不同版本中，該處之"咀"亦有不同的寫法，包括作"唄""呪"等，但有文淵閣四庫版此四例，已足證古人曾將"咀"與"讃"組合作單詞用。古漢語，"贊""讃""讚"通假，"咀"則通"詛"，而"詛"，有"祝"之義，是以，從語境看，此四例"讃咀"可作讃頌祝願解。有鑑於此，竊意寫卷所出現之"讃咀"，即便其"咀"有錯，亦並非抄經者個人之筆誤，而是時人之"通病"。陳垣校錄本就寫卷的諸多明顯錯別字和脫漏字句有一一糾正，然於此"咀"不改，惟特別夾注"本字"，實已默示其不太以羅本之"唄"爲然。

〔274〕匝法中阿有利益，心助歡喜；若見為魔之阿損惱，當起慈悲，

〔275〕同心憂慮（慮）。五者不妄宣說他人過惡，亦不嫌謗傳（傳）言兩舌，性常

〔276〕柔濡，質直无二。

〔277〕八忍辱者。若有清净電舥勿㝵内懷忍辱性者，當知是師

〔278〕有五記驗：一者心恒慈善，不生忿怒。二者常懷歡喜，不起恚

〔279〕心。三者抝一切處，心無怨恨。四者心不剛強，口无麄 [1] 惡；常以濡語，

〔280〕悅可衆心。五者若内若外，設有諸惡煩惱，對值（值）来侵（侵）辱者，皆能

〔281〕忍受，歡喜无怨。

〔282〕九直意者。若有清净電舥勿㝵内懷直意性者，當知是師

〔283〕有五記驗：一者不為煩惱之阿繫縛，常自歡喜清净直意。二

〔284〕者但抝法中若大若小，阿有諮問，恭敬領受，随喜善應荅。三者

〔285〕抝諸同學言无反難，不謨己短而懷嗔恚。四者言行相副，心

〔286〕恒質直，不求他過，以成闘覓（競）。五者法内兄弟（弟），若抝聖教心有異

〔287〕者，當即遠離，不共住止；亦不親近，共成勢力，故惱善衆。十功德

〔288〕者。若有清净電舥勿㝵内懷功德性者，當知是師有五記驗：

〔289〕一者阿出言語，不損一切，恒以慈心善巧方便，能令衆人皆得

---

〔1〕"麄"，陳垣本作"粗"，義同。

［290］歡喜。二者心恒清浄，不恨他人，亦不造慾（愆），令他嗔恚；口常柔耎，離

［291］四種過。三者扵尊扵早不懷妬嫉。四者不蕁（奪）徒衆經論弟子，

［292］随所至方，清浄住處，歡喜住止，不擇華好。五者常樂教悔一

［293］切人民善巧智惠，令俻匚道。

［294］十一齊心一荨者。若有清浄電䖙勿荨内懷齊心性者，當知是

［295］師有五記驗：一者法主、慕闍、拂多誕荨所教智惠、善巧方便、

［296］威儀進止，一一依行，不敢改攌（換），不專己見。二者常樂和合，与衆

［297］同住，不頗（願）別居、各興異計。三者齊心和合，以和合故，所得儭

［298］施，共成功德。四者常得聽者恭敬供養，愛樂稱讚。五者常樂

［299］遠離調悔（侮）[1]、戲（戲）笑（笑）及以諍論，善護内外和合二性。

［300］十二内外俱明者。若有清浄電䖙勿荨内懷俱明性者，當知

［301］是師有五記驗：一者善抧穢心，不令貪慾，使己明性，常得自在；

［302］舩扵女人作虛假想，不為諸色之所畱（留）難，如鳥高飛，不殉

［303］羅網。二者不与聽者偏交厚重，亦不固戀諸聽者家，将如

［304］己舍；若見法外俗家損失及愁惱事，心不為憂；設獲利益

［305］及欣喜事，心亦如故。三者若行若住，若坐若卧，不窺宍

---

〔1〕“悔”，原件如是，陳垣本改正為“侮”，確。

身，

［306］求諸細滑衣服臥具、飲食湯藥、烏（象）馬車乘、以榮其身。四者

［307］常念命終、險難苦楚、危厄之日，常觀无常及平等王，如對

［308］目前，無時暫（蹔）捨。五者自身柔順，不惱兄（兄）弟及諸知識，不令

［309］嗔怒；亦不望證令他惡名，常能定心，安住净法。如是等者，名

［310］為十二明王寶樹。我從常樂光明世界，為汝等故，持至於此，欲

［311］以此樹栽於汝等清净眾中。汝等上相善慧男女，當湏（須）各自

［312］於清净心，栽植此樹，令使憎（增）[1]長。猶如上好無砂鹵（鹵）地，種一收

［313］万，如是展轉至无量數。汝等今者，若欲成就无上大明清

［314］净菓者，皆當莊嚴如寶樹，令得具足。何以故？汝等善子，依

［315］此樹菓，得離四難及諸有身，出離生死，究竟常勝，至安樂

［316］處。尒時會中諸慕闍等，聞説是經，歡喜踊躍，歎未曾

［317］有。諸天善神，有㝵（礙）无㝵，及諸國王、群臣、士女、四部之眾，无量

［318］无數，聞是經已，皆大歡喜。悉能菝起无上道心，猶如卉木

［319］值遇陽春，無不滋茂，敷花結菓得成熟；[2]惟除敗根，不能

---

〔1〕"憎"，當屬筆誤，陳垣本改爲"增"，確。
〔2〕陳垣本夾注："句有脱字。"

〔320〕滋長。

〔321〕時慕闍等，頂礼明使，長跪义手，作如是言：唯有大聖，三界獨

〔322〕尊，普是衆生慈悲父母．亦是三界大引道師，亦是含霊大

〔323〕醫療主，亦是妙空能容衆相，亦是上天包羅一切，尒是實地

〔324〕能生實菓，亦是衆生甘露大海，亦是廣大衆寶香山，亦是

〔325〕任衆金剛寶柱，亦是巨海巧智舩師，亦是火坑慈悲救手，

〔326〕亦是死中与常命者，亦是衆生明性中性，亦是三界諸牢固

〔327〕獄解脫明門。諸慕闍等又啓（啓）明使，作如是言：唯大明一尊，

〔328〕能歎聖德，非是我等宂舌劣智，稱讃如来功德智惠，千万

〔329〕分中能知少分。我今勵己小德小智，舉少微意，歎聖弘慈。

〔330〕唯頒大聖垂怜愍心，除捨我等曠劫已来无明重罪，令得

〔331〕銷滅（滅）。我等今者不敢輕慴（慢），皆當奉持无上寶樹，使令具呈。

〔332〕緣此法水，洗濯我等諸塵（塵）重垢，令我明性常得清净。緣此法

〔333〕藥及大神呪，呪療我等多劫重病，悉得除愈。緣此智惠，

〔334〕堅牢鎧仗，被串我等，對彼惡敵，皆得强勝。緣此微妙衆相

〔335〕衣冠，莊嚴我等，皆得具呈。緣此本性光明摸搩，印稺（授）[1]我

〔336〕等，不令散失。緣此甘膳百味飲食，飽呈我等，離諸飢渴。

〔337〕緣此无數微妙音樂，娛樂我等，離諸憂惱。緣此種種奇（奇）

〔338〕異珎寶，給施我等，令得冨（富）饒。緣此明網扵大海中，捞渡

---

〔1〕"稺"，以往錄文均照摹字形。據臺版《異體字字典》，是爲"授"之異體，依此處文意，蓋可確認。

［339］我等，安置寶舩。我等今者上相福厚，得覿大聖殊特相

［340］好，又聞如上微妙法門，蠲除我等煩惱諸穢，心得開悟，
納

［341］如意珠威光，得履㞟道。過去諸聖，不可稱數，皆依此門，
得離

［342］四難及諸有身，至光明界，受无量樂。唯頋未来一切明性，

［343］得遇如是光明門者，若見若聞，亦如往聖，及我今日，聞
法歡

［344］喜，心得開悟，尊重頂受，不生疑慮。時諸大衆，聞是經
已，

［345］如法信受，歡喜奉行。

19　英法藏敦煌寫本
《摩尼光佛教法儀略》釋文

　　說明：《摩尼光佛教法儀略》，由兩半殘卷綴合而成，分藏英法。前半截即 S.3969，長約 150 cm，高約 26 cm；後半截即 P.3884，長 50.6 cm，高同。卷面工整，字跡清晰。寫卷異體字首現時以括號夾注正體字。

　　［001］摩尼（尼）光佛教法儀略一卷

　　［002］　　　　　　　　開元十九年六月八日大德（德）拂多誕奉

　　［003］　　　　　　　詔（詔）集賢院譯（譯）

　　［004］託化國（國）主名号（號）宗教弟（第）一

　　［005］佛夷（夷）瑟德鳥（烏）廬（盧）詵者，^{本國梵音也。}譯云光明使者，又号

　　［006］具智法王，亦謂摩尼光佛，即我光明大慧无（無）上

　　［007］醫王應化法身之異号也。當欲出世，二耀降

　　［008］靈，分（分）光三體；大慈愍故，應敵（敵）魔軍。親受明

　　［009］尊清净教命，然後化誕，故云光明使者；精真

　　［010］洞慧，堅疑（疑）克辯，故曰具智法王；屉（虛）應靈聖，

　　［011］覺（覺）觀（觀）究竟，故号摩尼光佛。光明所（所）以徹（徹）內

　　［012］外，大慧所以拯（極）人天，无上所以位高尊，毉（醫）王

　　［013］所以布法藥。則老君託孕，太陽流（流）其晶；釋（釋）迦

517

〔014〕受胎，日輪叶（葉）其烏（象）。資靈本本，三聖亦何殊？
成

〔015〕性存存，一貫皆悟道。按（按）彼波斯婆毗長曆，自

〔016〕開闢初有十二辰（辰），掌分年代。至第十一辰，名

〔017〕"訥"，管代二百廿七年，釋迦出現。至第十二辰，

〔018〕名"魔謝"，管代五百廿七年，摩尼光佛誕蘇隣

〔019〕國跃（跋）帝王宮，金薩（薩）健種夫人滿艷之所生也。

〔020〕婆毗長曆，當漢獻帝建（建）安十三年二月八日

〔021〕而生，泯（泯）然懸合矣。至若（若）資稟天符而受胎，

〔022〕齋戎（戒）嚴潔而懷孕者，本清净也：自臆（胸）前化誕，

〔023〕卓世殊倫，神驗（驗）九徵，靈瑞五應者，生非凡（凡）
也。又

〔024〕以三顅（願）、四宄（寂）、五真、八種無畏，衆德（德）
圓（圓）俻（備），其可

〔025〕隊（勝）言；自天及人，抾（拔）咅（苦）與（與）樂，
謏德而論矣。若不

〔026〕然者，曷有身誕王宮，神凝（凝）道慧，明宗真本，智

〔027〕謀特正，體質孤秀，量包乾（乾）坤，識洞日月？開兩

〔028〕元大義，示自性各殊；演三際深文，辯因緣瓦（瓦）

〔029〕合。誅耶（邪）祐冚（正），激濁揚清。其詞萠（簡），其
理直. 其行

〔030〕冚，其證真。六十年内，開示方便。感四聖以為

〔031〕威力，騰七部以作舟航；應三宮而建三尊，法

〔032〕五明而列五級。妙門殊特，福被存亡也。按

〔033〕《摩訶摩耶經（經）》云："佛滅（滅）度後一千三百年，
袈裟

〔034〕變（變）白，不受染（染）色。"《觀佛三昧海經》云："摩
尼光佛

〔035〕出現世時，常施光明，以作佛事。"《老子化胡經》云：

［036］“我乘（乘）自然光明道氣，飛入西那（那）玉界（界）蘇隣

［037］國中，示為太子。捨家入道，号曰‘摩尼’。轉（轉）大法輪，

［038］説（説）經、戒、律、定、慧等（等）法，乃至三際及二宗門。上

［039］從（從）明界，下及幽塗（塗），所有衆生，皆由此度。摩尼

［040］之後，年垂（垂）五九，我法當盛者。”五九四十五，四

［041］百五十年，教合傳（傳）扵（於）中國。至晉（晉）太始二年正

［042］月四日，乃息化身，還（還）歸（歸）真寂。教流諸國，接化

［043］蒼生。從晉太始至今（今）開十九歲（歲），計四百六十

［044］年。證記合同，聖跡照（照）着（著）。教闡明宗，用除暗

［045］惑（惑）；法開兩性，分別為門。故釋經云：“若人捨分

［046］別，是則滅諸法；如有修（修）行人，不應共其住。”又

［047］云：“鳥歸虗空，獸歸林藪（藪）；義歸分別，道歸涅

［048］槃。”不覿宗本，將（將）何歸趣（趣）？行門真實，果證三宮。

［049］性離無明，名為一相。今此教中，是稱解（解）脱（脱）。略

［050］舉（舉）微（微）分，以表進修。梵本頗具，此未繁載。

［051］形（形）相儀第二

［052］摩尼光佛頂圓十二光王勝相，體備大明，無

［053］量秘義；妙形特絕，人天無比；串以素帔，倣四

［054］净法身；其居白座，像五金剛（剛）地；二界合離，初

［055］後旨（旨）趣，宛在真容，觀之可曉（曉）。諸有靈相，

百千

［056］勝妙，寔難俻陳。

［057］經圖（圖）儀第三　　　　　　　　　凡七部

并圖一

　［058］第一，大應輪部，譯云《徹盡萬法根源智經》；

　［059］第二，尋提賀部，譯云《淨命寶蔵經》；

　［060］第三，泥萬部，譯云《律蔵經》，亦稱《藥蔵經》；

　［061］第四，阿羅瓚部，譯云《秘宻（密）法蔵經》；

　［062］第五，鉢迦摩帝夜部，譯云《證明過去教經》；

　［063］第六，俱緩部，譯云《大力士經》；

　［064］第七，阿拂胤（胤）部，譯云《讚頗經》；

　［065］大門荷翼圖一，譯云《大二宗圖》。

　［066］　　右七部大經及圖，摩尼光佛當欲降代，

　［067］　　衆聖賛助，出應有緣；置法之日，傳受五級。

　［068］　　其餘六十年間，宣說正法，諸弟子等随（隨）

　［069］　　事記録，此不載列。

　［070］五級儀弟四

　［071］第一，十二慕闍，譯云承法教道者；

　［072］第二，七十二薩波塞，譯云侍法者，亦号拂多誕；

　［073］第三，三百六十默奚悉（悉）德，譯云法堂主；

　［074］第四，阿羅緩，譯云一切純（純）善人；

　［075］第五，耨（耨）沙喭，譯云一切凈信聰（聽）者。

　［076］　　右阿羅緩已上，並素冠服；唯耨沙喭一

　［077］　　位，聽仍醤（舊）服（服）。如是五位，禀受相依，

　　　　　咸（遵）遵教

　［078］　　命，堅持禁戒，名觧脫路。若慕闍犯弍，即

　［079］　　不得承其教命；假使精通七部，才辯卓

　［080］　　然，為有愆（愆）違，五位不攝。如樹滋茂，皆因其

　［081］　　根；根若愆（愆）者，樹必乾枯。阿羅緩犯弍，視

520

［082］　　之如死，表白衆知，逐令出法。海雖至廣，不

（以上 S.3969，以下 P.3884）

［083］　　宿死屍。若有覆藏，還同破戒。

［084］寺宇儀第五

［085］經圖堂一，齋講堂一，礼（禮）懺堂一，教授堂一，

［086］病僧堂一。

［087］　　右置（置）五堂，法衆共居，精修善業；不得別立

［088］　　私（私）室廚庫。每日齋食，儼然待施；若無施

［089］　　者，乞丐以充，唯使聽人，勿畜奴婢及六畜

［090］　　等非法之具。

［091］每寺尊首，詮蘭三人：

［092］第一，阿拂胤莚，譯云讚頷首，專（專）知法事；

［093］第二，呼嚧（嚧）喚（喚），譯云教道首，專知弉（獎）
勸（勸）；

［094］第三，遏換（換）健塞波塞，

［095］　　譯云月直，專知供施。皆湏（須）依命，不得檀（擅）
意。

［096］出家儀第六

［097］初辯二宗：

［098］求出家者，湏知明暗各宗，性情懸隔（隔）；若不辯

［099］識，何以修為？

［100］次明三際：

［101］　　一，初際；二，中際；三，後際。

［102］初際者，未有天地，但殊明暗；明性智慧，暗性

［103］愚癡（癡）；諸所動靜，無不相背。

［104］中際者，暗既侵明，恣情馳逐；明来（來）入暗，委質

［105］推移；大患猒（厭）離扵形體，火宅頿求扵出離。勞

［106］身救性，聖教固然。即妄為真，孰敢聞命？事湏

［107］辯折，求觧脫緣。

521

［108］後際者，教化事畢（畢），真妄歸根；明既歸扵大明，

［109］暗亦歸扵積暗。二宗各復（復），兩者交歸。

［110］次覩四寂法身。

［111］四法□□

20　英藏敦煌寫本
《下部讚》釋文

　　說明：敦煌《下部讚》寫本，見 S.2659 卷子，該卷全長約 1044 cm，高 28 cm，多雙面謄抄，《下部讚》爲其中部分內容，見於正面，佔 744 cm。由於紙張綿薄，墨色互透，影響部分文字之辨讀。寫卷異體字首現時以括號夾注正體字，黑圈字示意原件殘缺不清，"□"示意原字脫落。

　　［001］□□□□□□□□□□□思ᵀ舥（那）里思咄鳥（烏）嚧（嚧）詑伊鳥[1]嚧詑□□

　　［002］□□□□□□□□□□□布思ᶻ舥里思咄麗引所嫁反伊所紇耙（耶）嚪布

　　［003］□□□□□□□□□□伊鳴（鳴）嚧詑于啝所倒ᵘ奴嚕阿勿倒ᵘ奴嚕

　　［004］□□□□□□□□□ᵘᵤ反[2]門喎利呼奄吽ⁿ謀蘇（蘇）吽噎而坭緩（緩）ᵗ奴嚧呼詘嚳（釁）

　　［005］□□□□□引反聲涅薩（薩）底ᵗ拂羅嫛（辭）所底ᵗ嚳咭夷（夷）嚪紗嘮（嘎）嗚□□能ᵗ

　　［006］□□□覽讚夷數（數）文

　　［007］敬礼（禮）稱讚常榮樹，衆寶疟（莊）嚴无（無）比。攉質弥（彌）綸充世界（界），枝（枝）荼（葉）花果□□□

　　［008］一切諸佛花閒（間）出，一切智惠菓中生。脒（能）養五

---

〔1〕"鳥"，貌似"鳥"，當爲"烏"之譌，或俗寫。古代漢籍音譯，"烏"字常見，但鮮見用"鳥"者。

〔2〕"八"，殘字不可考，表切音用。

種光明子，觥降（降）五種貪（貪）□□。

［009］心王清净恒警覺（覺），與（與）信悟者增記念。如有進發堅固者，引彼令安平囸（正）路。

［010］我（我）今（今）蒙開佛性眼，得覩四廄（處）妙法身。又蒙開發佛性耳，觥聽（聽）三常清凈音。

［011］是故澄心礼稱讚，除諸乱（亂）意真（真）實言。承（承）前不覺造諸偙（愆），今時懇懺罪銷減（滅）。

［012］常榮寶樹性命海，慈悲聽我真實啓（啓）：名隨（隨）方土（土）无量名，伎（伎）隨方土无量伎。

［013］一切明性慈悲父，一切被抄憐惢（愍）[1]母。今時救我離犲（犲）狼，為是光明夷數許[2]。

［014］大聖自是无盡㡭（藏），種種玞（珍）寶皆充滿。開施一切貧乏者，各各隨心得如意。

［015］大聖自是弟（第）二尊，又是第三觥譯（譯）者。與自清净諸眷属，宣傳聖言（旨）令以悟。

［016］又是第八光明相，作導引者倚（倚）託者。一切諸佛本相狼（貌），一切諸智心中王。

［017］諸寶嚴者真囸覺，諸善（善）業者解（解）脱門。與抄掠者充為救，與纏縛者觥為解。

［018］被迫迣（迣）者為宽（寬）泰（泰），被煩悩（惱）者作（作）歡（歡）喜。慰愈一切持孝人，再蘇（蘇）一切光明性。

［019］我今懇切求哀（哀）請，顚（願）離肉身毒火海。騰波沸涌无暫停，魔竭出入香舩（船）舫。

［020］元是魔宮羅刹（刹）國（國），復（復）是稠林蘆筆澤（澤）。諸惡（惡）禽獸交橫走，蘊集毒虽（蟲）及蚖（蚖）蝮（蝮）。

［021］亦是惡業貪魔躰（體），復是多形早（卑）訴（訴）斯；

亦是暗界五重坑（坑），復是无明五毒院。

［022］亦是无慈三毒苗（苗），復是无惠五毒泉。上下寒熱（熱）二毒輪，二七兩般十二殿（殿）。

［023］一切魔男及魔女，皆徔（從）肉身生緣現。又是三界（界）五趣（趣）門，復是十方諸魔口。

［024］一切魔王之暗母，一切惡業之根源，又是猛毒夜叉心，復是貪魔意中念。

［025］一切魔王之甲仗，一切犯教之毒綱（網），能沉寶物及商人，能翳日月光明佛。

［026］一切地獄之門戶，一切輪迴之道路，徙（徒）搖常住涅槃（槃）王，竟被焚燒（燒）囚永（永）獄。

［027］今逤（還）与（與）我作留（留）難，枷鏁（鎖）禁縛鎮相縈。令我如狂復如醉（醉），遂犯三常四處身。

［028］大地草木天星宿，大地塵（塵）沙及細雨，如我所犯諸愆各（咎），其數更多千万倍。

［029］廣惠庄嚴夷數佛，起（起）大慈悲捨我罪。聽我如斯咨（苦）痛言，引我離斯毒火海。

［030］願施戒（戒）香解脫（脫）水，十二寶冠衣纓珞。洗我妙性離塵埃，嚴餙（飾）净躰（體）令端正。

［031］願除三冬三毒結，及以六賊六毒風。降大法春榮性地，性樹花菓令滋茂。

［032］願息火海大波濤（濤），暗雲暗霧諸繚盖。降大法日普光輝，令我心性恒明净。

［033］願除多劫昏（昏）瘝（癡）病，及以魑（魑）魅（魅）諸魔鬼（鬼）。降大法藥速醫（醫）治，噤以神呪駈（驅）相離。

［034］我被如斯多鄣碳（礙），餘有無數諸辛苦。大聖鑒察自哀矜（矜），救我更勿諸災惱。

［035］唯（唯）願夷數降慈悲，解我離諸魔鬼縛。現今處在火坑中，速引令安清净地。

525

〔036〕一切病者大醫王，一切暗者大光輝，諸四散（散）者勤（勤）集聚（聚），諸失心者令悟性[1]。

〔037〕我今以死顛令蘇，我今已暗顛令照（照）。魔王散我遍十方，引我隨形染（染）三有。

〔038〕令我昏醉无知覺，遂犯三常四廢身。无（無）明瘀爱（愛）鎮相縈，降大法藥令療（療）愈。

〔039〕大聖速申慈悲手，桉（按）我佛性光明頂。一切時中恒守護（護），勿令魔黨来相害（害）。

〔040〕與我本界己（已）[2]前歡，除我曠劫諸煩惱，盡我明性妙庄嚴，如本未沉貪欲（欲）境。

〔041〕復啓清净妙光輝，衆寶庄嚴新净土，琉璃紺色新惠日，照我法身净沙[3]國。

〔042〕大聖自是吉（吉）祥時，普曜我莩（等）諸明性。妙色世間无有比，神通變（變）現復如是。

〔043〕或（或）現童男微妙相，癎（癎）發五種雌魔頞（類）；或現童女端嚴身，狂乱五種雄魔黨[4]。

〔044〕自是明尊憐怸子，復是明性㦛救父；自是諸佛㝡（最）上兄（兄），復是智惠慈悲母。

〔045〕讚夷數文第二疊

---

〔1〕末二字均僅殘存左旁部首"忄"，可復原爲"悟性"。《儀略·五級儀》稱要出家成爲摩尼僧，首先要辨識"明暗各宗，性情懸隔"，而"明性智慧，暗性愚瘝"，即以"明性"和"暗性"來表述人類靈魂之明暗混雜。京藏《摩尼教經》則以摩尼之創世說，解釋明性如何爲暗魔所囚禁，使信徒"曉悟"（第182行）、"開悟"（第340、344行）明性之所在。其間"性"字出現凡56次。《下部讚》"性"字逾七十例，"悟"字十餘例，在《下部讚》寫經中，凡以"忄"爲旁之字除若干例外，蓋爲"性"字或"悟"字。這兩個字多用來表述對神之教誨、對明暗二性之覺悟，如第257行的"汝等智惠福德人，必須了悟憐愍性"，更是直接把"悟"與"性"配搭造句。復據該組詩句之意境，最末兩個字既均爲"忄"爲部首，那麼，其復原當非"悟性"莫屬。"諸失心者令悟性"：讓迷失心竅之人了悟明性（或明暗二性）。

〔2〕"己"，寫本如是，疑"已"之譌。

〔3〕"沙"，寫本如是，當爲"妙"之筆誤。

〔4〕原件末字僅剩殘點，榮新江教授判爲"黨"字，確。寫本039行末句有"魔黨"，215行末句有"逆黨"，225行第3句復有"惡黨"，可資參照。

526

［046］懇切悲嘷誠心啓：滿面（面）慈悲真實父！顅捨所造諸愆咎，令離魔家詿（詐）親厚。

［047］无上明尊力中力，无上甘露智中王，普施衆生如意寶，接引離斯深火海。

［048］懇切悲嘷誠心啓：救苦平断无頪（顏）面！乞以廣敷慈悲翅，令離熊蛸諸魔鳥（島）[1]。

［049］无知肉身諸眷属，併是幽邃坑中子。内外塤塞諸魔性，常時害我清净躰。

［050］一切恶獸无能比，一切毒虵（蛇）何能頽。復似秋末切風霜，飄落善業言 丁 □ [2]。

［051］懇切悲嘷誠心啓：羑（美）業具（具）智大醫王！善知識者逢（逢）瘳愈，善慈惡（愍）者遇歡樂。

［052］有碳无碳諸身性，久已傷沉生死海，肢（肢）卸（節）四

---

〔1〕"鳥"，向被錄爲"鳥"，若然，"令離能蛸諸魔鳥"一句殊爲難解。考鳥類之於華夏傳統文化，除因迷信把烏鴉與不祥相聯繫外，其餘殆無惡感。在唐代或唐之前便已流行的成語，如"小鳥依人""驚弓之鳥""窮鳥入懷""籠中之鳥"等，都顯示對鳥的同情；至若唐詩名句"春眠不覺曉，處處聞啼鳥"，對鳥之感情更溢於言表。即便是鷹，成語有"饑鷹餓虎"之類，也不外喻其兇猛耳。在古代華人的思維中，鮮將鳥與魔作聯想。是故，唐及唐之前之漢籍，未見有"魔鳥"之稱；而佛典，亦未見有以"魔鳥"爲喻者。《殘經》"鳥"字出現兩處，其一，見宣講摩尼創世說之第10—11行："其五類魔，黏五明身，如蠅着蜜，如鳥被黐，如魚吞鈎。"此處把五明子被五類魔吞食，附著於五類魔身上，難於解脫譬爲"如鳥被黐"，這個"鳥"顯喻"五明子"。其二見302—303行之宣講也戒："能於女人作虛假想，不爲諸色之所留難，如鳥高飛，不殉羅網。"此處之"鳥"無疑亦屬正面形象。《儀略》亦出現一"鳥"字，見第47行，不過那是徵引佛經的話："鳥歸虛空，獸歸林藪；義歸分別，道歸涅槃。"此處之"鳥"亦與"魔"無涉。足見來華的摩尼僧蓋循華情，把鳥目爲善類。復考《下部讚》產生年代乃晚於上揭兩經，其撰譯者當更諳華情，中土既無"魔鳥"之說，自不會引以爲喻。細察"鳥"，雖近乎"鳥"，但亦不無差別，查臺版《異體字字典》"島"條，有近似如是寫法，作"島"；黃征《敦煌俗字典》雖無收入此字，但"搗"條（見頁78）所列異體字，其右旁之"島"也有近似者，作"𪃟"。由是，竊意該字當爲"島"之俗寫。若然，則"乞以廣敷慈悲翅，令離能蛸諸魔島"可釋讀爲：祈求夷數展開慈悲之翅膀，庇護我等跳離暗魔盤踞之地。

〔2〕末三字殘缺，德國學者施寒微曾將其推補爲"諸頂圓"（H.Schmidt-Glintzer, (ed.,tr.), *Chinesische Manichaica. Mit textkritischen Anmerkungen und einem Glossar*, Wiesbaden, 1987, p.181.）。按末第二字殘跡"丁"並非部首，而漢字中以其爲左偏旁者，殆惟"頂"字，是以，把其推補爲此字，不無道理。至於末第三字之"言"，推其爲"諸"，亦無不可；至於末字，寫本僅見一殘點，復原爲"圓"，自純屬文意推測。考"頂圓"乃佛術術語，指頭頂，漢文摩尼經亦有借用，《儀略·形相儀》有"摩尼光佛頂圓十二光王勝相"之語。期有新資料參證。

散三界中，請聚（聚）還昇起（超）万有。

［053］更勿斷（斷）絕正法流（流），更勿抛擲諸魔口。降大方便慈悲力，請蘇普厄諸明性。

［054］莫（莫）被魔軍却抄將，莫被怨家重来煞。以光明翅慈悲覆（覆），捨我兩般身性罪。

［055］惟顚降大慈悲手，按我三種浄法身。除蕩（蕩）曠劫諸繚縛，沐浴曠劫諸塵垢。

［056］開我法性光明眼，无礙得覩四處身；无礙得覩四處身，遂免四種多辛苦。

［057］開我法性光明耳，无礙得聞妙法音；无礙得聞妙法音，遂免万般虗（虛）妄曲。

［058］開我法性光明口，具歎（歎）三常四法身；具歎三常四法身，遂免渾合迷心讚。

［059］開我法性光明手，遍觸如如四寂身；遍觸如如四寂身，遂免沉扵四大厄。

［060］解我多年羈絆足（足），得履三常正法路；得履三常正法路，速即到扵安樂國。

［061］令我復本真如心，清浄光明常閒寂（寂）；清浄光明常閒寂，永離迷妄諸顚倒。

［062］顚我常見慈悲父，更勿輪迴生死苦。諸根已浄心開悟，更勿昏瘝无省覺。

［063］我今依止（止）大聖尊，更勿沉迷生死道。速降光明慈悲手，更勿弃擲在魔類。

［064］懇切悲嘷誠心啓；降大慈悲恒遮護，恕我曠劫諸愆（愆）咎，如被過去諸男女。

［065］我是大聖明羔子，垂（垂）淚含啼訴（訴）寃（冤）屈。卒被犲狼諸猛獸，劫我離善光明牧。

［066］降大慈悲乞収（收）採，放人柔濡光明群，得預（預）秀岳法山林，遊行自在常无畏。

〔067〕復是大聖明榮（穀）種，被擲稠林荊棘（棘）中。降人慈悲乞収採，聚向法場光明窖（窖）。

〔068〕復是大聖蒲萄（萄）枝，元植法薗清净菀（苑），卒被葛勒籐相逵（遶），抽我妙力令枯悴。

〔069〕復是大聖膏腴地，被魔戠（栽）蒔五毒樹；唯希法鑣（鑊）利刀鐮，斫伐焚燒令清净。

〔070〕其餘惡草及荊棘，顚以弍火盡除之。榮秀一十五種苗，申暢一十五種 [躰] 。

〔071〕復是大聖新妙衣，卒被魔塵来坴（坌）染；唯希法水洗令鮮，得預法身清净躰。

〔072〕懇切悲嘆誠心啓：衆寶疰嚴性命樹，寂上无比妙瑿王，平安净業具衆善。

〔073〕常榮寶樹性命海，基址（址）堅固金剛躰，苁（莖）幹真實无妄言，枝篠（條）俖（修）巨常歡喜。

〔074〕衆寶具足慈悲茶，甘露常鮮不彫果，食者永絕生死流，香氣芬芳周世界！

〔075〕已具大聖冀長生，脒蘇法性常榮樹。智惠清虛恒警覺，果是心王巧分（分）別。

〔076〕懇切悲嘆誠心啓：具智法王夷數佛！令我內心恒康預，令我佛性无繚汙：

〔077〕一切時中增記念，令離脒吞諸魔口；令離脒吞諸魔口，永隔惡業 [貪魔王] ；

〔078〕放入香花妙法林，放入清净濡羔群，令我信基恒堅固，令我得入堪褒譽（譽）。

〔079〕懇切悲嘆誠心啓：慈父法王性命主！脒救我性離災殃，脒令净躰常歡喜。

〔080〕作寬泰者救苦者，作慈悲者捨過者，与我明性作歡愉，与我净躰作依止。

〔081〕脒摧刀山及劍樹，脒降師子噤虥毦！難治之病恣（悉）脒

除，難捨之恩（恩）令相離。

［082］我今決執法門幃，大聖慈愍恒遮護！愍愍（懃）稱讚慈父名，究竟珍重顯如是！

［083］歎无常文　末思信法王為暴（暴）君所（所）逼（逼），曰（因）即製之。

［084］告汝一切智人輩（輩），各聽活命真實言：具智法王忙你佛，咸皆顯現如目前。

［085］我等既蒙大聖悟，必湏（須）捨離諸恩愛，決定（定）安心正法門，勤求涅槃超火海[1]。

［086］又告上相福（福）德人，專意勤求解脱者，努力精佟（修）勿閑暇（暇），速即離諸生死怕。

［087］一切世界非常住，一切倚託亦非真，如彼磧中化城閣，愚人奔逐喪（喪）其身。

［088］世界榮華及尊貴，以少福德自在者，如雲涌起四山頭，聚以風吹速散罷（罷）。

［089］臭穢（穢）肉身非久住，无常時至並破毀（毀）；如春花荼暫（暫）榮柯，豈得堅牢恒青翠（翠）？

［090］當造肉身由巧匠，即是虗妄惡魔王，成就（就）如斯窟宅已，綱捕明性自潜（潛）藏。

［091］无恩飢火充連鑠，煞害衆生无停住，終日食噉諸身分，仍不免扵生死苦。

［092］積聚一切諸財寶，皆由惡業兼妄語。无常之日並尒畱（留），仍與明性充為杻。

［093］先斷无明恩愛欲，彼是一切煩惱海。未来緣彼受諸殃，現世充為佛性栿（械）。

---

〔1〕"火海"，向被錄爲"大海"，筆者從寫本照片中提取多個"大"字、"火"字做比較，當以"火"爲是。寫本他處用"火海"凡5處：第19行"願離肉身毒火海"，第29行"引我離斯毒火海"，第32行"願息火海大波濤"，第47行"接引離斯深火海"，第363行"得離火海大波濤"。此處"勤求涅槃超火海"，從語境看，其"火海"含義適與上揭5處同。

530

［094］苦哉（哉）世間衆生額！不能誠信尋正路，日夜求財不暫停，皆為肉身貪魔主。

［095］肉身破壞（壞）魔即出，罪業殃及清净性。隨所生處受諸殃，良為前身業不正。

［096］爱惜肉身終湏捨，但是生者皆歸（歸）滅：一切財寶及田宅，意欲不捨終相別。

［097］縱（縱）得榮華扵世界，摧心湏猒（厭）生死苦：捨除憍愓（慢）及非為，專意勤終涅槃路。

［098］生時裸（裸）形死亦尒，徒多積累非常住。男女妻妾嚴身具，死後留他供別主。

［099］迥獨將羞并惡業，无常已後擔（擔）背負：平等王前皆屈理，却配輪迴生死苦：

［100］還被魔王所縮攝，不遇善緣漸加濁：或入地獄或焚燒，或共諸魔囚永獄。

［101］歌樂儛（舞）唆（笑）諸音樂，喫噉百味營田宅，皆如夢（夢）見胶（皎）還无，子細思惟无倚託。

［102］世諦暫時諸親眷，豈殊客舘而寄（寄）住？暮（暮）則衆人共止宿，旦則分離歸本土。

［103］妻妾男女如債主，皆由過去相侵（侵）害：併是慈悲怨家賊，所以意分還他力。

［104］食肉衆生身似塚，又復不異无底坑，枉煞无數（數）群生額，供給三毒六賊兵。

［105］佛性湛然悶（閉）在中，煩惱逼迫恒受苦。貪婬（婬）饑火及先殃，无有一時不相煑。

［106］世界漸惡恒念（忽）迫，上下相管王歡娛，衆生惟加多貧苦，冨（富）者魔駈无停住。

［107］脩善之人極（極）微少，造惡之輩无邊畔。貪婬饞（饞）魔熾燃王，縱遇善緣却退散。

［108］對面綺（綺）言恒相覓，元无羞恥及怕懼（懼）。扵聖光

531

明大力惠，非分加諸虛妄語。

［109］衆生多被无明覆，不肯勤修真正路：謗佛毀（毀）法憎真僧，唯加損（損）害不相讓。

［110］汝等智人細觀（觀）察：大界小界作由誰？建立之時緣何造？損益（益）二條（條）湏了知。

［111］一切有情諸形頹，世界成敗安置處，如此並是秘宻（密）事，究竟万物歸何所？

［112］善業忙你具開楊，顯說（說）一切諸性相；汝等尋求解脫者，應湏覺了諦思量。

［113］布施持齋（齋）勤讚誦，用智分別受净式，憐愍怕懼好軌（軌）儀，依曰此力免災隬（隬）。

［114］蹄（踴）躍堅牢扵正法，勤修智惠如法住。共捨一切惡軌儀，決定安心解脫處。

［115］寧今自在為性故，能捨一切爱欲習。无常忽至来相逼，臨時懊惱悔何及？

［116］子細尋思世閒下，无有一事堪憑在。親戚（戚）男女及妻妾，无常之日不相替。

［117］唯有兩般善惡業，隨彼佛性將行坐（坐）。一切榮華珎玩具，无常之日皆湏捨。

［118］智者覺察預前俻，不被魔王生死侵。能捨恩爱諸榮樂，即免三毒五欲沉。

［119］普顚齊（齊）心登正路，速獲（獲）涅槃净國土。七厄四苦彼元无，是故名為常樂處。

［120］普啓讚文　末夜暮閒作

［121］普啓一切諸明使，及以神通清净衆，各乞懸念慈悲力，捨我一切諸愆（愆）各。

［122］上啓明界常明主，并及宽弘（弘）五種大，十二常住寶光王，无數世界諸國土。

［123］又啓奇（奇）特妙香空，光明暉輝清净相，金剛寶地元堪

謦，五種覺意莊嚴者。

［124］復啓初化顯現尊，具相法身諸佛母，與彼常勝（勝）先意父，及以五明歡喜子。

［125］又啓樂明第二使，及与尊重造新相，雄猛自在淨活風，并及五尋驍（驍）健（健）子。

［126］復啓道師三丈夫，自是第二尊廣大，夷數与彼電光明，并及湛然大相柱。

［127］又啓日月光明宮，三世諸佛安置處，七及十二大舩主，并餘一切光明衆。

［128］復啓十二微妙時，吉祥清净光明躰，每現化男化女身，殊特端嚴无有比。

［129］又啓五尋光明佛，水火明力微妙風，并及净氣柔和性，並是明尊力中力。

［130］復啓富（富）饒（饒）持世主，雄猛自在十天王，夯（勇）健大力降魔使，忍辱（辱）地藏與催明。

［131］又啓閻（閻）默善思惟，即是夷數慈悲想，真實断事平等王，并及五明清净衆。

［132］復啓特勝花衦（冠）者，吉祥清净通傳信，寂初生化諸佛相，及与三世慈父尋。

［133］又啓嗅（喚）應警覺聲，并及四分明兄弟，三衣三輪大施主，及与命身卉木子。

［134］復啓四十大力使，并七堅固莊嚴柱，——天界自狀（扶）持，各各盡現降魔相。

［135］又啓普遍忙你尊，閻默惠明警覺日，従彼大明至此界，敷楊（揚）叵法救善子。

［136］詮柬十二大慕（慕）闍，七十有二拂多誕（誕），法堂（堂）住處承教人，清净善衆并聽者。

［137］又詮新人十二躰，十二光王及惠明，具呈善法五净式，五種智惠五重院。

533

［138］一切諸佛常膡衣，即是救苦新夷數，其四清净解脫風，真實大法證明者。

［139］又啓善法群中相，上下内外為依凶。詮柬一切本相狼，上中下界无不遍。

［140］復告實空一切衆，大力敬信尊神輩，及諸天界諸天子，護持清净凶法者。

［141］又啓善業尊道師，是三明使真相皃（貌），自救一切常膡子，及以堅持真實者。

［142］復啓光明解脫性，一切時中无盡藏，及彼冡後膡先意，并餘福德諸明性。

［143］我今諦信新明界，及与扵中常住者，唯顛各降慈悲力，蔭覆（覆）我等恒觀察。

［144］我今專心求諸聖，速與具呈真實顛，解我得離衆災殃，一切罪郣俱（俱）銷滅。

［145］敬礼清净微妙風，本是明尊心中智，恒扵四處光明宫，逰行住凶常自在。

［146］清净光明大力惠，我今至心普稱歎，慈父明子净法風，并及一切善法相。

［147］一切光明諸佛等，各顛慈悲受我請，與我離苦解脫門，令我速到常明界。

［148］又歎善業佟道衆，過去未來現在者，各開清净甘露口，吐大慈音捨我罪。

［149］末夜今佟此歎偈（偈），豈胒周恧如法說？而扵聖凡諸天衆，咸顛无殃罪銷滅。

［150］復啓一切諸明使，及以神通清净衆，各降大慈普蔭覆，抁（拔）除我等諸愆（愆）各。

［151］清净光明力智惠，慈父明子净法風，微妙相心念思意，夷數電明廣大心。

［152］又啓真實平等王，胒戰（戰）勇健新夷數，雄猛自在忙你

尊，并諸清净光明衆。

［153］一切善法群中相，一切時日諸福業！普助我㝮加勤力，功德速成如所顚！

［154］次偈（偈）亘（宜）従依梵

［155］伽路師羅（羅）吒一伽路師立旡羅二伽路師阿嘍訶三呬耙（耶）訖哩吵四伽路師奧罘嘌五

［156］伽路師奧補忽六伽路師奧活時雲嘁七礬于而勒八鳴（鳴）嘔囕而雲咖引九礬

［157］佛呬不哆舌頭漢沙囕十毉羅訶耨呼邏十一毉羅訶紇弥哆十二夷薩鳥盧（盧）

［158］詤十三衼路礬于呬十四伽路師十五伽路師十六

［159］稱讚忙你具智王　諸慕闍佐

［160］稱讚忙你具智王，自是光明妙寶花，擢幹弥輪起世界，根果通身並堪譽。

［161］若（若）人眵食此果者，即得長生不死身；或復甞（嘗）彼甘露味，內外莊嚴令心憘。

［162］即是衆生倚託廄，築持令安得堅（堅）固，眵与我㝮旡生㵥，豈不齊心稱讚礼？

［163］珎重珎重慈父名！究竟究竟顚如是！

［164］一者明尊　舵羅延（延）佛佐

［165］一者明尊，二者智惠，三者常滕，四者歡喜，五者勤佟，六者真實，

［166］七者信心，八者忍辱，九者直（直）意，十者功德，十一者齊心和合，

［167］十二者內外俱明。莊嚴智惠，具巳如日，名十二時，圓滿功德。

［168］奴食單偈　大明使釋（釋）

［169］一者旡上光明王，二者智惠善母佛，三者常滕先意佛，四者歡喜五明佛，

535

［170］五者勤脩（修）樂明佛，六者真實造相佛，七者信心净風佛，八者忍辱日光佛，

［171］九者直意廬舍舵，十者知恩夷數佛，十一者齊心電光佛，十二者惠明疰嚴佛。

［172］身是三世法中王，開楊一切秘客事；二宗三際性相羲（義），悉觥顯現无羧（疑）滯。

［173］奴食單偈 茀二疊

［174］旡上光明王智惠，常朕五明元歡喜，勤心造相恒真實，信心忍辱鎮光明，

［175］宜意知恩成功德，和合齊心益惠明：究竟究竟常宽泰！稱讚稱楊四廄佛！

［176］初聲讚文 夷數作 羲理幽玄，宜從依梵。

［177］于呪喝（喝）思嘟¯蘇昏喝思嘟二慕嚅嘟落思嘟三崦呼布喝思嘟四喋夷里弗哆

［178］喝思嘟五阿羅所底弗哆喝思嘟六佛㗫弗哆喝思嘟七呼于里弗哆喝思嘟八

［179］訴布哩弗哆喝思嘟九呼史拂哆喝思嘟十唲哩啊吽你弗哆喝思嘟十一唲吽哩弗哆喝思嘟十二呼哧旡

［180］娑矣弗哆喝思嘟十三遏（遏）咾〔1〕以弗哆喝思嘟十四弭㗫哩麼你弗哆喝思嘟十五

［181］舵呼哧喝思嘟十六阿〔2〕雲舵你說喝思嘟十七阿拂哩殞喝思嘟十八薩哆

［182］嶂說喝思嘟十九雲舵囉吽于而嘞喝思嘟二十㗎儻嗟鳥廬說喝思嘟鳥廬說喝思嘟廿一山訶

［183］哩娑布哩弗哆摠与前同

---

〔1〕"咾"，向錄爲"咾"。按"口＋考""口＋老"，均表象聲。"老"，寫本見312、337行，寫法顯與"考"異。

〔2〕"阿"，以往錄文均有此字，據日本吉田豐先生提示，寫本該字右旁有"×"號，當爲衍字。

536

［184］歎諸護法明使文　于[1]黑哆忙你電達（達）作　有三疊

［185］鳥列弗哇阿富覽，彼駮踴使護法者，常明使衆元堪譽，顚降大慈護我等！

［186］旡上貴族輝耀者，盖覆此處光明群！是守牧者警察者，常能養育軟羔子。

［187］真断事者神聖者，遊諸世間宍自在，能降黑暗諸魔頞，能滅一切諸魔法。

［188］進途善衆常提策，扵諸善業恒祐助：與聽信者加勤力，扵諸時日為伴侶。

［189］又復常鑒浄妙衆，令離惡嗔（嗔）濁穢法：勤加夠猛旡閑暇，令離魔王犯綱毒。

［190］寮（寥）蒝一切諸明性，自引入扵清浄法：訶罰惡業諸外道，勿令損害柔和衆。

［191］光明善衆加榮樂，黑暗毒頞令羞恥：下降法堂清浄處，自榮善衆離惡敵。

［192］顯現記驗（驗）為寬泰，能除怕懼及戰慓[2]：持孝善衆存慰愈，通傳善信作依凵。

［193］滅除魔鬼雜毒焰，其諸虛妄自然銷。倝辦全衣具甲仗，利益童男及童女。

［194］一切魔事諸辛苦，如日盛臨銷暗影。常作歡樂及寬泰，益及一切善法所。

---

〔1〕"于"，多被錄爲"子"。按寫本可確認爲"子"者凡28見（第8、44、49、65……），均有實義，無一例用於音譯，且均與此處寫法有明顯差別；而寫本第3、156、177、178行亦有"于"字出現，均作音譯，且字形與此處之寫法更爲接近。"子"，中古音 tsi，古籍鮮見作音譯用，與其同音之"茲"字，則多用之，如西域國名"龜茲"。佛教藏經用"子"逾三十萬例，鮮見用於音譯者。而"于"則爲音譯常用字。從具體語境看，詩名之後的落款"于黑哆忙你電達"，顯爲作者名字及身份。"忙你"乃指代摩尼，而"電達"當如西人所考，爲中古東伊朗語 dēndār(僧)之音譯，"忙你電達"即"摩尼僧"之音譯，是爲該詩作者之身份，而前面之"于黑哆"無疑就是作者之音譯名字。

〔2〕"慓"，音 piāo，疾也，急也，在本句中難解。疑爲"慄"之譌。"慄"，音 lì，懼也，竦縮也。按"慓"與"慄"形近，易被混淆。

537

［195］接引儭贈不辭勞，利益觸處諸明性。歡樂寬泰加褒譽，普及同鄉（鄉）光明衆。

［196］唯願驍勇諸明使，加斯大衆堅固力。自引常安寬泰處，養育我䓁增福業。

［197］歎諸護法明使文 第二疊

［198］護正法者誠堪譽！所謂大力諸明使。无上光明之種族，普於正法常利益。

［199］如有重惱諸辛苦，聖衆常觸離浄法。砕散魔男及魔女，勿令對此真聖教。

［200］能除寃敵諸暗種，安寧正法令无畏，救拔羔子離豺狼，善男善女寧其所。

［201］芸除悪草浄良田，常自鑒臨使增長。弱者策之加大力，慓者偶之使无懼。

［202］同鄉真衆湏求請，如響（響）[1]應聲速来赴。一切時中策浄衆，其樂性者常加力。

［203］造悪業者令羞恥，修善業者令歡喜。清浄法門令寬泰，又復常加大寧静。

［204］我實不能具顯述，此歎何能得周悉？勇族所作皆成辦，伎藝弥多難稱說。

［205］尊者即劫傷（易）怒思，其餘眷屬相助者，一切時中應稱讚，為是究竟堪譽者。

［206］唯願今時聽我啓，降大慈悲護我䓁，任巧方便自遮防，務得安寧離怨敵（敵）。

［207］唯願法門速寬泰，巍巍堂堂无鄣礙，我䓁道路重光輝，遊行之處得无畏。

［208］歡樂慕闍諸尊首，乃至真心在法者，各加踴躍及善業，必於諸聖獲大勝。

---

〔1〕寫本“響”之後有“魔”字，或有錄入者。不過在本句中，此字顯屬多餘；而細察寫本，該字右旁似有“×”號，示其爲衍字，故本釋文棄錄。

［209］歎諸護法明使文　弟（第）三疊

［210］諸明使衆恕我等，慈父故令護我輩。无上善族大力者，承慈父命護亞法。

［211］既扵明群充牧主，所有苦難自應防。是開法者佟道者，法門亦至皆相倚。

［212］護樂性者弃世榮，並請遮護加大力。柔濡羔子每勤扠，光明净種自防被。

［213］法田荊蕀勤秎（科）伐，令諸苗實得滋成。既充使者馳（馳）驛（驛）者，必湏了彼大聖言。

［214］復興法躰元无二，平安護此善明群。世界法門諸聖置，專令使衆常防護。

［215］既充福德骹蹄者，實勿輕（輕）斯真聖教。頭首大將虷俱孚，常具甲仗摧迯（逆）黨。

［216］大雄净風胧救父，勅（勅）諸言教及式約。福德勇健諸明使，何故不勤所應事？

［217］勿懐（懷）憪（懈）怠及變異，莫被頹扵犯事者。必湏如彼胧牧主，掔脱羔兒免狼虎。

［218］彼大威聖降魔將，是上人相常記念。元化使衆自疸嚴，故令護法作寬泰。

［219］今請降魔伏外道，以光明手持善衆，勤加勇猛常征罰，攻彼迷徒害法者。

［220］清净善衆持式人，各顗加歡及慈力。我今略述名伎藝，諸明使衆益法者。

［221］其有聽衆相助人，與法齊安无部磕。救抵詮者破昏徒，摧伏魔尊悅（悅）净衆。

［222］歎无上明尊偈文　法王作之

［223］我等常活明尊父，隱窑恒安大明廅。高扵人天自在者，不動國中儼然住。

［224］為自性故開惠門，令覺生緣涅縏路。巧示我等性命海，上

539

方下界明暗祖。

［225］微妙光輝内外照，聚集詮蘭善業躰。魔王惡黨覓怒嗔，恐（恐）明降暗不自在。

［226］苔哉世聞諸外道，不䏍分別明宗祖，輪迴地獄受諸殃，良為不尋真㸚路！

［227］告汝明群善業輩，及䏍悟此五明者，常湏警覺净心田，成就父業勿閑眼。

［228］分別寧蘭諸性相，及覺明力被捘（捉）縛。扵此㸚法决㝎佟，若䏍如是速解脱。

［229］世界諸欲勿生貪，莫被魔家綱所着。堪譽惠明是法王，䏍収我荨離死錯。

［230］照曜内外无不暁（曉），令我荨額同諸聖。恬宑仙藥与諸徒，餌者即獲安樂迳（徑）。

［231］錬扵净法令堪譽，心意㤀嚴五妙身。智惠方便教善子，皆令具㞢无不真。

［232］竒特光明大慈父，亓集善子曰祖力。槌鍾擊皷（鼓）告衆生，明身離縛時欲至。

［233］究竟分折（析）明暗力，及諸善業并惡敵。世界天地及糸（参）羅，並由慈尊當解折。

［234］魔族永囚扵暗獄，佛家踴躍歸明界，各復本躰妙㤀嚴，串戴衣衬得常樂。

［235］歎五明文　諸素闍作　有兩疊

［236］敬歎五大光明佛，充為惠甲堅牢院。世界精華之妙相，任持物額諸天地。

［237］一切含識諸身命，一切眼見耳聞音，䏍為骨㔍諸身力，䏍為長養諸形額。

［238］復佐諸舌數種言，又佐諸音數種聲。亦是心識廣大明，䏍除黑暗諸災苦。

［239］一切仁者之智惠，一切辯（辯）者之言辝（辭），䏍作身

狠端嚴色，能為貴賤諸福利。

［240］復作上性諸榮顯，又作勇健諸伎能：是自在者威形勢，是得寵（寵）者諸利用。

［241］一切病者之良藥，一切覓者之和類，能作万物諸身酵，能為依凶成所辦。

［242］復是世界榮豐（豐）稔，又是草木種種苗：春夏騰身起世界，每年每月充為首。

［243］若有智惠福德人，何不思惟此大力？常湏護念真實言，恒加怕懼勿輕惕。

［244］覺察五大光明佛，緣何従父来此界。了知受苦更无過，善巧抽抚離魔窟。

［245］是即名為有眼人，是即名為智惠者。停罷一切諸惡業，遂送還扵本宗祖！

［246］斋式堅持常慎（慎）護，及以攝念恒療治：晝夜思惟真凶法，務在銓澄五妙身。

［247］其有地獄輪迴者，其有劫火及長禁，良由不識五明身，遂即離扵安樂國。

［248］歎五明文 弟二疊

［249］復告善業明兄弟（弟），用心思惟詮妙身，各作勇健智舩主，渡此流浪他鄉子。

［250］此是明尊珎貴寶，咸用身舩般出海，勤慇被剌（刺）苦瘡疣，久已悲哀希救護。

［251］請各慈悲真實受，隨即依數疾還主：貴族流浪已多年，速送本鄉安樂處。

［252］端凶光明具相子，早抚離扵貪欲薉：幽深苦海尋珎寶，奔奉涅縣清净王。

［253］抽抚惡剌出瘡痍，洗濯明珠離泥（泥）溺。法稱所受諸妙供，疰嚴清净還本主。

［254］夷數肉血此即是，堪有受者隨意聑。如其虛妄違負心，夷

541

數自徵无雪路。

〔255〕憶念戰慄命殄（終）時，平莘王前莫屈理。法相惠明餘諸佛，為此明身常苦惱

〔256〕過去諸佛羅漢（漢）莘，並為五明置妙法。今時雄猛忙你尊，對我莘前皆顯現。

〔257〕汝莘智惠福德人，必湏了悟憐愍性。勤行醫藥防所禁，其有苦患令瘳愈。

〔258〕弎行威儀恒堅固，持齋礼拜及讚誦。身口意業恒清净，歌唄法言无閒歇（歇）。

〔259〕又復真實行憐愍，柔和忍辱净諸根。此乃並是明身藥，遂免疼悛諸苦惱。

〔260〕流浪他鄉一朝客，既能延請令歡喜。疰嚴寺舍恒清净，勤辦衣粮雙出海。

〔261〕歎明界文　凡（凡）七十八頌[1]　分四句　未[2]冒慕闍撰

〔262〕我莘上相悟明尊，遂能信受分別說。大聖既是善業躰，顧降慈悲令普悅。

〔263〕蒙父愍念降明使，能療病性離倒錯，及除結縛諸煩惱，普令心意得快樂。

〔264〕无幽不顯皆令照，一切秘宻悉開楊。所謂兩宗二大力，若非善種誰能祥？

〔265〕一則高廣非限量，並是光明无暗所。諸佛明使扵中住，即

---

〔1〕觀寫本此題下詩句凡76行，每行4句，故竊意"七十八頌"應爲"七十六頌"之譌。

〔2〕"未"，疑爲"末"之譌。按明代何喬遠《閩書》述摩尼教史，其中稱"摩尼佛名末摩尼光佛"，而復釋云："末之爲言大也。"（《閩書》（1），廈門大學點本，福建人民出版社，1994年，頁171。）西方學者蓋把此"末"作爲諸古敍利亞語 Mar 的對音，是爲敬稱。慕闍具名而又能像教主摩尼那樣被冠以"末"，自是特別有威望者。故學者認爲"末冒"可復原成' mw[ammō]，即當年摩尼派往東方傳教的大弟子阿莫的名字，當爲可信。參 W. B.Henning, "Annotations to Mr.Tsui's Translation，app.To Tsui Chi,'Mo Ni Chiao Hsia Pu Tsan, The Lower (Second?) Section of the Manichaean Hymns'"，*BSOAS*, XI, 1943—1946, p.216,note 6；吉田豐：《漢訳マニ教文献における漢字音写された中世イラン語について（上）》，刊《内陸アジア言語の研究》1986年第2期，神戸市外国語大学外国学研究所編，頁5，見詞彙表第10。

是明尊安置處。

［266］光明普遍皆清净，常樂寂滅旡動俎；彼受歡樂旡煩惱，若言有苦旡是處。

［267］聖衆法堂皆嚴净，乃至諸佛伽藍所；常受快樂光明中，若言有病旡是處。

［268］如有得往彼國者，究竟普會旡憂愁。聖衆自在各逍遙，拷摇（摇）囚縛永旡由。

［269］處所莊嚴皆清净，諸惡不净彼元旡；快樂充遍常寬泰，言有相悋旡是處。

［270］旡上光明世界中，如塵沙等諸國土。自然微妙寶莊嚴，聖衆扵中恒凶住。

［271］彼諸世界及國土，金剛寶地徹下暉，旡始時来今究竟，若言震動旡是處。

［272］在彼一切諸聖等，不染旡明及婬慾（慾），遠離疾爱男女形，豈有輪迴相催促？

［273］聖衆齊心皆和合，分折刀劒旡由至，釋意消遙旡鄣硋，亦不顚求婬慾事。

［274］伽藍處所皆嚴净，彼旡相害及相非，生死破壞旡常事，光明界中都旡此。

［275］彼旡怨敵侵（侵）邊境，亦旡戎馬鎮郊軍；魔王縱起貪爱心，扵明界中元旡分。

［276］金剛寶地㮣微妙，旡量妙色相暉曜，諸聖安居旡鄣硋，永離銷散旡憂惱。

［277］聖衆嚴客（容）[1]甚奇特，光明相照躰暉澂（凝），將此百千日月明，彼聖毛端光尚勝。

［278］內外光明旡暗影，妙躰常暉千万種，遊行勝譽金剛地，彼則无有毫釐重。

---

〔1〕“客”，當爲“容”之俗寫，寫本另見311、313、318行。或錄爲“客”，義難通。寫本有“客”字，見102、260行，寫法顯有不同。

〔279〕丂着名衣皆可悦，不曰手作而成就；聖衆衣服惟鮮潔，縱久不朽旡虫螋。

〔280〕此界名花皆採集，喻彼微妙端正相；然彼服餝更加倍，竒特莊嚴色旡量。

〔281〕彼諸寺觀殿塔寺，妙寶成就無瑕（瑕）璺（釁）[1]；飲食餚饍皆甘路[2]，國土豐饒旡饑饉。

〔282〕琉（琉）冤（冕）[3]究竟不破壞，一戴更旡脱卸（卸）期；諸聖普會常歡喜，永旡苦惱及相離。

〔283〕花矜青翠妙莊嚴，相暎（映）惟鮮不萎落；肉舌欲歡巨豚思，妙色旡盡不淡薄。

〔284〕聖衆躰輕恒清净，手足肢卸旡擁塞；不造有爲生死業，豈得説言有疲㰁？

〔285〕彼聖清虚身常樂，金剛之躰旡眼（眠）[4]睡（睡）；既旡夢想及顛倒，豈得説言有恐畏？

〔286〕聖衆常明具妙惠，健忘旡記彼元旡；旡邊世界諸事相，如對明鏡皆見覩。

〔287〕諸聖心意皆真實，詐偽虚矯（矯）彼元旡；身口意業恒清净，豈得説言有妄語？

〔288〕世界充滿諸珎寶，旡有一事不堪譽；伽藍廣博旡乏少，豈得説言有貧乏？

〔289〕飢火熱惱諸辛苦，明界常樂都旡此；永離飢渇（渇）相惱害，彼亦旡諸醎苦水。

〔290〕百川河海及泉源，命水湛然皆香妙；若入不漂及不溺，亦

---

〔1〕"璺"，向被録爲"釁"，誤。寫本字形顯未見"宀"，而"釁"，音 mén,wěi，義謂緩慢流動，無止無休，喻容孜孜不倦，顯然有悖本句意思。竊意應爲"璺"之俗寫。"璺"，音 xìn，謂玉之裂縫。"瑕璺"，其意可通。

〔2〕"路"，當與"露"通假。

〔3〕"冤"，當爲"冕"之俗體，"琉冕"謂天子專用琉璃禮帽，以往各本録爲"琉冤"，義不可解。

〔4〕"眼"，字形類乎"眼"和"眠"之俗寫，然"眼"字見於010、056、237、245行，均不俗寫，可證是處該字應爲"眠"，適好與"睡"搭配。

旡暴水来損耗。

［291］諸聖安居常快樂，國土堪譽不相譏（譏）；怨憎會苦彼元旡，亦不面讚背相毁。

［292］慈悲踴躍相憐愍，妬嫉諸惡彼元旡。行步速踕[1]疾逾風，四肢癱緩旡是處。

［293］神旦運轉疾如電，應現十方旡部礫。奇特妙形實難陳，諸災病患旡能害。

［294］迫迮諸災及隘難，恐懼一切諸魔事，戰伐相害及相煞，明界之中都旡此。

［295］世界常安旡恐怖，國土嚴净旡能俎，金剛寶地旡邊際，若言破壞旡是處。

［296］彼處寶樹皆行列，寶菓常生不彫朽，大小相似旡虫食，青翠茂盛自然有。

［297］苦毒酸澀（澀）及黔[2]黑，寶果香美不如是，亦不内虚而外實，表衷（裏）光明甘露味。

［298］寶樹根荄及枝茶，上下通身並甘露，香氣芬芳充世界，寶花相暎常紅素。

［299］彼國園（園）菀（苑）廣嚴净，奇特香氣周圍圃；瓦礫荊蒜諸穢草，若言有者旡是處。

［300］彼金剛地常暉耀，内外鑒照无不見；寶地重重國无量，徹視間間皆顯現。

［301］香氣氤[3]氳周世界，純（純）一旡雜性命海，弥綸充遍旡部礫，聖衆遊中香妙宷。

［302］虚空法尔旡變易，微妙光雲旡影礫，湛然清净旡塵翳，平

---

〔1〕"踕"，音 jie，據《康熙字典》，謂"行急"。

〔2〕"黔"，音 qiào，謂"面點"，參《康熙字典》。

〔3〕"氤"，既往之錄文均作"氛"。觀寫本，該字係在旁補入，字跡不清，但"气"明顯，底端尚有橫劃，故不可能復原爲"氛"。依語境看，若非"氳"，則當爲"氳"。"氳氳"，辭書釋爲"氣盛貌"，"彌漫充滿貌"，"沉鬱貌"；氤氳，辭書作煙氣、煙雲彌漫貌解，均符合本處意境。新近發現的霞浦科册《摩尼光佛》兩度出現該頌，均作"香氣氤氳周世界"，故當以"氤"爲是。

545

苐周羅諸世界。

［303］彼界寶山億千種，香炬（煙）涌出百万般，內外光明躰清淨，甘露充盈旡邊畔。

［304］泉源清流旡間斷，真甘露味旡渾苦；聖衆充飽旡欠少，若有渴乏旡是處。

［305］妙風飄蕩皆可悅，和暢周迴遍十方，輕拂寶樓及寶閣，寶鈴寶鐸恒震響。

［306］光明妙火旡可比，妙色清涼（涼）常暉曜，赫尒恒存不生滅，奇特暉光實難頪。

［307］火躰清虛旡毒熱，觸入扵中不燒爇；彼旡灰燼及炬煤，若言焚燎旡是處。

［308］彼處殿堂諸宮室，皆非手作而成堅；不假功夫法自尒，若言佫造旡是處。

［309］所從寶地涌出者，皆有見聞及覺知，得覩旡上涅槃王，稱讚歌楊大聖威。

［310］彼處暗影本元旡，所有內外明旡比，一切身相甚希奇，扵寶地者恒青翠。

［311］聖衆形軀甚奇特，高廣嚴容實難思，下徹寶地旡邊際，欲知限量旡是處。

［312］彼聖妙形堪珎重，元旡病患及災殃，有力常安旡衰（衰）[1]老，說彼旡損躰恒強（強）。

［313］若非大聖知身量，何有凡夫𦫖筭（算）說？金剛之體叵思議，大小形容唯聖別。

［314］聖衆色相甚微妙，放大光明旡邊所，旡始現𫝆後究竟，若言身壞旡是處。

［315］人天聖凡諸形頪，叵有肉舌𦫖讚彼。諸佛性相實難思，金剛（剛）寶地亦如是。

---

〔1〕"衰"，本文書僅一見，從文意看，當爲"衰"之俗寫。

［316］聖衆常樂无疲極，珎重榮華究竟悅，身相微妙恒端㘴，内外莊嚴實難說。

　　［317］聖衆光明甚奇異，无有間斷互相暉；彼聖齊心皆和合，若言分折元无是。

　　［318］諸聖嚴容微妙相，皆處伽藍寶殿閣，起意動念諸心想，普相照察无疑錯。

　　［319］光明界中諸聖寺，其身輕利无疲重，妙形随念遊諸剎，思想顯現悉皆同。

　　［320］聖衆齊心恒歡喜，演微妙音无停凶，讚礼稱楊无疲猒，普歎明尊善業威。

　　［321］讚唄妙音皆可悅，其聲清美皆安静；上下齊同震妙響，周遍伽藍元不寧。

　　［322］其音演暢甚殊特，遍互歌楊述妙德。諸聖快樂皆究竟，常住恒安无疲極。

　　［323］光明寶地无邊際，欲尋厓岸无是處。元无迫迮及遮護，各自逍遙任處所。

　　［324］聖衆齊心皆和合，元无分折争名利，平荨普會皆具足，安居廣博伽藍寺。

　　［325］伽藍清净妙莊嚴，元无恐怖及㘴難：街衢巷陌廣嚴餝，随意遊處普寧寬。

　　［326］一切諸魔及餓鬼，醜（醜）惡面狠及形軀，无始時来今及後，若言說有无是處。

　　［327］雞犬猪狉（豚）及餘額，涅槃界中都无此；五額禽獸諸聲響，若言彼有无是處。

　　［328］一切暗影及塵埃，極樂世界都无此。諸聖伽藍悉清净，若有昏暗无是處。

　　［329］光明遍滿尣（充）一切，夀（壽）命究竟永恒安。珎重歡樂元无閒，慈心真實亦常寬。

　　［330］常樂歡喜无停息，暢悅身意寶香中，不計年月及時日，豈

慮（慮）命盡有三夆？

［331］一切諸聖旡生滅，旡常殺鬼不侵害。不行婬慾旡穢姓，豈得説言有痰愛？

［332］敗懷男女雄雌躰，生死旡常婬欲果，烬（極）樂世界都旡此，處呞清净旡災禍。

［333］光明界中諸聖尊，遠離懷胎旡聚散；遍國安（安）寧不驚怖，元旡怕懼及荒乱。

［334］皆從活語妙言中，聖衆變化緣斯現。一一生化本荘嚴，各各相似旡別見。

［335］國土大小皆相頟，寺觀安居復旡異。各放光明旡限量，夀命究竟旡年記。

［336］諸邊境界恒安静，性相平夅地旡異。三常五大鎮相暉，彼言有暗元旡是。

［337］斯乃名為常樂國，諸佛明使本生緣。旡有三災及八難，生老病死不相遷（遷）。

［338］斯乃如如一大力，忙你明使具宣示。賑闡生緣真叵路，聖衆普會得如是。

［339］苐一　旬𪗋默結顚用之。

［340］稱讚忙你具智王，及以五明清净躰；稱讚一切諸明使，及以護持叵法者！

［341］過去一切慈父夅，過去一切慕闍輩，過去一切拂多誕，過去一切法堂主，

［342］具弍男女觧脱者，並至安樂普稱欵；亡沒沉輪諸聽者，衆聖救將達彼岸。

［343］　　　　　右，三行三礼，至扵亡沒聽者，任依梵音唱亡人名，然依後續。

［344］一切信施士女夅，扵此叵法結緣者，倚託明尊觧脱門，普顚離諸生死呰！

［345］今日呞造諸功德，請扠明使盡迎將；一切天仙善神夅，平

安遊凶去災殃。

［346］一切法堂伽藍所，諸佛明使顛遮防：內外安寧无鄣礙，上下和合福延長！

［347］第二　凡常日結顛用之。

［348］稱讚忙你具智王，及以光明妙寶身：稱讚譏 法 諸明使，及以廣大慈父等！

［349］彖閣常顛无礙遊，多誕所至平安住，法堂主上加歡喜，具式師僧增福力，

［350］清浄童女築令勤，諸聽子等惟多悟，衆聖遮譏法堂所，我等常寬无憂慮！

［351］　　　右，三行三礼，立者唱了，與前偈結，即合衆同
　　　　　　聲言"我等上相……"

［352］我等上相悟明尊，遂餝信受分別說。大聖既是善業躰，顛降慈悲令普悅！

［353］　　　若"我等上相"既了，衆人並默，尊者即誦
　　　　　　《阿佛利偈》，次云"光明妙身"結。

［354］光明妙身速解脱，所是施主罪銷亡；一切師僧及聽子，扵此功德同榮念；

［355］正法流通得无礙，究竟究竟顛如是！

［356］此偈讚明尊訖，末後結顛用之。

［357］大真實主，十二光王，衆妙世界，微塵國土，常活妙空，堪褒譽地，佐光明者，忙你尊

［358］佛，捨諸罪，有礙无礙，或時本意，或隨他意，身口思想，諸不善業，我等善衆及諸

［359］聽者，乞懺罪己（已）[1]，各如本顛！

［360］此偈讚日光訖，末後結顛用之。[2]

---

〔1〕"己"，寫本如是，疑與第40行之"己"，同爲"已"之譌。

〔2〕《宋會要輯稿》刑法二宣和2年11月4日"臣僚言"提及其時"明教之人所念經文"有《日光偈》者（《宋會要輯稿》，中華書局，1975年，頁6534下），竊疑該偈或源自《下部讚》此詩。

[361] 稱讚微妙大光輝，世閒冣上冣旡比！光明殊特遍十方，十二時中作歡喜。大力

[362] 堪譽慈悲母，驍健踴猛淨活風，十二舩主五奴明，及餘旡數光明衆。各乞愍念慈

[363] 悲力，請救普厄諸明性，得離火海大波濤，合衆究竟顚如是！

[364] 此偈讚廬舍舡訖，末後結顚用之。

[365] 稱讚哀譽，蘇露沙羅夷，具呈丈夫，金剛相柱，任持世界，充遍一切，以自妙

[366] 身，以自大力，利益自許，孤捿（棲）竆子。我㝹今者，不賺具讚，唯顚納受，此徴

[367] 啓訟，讓助善衆，常如所顚！

[368] 此偈讚夷數訖，末後結顚用之。

[369] 稱讚淨妙智，夷數光明者，示現仙童女，廣大心先意。安泰一切真如性，再蘇

[370] 一切微妙躰；病者爲與作毉王，苦者爲與作歡喜。五奴明使七舩主，忙你慈父

[371] 光明者！捨我一切諸愆咎，合衆平安如所顚！

[372] 此偈讚忙你佛訖，末後結顚用之。

[373] 稱讚哀譽，珎重廣大，彼真實主，冣上光王，常明世界，及其聖衆，忙你法王，明

[374] 尊許智，諸聖許惠，從三界外，来生死中，蘇我㝹性，爲大毉王，作平斷

[375] 者；開甘露泉，栽活命樹，救同郷衆，奴光明子，扵柔軟群，作當牧者；壚（墻）[1] 塹（塹）

[376] 福田，滋盛苗實，扵清淨法，作守護者。敬礼威德！慚愧（愧）深恩！對旡上尊，

---

〔1〕“壚”，向錄爲“塘”，誤；據臺版《異體字字典》“墻”條，黃征《敦煌俗字典》“墻”條，應爲“墻”之異體。承蒙晉江粘良圖先生2008年1月17日電子郵件提示，誌謝！

〔377〕對光明衆，深領大恩，慚賀大澤。實扵我苹，除大厄難，作大歡喜；我苹

〔378〕今者，對扵諸聖，誠心懇懺：一切從忙你佛邊所，受上方法之坛（鹽）印，日夜

〔379〕堅持，不敢輕惕；我苹今者，扵一净名，決定終行，究竟獲豚，如先本顚！

〔380〕此偈凡莫日用為結顚。

〔381〕敬礼及稱讚，常加廣稱欵，讚此今時日，扵諸時宋豚！諸有樂性者，今時人

〔382〕香水，滲（滲）浴諸塵垢，皆當如法住。稱讚大威相，充遍扵净法；自是夷數佛，

〔383〕餘蘇諸善種。稱讚真實主，大力忙你尊，餘活净法躲，餘救諸明性。

〔384〕顚以慈悲眼，普觀此净衆，如斯宋小群！如斯宋小處！唯頭自遮防，恒加

〔385〕力提策，磔身无磔躲，內外常加被！我苹净法男，諸堅童女輩，及以諸

〔386〕聽者，究竟如所顚！

〔387〕此偈凡至莫日，與諸聽者懺悔顚文。

〔388〕汝苹聽者，人各跽跪！誠心懇切，求哀懺悔，對真實父，大慈悲主，十二

〔389〕光王，涅槃國土；對妙生空，无邊聖衆，不動不俎，金剛寶地；對日月

〔390〕宮，二光明殿（殿），各三慈父，元堪讚譽；對廬舍舵，大莊嚴柱，五妙相身，

〔391〕觀音勢至；對今吉日，堪讚欵時，七寶香池，滿活命水。有缺（缺）七施十

〔392〕式、三印法門，又損五分法身，恒加費用；或斬伐五種草木，或勞伇（役）五

［393］頦衆生，餘有旡數愆違，今並洗除懺悔；若至旡常之日，脫此可猒肉

［394］身。諸佛聖賢，前後圍遶；寶舡安置，善業自迎，直至平等王前，

［395］受三大勝，所謂花冠、瓔珞、萬種妙衣串佩，善業福德佛性，旡

［396］窮讚歎。又従平等王所，幡（幡）花寶盖，前後圍遶，衆聖歌楊。

［397］入廬舍舥境界，扵其境內，道路平㽍，音聲梵響，周迴弥覆。

［398］従彼直至日月宮殿，而扵六大慈父及餘眷属，各受快樂旡窮

［399］讚歎。又復轉引到扵彼岸，遂入涅槃常明世界，与自善業，常

［400］受快樂。合衆同心，一^[1]如上顠。

［401］此偈結諸唄顠而乃用之。

［402］梵音唄響，詞美殊佳，善業同資，普及一切。上啓諸天聖衆：荷

［403］重光明，顠降大慈，增諸福力，捨我合衆之過，及篤（篤）信聽人，扵一常

［404］名，究竟安樂！

［405］此偈為亡者受供結顠用之。

［406］某乙明性，去離肉身，業行不圓，恐沉苦海，唯顠二大光明、五分法身、

［407］清净師僧、大慈悲力，救抚彼性，令離輪迴剛强之躰，及諸地獄鑊（鑊）湯、

［408］爐（爐）炭。唯顠諸佛，哀愍彼性，起大慈悲，与其解脫；

---

〔1〕寫本原爲"一心"，但在兩字交界右旁加掉轉號"✓"。

自引入扵光明世

［409］界本生之處，安樂之境。功德力資，依如上顯。

［410］此偈你逾沙懺悔文。

［411］我今懺悔所，是身口意業，及貪嗔癡行，乃至縱賊毒心，諸根放逸；

［412］或疑常住三寶并二大光明；或損廬舍肥身兼五明子；扵師僧父母、

［413］諸善知識起輕慢心，更相毀（譭）謗；扵七施十弍、三印法門，若不具侑，顯

［414］罪銷滅！

［415］　吉時吉日，翻（翻）斯讚唄。上顯三常捨過及四處法身，下顯五級

［416］　明群乃至十方賢惡（哲），宜為聖言无盡，凡識有匡。梵本三千之

［417］　篠，所譯二十餘道；又緣経（經）、讚、唄、顯，皆依四處製焉。但道明

［418］　所翻譯者，一依梵本。如有樂習學（學）者，先誦諸文，後暫示之，

［419］　即知次弟；其寫（寫）者，存心勘挍（校），如法裝（裝）治；其讚者，必就明師，

［420］　湏知訛舛。扵是法門蕩蕩，如日月之高明；法侶行行，若

［421］　江漢之清蕭（蕭）。唯顯

［422］皇王廷祚，寮寀忠誠；四海咸寧，万人安樂！

［423］下部讚一卷

參考文獻

蔡鴻生. 唐代九姓胡與突厥文化［M］. 北京：中華書局，1998.

蔡鴻生. 唐代“黃坑”辨［M］//歐亞學刊：第3輯. 北京：中華書局，2002：244–250.

蔡鴻生. 唐宋時代摩尼教在濱海地域的變異［M］. 中山大學學報：社會科學版，2004（6）：114–117.

蔡鴻生. 唐代九姓胡崇“七”禮俗及其源流考辨［M］//蔡鴻生. 中外交流史事考述. 鄭州:大象出版社，2007:51–59.

蔡鴻生.《陳寅恪集》的中外關係史學術遺產［M］//林中澤主編. 華夏文明與西方世界. 香港：博士苑出版社，2003：2–3.

蔡相輝. 以李邕（673—742）《泗州臨淮縣普光王寺碑》爲核心的僧伽（628—709）信仰考[J]. 空大人文學報， 2005（14）：49–63.

陳長城. 莆田涵江發現摩尼教碑刻［J］. 海交史研究，1988（2）：117–118.

陳長城，林祖泉. 涵江摩尼教碑刻考略［J］. 湄洲報，1988-11-24（2）.

陳進國，林鋆. 明教的再發現——福建霞浦縣的摩尼教史跡辨析［M］//李少文，主編. 雷子人，執行主編. 不止于藝——中央美院“藝文課堂”名家講演錄. 北京：北京大學出版社，2010：343–389.

陳萬里. 閩南遊記［M］. 上海：開明書店，1930.

陳寅恪. 支湣度學說考［M］//陳寅恪. 金明館叢稿初編. 上海：上海古籍出版社，1980：141–167.

陳寅恪. 王靜安先生遺書序［M］//陳寅恪. 金明館叢稿二編. 北京：三聯書店，2001：247–248.

陳寅恪. 武曌與佛教［M］//陳寅恪. 金明館叢稿二編. 北京：三聯書店，2001：153–174.

陳寅恪. 高僧傳箋證稿本［M］//陳寅恪. 讀史劄記三集. 北京：三聯書店，2001：293–314. 陳寅恪. 蓮花色尼出家因緣跋［M］//陳寅恪. 寒柳堂集. 北京：三聯書店，2001：169–175.

陳垣. 火祆教入中國考［J］. 國學季刊，1922，1（1）：27–46.

陳智超，編注. 陳垣來往書信集［M］. 上海：上海古籍出版社，1990.

程德魯. 涵江又發現摩尼教殘碑［J］. 湄洲報，1992-6-12.

程朔洛. 釋漢文《九姓回鶻毗伽可汗碑》中有關回鶻和唐朝的關係［M］//林幹，編. 突厥與回紇歷史論文選集. 北京：中華書局，1987，706–719.

段晴. 景教碑中“七時”之說［M］//葉奕良，編. 伊朗學在中國論文集：第三集. 北京：北京大學出版社，2003：21–30.

樊麗沙，楊富學. 霞浦摩尼教文獻及其重要性［J］. 世界宗教研究，2011（6）：177–183.

E.H.貢布里希. 象徵的圖像——貢布里希圖像學文集［M］. 范景中，譯. 上海：上海書畫出版社，1990.

馮承鈞. 景教碑考［M］. 上海：商務印書館，1931.

馮承鈞譯. 摩尼教流行中國考［M］//西域南海史地考證譯叢八編. 北京：中華書局，1958.

馮承鈞譯. 福建摩尼教遺跡［M］//西域南海史地考證譯叢九編. 北京：商務印書館，1958.

耿世民. 回鶻文摩尼教寺院文書初釋［J］. 考古學報，1978（4）：497–516.

郭沫若. 中國史稿：第5冊［M］. 北京：人民出版社，1983.

韓國盤. 隋唐五代史綱［M］. 北京：人民出版社，1979.

韓香. 唐代長安譯語人［J］. 史學月刊，2003（1）：28–29.

弘一大師全集編輯委員會. 弘一大師全集［M］. 福州：福建人民

出版社，1992.

　　黃佳欣.霞浦科儀本《樂山堂神記》再考察［M］//陳春聲，主編.海陸交通與世界文明.北京：商務印書館，2013：227–255.

　　黃世春.福建晉江草庵發現明教會黑釉碗［J］.海交史研究，1985（1）：73.

　　黃世春.草庵和陳埭回族［J］.晉江鄉訊，1991-1-30（74）.

　　黃志賢.道教科儀文疏總匯（牒文六類匯集）［M］.臺北：道觀出版社，2003.

　　胡善美.弘一法師在晉江草庵［J］.福建宗教，2004（4）：29–31.

　　季羨林.浮屠與佛［M］//季羨林佛教學術論文集.臺北：東初出版社，1995.

　　翦伯贊.中國史綱要［M］.北京：人民出版社，1983.

　　李斌城主編.中國農民戰爭史·隋唐五代十國卷［M］.北京：人民出版社，1988.

　　李玉昆.福建晉江草庵摩尼教遺跡探索［J］.世界宗教研究，1986（2）：134–139.

　　李玉昆.20世紀福建摩尼教的新發現及其研究［J］.福建宗教，1999（1）：36–38.

　　李志鴻.宋元新道法與福建的“瑜伽教”［J］.民俗研究，2008（2）:138–152.

　　梁啟超.中國近三百年學術史［M］.北京：東方出版社，1996.

　　連立昌.明教性質芻議［J］.福建論壇，1988（3）：39–43.

　　連立昌.福建秘密會社［M］.福州：福建人民出版社，1989.

　　林文明.摩尼教和草庵遺跡［J］.海交史研究.1978（1）：22–40.

　　林順道.蒼南元明時代摩尼教及其遺跡［J］.世界宗教研究，1989（4）：107–111.

　　柳存仁.唐前火祆教和摩尼教在中國之遺痕［J］.林悟殊，譯.世界宗教研究，1981（3）：36–61.

　　林悟殊.金庸筆下的明教與歷史的真實［J］.歷史月刊，1996(98)：

62–67.

林悟殊. 摩尼教及其東漸［M］. 北京：中華書局，1987.

林悟殊. 波斯拜火教與古代中國［M］. 臺北：新文豐出版公司，1995.

克里木凱特. 古代摩尼教藝術［M］. 林悟殊，譯. 臺北：淑馨出版社，1995.

林悟殊. 唐代景教再研究［M］. 北京：中國社會科學出版社，2003.

林悟殊. 中古三夷教辨證［M］. 北京：中華書局，2005.

林悟殊. 爲華化摩尼教研究獻新知——讀粘良圖《晉江草庵研究》［J］. 海交史研究，2009（2）：128–134.

林悟殊. 晉江摩尼教草庵發現始末考述［J］. 福建師範大學學報，2010（1）：61–65.

林悟殊. “宋摩尼依託道教” 考論［M］//張榮芳，戴治國，主編. 陳垣與嶺南：紀念陳垣先生誕生130周年學術研討會論文集. 北京：中國社會科學出版社，2011：81–107.

林悟殊. 中古夷教華化叢考［M］. 蘭州：蘭州大學出版社，2011.

林悟殊. 敦煌文書與夷教研究（當代敦煌學者自選集）［M］. 上海：上海古籍出版社，2011.

林子青. 弘一法師年譜［M］. 北京：宗教文化出版社，1995.

劉全波.《雲笈七籤》編纂者張君房事跡考［J］. 中國道教，2008（4）：39–42.

劉淑芬. 林葬——中古佛教露屍葬研究之一［J］. 大陸雜誌，1998，96（3/4/5）.

劉屹. 唐開元年間摩尼教命運的轉折——以敦煌本《老子西升化胡經序說》和《摩尼光佛教法儀略》爲中心［M］//敦煌吐魯番研究：第九卷. 北京：北京大學出版社，2006：85–109.

劉銘恕. 敦煌遺書雜記四篇［M］//甘肅省社科院文學研究所編. 敦煌學論叢. 蘭州：甘肅人民出版社，1985：45–67.

羅豐編. 固原南郊隋唐墓地［M］. 北京：文物出版社，1996.

羅振玉.敦煌本摩尼教殘卷跋［M］//羅振玉校刊群書敘錄：卷下.揚州：江蘇廣陵古籍刻印社，1998：315-322.

馬西沙，韓秉方.中國民間宗教史［M］.上海：上海人民出版社，1992.

馬西沙.中華文化通志·民間宗教志［M］.上海：上海人民出版社，1998.

馬小鶴.摩尼教"朝拜日、夜拜月"研究：上篇［M］//馬小鶴.摩尼教與古代西域史研究.北京：中國人民大學出版社，2008：64-77.

馬小鶴.摩尼教《下部讚·初聲讚文》新考［M］//葉奕良，編.伊朗學在中國論文集：第三集.北京：北京大學出版社，2003：81-113.

馬小鶴.摩尼教《下部讚·初聲讚文》續考［M］//葉奕良，編.伊朗學在中國論文集：第三集.北京：北京大學出版社，2003：81-113.

馬小鶴.摩尼教"十二大王"和"三大光明日"考［M］//馬小鶴.摩尼教與古代西域史研究.北京：中國人民大學出版社，2008：247-283.

馬小鶴.摩尼教"大神咒"研究——帕提亞文書 M1202再考察［M］//馬小鶴.摩尼教與古代西域史研究.北京：中國人民大學出版社，2008：284-305.

馬小鶴.摩尼教與古代西域史研究［M］.北京：中國人民大學出版社，2008.

馬小鶴，吳春明.摩尼教與清度亡靈——霞浦明教《奏申疏牒科册》研究［J］.九州學林，2010（秋）：15-47.

馬小鶴.摩尼教《下部讚》第二首音譯詩譯釋——淨活風、淨法風辨釋［M］//天祿論叢.桂林：廣西師範大學出版社，2010：65-89.

梅村.摩尼光佛像與摩尼教［J］.文物天地，1997（1）：14-18.

牟鐘鑒，張踐.中國宗教通史（修訂本）［M］，北京：社會科學文獻出版社，2003.

牟潤孫.宋代摩尼教［J］.輔仁學志，1938，7（1/2）：125-146.

粘良圖.摩尼教信仰在晉江［J］.福建宗教，2004（6）：24-26.

粘良圖.晉江草庵研究［M］.廈門：廈門大學出版社，2008.

粘良圖. 福建晉江霞浦兩地明教史跡之對照[M]//馬明達主編. 暨南史學: 第七輯. 桂林: 廣西師範大學出版社, 2012: 43-52.

粘良圖. 霞浦縣明教(摩尼教)史跡之我見[M]//陳春聲, 主編. 海陸交通與世界文明. 北京: 商務印書館, 2013: 204-214.

念西. 辨泉州摩尼如來偽像[J]. 佛教公論, 1937, 1(6/7): 11-12.

潘重規. 敦煌變文集新書[M]. 臺北: 文津出版社有限公司, 1983.

濮文起. 秘密教門: 中國民間秘密宗教溯源[M]. 南京: 江蘇人民出版社, 2000.

饒宗頤. 穆護歌考[M]//大公報在港復刊三十周年紀念文集: 下卷. 香港: 大公报出版社, 1978: 733-771.

饒宗頤. 塞種與 Soma——不死藥的來源探索[M]//饒宗頤二十世紀學術文集: 卷七, 臺北: 新文豐出版股份有限公司, 2003: 152-166.

芮傳明. 淫祀與迷信: 中國古代迷信群體研究[M]. 廣州: 廣東人民出版社, 2005.

芮傳明. 東方摩尼教研究[M]. 上海: 人民出版社, 2009.

尚鉞. 尚氏中國古代通史[M]. 北京: 高等教育出版社, 1991.

陶懋炳. 五代史略[M]. 北京: 人民出版社, 1985.

王國維. 摩尼教流行中國考[M]//觀堂集林: 第四冊. 北京: 中華書局, 1959: 1167-1180. 王國維. 古史新證——王國維最後的講義[M]. 北京: 清華大學出版社, 1994.

王見川. 從摩尼教到明教[M]. 臺北: 新文豐出版公司, 1992.

王媛媛. 新出漢文《下部讚》殘片與高昌回鶻的漢人摩尼教團[J]. 西域研究, 2005(2): 51-57.

古樂慈. 一幅宋代摩尼教《夷數佛幀》[M]//藝術史研究: 第10輯. 王媛媛, 譯. 廣州: 中山大學出版社, 2009: 139-189.

王媛媛. 從波斯到中國: 摩尼教在中亞和中國的傳播[M]. 北京: 中華書局, 2012.

王仲犖. 隋唐五代史. 上海: 上海人民出版社, 1988.

吳晗. 明教與大明帝國[M]//吳晗. 讀史箚記. 北京: 三聯書店,

1956：235-270.

吳其昱. 唐代景教之法王與尊經考［M］//敦煌吐魯番研究：第5卷. 北京：北京大學出版社，2000：13-58.

吳文良. 泉州宗教石刻［M］. 北京：科學出版社，1957.

吳文良. 泉州宗教石刻（增訂本）［M］. 吳幼雄，增訂. 北京：科學出版社，2005.

吳幼雄. 泉州宗教文化［M］. 廈門：鷺江出版社，1993.

巫鴻. 實物的回歸：美術的"歷史物質性"［M］//美術史十議. 北京：三聯書店，2008.

許地山. 摩尼之二宗三際論［J］. 燕京學報，1928（3）：382-402.

楊富學，牛汝極. 沙洲回鶻及其文獻［M］. 蘭州：甘肅文化出版社，1995.

楊富學.《樂山堂神記》與福建摩尼教［J］. 文史，2011（4）：135-173.

殷小平. 元代也里可溫考述［M］. 蘭州：蘭州大學出版社，2012.

虞萬里. 敦煌摩尼教《下部贊》寫本年代新探［M］//敦煌吐魯番研究：第1卷. 北京：商務印書館，1995：37-46.

元文琪. 福建霞浦摩尼教科儀典籍重大發現論證［J］. 世界宗教研究，2011（5）：168-180.

張廣達，榮新江. 有關西州回鶻的一篇敦煌漢文文獻——S. 6551講經文的歷史學研究［J］. 北京大學學報，1989（2）：24-36.

張小貴. 中古華化祆教考述［M］. 北京：文物出版社，2010.

張小貴. 祆教史考論與述評［M］. 蘭州：蘭州大學出版社，2013.

張星烺. 泉州訪古記［M］. 史學與地學. 1928（4）：1-16.

張祝平.《夷堅志》的版本研究［M］. 古籍整理研究學刊，2003（2）：66-77.

曾閱. "草庵"摩尼教遺跡漫紀［J］. 福建文博，1980（1）：52-53.

鄭天挺，譚其驤.《中國歷史大辭典》之"毋乙"條［M］. 上海：上海辭書出版社，2000.

鄭學檬. 五代十國史研究［M］. 上海：上海人民出版社，1991.

鄭旭東. 我市發現第二塊摩尼教碑［M］. 湄洲報，1992-6-16.

周菁葆. 中亞摩尼教音樂［J］. 新疆藝術，1992（3）：40-46，53.

周菁葆. 西域摩尼教的樂舞藝術［J］. 西域研究，2005（1）：85-93.

周運中. 唐宋江淮三夷教新證［J］. 宗教學研究，2010（1）：210-212.

莊爲璣. 談最近發現的泉州中外交通的史跡［J］. 考古通訊，1956（3）：43-48.

古典漢籍

史記 (10)［M］. 北京：中華書局，1959.

漢書［M］. 校點本. 北京：中華書局，1975.

後漢書［M］. 點校本. 北京：中華書局，1965.

三國志［M］. 點校本. 北京，中華書局，1969.

晉書［M］. 點校本. 北京：中華書局，1974.

北史［M］. 校點本. 北京：中華書局，1974.

周書［M］. 點校本. 北京：中華書局，1974.

舊唐書［M］. 校點本. 北京：中華書局，1975.

新唐書［M］. 校點本. 北京：中華書局，1975.

舊五代史［M］. 校點本. 北京：中華書局，1976.

新五代史［M］. 校點本. 北京：中華書局，1974.

宋史［M］. 校點本. 北京：中華書局，1977.

明史［M］. 校點本. 北京：中華書局，1974.

毛詩正義［M］//十三經注疏.〔清〕阮元，校刻. 影印本. 北京：中華書局，1979.

周易正義［M］//十三經注疏.〔清〕阮元，校刻. 影印本. 北京：中華書局，1980.

禮記正義［M］//十三經注疏. 十三經注疏整理委員會，整理. 北京：北京大學出版社，2000.

〔西漢〕劉向. 戰國策［M］. 上海：上海古籍出版社，1978.

〔西漢〕東方朔. 七諫［M］//〔宋〕洪興祖. 楚辭補注：卷十三. 白

·欧·亚·历·史·文·化·文·库·

化文，點校. 北京：中華書局，1983.

〔西漢〕劉向. 說苑［M］. 向宗魯，校證. 北京：中華書局，1987.

〔東漢〕許慎. 說文解字［M］.〔宋〕徐鉉，校定. 影印本. 北京：中華書局，1963.

〔東漢〕王充. 論衡校釋（附劉盼遂集解）［M］.〔民國〕黃暉，校釋. 北京：中華書局，1990.

〔東漢〕劉熙. 釋名（叢書集成初編）［M］. 北京：中華書局，1985.

陶淵明集［M］. 逯欽立，校注. 北京：中華書局，1979.

陶淵明詩選［M］. 廣州：廣東人民出版社，1984.

〔梁〕蕭統，編. 文選［M］.〔唐〕李善，注. 上海：上海古籍出版社，1986.

隋樹森. 古詩十九首集釋［M］. 北京：中華書局，1955.

〔唐〕李肇. 唐國史補［M］. 上海：上海古籍出版社，1983.

〔唐〕杜佑. 通典［M］. 王文錦，王永興，點校. 北京：中華書局，1992.

〔唐〕劉知幾. 史通通釋［M］.〔清〕浦起龍，釋. 上海：上海古籍出版社，1978.

〔唐〕李德裕. 賜回鶻可汗書意［M］∥全唐文：卷699. 北京：中華書局，1983.

〔北宋〕宋本廣韻［M］. 陳彭年，修. 影印本. 北京：中國書店，1982.

〔北宋〕王溥撰. 唐會要［M］. 北京：中華書局，1955.

〔北宋〕姚鉉. 唐文粹［M］. 影印本. 杭州：浙江人民出版社，1986.

〔北宋〕王銍. 默記［M］. 北京：中華書局，1981.

〔北宋〕王欽若. 册府元龜［M］. 影印本. 北京：中華書局，1960.

〔北宋〕徐鉉. 稽神錄［M］. 白化文，點校. 北京：中華書局，1996.

〔北宋〕姚寬. 西溪叢語［M］. 孔凡禮，點校. 北京：中華書局，

1993.

〔北宋〕張君房. 雲笈七籤序［M］//道藏：第22册，上海：上海書店，1994.

〔南宋〕莊綽. 雞肋編［M］. 蕭魯陽，點校. 北京：中華書局，1983.

〔南宋〕洪邁. 夷堅志［M］. 何卓，點校. 北京：中華書局，1981.

〔南宋〕陸游. 渭南文集［M］//陸放翁全集：上册. 北京：中國書店，1986.

〔南宋〕陸游. 老學庵筆記［M］. 李劍雄，劉德權，點校. 北京：中華書局，1979.

〔南宋〕李燾. 續資治通鑒長編［M］. 北京：中華書局，1993.

〔南宋〕馬永卿，懶真子. 景印文淵閣四庫全書：第863册［M］. 臺北：商務印書館，1983.

〔南宋〕崔敦禮，芻言. 景印文淵閣四庫全書：第849册［M］. 臺北：商務印書館，1986.

〔南宋〕戴埴. 鼠璞. 景印文淵閣四庫全書：第854册［M］. 臺北：商務印書館，1986.

〔南宋〕李心傳. 建炎以來繫年要錄［M］. 北京：中華書局，1988.

〔南宋〕寶刻類編［M］//中國東方文化研究會歷史文化分會編. 歷代碑誌叢書：第一册. 南京;江蘇古籍出版社，1998.

〔明〕何喬遠. 閩書［M］. 廈門大學校點本. 福州：福建人民出版社，1994.

〔清〕曹寅,彭定求，等. 編纂［M］. 影印本. 全唐詩. 北京：中華書局，1960.

〔清〕陳夢雷. 古今圖書集成：第104册［M］. 民國影印本. 北京：中華書局.

〔清〕徐松. 宋會要輯稿［M］. 影印本. 北京：中華書局，1975.

〔清〕徐松. 增訂唐兩京城坊考［M］. 李健超，增訂. 西安：三秦出版社，1996。

〔清〕潘遂先. 聲音發源圖解［M］//紀昀總纂. 欽定四庫全書總目：卷44，經部44小學類存目2. 石家莊：河北人民出版社，2000.

〔清〕顧嗣立. 元詩選三集［M］. 北京：中華書局，1987.

〔清〕李道平. 周易集解纂疏［M］. 潘雨廷，點校. 北京：中華書局，1994.

〔清〕永瑢. 四庫全書總目卷146：《雲笈七籤》提要［M］. 北京：中華書局，1965.

〔清〕黃遵憲. 人境廬詩草［M］. 錢仲聯，箋注. 上海：上海古籍出版社，1981.

佛教典籍

〔三国·吳〕康僧會，譯. 六度集經［M］//大正藏：卷3. No.0152.

〔西晉〕燉煌三藏，譯. 佛說決定毘尼經［M］//大正藏：卷12.No.0325.

〔東晉〕竺難提，譯. 大寶積經大乘方便會［M］//大正藏：卷11.No.0310.

〔東晉〕佛陀跋陀羅，譯. 佛說觀佛三昧海經：卷9［M］//大正藏：卷15.No.643.

〔東晉〕瞿曇僧伽提婆，譯. 增壹阿含經：卷13［M］//大正藏：卷2.No.0125.

〔東晉〕佛馱跋陀羅，譯. 大方廣佛華嚴經：卷4［M］//大正藏：卷9.No.0278.

〔東晉〕瞿曇僧伽提婆，譯. 增壹阿含經［M］//大正藏：卷2.No.0125.

〔東晉〕釋法顯，譯. 大般涅槃經［M］//大正藏：卷1.No.0007.

〔東晉〕菩薩本行經［M］//大正藏：卷3.No.0155.

〔西秦〕聖堅，譯. 佛說睒子經［M］//大正藏：卷3.No.0175.

〔後秦〕佛陀耶舍共竺佛念，譯. 佛說長阿含經［M］//大正藏：卷1.No.0001.

〔後秦〕鳩摩羅什，譯．金剛般若波羅蜜經［M］//大正藏：卷8.No.0235．

〔後秦〕涼州沙門竺佛念，譯．最勝問菩薩十住除垢斷結經［M］//大正藏：卷10．No.0309．

〔劉宋〕摩蜜多，譯．觀虛空藏菩薩經［M］//大正藏：卷13.No.409．

〔劉宋〕曇無蜜多，譯．佛說觀普賢菩薩行法經［M］//大正藏：卷9.No.0277．

〔元魏〕菩提流支，譯．佛說佛名經［M］//大正藏：卷14.No.440．

〔元魏〕慧覺，等，譯．賢愚經［M］//大正藏：卷4.No.0202．

〔北涼〕曇無讖，譯．悲華經：卷9［M］//大正藏：卷3.No.0157．

〔北涼〕曇無讖譯．大般涅槃經：卷20［M］//大正藏：卷12.No.0374．

〔北涼〕大方廣十輪經［M］//大正藏：卷13.No.0410．

〔北周〕十方千五百佛名經［M］//大正藏：卷14.No.442．

現在十方千五百佛名並雜佛同號［M］//大正藏：卷85．No.2905．

〔蕭齊〕釋曇景，譯．摩訶摩耶經［M］//大正藏：卷12.No.383．

〔梁〕釋寶唱，撰．比丘尼傳［M］//大正藏：卷50.No.2063．

王孺童，校注．比丘尼傳校注:卷二［M］．北京：中華書局，2006．

〔梁〕釋慧皎，撰．高僧傳［M］//大正藏：卷50.No.2059．

〔梁〕釋慧皎，撰．高僧傳［M］．湯用彤，校注．北京：中華書局，1982．

〔隋〕闍那崛多，譯．四童子三昧經:卷上［M］//大正藏：卷12.

〔唐〕慧琳，撰．一切經音義［M］//大正藏：卷54．No.2128．

〔唐〕玄奘，辯機，撰．大唐西域記［M］//大正藏：卷51.No.2087．

季羨林，等，校注．大唐西域記校注［M］．北京：中華書局，1985．

〔唐〕玄奘，譯．大般若波羅蜜多經［M］//大正藏：卷6.No.0220．

〔唐〕伽梵達摩，譯．千手千眼觀世音菩薩廣大圓滿無礙大悲心陀羅尼經［M］//大正藏：卷20.No.1060．

〔唐〕實叉難陀，譯．大方廣佛華嚴經［M］//大正藏：卷10.No.0279．

〔唐〕釋道世，撰．法苑珠林［M］//大正藏：卷53.No.2122．

〔唐〕罽賓國三藏般若，譯. 大乘理趣六波羅蜜多經［M］//大正藏：卷8.No.0261.

〔宋〕贊寧. 大宋僧史略［M］//大正藏：卷54.No.2126. 清版景印. 揚州：廣陵古籍刻印社，1992.

〔宋〕贊寧. 宋高僧傳［M］//大正藏：卷50.No.2061.范祥雍點校本.北京：中華書局，1987.

〔宋〕贊寧. 大宋僧史略［M］//大正藏：卷54.No.2126.

〔宋〕宗曉. 樂邦遺稿. 卷下［M］//大正藏：卷47.No.1969B.

〔宋〕良渚沙門宗鑒. 釋門正統［M］//卍新纂續藏經：卷75.No.1513.

〔宋〕釋志磐. 佛祖統紀［M］//大正藏：卷49. No.2035清版景印本. 揚州：廣陵古籍刻印社，1992.

〔元〕釋念常. 佛祖歷代通載［M］//大正藏：卷49.No.2036.

〔元〕釋如英，編. 高峰龍泉院因師集賢語錄［M］//卍新纂續藏經：卷65. No.1277.

〔明〕圓極居頂，編. 續傳燈錄［M］//大正藏：卷51. No.2077.

敦煌寫卷

黃永武，主編. 摩尼教經［M］//敦煌寶藏：110. 臺北：新文豐出版公司，1984：418-427.

任繼愈，主編. 國家圖書館藏敦煌遺書：4［M］. 北京：國家圖書館出版社，2005：357-366.

陳垣，校錄. 摩尼教殘經一［J］. 國學季刊，1923，1（3）：531-544.

陳垣學術論文集：第1集［M］. 北京：中華書局，375-392.

中國社會科學院歷史研究所，中國敦煌吐魯番學會敦煌古文獻編輯委員會，英國國家圖書館，等，編. 摩尼光佛教法儀略［M］//英藏敦煌文獻：5. 成都：四川人民出版社，1992：223-225.

上海古籍出版社，法國國家圖書館，編. 摩尼光佛教法儀略［M］//法藏敦煌西域文獻：29. 上海：上海古籍出版社，2003：86.

中國社會科學院歷史研究所，中國敦煌吐魯番學會敦煌古文獻編輯委員會，英國國家圖書館，等，編. 下部贊［M］// 英藏敦煌文獻：4. 成都：四川人民出版社，1992：143-157.

沙州伊州地志殘卷［M］// 英藏敦煌文獻：1. 成都：四川人民出版社，1990：157-158.

老子化胡經：卷1［M］// 英藏敦煌文獻：3. 成都：四川人民出版社，1990：164-166.

老子化胡經：卷1［M］// 法藏敦煌西域文獻：1. 上海：上海古籍出版社，2003：70-72.

大道通玄要［M］// 法藏敦煌西域文獻：14. 上海：上海古籍出版社，2001：113-120.

方志資料

羅汝澤，等，修. 徐友梧，纂. 霞浦縣志. 鉛印本. 民國十八年（1929）［M］// 中國方志叢書：第102號. 影印本. 臺北：成文出版社，1967.

淳熙三山志［M］// 宋元方志叢刊. 第八冊. 北京：中華書局，1990.

福寧州志：嘉靖［M］// 天一閣藏明代方志選刊續編：41. 上海：上海書店，1990.

〔清〕沈秉成. 廣西通志輯要：卷10. 光緒十五年刊本［M］// 中國方志叢書：第17號. 影印本. 臺北：成文出版社，1967.

善化縣志［M］. 光緒版. 早稻田大學圖書館藏本.

嘉定赤城志：卷5［M］// 宋元方志叢刊：第七冊. 北京：中華書局，1990.

金壇縣志：卷12［M］. 民國刊本.

福安縣志［M］. 清光緒十年刊本.

福建省霞浦縣地名辦公室，主編. 霞浦縣地名錄［M］. 1981.

地方文獻抄本

〔清〕蔡永兼. 西山雜志［M］. 泉州：泉州圖書館藏.

青陽莊氏族譜［M］. 明崇禎，續修. 晉江縣圖書館藏.

霞浦縣蓋竹上萬濟南林氏宗譜［M］. 民國辛酉年（1921）重修.

霞浦縣柏洋鄉禪洋村孫氏族譜［M］. 民國壬申年(1932)修.

樂山堂神記［M］. 明門初傳請本師. 霞浦縣陳培生存藏科儀文檢.

興福祖慶誕科［M］. 霞浦縣陳培生存藏科册.

摩尼光佛［M］. 霞浦縣陳培生存藏科册.

奏申牒疏科册［M］. 霞浦縣謝道璉存藏科册.

禱雨疏奏申牒狀式［M］. 霞浦縣陳培生存藏科册.

點燈七層科册［M］. 霞浦縣謝道璉存藏科册.

35所宮廟供神名册［M］. 霞浦县洋里鄉王會計存藏.

漢文辭書

〔清〕張玉書，等. 新修康熙字典［M］. 上海：上海書店，1988.

辭源［M］. 修訂本. 北京：商務印書館，1987.

林尹，高明，主編. 中文大辭典［M］. 第八版. 臺北：中國文化大學出版部，1980.

劉復，李家瑞. 宋元以來俗字譜［M］. 北平：國立中央研究院歷史研究所單刊（三），民國十九年（1930）.

異體字字典：第五版［M］. 臺北：[出版者不詳]，2004.

漢語大詞典［M］. 上海：漢語大詞典出版社，2001.

宗福邦，陳世鐃，蕭海波，主編. 故訓匯纂［M］. 北京：商務印書館，2003.

漢語大字典［M］. 第二版. 成都：四川出版集團，2010.

黃征. 敦煌俗字典［M］. 上海：上海教育出版社，2005.

高本漢. 漢文典［M］. 修訂本. 潘悟雲，等，譯. 上海：上海辭書出版社，1997.

丁福保，編纂. 佛學大辭典［M］. 北京：文物出版社影印，1984.

慈怡法師，主編. 佛光大辭典［M］. 星雲大師，監修. 第三版. 高雄：佛光出版社，1989年.

李叔還. 道教大辭典［M］. 杭州：浙江古籍出版社影印，1987.

日文論著

石田幹之助. 敦煌発見《摩尼光佛教法儀略》に見えたる二三の言語に就いて［M］∥白鳥博士還暦紀念東洋史論叢. 東京. 1925：157-172.

田坂興道. 回纥に於ける摩尼教迫害運動［J］. 東方學報，1940，XI（1）：223-232.

吉田豊. 漢訳マニ教文献にぉける漢字音寫された中世イラン語について（上）. 内陸アジア言語研究. 1986（11）：1-15.

森安孝夫. ウィグルニマニ教史の研究. 大坂大学文学部紀要. 1991（卅一至卅二卷）.

西文書目

Andreas, F. C. & W. B. Henning.　Mitteliranische Manichaica aus Chinesisch-Turkestan II［M］∥Sitzungsberichte der (Königlich) Preussis-chen Akademie der Wissenschaften Philosophisch-Historische Klasse. 1933：292-363.

Andreas, F. C. ,W. B. Henning. Mitteliranische Manichaica aus Chinesisch-Turkestan III［M］∥Sitzungsberichte der (Königlich) Preussis-chen Akademie der Wissenschaften Philosophisch-Historische Klasse. 1934:846-912.

Asmussen, Jes P. X^uāstvānīft, Studies in Manichaeism ［M］. Copenha- gen: Prostant Apud Munksgaard, 1965.

Asmussen, Jes P. . Manichaean Literature［M］. New York:[s.n.], 1975.

Astrue, Ch. et al. (ed.). les sources grecques pour l'histoires des Pauliciens d'Asie Mineure ［M］. Travaux et Memoires, l970(IV)：1-227.

Benveniste, E.. Essai de GrAsia Majormaire Sogcienne［M］. Paris: [s.n.], 1929.

Boyce, M. A Reader in Manichaean Middle Persian and Parthian[M]. Leiden: E.J.Brill, 1975.

Boyce, M. A Word-List of Manichaean Middle Persian and Parthian, with a Reverse Index

by R.Zwanziger [M]. Leiden: E.J.Brill, 1977.

Bryder, P. The Chinese Transformation of Manichaeism. A Study of Chinese Manichaean Terminology [M] . Löberöd :Bokförlaget Plus Ultra, 1985.

Chavannes, Éd. , P. Pelliot. Un traité manichéen retrouvé en Chine[J]. Journal Asiatique, 1911 (XVIII): 499-617.

Chavannes, Éd. , P. Pelliot.　Un traité manichéen retrouvé en Chine [J]. Journal Asiatique, 1913(I): 99-199, 261-394.

Durkin-Meisterernst, D. Dictionary of Manichaean Texts [M] . Turn-Handbuch der Orientalistikut: Brepols, 2004.

Forte, A. Deux études sur le manichéisme chinois [J]. T'oung Pao, 1973 (LIX/l-5): 220-253.

Gauthiot, R. Quelques termes techniques bouddhiques et maniché- ens [J] . Journal Asiatique, 1911 (XVIII): 49-67.

Gershevitch, I.. A GrAsia Majormar of Manichean Sogdian [J] . Publications of the Philological Society, 1954(XVI) .

Gharib, B. Sogdian Dictionary: Sogdian-Persian-English[M]. Tehran: Farhangan Pulications, 2004.

Goodrich, L.C. Recent Discoveries at Zayton[J].　Journal of the Asia Majorerican Oriental Society, 1957(LXXVII):161-165.

Gulácsi, Z. A Visual Sermon on Mani's Teaching of Salvation: A Contextualized Reading of a Chinese Manichaean Silk Painting in the Collection of the YAsia Majorato Bunkakan in Nara, Journal Asiatiquepan [J] . Studies on the Inner Asian Languages, 2008(23):1-15.

Haloun, G. ,W, B. Henning.　The Compendium of the Doctrines and

Styles of the Teachings of Mani, the Buddha of Light [J]. Asia Major, 1952(111):184-212.

Henning, W. B. Neue Materialien zur Geschichte des Manichäismus [J]. itschrift Der Deutschen Morgenländischen Gesellschaft Xc, 1936: 1-18.

Henning, W. B. Ein manichäisches Bet- und Beichtbuch [M]. Berlin: Akademie der Wissenschaften, 1937.

Henning,W.B. Waručān=Šāh[J]. Journal of the Great India Society XI. 45(2):225-230.

Henning,W.B. . Mitteliranisch [M] //Iranistik: Linguistik. Leiden-Köln: E. J. Brill, 1958.

Klimkeit, H. -J. anichaean Kingship: Gnosis at Handbuch der Orienlistikme in the world [J]. Numen, 1982 (XXIX):17-32.

Klimkeit, H. – J. nichaean Art and Calligraphy [M]. iden: [s.n.], 1982.

Klimkeit, H. -J. Gnosis on the Silk Road : Gnostic Parables, Hymns &Prayers from Central Asia [M]. New York: Harper Collins Publishers, 1993.

Kugener, M. A., F. Cumont. Recherches sur le Manichéisme [M]. Bruxelles: [s.n.], 1912.

Van Lindt, P. . The NAsia Majores of Manichaean MytHandbuch der Orientalistiklogical Figures. A Comparative Study on Terminology in the Coptic Sources [M]. Wiesbaden: Otto Harrssowitz,1992.

Lieu, S.N.C. Polemics against Manichaeism as a Subversive Cult in Sung China [M]. Manchester: Bulletin of the John Rylands University Library, 1979.

Lieu, S.N.C. Precept and Practice in Manichaean Monasticism [J]. Journal of Theological Studies, 1981(XXXII):l53-162.

Lieu, S.N.C. Manichaeism in Central Asia and China [M]. Leiden:

Brill, 1998.

MacKenzie, D.N.. A Concise Pahlavi Dictionary[M]. London:Oxford University Press, 1971.

Mikkelsen, G. B. Dictionary of Manichaean Texts in Chinese [M]. Belgium:Brepols Publishers, 2006.

Morano, E.. The Sogdian Hymns of Stellung Jesu[J]. East and West, 1982(XXXII):9-43.

Nyberg, H. S. A Manual of Pahlavi [M]. Wiesbaden: Otto Harrassowitz, 1974.

Pelliot, P.. Les traditions manichéennes au Fou-Kien[J]. T'Oung Pao, 1923(XXII): 193-208.

Sachau, E.. The Chronology of the Ancient Nations[M]. London: W. H. Allen & Co., 1879.

Sundermann, W. Mitteliranische manichäische Texte kirchengeschichtlichen Inhalts [M]. Berlin: Akademie-Verlag, 1981.

Sundermann, W. Der Sermon vom Licht-Nous. Eine Lehrschrift des östlichen Manichäismus. Edition der parthischen und soghdischen Version [M]. Berlin: Akadenile Verlag, 1992.

Taqizadeh, S. H. The Dates of Manis Life [J]. Asia Major, 1957(VI): 106-121.

Waldschmidt, E., W. Lentz. A Chinese Manichaean Hymnal from Tun-Huang.Preliminary note [J]. Journal of the Asia Majorerican Oriental Society, 1926:116-122, 298-299.

Zieme, P.. Manichäische KolopHandbuch der Orientalistikne und Könige [J]. Studia Manichaica, 1992(II): 317-327.

索引

·欧·亚·历·史·文·化·文·库·

老子

90，138，244，253，254，
255，258，273，274，277，
279，280，281，284，324，
332，333，357，380，399，
401，418，430，518，557

老子化胡經

254，255，259，270，273，
274，276，277，280，281，
349，355，356，357，380，
399，400，567

勒柯克　　339

樂山堂

423，424，426，427，430-
432，435，437，441-443，
448，449

樂山堂神記

1，10，170，208，371，415，
423-425，441，447，488，
556，560，568

楞茨　　50

李叔同　　317

李廷裕　　308，324，341

李玉昆

205，280，307，316，329，
333，339，402，556

連立昌

241，256，257，323，428，
443，556

憐愍

34，35，39，72，96，97，
103，105，110，176，355，
484

良渚

190，199，221，223，228，
230，231，237，248，249，
268，283，291，296，354，
566

林瞪

21，256，418，424，426，
428-430，432，437，439，
442-445

林世長

191，238，241，256，258，
259，263，265，324

林順道　　280，370，556

林鋆

1，37，38，51，147，153，
168，170，252，343，346，
352，362，369，372，373，
388，389，408，411，415，
423，424，445，447，448，
488，554，573

林子青

263，298，299，302，305，
306，315，326，557

靈魂

3，9，16，17-19，24，39，

341，360，361，396，398，
401，402，405，421，432，
489，542，563

明教

1，2，21，23，34，37，38，
51，56，57，78，95，97，
111，114，125，138，139，
147，161，168，170，188，
191，192，195，197–201，
203，204，207，208，210–
212，214，216，221，232，
237，239，241–257，259–
266，268，279–283，286，
287，288，291，296，306–
308，310–313，319–324，
326–330，334，335，337–
346，348，349，352–355，
357，358，360–364，369–
372，378–383，385–390，
392–397，400–404，408，
409，415，416，418–421，
423，424，426–428，430–
433，436，439，441–443，
445，447，487，489，490，
492，549，554，556，558，
559

明教會

57，144，191，203，216，
241，249，250，265，296，

323，324，343–345，357，
360–363，370，381，392，
399，404，419–421，556

明教門

257，424，428，430，439，
442，443

明教堂　　323

明門

355，415，420–422，424，
431–435，437，438，439，
441–444，446，448，451，
452，489

明門初傳請本師

1，38，371，414，424，425，
431，438，441，445，449，
451，488，568

明師　　53，56，125，333

明性

17，25，33，36，103，105，
109，122，124，154，158，
165，176，178，181–183，
201–203，289，347，348，
368，369，373，381，387，
417，419，467，476，479，
496，498–501，503，505，
515，524，526，528–530，
534，537，538，550–552

後　記

2009年6月，余告別教壇，退隱山麓。連年多次中風，記憶力、視力大爲衰退，老態畢現，本想自此閉關修持，坐等解脫；但聞醫者言，多用腦可延緩老年癡呆，減少親人護理之苦，兼之既往讀書遺留之一些未解問題，不時夢繞魂牽，更受不了霞浦新發現聲浪之衝擊，遂按捺不住，索性廁身蔡師獨創之"教授後工作站"，繼續探討點問題。思有所得，即逐字逐句，敲入電腦儲存，以免忘卻；稍成規模時，則修訂理順之，戴帽穿靴而成文。不意聚沙成塔，而今竟亦可詮次成册。蒙余太山先生玉成，忝列其主編的《歐亞歷史文化文庫》，感戴莫名。

原蔡師旗下之隊友，包括何方耀教授，張小貴、王媛媛、殷小平、張淑瓊、曾玲玲諸史學新秀，學術志趣接近，同聲相應，同氣相求，不因老朽離校而棄之，樂意爲余審讀初稿，詰難質疑，切磋觀點，賜示灼見，翻尋資料，補遺糾錯，等等。另有黃君佳欣、曾君憲剛，於計算機技術有專攻，主動相助，排除種種故障，代勞檢索、下載各種有關文獻。是故，書稿得以付梓，絕非余一介病叟所能爲，除蔡師之開示外，尚賴諸隊友之羣策羣力。謹此衷心誌謝！

借此後記，還要特別感謝：宗長林鋆先生提供霞浦新文獻之寶貴照片，粘良圖先生慷慨惠示其晉江田野調查資料，芮傳明先生就本書《殘經》釋文和一些文稿賜示高見，馬小鶴先生、楊富學先生惠賜其大作參考，更有蔣維崧先生仔細訂正本書若干文稿。諸位先生之隆情厚誼，銘刻於心！

最後，自應多多感謝蘭州出版社的諸位編輯，尤其是施援平學長、楊潔學長。書稿之完成，固離不開二位學長之鞭策激勵；而稿中諸多異體字、稀用外文符號，更倍增編輯排版之難度，若非兩位學長之高度敬業精神，本書焉能功德圓滿！

2014年12月吉日 於廣州南湖

· 欧 · 亚 · 历 · 史 · 文 · 化 · 文 · 库 ·

欧亚历史文化文库

已经出版

林悟殊著：《中古夷教华化丛考》　　　　　　　　定价：66.00 元
赵俪生著：《弅兹集》　　　　　　　　　　　　　定价：69.00 元
华喆著：《阴山鸣镝——匈奴在北方草原上的兴衰》　定价：48.00 元
杨军编著：《走向陌生的地方——内陆欧亚移民史话》定价：38.00 元
贺菊莲著：《天山家宴——西域饮食文化纵横谈》　定价：64.00 元
陈鹏著：《路途漫漫丝貂情——明清东北亚丝绸之路研究》

　　　　　　　　　　　　　　　　　　　　　　定价：62.00 元
王颋著：《内陆亚洲史地求索》　　　　　　　　　定价：83.00 元
〔日〕堀敏一著，韩昇、刘建英编译：《隋唐帝国与东亚》

　　　　　　　　　　　　　　　　　　　　　　定价：38.00 元
〔印度〕艾哈默得·辛哈著，周翔翼译，徐百永校：《入藏四年》

　　　　　　　　　　　　　　　　　　　　　　定价：35.00 元
〔意〕伯戴克著，张云译：《中部西藏与蒙古人
——元代西藏历史》（增订本）　　　　　　　　定价：38.00 元
陈高华著：《元朝史事新证》　　　　　　　　　　定价：74.00 元
王永兴著：《唐代经营西北研究》　　　　　　　　定价：94.00 元
王炳华著：《西域考古文存》　　　　　　　　　定价：108.00 元
李健才著：《东北亚史地论集》　　　　　　　　　定价：73.00 元
孟凡人著：《新疆考古论集》　　　　　　　　　　定价：98.00 元
周伟洲著：《藏史论考》　　　　　　　　　　　　定价：55.00 元
刘文锁著：《丝绸之路——内陆欧亚考古与历史》　定价：88.00 元
张博泉著：《甫白文存》　　　　　　　　　　　　定价：62.00 元
孙玉良著：《史林遗痕》　　　　　　　　　　　　定价：85.00 元
马健著：《匈奴葬仪的考古学探索》　　　　　　　定价：76.00 元
〔俄〕柯兹洛夫著，王希隆、丁淑琴译：
《蒙古、安多和死城哈喇浩特》（完整版）　　　定价：82.00 元
乌云高娃著：《元朝与高丽关系研究》　　　　　　定价：67.00 元
杨军著：《夫余史研究》　　　　　　　　　　　　定价：40.00 元
梁俊艳著：《英国与中国西藏（1774—1904）》　定价：88.00 元
〔乌兹别克斯坦〕艾哈迈多夫著，陈远光译：
《16—18 世纪中亚历史地理文献》（修订版）　　定价：85.00 元

成一农著：《空间与形态
　　——三至七世纪中国历史城市地理研究》　　　　定价：76.00 元
杨铭著：《唐代吐蕃与西北民族关系史研究》　　　定价：86.00 元
殷小平著：《元代也里可温考述》　　　　　　　　定价：50.00 元
耿世民著：《西域文史论稿》　　　　　　　　　　定价：100.00 元
殷晴著：《丝绸之路经济史研究》　　　定价：135.00 元（上、下册）
余大钧译：《北方民族史与蒙古史译文集》　定价：160.00 元（上、下册）
韩儒林著：《蒙元史与内陆亚洲史研究》　　　　　定价：58.00 元
〔美〕查尔斯·林霍尔姆著，张士东、杨军译：
　　《伊斯兰中东——传统与变迁》　　　　　　　定价：88.00 元
〔美〕J.G.马勒著，王欣译：《唐代塑像中的西域人》　定价：58.00 元
顾世宝著：《蒙元时代的蒙古族文学家》　　　　　定价：42.00 元
杨铭编：《国外敦煌学、藏学研究——翻译与评述》　定价：78.00 元
牛汝极等著：《新疆文化的现代化转向》　　　　　定价：76.00 元
周伟洲著：《西域史地论集》　　　　　　　　　　定价：82.00 元
周晶著：《纷扰的雪山——20 世纪前半叶西藏社会生活研究》
　　　　　　　　　　　　　　　　　　　　　　　定价：75.00 元
蓝琪著：《16—19 世纪中亚各国与俄国关系论述》　定价：58.00 元
许序雅著：《唐朝与中亚九姓胡关系史研究》　　　定价：65.00 元
汪受宽著：《骊靬梦断——古罗马军团东归伪史辨识》　定价：96.00 元
刘雪飞著：《上古欧洲斯基泰文化巡礼》　　　　　定价：32.00 元
〔俄〕Т.Б.巴尔采娃著，张良仁、李明华译：
《斯基泰时期的有色金属加工业——第聂伯河左岸森林草原带》
　　　　　　　　　　　　　　　　　　　　　　　定价：44.00 元
叶德荣著：《汉晋胡汉佛教论稿》　　　　　　　　定价：60.00 元
王颋著：《内陆亚洲史地求索（续）》　　　　　　定价：86.00 元
尚永琪著：
　　《胡僧东来——汉唐时期的佛经翻译家和传播人》　定价：52.00 元
桂宝丽著：《可萨突厥》　　　　　　　　　　　　定价：30.00 元
篠原典生著：《西天伽蓝记》　　　　　　　　　　定价：48.00 元
〔德〕施林洛甫著，刘震、孟瑜译：
　　《叙事和图画——欧洲和印度艺术中的情节展现》　定价：35.00 元
马小鹤著：《光明的使者——摩尼和摩尼教》　　　定价：120.00 元
李鸣飞著：《蒙元时期的宗教变迁》　　　　　　　定价：54.00 元

·欧·亚·历·史·文·化·文·库·

〔苏联〕伊·亚·兹拉特金著，马曼丽译：
《准噶尔汗国史》（修订版）　　　　　　定价：86.00 元
〔苏联〕巴托尔德著，张丽译：《中亚历史——巴托尔德文集
　第 2 卷第 1 册第 1 部分》　　　　定价：200.00 元（上、下册）
〔俄〕格·尼·波塔宁著，〔苏联〕В.В.奥布鲁切夫编，吴吉康、吴立珺
译：《蒙古纪行》　　　　　　　　　　定价：96.00 元
张文德著：《朝贡与入附——明代西域人来华研究》　定价：52.00 元
张小贵著：《祆教史考论与述评》　　　　　　　　定价：55.00 元
〔苏联〕К．А．阿奇舍夫、Г．А．库沙耶夫著，孙危译：
《伊犁河流域塞人和乌孙的古代文明》　　定价：60.00 元
陈明著：《文本与语言——出土文献与早期佛经词汇研究》
　　　　　　　　　　　　　　　　　　　定价：78.00 元
李映洲著：《敦煌壁画艺术论》　　　定价：148.00 元（上、下册）
杜斗城著：《杜撰集》　　　　　　　　　　　　　定价：108.00 元
芮传明著：《内陆欧亚风云录》　　　　　　　　　定价：48.00 元
徐文堪著：《欧亚大陆语言及其研究说略》　　　　定价：54.00 元
刘迎胜著：《小儿锦研究》（一、二、三）　　　　定价：300.00 元
郑炳林著：《敦煌占卜文献叙录》　　　　　　　　定价：60.00 元
许全胜著：《黑鞑事略校注》　　　　　　　　　　定价：66.00 元
段海蓉著：《萨都剌传》　　　　　　　　　　　　定价：35.00 元
马曼丽著：《塞外文论——马曼丽内陆欧亚研究自选集》
　　　　　　　　　　　　　　　　　　　定价：98.00 元
〔苏联〕И．Я.兹拉特金主编，М.И.戈利曼、Г.И.斯列萨尔丘克著，
　马曼丽、胡尚哲译：《俄蒙关系历史档案文献集》（1607—1654）
　　　　　　　　　　　　定价：180.00 元(上、下册)

华喆著：《帝国的背影——公元 14 世纪以后的蒙古》　定价：55.00 元
П．К.柯兹洛夫著，丁淑琴、韩莉、齐哲译：《蒙古和喀木》
　　　　　　　　　　　　　　　　　　　定价：75.00 元
杨建新著：《边疆民族论集》　　　　　　　　　　定价：98.00 元
赵现海著：《明长城时代的开启
　　——长城社会史视野下榆林长城修筑研究》（上、下册）
　　　　　　　　　　　　　　　　　　　定价：122.00 元
李鸣飞著：《横跨欧亚——中世纪旅行者眼中的世界》　定价：53.00 元
李鸣飞著：《金元散官制度研究》　　　　　　　　定价：70.00 元
刘迎胜著：《蒙元史考论》　　　　　　　　　　　定价：150.00 元
王继光著：《中国西部文献题跋》　　　　　　　　定价：100.00 元
李艳玲著：《田作畜牧
　　——公元前 2 世纪至公元 7 世纪前期西域绿洲农业研究》
　　　　　　　　　　　　　　　　　　　定价：54.00 元

〔英〕马尔克·奥莱尔·斯坦因著，殷晴、张欣怡译：《沙埋和阗废墟记》

定价：100.00 元

梅维恒著，徐文堪编：《梅维恒内陆欧亚研究文选》　　定价：92.00 元

杨林坤著：《西风万里交河道——时代西域丝路上的使者与商旅》

定价：65.00 元

王邦维著：《华梵问学集》　　　　　　　　　　　　定价：75.00 元

芮传明著：《摩尼教敦煌吐鲁番文书译释与研究》　　定价：88.00 元

陈晓露著：《楼兰考古》　　　　　　　　　　　　　定价：92.00 元

石云涛著：《文明的互动

　　——汉唐间丝绸之路中的中外交流论稿》　　　定价：118.00 元

孙昊著：《辽代女真族群与社会研究》　　　　　　　定价：48.00 元

尚永琪著：《鸠摩罗什及其时代》　　　　　　　　　定价：70.00 元

薛宗正著：《西域史汇考》　　　　　定价：136.00 元（上、下册）

张小贵编：

　　《三夷教研究——林悟殊先生古稀纪念论文集》　　定价：100.00 元

许全胜、刘震编：《内陆欧亚历史语言论集——徐文堪先生古稀纪念》

定价：90.00 元

石云涛著：《丝绸之路的起源》　　　　　　　　　　定价：94.00 元

〔英〕尼古拉斯·辛姆斯-威廉姆斯著，李鸣飞、李艳玲译：

《阿富汗北部的巴克特里亚文献》　　　　　　　　定价：170.00 元

李锦绣编：《20 世纪内陆欧亚历史文化论文选粹：第二辑》

定价：100.00 元

李锦绣编：《20 世纪内陆欧亚历史文化论文选粹：第三辑》

定价：98.00 元

李锦绣编：《20 世纪内陆欧亚历史文化论文选粹：第四辑》

定价：86.00 元

馬小鶴著：《霞浦文書研究》　　　　　　　　　　　定价：115.00 元

林悟殊著：《摩尼教華化補說》　　　　　　　　　　定价：140.00 元

余太山、李锦秀编：《古代内陆欧亚史纲》　　定价：122.00 元（暂定）

王永兴著：《唐代土地制度研究——以敦煌吐鲁番田制文书为中心》

定价：70.00 元（暂定）

王永兴著：《敦煌吐鲁番出土唐代军事文书考释》定价：84.00 元（暂定）

李锦绣编：《20 世纪内陆欧亚历史文化论文选粹：第一辑》

定价：104.00 元（暂定）

淘宝网邮购地址：http://lzup.taobao.com

·欧·亚·历·史·文·化·文·库·